Zu diesem Buch

Im Mittelpunkt des Romans steht die Psychotherapeutin Dr. Wilhelmina de Winter. Beruflich muß sie sich neben der Behandlung verschiedener psychischer Leiden insbesondere mit einer Patientin auseinandersetzen, die fortwährend ihre therapeutische Gelassenheit auf die Probe stellt.
Als die Psychologin den sympathischen Ben Steiner kennenlernt, ist sie lange unsicher, ob sie in ihm den Mann fürs Leben gefunden hat. Immer wieder hegt sie Zweifel an seiner Ehrlichkeit. Steckt er vielleicht sogar hinter den anonymen Anrufen, die sie seit einiger Zeit erhält? Irgend etwas verbirgt er jedenfalls. Oder irrt sie sich?
Und welche Rolle spielt ihre Freundin Charlotte bei alldem?
Lange zeichnen sich keine Erklärungen ab, bis sich die Ereignisse unerwartet zuspitzen und ihr beinahe zum Verhängnis werden.

Dem Leser eröffnet sich mit vorliegendem Buch eine unterhaltsame Mischung aus Psychotherapie und spannendem Roman.
Der voyeuristische Blick hinter die Kulissen einer therapeutischen Praxis ist dabei eindeutig erwünscht.

Zur Autorin

Dr. Manuela Kolla ist approbierte Diplom-Psychologin und arbeitet seit mehr als 20 Jahren psychotherapeutisch. Ihr Schwerpunkt bildet dabei die kognitive Verhaltenstherapie, in die sie die Philosophie fernöstlicher Traditionen einfließen läßt.
Psychologenherz stellt ihren ersten Roman dar. Die Idee zu diesem Buch kam der Autorin aufgrund wiederkehrender Anfragen vieler Patienten, die gern tiefere Einblicke in Wesen und Behandlung verschiedener psychischer Erkrankungen erhalten wollten, ohne mit zuviel Theorie überfrachtet zu werden.

Manuela Kolla

Psychologenherz

Roman

www.~~dr.~~kolla.de

manuela.kolla@yahoo.de

Bei vorliegendem Buch handelt es sich um einen Roman.
Jegliche Ähnlichkeit mit lebenden
oder verstorbenen Personen wäre rein zufällig.
Dies gilt gleichermaßen für die Handlung insgesamt wie
für die dargestellten Therapieabläufe.

Besuchen Sie mich im Internet:

www.dr.kolla.de

Originalausgabe Februar 2015
Copyright © 2014 by Dr. Manuela Kolla.
Alle Rechte vorbehalten. Das Werk darf – auch teilweise –
ausschließlich mit schriftlicher Genehmigung der Autorin
Dr. Manuela Kolla wiedergegeben werden.
ISBN 978-3-00-048230-4
Umschlaggestaltung: Manuela Kolla
Umschlagphoto: Michael Kolla

*Meinen
Großeltern
Irene & Fritz Theel*

Ist oftmals weise, wirklich selten blöd,
und keineswegs erscheint es öd,
schlägt rhythmisch, in sehr sanftem Takt,
schließt mit der Zuversicht stets einen Pakt,
für alle Menschen ganz weit offen,
läßt's auch Verzagte wieder hoffen,
es spendet Freude, lindert manchen Schmerz,
ist ein gar kühnes Ding, das Psychologenherz.

Manuela Kolla (2013)

Statt eines Vorwortes:
Die Werkzeugkiste

Stellen Sie sich vor, jeder Mensch käme mit einer kleinen Kiste auf die Welt. In diesem Behältnis befänden sich verschiedene Werkzeuge, deren Art und Menge abhängig davon wären, was die Familie ihrem Kind – genetisch gesehen – zu geben hätte.

Der Mensch geht nun also hinaus ins Leben und lernt, die Werkzeuge aus seiner Kiste zu benutzen. Zunächst bringen ihm seine Eltern diesbezüglich einiges bei – so gut, wie sie es eben vermögen. Anschließend lernt der Mensch den Gebrauch einiger Werkzeuge durch Erzieher im Kindergarten, Lehrer in der Schule, Ausbildungsleiter oder Professoren an einer Universität. Hinzu kommen Einflüsse anderer Personen, die dem jeweiligen Menschen auf seinem Lebensweg begegnen: Partner, Freunde, Kollegen.

So lernt er den Umgang mit zunehmend mehr Werkzeugen sowie diesen im Laufe der Zeit zu verbessern. Je umfangreicher die Ausstattung seiner Kiste, desto müheloser sind für ihn unterschiedliche Baustellen zu bewältigen oder zu meistern. Jedoch mit einem nur geringen Werkzeugbestand läßt sich ebenso einiges bewerkstelligen. Verfügt man über keine Bohrmaschine, bekommt man doch – wenn auch mit einiger Mühe – ein Loch in eine Wand. Man kann beispielsweise Putz mit einem Hammer (sofern vorhanden) herausschlagen, um anschließend einen Dübel einzugipsen. Das ist zwar nicht sehr elegant, dauert länger und hält zudem im Zweifel nicht gar so perfekt, dennoch funktioniert es.

Also kann man Werkzeugdefizite ausgleichen, auch *kompensieren* genannt.

Manchmal gerät ein Mensch allerdings in eine Situation, für die er absolut keinerlei Werkzeug zu besitzen glaubt. Womöglich hat es jedoch bisher einfach nur ganz unten in seiner Kiste ein unbemerktes Dasein geführt; oder der Bestand weist für die Lösung des anstehenden Problems tatsächlich kein genau passendes Werkzeug auf.

Und da der Betreffende bisher die Verwendung eines Hammers bevorzugte, hatte er sich vor langer Zeit ohnehin dazu entschieden, jedes Problem für einen Nagel zu halten. So kann es irgendwann passieren, daß der Mensch *dekompensiert*.

Längst haben Sie erkannt, was dieses Bild ausdrücken will: Jeder

Mensch bringt Fähigkeiten mit, die ihm eine Bewältigung der Aufgaben und Krisen seines Lebens ermöglichen. Darüber hinaus lernt er durch andere Personen und durch eigene Erfahrungen fortwährend dazu.

Dennoch ist es möglich, in eine Lage zu geraten, in der Mißstände oder krisenhafte Entwicklungen des Lebens nicht lösbar erscheinen. Das passende *Werkzeug* ist einfach nicht zu finden.

In solch einer Situation wendet sich der Betreffende möglicherweise an einen Psychologen, um einen Rat einzuholen. Der Therapeut durchforstet erst einmal gründlich sämtliche in der Kiste befindlichen Werkzeuge.

Da er schon aufgrund seines Berufs über einige Ausdauer verfügt, kramt er geduldig Mal für Mal, bis er etwas Passendes – zum Teil eben auch in einem bislang unsichtbaren Eckchen – findet.

Manchmal ruft ein Ratsuchender daraufhin erstaunt aus: „Ach, ich wußte gar nicht, daß ich darüber verfüge!"

Ein anderer äußert vielleicht: „Das hab' ich ebenfalls bereits in Erwägung gezogen, funktioniert bloß nicht."

In beiden Fällen ist der Psychotherapeut derjenige, der zusammen mit dem Betreffenden die Funktionsweise des Werkzeugs ausprobiert.

Falls das ausnahmsweise einmal gar nicht gelingen sollte, schaut sich der Psychologe unter den anderen Werkzeugen um und wählt von ihnen eines aus, mit dem sich improvisieren läßt. Es wird also für die notwendige Anwendung ein wenig umfunktioniert: „Schau her, Mensch! Hier hast du doch, was du brauchst."

Der Mensch wendet womöglich ein: „Ich weiß überhaupt nicht, wie ich das benutzen soll."

Daraufhin entgegnet der Therapeut: „Dann laß es uns gemeinsam herausfinden!"

Prolog

Sie war glücklich. Endlich wußte sie, was sie wollte, wo sie hingehörte. Wieso hatte sie überhaupt je Zweifel gehegt? Das konnte sie inzwischen nicht mehr recht nachvollziehen. Irgendwie hatte sie sich wohl zu sehr von ihrer Freundin manipulieren lassen. Diese hatte aber auch eine Art, einen zu verunsichern! Bisher war sie nur äußerst mühsam dagegen angekommen, hatte sich deshalb zu Dingen verleiten lassen, die sie sich wirklich hätte ersparen sollen. Doch wer konnte letztlich wissen, wozu es möglicherweise gut gewesen war? Vielleicht war das alles sogar nötig gewesen, um genau die Klarheit zu erlangen, über die sie mittlerweile verfügte.

Nun wollte sie zügig nach Hause fahren. Ja, einfach bloß nach Hause. Später würde er sie in seine Arme schließen, dann wollte sie ihm endlich etwas erzählen, was er unbedingt wissen mußte. Sie freute sich so sehr! Ein seliges Lächeln ließ ihr Gesicht erstrahlen. Liebevoll streichelte sie über ihren Bauch. Familie! Was für ein schönes Wort. *Ihre* Familie! In ihrem gesamten Leben war sie sich noch nie derart sicher gewesen.

Flüchtig schaute sie in den Rückspiegel, reckte dabei ein wenig den Hals. Jetzt konnte sie ihn sehen. Er war eingeschlafen. Sie lächelte noch immer, konzentrierte sich rasch wieder auf die Fahrbahn.

Es gab da einen Menschen, dem sie ihre Entscheidung unbedingt sofort mitteilen mußte. Jemand, der ihr so sehr geholfen hatte, diese Erkenntnis überhaupt erst zu gewinnen. Jemand, der zugehört hatte, sortiert, geklärt, neu zusammengesetzt, anschließend noch einmal umsortiert, völlig anders zusammengesetzt, und irgendwann hatte sie auf die zum x-ten Mal ineinandergefügten Puzzleteile geschaut und gewußt, daß es so paßte. Nur noch ein einziges Mal hatte sie sich danach verunsichern lassen, doch das war nun vorbei.

Sie tippte an ihrer Freisprechanlage herum, versuchte, den Blick nicht zu lange von der Straße zu nehmen. Mit 140 Kilometern pro Stunde sollte sie aufmerksam sein.

Das Freizeichen ertönte. Ah, natürlich der Anrufbeantworter! Aber egal. Sie selbst fand aufgesprochene Nachrichten manchmal sogar schöner als direkte. So konnte man etwas Erfreuliches so oft anhören, wie man wollte. Nach dem Spruch ertönte das obligatorische *Piep*. „Hallo Doktorchen!" Sie sagte es ebenso gutgelaunt, wie sie sich gerade fühlte.

Nichts könnte sie in diesem Moment aus dieser Stimmung reißen. Na ja, fast nichts. „Ich habe mich endgültig entschieden! Ja, wirklich! Sie werden es nicht glauben, doch es ist wahr! Ich bin mir *absolut* sicher. Und wissen Sie, welches Wort ich als mein derzeitiges Lieblingswort auserkoren habe? *Familie.*" Sie sprach es melodisch und aufs äußerste gedehnt, so daß es klang wie ein sanft herabgleitender Seidenstoff. „Ich weiß, wie sehr Sie das freut. ... Ich danke Ihnen! Ehrlich! Ohne Sie und Ihre endlose Geduld mit mir hätte ich das nicht klargekriegt. ... Und noch eins: Ich brauche Sie nicht mehr!"

Ihre Stimme gewann zunehmend an Heiterkeit. „Ich weiß, Sie sind der einzige Mensch auf der Welt, der sich über eine derartige Nachricht freut!" Fröhlich gluckste sie vor sich hin. „*Ich* werde allerdings in nächster Zeit wohl sehr *viel* gebraucht. Da gibt es nämlich etwas, das ich bisher für mich behalten habe. Ich wollte nicht alles davon abhängig machen. Mehr verrate ich nicht. Ich schicke Ihnen in ein paar Monaten einen Brief ... und Photos! Na, Sie werden schon sehen! Danke nochmals. Für alles."

Sie beendete die Verbindung. Nun blieb lediglich noch eine einzige Sache, die zwischen ihr und dem uneingeschränkten Glück stand.

Eigentlich müßte sie die persönlich erledigen. Aus bitterer Erfahrung wußte sie jedoch, das würde ihr nicht leicht gemacht werden. Deshalb entschied sie sich, ausnahmsweise ein wenig feige zu sein.

Sie wählte einen weiteren Anschluß aus. Als der Anruf entgegengenommen wurde, klopfte ihr das Herz bis zum Hals. Doch es half alles nichts, sie mußte und wollte es jetzt unbedingt hinter sich bringen.

Teil 1

1

„Ja, Charlie, du hast völlig recht. Ja, wenn er dich so wenig zu schätzen weiß, ist er ein Idiot!"

„Findest du das wirklich, Mina? Manchmal zweifele ich an mir, weil es doch immer so endet", gab die weinerliche Stimme am anderen Ende der Telefonleitung zu bedenken. Kurz darauf war das unverwechselbare Klicken eines Feuerzeugs zu vernehmen. Die angesprochene Wilhelmina de Winter mußte bei dem, was sie nun antwortete, sehr vorsichtig sein. War einer der zahlreichen Beziehungsversuche der besten Freundin mal wieder an diesem Punkt angelangt, wollte sie die Unglückliche nicht noch trauriger machen. Außerdem war es erst sieben Uhr morgens, ohnehin nicht Minas bevorzugte Tageszeit für Telefonate.

„Ja, das finde ich wirklich."

„Ach Mina, Männer machen doch wirklich nur Ärger und Dreck."

„Demzufolge besteht die Kunst eben darin, einen zu finden, der mehr Dreck als Ärger macht."

„Sehr witzig! Diese Kunst beherrsche ich offensichtlich nicht. Bei mir ist es im besten Fall umgekehrt. ... Irgend etwas mache ich ja wohl falsch."

„Du mußt nicht immer wieder an dir als Person zweifeln, Charlie! Wirklich nicht! Du bist der liebenswerteste Mensch, den ich kenne. Abgesehen von Fabian, ..., na ja, und von mir selbst natürlich."

Während sie das sagte, umspielte ein leises Zucken ihre Mundwinkel, was die Freundin zwar nicht sehen konnte, jedoch erahnte sie es, während Mina mit ihrer dunklen Stimme weitersprach. „Na ja, Frieda wäre ebenfalls zu erwähnen."

In diesem Augenblick konnte sie sich das Lachen nicht länger verkneifen. Es war ein volles, sonores und sehr ansteckendes Lachen, dem sich auch Charlie niemals entziehen konnte. Dementsprechend versiegte bald selbst die letzte Träne der frisch Verlassenen. Für eine Weile wenigstens.

„Aber im ernst", nahm Mina den Faden erneut auf. „Du bist wirklich eine rundherum tolle, warmherzige und liebenswerte Person. Dein einziger Fehler ist die Auswahl deiner Partner. Und daß du zuviel rauchst, wenn du unglücklich bist." Mina versuchte den letzten Satz trotz des angekündigten Ernstes noch einmal mit einem lachenden Unterton hervorzubringen, damit Charlotte nicht abermals in Tränen ausbrach.

Es funktionierte, denn von der anderen Seite kam leise zurück: „Ja, ich weiß, daran muß ich dringend etwas ändern."

„Sei nicht böse, Liebes, ich muß mich langsam auf meine Sprechstunde vorbereiten! Wir reden heute abend noch einmal ganz in Ruhe, okay?"

„Ja ... und danke."

„Immer wieder gern. Obwohl ich dir demnächst lieber zum Traumprinzen gratulieren würde."

„Lustig!" konterte Charlie. „Bei dir hat er ja wohl ebenfalls noch nicht vorgesprochen, obwohl du die weitaus Attraktivere von uns beiden bist."

„Ja, ja, wer's glaubt ...! Eine hübsche Blondine mit strahlend blauen Augen und üppiger Oberweite ist wohl wesentlich gefragter als 'ne strubbelige Rothaarige mit Knabenhintern", erwiderte die Neununddreißigjährige erneut lachend.

Bei näherer Betrachtung erschloß sich tatsächlich ein recht zarter, dabei jedoch wohlproportionierter Körperbau. In erster Linie wurde man allerdings regelrecht überfallen von einer wilden, einigermaßen wirr vom Kopf abstehenden und feuerrot schimmernden Lockenmähne.

Sämtliche Versuche der Vergangenheit, aus diesen Haaren eine – nach gültigem Standard – halbwegs akzeptable Frisur zu gestalten, erwiesen sich als unzureichend und endeten jeweils mit dem eindeutigen Ergebnis des Scheiterns. Mittlerweile beließ sie es, wie es offenbar sein wollte.

Objektiv betrachtet bildete die eigenwillige Haartracht allerdings ein interessantes Zusammenspiel mit ihrem ausdrucksstarken Gesicht, das von großen grünen Augen dominiert wurde. Nase und Mund waren weder zu üppig noch zu gering ausgeprägt, wobei der Mund durch seinen schönen Schwung von Männern häufig als ausgesprochen sinnlich empfunden wurde.

Trotz des Gewusels um ihren Kopf herum, wirkte Mina sehr vertrauenerweckend, löste in den meisten Menschen bereits beim flüchtigen Kennenlernen das Gefühl aus, ihr bedenkenlos sämtliche bedrückenden Geheimnisse anvertrauen zu können. Eine nahezu ideale Voraussetzung für das, was sie täglich trieb. Nach diversen Bemühungen, den passenden Beruf zu finden, war ihre Wahl auf das Studium der Psychologie gefallen. Bereits nach kurzer Zeit hatte sich ganz klar abgezeichnet, daß sie sich unbedingt der Behandlung psychischer Krankheitsbilder und damit der Klinischen Psychologie zuwenden wollte. Im Laufe der nunmehr zahlreichen Berufsjahre als niedergelassene Psychotherapeutin war ihr stets bewußt, daß die dabei angestrebte Heilung wesentlich mehr bedeutete als ein reines *Wegbehandeln* störender Symptome. Neben der Verminderung des Leidensdrucks ging es um eine Anreicherung von Lebensqualität, Zufriedenheit und Glück. Die Verhaltenstherapie bot ihr dabei einen soliden Rahmen, den sie mit diversen Elementen, Erfahrungen und ihrem individuellen, gewissenhaften Stil gefüllt und so zu eigenem Leben erweckt hatte.

Insgesamt fühlte sie sich wohl mit und in ihrem Beruf, den sie bis heute als Berufung empfand. Die Arbeit mit unentwegt wechselnden Menschen erschien ihr nach wie vor angenehm und lohnend. Diese vollkommen eigenen, ganz und gar persönlichen Geschichten, die jeder einzelne aus seinem Leben zu erzählen hatte, weckten noch immer ihr Interesse. Das hatte nichts mit Neugier zu tun, sondern ausschließlich mit der Anteilnahme am Menschen und dessen Schicksal, und damit, wie man diese individuellen Lebensgeschicke in eine brauchbare, für den Betreffenden angenehme Richtung lenken konnte.

Was allerdings ihr Privatleben anbelangte, hatte Charlie vollkommen recht: Bei ihr war ebenfalls seit langem kein brauchbarer Beziehungskandidat mehr vorbeigeritten. Und die vielen vermeintlichen Prinzen wurden bei näherem Hinsehen unentwegt als Frösche enttarnt.

Ihre Ehe, die immerhin fast zwölf Jahre gehalten hatte, lag nun bereits sieben Jahre zurück. Zuletzt war sie an einem tragischen Unglück gescheitert, durch das sich das Paar in der Folgezeit in unterschiedliche Richtungen entwickelt hatte, was ein Zusammenleben irgendwann nicht mehr möglich gemacht hatte. Dennoch war es geraume Zeit sehr schön gewesen, Mina hätte keinen einzigen Tag missen wollen.

Nach der Trennung hatte sie lange überhaupt keinen weiteren Versuch starten mögen, eine Partnerschaft aufzubauen. Irgendwann hatten die Männer sie jedoch wiedergefunden, wobei allerdings nichts überdauert hatte. Minas Entscheidung war jeweils zugunsten eines zukünftigen Lebens ohne den jeweiligen Mann ausgefallen.

Würde sie es noch einmal versuchen, wollte sie keinesfalls von vornherein zahlreiche Kompromisse nach dem Motto eingehen: Willst du einen Perfekten, mußt du ihn dir backen! Beim nächsten Mal sollte der *Interessent* bitte zeigen, wie willig und in der Lage er war, sich tatsächlich auf eine Zweisamkeit einzulassen. Er sollte um sie werben, sie erobern! Und nicht direkt alles in Frage stellen, bloß weil sie mal nachhakte, welche Absicht sich wohl hinter einem inakzeptablen Verhalten ihr gegenüber verbarg.

Der Mann, mit dem sie es versuchen wollte, mußte sie überraschen, zum Lachen bringen, zum Nachdenken, zu Tränen rühren, eine wirkliche und echte Bereicherung für sie und ihr Leben darstellen.

Und falls er in den nächsten Jahren nicht auftauchen sollte, wäre es ebenso in Ordnung. Ihr Leben war schließlich komplett erfüllt mit ihrem Beruf und ihrer Wahlfamilie. Diese setzte sich aus drei Personen zusammen, zu denen sie eine emotional in etwa gleichwertige Beziehung unterhielt: Charlie, Frieda und Fabian.

Charlie – Charlotte Sandner –, die als Kinderärztin in einer Klinikambulanz tätig war, kannte sie bereits seit der Schulzeit. Sie hatten in der Oberstufe zufällig im Chemie-Leistungskurs nebeneinandergesessen.

Seitdem waren sie irgendwie nie wieder auseinandergegangen.

Frieda Weller bewohnte das Haus neben Minas und war mit ihrer herzlichen Art im Laufe der Jahre zur engen Freundin geworden.

Bei Fabian de Winter handelte es sich um ihren Bruder. Nachdem ihre Eltern einen tödlichen Autounfall erlitten hatten, waren sie gemeinsam in einem Heim aufgewachsen. Mina war damals erst sieben Jahre alt gewesen, Fabian zwölf.

Mehrere Male war versucht worden, das kleine Mädchen in eine neue Familie zu integrieren. Mit ihren leuchtend roten Locken und den großen grünen Augen war sie adoptionswilligen Paaren sofort aufgefallen. Instinktiv hatte sie sich jedesmal vollkommen danebenbenommen, denn ohne ihren geliebten Bruder hatte sie nirgendwohin gewollt. Dieser war jedoch bei den meisten nicht so gut angekommen, was keinesfalls *sein* Fehler gewesen war. Er war mit zwölf Jahren bereits ein gutaussehender, etwas schlaksiger, aufmerksamer und sensibler Jugendlicher gewesen. Allerdings hatte er sich damals aufgrund einer gewissen Verschlossenheit nicht in der Lage befunden, auf andere – und erst recht nicht auf Fremde – zuzugehen. Obendrein hatten die meisten Familien einen Jungen seines Alters ohnehin nicht gewollt.

Immerhin war es den Erzieherinnen zweimal gelungen, interessierten Paaren erfolgreich zu versichern, die kleine Wilhelmina sei normalerweise ein reizendes und außerordentlich artiges Kind, das lediglich der Trennungsschmerz veranlasse, sich derart zu gebärden. Dennoch war sie beide Male nach wenigen Wochen zurückgebracht worden. Sie hatte alles gegeben, um dies zu erreichen, war verstockt und bockig gewesen, hatte absichtlich vieles kaputtgemacht und ausnahmslos freche Antworten auf freundliche Fragen gegeben. Und hatte das alles noch nichts genutzt – so, wie bei dem zweiten Paar, das sich durch einen anerkennenswert langen Atem ausgezeichnet hatte –, war das äußerst verzweifelte Mädchen dazu übergegangen, zu treten und zu spucken, egal wer sich ihr genähert hatte, um endlich zu ihrem Bruder zurückzudürfen. Dieser war einerseits heilfroh gewesen, sie wieder bei sich zu haben, andererseits hatte er ihr die Chance gegönnt, war still und bescheiden zurückgetreten, damit die Schwester vielleicht doch in behüteten Verhältnissen hätte aufwachsen können.

Letztendlich war der Plan der kleinen Wilhelmina aufgegangen, die Geschwister hatten zusammenbleiben dürfen. Die Erzieherinnen hatten das Pärchen, das mit so rührender Liebe und Sorge miteinander umgegangen war, ganz besonders ins Herz geschlossen. Dadurch hatten die beiden einen Sonderstatus errungen, wurden an den Wochenenden zunehmend häufig von einer der Betreuerinnen, Britta, mit nach Hause genommen. Sie hatten dort beim Kuchenbacken geholfen, gemeinsame Ausflüge unternommen und alle drei zusammen in einem Bett geschlafen. Natürlich waren sämtliche Unternehmungen absolut geheim abgelaufen, und genau deshalb als doppelt wertvoll von den Kindern empfunden worden.

Als Fabian – erwachsen geworden – das Heim hatte verlassen müssen, hatte er darum gekämpft, Mina zu sich holen zu dürfen. Es hatte viel Zeit, etliche Schriftwechsel sowie einige Anhörungen erfordert, bis alle behördlichen Vorschriften erfüllt gewesen waren, doch zu guter Letzt war es ihm gelungen. Bis es soweit war, hatte er seine Schwester täglich besucht und jedes Wochenende in seine bescheidene Wohnung geholt.

Gestärkt durch das innige Gefühl, das sie bereits ein Leben lang verband, waren beide stets ihren Weg gegangen; selbst finanziellen und sonstigen Hürden zum Trotz. So hatten sie das Abitur gemacht und ein

Hochschulstudium aufgenommen. Fabian hatte Photographie an der Folkwang-Universität studiert und zog unentwegt ganz unterschiedliche Projekte auf, die viel öffentlichen Anklang fanden. Jedoch nahm er ebenfalls Aufträge aus der Industrie an; allerdings nur, wenn sie für ihn eine besondere Herausforderung darstellten. Mina hatte nach dem Diplom in Psychologie die nötige fünfjährige Therapieausbildung absolviert, begleitend promoviert und sich nach erlangter Approbation sowie Kassenzulassung in eigener Praxis niedergelassen.

Während Fabian weiterhin keinen Wert auf großzügige Wohnverhältnisse legte, hatte Mina vor sechs Jahren ihr jetziges Haus bezogen. Bald hatte sie ihre inzwischen 71jährige Nachbarin Frieda Weller kennengelernt, mit der sie zunächst hier und da ein Schwätzchen gehalten hatte, war sie ihr zufällig etwa am Gartenzaun begegnet. Irgendwann hatte Mina begonnen, für die alte Dame bei Bedarf Besorgungen in der Stadt zu erledigen. In kürzester Zeit waren sich die beiden nähergekommen und zu engen Freundinnen geworden.

Mittlerweile saßen sie abends häufig beieinander, kochten, tranken Wein und redeten, oder sie schauten gemeinsam ein wenig fern. Benötigte die eine etwas, war die andere da.

Mina schaute auf die Uhr. Das Telefonat mit Charlie hatte sie mehr Zeit gekostet, als sie sich hatte leisten können. Hastig sprang sie unter die Dusche, packte zusammen, was sie mitnehmen wollte und verließ das Haus, um frühzeitig in ihrer Praxis einzutreffen. Sie liebte es, ausgiebig zu Hause frühstücken zu können. Heute mußte das jedoch ausnahmsweise ausfallen. Auf dem Weg zur Praxis würde sie zwei belegte Brötchen kaufen, die sie vor Beginn der Sprechstunde noch in Ruhe verzehren konnte.

2

Es ist etwas in ihr, das sich kaum beschreiben läßt. Es zerreißt sie regelrecht. Sie erleidet unendliche Qualen. Wie Dämonen breiten sich diese Gedanken aus, die sie so sehr fürchtet, und die sich überhaupt nicht vertreiben lassen, ganz gleich, welche Anstrengungen sie unternimmt, um sie loszuwerden, zu verjagen, zu töten. Sie hat bereits alles versucht, hat inzwischen eine beträchtliche Anzahl abwehrender Rituale entwickelt, die allerdings bloß kurzfristig wirken. Nach einiger Zeit ist alles wie zuvor. Dann schreit ihre Seele unter der Bürde der ihr auferlegten Qual erneut in tiefster Not auf.

Einmal ist sie sogar in der Psychiatrie gewesen. Freiwillig hat sie sich einweisen lassen, weil sie gedacht hat, sie halte sich selbst nicht mehr aus. Diese furchtbare, unbeschreibliche Angst, tatsächlich irgend etwas von dem auszuführen, was sich bisher noch – toi, toi, toi – ausschließlich in ihrem Kopf abspielt. Dort hat man ihr Medikamente verabreicht. Daraufhin hat sie vollkommen neben sich gestanden, hat nicht mehr gewußt, wo vorne und hinten ist. Zwar ist sie etwas ruhiger geworden, hat viel geschlafen, doch nach dem Aufwachen sind die Gedanken erneut dagewesen, haben sich weiterhin aufgedrängt, wenn auch in etwas abgeschwächter Form. So war der Preis für die geringfügige Erleichterung, kein bißchen mehr am Leben teilnehmen zu können, nur noch im Bett liegen zu wollen.

Später hat sie erfahren, daß ihr eine *Psychose mit Zwangsgedanken* diagnostiziert wurde. Sie ist also verrückt, von professioneller Seite bescheinigt! Daraufhin hat sie ein wenig recherchiert, und was sich ihr da eröffnet hat, hat neue Ängste geschürt, die jedoch – ihrer Meinung nach – völlig real sind. Die Medikamente nämlich, die sie gegen die angebliche Psychose bekommen hat, sind sogenannte *Neuroleptika* gewesen, auch als *Antipsychotika* bezeichnet. Sie hat in Erfahrung bringen können, daß neben den zahlreichen Nebenwirkungen Spätfolgen auftreten können, deren Symptome sich ähnlich äußern, wie man es von der Erkrankung *Parkinson* kennt.

Nachdem sie diese vielfältigen Informationen in ihrem durch die Medikamente völlig schwammigen Gehirn endlich zu einer logischen Einheit zusammengesetzt hat, ist ihr das Verlassen der Klinik als einzig angemessene Konsequenz erschienen. Mit Unterstützung ihres Freundes Jonathan hat sie das dementsprechend schnellstens in die Tat umgesetzt.

Zu Hause ist es ihr kurzfristig besser gegangen. Endlich wieder in ihrer gewohnten Umgebung, die zumindest ein wenig Geborgenheit ausgestrahlt hat, weg von all den schlimmen Schicksalen ihrer *Mitinsassen*, wie sie sie stets nennt, weil sie den Aufenthalt dort wie eine Inhaftierung empfunden hat. Die Medikamente hat sie ebenfalls abgesetzt, das Neuroleptikum und die Benzodiazepine, die sie regelmäßig zur Nacht hat nehmen sollen.

Daraufhin sind die Gedanken allerdings wieder etwas aufdringlicher geworden, bis sie sich wie zuvor in ihrer vollen Dämonengestalt in ihr eingenistet haben. Wieder und wieder hat sie versucht, den Kampf gegen sie aufzunehmen. Sie ist gescheitert – jedes Mal. Jetzt will sie einen letzten Versuch starten, einen wirklich allerletzten, mit dem Beginn einer ambulanten Psychotherapie.

In absehbarer Zeit einen Platz zu ergattern, ist recht schwierig gewesen. Zudem muß der Therapeut beziehungsweise die Therapeutin – sie will sich sowieso ausschließlich einer Frau anvertrauen – geeignet sein. Sogar jetzt weiß sie noch nicht, ob sie sich dieser fremden Person überhaupt offenbaren will. Rein theoretisch will sie das selbstverständlich, sogar allzugern und am liebsten sofort, in der Hoffnung, da könne jemand sein, der ihr diese Last endlich, endlich ein bißchen leichter werden läßt. Jemand, der womöglich etwas vorbringen könnte, wie: 'Ach, das haben Sie bloß! Das ist doch gar nicht so schlimm. Wir machen einfach ein paar Stunden *Hutzli* und danach ein paar Stunden *Futzli*, und dann sind Sie das für alle Zeiten los!'

Okay, klingt nicht besonders wahrscheinlich, doch wenigstens soll die Therapeutin nicht zu dem Schluß gelangen, sie gehöre auf jeden Fall für lange Zeit – oder gar dauerhaft – in die Klapse und solle schleunigst wieder dorthin entschwinden. Eine weitere bedrückende Vorstellung besteht darin, die Psychologin könne sogar Besorgnis bezüglich der eigenen Sicherheit äußern, könne sich von ihr bedroht fühlen.

Irgend etwas dazwischen würde ihr für den Anfang bereits genügen. Leider ist sie von enormer Angst erfüllt. Zwar glaubt sie nicht recht, an einer Psychose zu leiden, da sie beispielsweise keine Stimmen hört, jedoch irrt sie möglicherweise. Letztendlich ist sie nur Laie.

Oh Gott, wäre der Termin doch bereits vorbei, dann wüßte sie mehr! Puh, sie hat so einen Schiß! Am Telefon hat Frau Dr. de Winter immerhin sehr nett geklungen, hat sympathisch gewirkt, vertrauenerweckend. Allerdings ist das ja lediglich ein flüchtiger Eindruck gewesen. Vielleicht lockt sie auf diese Weise neue Patienten an, die sie anschließend nach Strich und Faden fertigmacht.

„Ach was! Blödsinn!" tadelt sie sich laut. Mit derart unsinnigen Überlegungen steigert sie bloß ihre ohnehin unerträgliche Anspannung. Sie muß einfach abwarten. Es ist zumindest eine Chance. Hoffentlich!

Sie atmet ganz tief ein, hält den Atem für einen Moment in den Lungenflügeln gefangen, befreit ihn zuletzt, indem sie ihn bedächtig hinausströmen läßt. Ein letzter Blick auf die Uhr verrät ihr, es ist Zeit, sie muß aufbrechen. Nun gibt es kein Zurück mehr.

Die psychotherapeutische Praxis befindet sich auf der dritten – und damit obersten – Etage eines Bürohauses. Dr. Wilhelmina de Winter schlendert ans Fenster ihres Sprechzimmers, lehnt sich an den Rahmen und erkundet, was draußen vor sich geht. Das großzügige Altbaufenster gibt einen wunderbaren Blick auf das Treiben in der Straße frei, zudem ist mühelos zu beobachten, wer das Gebäude betritt und verläßt. In der Ferne ist der heimelige Stadtpark mit seinen hohen Bäumen und dem schön angelegten Teich zu erkennen. Von hier aus läßt sich sogar das majestätische Dahingleiten einiger Schwäne verfolgen.

Der Blick durchs Fenster bildet das Schlußlicht der allmorgendlichen Verrichtungen. Während die Therapeutin zunächst den Anrufbeantworter abhört, den ein oder anderen Anruf sogar rasch beantwortet und die Post sichtet, ächzt für gewöhnlich die Kaffeemaschine in anscheinend enormer Anstrengung in der winzigen Küche, die an das Sprechzimmer grenzt, um ihr anschließend eine Tasse duftenden Kaffees anbieten zu können. Mit dieser fast rituellen Abfolge bereitet sie sich auf das vor, was ihre Tätigkeit erfordert: Konzentration. Viel Konzentration!

Zugegeben, von einem rein hirnphysiologisch eingenommenen Standpunkt betrachtet, wäre der Kaffee verzichtbar, schmeckt jedoch besser als Früchtetee oder stilles Wasser.

Genug geplaudert! Mit einem auffordernden Ding-Dong ertönt die Türglocke. Die Praxis verfügt zwar über einen automatischen Öffner, unter dessen Zuhilfenahme Dr. de Winter bequem vom Sprechzimmer aus die Tür freischalten kann. Paßt es zeitlich, nimmt sie ihre Patienten dennoch gern persönlich in Empfang.

Heute bleibt genügend Zeit, also geht sie zur Tür, begleitet von einem automatischen Blick auf die große Uhr, die unübersehbar im Sprechzimmer hängt. Sie rechnet mit Janina Hofmann, die sich zu einem Erstgespräch einfindet. Bei der Terminabsprache am Telefon hat diese lediglich angegeben, sie habe eine leidliche Reihe von Problemen, für die sie allein keine Lösung finde und suche demzufolge Unterstützung durch Gespräche mit einer geschulten Person.

Die Psychologin nimmt die neue Patientin an der Praxistür in Empfang. Vor ihr steht eine beinahe ein Meter achtzig große Frau von Mitte zwanzig mit blonden, schulterlangen Haaren, sympathischem Gesicht, hübscher Figur und auffälliger Brille.

Unsicher lächelt sie der Therapeutin entgegen.

„Guten Morgen! Ich bin Dr. de Winter. Frau Hofmann, ja!?"

„Ja, richtig", erhält sie die prompte Antwort. „Guten Morgen!"

„Bitte begleiten Sie mich!" Eine einladende Handbewegung soll Janina Hofmann ermuntern näherzutreten. Zögernden Schrittes tritt diese in den Praxisflur, folgt der Therapeutin daraufhin bereitwillig ins Sprechzimmer.

Neugierig schaut sie sich in dem großzügigen Raum um, saugt dabei die angenehme Atmosphäre auf, wählt eine der beiden ihr angebotenen Sitzmöglichkeiten aus und versucht, sich zu sammeln.

Neben drei bequemen Sesseln, die kreisförmig auf einem grüngemusterten Orientteppich angeordnet sind, ist das Zimmer mit einem kleinen Beistelltisch, auf dem eine Lampe steht, einem Sideboard sowie einem Schreibtisch eingerichtet.

Die hohen Fenster liegen im Südwesten, lassen dementsprechend um diese Tageszeit ein eher diffuses Licht herein. Insgesamt wirkt der Raum harmonisch, strahlt eine wohltuende Ruhe aus, die eine Patientin einmal als 'Ankommen auf einer sicheren Insel' beschrieben hat.

Janina Hofmann nimmt das Ticken ihrer eigenen Armbanduhr wahr, so still ist es hier. Endlich konzentriert sie sich auf Frau Dr. de Winter. Was hat sie zu erwarten? Und was wird von *ihr* erwartet?

Die Therapeutin ist vertraut mit den Unsicherheiten ihres Klientels. Deshalb ist sie meistens diejenige, die das erste Gespräch eröffnet. Bemerkt sie eine ausnehmend hohe Anspannung bei ihrem Gegenüber, plaudert sie zunächst über dies und das: Das schwüle oder sehr nasse Wetter, die Parkplatzsituation in unmittelbarer Nähe der Praxis oder über sonstige Belanglosigkeiten. Für gewöhnlich erweist sich dies als hilfreich, um das erste Fremdeln rasch zu überwinden.

Auch bei dieser Patientin stellt sich bereits eine Lockerung der Angespanntheit ein. Sie ist dankbar für die Worte der noch fremden Frau, denen sie lediglich flüchtig folgen muß, was ihr ausreichend Gelegenheit zur Akklimatisierung bietet. Gleichzeitig kann sie die bislang wenig vertraute Stimme, bei der ihr vor allem eine angenehm tiefe Klangfarbe auffällt, auf sich wirken lassen.

Bald ist sie bereit zu reden, ist froh, alles Bedrückende loswerden zu dürfen. Unerwartet beschleicht sie das Gefühl, ihre Ansprechpartnerin spürt das, stellt diese doch den Small talk exakt in dem Augenblick ein, in dem sie diesem Gedanken gerade noch nachhängt, und ermuntert sie freundlich, ihr von dem zu erzählen, was sie herführt.

Janina Hofmann will keinesfalls geradewegs auf den Kernpunkt ihrer Probleme zusteuern. Lieber tastet sie sich vorsichtig heran. Das gibt ihr die Möglichkeit, zu jeder Zeit die Richtung zu wechseln, falls die Therapeutin mit Einweisung droht oder sie sonstwie für gefährlich hält. „Ich fange mal von vorn an, okay?"

Ein Nicken und ein Lächeln bestätigen Einverständnis.

„Also ich hab' nach dem Abi eine Ausbildung als Krankenschwester gemacht. Mittlerweile heißt es ja *Gesundheits- und Krankenpflegerin*. Wie auch immer man es nennen will, es hat mir nicht gereicht. Irgendwie hatte ich das Gefühl, unentwegt die zweite Geige spielen zu müssen. Denn obwohl die Ärzte in der Klinik ja nicht die Vorgesetzten des Pflegepersonals sind, existiert ein Hierarchieverhalten, das mir nicht gefiel. Verstehen Sie mich nicht falsch! Es ist in Ordnung, daß es so läuft. Denn natürlich ist die Ausbildung eines Medizinstudiums erheblich umfassender als die eines Pflegeberufs. Nur … ich persönlich wollte mich dem nicht unterordnen. Ich wollte einfach … *mehr*! Also hab' ich mich nach meinem Staatsexamen entschlossen, Medizin zu studieren. Vor ungefähr drei Jahren hab' ich damit begonnen. Ich kann sehr fleißig sein, wenn ich auf ein Ziel zusteuere. Entsprechend bin ich effektiv vorangekommen. … Als ich fürs Physikum gelernt habe, ist es dann losgegangen." Sie macht eine Pause. Jetzt muß sie langsam konkret werden, andernfalls macht der Besuch hier keinen Sinn. „Also!" Sie beginnt von neuem. Aber es will ihr nicht über die Lippen.

Wie soll sie der Therapeutin nahebringen, wie es in ihr aussieht, ohne daß diese schlecht von ihr denkt? Darüber hinaus legt sie keinerlei Wert auf eine Bestätigung dieser Psychosediagnose. Forschend studiert sie die Mimik ihres Gegenübers. Dr. de Winter interessiert sich anscheinend tatsächlich für das, was sie erzählt. Womöglich kann sie ihr also auch das Entscheidende, das, weshalb sie überhaupt hier ist, anvertrauen.

Für einen Moment kommt sie sich vor, als sei sie die einzige Patientin, die zur Zeit in dieser Praxis behandelt wird. Natürlich verwirft sie diesen absurden Gedanken geschwind. Schließlich weiß sie, wie begehrt hiesige Therapieplätze sind. Andernfalls hätte sie nicht monatelang auf diesen Termin warten müssen. Und Frau Dr. de Winter hat sie sogar vorgezogen, weil sie in ihrer Verzweiflung regelrecht gebettelt hat.

Sie ist also eine von vielen, dennoch fühlt sie sich in dem Gespräch, als gäbe es für die Therapeutin in diesem Moment nichts Wichtigeres auf der Welt als sie, Janina Hofmann, mit ihren vielen für andere unbedeutenden, für sie selbst jedoch furchtbaren Problemen. Also, los jetzt!

Sie gibt sich einen Ruck. Raus damit! „Ich habe furchtbare Gedanken, Frau Dr. de Winter! ... Manchmal fürchte ich mich regelrecht vor mir selbst! Ich habe Angst, jemandem etwas anzutun! Mir selbst oder einer mir nahestehenden Person. Oder manchmal auch einer fremden Person, mit der ich gar nichts zu tun habe. ... Wenn ich beispielsweise auf die S-Bahn warte, und sie ist kurz davor, in den Bahnhof einzufahren, dann überfällt mich auf einmal eine riesige Angst, ich könnte einen der Leute, die dort stehen, und die häufig schon ein, zwei Schritte auf die Gleise zugehen, um möglichst schnell in die Bahn zu gelangen, ... also dann fürchte ich, ich könnte einen dieser Menschen ... *schubsen*. ... So richtig, meine ich. Stoßen! Mit voller Wucht! Auf die Gleise!"

Sie hält inne, betrachtet erneut die Gesichtszüge ihres Gegenübers. Sie entdeckt keine Veränderung. Doch, da! Ein zwar kaum wahrnehmbares, dennoch eindeutig wohlwollendes Lächeln spielt um die Mundwinkel der Psychotherapeutin.

Das ermutigt Janina Hofmann weiterzusprechen. Vielleicht versteht sie es ja. „Wenn ich bei meinen Eltern bin, habe ich häufig den Impuls, meiner Mutter ... ein Küchenmesser in den Leib zu rammen. Wir stehen einfach gemeinsam in der Küche, und ich helfe ihr beispielsweise bei der Zubereitung des Mittagessens. Unvermittelt durchzuckt mich dieser Gedanke. Daraufhin versuche ich ... *mit aller Kraft*, ihn wegzudrängen. Leider läßt er sich nicht verscheuchen. Er ist derart hartnäckig, daß ich jedesmal verliere. ... Dann fang' ich an, mir Vorwürfe zu machen, ein schlechter Mensch zu sein, und wie lieb meine Mutter doch ist. Und ich frage mich, warum ich ihr wohl etwas antun will!? Dann fällt mir ein, was für eine strenge Mutter sie andererseits war und frage mich, ob ich mich vielleicht unterbewußt an ihr rächen will. Aber ... ich will ihr im Grunde gar nichts tun. ... Das ist doch furchtbar, so etwas zu denken! Wenn ich irgendwann womöglich die Kontrolle verliere und es tatsächlich tue. Stellen Sie sich das mal vor! Als ich im Examen am Ende meiner Ausbildung stand, hatte ich das auch schon mal, allerdings nur kurz. Zu der Zeit wohnte ich noch zu Hause. Nächtelang hab' ich wachgelegen, aus lauter Angst, ich könnte im Schlaf die Kontrolle über meinen Willen verlieren, rüber zu meinen Eltern schleichen und sie *abstechen*. Oder mit 'nem Hammer erschlagen. ... Vor dem Schlafengehen hab' ich meistens mein Zimmer von innen abgeschlossen, den Schlüssel in ein Kästchen gelegt und dies in die hinterste Schrankecke gestellt. Damit ich auf gar keinen Fall schlafwandelnd meine Eltern ermorden kann!"

Janina Hofmann bäumt sich auf, sackt anschließend um so auffälliger in sich zusammen, beginnt zu schluchzen. Alles bricht nun aus ihr heraus. Jetzt, da sie erst einmal begonnen hat, sich vollkommen zu offenbaren, wird sie übermannt von ihren Emotionen.

Selbst Jonathan kennt das Ausmaß ihrer Symptome nicht, nicht einmal während des Klinikaufenthaltes hat sie alles preisgegeben. Dabei tut es unendlich gut, es wenigstens *ein* Mal loszuwerden. Oftmals ist der Druck schier unerträglich.

Dr. Wilhelmina de Winter reicht der weinenden Patientin eine mit Kosmetiktüchern gefüllte pinkfarbene Box. Solche Boxen wirken deutlich hübscher als eine Packung Papiertaschentücher, bergen zudem keinen direkten Aufforderungscharakter in sich, im Sinne von 'Na los, wein doch endlich, ich will benutzt werden'. Vermutlich existiert im gesamten Universum keine einzige Psychotherapiepraxis, die nicht über eine derartige Box verfügt.

Janina Hofmann zupft nun auch dankbar zwei Tücher heraus, tupft behutsam beide Augenwinkel, schnäuzt zuletzt kräftig in den weißen Zellstoff. Anschließend äugt sie verstohlen zu Dr. de Winter, die ihr aufmunternd lächelnd ein 'Es ist in Ordnung. Ich achte Sie! Ganz unabhängig vom Inhalt Ihrer Gedanken' signalisiert. Deutet sie es denn tatsächlich richtig? Oder hält die Psychologin sie doch für gefährlich?

Das beste ist wohl nachzufragen. „Bin ich eine Bombe, die jeden Moment explodieren kann?"

Ruhig und freundlich erhält sie die erlösende Antwort. „Aber nein, das sind Sie gewiß nicht! Ihnen ist doch klar, daß die Gedanken von Ihnen selbst stammen, oder?"

„Ich weiß, worauf Sie hinauswollen. Würde ich denken, diese Gedanken gelangten von außen in meinen Kopf, hätte ich wohl *doch* eine Psychose, nicht?"

„Ja, darauf will ich hinaus. Nur wieso sagen Sie *doch*?"

„Das ist der nächste Teil. Ich bin kürzlich in der Klapse gewesen. Oh, Verzeihung! Darf man hier *Klapse* sagen?"

Man darf.

„Ich konnte mich nicht mehr aushalten. Ich wurde regelrecht überschwemmt von enormer Angst vor mir selbst und vor dem, was ich tun könnte. Ließ mich also einweisen. Aber ich kann Ihnen sagen: Nie wieder! Jede Menge Medikamente wurden mir verabreicht. Irgendwann wußte ich nicht mehr, ob ich Männlein oder Weiblein bin. Hab' dann recherchiert, was die mir eigentlich geben. Es sind Neuroleptika und Benzodiazepine gewesen. Hab' ich dann alles abgesetzt und zudem Einblick in meine Patientenunterlagen gefordert. Da steht, ich hätte eine *Psychose aus dem schizophrenen Formenkreis mit Zwangsgedanken*. Ich werde die Formulierung nie vergessen. Sie glauben das nicht, oder?"

„Bisher haben sich diesbezüglich keinerlei Anhaltspunkte ergeben. Allerdings werden wir selbstverständlich noch eine gründliche Diagnostik durchführen, damit wir vollkommene Gewißheit erlangen."

„Und die Medikamente? Ich hab' inzwischen dermaßen viel über die Spätfolgen erfahren. Muß ich wohl mit welchen rechnen?"

„Welches Neuroleptikum haben Sie denn überhaupt wie lange und in welcher Dosierung eingenommen?"

„Warten Sie, ich hab' den Abschlußbericht der Klinik bei mir!" Janina Hofmann kramt einen Umschlag aus ihrer Handtasche, reicht ihn der Therapeutin. Diese studiert ihn aufmerksam, konzentriert sich vorrangig auf die Medikation. „Also, das Risiko ist meiner Auffassung nach als gering einzuschätzen. Machen Sie sich keine Sorgen! Da ich jedoch keine Ärztin bin, empfehle ich Ihnen, beispielsweise einen Psychiater aufzusuchen, der Ihnen diesbezüglich bestens Auskunft geben kann."

„Okay, ich überleg's mir. Bitte beantworten Sie mir trotzdem noch eine Frage: Warum wurde mir das Benzodiazepin verordnet?"

„Na ja, es sediert sehr gut, hilft Angst und Unruhe zu vermindern. Ich weiß nicht, wie Sie wirkten, als Sie in die Klinik aufgenommen wurden. Vermutlich beabsichtigte man, Sie erst einmal zur Ruhe kommen zu lassen."

„Aber das macht doch süchtig!"

„Es kann süchtig machen, das stimmt. Zur Dauermedikation ist es ungeeignet, die Einnahme sollte wenige Tage nicht überschreiten. Andererseits erweist es sich für eine kurze Zeitspanne häufig als nützlich."

„Wie bei mir, nicht? Weil ich extrem am Rad drehte. Ich hab' es allerdings ... mehrere Wochen genommen. Dann war das ja wohl ein Fehler."

„Zwar verstehe ich Ihre Sorge, Frau Hofmann, doch haben Sie mittlerweile immerhin alles abgesetzt, nicht? Sie sind also weder abhängig vom Benzodiazepin, noch werden Sie aller Wahrscheinlichkeit nach eine extrapyramidale Symptomatik – also eine Störung des Bewegungsablaufs – durch das Neuroleptikum entwickeln. Es ist im Nachhinein auch müßig zu überlegen, ob es sinnvoll war, die Medikamente einzunehmen oder nicht. Jetzt versuchen wir statt dessen lieber einen Weg zu finden, um Sie von Ihren quälenden Symptomen zu befreien! In Ordnung? Lassen Sie uns also dahin zurückkehren! Ich würde gern noch mehr über die Inhalte Ihrer Gedanken erfahren."

Janina Hofmann nickt. „Wissen Sie, ich will bloß, daß das endlich aufhört! Ich kann mich manchmal auf nichts mehr konzentrieren, weil ständig diese Gedanken durch meinen Kopf turnen. Ich hab' – wie gesagt – ebenfalls Angst, mir selbst etwas anzutun. Gehe ich über eine Brücke, fürchte ich, ich könnte einfach übers Geländer steigen und hinabspringen. Fahre ich mit dem Wagen über die Autobahn, überfällt mich aus dem Nichts der Gedanke, ich könnte plötzlich das Gaspedal durchtreten, so daß ich schneller und schneller werde, bis ich vielleicht einen Brückenpfeiler entdecke, auf den ich zuhalte. ... Hantiere ich mit einer Schere, durchdringt mich der Impuls, sie mir ins Herz zu rammen. ... Als meine beste Freundin schwanger war, ... oh Gott, es ist furchtbar, das überhaupt auszusprechen! Als ihr Bauch ... so richtig schön kugelrund war, hab' ich jedesmal, wenn ich sie sah, riesige Angst gehabt, ich könnte ihr mit voller Wucht in den Bauch treten. Ist das nicht schrecklich, Frau Doktor?" Erneut kommen ihr Tränen.

In Rinnsalen laufen sie die Wangen hinab, bevor ein frisches Zellstofftüchlein aus der farbigen Box sie auffängt. Janina Hofmann knüllt das nun durchtränkte Tüchlein zu einer kleinen Kugel, die sie, zur Vergesellschaftung der bereits in ihrer Hand befindlichen anderen Kugel, dieser hinzufügt.

Endlich sind die Tränen wieder versiegt. Prophylaktisch zupft sie ein weiteres Tuch aus der Box. Dabei spricht sie weiter, ohne eine Antwort auf ihre zuvor gestellte Frage abzuwarten. Letztendlich ist es schließlich einerlei, ob die Psychologin das schrecklich findet oder nicht. Sie selbst findet es absolut verheerend. *Das* ist das Schlimme!

Und damit ist sie, ohne es zu ahnen, bereits auf den Kern ihres Problems gestoßen. „Ich würde doch nie so etwas tun! In meinem ganzen Leben hab' ich niemandem etwas Böses angetan. Und schon gar keine Gewalt! Warum denke ich solche schlimmen Sachen?"

„Nun, das Entscheidende ist Ihre Bewertung. Sie verfügen über ein sehr ausgeprägtes Moralsystem. Dabei empfinden Sie es als absolut inakzeptabel, jemandem Unrecht zuzufügen oder eine Person in irgendeiner Weise zu verletzen. Also beschäftigt sich Ihr Verstand immer und immer wieder mit der Frage, ob sich so etwas tatsächlich ereignen könnte. Es geschieht in der Hoffnung, einen Beweis zu finden, der dies für alle Zeiten – am besten zu einhundert Prozent – ausschließen kann. ... Durch das viele Nachdenken erlangt der Inhalt solcher Gedanken jedoch automatisch eine zunehmende Wichtigkeit, die Ihnen fälschlicherweise das Signal erteilt, es könne sehr wohl passieren. Dabei geht es selbstverständlich nicht darum, einen Plan zu entwerfen. Oder empfinden Sie in irgendeiner Weise *Lust* bei der Vorstellung, jemandem Leid zuzufügen?"

Janina Hofmann schüttelt vehement den Kopf.

„Sehen Sie! Und nun grübeln Sie darüber nach, was für eine Art Mensch Sie denn sein mögen, der solch schlimme Vorstellungen überhaupt haben kann. Infolgedessen kommen Sie mit dem Erklärungsansatz *Verdrängung aggressiver Impulse* irgendwelchen Personen gegenüber daher und mit allerlei mehr. Allerdings lockt Sie das alles auf eine falsche Fährte. Es ist lediglich so, daß zunächst einmal eine genetische Prädisposition vorliegt – also eine erblich bedingte Empfänglichkeit –, zudem treten immer mal wieder Auslöser auf. Die haben Sie bereits selbst beschrieben: Streß im Examen, Streß im Physikum. Daraufhin beginnt ihr Gehirn, absurde Gedanken mit Angstgefühlen zu kombinieren, woraufhin Sie den Schluß ziehen, etwas moralisch Inakzeptables zu denken und dabei Angst zu empfinden sei ein Beleg dafür, daß Sie mit ernstzunehmender Wahrscheinlichkeit diese *schlimmen* Gedanken in die Tat umsetzen könnten. Es handelt sich jedoch um einen Zirkelschluß. Denn die Angst, die Sie bei Ihren Gedanken empfinden, ist kein Gradmesser für Wahrscheinlichkeit."

„Das bedeutet also, ich werde auf gar keinen Fall je einem Menschen etwas Böses antun?!"

Dr. de Winter schmunzelt amüsiert, ohne daß es wie ein Sich-lustigmachen wirkt. „Sie sind ja ganz schön gerissen! Kaum sehen Sie Licht am Ende des Tunnels, fordern Sie von mir bereits die Bestätigung, es handele sich garantiert niemals um den entgegenkommenden Zug?"

Die Frage entlockt der Patientin ebenfalls ein Schmunzeln. „Aber Sie haben doch gesagt, ich sei mit einem besonders ausgeprägten Moralsystem ausgestattet, und meine Gedanken seien kein Hinweis auf mögliche Taten."

„Sicher. Das bedeutet, Sie verüben mit eher geringerer Wahrscheinlichkeit als der – na, sagen wir – Durchschnittsbürger eine Gewalttat. Dennoch lege ich nicht meine Hand dafür ins Feuer, daß Sie niemals irgend jemandem etwas antun! Und das hat absolut nichts mit Ihrer Symptomatik zu tun. Selbst für *mich* würde ich keine allumfassende Garantie übernehmen. Was wissen wir denn, was uns im Leben widerfährt, wie wir uns entwickeln? Es ist nur überflüssig, mit solchen Überlegungen wertvolle Lebenszeit zu verschwenden. ... Noch einmal: Ihre Gedanken erhöhen in keiner Weise die Wahrscheinlichkeit, einem anderen Menschen oder einem Tier etwas Böses anzutun. Eher das Gegenteil ist der Fall, weil eben Ihr System moralischer Bewertungen sehr aktiv ist."

„Ich will alles jederzeit ganz gewiß haben, die ... hundertprozentige Kontrolle! Das ist mein Problem, nicht?"

„Ja, genau. Zusammenfassend kann man es so ausdrücken: Sie haben ein ausgeprägtes Gewissen. Zudem haben Sie Angst. Wenn die ausführliche Diagnostik das bestätigt – und davon gehe ich aus –, leiden Sie an einer sogenannten *Zwangsstörung*, die sich vorrangig in Zwangs*gedanken* äußert. Eine solche Symptomatik gehört zu der Gruppe der *Angststörungen*. Das bedeutet, Angst stellt das zentrale Element dar. ... Sie haben also *Angst*, Sie könnten eine der Gewalttaten ausführen, die Ihre Phantasie erfindet. Und genau diese Angst macht das Ganze zum Problem. ... Hätten Sie sie nämlich nicht, sondern würden Lust – im weitesten Sinne gemeint – bei den Gedanken empfinden, litten Sie unter einer anderen Störung, und damit bestünde eine gewisse ernstzunehmende Gefahr, daß Sie Ihrer Phantasie irgendwann Folge leisteten. ... Oder aber, Sie würden beim Auftreten solcher Gedanken gar nichts fühlen. In diesem Falle könnte es Ihnen ebenso passieren, eines Tages zuzuschlagen, -treten oder -stechen, weil keinerlei moralische Instanz existierte, die das verhindern könnte."

„Dann ist es also vorteilhaft, diese Angst zu haben?!"

„In gewisser Weise schon. Grundsätzlich schützt uns Angst. Das Problem beginnt jedoch, sobald die Angst zu häufig, zu gewaltig und/oder zu lange auftritt. Dann nämlich behindert sie, statt zu unterstützen."

„Das heißt, das Ziel ist gar nicht, die Angst komplett verschwinden zu lassen?"

„Richtig. Vielmehr sollen Sie lernen, mit der Angst umzugehen! Sie zu nutzen, wenn es sinnvoll erscheint, sie zu ignorieren oder in die Schranken zu verweisen, sobald sie im Wege steht. Sie soll nur so ausgeprägt auftreten, wie Sie es in der jeweiligen Situation gebrauchen können. Das heißt, Sie sollen erkennen, die Wahl zu haben, und daß am Ende nicht einmal die Angst selbst oder deren Intensität das eigentlich Störende darstellt, sondern lediglich, sie als störend zu *empfinden*. Ließen Sie sie einfach da, wo sie ist, nachdem Sie entschieden haben, sie im Moment nicht gebrauchen zu können, hätten Sie kein Problem mehr. ... Bloß Angst. ... Doch Sie wollen dieses für Sie unangenehme *Gefühl* loswerden. Und das ist problematisch, weil Sie es auf diese Weise eher noch schüren. Im Grunde ist die Angst somit gar nicht der Feind, sondern der Gedanke, sie nicht haben zu wollen – oder sie sogar nicht *ertragen* zu können."

„Das bedeutet also, es gibt Situationen, in denen ich zuviel Angst habe, was meine Gedanken anpeitscht. Es existieren jedoch ebenfalls Situationen, in denen Angst wertvoll ist. Wenn beispielsweise mein Leben bedroht wird. Bloß was für Situationen gibt es denn, in denen man – sagen wir mal – ein *mittleres* Maß an Angst braucht?"

„Zum Beispiel bei einer wichtigen Aufgabe, die man zu bewältigen hat. Etwa bei einer Prüfung oder einem klärenden Gespräch mit jemandem. Eine gewisse *Anspannung* ist dabei sinnvoll, um die Konzentration zu erzeugen, die nötig ist, und um diese aufrechterhalten zu können. Anspannung ist auf demselben Kontinuum angesiedelt wie Angst, was bedeutet, *qualitativ* besteht zwischen beiden kein Unterschied, lediglich *quantitativ*. Somit spielt die Intensität und ebenso die Interpretation eines körperlichen Gefühls eine entscheidende Rolle."

Stumm hockt Janina Hofmann auf der Kante des Sessels.

Alle paar Atemzüge nickt sie. Und mit jedem Nicken gleiten die Erkenntnisse ein Stück tiefer in ihr Gehirn. Dort werden sie auf Brauchbarkeit überprüft und nach Feststellung dieser, ein Stück weiter zu einer tieferen Verarbeitungsstufe geleitet. Verglichen mit bereits Vorhandenem, noch genauer überprüft, weitergeleitet zur nächsten Stufe.

Sie wird dies alles noch einige Male hören und auch hören müssen, bis es sich vollständig eingeprägt hat. Doch bereits in diesem Moment empfindet sie eine ungeheure Erleichterung. Die Therapeutin hält sie nicht für verrückt! *Und* es gibt einen Weg, ihre Symptome zu bearbeiten. Wie wohltuend das ist! Sie ist wesentlich zuversichtlicher als vor der Sitzung. Ach, als überhaupt in den letzten Monaten! Nein, Jahren! Eines muß sie trotzdem noch klären: „Wollen Sie denn überhaupt mit mir arbeiten, Frau Dr. de Winter?"

„Sehr gern! Entscheidend ist nun, ob Sie es sich ebenfalls vorstellen können, ob Sie überhaupt *wiederkommen* wollen. Sie können gern ein paar Nächte darüber schlafen! Anschließend rufen Sie mich einfach an und teilen mir Ihre Entscheidung mit, ja?"

„Oh, ich muß nicht darüber schlafen. Ich will die Therapie auf jeden Fall machen!"

„Schön, dann vereinbaren wir einen neuen Termin!"

Dr. de Winter steht auf und holt ihren Terminplaner vom Schreibtisch. Sie hat ihn meistens dort liegen, damit sich nicht zuviel Kram auf dem kleinen Beistelltisch ansammelt. Zwangsläufig muß sie der Patientin dabei den Rücken zukehren, da sich der Schreibtisch hinter ihrem eigenen Platz befindet. Deutlich nimmt sie das Knarzen des Ledersessels und ein intensives Aufatmen wahr. Sie lächelt. Zweifellos hat sich ihre neue Patientin endlich vollends entspannt.

3

Nach Möglichkeit verließ Mina in der Mittagspause ihre Praxis. So bekam sie den Kopf frei, um entspannt ihre Nachmittagspatienten empfangen zu können. Nach wenigen Gehminuten gelangte man zum Stadtkern. Dort gab es ein unscheinbar wirkendes, vegetarisches Restaurant mit Selbstbedienung, in dem sie regelmäßig eine leichte Mahlzeit einnahm. Man erhielt hier für einen angemessenen Preis die schmackhaftesten Speisen. Überkam einen derweil keine Lust, sich dort ausgiebig aufzuhalten, mußte man nicht einmal den Innenraum betreten, da es zusätzlich die Möglichkeit bot, an einer kleinen Theke direkt vom Bürgersteig aus, eine Bestellung aufzugeben.

Es dauerte hier nie lange, bis man sein Essen in einem Schälchen, appetitlich angerichtet, in die Hand gedrückt bekam. Dazu gab es obendrein eine Serviette – was Mina zusätzlich für dieses Restaurant einnahm, da die meisten dies selbst bei höheren Preisen kaum noch für nötig hielten – und je nach Gericht eine Holzgabel, weshalb man unverzüglich weitergehen und mit vollem Mund die Auslagen in den Schaufenstern der umliegenden Geschäfte betrachten konnte. Oder man suchte sich – je nach Wetterlage – eine freie Bank im gegenüberliegenden Park. Dort konnte man dem beruhigenden Rauschen des Windes in den Blättern der hohen Bäume lauschen oder die vorbeigehenden Menschen beobachten. Manche eilten hektischen Schrittes, andere führten in aller Ruhe schlendernd ihren Hund aus.

Heute fiel das Sitzen auf einer der Bänke allerdings aus. Das Jahr hatte erst unlängst begonnen, was den Temperaturen deutlich anzumerken war. So machte ein Verweilen ohne jegliche Bewegung ohnehin wenig Spaß, zudem setzte unmittelbar in dem Moment, in dem Mina aus der Tür des Praxisgebäudes trat, ein heftiger und eiskalter Regen ein.

Kurz erwog sie noch einmal umzukehren, um einen Schirm zu holen. Jedoch war sie beinahe sicher, nicht fündig zu werden. Also schlug sie den Mantelkragen hoch und lief zügig Richtung Innenstadt.

Zu allem Überfluß war das Restaurant, als sie dort ankam, brechend voll, weshalb an der Außentheke Personalmangel herrschte. Wahrscheinlich hatten sich viele, die sonst nie hier aßen, vor dem Regen ins trockene Innere geflüchtet.

Mina trat einen Schritt hinein, blieb jedoch im Türrahmen stehen, um von dort einen prüfenden Blick in den gemütlichen Gastraum zu werfen. Innerhalb weniger Sekunden konnte sie sich davon überzeugen, daß bedauerlicherweise nicht ein einziger Platz frei war. So ein Mist! Sie hatte Hunger und verspürte bei dem Regen zudem keine besondere Lust, irgendwo anders hinzugehen.

Durch einen winkenden Arm im hinteren Teil des Raumes wurde sie aus ihren Überlegungen gerissen. Erst war ihr gar nicht klar, wem die Geste galt. Sie drehte sich ein wenig um und warf einen flüchtigen Blick über die Schulter, um herausfinden zu können, ob der Mann, der zu dem Arm gehörte, die Aufmerksamkeit seiner Verabredung oder eines zufällig vorbeikommenden Bekannten erregen wollte. Allerdings konnte sie niemanden identifizieren, dem das Winken gegolten haben könnte.

Demzufolge mutmaßte sie, er müsse wohl *sie* gemeint haben. Um sicher zu gehen, tippte sie sich mit dem rechten Zeigefinger auf die Brust und formte mit den Lippen so etwas wie ein 'Meinen Sie mich?', was den Fremden zu einem eifrigen Nicken veranlaßte, das durch ein freundliches Lächeln noch bekräftigt wurde. Sollte sie ihn kennen, oder was wollte er?

Mina war verunsichert, bewegte sich dabei jedoch in seine Richtung, um den Zweifel aufzuklären. Und auch, weil sie sich auf diese Weise etwas länger im Trockenen aufhalten konnte. Doch löse der attraktive Mann mit den kurzen blonden Haaren selbst beim Näherkommen kein Erkennen in ihr aus, vielmehr erschien er ihr völlig fremd. Als sie bei ihm angelangt war, erhob er sich. Er zeigte weiterhin dieses freundliche Lächeln, wobei sich um seine blauen Augen kleine, strahlenförmig angeordnete Fältchen gebildet hatten, die wirkten, als lächelten sie mit.

„Hallo", begrüßte er sie, „da haben Sie meine Fuchteleien ja doch noch richtig entschlüsselt." Das Lächeln verdichtete sich zu einem Lachen. „Keine Angst, ich will Ihnen keinen unsittlichen Antrag unterbreiten! Obwohl ..., wenn ich Sie so aus der Nähe betrachte, ..." Er unterbrach sich selbst, wohl in der Sorge, ein zu loses Mundwerk gehabt zu haben.

„Nein, Entschuldigung!" hob er von neuem an. „Ich will wirklich nur freundlich sein. Ich habe bereits gegessen und bin drauf und dran zu gehen. Als ich Sie dort in der Tür stehen sah, dachte ich, Sie suchen vielleicht einen Platz, und ich hab' einen übrig."

Mina hatte bisher noch keinen einzigen Ton von sich gegeben. Zu eloquent überschüttete sie der Fremde mit seinem Wortschwall.

Allerdings wirkte er weder zudringlich noch frech, genaugenommen eher sympathisch und tatsächlich hilfsbereit. Und sein Gebärdenspiel hatte sich zudem als soziale Tat erwiesen.

„Danke!" bemerkte sie endlich und ausschließlich, fiel ihr doch nichts Passenderes ein.

„Oh, nichts zu danken", entgegnete der Fremde. „Wenn Sie wollen, holen Sie sich doch rasch Ihr Essen, ich halte zwischenzeitlich Ihren Platz frei!"

Zuerst wollte Mina so etwas wie 'Das kann ich doch nicht annehmen' einwerfen, nur aus welchem Grund konnte sie das eigentlich nicht? Schließlich bedachte sie andere ebenfalls mit Freundlichkeiten, nun tat das mal jemand für sie. Also entschied sie sich um. „Das ist wirklich sehr nett von Ihnen. Damit haben Sie für heute auch schon Ihre gute Tat erledigt: Einer vollgeregneten, hungrigen Dame einen Platz freizuhalten. Na, wenn das nicht zählt!"

Unverzüglich stieg er auf ihren lockeren Ton ein. „Da bin ich aber froh! Ich hatte bereits überlegt, ob ich zum x-ten Mal einer widerspenstigen Oma über die Straße helfen muß."

Jetzt lachten beide.

„Also", beendete Mina die Albereien, „ich geh' dann mal schnell zur Theke."

Zustimmend nickte er.

Als sie endlich ihr Tablett mit dem appetitlich duftenden Essen in Händen hielt und erneut auf den Tisch zusteuerte, saß der Fremde tatsächlich noch da, stand jedoch unverzüglich auf, um ihr Platz zu machen. Mit einer galanten Handbewegung wies er auf den freigewordenen Stuhl.

Mina deutete spaßhaft einen Knicks an und setzte sich, während sie das Tablett vor sich absetzte. „Nochmals herzlichen Dank!"

„Gern geschehen und Guten Appetit!" erwiderte der Fremde.

Danach ergriff er seinen Mantel von der Stuhllehne, wünschte noch einen schönen Tag, was erneut mit seinem sympathischen Lächeln dekoriert wurde, und schon war er weg.

Daß ein näheres Hingucken vielleicht gelohnt hätte, schoß Mina nur beiläufig durch den Kopf. Der Gedanke hatte sich bereits wieder verflüchtigt, als sie begann, sich ihrem leiblichen Wohl zu widmen.

Auf dem Rückweg zur Praxis fiel ihr das Telefonat ein, das sie kürzlich mit Charlie geführt hatte. Zwar hatte sie der Freundin unterstellt, es sei deren Fehler, stets die falschen Männer auszusuchen, aber nur zu gut wußte sie, was für ein Blödsinn das im Grunde war.

Sicher, bei der Partnerwahl bevorzugte jeder einen bestimmten *Typen*. Und bei der Wahl eines Obermachos sollte man besser kein Frühstück am Bett und eine anschließend sorgfältig von ihm aufgeräumte Küche erwarten. Letztlich stellte man jedoch erst im Laufe der Zeit fest, ob jemand bleiben sollte oder nicht. Also mußte man dem Ganzen erst einmal eine Chance einräumen und sich zunächst auf das eigene Gefühl verlassen.

Dabei sollte man zudem Vertrauen zum anderen, sozusagen als Vorschuß, einbringen. Und bei Vertrauen handelte es sich nun einmal um ein Gefühl, das keine zu gewaltige Portion Verstand vertrug, weil es sich sonst eben nicht länger um Vertrauen handelte. Jeweils das rechte Maß zu finden, gestaltete sich dabei in partnerschaftlichen Beziehungen besonders vertrackt. Und den Kopf regel- und gleichmäßig einzuschalten, sobald Gefühle im Spiel waren, stellte sich ohnehin als äußerst knifflig dar.

Trotz aller Verliebtheit konnte man zwar versuchen, auf Signale zu achten, die einem halfen, beschleunigt zu erkunden, ob der andere Mensch dauerhaft passen könnte oder nicht; insgesamt mußte man es dennoch wohl oder übel ausprobieren, dabei sich selbst möglichst treu bleiben – also nichts einreden lassen, von dem man nicht überzeugt war – und schauen, wie es sich entwickelte. Am allerwichtigsten war, sich mit dem anderen wohlzufühlen, etwas Gutes hinzuzubekommen, etwas, das eine echte Bereicherung zum vorherigen Leben darstellte.

Und dies war vermutlich das Entscheidende, das Charlie immer wieder mißachtete. Allzu häufig fühlte sie sich bereits zu Beginn einer Beziehung nicht richtig wohl; hatte dies und jenes auszusetzen, stellte sich zurück, wo sie sich nicht zurückstellen sollte, nahm Dinge in Kauf, die ihr grundsätzlich widerstrebten und tat obendrein alles für den Betreffenden, was der gar nicht erst einfordern mußte oder – anders ausgedrückt – was dieser sich nicht erst wünschen durfte oder konnte, da es bereits im Basisangebot inbegriffen war.

Demzufolge stellte jede Liebenswürdigkeit, derer Charlie fähig war, eine Selbstverständlichkeit dar. Und jedwedes *Heute-tue-ich-das-mal-nicht-zur-Abwechslung-könntest-du-was-für-mich-tun* bedeutete folglich ein Abrutschen in einen *Minus*bereich plus einer unausgesprochenen Forderung an den jeweiligen Mann, der dieser höchstens mit übernatürlichen Fähigkeiten des Gedankenlesens nachkommen könnte.

Ohne es zu beabsichtigen, steuerte Charlotte somit regelmäßig etwas zum Mißlingen bei.

Rief Mina sich allerdings die Eroberungen der Freundin aus den letzten Jahren in Erinnerung, fand sich andererseits kein einziger darunter, der unter Optimalbedingungen dringend hätte bleiben sollen; also wenn sie – Mina – hätte entscheiden dürfen! Die schlechte Nachricht war: Durfte sie *nicht*! Demgegenüber lautete die gute Nachricht: *Mußte* sie auch nicht! Somit war sie am Unglück der besten Freundin wenigstens nicht beteiligt. Statt dessen stellte sie sich stets als zuverlässige Trösterin zur Verfügung.

All diese Erwägungen wollte sie Charlie noch einmal mitteilen, damit diese sich nicht in ständigen Selbstvorwürfen verfing.

4

Sie steht im Flur vor dem großen Spiegel. Aus einem hübschen Gesicht, das von halblangen, glatten Haaren dunkel eingerahmt wird, begegnen ihr schöne, braune Augen. Die Lippen des ohnehin nicht sehr üppigen Mundes sind aufeinandergepreßt. Sie löst die Verkrampfung, zwingt sich sogar zu einem aufmunternden Lächeln. 'Nur Mut!' nickt sie ihrem Spiegelbild zu. Sie muß es endlich wagen! Augen zu und durch!

Das ist das einzige, was sie in diesem Moment tun kann. Alles andere wäre extrem fahrlässig oder sogar verrückt. Dummerweise ist die Angst enorm hoch. Sie weiß nicht, wie sie überhaupt dort hingelangen soll. Ja klar, sie hat ein Taxi bestellt. Das geht gerade noch. Aber trotzdem!

Sie streicht ihr Kleid glatt, wendet sich anschließend nach rechts und links, um kritischen Blicks bisher unbemerkte Schwachstellen ihrer Kleidung aufzuspüren. Sie ist der Ansicht, ein Kleid darf weder zu lang noch zu kurz ausfallen, erreicht man gerade mal eine Körperlänge von einem Meter und sechzig. Nachdem sie sich ausreichend betrachtet hat, ist sie zufrieden. Ihr Outfit ist in Ordnung. Der weiche Stoff umschmeichelt angenehm ihre schlanke Figur.

Ein weiteres Mal rennt sie zur Toilette. Ihr Darm signalisiert deutlich den empfundenen Streß. Erneut kommen ihr Zweifel. Warum hat sie bloß diesen Termin vereinbart? Schließlich sind immer mal wieder derartig schlimme Phasen aufgetreten. Und die sind jedesmal irgendwann besser geworden. Ganz von allein.

Zudem hat sich vor Jahren der einzige Versuch, sich Unterstützung zu suchen, als riesengroßer Reinfall erwiesen. Warum tut sie sich das nun noch einmal an? Gewiß kommt sowieso nichts dabei heraus. Und am Ende fühlt sie sich schlechter als zuvor.

Trotzdem will sie dorthin! Will es verdammt noch mal hinter sich bringen. Dann muß sie sich wenigstens keine Vorwürfe machen, sollten sich die Symptome nicht in den Griff bekommen lassen, kann sich statt dessen sagen, es liege keineswegs an ihr. Sie habe immerhin alle Möglichkeiten ausgeschöpft, Hilfe zu erhalten. Daß ihr nur eben niemand helfen *kann*.

Andererseits dürfen die Symptome nicht bleiben. In welche Richtung soll sich denn ihr Leben entwickeln? Aktuell kann sie sich glücklich schätzen, daß ihr Chef sich darauf eingelassen hat, ihr für eine gewisse Zeit einen Heimarbeitsplatz einzurichten. So bleibt ihr vorerst zumindest der soziale Abstieg erspart. Doch die Zeit läuft bald ab! Danach muß sie zurück ins Büro. Und ihre Eltern sind schließlich ebenfalls noch da. Leider nicht zur Unterstützung. Im Gegenteil.

Ihre Mutter leidet seit Jahren an *Multipler Sklerose*. Als Tochter hilft sie, wo sie kann. Wenigstens wohnt sie lediglich einige Häuserblocks von ihren Eltern entfernt. Also kann sie mal eben rüberflitzen und einiges erledigen, was ihren Vater überfordert, ihre Mutter ohnehin nicht mehr leisten kann.

Und dann gibt es noch ihren Freund Jochen. Er ist zwar lieb, aber allmählich hat er wohl kein richtiges Verständnis mehr für sie. Anfangs sind sie noch ins Kino gegangen, haben gemeinsam Urlaub gemacht, Freunde getroffen und Konzerte besucht. Irgendwann wollte sie im Kino jedesmal unbedingt ganz außen sitzen, ist nach Hause gegangen, war das nicht möglich. Oder sie ist mitten im Film aufgestanden, weil sie mal wieder – wie aus heiterem Himmel – von einer Attacke überwältigt worden ist. Und die Urlaube? Die finden seit zwei Jahren nicht mehr statt. Bis jetzt hat Jochen sich recht klaglos in dieses Schicksal gefügt, allerdings geht er garantiert von einer baldigen Änderung der Situation aus. Lange wird er gewiß nicht mehr stillhalten. Genaugenommen findet im gemeinsamen Leben nichts Bedeutsames mehr statt. Sie besucht ihn nicht einmal mehr in seinem Zuhause. Früher haben sie sich abgewechselt: Ein Wochenende hat sie bei ihm verbracht, das andere ist er zu ihr gekommen. Auf diese Weise konnten sie das eine Mal Treffen mit *seinen* Freunden arrangieren, das andere Mal mit *ihren*. Denn obwohl sie in derselben Stadt wohnen, hat sich diese Vorgehensweise angeboten. Alles ist gerecht und ausgewogen gewesen. Mittlerweile hält er sich ausschließlich bei ihr auf, weil sie sich nicht traut, mit dem Auto zu ihm zu fahren. Und er soll sie auch nicht ständig abholen. Obwohl er es unentwegt anbietet. Nur fährt sie nicht besonders gern mit ihm, und außerdem will sie sein Entgegenkommen nicht überstrapazieren.

Ständig beschleicht sie ihm gegenüber ein schlechtes Gewissen. Mittlerweile geht sie sich selbst gehörig auf den Keks.
Diese Scheiß-Attacken! Was würde sie geben, wäre sie die los!
Es schellt. Das ist bestimmt der Taxifahrer. Wohlweislich hat sie ihn bereits gestern bestellt, damit sie nicht kurz vorher kneift und einfach nicht anruft, um einen Wagen kommen zu lassen.
Rasch schlüpft sie in ihren warmen Mantel, greift nach Schal, Handtasche und Schlüsselbund, vergewissert sich, daß sich ihre Versichertenkarte im Portemonnaie befindet – wäre doch peinlich, sie vergessen zu haben –, verläßt ihre Wohnung und schließt sorgfältig die Tür hinter sich ab.
Als sie eine Viertelstunde später im Wartezimmer der freundlich wirkenden Praxis nervös auf und ab läuft, überlegt sie noch ein allerletztes Mal, ob sie flüchten soll. Die Angst ist jetzt beinahe unerträglich. Allerdings verwirft sie den Gedanken unverzüglich. Wenigstens dieses eine Gespräch will sie über sich ergehen lassen. Anschließend kann sie weitersehen.
Sie vernimmt Schritte auf dem Flur. Schwungvoll öffnet sich die Tür und gibt eine lächelnde Frau mit – 'Mein Gott, was für Haare!' – unfrisiert wirkenden, roten Locken und auffallend grünen Augen frei, die ihr freundlich entgegenblickt und sie in halb fragendem Ton mit „Guten Morgen, Frau Groß!?" begrüßt.
Eveline Groß ergreift die ihr dargebotene Hand und drückt sie flüchtig. Sie kann ihren Blick noch immer nicht von dem roten Schopf lösen. 'Einen Kamm! Gib' mir einen Kamm!' scheint er förmlich zu rufen. Sie zwingt ihre Augen, sich ein paar Zentimeter nach unten zu bewegen. Zu ihrer Erleichterung gehorchen sie nach nur dreimaliger Aufforderung. Sogar ihre Sprache hat sie wiedergefunden. „Ja, das bin *ich*! Und Sie sind Frau Dr. de Winter?"
„Richtig! Schön, daß Sie hier sind. Kommen Sie bitte mit mir, ja?"
Leichten Schrittes entfernt sich die zierliche Person, bleibt vor der nächsten, offenen Tür stehen und signalisiert ihr einzutreten.
Eveline Groß ist ihr eilig gefolgt. Eine Therapeutin hat sie sich indessen völlig anders vorgestellt. Ihre letzte, bei der sie nur ungefähr achtmal gewesen ist, hat einigermaßen bieder gewirkt. Bisher ist sie der Meinung gewesen, alle Therapeutinnen seien so oder zumindest so ähnlich, *müßten* sogar so sein. Sie erkennt im selben Moment, wie blöd die-

se Vorstellung ist. Trotzdem ist sie irritiert. Auch noch, als sie der fremden Psychologin gegenübersitzt und sie genauer betrachtet.

Erneut bleibt ihr Blick an den Haaren kleben. Was für eine eigenwillige Frisur! Auffällige Haare, attraktives Äußeres.

Kann die denn wohl was? Na ja, sie will erst einmal abwarten, beschließt jedoch, eine sehr kritische Haltung einzunehmen. Vielleicht erübrigen sich dann ohnehin weitere Termine.

Nach den üblichen einführenden Worten und Formalitäten erkundigt sich Dr. de Winter nach Eveline Groß' Problemen. Die Patientin will trotz ihrer Skepsis so offen und konkret wie möglich schildern, woran sie leidet. „Ich habe Panikattacken. Ganz … furchtbare! Ich kann überhaupt nichts mehr unternehmen. Sitze die meiste Zeit … zu Hause rum. Wenn ich irgendwohin will, meldet sich sofort diese schreckliche Angst. Meistens bleibe ich daraufhin lieber daheim. … Verstehen Sie? Ich habe regelrechte Todesangst! Und die überfällt mich vollkommen unerwartet. Inzwischen gibt es allerdings eine Reihe von Situationen, denen ich mich von vornherein nicht mehr aussetze, weil ich weiß, diese furchtbare Panik tritt garantiert wieder auf." Abwehrend rudert sie mit der rechten Hand.

„Um welche Situationen handelt es sich dabei?"

„Also mit dem Bus fahre ich gar nicht mehr. Mit dem Auto nur noch als Beifahrer. Allerdings auch nicht mit jedem. Mein Freund arbeitet in einer Autowerkstatt und hat wirklich viel Ahnung von Autos. Vom Fahren sicher ebenfalls, doch er fährt häufig viel zu … zu aggressiv. Regelmäßig sage ich ihm, er solle das lassen. Zumindest, sobald ich danebensitze. Er tut es trotzdem immer wieder. Also fahre ich nur noch mit ihm, wenn es sich gar nicht vermeiden läßt."

„Was machen Sie beruflich?"

„Ich bin Bürokauffrau in einem mittelständischen Unternehmen."

„Wie gelangen Sie zur Arbeit?"

„Ich stehe auf, dusche, ziehe mich an, gehe nach dem Frühstück in mein Arbeitszimmer und … *voilà*, ich bin da." Eveline Groß lacht über ihren gelungenen Scherz. Klar, sie hätte auch direkt sagen können, daß sie zu Hause arbeitet. Das übernimmt jetzt die Therapeutin für sie. „Sie arbeiten zu Hause."

„Genau. Mein Chef war so nett, mir vorübergehend einen Heimarbeitsplatz einzurichten."

„*Wegen* Ihrer Panikattacken?"

„Mmh! Ich schleppe die ja schon geraume Zeit mit mir rum, aber irgendwann waren sie so schlimm, daß ich nicht mehr zur Arbeit fahren konnte. Ich war deswegen zwei Wochen krankgeschrieben. Und danach habe ich mir überlegt, was ich machen soll. So bin ich auf die Idee gekommen, alles wäre halb so schlimm, könnte ich meine Arbeit von zu Hause aus erledigen. Als ich meinem Chef diese Idee unterbreitet habe, ist der zunächst ... nicht sonderlich begeistert gewesen. Daraufhin hab' ich ihm hoch und heilig versprochen, meine Arbeit genauso pünktlich und zuverlässig zu erledigen, als säße ich im Betrieb."

„Und? Ist es gut?"

„Was meinen Sie?"

„Ist es tatsächlich gut, ständig zu Hause zu sein?"

„Ja, ... schon. Zumindest hab' ich keinen Streß mehr."

„Jedoch sind Sie jetzt hier. Das heißt, zur Lösung des eigentlichen Problems hat es anscheinend *nicht* geführt."

Will Pumuckl sie provozieren? Zwar hat sie es sehr freundlich gesagt, doch was soll die Frage überhaupt? Da Eveline Groß sich vorgenommen hat, äußerst kritisch zu sein, fragt sie einfach nach. „Wollen Sie mich provozieren?"

„Nicht so, wie Sie es vermutlich annehmen. Ich will Sie bloß zu einer Antwort provozieren *und* vor allem zum Nachdenken. Sehen Sie, im Grunde haben Sie Ihr Problem ja gar nicht gelöst! Es ist Ihnen lediglich gelungen, es zu *verschieben*. Situativ und zeitlich gesehen."

„Wie meinen Sie das?"

„Nicht mehr zur Arbeit fahren zu müssen, erspart Ihnen ja einzig *eine* Situation. Alle anderen bleiben weiterhin bestehen. Und Sie verschieben das Problem mit der Fahrt zur Arbeit *zeitlich*. Denn irgendwann sind Sie gezwungen, doch wieder vor Ort zu arbeiten. Und möglicherweise wollen Sie sich auch mal beruflich verändern."

„Ja, vielleicht. Aber im Moment entlastet es mich."

„Das ist für den Augenblick auch in Ordnung. Wichtig ist jedoch zu erkennen, was Sie tun. Damit eine Veränderung zu gegebener Zeit dementsprechend in eine brauchbare Richtung gelenkt werden kann. Darüber werden wir uns später noch ausführlicher unterhalten."

Eveline Groß nickt. „Gut. In knapp vier Wochen ist es damit ohnehin vorbei. Der Heimarbeitsplatz war schließlich von Anfang an als vor-

übergehende Lösung angelegt. Mein Chef murrt bereits, er brauche mich endlich wieder leibhaftig im Unternehmen."
„Ist das mit ein Grund, eine Therapie beginnen zu wollen?"
„Wahrscheinlich. Jetzt, wo Sie es sagen …! Ja, stimmt wohl in der Tat. Der Druck hat sich mehr und mehr erhöht. Wenn ich nur dran denke, wieder dorthin fahren zu müssen …!"

Dr. Wilhelmina de Winter befragt die Patientin bezüglich weiterer angstauslösender Situationen. Anschließend erkundigt sie sich nach deren allgemeinen Lebensumständen. Sie erfährt, die 25jährige Eveline Groß ist als eines von zwei Geschwistern aufgewachsen, durfte ein recht behütetes Elternhaus genießen und lebt seit vier Jahren in einer eigenen Wohnung. Ihr Freund Jochen ist 29 Jahre alt und arbeitet als Kfz-Mechatroniker in einer kleinen Autowerkstatt. Seit fast vier Jahren sind die beiden ein Paar. Die Symptome begleiten die junge Frau bereits annähernd drei Jahre. Vor etwa zweieinhalb Jahren hat sie schon einmal einen Therapieversuch unternommen. Damals hat sie sich in eine Behandlung begeben, die sie nach wenigen Sitzungen jedoch abgebrochen hat. Die Therapeutin erkundigt sich nach den Gründen.

„Die damalige Therapeutin hat nach zwei Sitzungen, in denen ich furchtbar viel aus meinem Leben erzählen sollte, ununterbrochen behauptet, meine Probleme hingen mit einer gestörten Beziehung zu meinem Vater zusammen. Dabei ist mein Vater wirklich der liebste Mensch, den Sie sich vorstellen können. Er war stets für meine Schwester und mich da. Und wir haben es ihm oft nicht leicht gemacht. … Meine Schwester Katrin hat in der Pubertät verhältnismäßig viel Mist gebaut. Ich hab' häufig gehört, wie meine Eltern sich sorgenvoll über sie unterhalten haben. Meine Mutter hat dauernd geweint, weil Katrin sogar Ladendiebstähle begangen hat, gekifft hat sie ebenfalls wie bekloppt, und eine Zeitlang ist sie mit einem schrecklichen Typen liiert gewesen, der mehrfach wegen Körperverletzung vorbestraft war und offensichtlich aus dem absolvierten Jugendarrest nichts gelernt hat. Er hat meine Schwester mehr als einmal geschlagen, was sie mir in ihrer Verzweiflung anvertraut hat, nur den Eltern habe ich nichts verraten dürfen. … Als ich in ihr Alter gekommen bin – sie ist ja fast drei Jahre älter als ich –, bin ich bei weitem nicht so schlimm gewesen, trotzdem hab' ich häufig die Schule geschwänzt, bin sogar einmal mit Pauken und Trompeten sitzengeblieben. Auf dem Gymnasium macht sich das nicht besonders gut, man wird schnell zum Außenseiter. Alle Sitzenbleiber sind in ein- und dieselbe Klasse gekommen, damit die Lehrer wenigstens gewußt haben, wer der Mühe nicht lohnt." Sie lacht bitter. „Es ist eine furchtbare Schule gewesen! Deshalb bin ich auch mit der Mittleren Reife abgegangen und hab' die Ausbildung als Bürokauffrau gemacht. ... Mein Vater hat stets alles – wirklich *alles* – mitgetragen. Er hat uns Kindern fortwährend Mut gemacht, obwohl wir die Scheiße größtenteils selbst angerichtet haben, die uns irgendwann eingeholt hat. Und da sagt doch diese ... *Kollegin* von Ihnen, ich habe Streß mit Papa. Und deshalb seien die Attacken aufgetreten! Ich müsse mein Problem mit ihm lösen, dann gehe es mir auch besser."

Das besonders betonte Wort *Kollegin* hat sie bewußt als Seitenhieb plaziert. Dr. de Winter kommentiert das Gesagte jedoch weder formal noch inhaltlich.

„Ich hab' ihr jedesmal aufs neue versichert, *kein* Problem mit Papa zu haben. Irgendwann meinte sie dann, meine Weigerung, dem ... Konflikt mit meinem Vater offen gegenüberzutreten sowie die Weigerung, diesen Konflikt überhaupt erst einmal anzuerkennen, sei eine deutliche Bestätigung, daß dies tatsächlich das eigentliche Problem darstelle. Daraufhin hab' ich die Behandlung endgültig abgebrochen. Mir ging es zu diesem Zeitpunkt auch viel schlechter. Da hab' ich mir gedacht, darin kann ja wohl nicht der Sinn einer Therapie bestehen."

„Haben Sie noch einen weiteren Versuch unternommen, sich Hilfe zu besorgen?"

„Ne, wirklich nicht!" Eveline Groß schüttelt vehement den Kopf. Glaubt Pumuckl wahrhaftig, nach solch einer Erfahrung habe man noch Lust dazu? „Ich habe mir statt dessen ein Buch gekauft. Einen Ratgeber, in dem beschrieben ist, was man tun soll, wenn man an Panikattacken leidet."

„Darin gab's offensichtlich nicht viel von Belang zu lesen."

„Wieso?"

„Wie gesagt: Sie sind hier."

„Stimmt."

Nach einer Pause erläutert Dr. Wilhelmina de Winter der Patientin alle zur Verminderung der Symptome erforderlichen Interventionen. Eine wichtige Grundlage bilde dabei die Aufklärung über das Wesen von Ängsten. Sollte sie sich für die Therapie entscheiden, werde sie lernen, wie Panikattacken entstehen und wie man sie bewältigen kann. Zudem wird sie von der Psychotherapeutin darauf aufmerksam gemacht, daß verschiedene Dinge regelrecht eingeübt werden müssen, wenn sich etwas verändern soll.

Damit liegt die erste Sitzung bereits in den letzten Zügen. Zuletzt stellt die Psychologin die entscheidende Frage, wobei sie sich selbst bereits entschieden hat. Sie kann sich gut vorstellen, mit der jungen Frau zu arbeiten. „Jetzt müssen Sie sich nur noch überlegen, ob Sie wiederkommen wollen! Sie können in Ruhe darüber nachdenken und mich gern im Laufe der Woche anrufen, um mir Bescheid zu geben!"

„Nein, nein, ich möchte schon wiederkommen!" Auf einmal erscheinen Eveline Groß die Haare der Psychotherapeutin weniger rot, zudem wirken sie *angenehm* unfrisiert. Irgendwie lässig. Könnte glatt ein Modetrend werden. Sympathisch ist sie obendrein, allem Kritikwillen zum Trotz. Und bislang kann sie außerdem keinerlei Zweifel an Dr. de Winters Kompetenz hegen. Dennoch läßt sie ihre schlechte Vorerfahrung weiterhin mißtrauisch sein.

Die Therapeutin spürt die ambivalenten Erwägungen der Patientin. Derartige Zweifel treten nach Ablauf des ersten Gesprächs eher selten auf. Meistens ist das Eis bereits nach wenigen Minuten gebrochen.

Dennoch ist es völlig in Ordnung, und Dr. de Winter drängt zu keiner raschen Entscheidung. Kommt der Wille nicht aus einem selbst, ist die gesamte Therapie von vornherein zum Scheitern verurteilt. Da kann der Psychotherapeut noch so tolle Arbeit leisten: Wer nicht will, verändert sich nicht! Schließlich ist Veränderung anstrengend.

Also schlägt sie der jungen Frau vor, lieber noch ein oder zwei Nächte darüber zu schlafen. „Es ist wirklich völlig okay für mich, wenn Sie mir erst in ein paar Tagen eine Zusage erteilen. Und ebenso, wenn Sie nicht wiederkommen möchten."

Eveline Groß zögert noch einen winzigen Moment. Doch rasch wird ihr klar, sie würde den Aufschub einer Entscheidung bloß nutzen, um sich vor einer weiteren Therapie zu drücken, was letztendlich nichts mit der Therapeutin zu tun hätte. Also schneidet sie sich den Rückzug lieber ab. „Nein, ich bin mir sicher: Ich will wiederkommen!"

5

Vor sechs Jahren hatte sie das freistehende Haus in einem depressionsfördernden Zustand übernommen. Offensichtlich war den Voreigentümern zu keiner Zeit Spaß an Investitionen zuteil geworden, um dieses Juwel instand zu halten. Mina hatte zunächst das gesamte Haus entrümpelt und anschließend komplett renoviert. Als nächstes war ihr nichts anderes übriggeblieben, als sich – ähnlich dem Prinzen aus Dornröschen – durch Dornen und Gestrüpp zu arbeiten, um irgendwann ..., nein, auf eine Prinzessin war sie nicht gestoßen, hätte auch keine direkte Verwendung für sie gefunden; vielmehr hatte sie einen wunderbaren Garten entdeckt, dem es, endlich befreit von seiner Last, in kürzester Zeit gelungen war, wunderbare Blumen zum Erblühen und Sträucher zum Heranwachsen zu ermuntern.

Bei aufwendigeren Aktionen war sie von Fabian und Charlotte unterstützt worden, doch hatte Mina die beiden nicht zu häufig in Anspruch nehmen wollen. Zudem bereitete es ihr enorme Freude, sich in verschiedenen Gewerken auszutoben.

Dementsprechend trug das gesamte Haus deutlich ihre Handschrift, war klar und hell eingerichtet, nirgends überladen, dennoch gemütlich. Von den sechs Zimmern bewohnte sie jedoch lediglich vier. Und selbst das empfand sie bereits als enormen Luxus. So gesehen, hätte Dornröschen sogar eine Unterkunft finden können.

Im Erdgeschoß befand sich neben einem mittelgroßen Raum, den sie als Bibliothek nutzte, ein offener Wohn-, Eß- und Küchenbereich, in dem ihr alltägliches Leben stattfand. Hier entspannte sie, spielte Saxophon, las, hörte Musik und schaute manchmal fern. Auch kochte sie gern, saß und aß bei Gelegenheit bis tief in die Nacht mit Familie und Freunden am großzügigen Eßtisch, unterhielt sich mit ihnen über Gott und die Welt, wobei Gott die eher untergeordnete Rolle spielte.

Auf der ersten Etage hatte sie sich ein privates Arbeitszimmer und direkt daneben ihr Schlafzimmer eingerichtet. Beide Räume waren mit einem Bodenfenster und einer Glastür ausgestattet, die auf den Balkon führte. Von hier aus konnte man über eine Treppe auf die Terrasse und somit auch in den Garten gelangen.

Als sie an diesem Abend ihren Wagen unmittelbar vor ihrem Zuhause abgestellt hatte, näherte sie sich – in Erwartung eines gemütlichen Ausklangs des langen Tages – der doppelflügeligen Eingangstür.

Doch was war das? Irgendein merkwürdiges Knacken drang an ihr Ohr, als wäre jemand auf einen morschen Ast getreten. Unwillkürlich verharrte sie in ihrer Haltung und horchte angestrengt. Nichts! Stille!

Sie löste die Starre, drehte sich um 180 Grad, detektierte dabei aufmerksam neben ihrem eigenen Vorgarten auch den jeweiligen der unmittelbaren Nachbarn zur Rechten und zur Linken. Da sie nicht hatte orten können, aus welcher Richtung das Geräusch gekommen war, vergewisserte sie sich obendrein jenseits ihres Gartentörchens, das sie nie schloß, ob irgend etwas Ungewöhnliches vor sich ging. Wieder nichts!

Merkwürdig, sie verhielt sich doch sonst nicht so schreckhaft! Es mochte vielleicht lediglich ein Vogel, ein Eichhörnchen oder sonst ein Tier gewesen sein, das durch das Dickicht gehüpft oder geschlurft war.

Über sich selbst und ihre übertriebene Aufmerksamkeit den Kopf schüttelnd, entriegelte sie die Tür und ließ sie hinter sich ins Schloß fallen. Anschließend entledigte sie sich aller überflüssigen Kleidungsstücke, zog ihre geliebte Yoga-Wohlfühlhose sowie ihr – dem häufigen Waschen geschuldet – ausgeleiertes Lieblingsshirt an und informierte sich, was der stets volle Kühlschrank anzubieten hatte.

Einige Zeit später – ihr Magen war angenehm gefüllt – wechselte sie auf das geräumige Sofa. Ein Impuls trieb sie jedoch noch einmal nach oben, um den CD-Player zu starten. Als die ersten Klänge von Pink Floyds *Wish you where here* ihr Ohr erreichten, lag sie bereits mit geschlossenen Augen auf der Couch und lauschte der für sie immer wieder faszinierenden Tonfolge, die sich zu einem derart genialen Musikwerk zusammenfügte. 'Musik ist mehr als die Summe der einzelnen Töne', schoß es ihr durch den Kopf. Ja, das traf absolut zu; im übertragenen wie im direkten Sinne!

Doch irgendwie entspannte sie nicht recht. Sie erhob sich erneut, begab sich zu der bodentiefen Fensterfront, die den direkten Zugang zur Terrasse bildete und einen traumhaften Blick in den Garten bot. Da die Außenbeleuchtung nicht eingeschaltet war, schaute sie nun allerdings in ein mehr oder weniger schwarzes Nichts. Lediglich einige Konturen und Schattierungen waren auszumachen.

Was war das nun schon wieder? Irgendein vorbeihuschender Schatten bildete sich auf ihrer Netzhaut ab. 'Feiern die Mäuse heute irgendeinen Geburtstag?' versuchte sie innerlich zu witzeln. Jedoch hatte der Schatten eher ein Ausmaß aufgewiesen, das an ein großes Tier oder gar einen

Menschen denken ließ. Zudem war es nicht das erste Mal, daß sie den Eindruck gewann, jemand schleiche durch ihren Garten, beobachte sie möglicherweise. In einer vergleichbaren Situation hatte sie schleunigst alle Lichtquellen im Haus gelöscht, war anschließend mit einem Brecheisen in der Hand, einem sogenannten Kuhfuß, durch die Haustür um das Haus herum in den eigenen Garten geschlichen. Das kühle Metall hatte ihr die Sicherheit vermittelt, sich im Ernstfall verteidigen zu können. Beim Näherkommen hatte sie tatsächlich ein Rascheln in den mittlerweile hochgewachsenen Büschen vernommen. Allerdings hatten sich ihre Augen während der kurzen Zeitspanne nicht ausreichend an die Dunkelheit gewöhnen können, als daß etwas zu erkennen gewesen wäre. Wie so oft, hatte sie anschließend beschlossen, es habe sich mal wieder lediglich um ein Tier gehandelt.

Auch jetzt nahm sie Abstand von jeglichen beängstigenden Gedanken. „So ein Quatsch! Das ist ja wirklich ein bißchen paranoid!" schalt sie sich im Selbstgespräch, als könne sie durch das Aussprechen eine höhere Akzeptanz des Inhaltes erzeugen. Vermutlich war sie einfach etwas überreizt. Schließlich war sie mehr als neun Stunden mit intensiven therapeutischen Gesprächen beschäftigt gewesen, hatte nach der Sprechstunde zudem eine Reihe von Telefonaten mit Patienten geführt, die ihren Terminzettel verlegt hatten, den vereinbarten Termin nicht wahrnehmen konnten sowie einen neuen verabreden wollten, oder die eine völlig andere Frage auf dem Herzen gehabt hatten.

Die Wünsche weiterer Anrufer nach einem baldigen Therapieplatz hatte sie leider allesamt enttäuschen müssen.

Neben der empfundenen Anstrengung telefonierte sie ohnehin nicht gern. Sie hatte die Menschen, mit denen sie sprach, gern persönlich vor sich, unabhängig vom Anlaß des Kontaktes.

Unversehens überkam sie eine Welle gewaltiger Müdigkeit. Sie sehnte sich nach ihrem gemütlichen Bett, meinte beinahe, seinen Lockruf zu vernehmen. Gähnend suchte sie das Bad auf, um zumindest noch kurz zu duschen und die Zähne zu putzen. Aus dem Badezimmerfenster heraus erblickte sie soeben noch eine Frau mit Kurzhaarfrisur, die in diesem Moment in ihr Auto stieg, und erkannte in ihr … „Charlie!" Sie öffnete rasch das Fenster, rief den Namen der Freundin, erhielt jedoch keine Antwort. Wie auch? Sie war bereits in ihren roten Mercedes gestiegen und losgefahren. Mina verließ das Bad, um ihr Telefon zu holen.

Vielleicht konnte sie Charlotte noch zurückholen. Irgend etwas hatte die Freundin vermutlich auf dem Herzen, hatte sich dann doch nicht getraut, Mina so spät noch zu behelligen. Oder sie kam sich albern vor. Immerhin hatten sie nach dem letzten Beziehungsende etliche Male diesbezüglich telefoniert und beim persönlichen Treffen an dem darauffolgenden Wochenende ausführlich alle Aspekte gescheiterter Liebesbeziehungen beleuchtet.

Nach mehreren Freizeichen nahm Charlie das Telefongespräch entgegen. „Mina? Ich grüße dich!"

„Hi, liebste Freundin! Wieso bist du nicht hereingekommen?"

„Was meinst du?"

„Na ja, du warst doch soeben vor meinem Haus. Komm doch zurück! Ich schlafe noch nicht."

„Mina, hast du getrunken? Ich bin gerade auf dem Weg von der Klinik nach Hause. Ich war garantiert nicht vor deiner Tür."

„Charlie! Ich hab' dich doch gesehen. Hast du Kummer?"

„Nein, ausnahmsweise geht es mir prächtig. Ich hatte lediglich einen anstrengenden Tag und will schleunigst mein Bett aufsuchen."

„Warst du wirklich nicht hier?"

„Wenn ich es dir doch sage. Wen auch immer du gesehen hast, *ich* bin es nicht gewesen."

„Okay, dann hab' ich mich anscheinend getäuscht. Diese Frau hatte deine Frisur, und sie fuhr sogar das gleiche Auto."

„Mit einem identischen Nummernschild?"

„Witzig! Wenn du es nicht warst, war es gewiß *nicht* identisch. Ich hab's nur leider nicht aus dem Fenster heraus – obendrein in der Dunkelheit – erkennen können."

„Also gut, Mina. Ich bin jetzt zu Hause angelangt. Mach dir keine Sorgen! Du hörst ja, mir geht es ausgezeichnet."

„In Ordnung, Charlie. Dann schlaf' schön!"

„Du auch!"

Nachdenklich stellte Mina das Telefon auf die Station. Hatte sie sich tatsächlich derart getäuscht? Womöglich hatte Charlie eine Doppelgängerin. Ach was, sie hatte die Frau schließlich nur flüchtig in der funzeligen Außenbeleuchtung wahrnehmen können, ohnehin lediglich am Haarschnitt zu erkennen geglaubt, wobei sie nicht einmal die genaue Haar*farbe* hatte ausmachen können.

Und ein roter Mercedes stellte wahrlich keine Ausnahme dar, wenn auch dieser Typ eher selten anzutreffen war. Schließlich handelte es sich um einen sehr teuren Wagen. Andererseits kannte sie sich nicht derart exzellent aus, als daß sie jegliches Modell hätte eindeutig identifizieren können. Doch dieses eigentlich schon, hatte sie doch dutzende Autokataloge bis zur Erschöpfung sichten müssen, als Charlotte sich mit dem Gedanken an den Erwerb eines *Mercedes' S 63* getragen hatte.

Trotzdem! Sie hatte sich offenbar getäuscht, andernfalls hätte Charlie ihre Anwesenheit wohl kaum in Abrede gestellt.

Kurze Zeit später fiel sie nicht nur ins Bett, sondern fast gleichzeitig in tiefen Schlaf. Den Zwischenfall mit der vermeintlichen Freundin hatte sie längst ad acta gelegt. Auch weckte sie kein einziges Geräusch – vom morgendlichen Getöse des Weckers einmal abgesehen –, was entweder für einen ausgesprochen guten Schlaf oder für einen Mangel an Störungen sprach.

6

„Nein, jetzt kann ich nicht. ... Nein, es geht nicht. ... Nein, ich *kann* meinen Termin nicht absagen! ... Ja, es ist bloß ein Friseurtermin, trotzdem geht es nicht! Wirklich nicht!" Die letzten Worte dringen ausgesprochen ungehalten ins Telefon.

Manchmal ist er aber auch wirklich nervig! Und daß sie ein Gespräch bei dieser Dr. de Winter hat, will sie ihm ebenfalls nicht auf die Nase binden. Dabei ist es heute bereits das fünfte Mal. Sie hat lange auf diese Chance warten, sich in Geduld fassen müssen. Mehrere Monate hat sie auf der Warteliste gestanden, nach deren Ablauf endlich den ersten Termin bekommen. Nur ist es *ihr* Weg, ihn geht das nichts an! Vielleicht erzählt sie es ihm eines Tages. Doch erst muß sie schauen, wie sich die Dinge entwickeln.

Im Grunde wäre schon viel eher ein sinnvoller Zeitpunkt gewesen, sich jemandem anzuvertrauen, um das Ganze aufzuarbeiten. Möglicherweise wäre dann alles anders gekommen, und es ginge ihr jetzt nicht so beschissen. Aber es ist nicht mehr zu ändern. Ja, direkt nach Tims Tod, da wäre eine Psychotherapie tatsächlich angebracht gewesen. Timmy! Ihre große Liebe! Sie weiß heute noch nicht, wie sie ohne diese Liebe weiterleben soll. Timmy ist eindeutig das Beste gewesen, das ihr je begegnet ist. Alle, die danach gekommen sind, sind lediglich Lückenbüßer gewesen. Zeitvertreiber! Niemand ist vergleichbar mit Timmy. *Nichts* ist vergleichbar, was danach gekommen ist. Irgendwann hat sie begonnen, die Zeitrechnung neu zu definieren: Es gibt nur noch ein *Davor* und es gibt ein *Danach*! Vor Timmys Tod ist *Davor*; in dieser Zeit ist alles perfekt gewesen, alles ist ihr gelungen, ihr Leben war erfüllt von Zufriedenheit und Glück! Unermeßliches Glück! Kaum zu beschreiben!

Und jäh hat die Zeit *Danach* begonnen. *Danach* ist alles dunkel, traurig, anstrengend und bitter! Mit Phasen unermeßlicher Trauer! Ja, genauso unermeßlich wie vorher das Glück gewesen ist, herrscht ab diesem entscheidenden Moment nur noch grenzenlose Trauer.

Manchmal ist sie sich allerdings gar nicht sicher, was sie fühlt. Ist es tatsächlich noch ausschließlich Trauer? Oder überhaupt? Nach eineinhalb Jahren? Oder ist es vielmehr die niederschmetternde Erkenntnis, niemals wieder in der Lage sein zu werden, sich an einen anderen Menschen binden zu können? Jedenfalls läuft seit Tims Tod alles schief in ihrem Leben. Nichts scheint mehr zu gelingen. Was hat sie denn noch? Ihr Halbtagsjob ist ohnehin öde. Mit Timmys liebender Unterstützung hätte sie sich gewiß noch einmal beruflich verändert oder einfach aufgehört.

Finanziell hätte sie es sich leisten können. Mit dem Erbe ihrer Eltern könnte sie in Saus und Braus leben und dabei 110 Jahre alt werden. Nur diese ... *Leere*, die sie oft regelrecht zu lähmen droht, hat es nie erlaubt, diesen Schritt zu wagen. Und nun, da Timmy nicht mehr da ist, muß sie erneut täglich gegen dieses *Nichts* ankämpfen, das wie ein Gift in ihren Körper schleicht und zunehmend Besitz von ihr ergreift.

Andere würden das vermutlich als *Depression* bezeichnen, jedoch gestaltet sich *ihr* Leidensdruck wesentlich immenser, quälender, unerträglicher. Das könnten andere ganz gewiß nicht aushalten!

Ach, lieber denkt sie nicht länger darüber nach. Schließlich steht ihr nun für eine gewisse Zeit eine Expertin zur Verfügung. Vielleicht kann die ja für das Geld, das sie von ihr kassiert, eine Struktur in den Brei bringen, der in ihrem Gehirn herrscht. Obendrein ist sie Privatpatientin, da gibt's sicher eine Extraportion Psychotherapie.

Sie lacht heiser. Na ja, sie wird sich noch einige Zeit in Geduld fassen müssen, bis sich die Dinge entsprechend ihren Wünschen entwickeln werden.

Erneut betrachtet Dr. Wilhelmina de Winter ihre Patientin mit einer Mischung aus leichtem Staunen und einer gewissen Faszination. Die gerade einmal vierzigjährige Anna Burger ist eine leicht untersetzte, insgesamt älter wirkende, vornehme Erscheinung mit kurzen, dunkelbraunen Haaren, die den Eindruck erwecken, als würden sie nach jeder Wäsche strähnenweise, ganz sorgfältig auf große Wickler gezwängt und anschließend äußerst akkurat frisiert. Allerdings erscheint der Therapeutin die Farbe viel zu dunkel. Vermutlich verwendet ihre Patientin ein Färbemittel, dessen Ton wenig vorteilhaft auf den Hauttyp abgestimmt worden ist. Ein Fehlgriff?

Die kleinen Augen wirken aufgrund des sehr hellen Blaus etwas wäßrig, so als hätte sie permanent mit einem Luftzug zu kämpfen, der ihre Sicht durch einen Hauch übermäßiger Tränenflüssigkeit behindert, was durch einen blaugrauen Lidschatten noch betont wird. Eingerahmt werden sie durch das üppige, goldfarbene Gestell ihrer Brille.

Auch die Nase ist klein, ebenso der Mund, der mit kleinen Depressionsfältchen dekoriert und grellrot geschminkt ist. Die Wangen sind mit ein wenig Rouge betont. Insgesamt wirkt es, als hätte jemand vergessen, das Zuviel an Gesichtsumfang zu korrigieren, nachdem alles andere irrtümlich etwas zu winzig geraten war.

Das beige Kostüm besteht aus einer kurzen Jacke und einem Rock, der bis zu den Knien reicht. Anscheinend verfügt Frau Burger ausschließlich über graue und beige Kostüme mit jeweils kurzer Jacke und knielangem Rock. Zumindest zur Therapie erscheint sie nie anders gekleidet. Zum Kostüm trägt sie stets eine weiße Bluse in klassischem Schnitt. Sie legt offensichtlich sehr viel Wert darauf, einwandfrei frisiert, geschminkt und sorgfältig gekleidet zu sein.

Der wenige Schmuck – Ring, Kette, Armbanduhr – wirkt wertvoll, jedoch keineswegs protzig.

Im Erstgespräch hat die Patientin erzählt, sie sei Buchhalterin in einem mittelständischen Familienbetrieb. Inzwischen kümmere sie sich vor allem um Löhne und Gehälter. Sie habe ein wenig Geld geerbt, wodurch sie keinerlei finanzielle Sorge quäle. Verheiratet sei sie nie gewesen, auch habe sie keine Kinder.

Als folge sie einem inneren Ritual, hält sie während der Sitzungen stets die Beine leicht schräg gestellt nebeneinander, die Hände sind im Schoß übereinandergelegt; sie gestikuliert nicht beim Sprechen, und geschieht es – wohl aus Versehen – doch einmal, bringt sie, sobald sie ihren Irrtum bemerkt hat, die Hände leicht verschämt und unverzüglich in die Ausgangsposition zurück. Die auffallend wuchtige Handtasche steht – nicht anders zu erwarten – jedesmal in der gleichen peniblen Art und Weise neben ihr, beinahe exakt an derselben Stelle.

Die Therapeutin hat sich anfangs gefragt, was sich in diesem auffälligen Gepäckstück wohl verbergen möge. Dabei ist ihr versehentlich der Gedanke gekommen, ihre Patientin trage vielleicht ihre Wickler mit sich herum, damit die Frisur jederzeit und überall einer Nachbesserung unterzogen werden könne. Schleunigst hat sie sich allerdings verboten, solch alberne Überlegungen fortzuführen.

Diagnostisch hat sich die Psychologin noch keinen rechten Reim auf ihre Patientin machen können. Anna Burger gibt ein einigermaßen widersprüchliches Bild ab, zeigt für gewöhnlich ein extrem kontrolliertes Verhalten, das manchmal wie ein Vulkan plötzlich zur Eruption gelangt, sich anschließend genauso rasch wieder zurückzieht.

Für das Vorhandensein von Zwangsritualen hat trotz einiger diesbezüglicher Symptome kein Befund erbracht werden können.

Die Diagnose einer Persönlichkeitsstörung wurde zwar erwogen, jedoch zunächst einmal zurückgestellt. Zu voreilig hat man jemandem einen Stempel aufgedrückt, den er häufig lebenslang nicht mehr loswird.

Zuletzt hat Dr. de Winter beschlossen, sich mit einer abschließenden Beurteilung Zeit zu lassen. Vordergründig besteht eindeutig eine depressive Episode, weshalb sie vorläufig symptomatisch arbeiten will.

Heute erfährt die Therapeutin zumindest etwas Neues, das weiteren Aufschluß über das Leiden der Patientin gibt.

„Ich möchte Ihnen etwas erzählen, das Sie vielleicht noch über mich wissen sollten." Anna Burger fängt unvermittelt an. „Ich habe vor ungefähr eineinhalb Jahren jemanden verloren. … Tim! Timmy war meine große Liebe." Sie senkt Stimme und Kopf. „Und ich weiß seitdem oft gar nicht, wie es weitergehen soll."

„Woran ist *Tim* gestorben?" Dr. de Winter greift häufig die Vornamen auf, mit denen ihre Patienten über nahestehende Personen sprechen. So erspart sie sich und ihrem Gegenüber umständliche, steife Formulierungen wie 'Ihre Frau', 'Ihr Lebensgefährte', 'Ihre Ex-Schwiegertochter' oder 'Der Sohn des Freundes Ihrer ehemaligen Klassenkameradin'.

Zudem bewegt sich der Dialog im positiven Sinne auf einer vertraulicheren Ebene, was ihren Gesprächspartnern hilft, unbeschwerter über die tatsächlichen Probleme zu reden.

„An Krebs."

„War es ein langer Leidensprozeß?" Die Psychologin fragt vorsichtig, will alte Wunden nicht unnötig weit aufreißen.

„Nicht für Tim. Es ging ... ganz schnell. Aber für mich!" Anna Burger schaut auf ihre wohlsortierten Hände, als überprüfe sie, ob noch alles in Ordnung ist. Jetzt bewegt sie behutsam den kleinen Finger ihrer – auf der linken liegenden – rechten Hand in Richtung Ringfinger. Er hat sich unerwartet einen halben Millimeter zu weit von den anderen entfernt. Doch das ist rasch korrigiert.

Seelenruhig beobachtet die Therapeutin das kleine Schauspiel. Sie hat keine Eile. Es ist besonders bei schwer belastenden Themen wichtig, ausreichende Pausen zwischen den einzelnen Fragen zu lassen. „Wie lange kannten Sie sich?"

„Oh, ... eine ganze Ewigkeit. Eigentlich schon seit der Schule."

„Und seither sind Sie beide ein Paar gewesen?"

„Nein, das kam erst später. Aber die Zeit ist gar nicht entscheidend. Die Tiefe der Gefühle ist das, was zählt. Und meine Gefühle für Timmy waren ... *sehr* tief." Sie schaut auf. An den Händen gibt es zur Zeit nichts mehr nachzubessern. Und viel wichtiger ist Dr. de Winters Blick. Kann sie es nachvollziehen? Oder berichtigt sie sie gleich, indem sie genauer nachfragt und anschließend die Anzahl der Tage mit der Intensität der Emotionen multipliziert? Zuletzt gibt das Ergebnis Auskunft über die Qual, die sie maximal empfinden darf, nachdem der geliebte Mensch nicht mehr da ist.

Doch es geschieht nichts dergleichen. Entgegen Anna Burgers Erwartungen geht die Psychotherapeutin behutsam auf das Zuletztgesagte ein. „Ja, das finde ich auch! Die Länge einer Beziehung spielt nicht die entscheidende Rolle für das Leiden, das man empfindet, nachdem eine geliebte Person gestorben ist."

Es existiert tatsächlich kein objektives Kriterium dafür, wie sehr wer wann leiden darf oder soll – oder im umgekehrten Fall: muß! Es handelt sich vielmehr um eine ganz und gar individuelle Angelegenheit. Und jeder darf seinen eigenen Weg gehen.

„Wissen Sie, seit Timmy tot ist, ist nichts mehr wie vorher! Mein Leben ist bloß noch ... eine Aneinanderreihung trister Tage. Und jeden Tag versuche ich aufs neue, ihn irgendwie ... durchzustehen. Manchmal gelingt es mir mehr, manchmal weniger. Aber im Grunde könnte ich mir den Rest schenken." Sie zieht die Mundwinkel herunter, damit ihr Gegenüber leichter erkennen kann, wie angewidert sie von ihrem eigenen Dasein ist. Dr. de Winter ist jetzt hellwach. Sie muß unbedingt abklären, ob Anna Burger Suizidgedanken hegt. Die Fragen dürfen jedoch erst einmal nicht zu offensichtlich ausfallen, sonst riskiert sie, daß die Patientin sich verschließt, was einen weiteren, geeigneten Zugang versperren könnte. „Gibt es denn noch Dinge, über die – oder bei denen – Sie so etwas wie Freude empfinden?"

Die Patientin überlegt. Dann beginnt sie zu verneinen. Sie preßt die dünnen Lippen kurz aufeinander, woraufhin der Mund für einen Moment vollkommen verschwindet, zurück bleibt ein winziger Strich.

Unerwartet taucht er wieder auf und gibt eine Antwort frei: „Eigentlich nicht."

„Was ist mit Ihrem Freund?" Anna Burger hat ihrer Therapeutin von einem Mann erzählt, mit dem sie eine Art Beziehung führe. Wie war doch gleich der Name? *Bernhard*, falls sie sich recht erinnert. Sie läßt es sich bestätigen. „Ich meine Bernhard. So ist doch sein Name, oder?"

Die Patientin nickt.

„Sind Sie verliebt in Bernhard?"

„Nein, wohl eher nicht. Er ist einfach nützlich für mich."

„Was meinen Sie mit *nützlich*?"

„Na ja, er vertreibt mir ein bißchen die Zeit. Ab und zu schieben wir 'ne Nummer ..." Sie bricht ab, sieht Dr. de Winter prüfend an, deren Stutzen sie wahrgenommen hat. „Bin ich zu offen?"

„Nein! Es irritiert mich lediglich, eine solche Formulierung aus Ihrem Mund zu hören."

„Wieso? Halten Sie mich für verklemmt?"

„Das ist es nicht. Nur wirken Sie stets so ... überaus seriös. Sie sind seriös gekleidet, Sie benehmen sich absolut korrekt, formulieren für gewöhnlich ... eher formell. Wenn Sie dann so einen Ausdruck wie *eine Nummer schieben* verwenden, irritiert es mich."

„Tut mir leid."

„Das muß es nicht! Es ist ja nichts falsch ... oder unpassend. Es liegt an mir. Meine Erwartung ist instinktiv eine andere. Demzufolge sollte ich meine Erwartung ändern, nicht Sie Ihre Ausdrucksweise. Denn offensichtlich beschreibt der Begriff *eine Nummer schieben* am zutreffendsten, was Sie empfinden."

„Das ist wohl so." Anna Burger überlegt anscheinend, was sie mit dieser Erkenntnis anfangen soll.

„Aber ich möchte noch einmal auf die von Ihnen angeführte Nützlichkeit zurückkommen, Frau Burger. Bernhard erfüllt also sozusagen sexuelle Wünsche. Wofür ist er ansonsten noch *nützlich*?"

„Ach, nehmen Sie das doch bitte nicht so wörtlich! Es war einfach so dahingesagt. Ich … ich liebe ihn einfach nicht. Er ist da, und manchmal bin ich darüber recht froh. Und manchmal ist es angenehm, mit jemandem Sex zu haben. Weiter ist es nichts."

„Was empfindet er denn für *Sie*?"

„Das weiß ich nicht. Und ich will Sie wirklich nicht noch mehr aus dem Konzept bringen, doch ist es mir ehrlich gesagt leidlich einerlei, was Bernhard für mich empfindet. Ich sehe es nicht als meine Aufgabe an, mich mit seinen emotionalen Befindlichkeiten zu befassen. Er ist ein erwachsener Mensch und kann ja wohl selbst für sich sorgen."

„Keine Angst, Sie bringen mich nicht aus dem Konzept! Allerdings *überraschen* Sie mich erneut."

„Womit überrasche ich Sie?"

„Na ja, in unseren vergangenen Gesprächen habe ich den Eindruck gewonnen, daß Sie sich einigermaßen viele Gedanken um andere machen. Sie haben einiges in diese Richtung geäußert."

„Was meinen Sie?"

„Beispielsweise haben Sie Ihre Mutter viele Jahre lang gepflegt, die an einer schweren Demenz gelitten hat. Und als Kind liebten Sie über alle Maßen Ihre Katze und sind monatelang am Boden zerstört gewesen, als sie überfahren wurde."

Anna Burger betrachtet intensiv das Teppichmuster. „Das stimmt. Offensichtlich habe ich auch eine ganz andere Seite." Jetzt schaut sie auf, heftet intensiv die wäßrigen Augen auf Dr. de Winter.

Diese beschleicht so eine Ahnung, von ihrer Patientin geprüft zu werden. Nur was für ein Test soll das sein? Sie entschließt sich, erst einmal nicht darauf einzugehen. Statt dessen wiederholt sie Anna Burgers Aussage, um ihr zu zeigen, daß sie es lediglich zur Kenntnis nimmt. „Ja, Sie haben auch eine ganz andere Seite."

„Schockiert?"

„Sollte ich?"
„Was weiß ich? ... Ja, vielleicht."
„Warum versuchen Sie, mich zu schockieren?" Nun kann sie nachhaken. Die Richtung hat schließlich Frau Burger eingeschlagen.
„Das kann ich Ihnen nicht sagen."
„Das heißt, Sie *wollen* es mir nicht sagen!"
„Möglich. Ach kommen Sie! ... Ich weiß selbst, wie widersprüchlich ich oft erscheine. Ich *bin* es wahrscheinlich sogar."
„Sie verhalten sich lediglich so."
„Und worin besteht bitteschön der Unterschied?"
„Der Unterschied besteht darin, die Wahl zu haben. 'Ich *bin* so' impliziert, mit einer Persönlichkeit geschlagen zu sein, auf die Sie unter keinen Umständen Einfluß nehmen können. Gehen Sie jedoch von einem Verhalten aus, das Sie *gewählt* haben, können Sie beim nächsten Mal genausogut eine andere Wahl treffen, sollten Sie das für angebrachter halten."
„Ich habe also immer die Wahl?"
„Nicht *immer*. Sollten Sie sich entscheiden, an einem Wettbewerb für *Weitpinkler* teilzunehmen, werden Sie vermutlich rasch scheitern."
Nachdem ihre Patientin sich heute zweimal recht salopp ausgedrückt hat, erscheint es der Therapeutin nicht unangemessen, ein derartiges Beispiel zu wählen. „Das bedeutet, uns sind natürliche Grenzen gesetzt. Ebenso können Sie die Grenzen Ihres persönlichen Denkvermögens nicht endlos überschreiten. Wie Sie sich in einer beliebigen Situation verhalten wollen, können Sie sich jedoch aussuchen."
„Das bedeutet also: Alles, was jemand gelernt hat, ist völlig uninteressant. Man kann sich jederzeit anders verhalten."
„Wenn Sie so wollen! *Umlernen* wäre dafür die passende Vokabel."
„Aha. Aber das Gefühl sagt einem doch, was richtig oder falsch ist."
„Das Gefühl sagt einem bloß, was man als *richtig* oder *falsch* gelernt hat."
„Das ist doch dasselbe."
„Ist es das? Als Sie den Führerschein gemacht haben, haben Sie unter anderem gelernt, auf der rechten Straßenseite zu fahren. Dabei haben Sie ebenfalls Regeln wie *Rechts vor Links* gelernt, und daß Linksabbieger den Gegenverkehr vorbeilassen müssen. ... Stellen Sie sich vor, Sie ziehen nach England! Nun fahren Sie auf der linken Straßenseite. Zu-

mindest ist das empfehlenswert. Es macht zwar ein unangenehmes, also sozusagen *falsches* Gefühl, dennoch ist es richtig. Oder besser gesagt, es ist einfach *brauchbarer.* Richtig und *falsch* ist ja eine Interpretation, die lediglich durch Lernen entstanden ist."

„Okay, Sie haben gewonnen. Aber vielleicht ... nicht ganz. Wenn es sich um eine andere Sache handelt, zum Beispiel um moralische Bewertungen, dann ist es doch noch einmal etwas anderes, oder nicht?"

„Nennen Sie ein Beispiel!"

„Gibt es Ihrer Meinung nach eine Situation, in der es beispielsweise gerechtfertigt ist, einen Menschen umzubringen? Unsere Moral sowie unsere Gesetzgebung schließen das ja aus, nicht?"

„Das kommt darauf an. ... Notwehr oder Not*hilfe* ist beispielsweise juristisch legitimiert."

„Und was ist mit dem Gewissen?"

„Das ist ebenfalls etwas Erlerntes. Bis in die 1960er Jahre galt zum Beispiel Selbstbefriedigung als etwas Krankhaftes. Und es wurde den Menschen selbst von Medizinern eingeredet, als Folge erblinde man oder erleide einen Rückenmarkschwund. Heute sind wir insgesamt aufgeklärter. Viele Menschen haben zum Glück kein schlechtes Gewissen mehr, wenn sie in dieser Weise Hand an sich legen. Verschiedene religiöse Richtungen betrachten Masturbation jedoch weiterhin als Sünde. ... Oder denken Sie an geschiedene Frauen, die noch vor wenigen Jahrzehnten stigmatisiert wurden. ... Gesellschaftlich, religiös und/oder juristisch verordnete Moral spielt also eine entscheidende Rolle bei dem, was wir als richtig oder falsch empfinden. ... Dennoch gilt für alles: Wir haben die Wahl! Wir können uns trotz der Regung unseres Gewissens *für* oder *gegen* etwas entscheiden. Wir müssen lediglich einwilligen, die daran geknüpften Konsequenzen zu tragen und, allem voran, diese zu *er*tragen."

Den Rest der Sitzung nutzt die Psychotherapeutin, um den Faden aufzugreifen, den sie vor einigen Minuten an der Seite abgelegt hat.

Sie möchte unbedingt die Frage klären, ob Frau Burger gegebenenfalls suizidgefährdet ist. Am Ende der zur Verfügung stehenden Zeit ist sie einigermaßen beruhigt. Es haben sich anhand des geführten Dialogs keinerlei Hinweise finden lassen. Zuletzt hat sie die Patientin direkt gefragt. Diese hat es glaubhaft verneint. Dennoch bleibt stets ein gewisses Restrisiko, selbst bei sorgfältigster Befragung und Analyse.

Obwohl es der Volksmeinung widerspricht, verfügt ein Psychotherapeut im allgemeinen über keine einzige übersinnliche Fähigkeit, die ihm gestatten könnte, beispielsweise Gedanken anders als durch entsprechende Auskünfte des Denkers habhaft zu werden. Leider!
Aufmerksam zuhören und beobachten lautet demzufolge die teilweise mühsame Aufgabe, um zu versuchen, aus den hierdurch erworbenen Informationen logische Schlüsse zu ziehen.

7

Sie zog einen gehörigen Flunsch. Schuld daran war der Blick auf den Wecker. Schließlich war es nicht einmal sieben Uhr, und das am Samstagmorgen! In letzter Zeit kam dieses gräßlich frühe Aufwachen überflüssigerweise häufig vor. Der zeitliche Rhythmus der Woche wurde von ihrem Körper am Wochenende offenbar beibehalten. Nun ja, letztendlich konnte es ihr nur recht sein, so hatte sie mehr vom Tag.

Ganz schön praktisch, Psychologin zu sein! Da hatte man stets Zugriff auf so motivierend schlaue Gedanken, wie: 'Super, ich bin früh wach und habe mehr vom Tag.' Sie grinste, reckte sich anschließend ausgiebig, schlug die Decke zurück und erhob sich gemächlich.

Ein Blick aus dem Fenster verriet ihr, ein Frühstück auf der Terrasse würde noch lange auf sich warten lassen, was sie außerordentlich bedauerte, saß sie doch allzugern – selbst bei niedrigen Celsiusgraden – im Freien. Derzeit bot sich allerdings keinerlei klimatechnisches Angebot, das auch nur ansatzweise in Erwägung zu ziehen gewesen wäre.

Im günstigsten Fall schlingerten die Temperaturen gerade mal knapp oberhalb der Null-Linie. Also begnügte sie sich nach einem Besuch im Badezimmer mit dem ganzjährig überdachten Eßtisch. Durch das seitliche Fenster ließ sich von hier aus bequem über sämtliche Nachbargrundstücke hinwegschauen; dabei blieb ihr Blick stets zuallererst an Friedas wunderschönem Garten hängen.

Für den Nachmittag hatte sie eine Verabredung mit Charlie getroffen. Geplant war ein – hoffentlich nicht allzu ausgedehnter (ginge es nach Mina) – Stadtbummel, um anschließend irgendwo gemütlich bei einem Kaffee zu sitzen und zu reden. Für den Abend hatten sie sich bisher für kein Programm entschieden. Leider gaben weder Kino noch Theater etwas her, das beide interessierte, und für die Oper hatte Charlie wenig

Sinn. In all den Jahren war es Mina nicht gelungen, die Freundin – wenn schon nicht zu begeistern – zumindest ein wenig dafür zu erwärmen, was sie außerordentlich bedauerte. Doch Charlotte blieb stur. Lediglich eine einzige Aufführung hatte sie mit Mina besucht. Zugegebenermaßen war ausgerechnet diese erbärmlich gewesen. Gleich zwei Sänger waren wegen Krankheit ausgefallen, und die zweite Besetzung hatte offensichtlich beziehungsweise offen*hörbar* ebenfalls arg geschwächelt.

Und um das Maß des Erträglichen komplett zu überschreiten, war zudem das Bühnenbild grauenhaft modern gestaltet worden. So war neben dem streckenweise ausbleibenden Genuß für die Ohren, nicht einmal ein Augenschmaus zu verzeichnen gewesen. Das hatte Charlie unmittelbar als Bestätigung dafür benutzt, daß Oper *Scheiße* sei, so hatte sie sich deutlich ausgedrückt. Mina möge ihr eine solche Qual bitte nie wieder zumuten! Zum Glück gab es noch Fabian. Der liebte Opern so wie sie. Mit ihm machte es totalen Spaß, eine Aufführung zu besuchen.

Hatte sie ihnen nicht gefallen, wurde jedes schmutzige Detail ausgiebig in Grund und Boden durchgehechelt. Hatten sie die Oper genießen können, schwelgten die beiden noch den gesamten restlichen Abend bei Wein und Käse in der Erinnerung, meistens an Fabians oder Minas Küchentisch sitzend, und zelebrierten das Gespräch über jede einzelne Szene, manchmal sogar über einzelne Tonfolgen, die besonders ergreifend oder dem Tenor außergewöhnlich gut gelungen waren.

Mina hatte ihr Frühstück fast beendet, als das Telefon klingelte. Da sie es im Haus nie mit sich herumtrug, mußte sie wohl oder übel aufstehen, wollte sie den Anruf nicht einfach ignorieren. Wahrscheinlich handelte es sich um ihre Freundin, schließlich hatten sie noch keine genaue Zeit abgesprochen. Also fiel die Entscheidung zugunsten der in diesem Moment unwillkommenen Bewegung aus.

Auf dem Display erschien: *Unbekannt*. Na also, es handelte sich tatsächlich um Charlie; sie verfügte als einzige aus Minas persönlichem Umfeld über keine Rufnummernübermittlung. Zählte sie Frieda, mit der sie nie telefonierte, und sich selbst nicht mit. Sich selbst rief sie aber selten an, und wenn, wüßte sie ja, um wessen Anruf es sich handelte.

Glucksend über ihre unsinnigen Gedankenspiele drückte sie auf die grüne Taste. „Hallo, Charlie. Hast du gut geschlafen?"

Klack machte es an ihrem Ohr. Wohl doch nicht Charlie, oder die Leitung war mal wieder nicht in Ordnung. Ihre Freundin hatte vor einiger Zeit den Telefonanbieter gewechselt. Seitdem traten dauernd Probleme mit ihrem Anschluß auf.

Mina hatte sich soeben erneut niedergelassen, um ihren restlichen Kaffee zu trinken, als das Telefon zum zweiten Mal einen Anrufer verkündete. Einen Moment lang war sie geneigt nicht mehr zu reagieren, allerdings siegte – wie so häufig – die Hoffnung, die in diesem Fall darin bestand, es könne nun doch noch zu einem Gespräch mit der Freundin kommen. Dem war tatsächlich so.

Nein, verkündete Charlie auf Minas Frage hin, sie habe nicht kürzlich schon einmal angerufen, und zudem sei ausnahmsweise bereits seit einer ganzen Woche alles in Ordnung mit ihrem Anschluß.

Also wurden Ort und Zeit ihres heutigen Treffens vereinbart, anschließend widmete Mina sich notwendigerweise der Hausarbeit.

Als das Telefon erneut klingelte, entschied sie dieses Mal, es nicht zu beachten. Schließlich konnte der Anrufer sich später noch einmal melden.

Pünktlichkeit zählte ohne jeglichen Zweifel nicht zu Charlies Tugenden. Bereits seit einer Viertelstunde weilte Mina am vereinbarten Ort. So überlegte die unfreiwillig Wartende – sie hatte ja gerade nichts Besseres zu tun, als sich mit nahezu sinnfreien Gedanken zu beschäftigen –, ob ihre beste Freundin *jemals* pünktlich zu einer Verabredung erschienen war.

Nein, sie konnte sich an keine derartige Situation erinnern!

Irgendwann hatte sie selbst begonnen, war sie mit Charlotte außerhalb verabredet, mit ein wenig Verzögerung einzutreffen. Sie hätte gern wenigstens ein einziges Mal das Gefühl genossen, Charlie warte bereits auf sie, während sie ihr mit wehendem Mantel entgegeneilte, gestenreich erklärend, warum es ihr heute – trotz aller Anstrengung – leider nicht gelingen konnte, zur rechten Zeit am vereinbarten Treffpunkt zu erscheinen. Jedoch war ihr dies niemals geglückt! Nachdem sie ihre Ankunft jedesmal minutenweise weiter hinausgezögert hatte, war sie selbst mit zehnminütiger Verspätung die erste vor Ort gewesen.

Wie machte Charlie das bloß? Mina malte sich aus, die Freundin komme möglicherweise gar nicht zu spät, warte vielmehr hinter der nächsten Häuserzeile, noch in Ruhe eine Zigarette rauchend, dabei ab und zu vorsichtig um die Ecke spinksend, um den Platz des gemeinsamen Treffpunktes auszuspähen. Sobald Mina erschien, wartete Charlie noch mindestens fünfzehn Minuten, rauchte vielleicht eine weitere Zigarette, hopste dann kurz ein paarmal auf der Stelle, um die Wangen – wie in äußerster Anstrengung ehrbar erworben – rot erglühen zu lassen, um danach, den Mantel noch rasch aufgeknöpft, schnellen Schrittes auf die pünktlich Erschienene zuzueilen.

Mina verwarf die Blüte der eigenen Phantasie und fabulierte gleich darauf eine neue Geschichte um Charlottes Unpünktlichkeit. Dabei trippelte sie von einem Fuß auf den anderen, denn allmählich begann sie zu frösteln.

„'tschuldige!" Sie wurde den Tiefen ihrer Gedankenspiele abrupt entrissen. Charlie!

„Hast du am Ende doch noch den Weg gefunden!?" frotzelte Mina.

„Ich weiß! Es tut mir wirklich leid!" entgegnete Charlie rasch. Sie hatte ein schlechtes Gewissen. Wie oft hatte sie sich bereits vorgenommen, Verabredungen *von nun an* pünktlich einzuhalten? Doch irgendwie mißlang es immer wieder. Es war ihr selbst ein Rätsel, aber die Zeit, die sie so üppig zur Verfügung zu haben glaubte, bevor sie aufbrechen mußte, entschwand jedesmal völlig unerwartet und ohne jegliche Ankündigung. Charlie hatte sich schon überlegt, ob sie auf diese Art und Weise irgendwo ein geheimes Zeitguthaben angelegt habe. Da müßte mittlerweile eine beträchtliche Summe zusammengekommen sein und eine Menge Zinsen bringen.

„Na, komm schon, Charlie! Jetzt mach' kein Gesicht wie ein eingetretenes Kissen! Davon bekommst du nur Falten", half ihr die Freundin lachend aus der Verlegenheit.

Mina war wirklich die Beste! Sie war selten sauer und niemals nachtragend. Jetzt drückte sie sie herzlich. Zur Begrüßung und ebenso, um ihrer Dankbarkeit Ausdruck zu verleihen. Mina erwiderte die unerwartete Herzlichkeit der Umarmung.

Bald darauf gingen die Frauen los, um sich zwischen den üppig dargebotenen Waren umzuschauen.

Nach Ablauf einer Stunde hatten sie bereits sechs Läden und ungefähr dreißig Kleider, vierzig Shirts, zwanzig Jacken und Dutzende von Accessoires gründlich durchforstet und teilweise käuflich erworben. Dabei ging der beträchtlichere Teil auf Charlies Konto; sie wurde stets rasch fündig. Ihr gefiel fast alles, zumindest auf den ersten Blick.

Kaum hatten die Freundinnen das siebte Geschäft betreten, rief sie voller Begeisterung „Sieh mal!" aus, eine Bluse von einem Kleiderständer nestelnd, der förmlich unter der enormen Bügel- und Stofflast litt. „Die ist aber schön!" Erfreut rieb Charlie den Stoff zwischen Daumen und Zeigefinger der linken Hand, während sie mit der rechten den Bügel mit der leblos herabhängenden Bluse umklammerte. Anschließend studierte sie das kleine Etikett im Inneren des Kleidungsstücks. „Schön, es ist tatsächlich eine Seidenbluse!"

„Na ja", erwiderte Mina in einem Ton, der deutlich ihren Mangel an Begeisterung offenbarte, „wohl eher *halb*seiden."

Für einen Moment schaute Charlotte völlig verdutzt; erst auf Mina, anschließend zurück auf die Bluse. „Ja, du hast recht", gab sie lachend zurück, „sie sieht billig aus", und mit einem Blick aufs Preisschild anfügend, „obwohl sie es wahrlich nicht ist. Komm, wir gehen einen Kaffee trinken! Ich hab' genug für heute."

Beide lachten und steuerten untergehakt ein nahegelegenes Café an. Sie fanden auch gleich einen freien Tisch mitten im Raum. Während sie fußlahm von den abgeleisteten Kilometern ihren Latte Macchiato genossen und sich angeregt über alles Mögliche unterhielten, ließ Mina ab und zu den Blick durch den Raum wandern. Das geschah vollkommen ohne Absicht, einfach um sich nebenbei darüber zu informieren, wer sich hier aufhielt, und wer es vorzog, das Café zu verlassen. Soeben waren sie bei Charlottes letzter Ex-Eroberung angelangt, und Minas Augen waren an einer Person bereits vorbeigeglitten, als sie sie noch einmal zurückkehren ließ. Irgendein Merkmal hatte automatisch ihr Interesse geweckt, weshalb ihr Gehirn 'Stop, genauer scannen!' gemeldet hatte.

Nun ruhte ihr Blick abermals auf einem recht attraktiven Mann, der allein an einem der Tische saß. Er mochte um die vierzig sein, hatte blondes, volles Haar und war anscheinend vollkommen vertieft in eine Zeitschrift, deren Titel Mina nicht erkennen konnte. Aber den *Mann* erkannte sie, oder zumindest glaubte sie, ihn zu erkennen. Allerdings war sie unsicher. Er schien ihren Blick zu spüren, denn plötzlich hob er den Kopf, und nun identifizierte sie eindeutig die blauen Augen des Fremden, der ihr kürzlich seinen Tisch beim *Vegetarier* überlassen hatte. Er schien sie nach anfänglichem Zögern ebenfalls wiederzuerkennen.

„Hallo!" rief sie zu ihm hinüber und hob dabei andeutungsweise ihre rechte Hand zu einem Gruß.

„Ach, hallo!" erwiderte er unmittelbar mit diesem Lächeln, bei dem die Augen Sonnenstrahlen bildeten. Da zwischen den beiden Tischen eine zu große Distanz lag, wäre ein Gespräch nicht möglich gewesen, weshalb es Mina beim Erkennensgruß beließ.

„Wer ist das?" Erwartungsgemäß bohrte Charlotte unmittelbar nach sowie ihren Blick in den Angesprochenen. Sie war selbstverständlich aufmerksam geworden und konnte nicht anders, als sich umzudrehen und den Mann ein paar Tische weiter in Augenschein zu nehmen. Da sie ihn als sympathisch und gutaussehend klassifizierte, wuchs die Neugier sekündlich. „Na, sag' schon!"

„Ist ja gut. Mach' es doch noch auffälliger! Damit es garantiert eine sofortige Bedeutung bekommt, die es gar nicht hat", zischte Mina zwischen sich kaum bewegenden Lippen verschwörerisch hervor.

„Könnte es aber noch bekommen", ließ Charlie nicht locker.

„Damit du nicht länger nervst: Ich habe ihn zufällig beim Mittagessen ... kennengelernt." Sie hatte kurz gestockt, weil ihr *kennengelernt* als Begrifflichkeit für die erwähnte Situation bereits zu gewaltig erschien. „Er hat mir bloß seinen Platz angeboten."

„Welch Kavalier!"

„Allerdings hatte er eh' gerade gehen wollen."

„Ist trotzdem nett gewesen."

„Jaha, das streite ich ja gar nicht ab! Nur muß ich ihn deshalb nicht gleich heiraten."

„Natürlich nicht. Aber du könntest ihn zumindest mal näher kennenlernen. So viele gutaussehende Männer in unserem Alter gibt es schließlich nicht."

„Charlie! Ja, er sieht einigermaßen passabel aus. Dennoch kenne ich ihn gar nicht."

„Eben hast du was anderes erzählt."

„Du nervst! Ehrlich! Man kann doch ein flüchtiges, zufälliges Zusammentreffen nicht als *sich kennen* bezeichnen. Und jetzt will ich nicht mehr darüber reden! Ich habe zur Zeit ohnehin keinen Bedarf an Männern."

„Ach, und was ist mit Sex? Du hast selbst gesagt, er fehlt dir."

„Trotzdem kann ich mich nicht von jedem x-beliebigen Restaurantbesucher vögeln lassen, nur weil er sich augenscheinlich innerhalb meiner Altersklasse bewegt und annehmbar aussieht. Solltest du jedoch denken, das sei eine verpaßte Chance, dann gib ihm doch einfach deine Telefonnummer!"

„Witzig! Ich brauch erst mal 'ne Pause. Außerdem weißt du doch, bei mir wird es immer zur ver*patzten* Chance."

„Ach komm! Ich will heute nicht mehr über Männer reden oder nachdenken."

Die beiden wendeten sich daraufhin anderen Themen zu. Allerdings ließ Mina hin und wieder einen verstohlenen Blick zu dem blonden Mann huschen, wenn sie sicher war oder zumindest annahm, Charlie könne es nicht bemerken. Beim dritten Mal begegneten sich ihr und sein Blick. Er lächelte. Erneut bildeten sich die für ihn typischen Strahlen um die Augen, die sein Gesicht so anziehend machten. Mina lächelte zurück, was der Freundin nicht verborgen blieb. Diesmal sparte sie sich jedwede spitze Bemerkung, war sie doch froh, an Mina wenigstens einen ersten Anflug von Interesse registrieren zu können.

Obwohl sie selbst in den letzten Jahren keine besonders lohnenden Erfahrungen mit Männern hatte machen können, war sie fest davon überzeugt, Mina würde es besser ergehen, da sie nach ihrer Meinung viel mehr einzubringen hatte. Außerdem wünschte sie der Freundin endlich mal wieder ein bißchen Glück. Es konnte doch nicht alles sein, sich den lieben langen Tag Problemgeschichten anzuhören und zu bearbeiten, abends todmüde ins Bett zu fallen, am Wochenende den Haushalt und alles Weitere zu erledigen und ab und zu mit Freunden auszugehen. Mina brauchte dringend jemanden, der sie im Alltag begleitete, sie zu schätzen wußte in ihrem Engagement für andere und natürlich ebenfalls als Mensch überhaupt.

Um der Freundin also noch ein wenig ungestörte Zeit für weitere Blickkontakte zu ermöglichen, verabschiedete sie sich für einen Moment zur Toilette. Kaum war sie hinter der entsprechenden Tür verschwunden, stand der Fremde auf und kam geradewegs auf Mina zu.

An ihrem Tisch angelangt, streckte er ihr seine gepflegte Hand entgegen. Sie erwiderte die Geste. Händeschütteln. „Entschuldigung", offenbarte er dabei, „bitte halten Sie mich nicht für aufdringlich! Aber ich habe mehr als einmal an Sie gedacht. Und da ich nicht glaube, der Zufall könne uns ein drittes Mal zusammenführen, möchte ich die Gelegenheit keinesfalls verstreichen lassen, mich zumindest vorzustellen und Ihnen ... meine Telefonnummer zu geben. Mein Name ist Ben Steiner,

Kontaktdaten befinden sich alle hier." Dabei überreichte er ihr mit der bereits wieder freigewordenen Hand eine Visitenkarte. „Nur für den Fall, daß Sie mal Langeweile haben und den Wunsch verspüren, mich anzurufen."

Mina schaute wie gebannt auf die Karte. Dabei las sie nicht in erster Linie den mit schwarzen Buchstaben aufgedruckten Namen. Vielmehr sinnierte sie darüber, wie merkwürdig doch ein solches Zusammenspiel war, bei dem ein winziges Stück Papier über das Schicksal zweier Menschen entscheiden konnte. War es in diesem Augenblick ihr eigenes Leben, das in andere Bahnen gelenkt wurde? Endlich löste sie ihren Blick und schaute zu ihm auf. Er betrachtete sie offen und mit einer gewissen Wärme.

Vielleicht sollte sie dem Schicksal mal eine Chance geben. Zögerlich lächelte sie. Sie mußte wohl noch etwas sagen. Alles andere wäre gewiß unhöflich. „Danke", brachte sie dementsprechend endlich hervor, „ich werde es in Erwägung ziehen."

Noch bevor Charlotte zu sehen war, hatte er sich zurück an seinen Tisch gesetzt. Mina wollte der Freundin erst später von ihrem Erlebnis erzählen. Erst einmal mußte sie überlegen, ob sie ihm eine Bedeutung für ihr Leben zukommen lassen sollte. Ja, er wirkte sympathisch. War nicht unbedingt ihr *Typ*, wobei sie keinen bestimmten hatte. Es handelte sich mehr um ein Gefühl. Wahrscheinlich um ausgesandte Pheromone.

Bei Ben Steiner empfing sie erst einmal keine, die etwas in ihr auslösten. Doch machte sie sich bereits viel zuviele Gedanken. Schließlich war sie zu nichts verpflichtet. Er hatte ihr lediglich ein nettes Angebot offeriert. Unaufdringlich, jedoch eindeutig, hatte er ihr zu verstehen gegeben, sie gern näher kennenlernen zu wollen.

Warum auch nicht? Na ja, da gab's schon Gründe. Wollte sie sich binden? Jetzt? Demnächst? Mit allen Verpflichtungen und Nachteilen, die das mit sich brachte? Was riet sie ihren Patienten in vergleichbaren Situationen? Schauen, ob es einem was Positives bescherte. Ging es einem besser *mit* einem bestimmten Menschen oder *ohne* ihn? *Das* war das entscheidende Kriterium.

Sie würde eine Nacht darüber schlafen, und morgen würde sie wissen ..., nein, falsch, morgen würde sie *fühlen*, was angemessen sein würde, was sie dementsprechend tun wollte.

8

„Bist du nun endlich fertig? Es ist doch jedesmal dasselbe! In einer Viertelstunde beginnt unser Termin, und wir brauchen mindestens zehn Minuten für die Fahrt!" Sie ist aufgebracht. Dauernd macht er das mit ihr. Allerdings ist sein Desinteresse nichts Neues für sie. Er macht längst nur noch sein eigenes Ding. Sich überhaupt bereit erklärt zu haben, mit ihr dorthin zu gehen, kann sie schon als hohes Engagement seinerseits verbuchen. Allerdings hat sie ihm angedroht, sich endgültig von ihm zu trennen, falls er sich weigert. Das würde bedeuten, sie bliebe mit den Kindern im Haus, und er müßte für den Unterhalt aufkommen. Na ja, sicher kein besonders wünschenswerter Grund zusammenzubleiben.

Aber im Moment weiß sie sich keinen Rat. Sie arbeitet seit Felix' Geburt vor zwölf Jahren mit verminderter Stundenzahl als Studienrätin am Julius-Westerfeld-Gymnasium. Eine Deutschklasse in der Mittelstufe, ansonsten Biologie in der Oberstufe. Davon könnte sie nicht leben. Und mehr arbeiten kommt ebenfalls nicht in Frage, schließlich ist Ann-Christin erst sieben.

Die Sache mit dieser Stefanie ist einfach zuviel gewesen. Sie kommt sich seitdem unattraktiv und alt vor. Zweite Wahl eben. Eine Frau, die man mit einer anderen betrügen muß. Obwohl sie eigentlich immer ganz zufrieden mit ihrem Aussehen gewesen ist. Und 43 ist ja wohl heutzutage auch noch kein Alter. Also zumindest kein besonders hohes. Und das *eine* läppische Jahr, das er jünger ist, kann wohl ebenfalls nicht der Grund gewesen sein, sich einer 29jährigen Wasserstoffblondine zuzuwenden.

Sie schaut in den Spiegel. Was sie sieht, ist sogar bei deutlichem Kritikwillen ein attraktives, klares Gesicht. Ihre fast schulterlangen, hellbraunen Haare haben noch heute den Glanz, um den sie stets so viele Freundinnen beneidet haben. Die Konturen ihres Gesichts sind noch immer tadellos definiert, und ihre grauen Augen strahlen Jugend und Lebenslust aus.

Sie tritt einen Schritt zurück. Dreht sich auf der Stelle, um ihren Körper von allen Seiten zu betrachten. Auch dort findet sie nichts auszusetzen. Trotz zweier Geburten ist sie schlank und gut proportioniert. Das orange Kleid sitzt einwandfrei. Es bedeckt lediglich die Hälfte ihrer Oberschenkel. Vielleicht nicht ganz das richtige Outfit für einen Besuch bei einer Psychotherapeutin.

Sie zieht die Augenbrauen zusammen. Dr. de Winter ist schließlich ebenfalls nicht gerade unflott gekleidet. Und beim letzten Mal hat sie sie wohlwollend gemustert. Da ist sie sich absolut sicher.

Endlich kommt er herunter. „So, ich bin fertig. Wir können los!" Er lächelt ihr zu. Genau dieses Lächeln hat sie stets an ihm gemocht. In letzter Zeit hat er es allerdings lieber einer anderen geschenkt. Deshalb ist sie verdutzt, daß er es heute mal wieder seiner eigenen Frau gönnt.

Als sie zum Auto eilen, betrachtet sie ihn verstohlen von der Seite. Ja, er gefällt ihr sogar jetzt noch. Ein hochgewachsener Mann mit nur wenig Bauch und einem wirklich männlichen Gesicht. Das Haar ist über die Jahre etwas schütter geworden, jedoch stört sie das nicht. Sie sieht weiterhin den Mann in ihm, den sie vor zwanzig Jahren auf der Sylvesterparty ihrer Freundin Irmhild kennengelernt hat.

Während der Fahrt versucht sie, sich zu sammeln, um später möglichst viel aus der Sitzung, die ihr jeweils zu kurz erscheint, herausziehen zu können. Heute ist das vierte Mal. Sie wirft einen weiteren Blick auf ihren Mann. Was er wohl gerade denken mag? Seine Miene ist undurchdringlich, und fragen will sie keinesfalls.

Er bemerkt ihren Blick, gibt es jedoch nicht zu erkennen. Er hat jetzt keine Lust zu reden. Das muß er in wenigen Minuten zur Genüge. Inzwischen ist er zwar froh, den Platz bei der Therapeutin ergattert zu haben, doch so richtig wohl fühlt er sich dort nicht. Schließlich ist Doktor de Winter eine Frau. Da scheint die Parteilichkeit mit der Gattin schließlich vorprogrammiert. Zumal das gesamte Szenarium ohnehin dazu angetan ist: Ehemann betrügt Ehefrau mit einer deutlich Jüngeren und verheimlicht es, bis die Ehefrau es durch einen Zufall herausfindet.

Was soll eine Therapeutin darüber wohl denken? Bisher hat sie sich zwar enorm um Ausgewogenheit bemüht, ob das aber noch lange anhält? Na, wie auch immer. Er versucht, es jedesmal als Chance zu sehen.

Er will seine Frau nicht verlieren. Und die Affäre? Da ist er irgendwie hineingeschliddert. Er muß innerlich grinsen. *Hineingeschliddert* ist in diesem Zusammenhang tatsächlich wörtlich zu nehmen. Ja, Stefanie ist schon 'ne scharfe Braut! Und dabei nicht im mindesten schüchtern.

Zwei perfekt zusammenpassende Faktoren, die, gemeinsam auftretend, zu einem unschlagbaren Ergebnis führen. Unweigerlich mündet diese theoretische Betrachtungsweise in das Erscheinen äußerst praktischer Bilder. Er kann sich nicht dagegen wehren, so sehr er sich …, nein, wirkliches Bemühen sieht anders aus! Gern gibt er sich den Erinnerungen an das letzte Mal mit Stefanie hin: Lediglich mit einem Morgenmantel bekleidet hat sie ihn empfangen. Diesen hat sie bereits an der Wohnungstür fallenlassen. Ihr Körper hat ihn sofort angemacht. Diese wohlgeformten üppigen Brüste und der knackige Po …! Er erinnert sich, wie er wenige Minuten später in ihr war.

Unmerklich schreckt er zusammen. In seiner Hose ist soeben etwas passiert, das er niemandem erklären möchte. Scheiße! Ausgerechnet jetzt! Aus den Augenwinkeln huscht ein rascher Blick über seine Frau. Zum Glück starrt sie mittlerweile vor sich hin, hat gewiß nichts bemerkt. Schnell konzentriert er sich auf etwas anderes. Die Sitzung! Ja, das ist gut! Das törnt auf jeden Fall ab.

Wenige Minuten später befindet sich das Ehepaar Sajović mit Frau Dr. de Winter im Sprechzimmer. In der ersten Sitzung haben sie bereits berichtet, was der Auslöser gewesen ist, eine Paartherapie zu beginnen. Dabei ist das sexuelle Verhältnis des Ehemannes, der als leitender Angestellter in einem Automobilkonzern arbeitet, genannt worden, welches er vor einem Dreivierteljahr mit einer Kollegin aus seinem Team begonnen hat. Vor ungefähr drei Monaten hat seine Frau dies zufällig herausgefunden, worauf er es – nach eigenen Angaben – beendet hat. Die Ehefrau zweifelt allerdings daran.

Die bisherigen Termine sind darauf verwendet worden, grundlegende (Gesprächs-) Regeln für die Umgehensweise miteinander festzulegen. Klassischerweise ist dem ratsuchenden Paar dabei zunächst vermittelt worden, Botschaften, die der eine dem anderen zukommen läßt, besser nicht mit *immer*, *nie* oder dergleichen Adverbien zu versehen. Zudem sind Schuldzuweisungen grundsätzlich zu vermeiden. Ich-Botschaften sind statt dessen – und überhaupt – sinnvoller, weil sie dem anderen Empathie abverlangen, statt ihn in eine Schuldnerecke zu stellen.

Für ein erfolgreiches Gespräch ist es somit ratsamer „Ich fühle mich einfach mies, wenn du mich als Versager bezeichnest!" zu sagen, anstatt „Du kannst ja nicht ganz dicht sein. Kein vernünftiger Mensch redet so 'nen Scheiß wie du!" zu äußern. Das gilt selbst dann, wenn es dem Betreffenden gerecht erscheint.

Dabei wurde das Paar gebeten, derartige Neuformulierungen außerhalb der therapeutischen Sitzungen anderen verallgemeinernden und anklagenden Ausdrucksweisen möglichst vorzuziehen.

Derlei Übungen sind neben einer verbesserten Kommunikation deshalb wertvoll, weil das Paar auf diese Weise ein Schema erhält, in dessen Rahmen das Gefühl wächst, Kompetenzen aufbauen zu können, ohne direkt schmutzige Wäsche waschen zu müssen. Denn das ist häufig äußerst unangenehm. Da sitzt man einem wildfremden Therapeuten gegenüber, dem man sich schonungslos offenbaren soll. Mit allen Peinlichkeiten, die solch eine Ehekrise gewöhnlich begleiten.

Ein allgemeines Regelkonzept bietet da eine brauchbare Grundlage, die zudem als vertrauensbildende Maßnahme verstanden werden kann.

Entsprechend ist getrost von einer Überwindung der anfänglichen Scheu innerhalb weniger Sitzungen auszugehen. Zudem kann das Paar bis dahin bereits recht gut einschätzen, auf wessen Seite der Psychologe steht. Das Ergebnis dieses Erkundungsprozesses sollte selbstverständlich die ausgewogene Parteilichkeit sein. Die Fähigkeit des gesteuerten Perspektivenwechsels – und etwas anderes ist Parteilichkeit in einem solchen Setting nicht – stellt eine absolut und grundlegend notwendige Voraussetzung für gelungene Psychotherapien dar.

Denn wäre der Patient dem Therapeuten schnurz und piepe, könnte dieser nichts für ihn tun, was dieser sich nicht ebensogut aus einem Ratgeber in Buchform oder durch die Befragung von Professor Google aneignen könnte. Bei der Arbeit mit Paaren ist es nur nicht möglich, gleichzeitig beiden Beteiligten gegenüber parteiisch zu sein.

Vorübergehend steht der Therapeut also auf der Seite dessen, der gerade davon berichtet, wie emotional getroffen er sich durch Ereignisse des partnerschaftlichen Lebens fühlt. Das bedeutet aber nicht, den anderen damit automatisch – beziehungsweise überhaupt – als Schuldigen zu deklarieren. Es stellt lediglich den zum mutmaßlichen Gelingen verurteilten Versuch dar, zu ergründen und dem jeweils anderen nahezubringen, warum ein gewisser Umstand bei der betreffenden Person etwa Unmutgefühle, Traurigkeit, Ärger oder Wut auslöst.

Bei Nichtvorhandensein dieser Bedingung benötigte er lediglich zwei oder drei Tafeln, von denen er alternierend ablesen könnte:

Jetzt machen Sie doch bitte kein Drama daraus!
Na, so schlimm kann das doch gar nicht sein.
Jetzt gehen Sie aber mal mit Ihrem Mann/Ihrer Frau ein wenig toleranter um! Dann klappt's auch mit der Beziehung.

Okay, das sind genaugenommen vier Sätze. Weitere benötigte ein Paartherapeut mit Empathieversagen jedoch wirklich nicht. Und wer empathisch ist, ist auch parteilich. Jedoch bloß für den Moment.

Manchmal verlängert der Therapeut allerdings seine Parteilichkeit, nutzt sie somit als Trick: Er unterstützt eine Seite dabei, sich beispielsweise über Winzigkeiten aufzuregen. Das führt – planmäßiger Verlauf vorausgesetzt – dazu, daß entweder die andere Seite vor lauter Provokation endlich für sich sorgt, indem sie ihr Verhalten etwa sinnvoll verteidigt, oder aber, das Paar rückt zusammen und eint sich sozusagen gegen den Therapeuten. Der lacht sich dann ins professionelle Fäustchen. Selbstverständlich ganz empathisch!

Nachdem die Grundlagen also inzwischen geschaffen worden sind, geht's in der heutigen Sitzung ans Eingemachte. Was ist los im Hause Sajović? Das Fremdgehen des Ehemannes allein ist es vermutlich nicht. Meistens gibt es eine Vorgeschichte. Keine, die als Entschuldigung dienen könnte, denn wie stets geht es nicht um Schuld oder Nicht-Schuld. Es geht grundsätzlich um Verantwortung. Erst einmal für sich selbst.

Doch in Ehen, Familien, gegenüber Kindern, Eltern, Kollegen geht es zudem um Verantwortung für den oder die anderen. In der Psychologie spricht man in diesem Zusammenhang oft von *Systemen*.

Ist man Bestandteil eines Systems – und das ist man ja irgendwie unentwegt –, trägt man nicht ausschließlich Verantwortung für sich selbst, sondern jeder einzelne, der dem System angehört, trägt für jeden anderen des Systems ebenfalls Verantwortung, und auch dafür, innerhalb des Systems alles *funktionieren* zu lassen.

Deutlich angespannt sitzt das Ehepaar Dr. de Winter gegenüber. Vera Sajović hält sich fast ein wenig zu aufrecht in ihrem Sessel, die Beine übereinandergeschlagen, die Hände im Schoß verknotet. Zwischendurch zupft sie am Saum ihres Kleides. Nun, da sie hier sitzt, kommt es ihr doch ein wenig zu kurz geraten vor. Angestrengt wechselt ihr Blick zwischen Dr. de Winter und ihrem Ehemann. Sie erwartet nichts Gutes, da das Ende der Interventionen offen ist. Kommt letztendlich heraus, sie und ihr Mann sollten sich besser trennen, oder werden sie zu einem Neubeginn zusammenfinden? Im Moment weiß sie nicht einmal, was ihr lieber wäre. Könnte die Fortsetzung eines gemeinsamen Lebens überhaupt gelingen?

Sie atmet tief durch. Es ist gut, hier zu sein. *Trotz* aller Ungewißheit.

Alexander Sajović hat den linken Unterschenkel auf dem rechten Oberschenkel abgelegt. Dabei wippt andauernd sein linker Fuß, als folge er dem unhörbaren Takt eines Musikstücks. Diese fortwährende Bewegungswiederholung steht im krassen Widerspruch zu der mutwillig lässigen Haltung, die er eingenommen hat. Als seine Frau zu reden beginnt, streckt er trotzig das Kinn vor.

„Ehrlich gesagt weiß ich gar nicht genau, wie es weitergehen soll. Ich weiß nicht einmal, was ich will. Vielleicht gibt es ja auch gar nichts mehr zu klären. Manchmal denke ich, wir haben uns einfach ... *aufgebraucht* in den letzten Jahren. Verstehen Sie, wie ich das meine?" Erwartungsvoll schaut sie die Therapeutin an.

Diese versucht wiederzugeben, wie sie das Gesagte interpretiert. „Ja, ich denke schon: Sie sind der Ansicht, der größte Teil positiver Energie ist aufgebraucht und somit steht der Partnerschaft diesbezüglich nichts weiter zur Verfügung. Ist das so richtig?"

„Irgendwie schon. Aber ich weiß es selbst nicht genau. So, wie Sie es sagen, klingt es einerseits wie eine Wiedergabe dessen, was ich gemeint habe; andererseits, na ja, ... wenn ich es so höre, kommt es mir als abschließendes Erklärungsmodell nicht besonders brauchbar vor."

„Nun ja, wenn Sie *abschließen* wollen, brauchen Sie gar kein Modell. Trennen können Sie sich – Sie beide – jederzeit! Ganz ohne Modell, ohne Begründung. Wenn Sie allerdings in Erwägung ziehen weiterzumachen, wenn Sie versuchen wollen, miteinander etwas Gutes, Lohnendes, Erfreuliches hinzubekommen, ist das Modell vielleicht ein gewisser Ansatz, der zumindest teilweise erklärt, weshalb Sie sich an dem jetzigen Punkt befinden. Nur, was bedeutet es für Ihre zukünftige Partnerschaft? Das ist die viel entscheidendere Frage."

Der Ehemann schaltet sich ein. „Sehen Sie, das macht sie *häufig* so! *Immer* darf ich ja nicht mehr sagen." Er lacht nervös. „Sie äußert Dinge, die eigentlich gar keinen Ausweg mehr zulassen. Dann fühl' ich mich in so 'ner Ecke, aus der ich gar nicht mehr rauskommen kann, weil es ja anscheinend sowieso keinen Sinn mehr hat."

„Das stimmt doch gar nicht, Alex! Manchmal will ich dich einfach locken. Dann provoziere ich dich. Damit Du *endlich* mal aus der Reserve kommst." Das Wort *endlich* zieht sie wie ein Kaugummi, das beim Hineintreten unter dem Schuh, aber auch weiterhin auf dem Asphalt klebt, wodurch es beim Weitergehen zusehends länger wird.

„Aber in solchen Situationen bin ich bereits mindestens dreimal aus der Reserve gekommen, und *du* schickst mich immer wieder in die Ecke, meine liebe Vera!"
„Jetzt nähern wir uns allmählich dem Problem."
Das Paar schaut gleichzeitig und gleich irritiert auf seine Therapeutin.
„Na ja, Sie fühlen sich offenbar gegenseitig unverstanden, und jeder versucht, dem anderen begreiflich zu machen, wie mies er sich fühlt."
„Ist das denn falsch?"
„Nun laß sie doch mal ausreden, Vera!"
„Genau *das* meine ich. Im Grunde wollen Sie das gleiche, doch jeder fühlt sich vom anderen völlig mißverstanden. Und um auf Ihre Frage zu antworten, Frau Sajović: Es ist *grundsätzlich* selbstverständlich nicht falsch, dem anderen seine Gefühle mitzuteilen. Nur tun Sie beide es nicht *direkt*, sondern in Form von Vorwürfen, die Sie Ihrem Partner an den Kopf werfen. Und zusätzlich deklarieren Sie das Ganze als sachliches Gespräch, dabei geht es um gar keine Sache. Das ist so, als spielten Sie miteinander Tennis und bezeichneten es als Match, den Ball jedoch einfach bloß übers Netz schlagend. Hin und her! Ohne ein Spiel, einen Satz oder gar das Match zu beenden. Es geht also lediglich: *PING ... PONG ... PING ... PONG*! Bis Sie beide zu ermüdet sind, um weiterzumachen. Doch am nächsten Tag geht's von vorne los."
Alexander Sajović räuspert sich. „Sie ziehen uns auf, was?"
„Das macht sie nur, damit wir wieder richtig ticken, Alex!" Ein fröhliches Lachen erfüllt den Raum, bevor es erneut ernster wird.
„Es stimmt, bei unserem Ping-Pong-Spiel kommt absolut nichts heraus." Vera Sajović spricht mehr zu sich selbst. Ihr Mann wendet ein wenig seinen Kopf in ihre Richtung, schaut seine Frau jedoch nicht direkt an. „Stimmt!"
„Hey, Sie sind sich ja einig!"
Das Paar lacht unwillkürlich und Alexander Sajović fragt: „Glauben Sie, das ist ein guter Anfang?"
„Jegliche Einigkeit ist ein *lohnender* Anfang."
„Und haben wir eine Chance?" Vera Sajović klingt kläglich.
„Worauf, Frau Sajović?"
„Na ja, es miteinander hinzubekommen?"
„*Was* genau möchten Sie denn hinbekommen?"
„Puh, Sie fragen immer so anstrengend. ... Wissen Sie, ich hab' eine

Bekannte. Die hat ihr Leben stets in vollen Zügen genossen. Die hat sich nie einem Alltag unterworfen, wie ich ihn habe. Sie war nie verheiratet, hat keine Kinder, ... statt dessen hatte sie fortwährend andere Männer und mehrere Abtreibungen."

„Zählen Sie die Abtreibungen zum Genuß, oder haben Sie sie bereits abgezogen?"

Vera Sajović schaut Dr. de Winter mit zusammengekniffenen Augen an, beginnt dann gleichzeitig mit ihrem Mann aufzulachen. „Stimmt, eigentlich klingt es doch nicht besonders beneidenswert."

„Nicht wahr? Also, ich wiederhole noch mal meine Frage von eben: *Was* genau möchten Sie hinbekommen?"

„Na gut, ich versuch's. Sie lassen ja eh' nicht locker. Also, ... ich möchte mein Leben genießen. Dabei würde ich gern mit meinem Mann in Harmonie und Achtung füreinander zusammenleben. Ich möchte mit ihm hinbekommen, unser Leben *gemeinsam* zu genießen. Und ich will von ihm ... geliebt werden. Und ich will ihn weiterhin lieben können. Ich habe enorme Angst, es könnte aufhören, und wir könnten uns am Ende doch trennen. Vielleicht in Haß auseinandergehen. Das könnte ich nicht aushalten! Dann wollte ich nicht weiterleben ..."

„Stop, stop, stop! Entschuldigung, aber ich muß Sie unterbrechen! Sie haben so stark angefangen, und nun tauchen wiederum Befürchtungen auf, was irgendwann passieren könnte. Machen Sie bitte weiter mit dem, was Sie sich wünschen! Was soll *jetzt* sein?"

„Okay! Also ich will meinen Mann lieben, ich will mit ihm lachen, eben Spaß haben."

„Aber Vera, das könntest du doch alles haben! An *mir* liegt's sicherlich nicht. *Du* bist ja wohl eher diejenige, die mir ständig Vorwürfe wegen dieser lächerlichen Affäre macht. Immer und immer wieder fängst du davon an. Es hängt mir schon zu den Ohren raus!"

„Herr Sajović, nun verfallen Sie wiederum in eine Vorwurfshaltung."

„Ich doch nicht! *Sie* macht mir doch die ganze Zeit Vorwürfe. Nur weil ich mit Stefanie was hatte."

„Was heißt hier *hatte*? Ich bin sicher, da läuft noch was."

„Ja, ja! Immer dieselbe Leier. Vera, ich kann es nicht mehr *hören*! Verstehst du? Es steht mir bis hierhin!" Er macht mit der rechten Hand in Höhe seines Halses eine Horizontalbewegung, um zu verdeutlichen, bis wohin es ihm mittlerweile steht.

„Das ist das einzige, was du dann sagst. Und wieso kommst du keinen Abend vor neun, halb zehn nach Hause? Wo bist du denn dann?"

„Im Büro! Das hab' ich dir aber ebenfalls schon mindestens hundertmal gesagt. Mein Gott, ich *arbeite*! Verstehst Du? Ich arbeite, damit wir uns dieses luxuriöse Leben leisten können. Damit die Kinder alles haben, was sie brauchen ... und wollen. Und damit du weiterhin in der komfortablen Lage bleiben kannst, bloß eine ... eine Handvoll Stunden zu arbeiten."

„Klar, *du* arbeitest! Und das selbstverständlich ausschließlich für mich! Damit ich so wunderbar gemütlich zu Hause sitzen kann, nachdem ich bloß mehrere Stunden Unterricht gegeben habe und lediglich noch ein bißchen Vorbereitung für den nächsten Schultag treffen muß sowie viermal den Hund Gassi führen und die Hausaufgaben der Kinder betreuen. Anschließend muß ich ja auch *nur noch* ein wenig unsere 160 Quadratmeter putzen, kochen, deine dreihundert Hemden waschen und bügeln, den Müll entsorgen, die Autos zur Inspektion fahren, tanken, einkaufen, mit den Kindern zum Arzt gehen, deine Termine koordinieren und mich um deine kranke Mutter kümmern. Und in den verbleibenden ... sechs Stunden pro Tag kann ich ganz bequem meine Körperhygiene, meine Mahlzeiten und – vielleicht nicht komplett zu vernachlässigen – meinen Schlaf einbauen! Du hast absolut recht: Was habe ich doch für ein wunderbar faules Leben, während du dich aufopfernd kaputtschuftest und -vögelst! Und das alles für deine ganz und gar undankbare Familie!"

„Läuft es bei Ihnen zu Hause genauso ab, sobald Sie in Fahrt sind?"

„Das können Sie laut sagen! Meine Frau kann echt immer super aufdrehen."

„Ehrlich gesagt, tun Sie beide sich nicht viel. Und wie bereits erwähnt, will jeder lediglich vom anderen verstanden werden und eine Prise Mitgefühl abbekommen. Doch was ist das ständig mit der Affäre? Ist sie tatsächlich beendet, Herr Sajović?"

Vera Sajović kommt ihrem Mann zuvor. „Nein, natürlich hat er sie *nicht* beendet!"

„Ich fände eine Antwort von Ihrem Mann aktuell wesentlich interessanter, Frau Sajović. Sie nicht?"

„Sehen Sie? Genau das meine ich, Frau Doktor! Sie mischt sich in alles ein, weiß alles besser. Sie glaubt mir einfach nicht. Ich sage es also noch einmal und sogar unter Zeugen." Er macht eine kleine Kunstpause, die die Wichtigkeit des nun kommenden Satzes unterstreichen soll. „Ich habe keine Affäre mehr mit Stefanie! Ist das jetzt wohl endgültig angekommen?"

„Ach so, mit Stefanie nicht. Hast du schon wieder eine Neue?"

„Nein, verdammt noch mal! Ich habe überhaupt keine Affäre mehr! Nun glaub' es mir doch endlich!"

„Was ist für Sie das erheblichere Problem, Frau Sajović? Daß Ihr Mann lügen könnte, oder ist es der Vertrauensbruch an sich?"

Hilflos hebt Vera Sajović die Hände und läßt sie gleich darauf wieder fallen. „Ich weiß es nicht. Ich bin einfach so ... so verletzt! Verstehen Sie?" Sie sinkt ein wenig in sich zusammen. Dabei schaut sie traurig und ratlos aus weit geöffneten Augen. „Ich habe meinem Mann so sehr vertraut. Und ohne jegliche Vorwarnung muß ich erfahren, monatelang von ihm hintergangen worden zu sein. Dabei erfahre ich es nicht einmal von ihm selbst. Nein! Durch einen Zufall sehe ich die beiden, wie sie, sich verliebt anglotzend, in einem Café sitzen, während ich mit heraushängender Zunge durch die Stadt hetze, um *seine* Aufträge zu erledigen. ... Können Sie sich vorstellen, wie sehr mich das ... verletzt hat? Ich bin die blöde Putze, deren Beitrag zum gemeinsamen Leben belächelt wird, obwohl ich wirklich sehr viel leiste. Und dann seh' ich den Gatten, so 'ne blondierte Tusse blöde angrinsend, beim vertrauten Tête-à-tête sitzen. Und abends kommt er mit mieser Laune nach Hause und läßt sich obendrein von vorne bis hinten bedienen. Wenn ich darüber nachdenke, dann bin ich so ... so wütend, so stinksauer ... und unendlich verletzt. Ich könnte ihn manchmal regelrecht ... umbringen, diesen verdammten Mistkerl!"

„Es tut mir ja auch wirklich leid, Vera! Es ist nun einmal passiert." Er wirkt regelrecht zerknirscht, wollte er doch seine Frau nie verletzen. An die Konsequenzen hat er einfach nicht gedacht. „Ich kann leider nichts mehr daran ändern. Aber man muß doch auch verzeihen können! Sonst haben wir ja gar keine Chance mehr."

Vera Sajović hat sich wieder ein wenig aufgerichtet. Nun will sie etwas Grundsätzliches von Dr. de Winter wissen. „Muß ich? Verzeihen, meine ich. Muß ich ihm seinen Seitensprung verzeihen?"

„Nein, Frau Sajović, selbstverständlich müssen Sie Ihrem Mann das nicht verzeihen!"

Sie wendet sich triumphierend ihrem Ehemann zu. „Siehst Du? Ich muß gar nichts!"

„Nur sollten Sie dann gehen! Entweder Sie bleiben und akzeptieren das, was ist, oder Sie befinden, daß das Verhalten Ihres Mannes unverzeihlich für Sie ist, demzufolge verlassen Sie besser die Partnerschaft! Take it or leave it! Sie können nicht bleiben und ihm täglich zum Vorwurf machen, Sie betrogen zu haben. Das reißt Sie irgendwann in den Abgrund ... und ihn ebenfalls, ... oder *er* geht."

Die Worte der Psychologin hängen wie Rauchschwaden in der Luft. Nur zögerlich lösen sie sich auf, geben den Blick frei. Dabei wird dem Paar nach und nach klar, daß die Dinge sich stets so gut oder schlecht präsentieren, wie man sie selbst gestaltet. Und am Ende geht es tatsächlich nie um Schuld oder Unrecht, sondern darum, wie sich eine Situation herstellen läßt, die trotz der vorhandenen Widrigkeiten für alle Beteiligten lebbar ist. Die Akzeptanz dieser Erkenntnis ist allerdings beschwerlich. Aufgrund dessen glauben Menschen allzugern, Problem und Lösung paßten gar nicht zusammen. Das liegt jedoch lediglich an der Vorstellung, Lösungen hätten *einfach* zu sein.

Wirklich schade, doch es handelt sich dabei um einen weitverbreiteten Irrtum.

9

Drei- oder viermal hatte sie es in Gedanken durchgespielt und jedesmal verworfen, da sie sich nach wie vor äußerst unsicher war, ob sie Lust auf ein näheres Kennenlernen hatte. Die Tage waren rasch verflogen, und Mina hatte sich bisher nicht entschließen können, Ben Steiner anzurufen.

Worüber könnten sie überhaupt reden? Sie wußten doch gar nichts voneinander. Und das Bedürfnis, diesen Zustand zu ändern, drängte sich ihr auch nicht gerade auf. Einer fremden Person erzählte sie nicht gern etwas über sich. Sie war nicht paranoid, jedoch vorsichtig, was die Weitergabe persönlicher Informationen betraf. Ihr Beruf hatte diese Haltung noch intensiviert. Immerhin war sie an eine Schweigepflicht gebunden, stellte darüber hinaus eine Art Geheimnisträgerin dar. Warum sollte sie mit ihren eigenen Daten weniger pfleglich umgehen als mit denen ihrer Patienten? Und überhaupt, nach der Erwähnung ihres Berufes verlor die Begegnung beinahe immer an Attraktivität. Zumindest was sie selbst betraf. Die häufigste und damit am wenigsten kreative verbale Reaktion lautete: „Oh, da muß ich ja jetzt aufpassen, was ich sage, damit Sie mich nicht analysieren!" Auf Platz zwei befand sich: „Ich hab' da mal 'ne Frage!" Daraufhin wurden Informationen eingefordert, was man beispielsweise mit der *Omma* machen solle, die im Heim was zum *Ruhigstellen* bekommen habe. Oder ob es sich um eine *Neurose* handele, wollte das Söhnchen mit sechs Jahren nicht länger ins Töpfchen kacken.

Lachen mußte sie regelrecht, wenn Menschen ihre klugen Weisheiten auspackten, nach dem Motto: „Man sagt ja, jemand wird Psychologe, um seine eigenen psychischen Probleme zu lösen." Andere wurden noch deutlicher: „Psychologen gehören ja fast alle selbst auf die Couch."

Derartige Aussagen wurden meist von einem dümmlichen Lachen über den gelungenen Scherz begleitet und häufig gekrönt durch: „Ich war mal bei einem, weil ich ein Problem ..." (selbstverständlich bloß) „... partnerschaftlicher Art hatte." Sollte 'Ich bin psychisch schon immer vollkommen gesund gewesen, im Gegensatz zu sämtlichen Psychologen' heißen. Der Plot folgte für gewöhnlich in Form von: „Aber der Psychologe konnte mir nicht helfen. Ich wußte viel mehr als er und hab' hinterher *ihn* therapiert."

Zu Beginn ihrer Berufstätigkeit hatte sie hin und wieder Hypothesen über die Motive jener Menschen aufgestellt. War ein solch unangemessenes Verhalten – neben der sichtlich vorhandenen Angst, das kompetente Gegenüber könne unverzüglich diagnostisch den sorgfältig getarnten Schwächen zu Leibe rücken – der Überzeugung geschuldet, einem Psychologen sei alles zumutbar? Wollte man einem Psychologen schon eine Sonderstellung zuordnen, sollte man ihn viel eher unter Artenschutz stellen, anstatt ihn zu diffamieren!

Den Beruf zu *beichten*, wenn sie einen Mann kennenlernte, den sie zunächst interessant fand, empfand sie demzufolge als fast genauso heikel, als müsse sie erzählen, sie habe im Knast gesessen. Oder sie habe drei kleine Kinder und fünf Katzen zu versorgen. Plus einer im zweifachen Sinne zurückgebliebenen Schwiegermutter. *Mit* ansteckender Krankheit! Unheilbar. Aber nicht tödlich. Leider!

Einmal hatte sie sich auf einer Party während des gesamten Abends angeregt mit einem anderen Gast unterhalten. Bei solchen Gelegenheiten völlig unüblich, waren sie erst nach circa zweieinhalb Stunden auf den Beruf zu sprechen gekommen. Er war Prokurist in einem Chemiekonzern gewesen. Ausführlich und äußerst selbstbewußt hatte er sich endlich über seine nun nicht gerade wahnsinnig aufregende Tätigkeit ausgelassen. Schließlich hatte er sich nach *ihrem* Beruf erkundigt. Ihre Antwort war in der Lage gewesen, abrupt die Stimmung zu verderben. Immerhin hatte er seine Verunsicherung sogar zugegeben.

Der Ansicht, sein Selbstwertgefühl hätte für eine ausgewogene Partnerschaft nicht ausgereicht, hatte sie daraufhin Abstand von einem näheren Kennenlernen genommen.

Aufgrund solcher Erfahrungen verschwieg sie inzwischen auf entsprechenden Veranstaltungen – soweit möglich – gern ihren Beruf.

Wurde sie ausdrücklich danach gefragt, gab sie an, Kassiererin bei *Aldi* zu sein. Darunter konnte sich jeder genügend vorstellen, wodurch sich keine Nachfragen ergaben und ebenso keinerlei Verunsicherung. Alle verbrachten bloß einen netten Abend miteinander.

Wollte man allerdings in Erfahrung bringen, ob man ein Liebespaar werden könnte, mußte sie selbstverständlich ehrlich sein. Dennoch hatte sie wenig Lust auf einen gemeinsamen Abend – sich kennenzulernen war ja an sich schon irgendwie anstrengend –, an dem bei der Nennung des Berufs eine Reaktion auftrat, die sie veranlaßte zu denken, wie schön es doch wäre, jetzt zu Hause auf dem Sofa zu sitzen und irgendeinen Film zu schauen, der – verglichen mit dem betreffenden Abend – gar nicht blöd genug sein könnte, als daß er nicht amüsanter wäre als der erlebte Augenblick.

Ja, ja, schon klar! Derlei Überlegungen bildeten keine nennenswert günstige Voraussetzung für ein Telefonat oder gar ein Date. Das war der springende Punkt: Mina kam anhand ihrer von Unsicherheit geschwängerten Erwägungen zu dem eindeutigen Resultat, zur Zeit einfach niemanden kennenlernen zu wollen.

Kurzentschlossen zog sie die Visitenkarte unter der Telefonstation hervor, unter der diese tagelang gespannt auf ihren Einsatz gewartet hatte, zerriß sie sorgfältig und warf die Einzelteile in den Mülleimer.

Sie war überrascht, in wie viele Schnipsel man ein von vornherein sehr kleines Stück Papier zerlegen konnte. Und im Anschluß an ihre Vernichtungsaktion war sie noch etwas überraschter, diese letztendlich recht spontane Handlung sogleich ein wenig zu bedauern.

„Schluß jetzt!" befahl sie sich brüsk, während sie zum Kühlschrank trottete, um die trüben Gedanken, wenn schon nicht in Alkohol zu ersäufen, doch zumindest in einem Bier zu baden.

10

Im Laufe der Jahre hat sie gelernt, keine Energie durch Ärger über das Unvermeidliche zu verschwenden. Leider gehört einiges mehr zu ihrer Tätigkeit, als ausschließlich therapeutische Gespräche zu führen.

An Lästigkeit kaum zu übertreffen sind dabei – trotz zugegebener Angemessenheit – die regelmäßigen Dokumentationen der Behandlungsverläufe sowie Berichte an Gutachter. Telefonate mit Patienten selbst, gegebenenfalls mit deren Ärzten, Familienangehörigen und Krankenversicherungen sind zwar weniger lästig, binden aufgrund des hohen Aufkommens dennoch enorm viel zusätzliche Zeit, die sie häufig lieber mit lohnenderen Aktivitäten – wie Füße zu begucken oder zu überlegen, ob man die Limettenscheiben für einen Caipirinha lieber achteln oder in Scheiben schneiden sollte – verbringen würde.

Anders verhält es sich mit den Überziehungen der einzelnen Sitzungen. Die beinahe regelmäßige Überschreitung der 50-Minuten-Einheiten, was in Summe weitere vier bis fünf Stunden Mehrarbeitsvolumen pro Woche ausmacht, hat sie ganz und gar persönlich zu verantworten. Wollte sie das verändern, müßte sie ihre Patienten konsequenter auf das erreichte Ende der jeweiligen Sitzung hinweisen. Bei der Menge an vorgebrachtem Leid fällt ihr das jedoch meistens schwer.

Durch das vertraute Ding-Dong ihrer Türglocke wird Dr. de Winters Konzentration unterbrochen, kaum daß sie das Notwendigste erledigt hat. Rasch öffnet sie der eingetroffenen Patientin, im Grunde froh, der Schreibtischarbeit entfliehen zu können.

„Würden Sie mir das mit den Neutralisierungsgedanken bitte noch mal erklären? Warum genau sind die so kontraproduktiv?" Janina Hofmann hat in den vergangenen Sitzungen bereits einiges gelernt.

Die Psychologin hat mit ihr wiederholt das Modell besprochen, das einer unbrauchbaren Verarbeitung eingehender Informationen zugrunde liegt. Des weiteren hat sie ihr nähergebracht, wie wichtig eine Konfrontation mit den angstauslösenden Gedanken ist, um diesen den Schrecken zu nehmen.

Vertiefend hat sie mit der Patientin erörtert, es handele sich bei ihr schließlich um eine Angststörung, und Angst habe die Tendenz, sich zu verstärken, weiche man ihr aus.

Im folgenden sind bereits die ersten Konfrontationsübungen mit den Zwangsgedanken durchgeführt worden. Dafür sind zunächst alle aktuellen Gedanken gesammelt und von der Patientin aufgeschrieben worden, was bereits eine erste Konfrontation dargestellt hat.

Dementsprechend hat sich Janina Hofmann auch anfangs gesträubt, letztendlich ist es ihr jedoch gelungen, die Aufgabe zu bewerkstelligen. Sämtliche Gedanken sind anschließend laut vorgelesen worden, erst von der Patientin selbst, dann von der Therapeutin. Damit hat deren Schlummer im Verborgenen ein endgültiges Ende gefunden.

In einem weiteren Schritt ist die junge Frau behutsam angeleitet worden, einen Gedanken herauszugreifen, ihn daraufhin auszumalen und jegliche katastrophale Konsequenz aufzuzeigen, um sich der Angst in allen Facetten zu stellen.

Im Laufe der Therapie wird sich jedem einzelnen Zwangsgedanken auf diese Weise gewidmet, um den Schrecken der Phantasiewelt zu guter Letzt vollkommen aufzulösen.

Dabei werden die ritualisierten Gedanken, die gewöhnlich im Anschluß an einen Zwangsgedanken formuliert werden, um diesen zu neutralisieren oder zumindest abzuschwächen, unterbunden, da sie doch helfen, die Zwangsgedanken aufrechtzuerhalten. Somit erweisen sie sich als komplett unbrauchbar. Ebenso sind entsprechende Handlungen unangemessen, weil sie die Angst ebenfalls verstärken.

Hat eine Person mit Zwangsgedanken also einen *bösen* Gedanken und will diesen – weil sie beispielsweise gläubig ist – mit einem Gebet *unschädlich* machen, oder aber, sie läßt – als Handlung – einen Rosenkranz durch die Finger gleiten, um dasselbe zu bewirken, verstärkt das letztendlich die Angst. Denn damit mißt die Person dem *bösen* Gedanken eine besondere Bedeutung bei, so als sei sie tatsächlich in der Lage, durch reine Gedankenkraft Unheil zu verursachen. Und dadurch bekommt der ritualisierte Gedanke gleichermaßen eine enorme Bedeutung, da ihm auf diese Weise zugeschrieben wird, das zuvor erdachte Unheil tatsächlich und als einziger abwenden zu können.

So wird die Bewertung der Wahrscheinlichkeit wiederum erhöht, der ursprünglich erzeugte *böse* Gedanke könne tatsächlich eintreten.

„Es ist, als sendeten Sie eine Botschaft an sich selbst", erläutert ihr die Therapeutin gerade noch einmal.

„Indem ich einen sogenannten *Neutralisierungsgedanken* aktiviere?"

„Ja, Sie können sich das so vorstellen: Alles, was man gedanklich kommentiert sowie Handlungen, die man ausführt, senden eine Botschaft darüber zurück, wie ich etwas bewerte oder sogar darüber, was für eine Art Mensch ich wohl bin."

„So ganz verstehe ich das noch nicht."

„Stellen Sie sich vor, Sie fahren mit dem Bus! Sie würden gern sitzen, dabei ist lediglich eine einzige Sitzgelegenheit auf einer Zweierbank frei. Der andere Platz ist besetzt von einem dunkelhäutigen Menschen. Bleiben Sie jetzt stehen, obwohl Sie ja lieber sitzen würden, senden Sie die Botschaft an sich selbst, zu stehen weniger unangenehm zu finden, als neben einem Menschen mit dunkler Hautfarbe zu sitzen. Oder ... drehen wir es um: Sie stehen sofort für eine ältere Dame türkischer Herkunft auf, die den Bus betritt. Damit senden Sie die Botschaft an sich selbst, daß es einen Wert für Sie darstellt, älteren Menschen Respekt zu zollen, obendrein unabhängig von deren Kulturhintergrund."

„Ich äußere und festige also durch eine Handlung meine eigenen Wertvorstellungen."

„Genau. Stellen Sie sich vor, Sie gehen mit einer Freundin durch die Stadt und jemand bettelt Sie um Geld an. Wenn Sie von sich denken, ein großzügiger und sozialer Mensch zu sein, der bettelnden Person dennoch nichts geben wollen, sind Sie womöglich bemüßigt, Ihrer Freundin Ihre Motive zu erklären. Vielleicht sagen Sie, man wisse schließlich nicht, was der Bettler mit dem Geld anstellen würde."

Janina Hofmann nickt zustimmend, sie erinnert sich tatsächlich an eine Situation, in der sie ihrer Begleitung gegenüber etwas Ähnliches geäußert hat.

„Im Grunde hätten Sie das ja nicht nötig. Ihre Freundin wäre gewiß nicht mit Ihnen befreundet, hätte sie Grundsätzliches gegen Ihre soziale Einstellung einzuwenden. Und Sie selbst sind sowieso bestens darüber informiert, wo Sie diesbezüglich stehen. ... Nichtsdestoweniger widerspricht nichts zu geben Ihrer inneren sozialen Haltung. Deshalb äußern Sie etwas, das den Widerspruch erklären und somit auflösen soll."

„In dem Fall ist es sogar eine tatsächlich geäußerte Botschaft, die die *Handlungs*botschaft neutralisieren soll."

Die Therapeutin freut sich. „So ist es. Wir versuchen sozusagen stets kongruent mit uns selbst zu sein. ... Kommen wir nun zurück zu Ihren Zwangsgedanken! Ein Gewaltgedanke ist keiner, den Ihr Wertesystem zuläßt. Also senden Sie rasch die Botschaft aus, was für ein guter Mensch Sie doch eigentlich sind. Gleichzeitig transportieren Sie damit jedoch die Botschaft, es sei nötig, sich klarzumachen, daß Sie so etwas Schlimmes nicht tun würden."

„Könnte ich andersherum den Gedanken einfach als irgend etwas *Dahingedachtes* stehenlassen, hätte er entsprechend nichts mit mir beziehungsweise meinem Wertesystem zu tun. Daraufhin hätte er kein Gewicht mehr." Durch die ergänzende Erklärung versucht Janina Hofmann zu ergründen, ob sie Dr. de Winter richtig verstanden hat.

Hat sie, wie das vehemente Nicken der Therapeutin bekundet.

Danach schweigen die Frauen eine Weile, damit sich die Erkenntnisse setzen können. Schließlich ist es nicht ganz einfach, die Zusammenhänge zu verarbeiten und obendrein zu behalten.

„Finden Sie nicht auch, Frau Dr. de Winter, daß wir ein zu aufgeblähtes Gehirn haben, was dazu führt, unnötigerweise solch blöde Gedanken zu produzieren? Selbst wenn man keine Zwangsgedanken hat, denkt man über Krankheit, Tod und anderes nach, oder? Das tun wir doch alle mehr oder minder häufig."

„Vermutlich haben Sie recht. Nur bei wem wollen Sie sich darüber beschweren?"

Beide lachen.

„Und was nutzt es, Frau Hofmann, ausführlich darüber nachzudenken?"

Janina Hofmann zuckt mit den Achseln. „Weiß ich jetzt auch nicht."

„Es ist höchstens nützlich, um eine Depression voranzutreiben."

„Jaaa!" äußert die Patientin lächelnd in einer langgezogenen, tiefer werdenden Tonfolge, die am Ende eine komplette Quarte umfaßt. So bringt sie zum Ausdruck, wie sehr ihr die Unbrauchbarkeit ihres Denkergebnisses bewußt geworden ist. „Und nun?"

„Ja, was nun?" Die Therapeutin gibt die Frage zurück.

Janina Hofmann schaut gewaltig ratlos, woraufhin Dr. de Winter es konkretisiert: „Was könnte nützlicher und obendrein angenehmer sein, als es Ihre bisherigen Gedanken sind?"

Die Antwort bahnt sich zaghaft einen Weg. Wie in der Schule, wenn man sich nicht sicher ist, ob man äußert, was der Lehrer hören will. „Vielleicht sollte ich nutzen, was dieses aufgeblähte Gehirn darüber hinaus bietet?"

Die Therapeutin hilft kein bißchen, sitzt lieber in seliger Ruhe auf ihrem Allerwertesten und schaut ihrer Patientin unerbittlich schweigsam dabei zu, wie diese sich abmüht. Insbesondere in dieser Phase ist es entscheidend, Janina Hofmann zu eigenen Erkenntnissen gelangen zu lassen, da ansonsten nicht viel haften bleiben würde. Das *aufgeblähte Gehirn* würde nicht genug gefordert, nähme es lediglich vorgekaute Weisheiten auf. Dementsprechend würden Inhalte nur ungenügend abgespeichert. Schließlich geht es jedoch darum, die neuen Informationen weiterarbeiten zu lassen, neue Synapsen zu bilden, bis ausreichend viele vorhanden sind, um das gesamte Gedankengebäude – die sogenannten *kognitiven Schemata* – neu kreieren zu können.

Irgendwann ist die junge Frau soweit. „Na ja, ... vielleicht Musik hören. Ich könnte mal wieder ... häufiger meine CDs spielen. In *dolbysurround*." Sie lacht kehlig. „Schließlich ist diese Technik ja auch durch unser aufgeblähtes Gehirn entstanden."

Dr. de Winter erwidert ebenfalls lachend im Indikativ: „Das ist doch ein guter Anfang." Damit hat sie die neuen Überlegungen ihrer Patientin direkt *dingfest* gemacht.

Entsprechend handelt es sich nun um eine konkrete Aufgabe, anstatt bloß um eine von vielen Möglichkeiten, die man im nächsten Moment schleunigst verwerfen kann. Das erschwert den gedanklichen Rückzug in alte Muster.

Janina Hofmann beschäftigt allerdings noch eine grundsätzliche Frage. „Immer wenn wir über Gedanken, Wertvorstellungen und Fakten reden, nennen Sie die einen Vorstellungen *brauchbar* oder *nützlich*, die anderen *unbrauchbar* oder *nicht nützlich*. Warum sagen Sie nie, daß etwas tatsächlich so oder so *ist*, daß es *richtig*, *realistisch* oder *wahr* ist?"

„Nun ja, das liegt daran, daß ich überhaupt nicht weiß, was die *Wahrheit* ist. Ich weiß nicht, was *richtig* und was *real* ist. ... Wissen Sie's denn?"

„Ich glaube schon. Also, worauf wir hier sitzen, ist ganz und gar eindeutig ein Sessel."

„Wir *nennen* es Sessel! Doch glauben Sie, für jemanden, der sein Leben irgendwo fernab aller Zivilisation verbracht hat und noch nie einen Sessel gesehen hat, ist es ebenfalls einer? Und weiß dieser direkt, wofür er ihn gebrauchen kann?"

„Nein, vermutlich nicht. Aber für *uns* ist es doch klar und eindeutig ein Sessel."

„Ja, das ist *unsere* Wahrheit. Wir haben gelernt, dieses Möbelstück als Sessel zu bezeichnen, und nach unserer Wahrnehmung und Erfahrung kann man bequem darauf sitzen. Wir haben ein *Schema* gebildet. Ein Sessel, oder machen wir es noch einfacher: Ein *Stuhl* besteht aus vier vertikalen Hölzern oder ähnlichem, und einer horizontalen Platte, auf der man durch Beugen der Knie mit dem Gesäß Platz nehmen kann. Es existieren jedoch genauso Kulturen, die es für viel normaler halten, beispielsweise auf dem Boden zu sitzen. Und eine weitere Frage schließt sich an: Wann ist ein Stuhl noch ein Stuhl? Mit drei Beinen? Mit oder ohne Lehne? Was braucht es, damit wir einen Stuhl für einen Stuhl halten? Manchmal ergänzen wir einfach fehlende Bestandteile, weil wir es gewohnt sind, in verschiedenen Schemata zu denken. Wir wollen Dinge einordnen, damit sie uns vertraut und somit unbedrohlich erscheinen. Und ist der Stuhl nun *wahr* oder eher *brauchbar*?"

„Aber was ist mit Moralvorstellungen?"

„Oh, für dieses Thema sind ja wohl Sie die Expertin! Nehmen Sie Ihre eigene Moral! Die verbietet Ihnen im Grunde, Gedanken zu haben, die Gewalt beinhalten. Andere sehen das nicht so krass. Moral ist etwas von Menschen Gemachtes. Und dabei ist sie abhängig von Kultur, Religion, Zeitgeist und vielem mehr."

„Aber wo kämen wir denn hin, hätten wir alle *keine* Moral?"

„Damit sind wir erneut bei der Brauchbarkeit angelangt. Ja, Moral ist für ein menschliches Miteinander brauchbar, dennoch stellt sie keine Wahrheit dar. Das können Sie sich ganz leicht daran veranschaulichen, daß noch vor wenigen Jahrzehnten Frauen mit sogenannten unehelichen Kindern gesellschaftlich erledigt waren. Und deren Kinder ebenfalls. Es galt als unmoralisch, gewisse freizügige Kleidung zu tragen oder – zumindest als Frau – wechselnde Geschlechtspartner zu haben. Und noch heute gibt es in den USA Bundesstaaten, die Oralverkehr bei Jugendlichen unter Strafe stellen. Homosexualität galt lange Zeit hier wie dort nicht nur als unmoralisch, sondern wurde sogar rechtlich verfolgt."

„Sie haben gewonnen! Doch die Sichtweisen haben sicher auch ihren

Sinn gehabt. Das ist zwar ein anderes Thema, jedoch stelle ich mir eine Beziehung mit dem gleichen Geschlecht ebenfalls verhältnismäßig kompliziert vor."

„Erstens glaube ich nicht, daß die früher geltenden Gesetze dazu dienten, uns vor partnerschaftlichen Schwierigkeiten zu bewahren, und zweitens, lege ich die auftretenden Probleme in Paarbeziehungen zugrunde und könnte davon ausgehend zwischen allen sexuellen Varianten wählen, würde ich am ehesten asexuell sein wollen."

Fröhliches Gelächter erfüllt den Raum.

„Ach, Frau Dr. de Winter! Es ist befreiend, die Dinge einfach mal mit Humor zu betrachten."

„Nicht wahr? Humor ist ohnehin eine der wichtigsten Tragsäulen für eine Heilung."

„Das glaube ich gern. Am Ende einer Sitzung geht es mir nämlich jedesmal viel besser als zu Beginn. Im Moment hält es zwar noch nicht besonders lange an, aber das erfährt bestimmt noch eine Steigerung. Auf jeden Fall habe ich heute gelernt, daß Wahrheit beziehungsweise Realität ... irgendwie eine Illusion ist."

„Mmh! Unser Geist ist es, der die Dinge zu *den* Dingen macht, die wir darin sehen. Es ist unsere *Interpretation*."

„Das ist so wie mit dem Stuhl, nicht?"

„Ja, wie mit dem Stuhl."

11

Sie war spät dran, eilte aus der Praxis. Die Dämmerung war bereits hereingebrochen. Ursprünglich hatte sie geplant, die Arbeit frühzeitig zu beenden, um nicht hetzen zu müssen. Heute fand das regelmäßige Treffen ihrer Intervisionsgruppe statt. Weiterbildung stellte eine der Notwendigkeiten dar, der man als Psychotherapeut nachkommen mußte.

Selbstverständlich wollte man ohnehin auf dem laufenden bleiben, doch mußte man es auch nachweisen. Manchmal hatte sie keine große Lust hinzufahren, war sie doch müde von der Arbeit, hätte lieber den Kopf – oder besser gesagt, das, was sich darin befand – auf *Stand-by* gestellt, statt weiterhin denken und sprechen zu müssen.

Dennoch empfand Mina das kollegiale Treffen als vergleichsweise angenehme Variante, da es zwar einerseits einen der zahlreichen Pflichttermine darstellte, sie andererseits jedoch sehr nette Kolleginnen und Kollegen traf, mit denen man alle Probleme besprechen konnte, die innerhalb der therapeutischen Arbeit sowie rund um die Praxisarbeit entstanden. Vorher und anschließend ergaben sich zudem Gelegenheiten für einen persönlichen Austausch, weshalb sie sich grundsätzlich auf diese Abende freute. War sie einmal dort, war die Müdigkeit rasch verflogen.

Heute war sie allerdings verdammt spät dran! Sie mochte es nicht, wenn die Termine so dicht aufeinanderfolgten. Deshalb ließ sie bereits seit Jahren an ihren Intervisionsabenden die für gewöhnlich letzte Sitzung ausfallen, dieses Mal war es ihr jedoch nicht möglich gewesen.

Am Morgen hatte sich eine ihrer Patientinnen wegen einer heftigen Krise gemeldet. Ganz zaghaft hatte sie angefragt, ob sie womöglich einen kurzfristigen Termin haben könnte. Konnte sie! Doch dadurch mußte Mina in Kauf nehmen, daß die Zeit bis zu ihrem abendlichen Treffen einigermaßen knapp ausfiel. Und wie es bei solchen Gelegenheiten häufig geschah, war eins zum anderen gekommen.

Das letzte Gespräch war mehrfach durch ein Klingeln an der Tür unterbrochen worden, weshalb Mina die Zeit hatte anhängen wollen. Der Termin hatte dabei ohnehin länger gedauert, da ihre Patientin sich in einer wirklich schrecklichen Verfassung befunden hatte. In aller Ruhe hatte abgewägt werden müssen, ob die weitere Behandlung auf ambulanter Ebene überhaupt noch zu rechtfertigen war. Zuletzt war eine brauchbare Lösung gefunden worden, die beiden Seiten akzeptabel erschien. In Erinnerung daran lächelte Mina zufrieden. Wunderbar, wenn ein anstrengender Einsatz durch Gelingen belohnt wurde.

Anhaltend in ihre Betrachtungen versunken, überquerte sie an einer reichlich unübersichtlichen Stelle die Straße, um zum Parkhaus zu gelangen. Hier gab es zwar keinen Fußgängerüberweg, doch ersparte sie sich auf diese Weise den Umweg über die Ampelanlage, deren Nutzung bis zu fünf Minuten Zeit kosten konnte. Leider achtete sie wegen der Eile nicht genügend sorgfältig auf den Straßenverkehr.

Daß das an Blödheit kaum zu übertreffen sei, schoß ihr in dem Moment durch den Kopf, als ein wie aus dem Nichts nahendes Auto erst im allerletzten Moment bremsen konnte. Sie hatte es einfach nicht wahrgenommen, weder gesehen noch gehört. Geblendet von den Scheinwerfern, hob sie nur beiläufig die Hand als Zeichen ihrer Dankbarkeit, nicht überfahren worden zu sein und eilte weiter. Der Fahrer des Wagens gab sich damit derweil nicht zufrieden, steuerte statt dessen entschlossen den Bürgersteig an und stieg aus. Mina beobachtete dies aus den Augenwinkeln. Scheiße! Jetzt wollte ihr der Typ wohl einen Vortrag halten, wie unachtsam sie doch sich und andere in Gefahr brachte.

Trotzdem wäre es albern und ebenso ein bißchen frech gewesen, sich einfach davonzumachen. Denn was auch immer er ihr vorhielt, es war gewiß berechtigt. Also nahm sie die nun sichere Verspätung in Kauf und drehte um. Ihr Erstaunen war allerdings enorm, als sie in dem Autofahrer, der ihr just einen möglichen Aufenthalt im Krankenhaus erspart hatte, Ben Steiner erkannte. Im ersten Augenblick war sie erfreut, konnte sie doch so auf ein Ausbleiben der erwarteten Beschimpfungen hoffen, unmittelbar darauf machte sich allerdings ein mulmiges Gefühl in ihr breit.

Sie hatte sich nicht bei ihm gemeldet, und nun war sie ihm zu Dank verpflichtet. Irgendwie eine blöde Situation. Aber gut, auch damit mußte man im Leben umgehen können. Hier war die Gelegenheit, eine *der* Situationen zu üben, in die man lieber gar nicht erst geriet.

Doch Ben Steiner lächelte ihr derart einnehmend, intensiv und offensichtlich überhaupt nicht verärgert entgegen, daß sie jeden Moment erwartete, sein Strahlen erwecke frühzeitig den nächsten Tag.

„Das ist kaum zu glauben!" rief das strahlende Gesicht. „So ein Zufall ist doch tatsächlich kaum zu glauben! Und ich überfahre Sie fast", fügte er zerknirscht hinzu.

„Na ja", hielt Mina – nicht wirklich kleinlaut, jedoch ein bißchen damit kokettierend – dagegen, „strenggenommen bin ich daran nicht völlig unschuldig."

„Etwas leichtsinnig sind Sie in der Tat gewesen", gab er zu. „Hingegen schmälert das keinesfalls meine Freude, Sie entgegen jeder Statistik noch einmal so unverhofft zu treffen."

Ja prima! Und was genau sollte sie darauf antworten? Sie fühlte sich bereits mit der Entscheidung überfordert, ob sie sich weiterhin über ihn freuen sollte oder eher nicht. Genaugenommen hatte sie ja längst entschieden, sich *nicht* über ihn zu freuen. Vielmehr hatte sie ihn vor ein paar Tagen in geschredderter Form aus ihren Zukunftsphantasien gelöscht. Seine Rolle sollte weiterhin unbesetzt bleiben. Beschlossen und verkündet!

„Nun sind Sie mir aber ein Abendessen schuldig", riß sie Ben Steiner

aus ihren Betrachtungen. „Oh, Verzeihung!" fügte er rasch hinzu. „Ich will Sie nicht überfahren! ... Ach Mist, das war eine eher unpassende Wortwahl. ... Letztendlich stimmt es aber, ich will Sie wirklich nicht überfahren. ... So oder so nicht. ... Fasel, stotter, blablabla."
Er verharrte einen Moment in Sprachlosigkeit, schien leidlich zerknirscht, fehlte ihm doch jegliche Idee, wie er sein Ansinnen in diesem Augenblick noch gescheit herüberbringen sollte.
Nahm er sich selbst auf den Arm, bevor sein Gegenüber es tat? Zumindest empfand Mina es in diesem Moment so, und es gefiel ihr richtig gut. Sie mochte es, wenn Männer nicht dauernd alles im Griff hatten; und sie mochte es noch mehr, gaben sie es obendrein mal zu.
„Sie haben recht!" brach sie deshalb das sekundenlange Schweigen. „Ich schulde Ihnen ein Abendessen. Und ich tu's gern." Dabei lächelte sie ihn derart ehrlich und herzlich an, daß er sogar seine Sprache wiederfand. „Das freut mich. Sehr! Versprechen Sie, mich anzurufen, sobald Sie etwas weniger in Eile sind? Dann können wir einen Abend verabreden."
„Nein!" rief Mina hastig aus. Schließlich befand sich seine Telefonnummer gar nicht mehr in ihrer Obhut. Das wollte sie allerdings lieber nicht zugeben. Womöglich hätte es ihn gekränkt. „Nein, ich meine nicht nein, sondern: Nein, ich rufe nicht an. Ach, was ist das denn hier? Stehen wir auf der falschen Stelle? Hier fängt man wohl automatisch an zu stottern."
Ben Steiner fiel augenblicklich in Minas sonores Lachen ein.
„Sie haben ein schönes Lachen", bemerkte er ohne direkten Zusammenhang. „Im visuellen und im auditiven Sinne."
„Danke", gab sie artig zurück. Sie war gar nicht recht bei der Sache. Ungeduldig nestelte sie in ihrer Handtasche herum. Endlich wurde sie fündig. Nun konnte sie die Situation noch retten und ihm gleichzeitig einen Ehrlichkeitsbeweis liefern. „Ich freue mich auf ein Abendessen."
Mit diesem Satz überreichte sie ihm ihre Visitenkarte, die zwar lediglich Auskunft über Telefonnummer und Adresse ihrer Praxis sowie über ihre Mobilnummer gab, jedoch sollte das für den Anfang genügen. Er mußte schließlich nicht bereits zu Beginn wissen, wo sie wohnte, und ihre Privatnummer ging ihn gleichermaßen noch nichts an.
Darüber hinaus bot diese Geste einen weiteren Vorteil. Gehörte er zu dem Personenkreis, der Probleme mit der Art ihres Berufes hatte, erle-

digte sich die Sache von selbst. Er würde dementsprechend nicht anrufen, und sie wüßte, woran sie war.

Ben Steiner beschäftigte sich derweil eingehend mit den ihm überreichten Informationen. Dabei zuckte nicht ein einziger Muskel in seinem Gesicht, nicht einmal das kleinste Faserchen eines Muskels. Im ersten Moment konnte sich Mina keinen Reim darauf machen, wollte sich andererseits auch keineswegs weiter damit beschäftigen. Außerdem kam sie so was von zu spät! Sie konnte sich unter keinen Umständen länger hier aufhalten.

„Also", kürzte sie die Sache ab, „nochmals vielen Dank fürs Nicht-Überfahren. Und wir telefonieren, ja?" Ohne eine Antwort auf ihre schnoddrige Äußerung abzuwarten, reichte sie ihm die Hand, um damit ihre Verabschiedung endgültig zu besiegeln.

„Ganz bestimmt. Ich freu' mich drauf", ließ er sie wissen, während er ihre Hand kurz drückte. Und schon eilte sie von dannen. Nun allerdings mit etwas mehr Besonnenheit.

12

Während sie über ihre bereits im Wartezimmer sitzende Patientin sinniert, gießt sie gewissenhaft und betont langsam ihre Blumen. Es ist ihr ganz recht, damit den Beginn der nächsten Sitzung noch ein wenig hinauszuzögern. Anna Burger kommt inzwischen eine geraume Weile zur Therapie. Das Thema der Entscheidungsfreiheit wurde wiederholt erörtert, darüber hinaus hat die Psychologin versucht, gemeinsam mit der Patientin Aktivitäten zu planen, die diese als lohnend empfindet.

Mittlerweile klappt das anscheinend zumindest ansatzweise. Anna Burger hat ein paarmal von Ausflügen berichtet, die sie unternommen habe, des weiteren hat sie sich – ihrer eigenen Aussage nach – zu einem Nähkurs angemeldet.

Die Therapeutin hat das sehr begrüßt. Kreatives zu tun ist häufig eine vorzügliche Unterstützung, um unsinnigen Gedankenspielen und Dauergrübeleien zu entkommen. Dabei kann man im Nachhinein sogar das Ergebnis seiner Beschäftigung betrachten, weil entweder ein Kleidungsstück Form annimmt, oder ein Bild entsteht, das man malt beziehungsweise anhand vieler kleiner Teile zusammenpuzzelt.

Oder man hört das Ergebnis; beispielsweise nach dem Üben eines

Musikstückes auf einem beliebigen Instrument. Allerdings erklärt die Therapeutin ihren Patienten jedesmal, das Ergebnis stelle nicht das Wichtige dar, das Tun an sich sei entscheidend. Passend sind diesbezüglich sämtliche Beschäftigungen, zu denen jemand Lust verspürt, und bei denen in irgendeiner Weise die Hände involviert sind.

Ergänzend sollte man aktiv werden, um Freunde zu treffen, in die Oper oder ins Theater zu gehen. Alles zusammen bildet eine hervorragende Grundlage für wachsendes Wohlbefinden.

Diese erste Wegstrecke ist bei Anna Burger also bereits gelungen. Das ist gut. Erst einmal ist Dr. de Winter zufrieden. Die Blumen sind es mittlerweile ebenso, konnten sich doch ihre Wurzeln inzwischen mit ausreichend Gießwasser füllen. Nun ist kein weiterer Aufschub zulässig, demzufolge bittet die Therapeutin ihre Patientin ins Sprechzimmer.

Diese trägt heute eines ihrer beigen Kostüme, setzt sich erwartungsgemäß aufrecht und akkurat auf ihren Sessel, die Handtasche nimmt ebenfalls den gewohnten Platz ein. Erwartungsvoll schaut sie ihrer Psychotherapeutin entgegen.

„Wie ist Ihre Woche gewesen, Frau Burger?"

Ohne zu antworten holt die Patientin ihre Notizen aus der Handtasche, reicht sie ihrem Gegenüber. Dr. de Winter hat sie gebeten aufzuschreiben, was sie täglich unternimmt; damit soll deutlich werden, was sich unterstützend auswirkt, was gegebenenfalls verbessert werden kann.

„Inzwischen haben Sie also jeden Tag etwas vor. Wird es Ihnen auch nicht zuviel?" Dr. de Winter ist ein wenig irritiert, nachdem sie sich einen ersten Überblick verschafft hat. Die Patientin hat tatsächlich täglich eine Unternehmung notiert, häufig sogar mehrere, viele davon sind obendrein recht zeitaufwendig.

„Erst sagen Sie, ich soll was Schönes machen. Dann tu ich das, und es ist Ihnen wieder nicht recht."

„Erst einmal hat es nichts damit zu tun, ob es *mir* recht ist. Außerdem geht es um das rechte Maß."

„Und Sie meinen, es ist zuviel, oder was?"

„Das weiß ich nicht. Deshalb habe ich Sie gefragt."

„Woher soll ich das denn wissen? Ich dachte eigentlich, *Sie* sagen mir das."

„Ich versuche lediglich, Sie darin zu unterstützen, sich für eigene Be-

dürfnisse zu sensibilisieren. Ich weiß jedoch nicht, welches Maß an Aktivitäten für Sie optimal ist."
„Und wieso sagen Sie dann, ich mache zuviel?"
„Das ist ein Mißverständnis", entgegnet Dr. de Winter ruhig. Je heftiger sie von einem Patienten attackiert wird, desto gelassener wird sie. Und Frau Burger *will* sie eindeutig nicht richtig verstehen. „Bei Durchsicht Ihrer Aufzeichnungen ist mir aufgefallen, daß Sie in der letzten Woche täglich unterwegs waren. Teilweise mehrfach. Daraufhin habe ich mich erkundigt, ob es Ihnen nicht zuviel geworden ist."
„Dann hätte ich es ja wohl nicht gemacht."
„Wenn das so einfach wäre …! Dann säßen Sie gewiß nicht hier."
„Wieso?"
„Weil Sie vorher fast *gar nichts* unternommen haben. Das wäre Ihnen ja ebensowenig passiert, hätten Sie jederzeit perfekten Zugriff auf das, was günstig für Sie ist."
„Vielleicht ist ja Nichtstun genau das richtige für mich."
„Das kann ich sicher verneinen. Wir Menschen benötigen ein gewisses Maß an Aktivitäten, um uns wohlzufühlen."
„Und wenn das bei mir anders ist? Kann doch sein."
„Na ja, damit wären Sie die berühmte Ausnahme von der Regel. Und in diesem Fall wäre das hohe Maß Ihrer jetzigen Aktivitäten erst recht zuviel. Da Sie jedoch mit anhaltend depressiver Verstimmung auf Ihre Zurückgezogenheit reagiert haben, scheidet diese Theorie ohnehin aus."
„Also werde ich in der nächsten Woche weniger machen. Und wieviel weniger soll's denn bitteschön sein?"
„Probieren Sie's aus! Sie können das Maß nach Belieben nach unten oder oben korrigieren. Mittelfristig sollte es ein Ausmaß haben, mit dem Sie sich wohlfühlen."
„Mmh."
„Okay?"
„Ja."
„Sie sind ärgerlich."
„Nein."
„Sie können es ruhig sagen!"
„Wenn doch nichts ist. Ich bin nur manchmal irritiert, weil ich es mal so und mal so machen soll. Erst sagen Sie, es ist zuwenig, dann wieder zuviel. Sie widersprechen sich."

„Das scheint bloß so! Laufen Sie zu weit nach rechts, schiebe ich Sie ein Stück nach links, laufen Sie zu weit nach links, schiebe ich Sie nach rechts. Habe ich das Gefühl, es geht zu sehr nach oben, ziehe ich Sie ein bißchen zum Boden zurück, und bewegen Sie sich zu sehr nach unten, ziehe ich Sie wieder ein wenig nach oben …! Wo Sie sich letztendlich positionieren, ist Ihre individuelle Entscheidung. Ich korrigiere bloß die Richtung, sobald Sie sich zu weit vom Eigentlichen entfernen."

„Und was ist Ihrer Meinung nach das *Eigentliche*?"

„Das, was Ihr Leben erfreulich und angenehm macht. Das Eigentliche ist, mit den Dingen des Lebens und ebenso mit seinen Widrigkeiten zurechtzukommen, statt daran zu verzweifeln und im schlimmsten Fall zu zerbrechen. Und je besser Sie einschätzen können, was Sie gerade brauchen und wieviel davon, desto mehr fühlen Sie sich im Gleichgewicht."

„Ich bin wohl eher eine schwierige Patientin, was?"

Ja, Frau Burger ist oft eine regelrechte Kratzbürste. Wer weiß, was ihren Unmut letztendlich auslöst. „Dennoch sind Sie willkommen."

„Wissen Sie, es ist nur so, manchmal frage ich mich, ob jemand wie Sie, der so gemütlich in seiner Praxis sitzt und ein komfortables Leben führt, verstehen kann, wie sich jemand wie *ich* fühlt, jemand, der ein solch *unermeßliches* Leid erfahren hat." Sie hat sämtlichen ihr zur Verfügung stehenden Pathos in diesen Satz gelegt. Und ihr steht offensichtlich eine Menge zur Verfügung.

Die Psychologin betrachtet ihre Patientin eingehend. Sicher, Frau Burger hat einiges durchgemacht. Einen Menschen zu verlieren, den man liebt, ist selbstverständlich schwer. Das weiß sie selbst sehr gut. Dennoch ist es nicht das Unermeßlichste, das man sich vorstellen kann. Es sei denn, man ist besonders sensibel für das eigene Leid, nicht jedoch für das, das andere ertragen müssen. Allerdings will sie derzeit nicht darauf eingehen. Sollte sich der Verdacht später erhärten, wird die rechte Zeit nahen, es zu bearbeiten. Zunächst müssen noch Grundlagen geschaffen werden. Auf die grenzüberschreitende Art will Dr. de Winter ebenfalls nicht eingehen. Die Patientin weiß nichts über das Leben der Psychologin, und das soll auch so bleiben. Denn aller Wahrscheinlichkeit nach wäre es nicht besonders gut bei ihr aufgehoben.

Und die Unterstellung, das Therapeutendasein sei durchweg höchst komfortabel, beabsichtigt eindeutig, ihr eine gewisse Weltfremdheit zu unterstellen. Das will Dr. de Winter erst recht nicht kommentieren.

Deshalb bleibt sie allgemein. „Zum Glück muß ein Psychotherapeut nicht alles Leid der Welt selbst erlebt haben, um zu verstehen. Im Gegenteil, zu viele leidvolle Erfahrungen machten ihn oder sie im Zweifel eher unbrauchbar für diesen Beruf."

„Ich weiß nur nicht, wie ich mit meinem Schicksal leben soll. Ohne Timmy!" Anna Burger treten Tränen in die wäßrig-blauen Augen. Allerdings ist in diesem Moment nicht klar, ob es sich um Trauer handelt.

Auf die Therapeutin wirkt es eher, als werden momentan Tränen der Wut vergossen, gemischt mit einer Prise Selbstmitleid. Nur worauf ist sie wütend?

Sie gibt die Überlegungen als Frage an ihre Patientin weiter. „Sie sind wütend, oder?"

Anna Burger schaut auf. Sie ist häufig überrascht, wie viele Nuancen ihre Psychotherapeutin aufnimmt. Und dann spricht sie es zu allem Überfluß sogar an. Also gut! Sie muß noch ein bißchen mehr erzählen. „Ja, das stimmt. Ich bin wütend. Und wissen Sie auf wen?"

Die Psychologin schüttelt den Kopf.

„Auf den Arzt der Klinik, in der Tim behandelt worden ist. Ich glaube, er hat nicht alles getan, was er hätte tun können, um Timmy zu retten. Und ich frage mich, wie dieser Mensch damit leben kann!"

„Viel wichtiger finde ich im Moment die Frage, wie *Sie* damit leben können." Sie sagt es ganz sanft.

Anna Burger fixiert sie provozierend, ihre Augen schleudern Blitze. „Was *glauben* Sie? Wie kann ich wohl damit leben?" Sie wird zunehmend lauter, wie eine Maschine, die erst Fahrt aufnehmen muß, dann allerdings den Moment verpaßt, eine angemessene Geschwindigkeit beizubehalten und deshalb fortwährend schneller wird, einfach nicht mehr bremsen kann. „Wie wohl? Sagen Sie es mir! Schließlich wissen Sie ja alles! Also verraten Sie es mir! *WIE?*"

„Was ist es, was Sie in diesem Augenblick so wütend werden läßt?"

Zugegeben, eigentlich eine saudumme Therapeutenfrage, die fast immer ein wenig selbstgefällig klingt. Ein Psychotherapeut muß höllisch aufpassen, wem er zu welcher Gelegenheit eine derartige Frage stellt.

Doch jemand, der gerade im Begriff ist, die Kontrolle zu verlieren, kann damit manchmal zum Rückzug bewegt werden.

Und Anna Burger beruhigt sich tatsächlich blitzschnell, wie ausgeknipst scheint die Wut zu sein, so als erwache sie aus einer Trance.

Beinahe *zu* plötzlich für Dr. de Winters Geschmack. Hingegen konzentriert sie sich lieber darauf, daß es überhaupt gewirkt hat.

„Verzeihen Sie, aber manchmal hab' ich ganz unwillkürlich so ein ..., wie soll ich sagen, ... so ein schlechtes Gefühl in mir, eine gewaltige Wut, ... ich weiß dann einfach nicht, wie ich die kontrollieren soll." Die Erklärung wird in ihrer gewohnt vornehmen Art vorgebracht. Und tatsächlich hat sie dabei ein wenig gestikuliert. Allerdings nur äußerst sachte. Und auch nur ganz kurz.

Mittlerweile liegen die Hände wie üblich sittsam übereinander.

„Es handelt sich lediglich um ein Gefühl, Frau Burger."

„Was heißt *lediglich*? Dieses Gefühl löst schließlich eine Unmenge an Gedanken aus, die mich quälen."

„Es sind bloß Gedanken."

„Die aber eine Bedeutung haben!"

„Weil Sie ihnen eine geben!"

„Was soll das nun schon wieder heißen? Warum kommen mir die Gedanken denn in den Kopf, wenn sie gar keine Bedeutung haben?"

„Nun, weil unser Gehirn nichts anderes kann, als zu denken. Es kann weder Staub von Möbeln wischen noch Müll wegbringen. Es kann lediglich ... Gedanken produzieren. Und sobald Sie sich mit deren Inhalten identifizieren, erscheinen Ihnen diese als Spiegel der Wirklichkeit. Sie sind es aber nicht."

„Aha! Und was soll ich also Ihrer Meinung nach mit den Gedanken tun?"

„Es ist vor allem wichtig, sich nicht mit den Gedanken zu identifizieren. Entweder lassen Sie sie einfach stehen, ohne sich länger mit ihnen zu beschäftigen, oder Sie verabschieden sie!"

„Und wie?"

„Sind Sie mit einer kleinen Übung einverstanden?"

„Kommt auf die Übung an."

„Bitte schließen Sie für einen Augenblick Ihre Augen und versuchen einmal, Ihren Atem zu beobachten!"

Tatsächlich folgt Anna Burger der freundlichen Aufforderung ohne einen weiteren Kommentar.

„Wenn Sie ausatmen, wo spüren Sie dann Ihren Atem? Vielleicht unter den Nasenflügeln? Kitzelt es ein wenig, oder ist es eher ... wie ein Windhauch?"

„Kann ich nicht genau sagen."

„Das ist okay. Achten Sie einfach auf die Empfindung! Sie müssen sie nicht benennen können."

Nach einer Weile beendet die Therapeutin die Übung. „Wie war es für Sie, Frau Burger?"

„Na, ich hab' halt geatmet und es beobachtet."

„Sind dabei andere Gedanken in Ihren Kopf gekommen?"

„Schon. Aber ich konnte mich ja auf nichts konzentrieren, schließlich sollte ich meinen Atem beobachten."

„Richtig! Und das kann helfen, störende Gedanken nicht länger festzuhalten."

„Soll ich jetzt schlimme Gedanken einfach immer *wegatmen?*"

„Es geht bei dieser sogenannten Achtsamkeitsübung nicht darum, etwas *wegzuatmen*. Es geht vielmehr darum, im Hier und Jetzt zu sein. Das erleichtert es, sich nicht unentwegt mit vergangenen Ereignissen oder zukünftigen Sorgen zu beschäftigen und sich vor allem nicht ständig damit zu identifizieren. Damit Sie unbelasteter im *Augenblick* leben können."

„Also soll ich mich jetzt dauernd hinsetzen und meinen Atem beobachten!?"

„Das ist nicht nötig! Sie können es einfach regelmäßig zwischendurch einbauen, wenn Sie etwa an der Kasse im Supermarkt stehen oder an einer roten Ampel warten müssen. Zudem können Sie ebenso achtsam in Ihrem Alltag sein. Beispielsweise lassen sich Kartoffeln bewußt schälen, oder Sie können unter der Dusche einfach mal darauf achten, wie der Wasserstrahl Ihren Nacken trifft, und wie das Duschgel duftet, wenn Sie es auf Ihrer Haut verteilen. Vielleicht trocknen Sie ein anderes Mal Ihr Geschirr mit der linken Hand ab!"

„Und meine Gefühle? Was soll ich mit denen machen?"

„Auch die kann man mit ein bißchen Übung stehenlassen oder wegschicken."

„Ist es denn nicht normal, diesen Arzt zu hassen? Er hat doch mein komplettes Leben zerstört!"

„Diese Frage finde ich gar nicht bedeutsam. Eher glaube ich es *nicht*, doch wie gesagt, erscheint mir dieser Ansatz wenig zielführend. Ich denke, die wichtigere Frage ist die nach der Brauchbarkeit Ihres Hasses – oder von Haß allgemein. Und ich bin zuallererst überzeugt davon, Haß ist *keineswegs* brauchbar. Sie müssen ihn wohl oder übel loslassen, wenn Sie Ihr Leben nicht weiter als eine einzige Zerstörung empfinden wollen! Er stellt sehr wahrscheinlich den Schlüssel dar."

Frau Burger hat ihre Trauer anscheinend *umgelenkt*, um sich ihr nicht stellen zu müssen. Und anstatt vom Kummer befreit zu werden, hat sie ihn durch dieses Manöver am Ende verdoppelt. Denn als Folge empfindet sie neben der unbewältigten Trauer nun obendrein unbändigen Haß.

Anna Burger erscheint das allerdings nicht besonders logisch. „Loslassen, loslassen!" Ihr Blick schweift unruhig durch den Raum. „Sie sagen das ständig mit so viel Überzeugung!"

„Ich *bin* überzeugt!"

„Was haben Sie denn so Schreckliches erlebt, um überhaupt mitreden zu können?"

„Ich finde, wir sollten das nicht zu einem Quiz ausarten lassen. ... Vielmehr interessiert mich, was Sie derzeitig erneut derart ungehalten macht."

„Ich bin doch nicht ungehalten, ich will es nur wissen."

„Bitte sagen Sie mir, was spielt sich augenblicklich in Ihnen ab? Lassen Sie es uns anschauen! Ich denke, das kann uns ein Stück weiterbringen."

„Seien Sie mir nicht böse, aber die Zeit ist ohnehin gleich vorbei. Ich möchte nicht weiterreden. Die heutige Sitzung hat mich doch sehr angestrengt."

„Sind Sie sicher, sich drücken zu wollen?"

Die Patientin reißt überrascht die Augen auf. „Ich will mich doch nicht drücken! Ich bin *wirklich* erschöpft."

„Okay, ich will Sie nicht zwingen."

Anna Burger lächelt spitz. „Das wäre ja auch nicht besonders therapeutisch."

„Das ist manchmal die Frage. Aber in Ordnung, dann machen wir für heute Schluß!"

Sie steht auf, holt ihren Kalender vom Schreibtisch. Ohne sich zu ihrer Patientin umzudrehen, sagt sie, als spräche sie mit ihrem Schreibtisch: „Ich glaube, wir haben keine weiteren Termine. Lassen Sie uns kurz schauen, wann wir uns das nächste Mal zusammensetzen!"

Sie hört Anna Burger herumkramen. Anscheinend ist sie in den Untiefen ihrer riesigen Handtasche auf der Suche nach dem Kalender, hat demzufolge offenbar keine Einwände gegen neue Termine. Nachdem diese wenig später vereinbart und notiert worden sind, erhebt sich Dr. de Winter erneut und streckt der Patientin die Hand entgegen, obwohl diese weiterhin sitzenbleibt. Die Psychotherapeutin will ihr damit deutlich zu verstehen geben, daß die Sitzung nun tatsächlich ein Ende erreicht hat. Auf ihren eigenen Wunsch. Dann soll sie auch entsprechend handeln.

Anna Burger ist zwar überrascht, kommt dem deutlichen Wink jedoch nach und erhebt sich endlich ebenfalls, gleichzeitig die ihr entgegengestreckte Hand ergreifend. „Dann also bis nächste Woche! Ach, nur noch eine klitzekleine Frage: Legen Sie eigentlich besonderen Wert darauf, unentwegt mit *Doktor* angesprochen zu werden?"

Der klägliche Versuch einer abschließenden Provokation.

„Ihre innere Wertschätzung genügt mir völlig, Frau Burger."

Die Patientin stutzt, kommt sich mit Recht albern vor. „Also, auf Wiedersehen, Frau *Doktor!*" Ihr ist deutlich geworden, jede andere Form der Anrede würde den Faktor ihrer eigenen Lächerlichkeit jetzt nur noch erhöhen.

„Auf Wiedersehen, Frau Burger."

13

Seit vielen Jahren half ihr die ZEN-Meditation, störende Gedanken zu verscheuchen. Und ausführliches Nachdenken über Patienten mitten in der abendlichen Regenerationsphase gehörte zweifelsfrei zur Kategorie störender Gedanken. Nicht, weil ihr ihre Patienten lästig erschienen, doch hatte sie gelernt, mit ihrer Energie zu haushalten. Beschäftigte man sich pausenlos mit den Problemen anderer sowie mit dafür geeigneten Lösungswegen, gelang es garantiert nicht, das Gehirn für eine gewisse Zeit leerlaufen zu lassen. Also ließ sie sich auf dem Zafu nieder und meditierte eine Stunde. Die Gedanken kamen tatsächlich zur Ruhe, woraufhin Mina sich letztendlich geistig geklärt und fit fühlte.

Soeben hatte sie den Tisch gedeckt, um in Ruhe etwas zu essen, da meldete sich das Handy. Vor einiger Zeit hatte sie jedoch klar festgelegt, Telefone hatten ihr als Sklaven zu dienen, nicht umgekehrt. Also ließ sie es klingeln.

Ein späterer, erneuter Versuch der Kontaktaufnahme wurde letztlich belohnt. Mit gefülltem Magen ließ sich ein Gespräch viel leichter führen. Als sich allerdings Ben Steiner am anderen Ende der Verbindung meldete, prüfte Mina für einen Augenblick ihr spontanes Empfinden.

War sie verärgert, ans Telefon gegangen zu sein, oder freute sie sich, ihn zu hören? Letztendlich hatte sie ihn bereits ein zweites Mal gedanklich abgehakt. Gleichwohl machte sich trotz der Fremdheit, die eine solche Situation meistens ein wenig störte, ein eher positives Gefühl in ihr breit. Der Anrufer entschärfte die ungewohnte Situation vom ersten Moment an, indem er zunächst völlig unbefangen erzählte, was sie längst wußte, da sie jeweils anwesend gewesen war. Er gab also sozusagen eine Inhaltsangabe der Begegnungen zum besten, die zwischen ihm und ihr stattgefunden hatten. Zuletzt philosophierte er über die Bedeutung des Zufalls im Gegensatz zur Annahme einer Schicksalshaftigkeit, danach hatte er vorerst sein Pulver verschossen.

Sogleich entstand eine Pause, die sich im wesentlichen dadurch in die Länge zog, daß nun Mina an der Reihe gewesen wäre, die Plauderei in Schwung zu halten. Doch hatte sie diesen Part bislang ohnehin eher dürftig ausgefüllt, hatte sie doch – abgesehen von ein paar zustimmenden Grunzlauten – bis hierher nicht wirklich viel zur Konversation beigetragen, und im entscheidenden Moment verpaßte sie komplett ihren Einsatz. Zufrieden, mal nicht für die Gestaltung eines Gesprächs federführend zeichnen zu müssen, hatte sie vielmehr den Unterhaltungswert seiner lebhaften Schilderungen genossen, weshalb trotz des hohen Bekanntheitsgrades keinen Moment Langeweile bei ihr aufgekommen war.

Doch was stellte man nun mit der Pause an? Sie war so gar nicht darauf vorbereitet. Als besuchte sie ein Theaterstück und erwartete noch ein Ende der Aufführung, während die Schauspieler hingegen überraschend die Lust verloren und vorzeitig die Bühne verlassen hätten.

„Sind Sie noch da?" drang nach gefühlten drei Minuten Stille auch prompt vom anderen Ende an ihr Ohr.

„Ja, bin ich", gab sie eilig zurück, um keinen weiteren Leerlauf zu riskieren.

„Das ist schön! Ich finde es ebenfalls recht mühsam, miteinander zu telefonieren, wenn man sich im Grunde gar nicht kennt", nahm er einen neuen Faden auf, als beherrsche er die Kunst des Gedankenlesens. Für diese wohlwollend unterstellte Gabe war sie ihm äußerst verbunden und belohnte ihn sogleich mit schonungsloser Offenheit. „Wissen Sie, Herr Steiner", begann sie, „es ist nett von Ihnen, sich zu melden. Wirklich!

Aber Sie haben ganz recht, wir kennen uns schließlich kaum, und die großartige Telefoniererin bin ich ebenfalls nicht. Das haben Sie ja bereits gemerkt. Ich bin zu sehr daran gewöhnt, den Menschen, mit denen ich rede, in die Augen schauen zu können. Dadurch ist mir das Talent für diese Art der Konversation komplett abhanden gekommen."

„Das verstehe ich", erwiderte er, als liege ein bemerkenswert gutes Drehbuch vor ihm, aus dem er nur ablesen mußte. „Ich bin in dieser Hinsicht auch nicht gerade ein großer Freund moderner Technik. Viel lieber würde ich Ihnen meine Einladung zum Abendessen hinübertrommeln ... oder meinen Boten zu Pferde schicken. Leider repariert er momentan die Trommel, weshalb beide Möglichkeiten ausfallen."

Okay, es war zwar eigentlich zu schön, um wahr zu sein, doch er war zweifelsfrei neben dem anzutreffenden Charme obendrein witzig. Eine Kombination, die Frauen bei Männern stets suchten, bedauerlicherweise jedoch eher selten antrafen.

„Ich nehme Ihre Einladung gerne an", löste sie deshalb die beiderseitige Anspannung auf. „Allerdings nur, wenn wenigstens Ihre Kutsche heil ist."

Er fiel sogleich in ihr dunkles Lachen ein. „Touché! Darf ich Sie Freitag um 19 Uhr zu Hause abholen?"

Mina stutzte. Einen Moment zu lang. Er hatte ihren Zweifel empfangen, ihre Vorsicht zur Kenntnis genommen und augenblicklich akzeptiert. „Wir können uns auch gern *Bei Viktor* treffen. Kennen Sie dieses Restaurant?"

„Ja, ich kenne es."

„Ist Ihnen denn 19 Uhr recht?"

„19 Uhr paßt prima."

„Schön! Dann reserviere ich einen Tisch."

„Gut, dann bis Freitag. Gute Nacht!"

„Ich freue mich sehr! Gute Nacht!"

Mina unterbrach rasch die Verbindung und spürte sogleich, wie leichte Aufregung in ihr hochkroch. Eine Verabredung! Ein richtiges Date! Wie lange lag das letzte zurück? Auf die Schnelle konnte sie es nicht nachrechnen. Also vergleichsweise lange.

Dennoch beschloß sie, es in aller Ruhe anzugehen, sich einen netten Abend zu machen, köstlich zu speisen, sich womöglich angeregt zu unterhalten.

Und anschließend würde sie nach Hause gehen. Selbstverständlich allein! Hernach konnte sie weitere Überlegungen anstellen, falls sich das bis dahin nicht bereits erübrigt hatte.

Als Charlotte sich später telefonisch meldete, nutzte Mina die Gelegenheit, die Freundin über die neueste Entwicklung mit ihrer Zufallsbekanntschaft zu informieren. Sie wußte genau, was Charlie nun fragen würde. Wie alt Ben Steiner denn eigentlich sei, ob er schon einmal verheiratet gewesen sei, was er beruflich mache, wie Mina ihn finde und ähnliches mehr. Abgesehen von der Reihenfolge lag sie absolut richtig.

Und natürlich riet sie Mina, nachdem ihre erste Neugier gesättigt worden war, ihn doch einfach ganz unverbindlich näher kennenzulernen, da es immerhin eine kleine Chance auf ein großes Glück bedeute.

Oder hatte sie von einer großen Chance auf ein kleines Glück gesprochen?

Nach dem Telefonat konnte Mina es nicht mehr exakt ermitteln, schaltete sie doch jedesmal, war ein Gespräch mit Charlie an dieser Stelle angelangt, auf *Autopilot*, denn der Ablauf gestaltete sich ab da recht austauschbar: Sie erzählte Charlie vom flüchtigen Kennenlernen eines Mannes, woraufhin die beste Freundin sekündlich zu dessen persönlicher Fürsprecherin avancierte und vorsichtshalber einen Nachmittag in ihrem Terminkalender freihielt, um mit der Freundin ein Brautmodengeschäft aufsuchen zu können. Meistens konnte sie sich gerade noch zurückhalten, schon einmal Vorschläge für die Vornamen der Kinder einzureichen, die Mina gegebenenfalls bald gebar.

Jedenfalls war im Verlauf des Gesprächs *Chance* und *Glück* gefallen, das war gewiß, und vielmehr mußte die fürsorglich gemeinte Aussage der Freundin ja auch nicht beinhalten.

Als Mina sich eine Stunde später gemütlich in ihre Bettdecke eingekuschelt hatte, dachte sie kurz vor dem Einschlafen noch einmal an *Ben Steiner*, an *Glück* und an *Chance*. Bevor ihr Gehirn jedoch die Möglichkeit erhielt, einen Zusammenhang zwischen diesen Begriffen herzustellen, war sie bereits eingeschlafen.

14

„Daniel! Bist du endlich fertig? Du willst doch sicher nicht bereits beim ersten Mal zu spät kommen, oder?"

Sie ist ja lieb. Meint es stets gut mit ihm. Nur manchmal ist *gut gemeint* eben exakt das Gegenteil von *gut*. Und in diesem Augenblick nervt ihn ihre Fürsorge erheblich.

„Ich hab' das schon im Blick, Mutter! Du brauchst mich nicht alle fünf Minuten aufs neue zu erinnern!" Er ruft aus der geöffneten Zimmertür nach unten in den Wohnbereich. Der Schall muß den umgekehrten Weg der mütterlichen Information überbrücken.

Anscheinend gelingt ihm das nicht, denn kurze Zeit später ruft Martina Landwehr erneut. „Daniiieeel! Hörst du?! Es ist Zeit! Sonst bekommst du den Bus nicht rechtzeitig! Du weißt ja, du kannst das Auto heute nicht haben!"

Daniel Landwehr verdreht die Augen. Einfach für sich selbst, um Druck abzulassen. Während er eilig die Treppe hinabstürzt, ärgert er sich ein bißchen, ihr überhaupt etwas erzählt zu haben.

Ja, er kann beides: Sich ärgern *und* die Stufen hinunterflitzen. Er ist eben multitaskingfähig. Obwohl er ein Mann ist. Und ein Liedchen pfeifen könnte er noch *zusätzlich*. Allerdings verzichtet er in diesem Augenblick lieber darauf, denn leider hat seine Mutter mal wieder recht: Er muß sich arg beeilen, will er den nächsten Bus pünktlich erreichen, und das will er unbedingt.

„Tschüß Mutter!" ruft er im Vorbeihasten. Und schon fällt die Haustür deutlich vernehmbar hinter ihm ins Schloß.

Martina Landwehr nimmt seine flüchtige Verabschiedung kaum zur Kenntnis. Sie ist daran gewöhnt. Außerdem ist sie froh, daß es ihr Sohn noch gerade rechtzeitig geschafft hat, das Haus zu verlassen. Sie haßt nämlich Unpünktlichkeit! Doch tut sie das wirklich? Eigentlich weiß sie es gar nicht genau. Sie hält inne. Setzt sich mit dem Eimer in der Hand, den sie soeben geholt hat, um den Küchenboden zu wischen, für einen Moment auf die Stuhlkante. Sie starrt ins Leere, sucht Erkenntnis.

Harald, ihr Mann, haßt Unpünktlichkeit! Ja, das weiß sie genau! Aber sie selbst? Irgendwie ist ihr bei etlichen Dingen im Laufe der fünfundzwanzig Ehejahre die Gewißheit verlorengegangen, was davon für sie eine Bedeutung hat und was nicht. Mit einem Ehemann, der absolut eindeutige Vorstellungen von allen und allem hat, ist es nicht einwandfrei möglich, seine individuellen Bedürfnisse zu bewahren, geschweige denn durchzusetzen. Na ja, im Grunde hat er tatsächlich in allem einen viel größeren Weitblick als sie. Schließlich ist er hochintelligent und sehr gebildet. Und die Werte, die er seinen drei Kindern weitergeben will, sind ja auch wirklich nützlich und sinnvoll! Zum Beispiel Pünktlichkeit. Und Ehrlichkeit, die ist ihm ebenfalls äußerst wichtig.

Zumindest bei seinen Kindern. Er selbst hat es nie so genau damit genommen. Allerdings weiß er nicht, daß *sie* das weiß. Ein Grinsen macht sich auf ihren schmalen Lippen breit. Es wirkt ein wenig überheblich, obwohl sie das ganz und gar nicht ist. Nur, etwas zu wissen, von dem ihr Mann glaubt, es in seiner unendlichen Klugheit vor ihr verbergen zu können, das macht sie schon ein bißchen stolz. Und es gibt ihr ein Gefühl von Überlegenheit. Ach, tut das gut!

Doch jetzt muß sie weitermachen! Entschieden streckt sie die Knie und läßt in der Spüle Wasser in den Eimer laufen. Ein schmutziges Haus mag Harald nämlich auch nicht. Und seine subtile Art, ihr zu zeigen, was ihm gegen den Strich geht, ist viel schlechter auszuhalten, als ein offener Disput es wäre. Deshalb vermeidet sie lieber von vornherein, ihn zu verärgern. Das hat sie bereits in den ersten drei Ehejahren gelernt.

Eine Zeitlang hat Simone versucht, ihr den Kopf zu waschen. „Du erledigst für Harald alles im vorauseilenden Gehorsam!" hat ihre Freundin damals einige Male mit Nachdruck geäußert. „Hör endlich auf, es ihm ständig recht machen zu wollen sowie ihm zu allem Überfluß den Arsch hinterherzutragen!" Das ist allerdings lange her.

Nach einigen Fehlversuchen hat Simone eingesehen, sich eher den Mund fusselig reden zu können, als Freundin Martina zu einer Veränderung zu bewegen.

Ihr Blick fällt in den Putzeimer, der sich gemächlich mit Wasser füllt. Dabei entstehen kleine Luftblasen, die wie muntere Kobolde auf der Wasseroberfläche umhertoben. Sie schaut ihnen eine Weile zu.

Dann zieht sie ein Résumé aus ihrer Gesamtsituation: Im Grunde kann sie sich nicht beklagen, denn letztendlich führt sie ein angenehmes Leben. Drei liebe und gesunde Kinder und genaugenommen einen guten Mann, der fortwährend für die Familie gesorgt hat, es weiterhin tut.

Egal, was er sonst noch so anstellt. Und mit wem.

Sie streicht sich mit dem Handrücken über die Stirn, als wolle sie ihre Betrachtungen wegwischen. Wohin sollen derartige Überlegungen denn auch führen? Besser, sie erledigt schleunigst ihre Aufgaben! Danach ist vielleicht etwas Zeit, sobald Daniel zurückgekommen ist.

Sie ist ausgesprochen neugierig, was er zu erzählen hat. Hoffentlich hilft es ihm. Er ist schon seit jeher ihr Sorgenkind gewesen. Womöglich hängt sie deshalb so sehr an ihm. Natürlich liebt sie seine Schwestern ebenfalls. Aber Daniel ist irgendwie etwas ganz Besonderes für sie.

Ein zärtliches Lächeln verzaubert ihr zuvor müdes Gesicht in das einer attraktiven und lebendigen Frau. Ja, ohne ihren Sohn wäre alles doppelt so schwer.

Daniel Landwehr betritt das Sprechzimmer. Er und seine vermutlich zukünftige Therapeutin nehmen schräg zueinander Platz. Nervös nestelt er am Reißverschluß seiner Jacke, die er vorsorglich anbehalten hat. Damit fühlt er sich irgendwie wohler. Innerlich unruhig, versucht er nach außen einen möglichst lässigen Eindruck zu machen, ist dafür mit dem Becken ein Stück nach vorn gerutscht, die Füße sind wie zufällig gegeneinander gestellt.

Dr. Wilhelmina de Winter betrachtet den jungen Mann wohlwollend. Ihr gegenüber sitzt ein ausgesprochen sympathisch wirkender, hübscher Zwanzigjähriger mit hellblondem, leicht gewelltem Haar, das ihm – ungekämmt wirkend – wild in die Stirn fällt.

Blaß ist er. Sehr blaß sogar. Und schmal. Seine Proportionen erinnern an ein Kind, nur ist er größer. Gewiß mindestens einen Meter achtzig. Hände und Füße wirken dabei etwas zu wuchtig im Vergleich zum restlichen Körper. Seine Gesichtszüge sind ebenmäßig und jugendlich. Kinn und Oberlippe sind mit blondem Bartwuchs spärlich bedeckt.

Die Psychologin ermuntert den jungen Mann, Auskunft über den Anlaß seines Herkommens zu geben. Ihr entgeht nicht, wie unschlüssig er ist. Tatsächlich ist ihm nicht klar, ob er geradewegs auf das Eigentliche zusteuern oder lieber erst ein wenig drumherum reden soll. In gewisser Weise ist es ihm peinlich, jetzt, wo er vor ihr sitzt. Sie entspricht zudem so gar nicht der Vorstellung, die er sich bisher von einer Psychotherapeutin gemacht hat und die er am Telefon, aufgrund der einfühlsamen Gesprächsführung, vermeintlich bestätigt fand. Er dachte eher, eine *Mutti* vorzufinden, mit etwas gedrungenem Körperbau, gebärfreudigem Becken, Lockenwicklerfrisur und Glasbausteinen vor den Augen.

Wieso eigentlich? Schließlich wird vermutlich niemand Therapeut aufgrund gewisser Maße und der Dioptrienwerte seiner Sehkraft. Wie auch immer. Auf Dr. de Winter trifft jedenfalls rein gar nichts seiner ursprünglichen Vorstellung zu. Ihm gegenüber sitzt eine attraktive Frau mit wilder Lockenmähne, die selbst *ihm* gefallen könnte, obwohl sie sich weit außerhalb seiner Altersklasse befindet.

Vielleicht wird sie ihn auslachen, sobald er berichtet, was ihn bedrückt. Unwillkürlich setzt er sich etwas aufrechter und macht sich Mut. Was soll er hier, wenn er nicht offen ist? Sollte sie blöd reagieren, hat er wenigstens einen Grund nicht wiederzukommen. Das wäre ihm – so, wie er sich derzeit fühlt – ohnehin am liebsten. Gern ist er beileibe nicht hier. Allerdings ist das letztendlich bloß die halbe Wahrheit. Die andere Hälfte ruft laut nach Hilfe, denn er weiß, so kann es keinesfalls weitergehen. Also, alles oder nichts! „Ich hab' Bulimie!"

Na ja, ganz so schnell hätte er es nun auch nicht herausposaunen müssen. Ein oder zwei einleitende Sätze wären gewiß nicht völlig fehl am Platz gewesen. Immerhin ist er sich im klaren darüber, daß Männer unter dieser Art der Eßstörung viel, viel seltener leiden als Frauen.

Das macht es irgendwie noch ein Stück peinlicher. Beim weiblichen Teil der Bevölkerung ist es ja mittlerweile – trotz aller Dramatik der Störung selbst – regelrecht gesellschaftsfähig geworden. Nun ja, jetzt ist es raus! Soll doch Frau Doktor mal was damit machen. Aber Frau Doktor denkt gar nicht daran. Daniel Landwehr hat bisher lediglich ihren ersten Verdacht bestätigt. Also harrt sie dessen, was er weiter äußern möge. Somit entsteht eine Pause, die den jungen Mann verunsichert.

Als die Therapeutin das wahrnimmt, hilft sie ihm. „Sie sind also wegen Ihrer Bulimie hier. Das bedeutet, Sie essen und erbrechen? Oder nehmen Sie zum Beispiel Medikamente ein, die Ihr Gewicht nach unten beeinflussen sollen?"

„Nein, ich esse und … kotze. Das ist doch Bulimie, oder?" Er hat nicht pampig klingen wollen. Dr. de Winter bestätigt seine Annahme ohne Kränkung oder Verärgerung. „Stimmt! Das ist Bulimie. Und bei den meisten läuft es auch so ab. Doch die Einnahme von Entwässerungstabletten – sogenannten Diuretika – oder Abführmitteln – also Laxativa – kommen im Rahmen bulimischer Symptome ebenso vor. Das Erbrechen ist lediglich *eine* Methode, das eigene Gewicht zu beeinflussen."

„Aha! Schon hab' ich was gelernt." Er grinst schief. Die scheint ja ganz nett zu sein, nervös ist er allerdings weiterhin. „Das hab' ich anfangs auch versucht. Hat nur nicht viel gebracht. Also hab' ich zu kotzen versucht. War am Anfang nicht gerade leicht. Doch gewöhnt man sich mit der Zeit daran. Zudem hat es mir einen ... na ja, ... einen größeren *Spielraum* verschafft. Falls Sie verstehen, was ich meine." Erwartungsvoll schaut er die Psychologin an. Sie nickt.

„Nur ist das natürlich nicht von Dauer. Dieses Gefühl, meine ich. Zuerst kann man essen ... und erbrechen. Wieder essen, wieder erbrechen. Und irgendwann merkt man, es tut einem nicht gut. Und man erkennt, das kann keine Dauerlösung sein. Leider kann man dennoch nicht aufhören. Jedenfalls nicht allein."

„Seit wann machen Sie das auf diese Weise?"

„Ach je! Ich weiß es gar nicht genau. Also, ich bin jetzt zwanzig. Und mit fünfzehn hab' ich gewiß schon regelmäßig gekotzt. Entschuldigung, ich will nicht ständig *kotzen* sagen! Aber es drückt einfach besser aus, wie ich es finde, zum Kotzen nämlich. Erbrechen klingt demgegenüber so ... comme il faut." Er stülpt die Lippen nach vorn und macht gespielt theatralisch mit hoher Stimme jemanden nach, der seiner Meinung nach eher erbricht als kotzt: „Oh, manchmal bin ich nicht wohlauf, dann muß ich ein wenig erbrechen."

Dr. de Winter lacht amüsiert. Anscheinend taut der junge Mann allmählich auf. Ihn freut es, die Psychologin zum Lachen gebracht zu haben. Obendrein ist es ein sehr schönes Lachen, findet er. Genauso dunkel wie ihre Stimme auch beim Sprechen klingt. *Latte macchiato* fällt ihm ein. Ja, sie hat eine Stimme wie ein Glas Latte macchiato.

Er legt den Kopf ein wenig schräg. Lauscht dem Klang dieses außergewöhnlichen Lachens nach. Und unverhofft – wie durch Zauberhand – legt sich seine Nervosität vollkommen. Er rutscht erneut ein Stück tiefer in den Sessel. Dieses Mal ist es nicht künstlich, sondern ein Ausdruck echten Wohlgefühls. Und nun ist er sich zudem sicher, alles loswerden zu dürfen, was ihn bedrückt.

Und so redet und redet er, von seiner sehr lieben, jedoch unterwürfigen Mutter, die ihn viel zu sehr verhätschelt, als sei er noch ein kleines Kind. Auch von seinem dominanten Vater berichtet er, der Professor für Geschichte ist und *immer*, *alles* weiß, und immer alles *besser* weiß. Von seiner Schwester Hanna ist ebenfalls die Rede, die 22 Jahre alt ist und, sehr zum Unwillen der Eltern, *nur* eine Ausbildung zur Dekorateurin macht; von Vera, die – vermutlich dem Vater zuliebe – Englisch und Geschichte studiert, mit ihren 24 Jahren die Älteste ist und früher häufig auf die Geschwister aufpassen mußte, was sie ihnen indessen nie verübelt hat; schließlich hatten sie keinerlei Einfluß auf diese Anordnung der Eltern. Anschließend erzählt er von seinem eigenen Journalistik-Studium, das er – obwohl es möglich gewesen wäre – nicht an der Universität begonnen hat, an der sein Vater lehrt.

Nachdem er einmal begonnen hat, purzeln die Worte nur so aus ihm heraus, bis er ganz leer ist. Zuletzt fühlt er sich regelrecht erschöpft, doch handelt es sich um eine sehr angenehme Erschöpfung. Wie nach einem Marathonlauf.

Dr. Wilhelmina de Winter erkundigt sich nach seinen, mit der Therapie verbundenen, vorläufigen Zielen. Vorher hätte er diese Frage als ganz und gar überflüssig klassifiziert. Jetzt allerdings, nachdem er so viel von sich erzählt hat und merkt, daß die Eßstörung gewiß nicht wie ein abgegrenztes Etwas durch sein Leben wabert, sieht er es bereits ein wenig anders.

Also denkt er lieber eine Weile nach, bevor er eine Antwort gibt. „Also klar, die Eßstörung will ich bearbeiten. Aber ich möchte ebenfalls … ein wenig selbstsicherer werden. Manchmal weiß ich gar nicht genau, ob ich das, was ich tue, tatsächlich aus mir selbst heraus tue, oder weil ein anderer – etwa meine Mutter oder mein Vater – das von mir erwarten, oder sogar, weil sie genau das Gegenteil erwarten. … Verstehen Sie, was ich meine? Ich bin mir nie völlig sicher, ob ich mein eigenes Ding mache. Eben, bevor ich zu Ihnen gefahren bin, hat meine Mutter mich gefühlte fünfzigmal daran erinnert, ich müsse bald gehen, um pünktlich bei Ihnen zu sein. Ich sehe es ja gleichermaßen als höflich und angebracht an, Sie nicht warten zu lassen. Nur weiß ich eben nicht, ob ich einen diesbezüglichen Ablauf genauso handhaben würde, folgte ich allein meiner eigenen Vorstellung, wissen Sie?"

„Schon. Allerdings werden wir das nicht gänzlich klären können."

„Wieso nicht?"

„Nun, einiges von dem, was zum Beispiel Ihre Eltern Ihnen vermittelt haben, haben Sie vollständig internalisiert, also in sich aufgenommen und verinnerlicht, demzufolge ist es nicht mehr eindeutig Ihnen oder Ihren Eltern zuzuordnen. Wir können versuchen herauszufinden, was Sie aktuell gern anders machen würden, als Ihre Eltern sich das für Sie vorstellen. Doch vor allem sollten wir versuchen herauszufinden, was Sie *glücklich* macht. Und was Sie zu einer inneren Zufriedenheit führt! ... Stellen Sie es sich folgendermaßen vor: Das komplette Leben besteht aus einer Vielfalt von Farben. Was wir demzufolge miteinander erreichen können, ist, diejenigen Farben aufzuspüren, denen ein Platz in Ihrem Leben eingeräumt werden soll; was paßt zu welchen Situationen oder Dingen?! Womit fühlen Sie sich wohl? Wo wollen Sie ... entlanggehen? Sobald wir das möglichst weitreichend geklärt haben, ist es unerheblich, ob es ursprünglich von Ihnen gekommen ist oder von Ihren Eltern oder von sonst wem oder was."

„Das hört sich gut an. Ja genau, ... im Grunde schreibe ich meinen Eltern und deren Meinung erneut ein zu großes Gewicht zu, wenn ich ergründen will, was genau sie denken oder für mich wollen. Mache ich es komplett unabhängig davon – also zumindest im Rahmen der Analyse –, bin ich vielmehr bei *mir*, nicht?"

Voller Freude lächelt und nickt die Psychologin dem zarten jungen Mann zu. Es ist bemerkenswert, wie er ihre Ausführungen selbständig weiterentwickelt. Sie freut sich auf die Arbeit mit ihm.

Aber: Stop! Erst muß sie sich ja überhaupt vergewissern, was *er* will. In dem Moment, in dem sie den Mund für die entsprechende Frage öffnet, kommt er ihr zuvor. „Also, Frau Dr. de Winter, falls das für Sie in Ordnung geht, würde ich es sehr gern hier versuchen. Ich fühle mich zunehmend wohl bei Ihnen." Während seiner letzten Worten schaut er sich lächelnd im Raum um, als habe sein Wohlbefinden in erster Linie ein Vertrauensbündnis mit der Einrichtung geschlossen.

Als er kurz darauf mit einem Terminzettel in der Jackentasche die Praxis verläßt, bemerkt er erst, wie sehr sein Gesicht glüht. Er ist aufgewühlt. Die kalte Luft tut ihm gut. Er nimmt einen tiefen Atemzug.

Bereits jetzt merkt er, wie es in ihm zu arbeiten beginnt.

Na, das verspricht ja eine spannende Zeit zu werden! Er hat gar keine Angst mehr davor. Freut sich vielmehr. Er muß sich nur noch überlegen, wieviel er seiner Mutter preisgibt. Einen allzu tiefen Einblick will er ihr nicht gewähren. Vielleicht später einmal.

Zuversichtlich schlendert er Richtung Bushaltestelle, stellt dabei den Kragen seiner Jacke nach oben und läßt das soeben geführte Gespräch Revue passieren. Überflüssig, ein weiteres Mal zu erwähnen, daß er ein Multitasker ist.

15

Soeben hatte Mina begonnen, noch einen Bericht für eine Therapieverlängerung zu formulieren, als ihr siedendheiß einfiel, heute eine Verabredung zu haben. Ben Steiner! Beinahe hätte sie es vergessen.

Er selbst war ihr allerdings hier und da durch den Kopf gegangen. Doch hatte es sich jeweils eher um ein Gedankenspiel gehandelt, nichts Konkretes. Und eine Kopplung mit dem heutigen Abend inklusive Verabredung zum Essen hatte erst recht nicht stattgefunden.

„Scheiße!" entfuhr es ihr laut in Richtung Monitor. Der blieb ihr jedoch eine Antwort schuldig, zeigte statt dessen stur die aneinandergereihten Buchstaben und Wörter, die sich im Laufe der nächsten Stunde möglichst sinnhaft zu einem fertigen Bericht hätten zusammenfinden sollen.

Sie haderte mit ihrer Entscheidung, sich auf dieses Date eingelassen zu haben. Sie hatte sich lediglich *eingeredet*, es sei eine willkommene Abwechslung. Und nun hatte sie überhaupt keine Lust darauf.

Steiner war nett. Ja, sicher! Aber der Mann fürs Leben? Danach sah es zur Zeit eher nicht aus. Sollte sie nicht in irgendeiner Art von ihm berührt sein, damit es einmal Liebe werden könnte? In der Jugend war das leichter. Sie war ein paarmal richtig verliebt gewesen. Nicht häufig, jedoch fielen ihr mühelos drei Männer ein, die sie regelrecht umgehauen hatten. Noch heute konnte sie dieses körperliche Gefühl nachempfinden, das sich damals eingestellt hatte. Es war derart intensiv gewesen, hatte regelrecht geschmerzt. Zudem konnte sie sich erinnern, zumindest bei zweien der drei Male war es im selben Moment klargewesen, als sie den entsprechenden Mann kennengelernt hatte. *Wusch!* Verliebt! So war es damals gewesen. Und dann Herz-Schmerz, aber schöööön!

Aktuell stand die Erfahrung der bedenkenlosen Öffnung von Gefühlsschleusen ein wenig im Wege. Sicherlich brachte das zugleich etwas Gutes mit sich, war doch Verliebtsein damals etwas ganz und gar Kopfloses gewesen, was eindeutig Nachteile mit sich gebracht hatte.

Wie auch immer: Was Ben Steiner betraf, war sie sich alles andere als sicher. Ob sie sich je in ihn verlieben könnte? Abgesehen von der Beantwortung dieser Frage, war es eindeutig zu spät, um für heute abzusagen und damit höchste Zeit, sich nach Hause zu begeben, um wenigstens noch eine Dusche sowie das Wechseln der Kleidung gewährleisten zu können.

Punkt sieben Uhr überquerte Mina die Straße und schritt auf das Restaurant *Bei Viktor* zu. Sie hatte nie Lust auf Spielchen gehabt, bei denen *frau* gefälligst mindestens fünf bis zehn Minuten zu spät zu erscheinen hatte, um die männliche Verabredung warten zu lassen. Zudem bot Pünktlichkeit den Vorteil, gehen zu können, falls *er* nicht rechtzeitig auftauchte. Zu ihrem Erstaunen war Ben Steiner jedoch bereits da. Er wartete vor dem Eingang, um sie ins Restaurant zu begleiten und freute sich offensichtlich, sie in Empfang nehmen zu dürfen. Ein bißchen hatte er an ihrem Erscheinen gezweifelt. Minas Unentschlossenheit war ihm nicht entgangen. Darüber hinaus war ihm klar, wenn er diese Frau erobern wollte, würde es ihn einige Anstrengung kosten.

Am reservierten Tisch angelangt, half er Mina aus dem Mantel, betrachtete sie daraufhin recht unverhohlen von oben bis unten und stieß einen anerkennenden Pfiff aus, dessen Schalldruckpegel ausreichend war, um deutlich in Minas Gehörgang zu gelangen, jedoch genügend geringfügig, um in dem vornehmen Ambiente kein unangenehmes Aufsehen zu erregen.

In ihrer Not, sich nicht entscheiden zu können, was für diese Verabredung das passende Outfit sei, hatte sich Mina für das altbewährte *Kleine Schwarze* entschieden; dazu trug sie schwarze Nylonstrümpfe und Wildlederpumps mit hohem Absatz.

Mina war desgleichen recht angetan von ihm. Das hatte allerdings nicht im geringsten mit der Wahl *seines* Outfits zu tun; vielmehr war ihr auf nicht eindeutig zu bestimmendem Wege die wertvolle Information komplett abhanden gekommen, um was für einen attraktiven und sympathisch aussehenden Mann es sich doch bei Ben Steiner handelte.

Sie verbrachten mehr als zwei Stunden *Bei Viktor*. Das Essen mundete vorzüglich, die Unterhaltung kam und blieb leicht in Gang, plätscherte angenehm entspannend dahin. Wie üblich, war das Thema rasch beim Beruf angelangt. Anhand ihrer Visitenkarte verfügte er bereits über eine gewisse Vorstellung ihrer Tätigkeit, wollte allerdings Genaueres in Erfahrung bringen: Ob sie Schwerpunkte habe, zufrieden sei, allein arbeite und vieles mehr.

Sie gab bereitwillig, jedoch gleichermaßen sparsam Auskunft und lenkte das Thema alsbald auf ihn. Gemäß bisheriger Erfahrungswerte stellte sie sich darauf ein, daß er nun stundenlang über sich und seine Arbeit monologisiere. Doch kam es anders.

Zwar erfuhr sie ein paar Dinge über ihn: Er habe Maschinenbau studiert, anschließend hingegen nichts Passendes auf dem Arbeitsmarkt finden können. Daraufhin habe er sich als Unternehmensberater selbständig gemacht. Inzwischen könne er recht angenehm von seiner Arbeit leben, sei dementsprechend zufrieden mit der beruflichen Entwicklung in seinem Leben. Doch erfuhr Mina zudem, daß er nicht zu den Männern gehörte, die, einmal angeknipst, nicht mehr aufhörten, über sich selbst zu reden. Und ganz nebenbei fand sie heraus, daß er anscheinend über ein gesundes Selbstwertgefühl verfügte, ohne arrogant zu sein, wodurch die Unterhaltung insgesamt genügend angenehm und kurzweilig verlief, um tatsächlich unbemerkt zu lassen, wie lange sie bereits beim Essen saßen.

Sein Blick verfing sich im Laufe des Abends unentwegt in ihrem Dekolleté, was viel zu auffällig war, um ihr hätte entgehen zu können. Und ihm entging nicht, daß es *ihr* auffiel. „Entschuldigen Sie bitte, aber meine Augen verweigern mir einfach den Gehorsam! Wie von selbst gleiten sie immer wieder ... in Ihren Ausschnitt. Ich hoffe, es stört Sie nicht zu sehr."

„Würde es mich stören, wäre meine Kleiderwahl für den heutigen Abend von vornherein auf etwas Hochgeschlossenes gefallen", gab Mina lachend zurück.

Als sie das Restaurant verließen, überlegte sie, ob der Abend nun seinem Ende entgegensteuere, oder ob Ben Steiner in Anbetracht der hohen Rechnung, die er übernommen hatte, erwarte, sie tue im Gegenzug etwas für ihn. Doch als ihr Blick zufällig auf die Straße fiel, wurde die Kapazität ihres Gehirns zu sehr in Anspruch genommen, um weitere Gedanken produzieren zu können. Dabei war sie allerdings nicht uneingeschränkt sicher, ob sie ihren Augen trauen sollte, denn auf ihrer Netzhaut bildete sich eine *Kutsche* ab.

Noch bevor sie sich in der Lage sah, eine abschließende innere Stellungnahme bezüglich des Wahrheitsgehaltes ihres optischen Sinneseindrucks abzugeben, bat ihr Begleiter sie einzusteigen, damit er sie – unter Zuhilfenahme von Kutscher und zwei Pferden – nach Hause begleiten könne.

Einerseits rührte sie seine enorme Mühe, andererseits war zwar das Wetter nicht mehr ganz so stürmisch und kalt, wie noch vor wenigen Wochen, es als mild zu bezeichnen, wäre demgegenüber eine eindeutige

Übertreibung gewesen, was zu der Befürchtung Anlaß gab, eine Kutschfahrt ausschließlich frierend über sich ergehen lassen zu müssen. War es nicht ohnehin recht übertrieben für ein erstes Treffen – und überhaupt? Sie fand zwar kreative Männer interessant, nur so früh und so sehr?

Anscheinend las er erneut in ihrem Kopf, oder er studierte mit hoher Sensibilität ihr Gesicht. „Bitte verzeihen Sie mir! Dieser Einfall ist mir spontan nach unserem letzten Gespräch gekommen, weil wir doch so herumgeblödelt haben. Ich will aber wirklich auf keinen Fall aufdringlich sein. Wenn Sie wollen, sorge ich dafür, daß die Kutsche umgehend verschwindet."

„Wollen Sie sie in einen Kürbis zurückverwandeln?" konterte sie mit einer Anspielung auf das Märchen *Cinderella*. „Am Ende stehe ich dann in Sack und Asche hier." Sie mußte lachen. Nicht so sehr über ihren Scherz – vielmehr über diese recht grotesk anmutende Situation.

Für ihn stellte ihr Lachen etwas ganz Besonderes dar. Es hatte ihn von Anfang an gefangengenommen. Und genau, wie es Charlotte jedesmal erging, steckte es ihn ebenfalls augenblicklich an. Ohnehin übte Mina eine Faszination auf ihn aus, der er sich nur schwerlich entziehen konnte. Und gerade jetzt war er sich gar nicht sicher, ob er sich überhaupt entziehen wollte. Er mußte sich schleunigst zusammenreißen, sonst verlor er noch die Kontrolle. Dann verdarb er am Ende alles. Und bisher lief es schließlich gar nicht so übel, obwohl er ihr gern bereits ein bißchen nähergekommen wäre.

„Ich gebe zu, da sind sozusagen die Pferde mit mir durchgegangen ..." Noch bevor er den Satz beenden konnte, brach sie erneut in Gelächter aus. Es war regelrecht rührend, wie er so dastand. Ein gescholtenes Kind, das versucht, verlorene Artigkeitspunkte aufzuholen.

„Ach was", half sie ihm. „Los, steigen wir ein! Ich habe mir schon immer gewünscht, mich – in einer Kutsche durch die belebte Innenstadt fahrend – lächerlich zu machen."

Ohne ihm eine weitere abwehrende Reaktion zu ermöglichen, stieg sie ein, drückte den Mantelkragen spaßhaft dicht unter dem Kinn zusammen und grinste intensiv, jedoch nicht abwertend, sondern ehrlich belustigt und guter Dinge. Schweigend folgte er ihr und setzte sich neben sie.

„Wohin fahren wir eigentlich?" brachte sie ihn noch einmal ohne jegliche Absicht in Verlegenheit.

„Oh, ich weiß gar nicht", kam die zögerliche Antwort. Im selben Moment entschloß er sich, die Gunst der Stunde nutzen – oder besser: die der Sekunde. „Möchten Sie noch irgendwohin? Vielleicht in eine Cocktail-Bar?"

Sie studierte intensiv sein Gesicht, als suche sie dort die passende Antwort. Es irritierte ihn, löste andererseits gleichwohl ein angenehmes Kribbeln aus. Insgeheim hoffte er, sie lehne die Bar ab und lüde ihn zu sich nach Hause ein. Ja, sie war wirklich eine wunderschöne Frau und Sex mit ihr stellte er sich ausgesprochen erfüllend vor.

„In Ordnung!" Jäh wurde er aus seinen abschweifenden Phantasien gerissen. Natürlich freute es ihn außerordentlich, somit dem gemeinsamen Abend kein frühzeitiges Ende gesetzt zu sehen. Gleichzeitig beschlich ihn ein gewisses Bedauern, daß das Beisammensein seine Fortsetzung in einer Bar statt in einem Bett fand. Nun, vielleicht ein anderes Mal.

Die gemütliche Bar wirkte mit den bequemen Sesseln und gepolsterten Sitzbänken auf Anhieb einladend. An der Decke drehten mehrere Ventilatoren träge ihre Runden.

Mina und Ben Steiner hatten unabhängig voneinander einen *Tequila Sunrise* ausgewählt, den sie genüßlich schlürften. Der Cocktail hinterließ bei Mina rasch seine Wirkung. Immerhin hatte sie zum Essen bereits zwei Gläser Wein getrunken.

Der Austausch zwischen den beiden perlte leicht dahin. Ohne unangenehme Gesprächspausen oder gar Äußerungen des einen, die auf den anderen unpassend gewirkt hätten, sprachen sie im Plauderton über dies und das. Irgendwann war einem von beiden einfach so das *Du* über die Lippen gekommen. Im Nachhinein konnten sie nicht mehr ausmachen, wer es zuerst verwendet hatte.

Im Laufe der Stunden sowie der Cocktails begann mal der eine, mal die andere, ein bißchen zu flirten. Mal berührte er wie unabsichtlich ihre Hand, während er zu ihr sprach, mal nestelte sie an seinem Hemdsärmel, und irgendwann küßte er sie einfach zwischen dem Ende des einen Satzes und dem Beginn des nächsten. Als müsse man die sprachlose Zeit unbedingt mit etwas ausfüllen. Er tat es ganz en passant, behutsam und zart, dennoch ging es eindeutig als richtiger Kuß durch, den sie sogar erwiderte. Beide empfanden ihn als angenehm. Sie hatten das Gefühl, es sei regelrecht selbstverständlich. Daraufhin übernahm Mina die

Initiative und küßte ihn bei nächster Gelegenheit sozusagen zurück. Etwas länger, als er sich zuvor getraut hatte. Und bei der Erwiderung der Erwiderung begannen sie zu knutschen.

Einen flüchtigen Moment lang schoß Mina durch den Kopf, ob sie den Fortgang des Abends tatsächlich in dieser Art wünsche. Und ob die Konsequenzen einer sich möglicherweise anbahnenden Verbindlichkeit ihr recht seien. Unvermittelt öffnete ihr Gehirn eine Schublade, die das Etikett *Scheiß drauf!* aufwies. Womöglich war es etwas vornehmer formuliert; letztendlich löste sich jedoch so oder so jeglicher Gedanke auf. Keine weiteren Überlegungen störten. Sie lebte ausschließlich den schönen Moment.

Ihn allerdings begannen ohne Vorankündigung zahlreiche quälende Gedanken zu bestürmen. Ausgerechnet jetzt, da er endlich am Ziel seiner Wünsche war. Wie oft hatte er sich eine Verabredung mit Mina ausgemalt!? Mehrmals hatte er sich der Phantasie hingegeben, wie es sich wohl anfühlen würde, ihr näherzukommen. Und obwohl sie und der Abend noch zauberhafter waren, als er zu hoffen gewagt hatte, beschlich ihn das dumpfe Gefühl, etwas Falsches zu tun. Vielleicht gerade *weil* alles so perfekt war. Und weder Gedanken noch Gefühle ließen sich – einmal angeknipst – abstellen, so sehr er es auch versuchte.

Viel später saßen sie gemeinsam auf dem Rücksitz eines Taxis. Sie befanden sich auf dem Weg zu Minas Haus. Den Kutscher hatte Ben nach dem Absetzen an der Bar für diesen Abend entlassen.

Sie hielten sich bei den Händen, und irgendwann legte Mina ihren Kopf auf seine Schulter. Selbst jetzt noch genoß sie die lange entbehrte Zweisamkeit, ohne sich Gedanken zu machen, wie – beziehungsweise ob überhaupt – es gleich weitergehen sollte. Am Ziel angekommen, machte er es ihr allerdings leicht. In dem Augenblick, in dem sie spontan entschieden hatte, der schöne Abend solle hier sein Ende finden, da ihr alles andere zu schnell und zu viel gewesen wäre, gab er dem Taxifahrer bereits ein Zeichen, er möge einen Moment warten, anschließend lief er behände um den Wagen herum, um galant die Tür für seine Begleitung aufzuhalten. Arm in Arm näherten sie sich dem Hauseingang.

Vor der Tür küßte er sie leidenschaftlich, blickte ihr dann zärtlich in die Augen. „Es war ein wunderschöner Abend. Danke dafür! Ich ruf' dich an, falls ich darf."

Sie nickte. Und schon entfernte er sich Richtung Taxi.

Dort angelangt, drehte er sich noch einmal um, winkte ihr lächelnd zu. Sie erwiderte Gruß und Lächeln. Sie lächelte sogar noch, als das Auto nicht mehr sichtbar war. Stand einfach da und lächelte noch eine Weile vor sich hin.

Das Klingeln des Telefons trieb sie unsanft aus dem Tiefschlaf. Auf dem Bauch liegenbleibend, befragte sie den Wecker, der geradewegs in ihrem Blickfeld auf dem Nachttischchen sein etwas gelangweiltes Dasein fristete. Nun ja, der Beruf des Weckers gilt überdies heute noch allgemein als nicht besonders anspruchsvoll. Darum üben die meisten eine Nebentätigkeit als Zeitansager aus. So auch dieser. Das kam Mina in diesem Moment beträchtlich zugute, mußte sie doch lediglich die Augen öffnen, und schon erteilte er bereitwillig Auskunft. Was, erst acht Uhr? Schließlich war es Samstag!

Widerwillig stand sie auf, griff zum Telefon auf der Kommode und stellte die Verbindung her. Während sie unwirsch ein „Ja!" in den Hörer bellte, legte sie sich zurück ins Bett, in exakt die gleiche Position, aus der sie so rücksichtslos geweckt worden war. Eine hellwache Stimme wünschte ihr einen guten Morgen.

„Mensch Charlie!" stieß sie statt einer Erwiderung des muntern Grußes hervor. Es klang allerdings, als befinde sich eine Wolldecke in ihrem Mund, da sie durch ihre Körperposition halb ins Kissen Laut gab. „Du bist manchmal wirklich unerträglich!"

„Ich weiß. Andererseits platze ich vor Neugier! Was soll ich also tun? Wach bin ich bereits seit geschlagenen zwei Stunden. So lang hab' ich mich immerhin zurückgehalten."

„Apropos *schlagen* ..."

„Mein liebstes Minchen! Ach bitte, bitte gib mir wenigstens eine klitzekleine Information über den Verlauf des Abends, ja? Oder kannst du gerade nicht reden? Was hast du denn eigentlich im Mund? Störe ich etwa?"

„Charlotte! Nun reicht's aber! Und hör auf zu winseln! ... Also, da du nun erfolgreich die Totenruhe gestört hast, gib mir eine halbe Stunde, damit ich in Ruhe meine Zähne putzen und kurz duschen kann. Bis dahin bist du gefälligst mit frischen Brötchen hier eingetroffen und hast den Frühstückstisch gedeckt. Okay?"

„Bin schon unterwegs", erfolgte unverzüglich die fröhliche Antwort.

Zwanzig Minuten später hatte sie ihren Auftrag erledigt und stand vor Minas Haustür. Sie besaß seit vielen Jahren einen Schlüssel, mußte die Freundin also nicht unter der Dusche stören. Und wie erfreut war sie, als sie unverhofft bereits die erste Information erhielt. Da lag doch tatsächlich eine Rose auf der Fußmatte – weiß mit rotgeränderten Blütenblättern. Oder besser gesagt: Die Rose befand sich auf einer Karte, während die *Karte* auf der Matte lag. Charlie nahm beides auf und kämpfte sehr, sehr lange mit sich – immerhin satte drei Sekunden –, dann erlag sie der unerträglichen Neugier. Mußte der Schreiber nicht damit rechnen, daß jemand, außer Mina, den Inhalt lesen würde? Er mußte, wohl oder übel! Zumal er sich nicht einmal die Mühe gemacht hatte, einen Umschlag zu verwenden. Mit vor Ungeduld zitternden Händen klappte sie erwartungsvoll die Innenseite auf:

Guten Morgen, meine Schöne!
Bis später
Ben

Charlotte schmolz dahin. Wann hatte *ihr* ein Mann zuletzt so etwas Schönes geschrieben? Wann hatte ihr *je* ein Mann etwas derart Schönes geschrieben? Diese Überlegung wollte sie lieber nicht vertiefen, schloß statt dessen die Tür auf, legte ihre Sachen ab und stellte erst einmal die Rose in eine Vase. Da sie sich bestens auskannte, ging ihr alles rasch von der Hand.

Als Mina herunterkam, fand sie einen liebevoll gedeckten Tisch vor. Der Duft von Kaffee und frischen Brötchen war ihr bereits auf der Treppe in die Nase gestiegen. Herzlich begrüßte sie ihre Freundin.

Dabei fiel ihr Blick auf die Rose und die Karte, die die Freundin vor der Vase aufgestellt hatte. „Ist das von dir? Oh Liebste, hätte ich bloß eher gewußt, was du für mich empfindest", flötete sie, mit geöffneten Armen auf Charlie zueilend.

„Sehr witzig!" gab diese zurück. „Das lag vor deiner Tür und ist natürlich von deinem neuen Lover."

„Ach, und woher weiß das meine allerbeste, hochverehrte und die Intimsphäre anderer stets wahrende Freundin?"

„Na, von wem soll es denn sonst sein?"

Mina schwieg, schnupperte an der Rose, las die Karte und schaute Charlotte anschließend herausfordernd lächelnd an.

„Ist ja in Ordnung! Okay, ich hab' einen ganz und gar flüchtigen Blick auf die Karte geworfen."

„Es ist eine Faltkarte. Das bedeutet, du mußt sie zuerst aufgeklappt haben, um *einen ganz und gar flüchtigen Blick* auf den Inhalt werfen zu können."

„Ja, ja, ich weiß, was du sagen willst: Neugier, dein Name sei Charlie! Aber ich bin wirklich ... fast geplatzt. Und es war schließlich ein nahezu eindeutiger Wink, das Geschenk auf deiner Fußmatte als erste gesehen zu haben, oder?"

Mina blickte die Freundin sekundenlang mit versteinertem Gesicht an, brach daraufhin in erlösendes Gelächter aus. Charlie schaute erst verdutzt, stimmte dann aufatmend ein. Die Freundin hatte sie mal wieder auf den Arm genommen. „Quäle nie ein Tier zum Scherz", zitierte sie atemlos, „und deine beste Freundin erst recht nicht!"

Als sich die beiden einigermaßen beruhigt hatten, setzten sie sich endlich an den Frühstückstisch.

Kaum saßen sie, überfiel Charlie Mina mit der ersten Frage. „Also, wie war's?"

„Super! Wir waren kurz essen, dann hat er gefragt: 'Zu dir oder zu mir?', woraufhin ich geantwortet habe: 'Du, wenn du es derart verkomplizierst, lassen wir es lieber', bin aufgestanden und nach Hause gegangen."

Diesmal war Charlie auf der Hut. „Komm schon! Das ist zwar witzig, jedoch nicht wahr. Jetzt sag, wie war es wirklich?"

„Also, ... ganz ehrlich! Es war ein schöner Abend. Und damit du was bekommst für dein Geld: Wir haben sogar geknutscht."

„Ha!"

„Dann hat er mich nach Hause gebracht, und ich hab' ihn nicht einmal abwimmeln müssen, da er keinerlei Anstalten gemacht hat, mich ins Haus zu drängen, um mich flachzulegen. ... Wie du also siehst, handelt es sich um einen Mann mit Stil." Zur Beweisführung dieser mangelhaft belegten Behauptung, wies sie mit dem Kopf in Richtung Rose.

„Hoffen wir's", kommentierte Charlie halb in Gedanken.

„Mit *Stil*, Charlie! Nicht mit *Stiel*!"

„Na ja, hoffentlich auch mit *Stiel*."

„Davon gehe ich fest aus! Jetzt laß uns das Thema wechseln! Mehr gibt es nicht zu berichten."

„Doch, gibt's!" beharrte Charlie. „War es schön?" Ihre Stimme klang weich. Die Frage einer liebevollen Freundin.

„Ja, das war's. ... Gestern! ... Heute bin ich erneut unsicher, ob ich will, daß sich zwischen ihm und mir etwas entwickelt. Versteh' mich nicht falsch, er ist sympathisch und hat eine angenehme Art! Auch äußerlich gefällt er mir recht gut, die Unterhaltung war für den ersten Abend ebenfalls völlig in Ordnung. Und er küßt hervorragend. Sabbert einem nicht gleich das komplette Gesicht voll oder erkundet mit seiner Zunge des Gegenübers Speiseröhre."

„Jetzt kommt ein *Aber*."

„Korrekt! Dabei hat das *Aber* mehr mit mir als mit ihm zu tun. Er hat mich bislang nicht ... berührt. Innerlich, meine ich. Und ich bin mir nicht sicher, ob es ihm gelingen wird."

„Dann warte es doch ab! Du bist ihm schließlich zu nichts verpflichtet. Triff ihn ein paarmal! Und irgendwann weißt du, was du empfindest. Und sollte es nicht reichen, ist es zwar schmerzlich – vor allem für ihn –, dennoch besser, als es gar nicht erst versucht zu haben. ... So hat mir das zumindest mal eine äußerst kluge Psychologin erläutert."

Mina ergriff lächelnd Charlottes Hand und drückte sie. „Ja, liebste Freundin, du hast verdammt recht! Es ist zu lange her, um noch genau zu wissen, *was* für ein Gefühl ich *wann* zu erwarten habe. Einerseits fühle ich mich zu ihm hingezogen, andererseits blockiert mich etwas, das ich nicht definieren kann. Deshalb bin ich ein bißchen verunsichert. Hingegen stimmt es, das läßt sich mit der Zeit aufklären."

Sie wechselten endgültig das Thema und saßen noch am Tisch, als es bereits Mittag wurde.

Charlie mußte aufbrechen, sie hatte ihren Eltern einen Besuch versprochen.

Mina hatte sich soeben entschieden, zumindest einen Teil des Haushalts zu erledigen, als das Telefon zum zweiten Mal an diesem Tag läutete. Ben!

„Hallo", hauchte sie verblödeter in den Hörer, als ihr lieb war.

„Hallo! Hast du gut geschlafen?" Wie oft hat ein Mann einer Frau am Tag nach dem ersten Date wohl diese Frage gestellt?

„Danke, ich hab' wunderbar geschlafen. Und du?"

„Ehrlich gesagt, fast gar nicht. Ich hab' ständig an dich denken müssen. Das war wesentlich attraktiver als zu schlafen."

Irgendwie zog er unentwegt eine Überraschung aus dem Ärmel. Und es war jedesmal eine angenehme.

„Danke für die schöne Rose und deine Karte", säuselte sie zusammenhanglos.

„Oh, gern geschehen! Ich wollte dir eine kleine Freude bereiten."

„Das ist dir gelungen."

„Sehen wir uns heute?"

Mit dieser Frage hätte Mina rechnen müssen. Dennoch war sie völlig unvorbereitet. Wie gerufen fiel ihr das Gespräch mit Charlie ein. „Ja, gern."

Er schien erleichtert aufzuatmen. „Wann paßt es dir?"

„Heute abend, sieben Uhr?"

„Schön, darf ich dich abholen?"

„Gern. Wollen wir ins Kino gehen?" schlug sie vor.

„Genau das wäre meine nächste Frage gewesen." Er lachte.

„Dann such' uns doch einen Film aus, in Ordnung? Ich lerne gern mal was kennen, selbst wenn dein Filmgeschmack nicht mein bevorzugtes Genre treffen sollte. Stop! Ich will nicht zu voreilig sein. Alles, was mit Horror zu tun hat, möchte ich nicht sehen. Und bitte auch keinen James-Bond-Film. Dieser Daniel Craig – so heißt er doch, oder? – ist absolut nicht mein Fall."

„Meiner genausowenig. Es läuft meines Wissens jedoch augenblicklich gar keiner. Also, ich gebe mein Bestes."

„Dann bis nachher. Tschüß!"

„Ich freu mich sehr auf dich. Tschüß!"

Er verfügte über die Fähigkeit, unangenehme Momente gar nicht erst aufkommen zu lassen. Das beeindruckte Mina. Denn was sagt man auf 'Ich freu mich sehr auf dich'? Die meisten erwarteten schmachtende Erwiderungen. Die ursprüngliche Äußerung diente demnach lediglich als Köder zur Selbstbestätigung.

Ben war anders. Er ließ keine Pause entstehen, wodurch die Überlegung entfiel, ob man was Einfallsloses erwidern sollte oder rasch was besonders Kreatives oder gar noch Super-nett-Witziges aus dem Ärmel zaubern mußte.

Um zwanzig nach sechs begann Mina, sich auf ihre Verabredung vorzubereiten. Sie war aufgeregt, jedoch nicht nennenswert. Allmählich empfand sie sogar Freude. Es war schön, ihn wiederzusehen.

Als es um zehn vor sieben läutete, eilte sie zur Tür. Ben war anscheinend zu früh gekommen, vielleicht trieb ihn die Sehnsucht vor der vereinbarten Zeit in ihre Arme. Schwungvoll öffnete sie die Tür. Hingegen stand nicht Ben, sondern Fabian vor ihr. „Brüderchen!" drang es ebenso erfreut wie überrascht aus ihrer Kehle.

„Hi, Minchen, leider ist deine Terrassentür verschlossen, und ich hab' den Schlüssel zu Hause vergessen." Für gewöhnlich kam er durch den Garten – eine Marotte von ihm –, was jedoch einen freien Zugang erforderlich machte. Herzlich nahm er sie jetzt in die Arme und drückte ihr einen dicken Schmatzer auf die Wange. „Wieso bist du so chic?"

Er griff nach ihrer Hand, hob sie mit der seinen, und drehte Mina einmal um die eigene Achse. Graziös ließ sie sich darauf ein. Fabian pfiff anerkennend durch die Zähne. „Das sieht mir ja ganz nach einer Verabredung aus?" Es klang wie eine Frage, auf die er eine Antwort erhoffte.

Mina grinste kokett. „Du wirst zunehmend wie Charlie! Ihr beide seid so was von neugierig. Ich darf wohl gar keine Privatsphäre mehr haben, was?"

„Nun sag' schon, wen hast du mir verheimlicht?"

„Fabian, mein Liebster! Gestern abend war mein erstes Date mit ihm. Und der Vormittag war für eine haargenaue Darstellung meiner besten Freundin gegenüber reserviert. Anschließend habe ich erst versucht, den Haushalt, danach mich selbst aufzumöbeln. Du warst noch nicht an der Reihe." Fabian lachte auf. Wie seine Schwester, hatte auch er eine sonore Stimmfarbe und ein klangvolles Lachen.

Überhaupt war er ein gutaussehender Mann in den Vierzigern. Obschon nicht besonders groß, wirkte er keineswegs gedrungen, eher drahtig und dabei feingliedrig, mit ähnlich wilder Frisur wie Mina und einem Dreitagebart, der die schwungvollen Lippen einrahmte sowie sein markantes Kinn unterstrich. Umrahmt von einer Art Harry-Potter-Brille, die jedoch keineswegs albern wirkte, sondern ihm eher ein intellektuelles Aussehen verlieh, schauten die Augen hinter den Brillengläsern hellwach und bildeten mit ihrem intensiven Blau einen schönen Kontrast zu seinem fast schwarzen Haar.

Die Frauenherzen flogen ihm nur so zu. Leider konnte sich sein eigenes Herz nie besonders lange für eine der Damen erwärmen.

Noch einmal umarmte er seine Schwester. „Okay, ich störe dich nicht länger. Ich merke ja, du bist auf dem Sprung. Sehen wir uns morgen?"

„Gern! Kommst du zum Frühstück? Frieda ist ebenfalls hier."
„Sehr gern. Wenn du nicht anderweitig beschäftigt bist …!"
„Blödmann!" Eines war sicher: Ben würde heute nicht bei ihr übernachten. Fabian nickte, als hätte sie es ausgesprochen.
„Also bis morgen."
Auf der Straße erhaschte Fabian einen flüchtigen Blick auf Ben, der just seinem Wagen entstieg. Er kombinierte unverzüglich, es müsse sich um die Verabredung seiner kleinen Schwester handeln. Also schaute er ein zweites Mal hin. Recht sympathisch, befand er und stieg lächelnd in sein Auto. Er freute sich für Mina. Sie hatte einigen Kummer in ihrem Leben erlitten, langsam war es an der Zeit, endlich wieder glücklich zu werden.

Als Mina Ben die erst kürzlich geschlossene Tür öffnete, war es Punkt sieben Uhr. Er strahlte übers gesamte Gesicht, als er sie erblickte.
„Da bin ich!" äußerte er überflüssigerweise und küßte sie innig. Danach fragte er schlicht: „Sollen wir gehen?"

Sie bejahte, ergriff Schlüssel und Mantel und schlenderte mit ihm Hand in Hand zu seinem Auto. Er fuhr einen alten Ford, legte keinen Wert auf irgendwelche Statussymbole.

„Entschuldige", witzelte er, als er ihr die Beifahrertür öffnete, „aber der Lamborghini steht heute leider nicht zu meiner Verfügung."

Mina stieg unverzüglich auf das Spiel ein. „Ah, verstehe. Er steht wohl noch im Autohaus. Oder in der Garage deines Chefs? Oh nein, du hast ja keinen. Also doch das Autohaus!" Sie lächelte schelmisch, und er nickte ihr eifrig zu. „Du hast es auf den Punkt gebracht."

Auf dem Weg zum Kino schlug er vor, zunächst noch eine Kleinigkeit zu essen. Er habe einen etwas später beginnenden Film ausgesucht, damit genügend Zeit bleibe. Sie erklärte sich einverstanden. Neben dem Kino befand sich ein kleines Restaurant in Familienhand. Sie kannte es und wußte, dort konnte man ausgezeichnet essen.

Ausgezeichnet war allerdings nicht das Attribut, das im Nachhinein aus Minas Sicht für den besuchten Film Verwendung finden konnte. Doch hielt sie sich zurück, Ben hatte ihn schließlich ausgesucht. Soeben hatten sie im Auto Platz genommen, da brach dieser unwillkürlich in schallendes Gelächter aus. Mina war ein wenig irritiert, beobachtete ihn mit einigem Interesse daran, was denn wohl diese unerklärliche Heiterkeit ausgelöst haben möge.

Endlich kam er wieder zu Atem, woraufhin er Aufschluß über den Anlaß geben konnte. „Dieser Film!" platzte er atemlos heraus, wischte sich dabei Tränen aus den Augen. „Es tut mir so leid! Er wurde von den Kritikern hoch gelobt. Also ... zumindest von einigen. Und du warst so tapfer!" Er verfiel in erneutes hemmungsloses Lachen. Mina stimmte diesmal erleichtert ein. Der Film hatte ihm also ebensowenig gefallen. Entsprechend konnte sie ungehemmt ihre Meinung äußern.

Sie alberten und lästerten eine Weile herum. Irgendwann schauten sie sich ernst an und sie fragte: „Nehmen wir einen Kaffee bei mir? Nein, versteh' es bitte nicht falsch: Das Wort *Kaffee* steht bei mir für *Kaffee*."

„Keine Sorge! Ich will ebenfalls nichts überstürzen. Ich trinke sehr gern einen *Kaffee* oder ein Glas Wein bei dir, falls *Kaffee* notfalls auch – selbstverständlich nur ausnahmsweise – für ein alkoholisches Getränk stehen könnte. Das gibt mir darüber hinaus Gelegenheit, dein Zuhause kennenzulernen."

„Laß uns fahren!"

Sie redeten, schwiegen, hörten CDs, küßten und streichelten sich. Mina präsentierte ihm Musikstücke, die sie besonders liebte, wobei sich ein ähnlicher Geschmack zwischen beiden herausstellte. Zudem gefiel ihm ihre Einrichtung, die Bilder, die an den Wänden hingen ebenso wie die Möbel und die Farbauswahl in den Räumen.

Irgendwann äußerte er, wie eindrucksvoll er ihre Arbeit mit Menschen finde. Er habe enormen Respekt vor ihrem Beruf. Gewiß sei es nicht immer einfach, sich den Problemen anderer Menschen zu widmen, schließlich könne man überdies nicht jedem helfen. Sie bejahte es.

Ob es denn in der Vergangenheit einmal einen tragischen Verlauf gegeben habe, wollte er noch wissen. Dieses Mal verneinte sie.

Die Schicksale selbst seien vielfältig und oftmals tragisch, versuchte sie ihm zu erläutern. Die Therapie stelle dabei in aller Regel eher eine Bereicherung für die Betroffenen dar. Im schlimmsten Fall sei nicht das erhoffte Ergebnis zu verzeichnen, doch könne es andererseits keinesfalls schaden, da sie immerhin seriös und unter Zuhilfenahme wissenschaftlich erforschter und erprobter Methoden arbeite.

Sie ließen das Thema daraufhin fallen, wollte er sie doch jetzt viel lieber küssen, anstatt weiterzureden, was ihr absolut entgegenkam.

Am darauffolgenden Morgen wurde sie zum Glück nicht vom Läuten des Telefons geweckt. *Zehn Uhr* konnte sie der einwandfreien Anzeige ihres treuen Weckers entnehmen, als sie endlich die Augen weit genug hatte öffnen können. Gleich darauf nahm sie den angenehmen Duft frisch zubereiteten Kaffees wahr. Charlie? Sie hatten sich zwar nicht verabredet, dennoch war es alles andere als ausgeschlossen, daß *Frau Superneugierig* neuerlich zum unverzüglichen Rapport auftauchte, war ihr schließlich bekannt, mit wem Mina den Samstagabend verbracht hatte. Gewiß hoffte sie auf frivole Geschichten in mindestens drei Akten.

Mina verließ erheitert das Bett. In wenigen Minuten würde Charlotte mal wieder eine herbe Enttäuschung erleben.

Als sie frisch geduscht die Treppe herunterkam, wurde sie tatsächlich von ihrer unverhohlen ungeduldigen Freundin erwartet. „Ich bin's schon wieder", lautete der zurückhaltende Gruß. „Keine Sorge! Hätte er noch in deinem Bett gelegen, wäre ich unverzüglich wieder gegangen!"

„Aber woher hättest du das denn überhaupt gewußt?"

„Ich habe gaaanz leise und vorsichtig in dein Schlafzimmer geschaut, als ich gekommen bin."

„Ah, du wolltest wohl sehen, ob *ich* gekommen bin."

„Ich bin furchtbar, was? Zu meiner Entschuldigung habe ich jedoch vorzubringen, es war eine Mischung aus Neugier und Sorge, weißt du? Es gibt ja immerhin 'ne Menge Idioten. Ich wollte halt sichergehen."

„Ist ja in Ordnung, Liebes. Komm, laß uns schon mal einen Kaffee trinken! Mit dem Frühstück warten wir noch ein wenig, in Ordnung? Fabian und Frieda werden nämlich jeden Moment eintreffen."

Kaum war der Kaffee eingegossen, wurde Mina erwartungsgemäß von Charlie bestürmt. „Und wie war's? Erzähl schon, bevor die anderen eintreffen!"

„Da muß ich etwas ausholen."

„Ich will sowieso jedes noch so winzige schmutzige Detail wissen."

Mina lachte laut auf. „Da muß ich dich mal wieder herbe enttäuschen, schmutzige Details sind nicht vorgekommen. Also, ... wir waren erneut essen, danach im Kino, insgesamt waren die Gespräche mit ihm auch dieses Mal sehr anregend, es gab keine Pausen oder Störungen im Emotionalen."

Charlie rutschte unruhig hin und her, vollführte dabei eine kreisende Bewegung mit der einen Hand als Zeichen ihrer wachsenden Ungeduld.

„Weiter, weiter, was dann?"

„Ja, ist ja gut! Erwarte nicht zuviel! Wir haben also gegessen, uns angeregt unterhalten, ..."

„Es wird nicht spannender, wenn du es wiederholst."

„Nun zügele mal deine Neugier! Du bist ohnehin gleich enttäuscht. Letztendlich hat er mich nach Hause gebracht, nachdem ich ihn nicht sehr originell, jedoch über Generationen hinweg bewährt, auf einen Kaffee eingeladen habe."

„Und er hat abgelehnt", ergänzte Charlie enttäuscht.

„Nein, hat er nicht. Er ist mitgekommen, wir haben Kaffee und Wein getrunken und ... na ja, ... ein paar Zärtlichkeiten ausgetauscht. Wir haben Musik gehört und uns noch mehr unterhalten ... und geküßt. Und irgendwann haben wir in Leidenschaft verknotet auf meiner Couch gelegen."

„Na, nun wird's endlich interessant."

„Charlie!" Mina rief es gespielt streng aus. Wie eine Mutter, die ihr vorlautes Kind zurechtweist. „Jetzt hör zu! Um so eher komme ich zum Ende. Also wir liegen, wir knutschen, und völlig gegen meine ursprüngliche Absicht denk' ich an Kondome, und wo ich sie überhaupt aufbewahre, wollte ich meine Meinung ändern, ... oder ob er ..., da unterbricht er abrupt meine Gedanken, ohne daß ich sichtbare Anstalten in diese Richtung gemacht hätte, schaut mich an und sagt, er finde es wunderbar, einfach Arm in Arm mit mir auf dem Sofa zu liegen, und ... ich solle nicht enttäuscht sein."

„Ach du Scheiße! Vielleicht ist er ja impotent!?"

„Nein, das meine ich nicht. Es war irgendwie ..., ich weiß nicht, wie ich es ausdrücken soll, es ... war ... befremdlich. Verstehst du, was ich meine? Es hat nicht gepaßt. Ich muß es mal so psychologisch ausdrükken: Er ist nicht authentisch gewesen. Klar, ich habe vorher deutlich gesagt, ich wolle nichts überstürzen. Und ich hätte letztendlich auch nicht mit ihm geschlafen. Doch ich bin sicher, daß *er* gewollt hat." Sie senkte die Stimme. „Ich hab's gemerkt."

„Gut!" schnarrte Charlie im Brustton der Überzeugung. „Impotent ist er also wohl doch nicht."

„Na ja, jedenfalls haben wir weiterhin Musik gehört, und irgendwann ist er eingeschlafen."

„Und du ebenfalls!?"

„Nee, bloß mein Arm."

„Und danach?"

„Ich sagte bereits, es wird dich nicht sonderlich unterhalten. Irgendwann hab' ich Arm und Ben geweckt und vorgeschlagen, den Abend zu beenden. Er – also Ben, der Arm unterhält sich ja eher selten mit mir – hat höflich gefragt, ob ich enttäuscht sei, was anderes erwartet habe, bla bla bla. Ich habe ebenso höflich gelogen, dem sei selbstverständlich nicht so. Er solle sein hübsches Köpfchen nicht mit zu vielen Gedanken überanstrengen, sondern einfach weiterhin nett aussehen und die Klappe halten."

„Das hast du *nicht* gesagt!"

„Nein, natürlich nicht. Also jedenfalls nichts ab dem *hübschen Köpfchen*."

„Fast hast du mir einen Schrecken eingejagt."

„Jetzt hör aber auf! Das war doch nun wirklich durchschaubar. ... Ich hab' ihm lediglich klargemacht, daß er sich keine unnötigen Gedanken zu machen brauche, und so weiter und so fort."

„Den kannst du ja wohl vergessen, oder?"

„Ach Charlie! Nein, es ist wirklich okay gewesen. Klar bin ich ein wenig ... na ja, ... vielleicht enttäuscht gewesen. Das zweite Date, und er schläft ein! Andererseits ist er womöglich einfach besonders geradlinig, und als er gemerkt hat, wie unzureichend er seine Erregung unter Kontrolle bekommt, hat er Unterschlupf beim Sandmännchen gesucht."

„Er hätte vielleicht besser gehen sollen."

„Exakt!"

„Ist er aber nicht."

„Eben. Und das ist so befremdlich." Mina blickte ins Leere, als suche sie dort nach einer Lösung. Die Leere gegen die Freundin eintauschend, ergänzte sie: „Ich finde ihn dennoch interessant, amüsant, wirklich sympathisch. Und ich mag ihn. Ich brauche einfach noch Zeit, um herauszufinden, ob mehr daraus werden kann."

„Ja, das ist gut. Du solltest dein Tempo ganz allein bestimmen!"

„Jawoll."

Noch bevor die Freundinnen das Thema hätten vertiefen können, traf Frieda ein. Wie stets, hatte sie einen dezenten Lippenstift aufgelegt. Ihre grauen, leicht gewellten Haare waren locker frisiert, und das kräftig rote Kleid paßte ausgezeichnet zu ihrem Teint. Nur ihre Brille hatte sie – wie gewöhnlich – zu Hause vergessen. Dies war weniger als Zeichen von Eitelkeit zu werten, eher handelte es sich um eine Form von Nachlässigkeit, die sich allerdings lediglich in Bezug auf ihre Sehhilfe äußerte.

Kurz nach Frieda schlüpfte Fabian durch die für ihn geöffnete Terrassentür herein, nahm unter lautem Hallo inmitten der geselligen Runde einen freien Platz ein.

Gemütlich saßen sie stundenlang beim Frühstück, das sich irgendwann in ein Mittagessen wandelte. Sie tauschten Neuigkeiten aus, lachten miteinander und merkten gar nicht, wie die Zeit verflog.

Über Ben wurde allerdings nicht mehr gesprochen. Charlies erste Neugier war schließlich bereits befriedigt, die anderen beiden zogen es vor, Mina unter vier Augen Details zu entlocken.

Mittendrin ging ein Anruf von Ben ein, der sich allerdings kurz hielt, als ihm auffiel, daß Mina Besuch hatte. Sie verabredeten ein ausführlicheres Gespräch für den späten Nachmittag.

Nachdenklich und mit zwiespältigen Gefühlen gesellte Mina sich erneut zu den anderen.

Einen Moment lang versuchte sie zu ergründen, was genau sie an Ben störte. Seine narkoleptische Anwandlung allein war gewiß nicht ausschlaggebend. Doch gelangte sie einfach zu keiner angemessenen Lösung.

Fabian stellte eine Frage. Der Gedanke verschwand.

16

„Mein Angebot steht noch. Ich fahre dich gern dorthin. Und wenn du willst, warte ich sogar. Ich muß nicht einmal mit rein. Ich kann ja spazierengehen oder einfach im Auto sitzenbleiben."

„Du bist wirklich sehr lieb." Er gibt seiner Frau einen Kuß auf die Wange. „Aber ich muß das allein hinbekommen."

„Ja, sicher. Nur vielleicht nicht gleich beim ersten Mal, oder? Du bist ständig zu streng mit dir."

„Bestimmt hast du recht. Trotzdem will ich es so. Sei nicht böse!"

Sie umarmt ihn. „Natürlich bin ich nicht böse. Ich würde dir lediglich gern den ersten Schritt erleichtern."

Er drückt sie an sich. Es tut gut, sie im Arm zu halten. Er versenkt sein Gesicht in ihrem blonden Haar. Es duftet angenehm nach Zitrone.

Sogar nach diesen vielen gemeinsamen Jahren liebt er sie weiterhin. Anders als am ersten Tag, doch keinesfalls weniger. Eher intensiver, tiefer und wärmer. Sie hat stets zu ihm gestanden. Das hat ihm in mancherlei Situation Stärke und Sicherheit verliehen. Dennoch gibt es Wege, die man allein bewältigen muß. Und der, der ab jetzt vor ihm liegt, gehört dazu. Er will nicht wie ein Kleinkind zu seinen Terminen gebracht werden. Obwohl es verlockend erscheint.

Er schaut auf seine Armbanduhr. Es wird Zeit.

Aufregung kriecht in ihm hoch. Schließlich hat er nur ein einziges Mal mit Dr. de Winter telefoniert. Eine dunkle, warme Stimme ohne Gesicht. Allerdings hat ihm das Gespräch bereits ein wohliges Gefühl vermittelt. Der erste Termin dient zunächst einmal dem persönlichen Kennenlernen, damit beide entscheiden können, ob sie es miteinander versuchen wollen. Das ist beruhigend. Es nimmt einen beträchtlichen Teil des Drucks, findet er.

Zum Abschied küßt er seine Frau noch einmal, macht sich anschließend rasch auf den Weg. Auf keinen Fall will er zu spät ankommen.

Im Wartezimmer sitzend merkt er neuerlich, wie nervös er ist. Was mag wohl auf ihn zukommen? Sein Hausarzt hat die Vermutung geäußert, er leide unter einer Depression.

Da sein Arzt jedoch selbstverständlich kein Fachmann für die Diagnostizierung psychischer Störungen ist, hat er ihm ans Herz gelegt, dringend einen Psychologen aufzusuchen.

Nach ihm endlos erscheinenden fünf Minuten geht die Tür auf.

Leuchtend rote Locken steuern zielsicher auf ihn zu. Darunter nimmt er – erst eine geraume Zeit später – ein sympathisch lächelndes Gesicht wahr. Beides zusammen identifiziert er unverzüglich als seine potentielle Therapeutin. Das Gesamtpaket verfügt fernerhin über zwei Hände. Eine davon wird ihm in diesem Moment gereicht. „Herr Hasten, ja?"

Die rote Mähne bittet ihn zu folgen, zeigt sich daraufhin von hinten und schreitet wiegenden Schrittes – tatsächlich: auch Po und Beine gehören dazu – auf eine weitgeöffnete Tür zu. Er folgt gehorsam, betritt unmittelbar nach Dr. de Winter das Sprechzimmer, das wie gewöhnlich darauf wartet, ein weiteres vertrauliches Gespräch aufzunehmen, um es bis zum Ende der Sitzung komplett verschluckt zu haben, damit es kein unerlaubtes Ohr erreichen kann.

Die Psychologin deutet wie stets mit der Hand auf die zur Verfügung stehenden Sitzmöglichkeiten. Anton Hasten ist einen Moment ratlos. Er weiß nicht recht, welchen der beiden Sessel er auswählen soll. Der Therapeutin entgeht das nicht. Ohne es zu benennen, bietet sie ihm an, vorerst diejenige Sitzgelegenheit zu nutzen, die ihm am nächsten ist. Er könne beim nächsten Mal wechseln, falls er dies wolle, ergänzt sie das hilfreiche Angebot. Dankbar folgt er ihrem Vorschlag, wobei er jedoch nicht bekennt, was für eine enorme Erleichterung es tatsächlich darstellt, keine Entscheidung treffen zu müssen, und sei sie noch so unwesentlich.

Als beide sitzen, weiß er nicht, wie und wo er eigentlich beginnen soll. Sich einer fremden Person anzuvertrauen, ist ohnehin noch nie sein Ding gewesen. Zudem fühlt er sich bereits jetzt völlig beschwipst von der neuen Situation mit den vielfältigen fremden Eindrücken.

Unruhig rutscht er hin und her. Noch einmal wird ihm die Entscheidung abgenommen, Dr. Wilhelmina de Winter sorgt für die Eröffnung.

„Ich weiß, das erste Gespräch ist besonders schwierig. Allerdings brauchen Sie keine Sorge zu haben! Es passiert gar nichts Aufregendes. Sie werden sehen, am Ende unserer Sitzung werden Sie so etwas denken wie: 'Ach, das war schon alles?'" Sie lacht ihr sonores Lachen.

Und obwohl es ihm eigentlich gar nicht besonders gutgeht, muß Anton Hasten unwillkürlich mitlachen. Dabei bekommen seine braunen Augen einen seichten Glanz, den sie zuvor nicht aufwiesen. Er fährt sich mit der Hand durch sein mit den Jahren leicht ergrautes Haar.

Die Therapeutin bittet ihn nun zu erzählen, was ihn herführt. Er könne beliebig beginnen, erleichtert sie ihm den Anfang.

„Ich versuch's." Er räuspert sich. Setzt sich noch einmal auf seinem Platz zurecht. Und obwohl er es gar nicht so einfach findet, etwas von sich preiszugeben, fällt ihm jäh auf, daß das im Grunde nicht das eigentliche Problem darstellt. Die Schwierigkeit besteht vielmehr darin, überhaupt über sich zu sprechen – und nachzudenken! Das hat er seit langem nicht mehr getan. Und nun ist er sozusagen dazu gezwungen. Das löst ein unangenehmes Gefühl aus. Doch schließlich ist er genau deshalb hier. Entsprechend bemüht er sich, die Fakten ordentlich hintereinander zu bekommen. „Ich schlafe nicht gut. Und ich kann mich seit einiger Zeit nicht mehr richtig konzentrieren."

Er schaut auf. Versucht, im Gesicht der Frau ihm gegenüber zu lesen. Was denkt sie wohl über einen Mann, der jammert? Aber gewiß ist sie

Gejammer gewöhnt. Und obwohl er zur Zeit erhebliche Schwierigkeiten in der Arbeit hat, denkt er, einen Job wie den ihren genausowenig haben zu wollen. Dr. de Winter schaut gleichbleibend freundlich und aufmerksam, lächelt ihm aufmunternd zu. Er bemüht sich, sein Gestammel ein wenig strukturierter fortzusetzen. „Wissen Sie, meine Arbeit war mir durchgängig sehr wichtig! Nur aktuell fühle ich mich komplett überfordert. Ich bin so ... antriebslos. Ich arbeite als Abteilungsleiter in einem Textilunternehmen. Ich weiß nicht, ob Sie es kennen. Es handelt sich um das Unternehmen *Waschbar*."

Die Therapeutin nickt. Der Betrieb ist im Ort bekannt. Mehrere hundert Menschen arbeiten dort.

„Eigentlich gar keine große Sache. Dennoch belastet mich mehr und mehr das Gefühl, die Ansprüche, die ständig an mich gestellt werden, nicht mehr erfüllen zu können. Mich nervt bereits das Klingeln des Telefons. Wird dreimal hintereinander an meine Bürotür geklopft und einfach eingetreten, möchte ich am liebsten laut losschreien, alle sollen mich in Ruhe lassen, und daß ich die ganze Scheiße nicht mehr hören und sehen kann!"

Fragend schaut er erneut auf Dr. de Winter. Diese macht ein paar Notizen, schaut anschließend ebenfalls auf. Anton Hasten spricht nicht weiter.

„Wie ist die Situation bei Ihnen zu Hause? Wie leben Sie?"

„Oh, ich bin seit fünfzehn Jahren verheiratet. Meine Frau Lisa ist eine liebevolle Frau. Ich bin sehr froh, sie zu haben. Sie ist 42, also fünf Jahre jünger als ich. Wir haben zwei Kinder. Meine Tochter ist ... gerade dreizehn geworden. Ich bin manchmal ... *nicht* froh, sie zu haben. Sie ist voll in der Pubertät. Furchtbar!" Er schüttelt bedächtig den Kopf. „Aber denken Sie nicht, ich würde sie nicht lieben! Nur seh' ich sie im Moment lieber von hinten. Schlimm, oder?"

„Diese Ansicht teilen Sie gewiß mit dem Großteil der Väter dreizehnjähriger Töchter."

„Dennoch hab' ich oft ein schlechtes Gewissen, weil ich mich so genervt fühle. Dabei ist Sophie wirklich ein tolles Mädchen. Nur das Nerven überwiegt derzeit." Er grinst schuldbewußt. Wie ein Junge, der Abbitte leisten will, obwohl sein Vergehen gewaltig ist. „Ja, und mein Sohn Edwin ist elf. Das geht noch. Allerdings ist er letztes Jahr aufs Gymnasium gekommen, tut sich ziemlich schwer dort. Meine Frau sagt immer, wir müssen ihm Zeit lassen. Verpaßt er jedoch den Anschluß, kann er das Versäumte nicht mehr aufholen. Das würde bedeuten, er müßte von der Schule runter. Das quält mich ebenfalls. Ich wünsche mir schließlich für meine Kinder einen guten Start ins Leben."

Anton Hastens Gedanken wandern. Die Psychologin legt – wie bereits zuvor – das angerissene Thema beiseite. Zum Kennenlernen gehört es, sich erst einmal einen Überblick zu verschaffen. Und in dem Moment, in dem der Patient das begonnene Erzählte nicht vertieft, weiß sie ohnehin, es existieren weitere Kummerthemen.

„Schildern Sie mir bitte einmal, wie bei Ihnen ein typischer Tag verläuft!"

Anton Hasten lehnt sich zurück. Langsam wird er ruhiger. Er spürt, ihm passiert tatsächlich nichts Schlimmes, und wie angenehm es sogar ist, Fragen über das eigene Leben gestellt zu bekommen. Wann interessiert sich schon mal jemand dafür, was man so macht, und wie es einem damit geht? Und diese Frau Dr. de Winter stellt ihre Fragen ganz sachte und läßt ihm Zeit für die Antworten. Das verschafft ihm Gelegenheit, sich zu sammeln, bevor er etwas äußert. „Also, ich stehe morgens meistens so um halb sechs auf. Lisa ist lediglich stundenweise berufstätig, deshalb kann sie noch 'nen Moment liegenbleiben. Ich gehe zunächst ins Bad, decke anschließend den Frühstückstisch. Dann ist es etwa Viertel nach sechs, meine Frau steht auf und weckt die Kinder. Die benötigen mindestens ... eine halbe Stunde, bis sie sich endlich von ihrem Bett trennen können. Meistens stehen sie letztendlich gemeinsam vorm Bad und fangen bereits am frühen Morgen an zu streiten, wer denn wohl zuerst da war. Im selben Moment ... spüre ich schon, wie sich mein Körper mit Adrenalin füllt. Meiner Frau fällt das mittlerweile direkt auf, sie versucht daraufhin, schleunigst zu schlichten, bevor ich platze. Das ... hört sich furchtbar an, nicht? Aber wissen Sie, ich habe in der Nacht meistens nicht mehr als drei oder vier Stunden geschlafen, fühle mich morgens wie durch den Wolf gedreht. Stellen die Kinder dann einen derartigen Rabatz an, könnte ich regelrecht ausflippen!" Er hält inne.

Darf er so offen sprechen? Die Therapeutin betrachtet ihn ruhig.

Es ist anscheinend in Ordnung. Und es entlastet! Das merkt er zunehmend deutlich. „Ja, und nach dem Frühstück, so um sieben Uhr, maximal zehn nach, mache ich mich auf den Weg zur Arbeit. Ich bin gern frühzeitig dort, um vorab ein paar Dinge zu koordinieren, die im nachfolgenden Tagesstreß untergehen. Meistens bin ich spätestens um halb acht in meinem Büro. Und um acht sind die meisten anderen ebenfalls eingetroffen. Schluß mit der Ruhe! Dann will jeder ... irgend etwas von mir. Besprechungen haben wir zusätzlich jede Menge. Und regelmäßig muß ich Rechenschaftsberichte bei meinem Vorgesetzten vorlegen. ... Alles in allem ist es hektisch, anstrengend ... und zum Teil endlos. Ich komme selten vor achtzehn Uhr raus. In letzter Zeit ist es manchmal sogar zwanzig oder einundzwanzig Uhr geworden. Komme ich nach Hause, bin ich total erledigt. Dann kommt jedoch Lisa und erzählt mir, wie aufreibend es mit den Kindern war. Vielfach muß ich mir obendrein die Hausaufgaben meines Sohnes ansehen und mit meiner Tochter ein ernstes Gespräch führen, weil sie beispielsweise mal wieder mit knallroten Lippen in die Schule gegangen ist, was meine Frau unannehmbar findet. ... Ich sage ständig, sie solle Sophie doch machen lassen. Weil entweder alle so herumlaufen, oder ... sie fällt unangenehm auf. Daraufhin regelt sich das Problem von allein. Lisa denkt jedoch, sie werde direkt auf dem Schulhof vergewaltigt, wenn sie so aussehe, und sie meint, die Lehrer geben ihr bei einer solchen Aufmachung schlechte Noten, weil sie wie eine Nutte wirke." Anton Hasten hält kurz inne. „Das ist der Originalton meiner *Frau*. Ich verstehe zwar, was sie meint, andererseits finde ich es übertrieben. ... Na ja, jedenfalls essen wir anschließend etwas. Ist es besonders spät geworden, esse ich allein. Anschließend schauen wir fern und gehen um elf, halb zwölf ins Bett. Und das ist ... beinahe jeden Tag so." Es fällt ihm auf, wie schrecklich stupide das alles klingt. Ist das tatsächlich sein Leben? Sein *gesamtes*?

Ja, genau das ist es! Abgesehen von *einer* Sache. Doch davon will er heute lieber noch nichts erzählen. Es ist peinlich.

Dr. de Winters Stimme reißt ihn aus seinen Gedanken. „Und was tun Sie am Wochenende?"

„Nichts Besonderes. Ich erledige Dinge, die in der Woche zu kurz gekommen sind. Na, Sie wissen schon: Auto waschen lassen, Arbeiten im Haus erledigen, manchmal muß ich sogar noch einmal in den Betrieb."

„Haben Sie Freunde, die Sie ab und zu treffen oder ein Hobby?"

Er denkt nach. Schüttelt den Kopf. „Im Grunde nicht. Früher bin ich Motorrad gefahren. Doch das wurde irgendwann zu teuer. Als Sophie unterwegs war, habe ich's verkauft. ... Und Freunde? Ja, die gibt's zwar, allerdings sehen wir sie selten. Meistens sind wir beide zu müde, wollen unsere Ruhe haben, wenn ausnahmsweise mal nichts zu erledigen ist."

„Und Ausflüge? Etwa mit den Kindern? Findet so etwas statt?"

Anton Hasten betrachtet den Teppich, ohne ihn richtig wahrzunehmen. Vielmehr sucht er eine Antwort, die ihm nicht gar so unangenehm erscheint. Die Fragen sind ja völlig in Ordnung und beziehen sich auf gänzlich normale und alltägliche Dinge. Dennoch lösen sie ein mieses Gefühl in ihm aus. Wieso ist das so? Er überlegt einen Moment.

Und plötzlich ist er versucht, sich mit der flachen Hand vor die Stirn zu schlagen. Ist ja wohl klar! Er macht das alles nicht! Er macht gar nichts *Normales*. Wann war denn der letzte Ausflug mit den Kindern? Das ist gewiß mindestens ein Jahr her. Wie furchtbar! Und sein Motorrad? Eigentlich hat er es nur Lisa recht machen wollen, weil sie jedesmal Angst gehabt hat, wenn er unterwegs gewesen ist. Das Geld ist von ihr doch lediglich vorgeschoben worden. Er hat gedacht, er könne sie erst einmal besänftigen, und nach einem halben Jahr oder so könne er sich eine neue Maschine kaufen. Leider ist nie etwas daraus geworden.

Erneut schüttelt er den Kopf. „Nein! Auch Ausflüge finden schon seit langem nicht mehr statt. Ich mache eigentlich nichts. Mein Leben läuft durchgehend gleichförmig ab. Ich gehe zur Arbeit … und komme nach Hause. Gehe am nächsten Tag wieder zur Arbeit und so weiter. Das hatte ich mir mal ganz anders vorgestellt. Und wissen Sie, … ich seh' da keinen Sinn mehr drin! Ich frage mich fast jeden Tag, was das alles soll. Manchmal denke ich daran, allem … ein Ende zu setzen. Oh bitte, Sie müssen nicht glauben, daß ich … also, ich bring' mich nicht um! Nur manchmal möchte ich einfach nicht mehr … da sein. … Nichts bereitet mir noch Freude. Nicht einmal das Essen. Was soll ich denn bloß machen?" In einer Mischung aus Erwartung und Resignation schaut er die Psychologin an.

„Wie Sie Ihr derzeitiges Leben schildern, verstehe ich, daß Sie keinen besonderen Wert auf eine Fortsetzung in gleicher Weise legen, Herr Hasten. Deshalb sollte man versuchen, etwas zu verändern."

„Aber was? Doch die Kinder abschaffen?" Er lacht bitter. Ihm erscheint der eigene Scherz nicht so recht gelungen. Dr. de Winter lächelt jedoch fröhlich. Etwas Schalkhaftes blitzt in ihren grünen Augen auf. „Vielleicht ist das *tatsächlich* die Lösung. Fangen wir also damit an! Sie besprechen das mit Ihrer Frau, und ich kümmere mich um die Formalitäten für die Verschiffung!"

Jetzt lacht der Patient ohne jegliche Bitterkeit. „Ich verstehe schon. Sie sind der Ansicht, ich muß etwas an mir selbst ändern, nicht wahr? Ich könnte mich zwar von meiner Familie trennen, doch löst das nicht mein Problem. ... Ja, ich weiß. Also, was sollen wir tun?"

„Zunächst sollten Sie entscheiden, ob Sie sich vorstellen können, Ihre Probleme mit *mir* zu bearbeiten."

Diese Entscheidung hat er bereits – ganz gegen seine sonstige Gewohnheit – vor wenigen Minuten getroffen. Dr. de Winter ist ihm auf den ersten Blick sympathisch gewesen. Das Gespräch mit ihr empfindet er atmosphärisch unkompliziert und angenehm; wenn auch nicht sämtliche Fragen angenehme Gefühle in ihm auslösen. Das hat jedoch eher mit seinen Antworten zu tun. Im Grunde sind ihm *die* unangenehm.

Gewiß ist das bereits ein deutlicher Hinweis darauf, daß sich schleunigst einiges in seinem Leben ändern sollte. Ja, er will die Therapie machen! Mit Dr. de Winter. Sie ist die Richtige! Das spürt er und ist selbst überrascht zu *spüren*. „Ich würde gern mit Ihnen arbeiten."

Die Therapeutin nickt zustimmend. „Ich kann es mir ebenfalls vorstellen. Es gibt nur noch ein Problem. Ich sagte Ihnen ja bereits am Telefon, ich habe zur Zeit eigentlich gar keinen freien Therapieplatz. Ich möchte Ihnen jedoch einen Deal anbieten: Ich erschaffe sozusagen einen sofortigen Platz für Sie, und im Gegenzug verpflichten Sie sich, keinen Suizidversuch zu unternehmen, solange wir miteinander arbeiten. ... Sollten Sie je das Gefühl haben, Ihr Versprechen nicht halten zu können, werden Sie mich unverzüglich anrufen und warten, bis ich bei Ihnen bin! Dann überlegen wir gemeinsam, was zu tun ist. ... Sind Sie einverstanden?" Mehrmals hat sie derartige Vereinbarungen getroffen.

Dabei ist ihr stets die enorme Verantwortung gegenwärtig, die sie damit zusätzlich auf sich lädt. Dennoch erscheint es ihr lohnend, Patienten nur in die Psychiatrie einweisen zu lassen, wenn alles andere ausgeschöpft ist. Nicht, weil sie psychiatrische Kliniken an sich ablehnt, lediglich, weil sie beständig nach der Vorgabe handelt: So viel Intervention wie nötig und so wenig wie möglich.

„Ja, ich bin einverstanden, Frau Doktor!"

Sie besiegeln ihr Abkommen per Handschlag. Daraufhin erhebt sich die Psychotherapeutin, um für die Terminvereinbarung ihren Kalender zur Hand zu nehmen.

17

Einen Schluck aus der großen Teetasse nehmend, ließ sie ihren Blick intensiv über den Garten schweifen, um sich daran zu sättigen. Auf der Terrasse stehend, in ihren Garten zu lauschen und wippende Äste sowie sich im Wind bewegende Blätter zu beobachten, empfand sie jedesmal, als habe sie es nie zuvor gesehen. *Ihr* Garten! Ein Privileg und ein überwältigendes Glück! Sie konnte minutenlang regungslos dastehen und ihren Ohren und Augen trauen. Überall begann es schon zu sprießen und zu wachsen, die Temperaturen kletterten bereits auf recht milde Grade.

Frühling! Wie herrlich! Mina konnte sich an jedem Wechsel der Jahreszeiten erfreuen, nichtsdestoweniger weckten Frühling und Herbst in ihr ganz spezielle Gefühle. Im Frühjahr war noch alles möglich und im Herbst noch nicht alles verblüht. Ein besonderer Reichtum, der einen dazu verleitete, in aller Bescheidenheit mit dem zufrieden zu sein, was *schon* beziehungsweise *noch* vorhanden war.

Irgendwann ließ sie es zu, ihre Gedanken auf etwas anderes zu richten. Ben! Immerhin ging sie seit fast zwei Monaten mit ihm aus, und sie sahen sich beinahe täglich. Einerseits genoß sie dies sehr, andererseits war irgend etwas in ihr, das weiterhin Bedenken auslöste.

Sollte sie sich tatsächlich komplett auf ihn einlassen? Wovor fürchtete sie sich? Falls es sich überhaupt um Furcht handelte. Oder hatte sie lediglich Schwierigkeiten, sich auf eine neue Beziehung einzulassen?

Nun, das war keineswegs auszuschließen, hatte sie doch ihr Leben als alleinstehende Frau aus Überzeugung gelebt und lange Zeit gegen jede Zweisamkeit verteidigt. Es gab ja Menschen, die täuschten bloß vor, Gefallen am Single-Dasein zu finden. Tatsächlich wollten sie jedoch einfach nicht zugeben, wie einsam sie sich fühlten. Zudem galt es noch heute als eine Art Makel. Als habe man keine – beziehungsweise keinen – *abbekommen*! Zum Glück war es ihr nie so ergangen. Es interessierte sie nicht in erster Linie, was andere über sie dachten.

Und ihr Leben war komplett ausgefüllt und zufrieden gewesen. Dann war Ben *hereingeplatzt*. Und jetzt war es ... irgendwie anders gut. Allerdings auch anstrengend, verpflichtend, zeitraubend.

Oh Scheiße! Das dürfte sie keinesfalls Charlie erzählen, die würde sie bis zur Besinnungslosigkeit schütteln.

Genau das war's: Sie fühlte sich nicht *besinnungslos* vor Glück, hatte nach wie vor keine Schmetterlinge im Bauch, keine wirkliche Sehnsucht. Dabei war er toll! Rein faktisch gab es absolut nichts an ihm auszusetzen. Er verhielt sich auf der ganzen Linie korrekt, liebe- und rücksichtsvoll, aufmerksam und interessiert. Vielleicht sollte sie endlich mal alle Zweifel loslassen, ihn einfach besser kennenlernen, Sex mit ihm haben. Apropos Sex! Bis heute hatte er nicht die geringsten Anstalten gemacht, über die anfänglichen Liebkosungen hinauszugehen.

Irgendwie doch merkwürdig! Also mußte wohl *sie* initiativ werden. Denn abgesehen von der Wichtigkeit, wie beide es miteinander empfanden, liefen ihre Hormone mittlerweile auf Hochtouren. Diese zum Teil wilden Knutschereien, bei denen die Hände ständig haarscharf an markanten erogenen Zonen vorbeistreichelten, ließen sie keineswegs kalt. Ein paarmal hatte sie sich bereits vorgestellt, wie es wohl mit Ben sein würde ...! Abrupt beendete sie ihre Betrachtungen. Derlei Phantasien regten die Hormone bloß noch mehr an.

Sie trank den inzwischen lauwarmen Rest ihres Tees, begab sich anschließend zurück ins Haus. Es war noch einiges zu tun, wollte sich das versprochene Abendessen als kulinarischer Genuß erweisen.

Die Türklingel riß Mina aus den Vorbereitungen. Wie stets traf Ben auf die Minute pünktlich ein. Grundsätzlich war es eine weitere positive Verhaltensweise, heute wäre ihr eine Verspätung allerdings geradezu willkommen gewesen. Sie fühlte sich gehetzt. Zwar hatte sie die Praxis früher als sonst verlassen, dennoch nicht so zeitig wie ursprünglich geplant. Die noch ungeschriebenen Berichte hatten sie angefleht, ihnen ein ansprechendes Dasein zu verschaffen. Also hatte sie nachgegeben, den ersten zumindest schon einmal verfaßt.

Und weil sie so schön im Fluß gewesen war, hatte sie noch einen zweiten begonnen. Bis ihr Gehirn mitten in der Konzentration gemeldet hatte, sie sei mit Ben verabredet, und sie habe obendrein versprochen, etwas zu kochen.

Kaum hatte sie ihm die Tür geöffnet, küßte sie ihn liebevoll, entschuldigte sich zugleich für die zeitliche Verzögerung. Es sei alles in Ordnung, gab er gutgelaunt zurück. Genaugenommen komme er zuallerletzt wegen des Essens, fügte er augenzwinkernd hinzu. Dies zu wissen sei hilfreich, dementsprechend bemühe sie sich nicht länger um Schmackhaftigkeit der Speisen, gab sie schmunzelnd zurück.

Anschließend wurde er in den Keller geschickt, um einen passenden Wein auszuwählen.

Trotz allem gelang das Essen vorzüglich, was er, als sie später bei Tisch saßen, mehr als einmal betonte. Nach dem Dessert wechselten sie zum Sofa, um es sich gemütlich zu machen. Doch bevor Mina sich zu ihm setzte, holte sie aus einer der Küchenschubladen ein Couvert, das sie Ben überreichte. „Ich will keine langen Vorreden halten, aber das hier ist mir wichtig! Und vielleicht bekommt es ja irgendwann eine Bedeutung."

Er zog einen Bogen aus dem Umschlag, auf dem die Adresse einer Arztpraxis zu lesen war. In dem vor ungefähr zwei Wochen ausgestellten Schreiben selbst wurde bescheinigt, Frau Dr. Wilhelmina de Winter sei nach der zugrunde liegenden Blutuntersuchung *HIV-negativ*.

Ben las es aufmerksam. „Warum denkst und tust du so häufig das gleiche wie ich? Ehrlich gesagt wollte ich dich heute abend genau auf dieses Thema ansprechen. Doch bin ich leider nicht so mutig und offen wie du. Ich habe tagelang darüber nachgedacht, wie ich es am besten anstelle."

Mina ließ ihr dunkles Lachen erklingen. Es war mal wieder kaum zu glauben, er empfand offenbar ein ebenso ausgeprägtes Verantwortungsgefühl wie sie selbst. Absolut liebenswert fand sie dabei seine Offenheit. Nicht zum ersten Mal stand er dazu, nicht stets sofort eine Lösung parat zu haben.

„Ich werde gleich morgen einen Termin vereinbaren. Und weißt du, was mich ... besonders freut?" setzte er hinzu. Noch bevor er Mina darüber aufklärte, was ihn besonders freute, küßte er sie leidenschaftlich und streichelte zum ersten Mal zärtlich über ihre Brüste. Somit erübrigte sich eine verbale Erklärung. Sie hatte verstanden. Zudem konnte sie es sehen. Der Blick auf seine Hose war ihm nicht entgangen. „Ja genau", gab er ein wenig verschämt zu. „Ich freue mich sehr darauf!"

Zur Ablenkung schauten sie einen Krimi, und Ben verabschiedete sich zeitig. Beide mußten am nächsten Morgen früh aufstehen.

Ohnehin erschien das nun allzu spürbare Knistern deutlich erträglicher, würden sie das Beisammensein nicht weiter ausdehnen.

18

Die ersten vier Sitzungen des heutigen Tages liegen hinter ihr. Ausnahmsweise hat sie die vorgesehenen Zeiteinheiten kaum überschritten, wodurch es weniger hektisch gewesen ist als sonst. Überzieht sie jeweils die fünfzig Minuten, wird sogar ein Toilettengang zu einer *Dalli-Dalli-Aktion.*

Sie entschließt sich, statt einen Anruf zu erledigen, die Zeit lieber für die Einstimmung auf ihre letzte Patientin vor der Mittagspause zu nutzen. Anna Burger gibt ihr einige Rätsel auf.

Dr. de Winter ist im Laufe ihrer Berufsjahre mehr als ein dutzendmal auf ihre herausragenden diagnostischen Fähigkeiten angesprochen worden. Sehr rasch und präzise ist sie in der Lage, Symptome einzuordnen. Doch ist es vielmehr! Sie kann genauso Zweifel an der richtigen Stelle hegen, obwohl dem sämtliche Symptome widersprechen.

Sie hat sich nie etwas darauf eingebildet, ist dennoch dankbar, über diese *Gabe* zu verfügen, gibt es ihr doch von Anbeginn ihrer Tätigkeit als Psychotherapeutin Sicherheit.

Bei Anna Burger sind die Zweifel gewaltig. Die Patientin leidet zwar gewiß an einer Depression, und die aufgestellte *Haßtheorie* bezüglich des behandelnden Arztes des verstorbenen Lebensgefährten Tim hält die Psychologin ebenfalls nach wie vor für schlüssig.

Darüber hinaus schlummert allerdings etwas in dieser Frau, das sie nicht benennen kann. Häufig wirkt sie einfach nicht authentisch. Okay, diese steife Körperhaltung unterstreicht noch ihre Widersprüchlichkeit, da sie oft mit dem sonstigen Verhalten nur geringfügig korrespondiert.

Aber stop! Die Therapeutin reißt die eigenen Zügel zurück. Sie muß aufpassen, nicht ungerecht zu sein. Denn eines sollte sie sich stets vor Augen halten: Sie mag Anna Burger nicht – oder besser: nicht mehr!

Das kann passieren, obwohl es selten der Fall ist. Für gewöhnlich entscheidet das erste Gespräch. Dabei stellt Frau Burger eben eine – die Regel bestätigende – Ausnahme dar. Der Erstkontakt hat bei ihr zwar nicht das Gefühl ausgelöst, sie könne mit der neuen Patientin gut und gerne einen Kaffee trinken gehen; allerdings stellt dies ja auch gar keine notwendige Voraussetzung für das Gelingen einer Psychotherapie dar. Und andererseits hat sie Anna Burger interessant gefunden, anfangs sogar ausreichend sympathisch.

Wie auch immer! Aus früheren Erfahrungen – als sie sich am Lehrinstitut Patienten nicht aussuchen konnte – weiß sie, sie führt eher eine noch *korrektere* Psychotherapie durch, wenn ihre Gefühle dem Patienten gegenüber nicht einwandfrei positiv sind. An dieser Stelle kann sie also unbesorgt sein. Es kostet sie somit keine nennenswert erhöhte Anstrengung, sie genauso empathisch und unterstützend wie ihre anderen Patienten zu behandeln. Dennoch dürfen die persönlichen Vorbehalte nicht den Blick auf das Eigentliche verstellen. Nur was ist das Eigentliche bei Frau Burger? Genau an dieser Stelle hakt es jedesmal aufs neue.

Also beschließt sie, was die Interventionsebene betrifft, sich erst einmal weiterhin auf die depressive Grundstimmung zu konzentrieren, damit die Patientin angenehme Aktivitäten und entsprechende Bewertungen nicht erneut schleifen läßt. Depressive Menschen neigen trotz reichhaltiger positiver Erfahrung vielfach dazu, letztendlich wiederum bloß vor dem Fernseher abzuhängen und sich berieseln zu lassen. Demzufolge steht die depressive Stimmung nicht nur geduldig vor der Tür, sie kommt statt dessen rasch erneut herein und setzt sich mit aufs Sofa.

Begleitend will die Therapeutin unbedingt weiterhin die extremen und für die Heilung sehr hinderlichen Haßgefühle kognitiv bearbeiten.

Puh, diese Patientin stellt eine echte Herausforderung dar! Und schon begehrt sie Einlaß durch Betätigung der Türglocke.

Kaum hat sie ihre übliche Sitzhaltung eingenommen, platzt Anna Burger unvermittelt mit einer Neuigkeit heraus. „Ich habe diesen Arzt wiedergesehen. Dieses Miststück! Ich hätte ihm am liebsten ins Gesicht geschleudert, was ich von ihm halte."

„Sie meinen den Arzt, der Ihren Lebensgefährten behandelt hat?"

„Nicht *behandelt*! Er hat Timmy *umgebracht*! Dieser Verbrecher!"

Die Lippen fest aufeinandergepreßt, fixiert sie Dr. de Winter mit blitzenden Augen.

„Sie verharren also weiterhin in diesen Haßgefühlen, Frau Burger?"

„Das tue ich. Ganz gleich, was Sie davon halten mögen. Können Sie sich vorstellen, was ich ... *erleide*? Dieser Scheißkerl hat mir absichtlich meine große Liebe genommen!"

„Denken Sie nicht, ein Arzt ist in erster Linie daran interessiert, seinen Patienten zu helfen?"

„Ja und? Warum hat er Timmy dann sterben lassen?"

„Selbst wenn wir einmal als Gedankenspiel unterstellen, der Arzt habe nicht alles getan, um den Krebs Ihres Lebensgefährten zu heilen, kann man dennoch sicher nicht davon ausgehen, er habe ihn *absichtlich* sterben lassen."

„Ach, und wieso kann man das nicht?"

„Weil ein Arzt heilen will! Oder zumindest Leiden lindern. Er hat sogar einen Eid darauf geschworen."

„Und alle Menschen sind gut! Und wenn sie nicht gestorben sind, dann leben sie noch heute. Amen!"

„Das ist eine recht willkürliche Überinterpretation dessen, was ich versucht habe, Ihnen zu vermitteln."

Anna Burger funkelt Dr. de Winter erneut an. Plötzlich wird ihr Blick vollkommen kühl, was die wäßrig-blaue Augenfarbe noch intensiviert. Innerlich erschreckt sich die Psychologin heftig. Sie kann sich nicht erinnern, je in derart kalte Augen geblickt zu haben. Eiskristalle, die sie erschauern lassen.

„Frau Burger, ich bin nicht der Feind!" Sie sagt es beschwichtigend, da sich die Patientin offenbar in einer Gefühlswelt befindet, die sie Achterbahn fahren läßt. Das weckt gerade in diesem Moment insbesondere Dr. de Winters Empathie. Sie unternimmt dementsprechend einen neuerlichen Anlauf, zu Anna Burger durchzudringen. „Ich würde gern versuchen, das mit Ihnen zu klären. Ist das okay?"

Endlich beginnen die Kristalle zu schmelzen. Schmerzerfüllt schaut sie ihre Psychotherapeutin für einen kurzen Moment an, senkt dann den Kopf und schluchzt wehklagend in ihren knitterfreien, sittsam bis zu den Knien gezogenen Rock. Sie verändert dabei um keinen Millimeter ihre Körperhaltung.

Dr. de Winter stellt die Box mit den Kosmetiktüchern neben sie. Nach einer Weile zupft die Patientin tatsächlich zwei Tücher heraus, tupft sich vornehm die Tränen aus den Augenwinkeln, wendet anschließend der Psychologin ihren Blick zu. Ihre Augen wirken traurig. „Bitte entschuldigen Sie abermals! Ich weiß, Sie müßten mir das doppelte Honorar in Rechnung stellen. Nur wissen Sie, es überkommt mich einfach diese ... Welle. Dann habe ich das Gefühl, sie bricht über mir zusammen, und ich habe keine Chance, ihr zu entkommen, obwohl ich es gern würde."

Sie macht eine Pause, schaut umher, als suche sie sich die weiteren Wörter im Raum zusammen. Wörter, die sie benötigt, um der Therapeutin klarzumachen, was in ihr vorgeht. Diese läßt ihr Zeit, ihr Blick ruht abwartend auf der Patientin.

„Nach Timmys Tod war ich lange Zeit wie gelähmt. Ich habe bloß noch darüber nachgedacht, wie sinnlos mein Leben geworden ist. Und als das mit Bernhard anfing, geschah es nicht aus dem Gefühl heraus, mein Leben könne mit ihm neu beginnen. Er war halt da! Und gewiß tat und tut es gut, sich mit jemandem austauschen zu können, ... ein paar Streicheleinheiten zu bekommen, ... na ja, und einfach nicht allein zu sein. Doch dieses Gefühl! Dieses Gefühl hier drin", sie klopft sich mit den Mittelknochen ihrer Finger auf die Brust, „das ist nach wie vor so enorm quälend." Die Stimme erstickt, sie bricht ab. Das Gesicht verzerrt sich im Schmerz des unbewältigten Gefühls, das erneut in ihr zu toben beginnt. Unaufhaltsam und alles mitreißend!

Nach einiger Zeit beruhigt sie sich ein wenig. „Verstehen Sie? Es ist genauso quälend wie am ersten Tag! Und dieser Arzt trägt meines Erachtens Schuld an Timmys Tod. Und falls er tatsächlich alles tun wollte, was er für angemessen hielt, war es ganz und gar nicht das richtige!"

Den letzten Satz schleudert sie Dr. de Winter regelrecht entgegen, senkt daraufhin erneut ihre Stimme. „Und nun sitze ich hier mit diesen vielen verschiedenen Gefühlen und weiß nicht, was ich wohin sortieren soll. Nur eines weiß ich: Dieser ... dieser *Arzt* soll seine gerechte Strafe bekommen. Und ich werde dafür sorgen, *daß* er sie bekommt!"

„Ist denn nicht untersucht worden, ob er sich tatsächlich in irgendeiner Weise schuldig gemacht hat beziehungsweise haben könnte?"

Anna Burger lacht bitter auf. Mit verzerrtem Mund korrigiert sie die Psychologin. „Ach, das läßt sich doch nicht nachweisen. Sie stellen sich das immer so einfach vor! Da wird lediglich gesagt, es war ein Unfall, dann ist der Fall erledigt! Da ist doch keiner, der ein wirkliches Interesse an der Aufklärung einer solchen Sauerei hat!"

„Entschuldigung, Frau Burger, aber das mit dem *Unfall* verstehe ich nicht!"

„Unfall? Wieso Unfall?"

„Sie haben soeben von einem Unfall gesprochen."

„Habe ich? Ach nein, das war ungenau ausgedrückt. Ich wollte sagen, es interessiert niemanden, ob ein Arzt eine Unterlassung oder Fehlbehandlung durchgeführt hat. Im schlimmsten Fall lautet das Ergebnis der Untersuchung, es habe sich ... um eine Art Unfall gehandelt. Anschließend wird die Akte geschlossen." Sie wirkt unwirsch. Daß diese de Winter auch jedes einzelne Wort hinterfragen muß!

Ganz schön lästig findet sie das.

„Ach so! Allerdings stellt sich die Frage trotz allem gar nicht in erster Linie – falls überhaupt – nach einem vermeintlichen Fehler des Arztes, sondern stets aufs neue danach, wie Sie mit der Gesamtsituation umgehen wollen."

„Was heißt denn *wollen*? Sie tun so, als hätte ich eine Wahl."

„Das glaube ich in der Tat, wie Sie mittlerweile wissen. Wir haben in einer der vorherigen Sitzungen bereits darüber gesprochen. ... Ist Ihnen noch etwas davon in Erinnerung?" Es ist äußerst wichtig für die Patientin zu lernen, daß die Dinge nicht sind, wie wir sie sehen, sondern wir sie erst mit unserer Bewertung dazu machen. Und die setzt sich aus dem zusammen, was wir lernen, erfahren, wünschen und hoffen.

„Ja, ich weiß. Ihre Meinung lautet, man könne sich regelrecht aussuchen, wie man die Dinge sieht. Falls ich mich recht erinnere, ... glauben Sie, man muß etwas einfach ... anders bewerten, und schon tut's nicht mehr weh."

Inzwischen kennt die Psychologin ihre Patientin genügend, um zu wissen, daß diese sie abermals brüskieren will. Dieser Hang zur Provokation ist anscheinend mit ihr verwachsen. Ähnlich wie ein Kropf. Den wird man auch nicht mal eben los. Und eines hat die Therapeutin längst gelernt: *Jede Jeck es anders!* Und Frau Burger ist nun einmal gern auf Krawall gebürstet.

Trotz der Ernsthaftigkeit der Gesamtsituation ist Dr. de Winter amüsiert. „Also Frau Burger, ich muß sagen, Sie haben eine bemerkenswerte Art, die Dinge derart wiederzugeben, um zwar als solche gerade noch erkennbar, in ihrem Sinn jedoch vollkommen entstellt zu sein. Ich halte das fast für ein Talent."

„Wieso? Haben Sie das denn nicht so gesagt?" Sie schaut erstaunt.

Allerdings wirkt es auf die Therapeutin ein wenig aufgesetzt. Sie ist sicher, Anna Burger hat alles richtig verstanden.

„Ich habe es anderes formuliert. Und ich habe es anders gemeint, als es bei Ihnen scheinbar angekommen ist. Ich erkläre es Ihnen gern ein weiteres Mal."

Bewußt verwendet sie das Wort *scheinbar*, drückt es doch die absichtlich falsche Wiedergabe besonders deutlich aus. Da dieses Adjektiv umgangssprachlich jedoch häufig nicht von *anscheinend* unterschieden wird, fällt es Frau Burger womöglich nicht einmal auf. Ein kleiner

Spaß also, ganz im Verborgenen. Äußerlich ist sie längst wieder ernst und greift den Faden von neuem auf. „Selbstverständlich kann man etwas nicht *einfach* verändern. Doch kann man sich Dinge, die einem Kummer bereiten, gründlich anschauen, um anschließend zu überlegen, wie brauchbar die Bewertung dieser Dinge ist. Gelangt man dabei zu dem Resultat, die bisherige Bewertung konserviere nur den Schmerz oder vergrößere ihn gar, kann man darüber nachdenken, ob eine Neubewertung – oder vielleicht sogar eine *Nicht-Bewertung* – gegebenenfalls brauchbarer ist."

„Theoretisch klingt das ja recht hübsch. Nur was würden Sie mir konkret raten, das ich tun soll?"

„Ich rate Ihnen nichts, und Sie *sollen* auch nichts tun! Jedoch lade ich Sie ein, gemeinsam mit mir zu überlegen, ob Ihr Haß gegenüber dem behandelnden Arzt Ihres Lebensgefährten einen Sinn erfüllt, der Sie in eine positive Richtung bringt."

„Na, da weiß ich ja bereits, was Ihre Antwort ist."

„Das ist indes nicht von Belang. Denn ich leide schließlich nicht unter Ihrer Sichtweise. Entscheidend ist, wie *Ihre* Antwort ausfällt."

„Wenn Sie darauf bestehen! Ich finde meine Sicht sehr brauchbar."

„Und wofür? Was nutzt sie Ihnen?"

„Ich versuche, Gerechtigkeit herzustellen."

„Gerechtigkeit für wen?"

„Für Timmy!"

„Und nutzt es Timmy?"

„Ach, lassen Sie mich doch in Ruhe mit Ihrer ... blöden Fragerei! Ich weiß doch, was Sie vorhaben. Sie wollen mich rhetorisch an die Wand spielen. Die Antwort soll jetzt lauten, daß Timmy ja tot ist, und Toten Gerechtigkeit nichts nutzt. Und als nächstes fragen Sie mich, wofür es dann nützlich sei."

„Und was antworten Sie daraufhin?" Dr. de Winter läßt sich nicht aus der Ruhe bringen. Sie will die Patientin nicht einfach vom Haken lassen.

Schließlich nützt eine Therapie nichts, wenn man eine depressive Stimmung zwar *kurzfristig* vermindert, die zugrunde liegenden Muster jedoch unberührt läßt. Vielmehr müssen diese eingehend bearbeitet werden, damit der Betreffende eine angemessenere Sicht auf die Dinge seines Lebens bekommen kann.

„Was antworten Sie darauf?"

Oberflächlich betrachtet wirkt die Patienten vollkommen ruhig. Doch ein leises Zittern ihrer Finger verrät, der Vulkan befindet sich anscheinend erneut dicht vor der Eruption.

„Was antworten Sie?" Ein drittes Mal stellt Dr. de Winter ihre Frage. Ein Therapeut muß auch mal penetrant sein können, ansonsten bewegt sich häufig nicht genug. Gleichwohl birgt es das Risiko, daß jemand nicht wiederkommt. Wer einen fordernden Stil nicht mag, geht woanders hin. Jeder hat andere Vorstellungen von *seinem* Therapeuten. Und jeder Therapeut hat desgleichen eine recht konkrete Vorstellung von der Durchführung seiner Interventionen.

Anna Burger ist es gelungen, den Vulkan vorerst zu besänftigen. Sie versucht, ihrer Stimme eine Prise Gelassenheit zu verleihen, was ihr allerdings nur unzureichend gelingt. „Ich antworte, es nützt *mir*! Und das ist es ja wohl, was Sie hören wollen. Hingegen weiß ich nicht, was daran so schlimm sein soll."

„Ich glaube zwar keineswegs, daß Sie einen echten Nutzen daraus ziehen, davon jedoch einmal abgesehen, habe ich nicht behauptet, es sei schlimm."

Anna Burger lacht heiser, ohne eine Spur von Spaß. „Kommen Sie! Machen Sie keine Spielchen mit mir! Ich weiß doch, daß Sie es schlimm finden."

„Sagen wir, ich finde es schlimm. Freilich nicht in dem Sinne, den Sie mir unterstellen wollen. Ich finde eher schlimm zu sehen, wie Sie sich quälen, wodurch Ihr Leben ständig an Freudlosigkeit gewinnt."

„Na, das ist doch wohl klar! Jeder trauert schließlich um einen geliebten Menschen."

„Gewiß. Gleichwohl lautet die Frage, ob die Trauer nicht irgendwann weniger schmerzen sollte, und ob Sie überhaupt in einer Art trauern, die zu einer Linderung des empfundenen Schmerzes führt. Damit die Freude in Ihrem Leben erneut einen Platz ergattern kann."

„Und wie soll ich das Ihrer Meinung nach angehen?"

„Damit sind wir unwillkürlich abermals an dem alles entscheidenden Punkt angelangt. Ich glaube, wie Sie bereits wissen, es kann Ihnen gelingen, sobald Sie Ihren Haß gebändigt haben."

„Ja, ja, wenn ich schön brav meinen Haß bändige, wird alles gut."

„So ungefähr."

„Ach, und die Tat des Arztes soll ungesühnt bleiben?"

„Falls überhaupt von einer Tat zu sprechen ist. In diesem Fall bin ich allerdings – unabhängig von der Klärung des Sachverhaltes – sicher, ein etwaiger Behandlungsfehler bleibt lieber dauerhaft ungesühnt, als daß Sie Ihr gesamtes weiteres Leben auf eine Sache verwenden, die den empfundenen Haß in Ihnen fortwährend schüren wird, bis er Sie komplett erfaßt hat. Ein schleichendes Gift, das Sie nach und nach von innen auffrißt. Und am Ende werden sich weder Triumph noch Befriedigung einstellen, selbst wenn der vermeintliche Fehler aufgedeckt und bestraft worden ist."

„Und wieso nicht?"

„Weil der Haß Sie bis dahin bereits zerstört hat. ... Und ich glaube, selbst Vergeltung kann ihn nicht neutralisieren."

„Und was ist mit Gerechtigkeit?"

„Gerechtigkeit hat unterschiedliche Gesichter. In erster Linie empfände ich es als ungerecht, wenn Sie Ihr Leben an zerstörerische Gefühle verschwendeten."

Die Patientin sackt ein wenig in sich zusammen. Zum ersten Mal sitzt sie nicht stocksteif da. Selbst bei ihren Wutausbrüchen hat Anna Burger stets ihre gewohnte Körperhaltung bewahrt. Als verhindere sie auf diese Weise, vollkommen in sich zusammenzufallen und sich nie wieder aufrichten zu können.

Fast rührend hockt sie mit herabhängenden Schultern im Sessel, die Füße leicht nach innen gestellt. „Was hab' ich denn dann noch?"

Jemand, der nicht sehr aufmerksam zuhörte, hätte es für den Flügelschlag eines Schmetterlings auf einer Fensterscheibe halten können.

Zum allerersten Mal ist die Psychologin von dem Gefühl beseelt, sie sehe tatsächlich ihre Patientin, könne einen winzigen Blick in deren Inneres werfen. Das ist gerade wirklich *sie*! Eine Frau in den sogenannten besten Jahren, die sich unvermittelt von einem geliebten Menschen verabschieden mußte, und die noch keinen Schimmer hat, was sie ab nun mit ihrem Leben anfangen soll; und die sich aus demselben Grund in irgendwelche Rachephantasien verrannt hat, die nur im günstigsten Fall mit einer unendlichen Leere enden werden, infolgedessen eine Neusortierung ebenso notwendig sein wird, wie es derzeit der Fall ist.

Würde sie allerdings auf der Stelle umkehren, weg von den zersetzenden Haßgefühlen, wäre ein Neubeginn garantiert wesentlich weniger beschwerlich und damit viel wahrscheinlicher.

Darum möchte Dr. de Winter ihr eine verständliche und brauchbare Antwort auf die gestellte Frage zukommen lassen. „Nun, anfangs wird es Ihnen sicherlich wie ein Nichts vorkommen. Das Gute wird immerhin sein, daß sie dieses Nichts mit völlig neuem Leben füllen können, nachdem Sie Ihre Trauer ungefiltert durchlebt haben. Anschließend besteht die enorme Chance, erneut Glück in Ihr Leben gelangen zu lassen."

Anna Burger sitzt winzig klein in dem gewaltigen Sessel. „Das kann ich mir gar nicht vorstellen."

„Das glaube ich gern! Das ist wahrlich schwer. Ist man einen Weg gegangen, der einem als der richtige erscheint, und jemand kommt daher und fordert: 'Kehr um! Hier verirrst du dich bloß!', kommt einem dies erst einmal unwirklich und unwahrscheinlich vor. Denn der Weg schien doch so wunderbar, so zielführend. Allerdings hat man auf seiner Wanderung bereits festgestellt, wie … *unwohl* man sich seit geraumer Zeit fühlt. Und irgendwie ist man ohnehin nicht so recht weitergekommen, obwohl man täglich viele anstrengende Kilometer hinter sich gebracht hat."

„So kommt es mir tatsächlich vor." Anna Burgers Blick ruht weiterhin im Unendlichen, ihr Geist ist jedoch gegenwärtig. Sie versucht, das Gesagte auf ihr eigenes Leben zu übertragen. Und es stimmt tatsächlich! Ganz häufig überkommt sie das Gefühl, als irre sie umher. Mit erdrückenden Gedanken an Haß und Gerechtigkeit im Gepäck.

Manchmal verkommen diese Begriffe allerdings zu reinen Worthülsen, die sich zunehmend beschwerlicher füllen lassen. Was nützt es Timmy? Und was ist mit ihr? So bleibt sie unweigerlich auf der Strecke.

Die Erkenntnis blitzt unerwartet und zaghaft auf.

„Wollen wir versuchen, gemeinsam einen neuen *Wanderweg* für Sie zu finden, Frau Burger?"

Die Stimme kommt von weither. Oh, es tut so gut, sich einfach fallenzulassen! Da ist ein Mensch, der anbietet, sie zu unterstützen. Sie muß gar nicht alles allein machen. Wie wunderbar! Endlich jemand, der weiß, wovon er spricht. Jemand, der versichert, sie könne sich getrost zurücklehnen. Jemand, der da ist und sie vorsichtig schubst, um ihre Richtung zu korrigieren, wenn sie sich gerade mal wieder verläuft.

Doch unvermittelt passiert etwas Seltsames. Anna Burger hebt ihren müden, weichen und offenen Blick. Und in dem Moment, in dem sie den Kopf vollkommen gehoben hat, ihre Therapeutin in wacher Klarheit fokussiert, richtet sie ihre eingesunkene Körperhaltung auf: Schultern nach hinten, Füße sittsam nebeneinander, die Hände im Schoß übereinander, das Kinn eine Spur zu weit nach oben gereckt.

Und schon ist es vorbei! Erneut sitzt dort die Frau, die offenbar ihre eigene Inszenierung spielt. Der Blick ist nicht länger weich und offen, sondern hart und verschlossen. Sie hat zugemacht. Komplett!

Jetzt kommt niemand mehr an sie heran.

Dr. Wilhelmina de Winter ist fasziniert von dieser Verwandlung, derer sie soeben Zeuge geworden ist. Andererseits bedauert sie ihre Patientin, sich derart schwerzutun. Doch gestaltet jeder sein Leben in der Art und Weise, wie er es für angemessen und richtig hält. Unerheblich, wie andere es sehen. Das muß gleichermaßen – oder besser: vor allem – ein Psychotherapeut akzeptieren lernen. Andernfalls ist Enttäuschung vorprogrammiert. Genau dieser schmale Grat, auf dem man stets wandelt – seine Patienten auf den Weg zu bringen, indem man ihnen empathisch nahe ist und doch fern genug, um deren Entscheidungen nicht persönlich zu nehmen, fallen diese anders aus, als man es sich für den Betreffenden gewünscht hätte –, macht diese Arbeit so einzigartig.

„Na, dann sagen wir bis nächste Woche!" Die Patientin ignoriert die letzte Frage. Da die Sitzungsdauer wie üblich ohnehin überschritten ist, erhebt sie sich abrupt und entschwindet, bevor Dr. de Winter etwas äußern kann. Eine Verabschiedung fällt ebenfalls aus.

Anna Burger hat die Sitzung beendet. Sie will nicht mehr reden. Das Chaos in ihrem Kopf muß sie erst einmal sortieren, um die Kontrolle wiederzuerlangen. Auf das, was da heute geschehen ist, ist sie so ganz und gar nicht vorbereitet gewesen.

19

Fabian schlüpfte mit einem Sixpack als Gastgeschenk und einer Mappe unter dem Arm durch die eigens für ihn entriegelte Terrassentür.

Genau wie Mina mochte er Bier am liebsten aus der Dose. Saßen sie gemütlich schwatzend beisammen, leerten sie für gewöhnlich den gesamten Vorrat.

Mina hatte sich vorgenommen, ihrem Bruder endlich Näheres über Ben zu erzählen. Erwartungsgemäß ließ er sich keineswegs mit oberflächlichen Informationen abspeisen, vielmehr wollte er alles bis ins kleinste Detail erfahren. „Wo habt ihr euch denn eigentlich kennengelernt, Schwesterchen?"

Mina versuchte nun, die verschiedenen Zufallsbegegnungen chronologisch wiederzugeben, während sie, mit Bier und Snacks versorgt, gemütlich auf dem Sofa herumlümmelten.

„Na, das ist ja wohl wirklich die zufälligste Zufallsbegegnung, von der ich je gehört habe", kommentierte er ihre Ausführungen.

„Ja, nicht? Hätte das letzte zufällige Zusammentreffen nicht stattgefunden, wären wir jetzt keinesfalls ein Paar. Ich hatte seine Telefonnummer längst entsorgt."

Fabian grinste. „Das sieht dir ähnlich. ... Aber wieso *ein Paar*? Seid ihr denn überhaupt eins?"

„Das ist wirklich eine gute Frage, Fabian. Tja, ab wann ist man denn eigentlich ein Paar?"

„Das fragst du ausgerechnet mich? Ich weiß ja nicht einmal, ob eine Einbeziehung meiner Person in diesen Begriff jemals korrekt gewesen sein würde."

„Das stimmt leider allzusehr, liebstes Brüderlein! Also, ... ich definiere ab sofort meine Beziehung zu Ben als ... so eine Art Paarbeziehung."

„Schon klar. Es handelt sich also um *so eine Art* Paarbeziehung. Damit läßt du dir für alle Fälle noch ein Hintertürchen offen."

„Du kennst mich einfach zu gut." Mina gluckste. In der Tat konnte sie sich noch nicht recht mit dem Gedanken anfreunden, tatsächlich eine verbindliche Beziehung mit Ben zu haben.

„Doch wer weiß", nahm Fabian gerade einen anderen Faden auf, „ob Ben nicht dem Zufall – zumindest, was diesen Beinahe-Unfall angeht – etwas nachgeholfen hat. Bei einer Frau wie dir wäre das ja nur allzu verständlich."

„Nein, nein, da irrst du, Fabian! Schließlich bin *ich* ja in *sein* Auto gerannt. Er konnte erst im letzten Moment bremsen. Oder denkst du", fügte sie schmunzelnd hinzu, „er habe billigend in Kauf genommen, eine Beziehung auf der Intensivstation mit komatöser Freundin zu beginnen?"

Fabian entblößte vergnügt seine makellosen Zähne. „Stimmt! Wohl eher nicht. Da ist meine Phantasie anscheinend mit mir durchgegangen."

„Obwohl es beinahe romantisch wäre, hätte er meine Nähe absichtlich gesucht. Aber nein, so ist es viel schöner. Der Zufall, den das Leben manchmal mit sich bringt."

„Und? Bist du verliebt?"

Das kam für Minas Geschmack ein wenig unvermittelt. Sie ergriff eines der Kissen, die um sie herumlagen und schlug es ihm spielerisch auf den Kopf. „Stell doch nicht immer so komplizierte Fragen! Ich weiß es nicht. Ich mag ihn und bin scharf auf ihn. Gilt das?"

„Tut er dir denn gut?" setzte Fabian nach.

„Das kann ich eindeutig mit ja beantworten. Ich finde es schön, mit ihm zusammen zu sein. Anfangs war ich mir da nicht so sicher, mittlerweile hab' ich jedoch ein gutes Gefühl und freue mich auf ihn."

„Dann bin ich beruhigt, Minchen. Vertraust du weiterhin auf dein Gefühl, wirst du wissen, was richtig für dich ist. So hast du dein gesamtes Leben lang alles hinbekommen. Und ich weiß am besten, wie schwer das manches Mal für dich war."

Er merkte, dieses Terrain sollte er derzeit lieber wieder verlassen, also setzte er rasch hinzu: „Ich will dich einfach glücklich sehen! Und sollte der Kerl dich enttäuschen, trete ich ihm dermaßen in die Eier, daß er nicht einmal mehr an Frauen *denken* will."

„Abgemacht, du Held! Ich werde dich im Zweifel daran erinnern. Doch nun erzähl' mir, was es in *deinem* Leben so gibt! Im Gegensatz zu mir wäre es bei dir langsam mal an der Zeit, von jemandem das Herz gebrochen zu bekommen."

Wie zur Entschuldigung für diesen fiesen Wunsch zupfte sie liebevoll an seinem linken Ohrläppchen.

„Das wünschte ich mir beinahe ebenfalls. Leider will sich keine dafür hergeben. Lieber überlassen sie mir die Drecksarbeit. Und ich breche und breche …! Herzen, meine ich natürlich. Aber ich verliebe mich nie richtig. Oder zumindest nicht lange genug. … Können Sie mich nicht therapieren, Frau Doktor?"

„Es tut mir leid, doch glaube ich, in dieser Beziehung bist du therapieresistent. Und schließlich will ich mir möglichst meine Statistik nicht versauen."

„Du bist ganz schön kaltschnäuzig", gab er amüsiert zurück. „Dann trägst du auch einen Teil der Verantwortung für meinen mit halbierten Fauenherzen gepflasterten Weg."

„Okay, ich trage es wie ein Mann."

Nach einer Weile wechselten sie das Thema, kamen auf Fabians Arbeit zu sprechen. Zunächst berichtete er von seinem neuesten Photoprojekt. Er hatte einige seiner Entwürfe zusammengestellt und mitgebracht. Minas Meinung war ihm stets wichtig, und sie war brennend an seinem Tun interessiert. Sie fand ihn so unglaublich begabt! Es machte sie stets glücklich, wenn andere das gleichermaßen wahrnahmen.

Nachdem sie ausgiebig über sein Projekt philosophiert hatten, befragte Fabian Mina über deren Arbeit. Wie es zur Zeit laufe, ob sie interessante Patienten habe.

Gern forschte er nach, welche Interventionen sie wie und bei wem anwandte. Ihm gefiel ihr Therapiestil sehr; darum konnte er sich nie satthören an Dialogsequenzen, die selbstverständlich niemals die Identität des Patienten preisgaben, dennoch ausreichend spannend auf ihn wirkten, um gierig verschlungen zu werden. Ebenso fesselten ihn theoretische Erwägungen zu Sinn und Unsinn mancher Methoden enorm. Zudem hatte er sich im Laufe der Jahre genügend Wissen angelesen und erfragt, um mit Mina wunderbar über Psychotherapie fachsimpeln zu können.

An diesem Abend berichtete sie ihm von einem Therapieverlauf, der vor etwa drei Monaten zu Ende gegangen war. Die Interventionen seien leider nicht so fruchtbar gewesen, wie sie es sich für gewöhnlich wünsche. Die Patientin leide weiterhin, habe sie kürzlich durch Zufall erfahren.

Fabian streckte den Rücken. „Ist doch klar, Mina! *Ich* brauche *dir* schließlich nicht zu erzählen, daß du eben nicht jedem helfen kannst!"

„Natürlich ist mir das absolut bewußt. Ich bin obendrein lange genug im Geschäft, um alle hehren Vorstellungen von grenzenloser Heilbarkeit längst aufgegeben zu haben."

„Na eben!"

„Trotzdem! Weißt du, besagte Patientin kam damals auf Empfehlung einer anderen Patientin. Durch diese habe ich nun erfahren, sie mache mich überall schlecht. Das stört mich nicht im geringsten als solches, verstehst du?"

Fabian nickte.

„Jedoch geht es einfach komplett an der Realität vorbei. Sie vertritt tatsächlich noch heute die Ansicht, ich hätte sie heilen müssen. Und das, obwohl ich meinen Patienten andauernd erkläre, alles, was sie brauchen, um zu heilen, sei in ihnen. Ich helfe bloß dabei, es für sie sichtbar zu machen. So als öffnete ich eine Schublade und sagte: 'Sieh her, hier schlummert die Lösung!' Die Schublade als solche ist bereits vorhanden, nur weiß der Betreffende es meistens nicht. ... Oder er zieht planlos ein Schubfach nach dem anderen auf, reißt die Fächer zum Teil heraus, brüllend: 'Da ist es nicht! Da ist es auch nicht!' Unweigerlich findet er auf diesem Wege *nicht* die richtige Schublade. ... Und viele öffnen sogar viel lieber Schösser bei anderen, damit *diese* etwas verändern, weil sie tatsächlich glauben, damit gehe es ihnen besser. Und sollte jemand in seinem blinden Aktionismus zufällig doch auf ein brauchbares Fach stoßen, weiß er häufig gar nicht, wie man den Inhalt anwendet. Daraufhin glaubt er erneut, einem Irrtum aufzusitzen. Er macht ein Zeichen daran, welches *Bringt nichts!* bedeutet und schenkt somit dem entsprechenden Schubfach nie wieder Beachtung. ... Ich bin nun dafür da, ihn zu ermutigen, entweder doch noch einmal nachzusehen, oder ich begleite ihn auf dem Weg bis zum Öffnen eines brauchbaren Fachs, das er bislang überhaupt nicht in Erwägung gezogen hat. Gegebenenfalls begleite ich ihn dabei auf einem längeren Irrtumsweg, da ich selbstredend ebenfalls nicht immer sofort weiß, welch Inhalt welcher Schublade für *ihn* in genau *dieser* Situation angemessen ist. ... Das Ziel dabei ist jedoch stets die Erkenntnis, ich werde – beziehungsweise ich *bin* – mein eigener Experte. Ich weiß, was für mich gut ist oder doch zumindest, wo ich suchen muß. ... Oder wenigstens, *daß* ich suchen muß. Und zwar bei mir selbst. ... Verstehst du?" Erwartungsvoll schaute sie ihren Bruder an.

„Ja klar, das verstehe ich. Und ich nehme an, das gleiche hast du mit der besagten Patientin zu erarbeiten versucht."

„Das habe ich. Also, wir haben gemeinsam – um in dem Bild zu bleiben – verschiedene Schubladen geöffnet, wir haben die entsprechenden Dinge herausgenommen, sie uns gemeinsam von allen Seiten angeschaut und auf mögliche Brauchbarkeit überprüft. Falls diese nicht unweigerlich zu erkennen war, habe ich sie ermutigt, es einfach mal auszuprobieren. ... Du kennst ja mein Motto gegen depressionsfördernde Kreisläufe: Alles, was anders ist, ist gut!"

„Nur hat sie sich nicht daran gehalten."

„Doch, hat sie. Zunächst! Nach einer Weile hat sie die entsprechende Schublade aber mit einem Knall wieder zugeschlagen und mir erklärt, das sei alles *Psychoscheiße*, was ich da mit ihr anstelle, weil nämlich ..."

„... doch die anderen schuld sind."
Mina lachte bitter. „Genau *so*! Und das hieß für sie stets aufs neue, die anderen sollten gefälligst mal ihre *eigenen* Schubfächer aufmachen. Selbst der erneute Hinweis meinerseits, ich verfüge leider über unzureichend ausgeprägte telepathische Fähigkeiten und sehe mich deshalb außerstande, dies sämtlichen Personen ihres Umfeldes zu übermitteln, führte zu keiner dauerhaften Einsicht."
„Mehr konntest du eindeutig nicht tun."
„Zu diesem Resultat bin ich letztlich ebenfalls gelangt. ... Bei aller Selbstkritik, die ich jedesmal zuallererst aktiviere, um zu untersuchen, ob mir nicht doch ein Fehler unterlaufen ist. ... Dennoch habe ich Mitgefühl mit ihr."
„Ho, ho! Du willst wohl Mutter Theresa den Rang ablaufen! Die Tusse erzählt überall herum, *du* tragest Schuld am Fortbestand ihrer Symptome, und du hast noch Mitgefühl?"
Mina schaute Fabian traurig an. Sie wußte, er hatte recht und war liebevoll bemüht, ihr den Kopf zurechtzurücken. Es hatte letztendlich nicht an ihr gelegen; dessen ungeachtet löste das anhaltende Leiden ihrer ehemaligen Patientin Bedauern in ihr aus. „Weißt du, Fabian, gerade *weil* sie überall herumerzählt, nicht *geheilt* zu sein, sei meiner Unfähigkeit zu verdanken, löst mein Mitgefühl aus."
„Das versteh' ich jetzt nicht mehr so richtig."
„Also, nennen wir sie Frau X! Frau X hat mehrere Therapieversuche gestartet, alle erfolglos. Sie leidet wie ein geprügelter Hund. ... Landet dann bei mir, setzt nun sämtliche Hoffnung in mich beziehungsweise in die Therapie. Und ich leiste tatsächlich regelmäßig Widerstand, sobald sie – wie gewöhnlich – andere für ihr Elend verantwortlich macht. ... Jedesmal aufs neue versuche ich, sie dahin zu bringen, bei sich selbst zu schauen. Damit sie herausfindet, was ihr guttut, und damit sie ihr Wohlbefinden nicht ausschließlich, nicht einmal überwiegend, vom Verhalten anderer abhängig macht. ... Selbst wenn es sich bei denen um Fehlverhalten handeln sollte, was sie ja dauernd bemängelt. ... Sind wir an diesem Punkt angekommen, erklärt mir Frau X jedesmal, ich ergreife Partei: für den Ehemann, die Kollegin, für Hinz oder gerade mal für Kunz. Und unentwegt erkläre ich ihr geduldig, es gehe gar nicht um die Rechtfertigung des Verhaltens anderer, nicht einmal überhaupt um eine Wertung, sei dies doch ganz und gar unerheblich, zähle nicht. ... Das

eigene Wohlbefinden müsse vielmehr aus *ihr selbst* kommen. Daraufhin geht sie jedesmal nach Hause und versucht, wie ich dir bereits erzählt habe, das Gelernte anzuwenden. … Und nach ein paar Wochen ist alles wie zuvor, und wir führen, wie in einer Endlosschleife, vergleichbare Dialoge."

„Und was genau löst nun dein Mitgefühl aus?"

„Sie hat nicht einmal die *Grundlage* des Wesentlichen kapiert! *Das* löst mein Mitgefühl aus. Weißt du, als die Therapie beendet war, hatte sie sich einigermaßen sortiert. Mir war klar, es würde nicht dauerhaft super laufen, dennoch entließ ich sie mit dem beruhigenden Gefühl, ab nun habe sie ein gewisses Rüstzeug im Gepäck. Als ich später von ihren weiteren erfolglosen Versuchen erfuhr, hat mir dies vor Augen geführt, daß sie nach wie vor kein bißchen kapiert hat, wer sich verändern muß. Nämlich sie selbst. … Stell dir vor! Sie hat sich zuerst monatelang in einer Klinik behandeln lassen, um danach bei einem weiteren Therapeuten einen soundsovielten Versuch zu starten, um wieder exakt an dem Punkt zu beginnen, an dem sie bereits war, als sie zu *mir* kam. … Und obendrein denkt sie offenbar, verantwortlich für die neuerlichen Interventionen sei die schlechte Therapie, die sie bei mir hat erdulden müssen. … Sie muß endlich, endlich aufhören, anderen die Schuld an ihrem Elend zuzuschreiben! Verstehst du, was ich meine?"

„Jetzt ist es mir deutlich geworden. Hätte sie lediglich noch nicht alle Ressourcen aufgespürt, durch die sie sich dauerhaft stabilisieren kann, wärst du einigermaßen zufrieden. In dem Fall wüßtest du nämlich, sie befände sich in der Lage, auf dem Gelernten aufzubauen und könnte somit ihren Weg weitergehen."

„Genau! Und *so* weiß ich, sie läuft bloß im Kreis. Immer und immer wieder. Das bedeutet, sie nimmt sich jegliche Chance, etwas anderes zu erfahren. Denn, wer im Kreis läuft, sieht stets nur dasselbe." Sie schaute Fabian schelmisch an. „Oder das gleiche?"

„Na ja, ich glaube, es kommt ganz darauf an, *wo* sie im Kreis läuft."

„Ja, das ist wohl so. Aber genau aus diesem Grund fühle ich mit ihr."

„Und du bist kein bißchen sauer auf sie?"

„Nein, wirklich nicht. Eine schlechte Bewertung sehe ich als Teil der zugrunde liegenden Normalverteilung."

„Oh, ich denke, du könntest sogar eine leichte Schieflage des Bogens zu deinen Gunsten unterstellen!"

„Ich hoffe letztendlich sehr für Frau X, daß für sie irgendwann ein günstiger Zeitpunkt kommt, an dem sie doch noch zu verstehen beginnt, um was es geht. Dann kann sie endlich ihre Symptome loslassen."
„Amen."
„Prost!"

20

Eveline Groß ist von Dr. Wilhelmina de Winter bereits über die physiologische Seite einer Panikattacke aufgeklärt worden. Es ist ihr erläutert worden, daß dabei Adrenalin ausgeschüttet wird, ein Hormon, das den Körper in Handlungsbereitschaft versetzt. Es führt zu einem Anstieg der Herzfrequenz und einer Zentralisierung der Durchblutung. Im Sinne eines evolutionär bereitgestellten Kampf-Flucht-Systems sorgt es für die rasche Bereitstellung von Energiereserven, die das Überleben sichern sollen.

Die Patientin erfährt, daß Angstzustände in objektiv nicht bedrohlichen Situationen auf einer Fehlinterpretation körperlicher Empfindungen basieren. Ein inneres Geschehen, welches zu Beginn kaum wahrnehmbar auftritt – beispielsweise eine leichte Störung des Herztaktes – wird falsch gedeutet.

Das bedeutet, die betroffene Person denkt etwa, es handele sich um das untrügliche Zeichen eines sich Bahn brechenden Übels. Also beobachtet sie die eigene Herztätigkeit, um weitere Störungen unverzüglich erkennen zu können, treibt diese Störungen durch die Fehleinschätzung jedoch voran, wodurch in rascher Abfolge eine gegenseitige Bedingung des körperlichen Geschehens und der entsprechenden Fehldeutung zu einer fortlaufenden Erhöhung der wahrgenommenen körperlichen Veränderungen führt.

Dies schaukelt sich so lange auf, bis es letztlich in eine Panikattacke, also in ein Höchstmaß körperlicher Anspannung, mündet.

Wiederum wird die aufgetretene Attacke als eindeutiges Zeichen einer Erkrankung des Herzens oder anderer Organe – je nachdem, wo Veränderungen am stärksten wahrgenommen werden – mißdeutet.

Alternativ entsteht eine unspezifische Todesangst oder lediglich die Befürchtung, während einer Attacke die Kontrolle zu verlieren, loszuschreien oder sich sonstwie peinlich zu benehmen.

„Und was tut man, wenn man glaubt, man sei mit einem Feind konfrontiert und sieht sich außerstande, diesen zu besiegen?" lautet die abschließende Frage, die Dr. de Winter ihrer Patientin stellt.

„Man fühlt sich scheiße." Eveline Groß zuckt mit den Schultern.

„Womöglich auch. Jedoch tut man noch etwas anderes: Man flüchtet! Nämlich aus der Situation, die einem solchen Kummer bereitet; später vermeidet man diese und ähnliche von vornherein. Man hat schließlich gelernt, daß in bestimmten Situationen gewisse Symptome unweigerlich aufzutreten scheinen. Da man die nicht haben will, nicht *aushalten* will, geht man nicht mehr hin. Man *vermeidet* also."

„Das ist dann diese *Agoraphobie*, nicht? Davon hab' ich gelesen."

„Genau. Die eigentliche *Platzangst*, also Angst, in einer öffentlichen Situation beziehungsweise auf einem öffentlichen Platz schwächende Symptome zu erleiden und/oder keine Hilfe zu bekommen."

„Und was kann das jetzt mit meinem Vater zu tun haben?" Es ist eine Anspielung auf die Therapie, die sie vor längerem bereits einmal begonnen und wieder abgebrochen hat.

„Das weiß ich auch nicht. Vielleicht erwecken wir diese Theorie erst wieder zum Leben, sollte uns gar nichts anderes mehr einfallen, okay?"

„Das kommt mir sehr entgegen. … Sie sagen also, ich mache meine Attacken selbst zu dem, was sie sind. Dadurch, irgendwelche harmlosen Symptome als gefährlich zu interpretieren, verstärke ich diese."

„Genau."

„Nur manchmal geht es mir total gut. Und dann denke ich, hoffentlich bleibt das so. Und genau in dem Moment geht's von neuem los."

„Das funktioniert leider ganz genauso wie eben beschrieben. Nur steigen Sie nicht mit einer körperlichen Veränderung, sondern mit einem entsprechenden Gedanken ein. In dem Moment, in dem Sie sich sagen, es gehe hoffentlich nicht erneut los, detektieren Sie automatisch Ihren Körper nach entsprechenden Veränderungen. Durch diese Unruhe beginnt Ihr Körper tatsächlich, seine Funktionen in Richtung Alarmbereitschaft zu verändern."

„Ich bin also selber schuld."

Die Therapeutin lächelt aufmunternd. „Wenn Sie es so ausdrücken wollen …"

„... weil es so *ist*!"

„Meiner Ansicht nach hat das mit Schuld nicht das geringste zu tun.

Sie machen es ja nicht, weil Sie böse sind, sich absichtlich schaden wollen oder fahrlässig handeln. Sie sitzen bloß einem Irrtum auf. Außerdem, betrachten Sie es doch mal von der anderen Seite! Wenn Sie in der Lage sind, Ihren Körper durch reine *Gedanken*kraft in äußerste Aktivität zu versetzen, dann ist es doch wohl ein leichtes, ihn ebenfalls in die entgegengesetzte Richtung zu steuern, oder?"

„Gelingt mir aber nicht."

„Doch, tut's. Wichtig ist nur, sich darauf einzulassen."

„Und wie mach' ich das?"

„Nun, indem Sie die Erklärungen aktivieren, die ich Ihnen bezüglich körperlicher Vorgänge vermittelt habe. Schlägt also beispielsweise Ihr Herz schneller, können Sie sich sagen, es ist offensichtlich Adrenalin ausgeschüttet worden, das die Herztätigkeit beschleunigt, und nun wird das Blut in die großen Muskelgefäße der Arme und Beine geleitet. Das begünstigt die Wahrscheinlichkeit, einen Kampf zu gewinnen oder … abzuhauen."

„Ah, Sie meinen, wenn man es als Kampf-Flucht-Reaktion sieht!?"

„Ja, denn das ist es ja letztendlich … oder auch: *ursprünglich*. Das bedeutet also insgesamt, Sie könnten Ihre Symptome sozusagen wie ein Wissenschaftler erforschen, indem Sie 'Ah, jetzt schlägt mein Herz schneller, dabei wird das Blut umverteilt' denken."

„Ich soll also eher mit *vernunftgesteuerten* Gedanken an die Betrachtung meiner Symptome gehen, anstatt diese *gefühlsmäßig* zu verarbeiten!?"

„Ja, denn sobald Sie das, was in Ihrem Körper abläuft, aus einer neugierigen Distanz betrachten, erscheint es Ihnen weniger bedrohlich."

„Okay, Dr. de Winter! Und das ist alles? Daraufhin verschwinden diese sch... blöden Attacken?"

„Schön wär's. Nur leider ist es wie im richtigen Leben: Man muß sich alles hart erarbeiten."

„Dachte ich es mir doch."

„Keine Sorge! Es ist wirklich hinzubekommen. Wichtig ist, allen Mut zusammenzunehmen und sich in genau die Situationen zu begeben, die Ihnen solche Angst einjagen."

„Das ist ja wohl nicht Ihr ernst!"

„Doch, leider. Stellen Sie sich mal bitte einen Moment lang folgendes vor! Ihre Angst ist ein kleines, ekliges und glibbriges Männlein. Es ernährt sich von der Furcht, die Sie vor ihm haben. Denn letztendlich haben Sie ja gar keine Angst vor einer Situation, ... Sie haben Angst vor der *Angst*."

„Das stimmt."

„Und daraufhin vermeiden Sie, sich mit der Situation auseinanderzusetzen. Sie gehen zum Beispiel nicht zur Arbeit, fahren nicht Auto oder Bus, kaufen nicht mehr in einem Supermarkt ein. Was glauben Sie, wie sehr sich unser Glibbermännlein freut? Es handelt sich mittlerweile um gar kein Männlein mehr, sondern aufgrund der enormen Nahrungsmengen, die Sie ihm haben zukommen lassen, haben wir es mit einem richtigen *Mann* zu tun. Und ängstigen Sie sich weiterhin vor ihm, wird er bald zum Riesen."

„Okay."

„Nun kommt die gute Nachricht."

„Oh, es gibt eine gute Nachricht bei der Geschichte?"

„Ja, schon. Im Moment bin ich mir allerdings noch nicht Ihrer Zustimmung gewiß."

„Also raus damit, Dr. de Winter!"

„Okay, unser glibbriger Mann ist der Bruder von Herrn Turtur, dem Scheinriesen. Kennen Sie den? Das ist ein Geschöpf aus der Geschichte um Jim Knopf und Lukas, dem Lokomotivführer. Entfernt man sich von Herrn Turtur, wird dieser zunehmend größer. Und immer kleiner, je mehr man sich auf ihn zubewegt. Steht man ihm direkt gegenüber, hat er normale Menschengröße. Herr Turtur ist sehr nett, während sein Bruder – unser Glibbermann – eher die Gene des ungeliebten Teils der Familie abbekommen hat. Er liebt es, Angst und Schrecken zu verbreiten, wird jedoch – genau wie sein liebenswerter Bruder – immer kleiner, je näher man ihm kommt. ... Übertragen bedeutet das also, man muß sich mit seiner Angst konfrontieren, will man sie loswerden. Das gilt im übrigen genauso für andere unliebsame Gefühle. Am besten geht man in unangenehme Stimmungen und Situationen hinein, statt ihnen auszuweichen. ... Auf diese Weise verlieren sie ihren Schrecken ... und verschwinden. Oder man lernt zu akzeptieren, daß es nun einmal unangenehme Gefühle, Emotionen, Stimmungen und Situationen gibt, die einfach mal da sind, und die man am allerbesten so stehenläßt. Wir haben ja kein Recht auf ständiges Wohlbefinden. Sobald man gelernt hat, das hinzunehmen, ist man insgesamt besser dran."

„Also ist das einzige, was ich vermeiden soll, Vermeidung!?"
„Ganz genau! ... Man könnte sagen: Vermeide stets Vermeidung! ... Wenn Sie nun also in den Supermarkt gehen, am besten zu einer Zeit, zu der Sie sicher sein können, daß wenigstens ein paar weitere Menschen ebenfalls dort einkaufen, werden Sie erleben, daß Ihre Angst *vor* dieser Aktion womöglich gewaltig ist, sobald Sie sich im Supermarkt befinden, geht sie jedoch fortwährend zurück. ... Denn Sie sind dem *Glibbermann Angst* entgegengetreten, haben ihm deutlich zu verstehen gegeben, trotz seiner Anwesenheit einkaufen gehen zu können. ... Er steht Ihnen nicht länger im Weg, muß mit dem Platz *neben* Ihnen Vorlieb nehmen."
„Eine schöne Illustration! Ich verstehe jetzt das Prinzip. Und ich glaube Ihnen sogar. Bestimmt kann es einigen Menschen, die unter Panikattacken leiden, helfen, in die entsprechenden Situationen zu gehen. Mir allerdings nicht! Ich habe das nämlich bereits versucht, was mir während Ihrer Ausführungen nach und nach deutlich geworden ist. Und leider hat es absolut nichts gebracht. ... Ich würde doch lieber etwas anderes versuchen."
„Und an was haben Sie gedacht?"
„Keine Ahnung, *Sie* sind doch die Therapeutin!" Die Haarfarbe ihrer Psychologin erscheint Eveline Groß in diesem Moment wieder entsetzlich rot. Ihre Skepsis bricht sich noch einmal Bahn. Will Dr. de Winter sie tatsächlich mit so 'nem Allerweltszeug abspeisen? Auch wenn es dort vielleicht nicht in so hübschen Bildern erklärt ist, kann man das schließlich in fast jedem schlechten Ratgeber nachlesen. Sie selbst hat es ebenfalls dorther und anfangs sogar geglaubt. Bis sie am eigenen Leib erfahren hat, was für ein Quatsch das ist.
„Eben. Und weil ich die Therapeutin bin, wäre es schön, wenn Sie sich ein wenig mit den Methoden, die ich Ihnen anbiete, vertraut machen würden. Kommen diese tatsächlich nicht in Frage, weil sie dauerhaft nicht helfen, können wir uns über Gründe und gegebenenfalls über Alternativen unterhalten. Erst einmal bitte ich Sie allerdings, sich ein wenig – zumindest gedanklich – darauf einzulassen! ... In Ordnung?"
„Ich weiß nicht." Und furchtbar strubbelig sind die Haare übrigens auch.
„Was verunsichert Sie?"
„Na ja. ... Also, ich hab' mir nach meinem letzten Therapieversuch ja

verschiedene Bücher gekauft. Ratgeber, wie man mit Angst umgehen soll, damit sie verschwindet. Das hab' ich Ihnen ja schon erzählt, nicht? Und in mehreren hab' ich genau das gefunden, was Sie mir gerade schmackhaft machen wollen, nämlich, daß man sich mit den Situationen konfrontieren soll."

„Ja, und?"

„Hab' ich gemacht. Und es hat *nichts*, aber auch wirklich *gar nichts* genutzt! Reine Zeitverschwendung! Dafür viel Angst und Streß! Nächtelang hab' ich nicht geschlafen, weil ich allein mit dem Auto irgendwohin fahren wollte. Bin dann Richtung Arbeit gefahren. ... Jeden verdammten Morgen! Zwei Wochen lang! ... Und es ist kein bißchen besser geworden! ... Und nun sagen Sie mir, es würde mir trotzdem helfen. Wie lange soll ich denn üben? Zwei *Monate*? Oder zwei *Jahre*? Das halte ich nicht aus! Täglich diesen Streß?! *Nä*! ... Das *will* ich auch nicht! Sorry! Da können Sie sich meinetwegen auf den Kopf stellen, und ich tu's nicht!"

„Tu ich nicht."

„Was tun Sie nicht?"

„Mich auf den Kopf stellen."

„Ich mein' ja bloß. ... Also nichts für ungut. Sie geben sich ja wirklich Mühe mit mir. Nur kann ich doch nichts gegen meine absolute Überzeugung tun, oder?"

„Lassen Sie uns doch einfach mal sehen, wodurch Ihre Übungen nicht den gewünschten Erfolg gebracht haben könnten!"

„Sie meinen, *ich* bin wieder schuld."

„Was haben Sie nur ständig mit der Schuldnummer? Ich würde Ihnen so einen Blödsinn nie unterstellen. Und sollte überhaupt jemand die Schuld daran tragen, ist es eher einer Ihrer Ratgeber, der ein gerüttelt Maß Halbwissen verbreitet."

„Also gut. Versuchen wir, es zu klären!"

„Schön! Sagen Sie mir bitte als erstes ganz genau, wie Sie vorgegangen sind!"

„Also, in einem der Ratgeber hat gestanden, ich soll mir eine der angstauslösenden Situationen herausgreifen und mich Stück für Stück konfrontieren. Ich hab' das dann – wie gesagt – mit dem Weg zu meinem Betrieb geübt. Ich hab' mich exakt an die Vorschrift des Buches gehalten. Bin also am ersten Tag die ersten paar hundert Meter gefahren, am zweiten hab' ich es wiederholt, am dritten bin ich eine etwas weitere Strecke gefahren; Wiederholung – und wieder ein Stück mehr. Und so fort. ... Es hat dabei nie aufgehört. Die Angst ist ständig dagewesen. Und bin ich am nächsten Tag zur Wiederholung angetreten, hab' ich das Gefühl gehabt, es ist eher noch schlimmer."

„Das kann ich nachvollziehen."

„Echt? Aber Sie sagen doch, genau *so* sei es richtig."

„Nein, das habe ich keineswegs gesagt. *Mein* Vorschlag war, sich mit Ihrer *Angst* zu konfrontieren – und diese zu bewältigen."

„Und was hab' *ich* Ihrer Meinung nach getan?"

„Sie haben sich mit *Auto fahren* und mit dem *Weg zur Arbeit* konfrontiert. Dabei haben Sie natürlich nichts gelernt, denn Auto fahren konnten Sie bereits, und der Weg zur Arbeit ist Ihnen ja ebenfalls alles andere als unbekannt gewesen."

"Ach so." Die Patientin schaut nachdenklich, wiegt dabei den Kopf hin und her, als wolle sie die neue Information sukzessive in ihrem Gehirn verteilen, damit sie es versteht und verankern kann. „Ja, das stimmt wohl. Und was soll ich jetzt machen? Sie arbeiten doch auch verhaltenstherapeutisch."

„Nicht *auch*! Ihr Ratgeber ist offensichtlich kein verhaltenstherapeutischer, sondern ein Fahrstundenbegleitbuch."

„Heißt das, ich muß mich doch gar nicht mit den einzelnen Situationen konfrontieren?" Sie lehnt sich unmerklich zurück, ist erleichtert, da es anscheinend wider Erwarten doch einen Weg gibt, auf dem man wesentlich müheloser seine Angst loswerden kann.

Als lege man während einer anstrengenden Wanderung eine kleine Pause auf einer Bank ein und lasse beim Weitergehen einfach mal so ganz nebenbei seinen schweren Rucksack dort liegen. Aus Versehen – versteht sich!

„Nein, das heißt es leider nicht, Frau Groß!"

Die Worte dringen mit Wucht in ihre wunderbar anmutende Gedankenwelt und zerstören diese abrupt. Dabei erschien ihr das Vorhaben bereits so gut wie gelungen, und der prall gefüllte Rucksack fristete beinahe schon ein unbeachtetes Dasein auf der Bank. Doch nun holt die gemeine Therapeutin mit den knallroten, blöden Haaren ihn erneut zum Vorschein und ruft schadenfroh: 'Halt, Ihr Gepäck! Das müssen Sie leider wieder aufsetzen!'

Eveline Groß verzieht genervt den Mund. „Versteh' ich echt nicht! Was ist denn jetzt der Unterschied?"

„Konfrontieren Sie sich mit Ihrer Angst, besteht das Ziel darin, die Angst in der aktuellen Situation zu bewältigen."

„Und das heißt?"

„Das bedeutet, Sie müssen so lange in der Situation verweilen, bis Ihre Angst deutlich zurückgegangen ist. Das haben Sie bei Ihren Übungen leider nicht berücksichtigt. ... Sie haben, Ihrer Schilderung zufolge, die jeweilige Situation mit ungefähr demselben Angstniveau verlassen, mit dem Sie hineingegangen sind."

„Teilweise war es sogar noch höher."

„Genau das ist das Problem. Somit haben Sie sich lediglich mit der Situation an sich konfrontiert. Und das ist unnütz. Denn die Situation stellt ja – wie gesagt – nicht das Problem dar, sondern die *Angst*. Wo sie auftritt ist also vollkommen beliebig und somit austauschbar. ... Angst folgt sozusagen eigenen Gesetzen oder Vorstellungen, die mit der Lerngeschichte des jeweilig Betroffenen zusammenhängen. Sich in die entsprechende Situation zu begeben, ist nur deshalb sinnvoll, weil man sie als eine Art Transportmittel der Angst benutzt. Für die Bewältigung ist es vollkommen unerheblich, ob sie unangebrachter Weise im Kino, im Auto oder im Bett auftritt. ... Man versucht also, die Angst herbeizurufen, indem man sich in die Situation begibt, damit man sie – die *Angst* – im Anschluß bewältigen kann. *Nicht* die Situation!"

„Langsam wird es logisch für mich. Mir ist einiges klarer geworden. Und ich habe tatsächlich schon des Nachts eine Attacke erlebt."

„Ja, unserem Glibbermann ist es völlig wurscht, wo Sie sich gerade befinden. Er taucht auf, wann immer es ihm paßt. Sie müssen ihm klarmachen, wie einerlei Ihnen sein Erscheinen ist. ... Soll er doch kommen! Na und? Er geht auch wieder. Sogar, ohne etwas zu tun. Was soll er bei Ihnen, wenn Sie ihn nicht fürchten? Das macht ihn schließlich winzig klein." Dr. de Winter sagt es in einem gespielt mitleidigen Ton und hält dabei Daumen und Zeigefinger dicht übereinander, um die Winzigkeit des Glibbermännchens zu unterstreichen, nachdem es keine Nahrung mehr gefunden hat.

Eveline Groß ist belustigt. „Ich wußte gar nicht, wie lustig Psychotherapie sein kann. Ich dachte immer, alle Therapeuten sind furztrocken. ... Oh, Entschuldigung, so hab' ich's nicht gemeint."

„Doch, haben Sie! Und nun räumen wir mal ein bißchen mit den Vorurteilen auf. Mit denen bezüglich Angst *und* bezüglich Psychotherapeuten beziehungsweise der Psychotherapie. Denn die *darf* nicht nur humorvoll und fröhlich sein, sie *muß* es sogar. ... Selbstverständlich nicht andauernd. Es soll ja auch gearbeitet werden." Sie kneift die Lippen ein wenig zusammen, als sei sie eine strenge Erzieherin in einem Klosterinternat.

„Sie haben gewonnen. Denn es stimmt, wie gesagt: Ich habe die Übungseinheiten jedesmal in enormer Angst beendet."

„Und das ist nicht nur nutzlos, sondern sogar kontraproduktiv. Denn Sie wiederholen einen ungeeigneten Lerndurchgang. ... Stellen Sie sich vor, jemand erzählt Ihnen, in der englischen Sprache bedeute das Wort *flower* nicht Blume, sondern Tisch! Würden Sie es ausdauernd üben und anwenden, fiele es Ihnen selbst nach der richtiggestellten Wortbedeutung jedesmal als erstes ein. Und je häufiger Sie das falsche Wort geübt haben, desto fester ist die Lernverbindung. Ganz genauso funktioniert es während des Lernens der *richtigen* Vokabeln. Unser Gehirn trifft dabei keinerlei Unterscheidung. ... Das ist in etwa vergleichbar mit einem Computer. Spielen Sie Informationen auf, die auf der Basis von Nullen und Einsen entstanden sind – beziehungsweise wählen Sie die passende Programmiersprache aus –, kann Ihr Computer nicht unterscheiden, ob es sich um fehlerhafte oder um korrekte Texte, Formeln oder Tabellen handelt."

„Doch woher weiß ich, ob die Angst sich genügend verringert hat, um die Übung beenden zu können?"

„Das ist mal leicht. Man arbeitet mit einer sogenannten *Angstskala*. Das bedeutet, man schätzt die Angst auf einer Skala von null bis zehn ein. Dabei steht die Null für *keine Angst*, die Zehn bedeutet *maximale Angst*. Befinden Sie sich nun beispielsweise in einem Kaufhaus, schätzen Sie die Höhe der Angst – sagen wir mal – bei *acht* ein. Das bedeutet, Sie müssen so lange im Kaufhaus bleiben, bis Sie einen Wert von *vier* erreicht haben. Beginnen Sie bei *sechs*, sollten Sie das Kaufhaus entsprechend erst bei *drei* verlassen."

„Jetzt könnte ich mich allerdings selbst betrügen, indem ich mir sage, die Angst ist bei der Hälfte angekommen, obwohl sie das nicht ist, nur, um das Geschäft verlassen zu können."

„Ja, das könnten Sie."

Eveline Groß wartet. Dr. de Winter äußert jedoch nichts weiter. Was auch? Klar, es liegt letztendlich in der Hand der Patientin, die Übung regelwidrig durchzuführen. Die Übernahme von Eigenverantwortung ist grundlegend und entscheidend, will man sich verändern.

„Ich verstehe. *Ich* bin diejenige, die Sorge für den betreffenden Weg zu tragen hat."

„Das ist Ihnen im Moment vielleicht unwillkommen. Doch glauben Sie mir, haben Sie erst einmal begriffen, wie hervorragend die Übungen funktionieren, um Ihrer Angst wirksam zu begegnen, werden Sie es lieben!"

Eveline Groß ist inzwischen sicher, ihre Therapeutin hat recht. Im Grunde *will* sie ja auch Kontrolle ausüben. Dabei handelt es sich sogar um eines der Probleme bei Panikattacken. Nämlich das Gefühl zu haben, die Kontrolle über seinen eigenen Körper, sein eigenes Leben verloren zu haben. Hilflos irgendwelchen Symptomen ausgeliefert zu sein. Sie will es also ausprobieren. Fragt nach einem konkreten Plan.

Den bekommt sie augenblicklich. „Wir bereiten einen gemeinsamen Termin vor, zu dem wir uns in der Stadt treffen. Wir stellen eine Liste verschiedener angstauslösender Situationen zusammen, die wir gemeinsam aufsuchen wollen. Sobald es soweit ist, arbeiten wir die entsprechenden Orte nacheinander ab, und verbleiben jeweils so lange in der ausgewählten Situation, bis Ihre Angst auf ein angemessenes Maß zurückgegangen ist. Je nachdem, wie es läuft, verlassen wir beispielsweise das Geschäft, und Sie gehen noch einmal allein dort hinein."

„Ne, ne! Und Sie sind dann plötzlich weg, was? Keinesfalls!"

„Frau Groß, eines ist absolut wichtig! Ich arbeite *niemals* mit miesen Tricks! Sie werden über jeden einzelnen Schritt informiert, und jeder Schritt wird von Ihnen abgesegnet. ... Sagen Sie nein, wird mein Vorschlag nicht umgesetzt. *Sie* bestimmen Ablauf und Tempo. Okay? Noch etwas müssen Sie unbedingt wissen! Haben wir in den nächsten Sitzungen die Übungen vorbereitet und einen Termin vereinbart, ist das wie bei einer Eheschließung: Vorher können Sie hin und her überlegen, ob unser Termin stattfindet. Haben Sie jedoch ja gesagt, gibt es kein Zurück mehr. Dann bestehe ich auf Ihr Erscheinen."

Diese Abmachung ist wichtig, weil Patienten nicht selten dazu neigen, ihren Termin kurzfristig abzusagen. Die Angst erscheint ihnen auf einmal überwältigend, wodurch sie sich völlig überfordert fühlen.

Leider ist die Absage als eine Fluchtreaktion zu werten, was zu einer enormen Lernsteigerung des unbrauchbaren Verhaltens führt.
„Ich bin einverstanden. Ich will es wirklich. Und ich bin bereit!"
„Schön, auf geht's! Dann vereinbaren wir also den nächsten Termin für unsere Vorbereitungen!" Dr. de Winter erhebt sich, um ihren Kalender vom Schreibtisch zu nehmen.

Währenddessen fingert Eveline Groß den ihren aus der Handtasche, betrachtet dabei die wunderbar wilde rote Mähne ihrer Psychotherapeutin.

Derweil sitzt Daniel Landwehr vergnügt im Wartezimmer. Mittlerweile ist er bereits einige Male hier gewesen und freut sich auf jede weitere Sitzung. Anfänglich hat er ein paar lästige Hausaufgaben machen müssen. So hat ihm Frau Dr. de Winter vorgeschlagen aufzuschreiben, was er wann ißt, damit er einen Überblick gewinnt, von welchen Nahrungsmengen überhaupt die Rede ist. Zudem hat er notiert, zu welchen Gelegenheiten er erbricht.

In der Woche darauf hat er hinzugefügt, was für ein Gefühl sich jeweils vor, während und nach dem Erbrechen in ihm breitgemacht hat.

Wiederum später ist die Beobachtung hinzugekommen, was ihn wann erfreut, entspannt oder beglückt, und was das Gegenteil bewirkt. Das heißt, was löst Ärger in ihm aus, mittels welcher Auslöser gerät er in Wut, was frustriert ihn oder macht ihn traurig?

Alles geschieht stets auf freiwilliger Basis, die Therapeutin bietet lediglich sinnvolle Aufgaben an. Doch hat der junge Mann regelmäßig eingewilligt, schließlich will er weiterkommen.

Einmal hat er die Hausaufgabe allerdings absichtlich nicht erledigt. Zu Beginn der Interventionen hat er testen wollen, ob die Freiwilligkeit ehrlich gemeint oder bloß Fassade ist. Als seine Therapeutin ihn in der entsprechenden Sitzung nach seinen Unterlagen gefragt hat, hat er schnoddrig erwidert, er habe keine Lust gehabt, etwas aufzuschreiben. Bereits während seiner Äußerung ist ihm – neben der inhaltlichen – die obendrein verbale Provokation aufgefallen. Frau Dr. de Winter hat allerdings in stoischer Ruhe dagesessen und sich seelenruhig erkundigt: „Okay, was wollen wir also heute besprechen?" Sie ist zugewandt und empathisch geblieben. Nichts an ihr hat darauf hingedeutet, verärgert zu sein. Test bestanden! Danach hat er stets alles notiert und deutlich gemerkt, wie brauchbar das für ihn ist. Eine klare Bestandsaufnahme und somit eine sinnvolle Grundlage, nachvollziehen zu können, wo Veränderungshebel ansetzbar sind.

Beim letzten Mal hat er seine Psychologin gefragt, ob sie ihm denn keinen Essensplan geben wolle, den er einzuhalten habe. Daraufhin hat diese erwidert, sie führe keine Ernährungsberatung durch, sondern eine Psychotherapie, und die Essensveränderung, die er vornehmen könne, erkläre sich aus den Gesprächen. Wow! Er darf die Verantwortung für sich selbst übernehmen! Das impliziert, er sei dazu in der Lage. Zumindest traut *sie* es ihm zu. Das baut ihn auf.

Zudem hat sie ihm erklärt, Nichtessen mache dick, da der Körper sich mit der Zeit an die geringen Nahrungsmengen gewöhne. So beginne dieser, die spärlich dargebotenen Lebensmittel zunehmend gründlicher zu verwerten, weil er davon ausgehe, so bald komme nichts nach. Es werden also Reserven angelegt. Der Körper lernt, während Hungerzeiten anders mit Nahrung umzugehen als in Zeiten des Überflusses.

Während der junge Mann noch über die Inhalte der vergangenen Sitzungen sinniert, hört er, wie sich die Tür zum Sprechzimmer öffnet.

Stimmen dringend zu ihm. Kurz darauf nimmt er flüchtig eine hübsche, dunkelhaarige Frau wahr, die an der halbgeöffneten Wartezimmertür raschen Schrittes Richtung Ausgang huscht.

Nachdem Eveline Groß die Praxis verlassen hat, bittet Dr. de Winter Daniel Landwehr ins Sprechzimmer.

Heute soll ein therapeutischer Schwerpunkt auf seine Bewertungsmuster gelegt werden. Was hat er mit der anfänglichen kompletten Nahrungsverweigerung verbunden, und wofür steht sein jetziges bulimisches Verhalten?

„Also, es hat Zeiten gegeben, in denen ich mich ganz und gar unwohl gefühlt habe. Habe ich dann das Essen beziehungsweise mein Gewicht im Griff gehabt, hat es mir ein Gefühl von … Kontrolle vermittelt. Alles ist sicher und gut. Und der Tag kann kommen!"

„Das bedeutet, die Waage diente als Stellvertreter für einen guten Tag … und tut es weiterhin."

„So kann man es wohl sehen."

„Und es enthebt einen von der Verantwortung, sich mit den tatsächlichen Problemen seines Lebens auseinanderzusetzen. … Könnte das auf Sie zutreffen?"

Der Patient überlegt. Ja, da ist wohl was dran. Er nickt.

„Um welche Probleme handelt es sich dabei? Was schauen Sie sich lieber nicht an?"

Erneut überlegt er. Nicht, daß ihm nichts dazu einfällt. Nur was empfindet er als derart bedrückend, um es lieber in der Versenkung zu lassen – und zuzukotzen?

„Nehmen Sie folgendes als Raster!" Die Psychologin versucht, ein wenig Ordnung in seinen durcheinanderwirbelnden Gedanken zu schaffen. „Es gibt Dinge, die sind eindeutig gut, positiv, angenehm oder zumindest neutral. Die stellen kein Problem dar, oder? Andererseits existieren Dinge im Leben, die sind eindeutig schlecht, negativ, unangenehm. Diese beinhalten ebenfalls kein wirkliches Problem. Man schaut, wie man sie loswird, und alles ist in Ordnung. Gut, das ist nicht allzeit leicht, doch das lassen wir für den Moment mal außer acht. Denn das, was tatsächlich problematisch ist, steckt eben nicht in den guten oder schlechten Dingen, sondern in denen, die Anteile von beidem aufweisen. *Diese* stellen Konfliktpotential dar."

„Sie meinen Dinge wie Zigaretten und Alkohol."

„Stimmt, auch die beinhalten beides. Zunächst sind sie angenehm, später haben sie unangenehme Folgen. Man muß sich darüber im klaren sein, sobald man Suchtmittel konsumiert, steht man mit einem Bein in der Sucht. ... Allerdings möchte ich es vor allem auf den sonstigen Lebensbereich anwenden. Nehmen wir etwa die Wahl einer Ausbildung. Weiß ich von vornherein, *daß* und *was* ich studieren will, habe ich kein Problem. Studiere ich jedoch lediglich etwas, weil Papa oder Mama es wünschen, kann es mich über- oder fehlfordern. Auch der Inhalt der Ausbildung oder des Studienganges kann Konflikte beinhalten. Will ich beispielsweise die Bäckerei meines Vaters übernehmen und Bäcker oder Konditor werden, bewegt sich alles im grünen Bereich. Erwäge ich es jedoch in der Gewißheit, damit den sehnlichsten Wunsch meines Vater zu erfüllen, ich selbst verabscheue es allerdings, oder etwas anderes wäre mir viel wichtiger, stellt es ein Problem dar."

„Sie meinen damit aber nicht mich, oder? Denn ich bin mir sicher, das richtige Studienfach gewählt zu haben."

„Meine Beispiele beziehen sich fast immer genau *nicht* auf etwas, was denjenigen betrifft, der vor mir sitzt. Vielmehr möchte ich Sie zu der Überlegung anstiften, auf welchen Bereich *Ihres* Lebens es sich anwenden läßt."

„Gilt das genauso für den zwischenmenschlichen Bereich?"
„Sicher."
„Also, was mir einfällt, ... wobei ich nicht weiß, ob es paßt, ... aber meine Mutter, die ist an und für sich so etwas, das positiv *und* irgendwie gleichzeitig negativ ist. Also meine Mutter ist sehr nett und ich liebe sie. Sie kümmert sich rührend um alle, macht es jedem recht, hört zu, sobald man Probleme hat, will einen ständig unterstützen. Und genau das ist manchmal auch ... nervig. Einfach zuviel! Zudem finde ich an ihr doof, wie sie sich meinem Vater unterordnet, sich vor ihm klein macht, obwohl sie ihm haushoch überlegen ist. Klar, mein Vater ist Professor, weiß sicher vieles bezüglich seines Fachgebiets, ... doch was alltägliche und lebenstechnische Dinge betrifft, da ist er 'ne richtige Niete. *Und* ein absoluter Gefühlskrüppel. Der hat uns nie in den Arm genommen, nicht einmal, als wir ganz klein gewesen sind." Er bricht ab.

Er schluckt, redet weiter. „Sitzen wir mal ausnahmsweise als Familie zusammen – abends ist das hin und wieder der Fall, obwohl Vera zunehmend häufig die Flucht ergreift und bei ihrem Freund übernachtet –, hält er uns stundenlange Vorträge darüber, was er alles in seinem Leben geleistet hat. Bereits als Schüler habe er einen Job in einer Apotheke gehabt und Medikamente ausgeliefert. Sein gesamtes Studium über habe er gearbeitet. Er habe nicht fortwährend bloß alles von seinen Eltern genommen. Und natürlich ist er einer der besten Studenten gewesen. Dazu noch total beliebt bei Kommilitonen und Professoren und trotz allen Fleißes ein liebevoller Sohn, der stets Papi und Mami den Arsch abgewischt hat. Oh, tut mir leid! Aber es hängt mir zu den Ohren raus, wie er sich darstellt. ... Dabei betrügt er ständig meine Mutter! Legt eine Studentin nach der anderen flach. Und das beste ist ... oder das schlimmste, je nachdem, aus welcher Perspektive man es betrachtet, er glaubt, es wisse keiner. Vor allem meine Mutter nicht. Wir Kinder sowieso nicht. ... Und was dem Faß die Krone ins Gesicht schlägt: Meine Mutter weiß es und glaubt, niemand sonst weiß, daß sie es weiß. Doch der einzige, der davon tatsächlich keine Kenntnis hat, ist mal wieder mein Vater!" Er lacht bitter auf. Er wäre froh, ginge es ihm nicht derart nahe.

Nicht nur, daß seine Mutter so sehr von seinem Vater hintergangen und gedemütigt wird, sondern auch und vor allem, es mit sich machen zu lassen; und dabei den Kindern noch vorzugaukeln, wie glücklich sie mit ihm sei. Alles Friede, Freude, Eierkuchen. Scheiß Spiel!

„Stellen Sie sich vor, meine Mutter hat meinem Vater jahrelang die Haare geschnitten! Als sie Kenntnis von seiner Untreue erlangt hat, hat sie begonnen, ihn dabei regelrecht zu verunstalten. Und sie hat ihm nur noch absolut häßliche Hemden gekauft. Farben, die ihm überhaupt nicht gestanden haben. Ich glaube, sie hat ihn entstellen wollen, damit ihn die Frauen nicht mehr attraktiv finden." Seinen Lippen entweicht ein verhaltenes Lachen. „Und es ist ihr tatsächlich gelungen. Er hat wirklich grauenhaft ausgesehen! ... Leider hat der Plan trotzdem nicht funktioniert, denn erstens hat mein Vater sich unerwartet einen Friseur außerhalb gesucht, weil er wohl der Meinung gewesen ist, meine Mutter bekomme das nicht mehr einwandfrei hin. Und zweitens hat er sich überraschend selbst um die Anschaffung seiner Kleidung gekümmert. ... Meine arme Mutter!"

„Ich verstehe, wieso Sie das beschäftigt und verletzt, Herr Landwehr. Jedoch ist es nicht *Ihre* Baustelle. Versuchen Sie, sich nicht zu sehr damit zu beschäftigen! Sie sollten sich bemühen, mit der Zeit Abstand zu gewinnen! Schließlich handelt es sich um eine Interaktion, die Ihre Eltern inszeniert haben."

„Aber das ist doch schlimm, daß meine Mutter so lebt, oder?"

„Wie *Sie* es empfinden, ist nicht relevant. Entscheidend ist, was Ihre Mutter davon hält. Und offensichtlich empfindet sie es nicht so dramatisch wie Sie. Was übrigens häufig der Fall ist. Die Personen, die in einer gewissen Lebenssituation stecken, haben vielfach gar keinen derart ausgeprägten Leidensdruck, wie Außenstehende es erwarten. Denn wäre es so, würde Ihre Mutter etwas verändern."

„Und wenn sie das nun nicht kann?"

„Sie kann nicht, bedeutet, sie *will* nicht! Sie hat Gründe zu bleiben. Irgend etwas hat sie davon, alles so zu belassen, wie es derzeit ist."

„Was kann man denn davon haben, mit einem untreuen, despotischen Ehemann zusammenzubleiben?"

„Vielleicht Sicherheit, eine bürgerliche Fassade?!"

„Das ist doch kein Grund!"

„Sie können einen anderen Menschen nicht aus *sich* heraus erklären! Sie müssen ihn stets aus *ihm* heraus erklären! *Ihre* Werte nehmen doch nicht bei allen anderen einen vergleichbaren Rangplatz ein. Genausogut könnten Sie ja erwarten, die Handlungen eines Pädophilen nachempfinden zu können."

„Oh nä! Das ist doch total widerlich! ... Wer soll denn so was nachempfinden?"

„Man kann eben nicht all das empfinden, was andere zu ihren Handlungen veranlaßt."

„Auch nicht, wenn es um den ... Normbereich geht?"

„In diesem Bereich gibt es genauso enorme Unterschiede bezüglich der Sichtweisen auf die Welt, das Leben und alles andere. ... Wollen Sie mal eine Runde so richtig aufmischen, brauchen Sie doch bloß das Thema Politik oder Religion auf den Tisch zu packen! Schon beginnt ein heilloses Durcheinander von Meinungen und Überzeugungen. Und jeder fühlt sich im Recht. Jeder einzelne glaubt, seine Meinung sei die einzig richtige und brauchbare. Und da glauben Sie, *Sie* könnten entscheiden, was für Ihre *Mutter* gut oder sogar besser ist als das, was sie für sich gewählt hat? ... Wäre tatsächlich *Ihre* Überzeugung das Maß aller Dinge, gäbe es ja ausschließlich Journalisten auf dieser Welt!"

Daniel Landwehr stutzt. Schweigend wandert sein Blick Richtung Füße. Die weigern sich zwar, ihn beim Sortieren des stattgefundenen Gesprächs zu unterstützen, doch hilft ihm bereits die Beobachtung, wie sich seine großen Zehen in den für die Jahreszeit viel zu dünnen Schuhen bewegen. Hoch und runter, noch einmal hoch und wieder runter. Bei der Bewegung nach oben legt sich das Leder in viele kleine Falten und entspannt sich bei der Gegenbewegung. Als ihm das Schauspiel zu langweilig wird, schaut er auf. Ihm ist inzwischen klargeworden, er sollte tatsächlich nicht im Leben seiner Mutter Regie führen. Schließlich ist es ja genau das gleiche, was er an *ihr* bemängelt. Sich zu sehr in *seine* Vorstellungen und Entscheidungen einzumischen; mit welchem Recht denkt er denn, umgekehrt sei es zulässig?

Und die Schlußfolgerung seiner Therapeutin, die logische Konsequenz seines Anspruchs sei eine Welt voller Journalisten, ist ganz schön gerissen. Manchmal schlägt einem das Denken merkwürdige Schnippchen. Er schmunzelt über Dr. de Winters Erläuterung, über sich selbst und darüber, eine solche Erkenntnis erst durch das Gespräch mit einer fast fremden Person erlangt zu haben. Doch womöglich ist ja genau das eines der Geheimnisse einer Psychotherapie. Da führt jemand logisch gesteuerte Dialoge mit seinem Gegenüber, ohne davon irgend etwas zu haben. Weder Recht noch öffentliche Belobigung. Das alles stellt kein Motiv für einen Psychotherapeuten dar. Er ist allein der – für seinen jeweiligen Patienten relevanten – Klärung verpflichtet.

Eigentlich ein merkwürdiger Beruf, denkt Daniel Landwehr. Und eigentlich einen merkwürdigen Beruf zu haben, denkt auch Dr. Wilhelmina de Winter in diesem Moment. Aus denselben Gründen. Und dann lächeln sie sich gegenseitig zu. Als könne einer des anderen Gedanken lesen.

21

Negativ! Gerade erst hatte sie ihm die Haustür geöffnet, sie standen noch im Flur. Sie blickte von dem bedeutenden Inhalt des Papiers auf, das er ihr soeben gereicht hatte, und das Auskunft über das Ergebnis seines Bluttests gab. Ohne ein weiteres Wort tauschten sie leidenschaftliche Küsse, die Hände glitten über den Körper des jeweils anderen, als hätten sie ihr gesamtes Leben nur auf diesen einen Augenblick gewartet. Sekunden später landeten sie, noch halb angezogen, auf Minas Sofa. Er war über ihr und drang rasch in sie ein, fühlte sich wie von Sinnen. Wie gut, endlich in ihr zu sein.

Zu gut! Riß er sich nicht zusammen, war es vorbei, bevor es richtig begonnen hatte. Wie bei einem dummen Jungen beim ersten Mal.

Er hätte allerdings auch nicht eine solche Leidenschaft erwartet. Seine Erfahrungen beschränkten sich eher auf ein zurückhaltendes Benehmen bei Frauen. Sie waren erst nach einem ausgiebigen *Vorspiel* bereit, sich einzulassen. Wo kam eigentlich dieser dämliche Begriff *Vorspiel* her?

Gleich morgen wollte er es googlen. Doch jetzt reichten diese Gedankenspiele nicht länger aus, um sich abzulenken. Normalerweise dachte er an Unfälle auf der Autobahn, brennende Mülltonnen oder ähnliches. Das hatte ihm einmal vor Jahren, als er selbst noch recht unerfahren gewesen war, ein älterer, mit seiner Erfahrung protzender Mann geraten.

Darauf konnte er sich nun allerdings so gar nicht mehr konzentrieren. Sie war eine derart begehrenswerte, scharfe Frau, daß er ... und schon war er gekommen.

Viel zu früh, und unendlich peinlich, grämte er sich. Wie mochte sie wohl reagieren? Sagte sie was Blödes, ginge es ihm allerdings eher ein bißchen besser. Dann könnte er sich nämlich damit trösten, mit einer leidlich dummen Pute zu tun zu haben, und dagegen wäre eine Ejaculatio praecox eher ein Kavaliersdelikt. Und obwohl er sich nicht wünschte, daß sie sich wie eine dumme Pute benähme, fände er es weitaus schlimmer – weil total demütigend – würde sie was psychologisch Korrektes sagen. So in der Art: 'Du, das kann doch jedem mal passieren. Hast du vielleicht irgendwelche unbewältigten Probleme? Laß uns darüber reden!' Oder (Peinlichkeitsstufe zwei): 'Du, ich kenn' da einen guten Arzt, bei dem könnte ich dir – am besten gleich morgen früh – einen Termin vereinbaren. Du wirst sehen, dieses Problem läßt sich rasch beheben! Vielleicht.'

Sie lagen mittlerweile nebeneinander auf der Couch. Mina knabberte ein wenig an Bens Ohrläppchen, liebkoste anschließend seinen Hals, ließ allerdings bald von ihm ab, da ihr nicht entging, wie abwesend er neben ihr lag. Als er ihr seinen Kopf zuwandte, um ihr vernichtendes Urteil entgegenzunehmen, schaute sie ihn lächelnd an und fragte: „Was trinken?" Sich bereits erhebend, ließ sie ihm einen kurzen, jedoch leidenschaftlichen Kuß zukommen, begab sich leichtfüßig Richtung Küche und fügte, sich flüchtig umwendend, hinzu: „Wir sind schließlich noch nicht miteinander fertig!" Als sie sein anhaltend zerknirschtes Gesicht wahrnahm, ergänzte sie beschwichtigend in doppeldeutiger Form ein „You're welcome!" und steuerte endgültig den Kühlschrank an.

Nachdem sie ihm ein Glas Wasser gereicht hatte, zog sie, direkt vor ihm stehend, ihre restlichen Kleidungsstücke aus. Erst jetzt konnte er ihren Körper richtig betrachten, und Sekunden später zeigte der seine erneut volle Einsatzbereitschaft. Gerade war sie dabei, den Rock abzustreifen, das Höschen war bereits beim ersten Mal abhanden gekommen. Als sie sich vollkommen entkleidet hatte, überkam ihn das Gefühl, er könne sich für den Rest seines Lebens nicht an ihr sattsehen. Die in seinen Augen vollendeten Rundungen ihres Körpers und das leicht rasierte Dreieck, das ihre Vulva bedeckte, raubten ihm fast den Verstand.

Er nahm sie, nackt wie sie war, auf seine Arme und trug sie ins Schlafzimmer. Dort legte er sie behutsam aufs Bett, streichelte und küßte ihren gesamten Körper. Am liebsten wäre er direkt erneut in sie eingedrungen, hingegen gebot sie ihm Einhalt und begann ihrerseits, ihn zu liebkosen. Ihre Zunge glitt seinen Körper hinab, bis sie an seinen Lenden angelangt war. Sie küßte erst die Innenseiten seiner Schenkel, was ihn bereits vollkommen verrückt machte. Als sie begann, mit Zunge und Lippen sachte seine Hoden zu liebkosen, fürchtete er einen erneuten Kontrollverlust.

Er bestärkte sich darin, es endlos hinauszögern zu können. Und es gelang. Er ließ sich mitreißen und steuerte es dennoch.

Als sie ihn irgendwann in den Mund nahm und dabei sanft seine Hoden knetete, erwartete er, vor Lust zu zergehen. Sie brachte ihn mehrmals dicht vor den Höhepunkt, hielt inne, um die Welle seiner Lust etwas abebben zu lassen, begann von neuem.

In dem Moment, in dem er absolut gewiß war, es nun garantiert nicht länger hinauszögern zu können, setzte sie sich auf ihn und bewegte sich in gleichmäßigem Rhythmus. Als sie zu stöhnen begann, steigerte sich seine eigene Lust ein weiteres Mal erheblich, obwohl er bereits zuvor geglaubt hatte, dies sei nicht mehr möglich.

Eine Explosion schien endlich ihren Körper zu erfassen, in höchster Lust ließ sie sich gehen. Es war ein langer Orgasmus, und er wollte unbedingt abwarten, bis sie ihn komplett ausgekostet hatte. Als es soweit war, ließ er einfach los. Alle Muskeln, jegliche Anspannung, sämtliche Gedanken, Sorgen, Pläne. Er wollte lediglich spüren, wie er sich in ihr entlud. Und es war in der Tat gewaltig!

Als es vorüber war, blieb ein endlos seliges Gefühl der absoluten Entspanntheit und ... des Glücks. Wie lange hatte er das nicht mehr empfunden? Und zudem in dieser Intensität! Sicherlich hatte er Sex schon immer klasse gefunden. Doch was er soeben erlebt hatte, erwies sich ihm als regelrechte Offenbarung.

Mina saß weiterhin auf ihm. Sie ließ ihren Oberkörper nun langsam nach vorne fallen, wodurch sich ihre Brüste gegen seinen Brustkorb drückten. Ihre rechte Gesichtshälfte schmiegte sich an seine linke Schulter. Er konnte ihren warmen Atem an seinem Hals spüren. 'Was für ein schönes Gefühl', dachte er und lächelte.

Später lagen sie eng aneinandergekuschelt. Noch immer hatten sie bloß Augen füreinander, bis sie beinahe zur selben Zeit einschliefen. Deshalb entging ihnen auch der Schatten vor dem Schlafzimmerfenster, der sich nun aus seiner Bewegungslosigkeit befreite und – vom Balkon huschend – lautlos durch den Garten verschwand.

22

Das rote Lämpchen des Anrufbeantworters blinkt appellativ, um mitzuteilen, der Knecht halte Nachrichten für die Herrin bereit. Von einem ausgiebigen Gähnen begleitet, folgt Dr. de Winter der unübersehbaren Aufforderung. Zwei Therapiewillige haben Name und Rufnummer hinterlassen, eine weitere Nachricht ist von Eveline Groß. Sie wurde gestern um exakt 22 Uhr und acht Minuten aufgenommen.

„Hier spricht Eveline Groß. Bitte entschuldigen Sie die Störung, aber ich möchte unseren Termin für morgen lieber absagen! Ich weiß, es ist eigentlich zu kurzfristig, nur geht es mir schlecht. Ich glaube, ich brüte eine Erkältung oder so was aus. Da ist es sicher besser, den vereinbarten Termin nicht wahrzunehmen. Ich will Sie schließlich nicht anstecken. ... Ja, also, ..., was soll ich noch sagen? Sie können sich ja später mal bei mir melden. Danke." *Klack!* Die Aufnahme ist beendet. Solche und ähnliche Anrufe kennt die Therapeutin zur Genüge. Und nicht eine Erkältung ist das Problem, lediglich kalte Füße! Diese Angst, die häufig als *Erwartungsangst* bezeichnet wird, stellt ein typisches Phänomen dar, denn genau darum geht es – um Angst!

Die Vorbereitungen für die Reizkonfrontationsübungen haben sich insgesamt auf immerhin drei Sitzungen erstreckt. Trotz aller guten Vorsätze ist die Patientin nur mühsam bereit gewesen, endlich zur Tat zu schreiten. Und wie Dr. de Winter es bereits erklärt hat: Kneifen gilt nicht, hat man einmal eingewilligt. Also ruft sie unverzüglich bei Eveline Groß an, erreicht sie problemlos.

Nach der Begrüßung kommt die Psychologin ohne Umschweife zum Wesentlichen. „Frau Groß, ich kann Ihre Angst nachvollziehen. Genau deshalb haben wir für heute einen Termin abgestimmt. Und Sie erinnern sich, wir haben dabei ausgemacht, sobald Sie einmal zugestimmt haben, müssen Sie auch tatsächlich erscheinen!"

„Ich weiß." Die junge Frau klingt einigermaßen kleinlaut. „Aber die Angst ist wirklich unerträglich."

„Genau darum machen Sie diese Therapie. Und *deshalb* kommen Sie bitte wie vereinbart!"

Im Laufe ihrer Berufsjahre hat die Therapeutin gelernt, in solchen Momenten läßt sich mit einer direktiveren Art deutlich mehr ausrichten als damit, die *Was-macht-das-mit-dir-ich-schwinge-mit-egal-wohin*-Tour anzuwenden, die häufig scheitert. Der Betreffende bedarf viel eher eindeutiger Botschaften und einer ebensolchen Begleitung statt übermäßiger Schonung. Schließlich ist er kein Dahinsiechender, er hat lediglich ... Angst! Und obwohl sich diese recht gewaltig äußert, und damit keinesfalls zu unterschätzen ist, wie dramatisch sich das für den Betroffenen anfühlt, ist es am Ende doch immer wieder bloß Angst.

„In Ordnung! Ich kann Ihnen allerdings keinen reibungslosen Verlauf versprechen."

„Ehrlich gesagt lege ich auf ein solches Versprechen gar keinen gesteigerten Wert. Hauptsache, Sie sind da und stellen sich der Herausforderung."

„Dann also bis später."

„Bis gleich, Frau Groß. Ich freue mich auf Sie."

„Na, Sie haben wirklich einen eigenartigen Humor."

„Stimmt."

Zwei Stunden später kramt Dr. de Winter alles Notwendige zusammen. Sie schaut auf die Uhr und stellt fest, sie liegt vorzüglich in der Zeit. Eveline Groß wartet vor dem vereinbarten Kaufhaus.

Hoffentlich! Nach dem Telefonat von heute morgen kann sich die Therapeutin jedoch nicht vorstellen, ihre Patientin könne doch noch den Termin vermasseln.

Als sie die Praxis verläßt, freut sie sich auf die Expositionsübungen. Für sie ist es jedesmal aufs neue überwältigend, wie sehr eine Reizkonfrontation *in vivo* – also sozusagen im richtigen Leben – einer theoretischen Vermittlung überlegen ist. Am eigenen Leib zu erfahren, daß es tatsächlich funktioniert, was der Therapeut einem zuvor erzählt hat, ist für Patienten stets eine Offenbarung, die nach dem ersten Erstaunen gewaltig beflügelt.

Am Kaufhaus angelangt, zügelt sie ihren Enthusiasmus ein wenig, denn Eveline Groß ist nirgends zu erspähen. Nach ungefähr zehn überschrittenen Minuten schaut sie sich noch einmal gründlich um. Sollte sie sich derart getäuscht haben? Geradezu felsenfest ist sie vom Erscheinen ihrer Patientin überzeugt gewesen. Oder steht diese vor dem falschen Kaufhaus? Nein, das erscheint ihr nahezu unwahrscheinlich, schließlich ist alles haargenau besprochen worden. Exakt in diesem Moment sieht sie jemanden hereileilen. Bei näherer Betrachtung ist sie sicher, es handelt sich um die Vermißte. Es wäre aber auch wirklich zu schade gewesen, hätte Frau Groß sich diese Chance entgehen lassen. Ein erneuter Anlauf hätte sich um so schwieriger gestaltet.

Die junge Frau steht nun gequält lächelnd vor ihr und reicht ihr eine vor Aufregung feuchte Hand. „Da bin ich also, Sie Sadistin! Sie glauben gar nicht, wieviele Tode ich in der Zwischenzeit gestorben bin. Viermal war ich auf dem Pott. Entschuldigung, ich meine natürlich, … auf der *Toilette*. … Können wir das Ganze nicht doch verschieben?" Sie schaut ihre Therapeutin wie ein kleiner Hund an, dem Frauchen die Dose mit den Leckerlis öffnen soll. „Sehen Sie, ich bin ja hier! Also habe ich mein Versprechen gehalten. Das ist doch schon mal was, oder? Mit diesem extrem unguten Gefühl können die Übungen ja sowieso nur schiefgehen. Lassen Sie uns doch irgendwo einen Kaffee trinken! Ich verspreche auch ganz fest, beim nächsten Mal garantiert und ohne jegliches Murren mitzumachen."

„Liebe Frau Groß!" Dr. de Winter legt ihre Hand auf den Arm der Patientin. „Ich glaube Ihnen jedes Wort. Dennoch möchte ich Ihrer Bitte keinesfalls Folge leisten. Also lassen Sie uns beginnen! Um so rascher geht es Ihnen besser. Und dann gibt's sogar den von Ihnen ersehnten Kaffee. In Ordnung?"

„Sie sind wirklich und wahrhaftig eine Sklaventreiberin. Okay, ich hab's versucht. Also, verfügen Sie über mich! … Aber Sie sind schuld, wenn ich umkippe. Dann müssen Sie halt seh'n, wer mich vom Boden abkratzt!"

Die Psychologin lacht. „Sie malen das ja sehr farbenprächtig aus. Also los, Sie arme Sklavin, packen wir's! Als erstes gehen wir direkt in dieses Kaufhaus, in Ordnung?" Sie deutet mit dem Kopf hinter sich. „Ich bleibe auf jeden Fall bei Ihnen. Ab und zu frage ich Sie, ob und gegebenenfalls welche Symptome auftreten, und wie ausgeprägt diese sind. Dafür benutzen wir die Angstskala, die wir besprochen haben. Alles verstanden?"

„Ja." Es klingt eher nach einem Atemhauch als nach einem echten Ja. Dennoch gibt sich Dr. de Winter damit zufrieden.

„Wie hoch ist Ihre Angst zur Zeit, Frau Groß?"

„Also, … ungefähr …, ich würde sagen … so … sieben."

„In Ordnung. Dann gehen wir hinein, ja?"

„Okay."

Gesagt, getan. Mitten im Kaufhaus zwischen etlichen herumwuselnden Menschen bleibt die Therapeutin mit ihrer Patientin stehen und erkundigt sich erneut nach deren Angstaufkommen. Sie erfährt, es sei konstant geblieben. Dr. de Winter fordert Eveline Groß nun auf, sich mit ihr noch tiefer ins Kaufhausinnere zu begeben, bis sie sich beinahe in der hintersten Ecke befinden. Hier wird *Weiße Ware* angeboten. Inmitten einer Unzahl von Haushaltsgeräten läßt sich vor lauter Weiß der Weg in die Freiheit nicht mehr erkennen. Die Patientin fühlt sich unbehaglich. Keine Tür, nicht einmal ein rasch erreichbarer Gang, der einen Richtung Ausgang führen könnte. Also kein Fluchtweg!

Die Frage nach der Angsthöhe wird jetzt mit einer Acht beantwortet.

Die Psychologin fordert die junge Frau auf, sich voll und ganz auf sich selbst zu konzentrieren. Sie solle genau beobachten, was in ihrem Körper momentan vor sich gehe. Nach wenigen Minuten will sie erneut die Ausprägung der empfundenen Angst wissen.

„Irgendwie ist sie jetzt weniger geworden."
„Nennen Sie mir eine Zahl?"
„Ich würde sagen, … so bei sechs. Mehr ist es sicher nicht."
„Okay. Wir bleiben einfach noch eine Weile hier!"
„Gucken denn die Leute dann nicht blöd?"
„Möglich. Sollen sie doch!"
„Ich will nur nicht so 'n Aufsehen erregen."
„Die meisten sind viel zu sehr mit sich selbst beschäftigt."

Als beabsichtige er, die Sprecherin einer dreisten Lüge zu überführen, steuert fast im selben Moment ein beflissener Verkäufer auf die beiden Frauen zu. Neben einem Namensschild, auf dem *Peter Kranz* zu lesen ist, trägt er ein professionelles Verkäuferlächeln. „Kann ich den Damen behilflich sein?"

„Nein, vielen Dank! Das ist sehr nett, Herr Kranz, aber wir möchten bloß eine Weile hier stehen." Dr. de Winter macht es nichts aus, den Verkäufer im Ungewissen zu lassen. Ihm selbst hingegen bereitet es offenbar einigen Kummer. Es ist deutlich zu erkennen, wie redlich er sich bemüht, die erhaltene Information sinnvoll einzuordnen, jedoch scheitert er kläglich. Also setzt er noch einmal nach. „Möchten Sie eines unserer Geräte erwerben? Dieser Wäschetrockner ist übrigens gerade im Angebot. Und wenn Sie nicht sofort bezahlen möchten, finanzieren wir Ihren Kauf auch gern über zwölf Monate."

„Aha." Um im Kopf des überforderten Herrn Kranz nicht noch mehr Verwirrung zu stiften, versucht es die Psychologin mit Minimalismus. Möglichst wenig zu sagen wirft im allgemeinen wenig neue Fragen auf. Es funktioniert.

„Guuut!" Irritiert rollt er mit den Augen und überlegt, ob er irgend etwas nicht mitbekommen hat. Entscheidet sich gleichwohl – vermutlich im eigenen Interesse – auf weitere Nachfragen zu verzichten. „Falls Sie doch noch etwas wünschen, finden Sie mich dort hinten." Er deutet mit dem Arm auf einen unbestimmten Ort. Anschließend macht er sich in leicht verunsicherter Gangart davon.

„Sehen Sie, wir fallen doch auf!" Eveline Groß sagt es nicht wirklich vorwurfsvoll, eher amüsiert.

„Und wie hoch ist augenblicklich Ihre Angst?"

„Äh! … Ich weiß nicht." Sie prüft sich, hat in diesem Moment gar nicht mit der Frage gerechnet. „Vier, glaube ich. Ja, ... irgendwo um den Dreh."

„Schön!" Dr. de Winter freut sich. „Dann begeben wir uns eine Etage nach oben."

„Was? Reicht es denn nicht für heute?"

„Wir haben noch nicht einmal richtig begonnen." Die Therapeutin setzt sich bereits in Bewegung. Eveline Groß bleibt nichts anderes übrig, als ihr zu folgen. Es sei denn, sie will lieber bei Herrn Kranz einen preisreduzierten Wäschetrockner erwerben. Will sie aber nicht.

Drei Etagen und zwei Stunden später ist das Angstaufkommen der Patientin nicht mehr der Rede wert. Sie hat in einer Abteilung sogar ein unnützes Teil gefunden, das sie unbedingt kaufen will. Die Schlange an der Kasse ist recht lang, doch sogar das meistert sie ohne nennenswerte Probleme.

„Ich bin super, was?" Beim Verlassen des Kaufhauses hakt sie sich übermütig bei ihrer Therapeutin ein. Es geht ihr prächtig. Sie hat soeben mehr als zwei Stunden in einem Kaufhaus verbracht und verspürt gar keine Angst mehr.

„Ja, wirklich. Ich freue mich!"

„Dann gehen wir zur Belohnung endlich einen Kaffee trinken?"

„Tut mir leid, Frau Groß! Bedauerlicherweise sind wir noch nicht fertig."

„Wie, wir sind noch nicht fertig? Sie wollen noch weitermachen?"

„Klar! Da wir einmal so nett beisammen sind, müssen wir die Zeit schließlich nutzen."

„Sie kriegen den Hals wohl überhaupt nicht voll, oder? Was muß ich denn jetzt noch tun?"

„Nichts Aufregendes!" Dr. de Winter steuert das nächste Kaufhaus an. „Sie gehen einfach hier rein! Auf der zweiten Etage können Sie sich in aller Ruhe Süßigkeiten aussuchen. Sobald Ihre Angst nur noch halb so hoch wie zu Beginn ist, kaufen Sie Schokolade und kommen zu mir zurück! *Dann* gehen wir einen Kaffee trinken."

„Ich soll allein da reingehen? Und wo sind Sie währenddessen?"

„Hier."

„Sie bleiben exakt hier stehen?"

„Ja."

„Wirklich? Sie sind nicht weg, wenn ich rauskomme?"

„Ich sagte doch: Ich bleibe hier!"

„Sie schwören es!"

„Ich hab' jetzt gerade keine Bibel zur Hand. Aber vielleicht reicht es, wenn ich es verspreche?!"

Eveline Groß läßt sich notgedrungen darauf ein.

Zögerlich betritt sie das Kaufhaus. Die erwartete Angst bleibt gänzlich aus. Wenn überhaupt, regt sich eine leichte Anspannung, allerdings auch nur, weil sie sich vor wenigen Minuten nicht hätte träumen lassen, allein in dieses Geschäft zu gehen. Und heute morgen hätte sie überhaupt nicht damit gerechnet, eines dieser Kaufhäuser – einerlei mit wem – auch nur ansatzweise aufsuchen zu können. Und jetzt fährt sie sogar völlig allein mit der Rolltreppe in die zweite Etage, durchstöbert die Schokoladenauslagen und wählt zwei Tüten mit Nougatwürfeln. Eine ist für sie selbst, die andere möchte sie ihrer Therapeutin schenken.

Als Dankeschön für die Begleitung und die viele Mühe. Es muß für Dr. de Winter schließlich recht anstrengend sein, Menschen ständig aufs neue davon zu überzeugen, diesen Weg wirklich beschreiten zu können. *Und* dabei Erfolg zu haben. Das glaubt ja erst mal keiner, der unter Panikattacken leidet. Aber es funktioniert tatsächlich! Die junge Frau ist unendlich glücklich, weshalb sie sogar noch eine Etage weiter nach oben fährt, sich verschiedene dort angebotene Shirts ansieht, eines auswählt und sich anschließend selbst hier – gänzlich ohne Begleitung – in die Schlange einreiht, die sich vor der Kasse gebildet hat.

„Es war so wunderbar! Ehrlich! Danke, wie lieb und vorausschauend von Ihnen, mich nicht vermeiden zu lassen! Ich bin unsagbar froh, es geschafft zu haben." Eveline Groß sitzt mit der Psychologin in einem gemütlichen Café, von dem aus man das Treiben auf der Straße entspannt verfolgen kann. Beide sind heiter und zufrieden.

Erfolgreiche Stunden liegen hinter ihnen, die die gesamten Interventionen enorm vorangetrieben haben. Bei Latte Macchiato und Milchkaffee gehen sie noch einmal alles durch. Was hat die Patientin gelernt, worauf soll sie beim nächsten Mal achten?

„Wie geht es denn nun weiter, Frau Doktor?"

„Erst einmal ist es wichtig, möglichst zeitnah genau das, was wir heute gemeinsam durchgeführt haben, zu wiederholen. Am besten zweimal. Und bitte wirklich ausschließlich das, was Sie bereits kennen! Suchen Sie erst einmal keine weiteren Orte auf, festigen Sie lieber das bereits Erlernte! In der darauffolgenden Sitzung planen wir, wie es anschließend mit den Übungen weitergehen soll. Entweder legen wir fest, was als nächstes für Sie allein sinnvoll und umsetzbar ist, oder wir bereiten eine weitere gemeinsame Übung vor."

„Die Möglichkeit hab' ich also weiterhin? Falls es nicht gut läuft, gehen Sie noch mal mit?"

„Ja genau. Alles Weitere sehen wir dann."

Als die beiden später auseinandergehen, ist die eine sehr zufrieden und fröhlich, die andere ist überglücklich und lächelt beseelt im Hinblick auf eine Zukunft, die nicht mehr unter dem Vorzeichen *Ich muß draußen bleiben!* steht.

23

Kaum zu Hause, riß sie sich förmlich die Kleidung vom Körper. Schon am Morgen hatte sie sich auf die abendliche Dusche gefreut. Der Frühling zeigte sich bereits voller Vorfreude auf die nahende Ablösung durch den Sommer. Bei den derzeit zu verzeichnenden Außentemperaturen würde dieser gewiß nicht mehr lange auf sich warten lassen.

Das bedeutete gemütliche Abende auf der Terrasse, laue Nächte, leichte Kleidung und demnächst zudem Nachmittage am beziehungsweise *im* nahegelegenen See.

Gemeinsam mit Fabian und Britta hatte sie während ihrer Kindheit einmal einen Ausflug zu einem Badesee machen dürfen. Britta war Erzieherin in dem Kinderheim gewesen, in dem sie und ihr Bruder aufgewachsen waren. Sie war eine durch und durch gute Seele gewesen, die sich um die Geschwister in liebevoller Weise – sogar in ihrer Freizeit – gekümmert hatte. Damals hatte ein kleiner Mischlingshund mit Namen Ewald bei ihr gelebt. Nur zu gern erinnerte sich Mina daran, wie sie an diesem besonderen Tag überglücklich mit Ewald im Wasser herumgetobt war, ihm fortwährend *Stöckchen* geworfen hatte, das Ewald unermüdlich brav und zuverlässig herausgefischt hatte, um es ihr stolz vor die Füße zu legen. Damals war in ihr der sehnliche Wunsch erwacht, irgendwann mit einen Hund leben zu können. Leider war er bisher nicht in Erfüllung gegangen.

Mit einem wehmütigen Lächeln löste sie sich aus den Erinnerungen. Ihre Kleidung lag zerstreut auf dem Sofa, und sie wollte sich gerade nach oben unter die Dusche begeben, als sich die Türglocke meldete.

Na super! Wer störte denn ausgerechnet jetzt? Sie rief durch die geschlossene Haustür ein knappes „Moment, bitte!" und lief rasch nach oben, um wenigstens einen Morgenmantel überzustreifen. Atemlos öffnete sie schließlich die Tür. Der Störenfried hatte geduldig gewartet. Es handelte sich um Frieda, die eine Dose in der Hand hielt.

„Frieda!" rief Mina überrascht aus. „Warum kommst du denn nicht einfach rein? Du hast doch einen Schlüssel."

„Ach Kindchen." Sonst hätte Mina wohl niemandem auf der Welt gestattet, sie *Kindchen* zu nennen. Bei Frieda war das etwas anderes. Sie ersetzte ein bißchen die Mutter, die Mina nicht hatte.

„Ich wollte erst sehen, ob es paßt. Ich habe Plätzchen gebacken." Sie streckte Mina die Hand mit der Dose entgegen. Diese schaute die Nachbarin prüfend an. „Komm erst mal rein, Frieda!"

„Störe ich dich auch wirklich nicht?"

„Nein, das weißt du doch."

Mina ging voraus in Richtung Terrassentür. Sie öffnete beide Flügel. Am Gartentisch angelangt, rückte sie der Freundin einen Stuhl zurecht. Diese folgte der wortlosen Aufforderung. Anschließend setzte Mina rasch Teewasser auf.

Sie wußte, wie allein Frieda sich häufig fühlte. Der Ehemann war bereits vor fünfzehn Jahren völlig unerwartet im Zuge eines Herzinfarktes verstorben. Das war lange vor der Zeit gewesen, zu der Mina ihr

Haus bezogen hatte. Seitdem lebte die Rentnerin allein. Zwar hatte sie zwei Kinder, wovon eines, ein Sohn, in den USA lebte. Während eines Urlaubs hatte er eine in San Francisco lebende Frau kennengelernt und war kurzerhand ausgewandert. Sehr selten kam er nach Deutschland, existierten doch außer Mutter und Schwester kaum Kontakte, die er als ausreichend lohnend empfand, um die einigermaßen weite Reise zu rechtfertigen. Die Tochter lebte lediglich zehn Kilometer entfernt. Doch war sie verheiratet und arbeitete ganztägig, wodurch sie über ein zu arg begrenztes Zeitlimit verfügte, als daß sie der Mutter regelmäßig einen Besuch hätte abstatten können oder wollen. Die wenigen darüber hinaus zu verzeichnenden Freundschaften dezimierten sich zunehmend aufgrund natürlicher Faktoren. Die Freunde, die noch lebten, waren zudem gesundheitlich stark eingeschränkt, weshalb Besuche bloß ausnahmsweise in Frage kamen. Der Kontakt beschränkte sich somit überwiegend auf Telefonate. Während der restlichen Zeit war Frieda allein.

Nur der Fernseher unterhielt sich dann mit ihr. Da diese Geräte jedoch leider die Angewohnheit haben, ihren eigenen Film zu fahren, statt auf Fragen oder Anmerkungen der Personen einzugehen, von denen sie eingeschaltet wurden, erschöpfte sich die erfahrene Bereicherung bereits nach wenigen Stunden. Dann blieb allerdings noch ausreichend viel Tag übrig, um trüben Gedanken nachhängen zu können, in deren Zuge Frieda Betrachtungen über den Sinn des Lebens anstellte.

Als Mina wenig später ebenfalls auf der Terrasse saß, und vor beiden je eine gefüllte Tasse mit duftendem Tee stand, während die mitgebrachten Plätzchen in einer dekorativen Schale danach riefen, endlich ihrer Bestimmung zugeführt zu werden, kam die alte Dame nach flüchtigem allgemeinen Geplauder wie so oft auf ihre philosophischen Betrachtungen zum Thema *Das Leben an sich und unter Berücksichtigung seiner besonderen Risiken* zu sprechen und äußerte Mina gegenüber: „Ach, weißt du, liebes Kindchen, dann fragt man sich nach dem Sinn des Lebens. Dabei bin ich zu dem Ergebnis gelangt, da ist keiner, bloß *Un*sinn!"

„Da magst du recht haben! Deshalb sollte man nicht ständig nach irgendeinem Sinn suchen, sondern einfach sein Leben leben oder anfangen, an Gott zu glauben." Letzteres fügte Mina schmunzelnd hinzu, war sie doch gewiß, ihrer atheistischen Nachbarin damit keineswegs zu nahe zu treten. „Oder man hat genug Alkohol im Haus."

Sie hatte den Humor der alten Dame getroffen. Diese schüttelte sich vor Lachen und fragte, als sie endlich wieder ausreichend Luft bekam: „Brauchst du für diesen Rat meine Karte oder läuft das noch unter Nachbarschaftshilfe?"

„Ich brauche dein Geld nicht. Der Weinhändler um die Ecke zahlt mir mehr als genug für die Werbung, die ich für ihn mache."

Frieda prustete erneut los. Ihr Sinn für Albernheiten war noch nicht in der Einsamkeit erstickt. Doch ruckartig wurde die alte Frau ernst. „Mit dir kann man immer so schön reden. ... Und du bist stets herzlich und hilfsbereit. Als ich es im letzten Jahr so schlimm mit den Knien hatte, warst du *so* lieb. Ich werde dir nie vergessen, meine Einkäufe miterledigt zu haben, wenn meine Tochter nicht konnte, oder ich noch etwas benötigte. Du bist ein echter Schatz!" Sie nahm Minas Hand und drückte sie. „Ich bin so froh, Dich zur Nachbarin ... und vor allem zur Freundin zu haben."

Anschließend kamen die beiden ausführlich der Aufforderung der Kekse nach, währenddessen wurden die Tassen komplett ausgetrunken, noch einmal gefüllt und erneut geleert. Zuletzt zeigte sich Frieda besorgt um die Einhaltung von Minas Hygieneprogramm, wollte diese entsprechend nicht länger von der Dusche abhalten und – deutlich zufriedener durch die körperliche und seelische Sättigung – verabschiedete sich nach Hause.

Obwohl sie sich inzwischen beinahe täglich sahen, freute Mina sich auf Bens neuerlichen Besuch. Mittlerweile konnte man sicherlich eindeutig von einer Paarbeziehung sprechen. Doch wieso fanden die Verabredungen eigentlich regelmäßig und beinahe ausschließlich bei *ihr* statt?

Sobald sie einen Versuch unternahm, sich bei ihm einzuladen, fand er jeweils eine plausible Ausrede. Einmal hatte er einen Rohrbruch in der Küche angeführt. Oder sie hatten einen Kinobesuch geplant, und der Veranstaltungsort lag nun einmal unmittelbar in Minas Wohnnähe. Bei anderer Gelegenheit hatte er geäußert, er fühle sich absolut wohl in ihrer Umgebung, hielte sich mittlerweile am liebsten bei ihr auf.

Gut und schön! Nur würde sie sein Zuhause wenigstens gern mal kennenlernen. Bedrängen wollte sie ihn andererseits ungern. So wichtig war's letztlich nicht. Einen weitaus höheren Stellenwert hatte schließlich die Beziehung selbst. Und die entwickelte sich vielversprechend.

Ben riß sie mit stürmischem Klingeln aus ihren Gedanken. Offensichtlich kam er mit etwas *Verfrühung*. Warum gab's das Wort eigentlich nicht? Man sprach doch auch von Verspätung. Und zu früh zu kommen konnte ja nicht nur beim Sex zum Problem werden.

Wie auch immer. Sie schritt Richtung Tür. Kaum hatte sie ihm geöffnet, fielen sie sich in die Arme.

Ben fühlte sich jedesmal wie im Rausch, war er mit Mina zusammen. Diese Leidenschaft warf ihn um. Dabei war sie gleichzeitig zärtlich und liebevoll. Einerseits konnte sie sich vollkommen hingeben, andererseits dennoch die Führung übernehmen. Wahnsinn! Allmählich bekam er eine Ahnung davon, was mit der Aussage gemeint war, jemandem mit Haut und Haaren verfallen zu sein.

Manchmal machte ihm dies allerdings zu schaffen. Schließlich hatte er es keinesfalls so weit kommen lassen wollen. Indessen gab's nun kein Zurück mehr. Er hatte lediglich ein paar Dinge zu klären. Allen voran war da Martha zu nennen. Das mußte er unbedingt in Ordnung bringen. Doch würde er sie davon überzeugen können, daß es besser sei, von nun an getrennte Wege zu gehen? Sie brauste so enorm schnell auf. In letzter Zeit war es sogar noch schlimmer geworden. Er hatte regelrecht Schiß vor ihrer Reaktion. Ob sie ihn und die gemeinsamen Pläne einfach aufgeben würde? Das bezweifelte er entschieden. Aber irgendwann mußte er es ihr sagen. Unbedingt!

Er drehte sich im Bett auf die Seite, wandte sich Mina zu, die dicht neben ihm lag. Eine Weile betrachtete er sie, dann lächelte er. Wie sie so dalag, mit diesem vollkommen entspannten Gesichtsausdruck, sah sie wie ein Engel aus. Sanft strich er ihr eine Haarlocke aus der Stirn. Nach der Anstrengung war sie etwas eingedöst. Sie hatten sich mehrmals geliebt. Das Verlangen hatte einfach nicht nachlassen wollen. Nach einer kurzen Pause war er immer wieder bereit gewesen.

Doch ging es nicht lediglich um die körperliche Anziehung, vielmehr hatte er in Mina eine Frau kennengelernt, mit der er eine Zukunft aufbauen wollte. Alles andere zählte für ihn nicht mehr. Strenggenommen fand er es eigenartig, sich so rasch so wohl mit einem anderen Menschen zu fühlen. Zuvor war es ihm lange Zeit extrem mies gegangen, demzufolge war ihm gänzlich der Zugriff darauf abhanden gekommen, worauf er sich eigentlich noch freuen sollte. Diese schrecklichen Zweifel, dieser Druck, dieses ständige Gefühl von Aussichtslosigkeit!

Und jetzt war das alles vollkommen weg. Wie ausgelöscht! Statt dessen freute er sich auf jeden weiteren Tag, war regelrecht neugierig auf das, was das Leben noch bringen würde. Er fühlte sich auf einmal wieder ... beheimatet! Ja, das war der Ausdruck, nach dem er gesucht hatte, und der am besten beschrieb, wie es sich anfühlte.

Er mußte mit Martha reden! Das war gewiß. Aber noch nicht direkt. Er wollte das, was er derzeit erlebte, noch ein bißchen genießen. Bloß noch ein paar Tage. Dann war er innerlich sicher bereit, die Vergangenheit auch äußerlich abzuschließen. Er wußte, wie feige er sich durch sein Zögern verhielt. Und letztendlich war ihm ebenfalls klar, was für ein gewaltiges Risiko er damit einging. Er konnte alles verlieren, handelte er nicht bald. Und genaugenommen reichte es nicht, Martha reinen Wein einzuschenken. Er müßte überdies mit Mina reden. Doch wagte er das nicht. Die Beziehung war noch viel zu frisch. Es war nur allzu wahrscheinlich, daß sie sich von ihm abwenden würde. Und er könnte es sogar verstehen. Womöglich konnte er die Sache ja regeln, ohne Mina etwas davon erfahren zu lassen. Das war zwar irgendwie unehrlich, hingegen zählte doch letztlich, gefühlsmäßig zu einhundert Prozent zu ihr zu stehen. Oder nicht? Nur *sie* war ihm wichtig. Und er würde alles für sie tun! Da zählte doch eine Martha nicht, von der er sich – wollte er mal ganz ehrlich sein – bereits vor längerem entfernt hatte.

Warum er trotzdem die Sache hatte weiterlaufen lassen, war ihm im Nachhinein nicht mehr so recht geläufig. Die einzige Erklärung, die ihm logisch erschien, war die, daß ihm nahezu alles vollkommen einerlei gewesen war. Also hatte er keine großartigen Überlegungen über die zu erwartenden Konsequenzen angestellt, hatte Martha weiterhin gewähren lassen.

Doch jetzt sollte er sich nicht länger quälen. Zu kostbar waren die Stunden mit *ihr*, mit *seiner* Mina, wie er sie allerdings nur insgeheim nannte. Schließlich wollte er sie nicht verschrecken. Offenbarte er seine Gefühle zu früh, war sie vielleicht genauso schnell weg, als wenn er ihr von Martha erzählte. Gewiß würde er alles geregelt bekommen, sprach er sich abschließend Mut zu. Dann verscheuchte er rasch alle weiteren dunklen Gedanken, und schon fielen auch ihm die Augen zu.

24

„Auf Wiedersehen, Herr Nitsch." Die Psychologin verabschiedet lächelnd ihren Patienten. Wie es aussieht, kann die Therapie alsbald beendet werden. Herr Nitsch hat sich vor ungefähr eineinhalb Jahren zum ersten Mal bei ihr eingestellt, nachdem er unvermutet seine Arbeit verloren hatte. Er hat nicht gleich eine neue Beschäftigung gefunden, was ihn sehr belastet hat. Das hochverschuldete Haus hat einen großen Teil seines Einkommens aufgefressen. Seine Frau hat nicht halb so viel verdient wie er, konnte die entstandene Lücke also nicht stopfen, woran sie allerdings auch kein ausgesprochenes Interesse gezeigt hat.

Kinder haben sie keine. Darüber ist er zum ersten Mal froh gewesen. Früher hat er oftmals damit gehadert, doch wollte seine Frau unabhängig bleiben. Sie hat sich ihre Freizeit lieber mit Tennis und Freundinnen vertrieben, hat auf großem Fuß leben wollen. Und auf einmal hat das nicht mehr funktioniert.

Diese belastende Situation samt der finanziellen Einschränkungen hat sie nicht lange ausgehalten. Letztendlich hat sie ihre Sachen gepackt und ihn verlassen. Daraufhin hat er einen Zusammenbruch erlitten. So ist er zu Dr. Wilhelmina de Winter in die Sprechstunde gekommen.

Gemeinsam ist es ihnen gelungen, einen neuen Weg zu begehen. Walter Nitsch hat nach und nach neuen Lebensmut gefaßt. Und ein dreiviertel Jahr später hat er endlich eine neue Stelle gefunden. Inzwischen hat er darüber hinaus eine Freundin. Und die will sogar Kinder. Gerade heute hat er seiner Therapeutin anvertraut, wie froh er sei, von seiner Frau verlassen worden zu sein.

Wie absurd! Anfangs denken die Menschen, ausschließlich ein Psychotherapeut könne ausreichend bekloppt sein, um einen derart abstrusen Gedanken zu fabrizieren. Mit der Zeit ändert sich diese Sichtweise. Dinge werden neu bewertet. Und etwas Schreckliches erscheint auf einmal schön und erstrebenswert. Genau wie die abhanden gekommene Ehefrau Ursula Nitsch. Damit kein Mißverständnis aufkommt: In diesem Fall erscheint nicht mehr Frau Nitsch selbst schön und erstrebenswert, sondern ausschließlich der Umstand ihres Abhandenkommens.

Dr. de Winter schüttelt die in diesem Augenblick dargebotene Hand und wünscht Herrn Nitsch eine angenehme Zeit. Er kommt ab nun lediglich alle vier Wochen zur Sprechstunde. Ihren Wunsch erwidernd, verabschiedet er sich mit einem warmen Lächeln. Er ist froh, daß ihm in der schlimmen Zeit jemand beigestanden hat, der ihm das Gefühl vermitteln konnte, zwar objektiv auf seine Misere zu schauen, aber dennoch empathisch bei ihm und seinen Gefühlen zu sein. Das hat einen enormen Teil der Heilkraft ausgemacht.

Die Tür schließt sich hinter ihm. Jeden Moment müßte Frau Burger eintreffen. Nach der letzten Sitzung hat sie allerdings mehrere Termine abgesagt. Deshalb ist nicht exakt vorauszusagen, ob sie den heutigen einhält. Möglicherweise will sie die Therapie gar nicht fortsetzen.

Genau in diese Überlegung hinein schellt es. Und es ist tatsächlich Anna Burger. Dr. de Winter ist sehr auf den Verlauf der heutigen Sitzung gespannt.

Als die beiden Frauen wenig später im Sprechzimmer ihre Plätze eingenommen haben, schaut die Therapeutin erwartungsvoll auf ihre Patientin. Sie möchte nicht eröffnen, will ihrem Gegenüber möglichst wenig Gelegenheit bieten, die üblichen Spielchen zu treiben, die lediglich einen Wettlauf um den heißen Brei darstellen. Außerdem ist ihr Frau Burger eine Erklärung für die ohne Grund stornierten Sitzungen schuldig. Will sie nun weitermachen? Möglicherweise kommt sie bloß zur Verabschiedung.

Anna Burger sitzt in ihrer gewohnt übertrieben aufrechten Haltung. Sie spürt, ihre Therapeutin wird zu keinem ersten Wort zu bewegen sein. Also gut, dann beginnt sie selbst! Sie hat sich bereits zurechtgelegt, was sie sagen will, hat allerdings mit entsprechenden Fragen gerechnet. Doch so geht's auch. „Erst einmal entschuldige ich mich für die Absagen! Ich weiß, das ist blöd für Sie."

Blöd ist mal wieder so ein Wort, das man garantiert nicht in Anna Burgers Wortschatz vermuten würde. Zudem trifft es nicht gänzlich den Kern.

„Also, … wie gesagt, … es tut mir leid, und es wird nicht wieder vorkommen! Zumindest bemühe ich mich darum. Sie sollen nur nicht denken, es habe etwas mit Ihnen zu tun! Ich hatte berufliche Verpflichtungen. Gewiß erinnern Sie sich, daß ich ab und zu für meine Tätigkeit verreisen muß. Das war in letzter Zeit einige Male der Fall. … Leider überschnitt es sich jeweils mit unseren Terminen."

Dr. de Winter nickt andeutungsweise. Anna Burger soll ruhig weitermachen. Womöglich kommt mehr dabei heraus, als wenn sie eine Struktur vorgibt. Bei vielen Patienten ist es wichtig, andauernd die Richtung zu korrigieren, damit die Gespräche nicht abschweifen. Bei anderen wiederum ist es sinnvoll, hier und da mal andere Themen zu berühren, die nicht offenkundig mit der Therapie zu tun haben. Dadurch kann der Patient etwas über die Einstellung des Therapeuten zu gewissen Themen erfahren. Das sorgt häufig für eine bessere Vertrauensbasis, weil dieser daraufhin nicht länger wie unberührbar auf einem Sockel steht. Er tritt statt dessen als Mensch in Erscheinung, der weniger in vergeistigten Sphären schwebt, sondern vielmehr auf dem Boden des Lebens genauso zu kämpfen hat wie jeder andere auch. Und manchmal gibt es eben eine dritte, vierte oder fünfte Variante der Vorgehensweise, weil jemand etwas völlig anderes benötigt, um sich zu öffnen und in Ruhe heilen zu können. Darin besteht unter anderem die Kunst, ein brauchbarer Therapeut zu sein. Er sollte zur rechten Zeit Zugriff auf eine Methode haben, mit der er sein Gegenüber erreicht. In Ausnahmefällen muß er jemanden einfach ziehen lassen, weil nicht die rechte Zeit ist oder einfach nicht das rechte Miteinander entsteht.

Gehört Frau Burger zu denen, die man ziehen lassen muß? Dr. de Winter wartet weiterhin. Mittlerweile dauert die Gesprächspause zwei, drei Minuten. Die Patientin ist die erste, die es nicht länger aushält. Genervt fragt sie: „Was wollen Sie jetzt von mir hören?"

„Ich will nichts Bestimmtes hören. ... Wollen Sie mir denn etwas erzählen?"

„Keine Ahnung." Anna Burger zuckt kurz mit der rechten Schulter, bringt sie anschließend in die exakte Ausgangsposition zurück. „Wenn Sie wollen, kann ich Ihnen erzählen, was ich alles unternommen habe. Ich soll ja schöne Dinge unternehmen, nicht?"

Diesmal geht die Psychologin bewußt auf die Provokation ein. Sie will sehen, ob dadurch eine brauchbare Dynamik entsteht. „Und waren Sie schön brav und haben Ihre Hausaufgaben erfüllt?"

Anna Burger schaut von ihrer Handtasche auf. Soeben hat sie ihre Wochenpläne herausgefingert. „Ja, ich war brav. Und was, wenn ich's nicht gewesen wäre?"

„Dann hätten Sie möglicherweise ein paar schöne Dinge verpaßt."

„Sie denken wohl, daß das, was Sie vorgeben, immer das richtige für Ihre Patienten ist, was?"

„Oh, da überschätzen Sie bei weitem meine Arroganz. ... Trotzdem danke! Ich nehme das als Kompliment."

„Es muß ja wohl jeder für sich selbst herausfinden, was ihm wirklich guttut, oder?"

„Selbstverständlich. Nicht jede Aktivität ist für jeden passend. Aber wenn man nicht genau weiß, was einem Spaß macht, ist das Testen verschiedener Dinge oft der passende Weg."

„Man kann schließlich nicht alles Mögliche ausprobieren, und hinterher funktioniert doch nichts."

„Und warum nicht?"

„Na, zum Beispiel, weil man sich vorher überlegen sollte, was man tun will."

„Wer sagt das?"

„Das muß niemand sagen. Das weiß man auch so."

„Aber woher denn?"

„Sagen Sie mal, wollen Sie mich ärgern? Oder fragen Sie ernsthaft?"

„Ich frage ernsthaft. Woher weiß man vorher, was einem hinterher Spaß macht? Ist denn nicht das Ausprobieren die notwendige Voraussetzung dafür herauszufinden, was einem Freude bereitet?"

„Ein vernünftiger Mensch weiß das vorher."

„So weit waren wir eben schon. Und da habe ich Sie gefragt, woher er es wisse."

„Das hat man doch irgendwann gelernt."

„Und wodurch?"

„Wissen Sie eigentlich, wie sehr Sie mich häufig mit Ihren Fragen nerven?"

Lachend pflichtet Dr. de Winter ihr bei. „Das weiß ich in der Tat! Und Sie bezahlen mich sogar dafür."

Tatsächlich lacht Anna Burger mit. Nach einer Weile versucht sie, sich mit den Inhalten des Dialogs auseinanderzusetzen. „Also gut! Es ist natürlich richtig, irgendwann in seinem Leben muß man mal erfahren haben, was einem Freude bereitet, um im späteren Leben darauf zurückgreifen zu können. Aber als Erwachsener hat man diese Lernphase ja wohl abgeschlossen."

„Das ist genau der Punkt, an dem unsere Ansichten auseinandergehen. Ich glaube nämlich vielmehr, unser Leben beinhaltet einen fortlaufenden Lernprozeß. Und ich glaube darüber hinaus, genau das macht den Reiz aus. Dadurch, *nicht* bereits alles zu wissen, ist unser Leben erfüllt und interessant."

„Gut, nehmen wir einmal an, Sie liegen richtig! Jetzt stelle ich mir also beispielsweise vor, es könnte mir Freude bereiten, Klavier zu spielen. Ihrer Theorie zufolge kaufe ich mir also ein Klavier und nehme Unterricht. Sollte ich dann nach, sagen wir mal, zehn oder zwanzig Stunden meinen Irrtum bemerken, stehe ich mit Klavier und leerem Konto da. Im Anschluß weiß ich einzig, daß ich offensichtlich einer Täuschung erlegen war; denn der Gedanke, es könne lohnend oder schön sein, ein Instrument zu beherrschen, ist vielleicht weiterhin vorhanden." Herausfordernd schaut sie ihre Therapeutin an.

Da diese schweigt, fügt sie hinzu: „Jetzt kaufe ich also ein Schlagzeug. Wenn ich Pech habe, geht es mir wie mit dem Klavier. Ich könnte die Reihe unendlich fortsetzen, erspare uns das aber lieber. Es ist wohl klargeworden, was ich meine. Wer hat denn soviel Zeit und Geld, allen möglichen Hirngespinsten hinterherzulaufen, nur, um am Ende feststellen zu müssen, was für ein Quark alles ist. Da muß ich mir doch vorher mal ein paar Gedanken machen, oder sind Sie anderer Meinung?"

„Gewiß."

„War ja klar! Sie geben sich niemals geschlagen, was?"

„Nur wenn mich die Argumente überzeugen. Und das tun sie in Ihrem Fall nicht. Ich greife also Ihr Beispiel auf. Dabei stimme ich absolut mit Ihnen überein, was den *Kauf* des Klaviers angeht. Verfüge ich nicht über ungezähltes Geld und wollte nicht schon immer ein Klavier als Dekorationsstück besitzen, macht es sicher wenig Sinn, eines zu kaufen, ohne zu wissen, ob ich tatsächlich Spaß haben werde zu üben und zu spielen. Ausprobieren sollte ich es dennoch. Ich kann zum Beispiel eine Musikschule besuchen, um erst einmal eine Übungsstunde zu nehmen. … Das reicht manchmal bereits aus, um sich sicher zu werden, ob man nicht einem Phantom hinterherläuft, weil man möglicherweise unverzüglich feststellt, wie kompliziert es ist, dieses Instrument zu erlernen. Will man diese Herausforderung trotzdem annehmen? … Falls ja, kann man ein Klavier *mieten*. Für ein halbes Jahr zum Beispiel. Nach dieser Zeit sieht man in den allermeisten Fällen, ob man weitermachen will. Und sollte es das Spielen eines Klaviers tatsächlich nicht sein, und wohnt man in einer Art und Weise, in der das Erlernen eines Schlagzeugs nicht zu einer Wohnungskündigung führt, ist es absolut legitim und ebenso sinnvoll, das nächste Instrument auszuprobieren."

„Und beim wievielten gebe ich dann auf?"

„Ich glaube zum einen nicht, daß ich allzu viele verschiedene Instrumente testen muß, um feststellen zu können, ob Musik zu machen passend oder eben nicht passend für mich ist; zum anderen bin ich der Auffassung, man sollte es nicht als ein *Aufgeben* bezeichnen."

„Als was denn sonst?"

„Versuch und Irrtum ist ein ebenso brauchbares Ergebnis wie Versuch und ... nennen wir es *Treffer*. ... Ich kann zum Beispiel zu dem brauchbaren Ergebnis gelangen, daß ein Instrument zu lernen für mich doch gar nicht in Frage kommt. So kann ich diesen Punkt sozusagen von meiner *Lebens-to-do-Liste* streichen. Und sitze ich etwa zwanzig Jahre später in einem Konzert, muß ich nicht wehmütig darüber nachdenken, jetzt vielleicht ebenso wunderbar Klavier spielen zu können, hätte ich mich nur getraut, es auszuprobieren, ohne zu wissen, was dabei herauskommt. Statt dessen kann ich mich genußvoll zurücklehnen und der Musik lauschen, in der absoluten Gewißheit, daß etwa das Kreieren von Holzskulpturen eine viel lohnendere Beschäftigung für mich darstellt, der ich mich seit vielen Jahren freudig hingebe, weil ich sie unter allen Versuchen als erfüllend für mich identifizieren konnte."

„Sie haben mal wieder gewonnen!"

Daß Anna Burger so rasch keine weiteren Einwände vorbringt, kann zweierlei bedeuten: Entweder kann oder will sie dieser Sichtweise absolut nichts abgewinnen und hat keine Lust, sich weiterhin auf eine für sie nutzlose Diskussion einzulassen, oder aber, sie sieht tatsächlich ein, daß diese Sichtweise gar nicht so absurd ist. Dr. de Winter will sich vergewissern. „Sie sind einverstanden?"

„Na ja, sagen wir mal so! Es ist vielleicht was dran, und es gibt sicher Menschen, für die es sinnvoll ist, die Dinge so zu sehen. Dennoch halte ich es für Zeitverschwendung, mal hier und mal dort etwas auszuprobieren, von dem ich gar nicht weiß, ob es mir was bringt."

„Das bedeutet jedoch, mal ganz konkret auf *Sie* bezogen, Sie sind darauf angewiesen, entweder wie durch Zauberhand eine Eingebung zu erhalten, was Ihnen Spaß macht, oder Sie sitzen rum und tun nichts."

Sie muß die Patientin aus der Reserve locken, andernfalls flutscht ihr diese bis zum St. Nimmerleinstag wie ein nasses Stück Seife aus der Hand. Und Provokation ist ein durchaus legitimes therapeutisches Mittel. Außerdem handelt es sich bei Frau Burgers Geziere offensichtlich um ein Spiel, hat sie sich schließlich zuvor – zumindest ist das im Wochenplan notiert und verbal bestätigt worden – sehr wohl mit für sie angenehmen Aktivitäten beschäftigt. Und nun hinterfragt sie ohne ersichtlichen Grund erneut den Sinn dieser Intervention.

„Und wenn? Das muß doch nicht *Ihre* Sorge sein", erwidert sie nun patzig.

„Stimmt, es ist *Ihre* Sorge! Oder besser, es ist anscheinend *nicht* Ihre Sorge. Somit ist es in der Tat albern, daß *ich* mich sorge. ... Jedoch bedeutet Ihre Aussage, die Methoden, die ich für sinnvoll halte, werden unentwegt von Ihnen abgelehnt oder zumindest dauernd erneut hinterfragt. ... Nun gibt es leider nicht, wie in einem Damenoberbekleidungsgeschäft, dreißig Kostüme in unterschiedlicher Machart, sondern es existieren bestimmte Bausteine, die bei gewissen Symptomen therapeutisch wertvoll sind. Ich kann dementsprechend keine neunundzwanzig weitere aus dem Ärmel ziehen. Also sagen Sie mir bitte, wie wir zukünftig vorgehen wollen!"

Anna Burger schaut sie überrascht an. Sie hat fest damit gerechnet, ihre Therapeutin würde versuchen, es ihr irgendwie recht zu machen. Hat sie denn gar keine Angst, Patienten könnten negativ über sie und ihre Therapien urteilen? Vielleicht muß sie ihr einfach mal auf die Sprünge helfen. „Das ist also schon alles, was Sie zu bieten haben!? Denkt jemand mit, so wie ich, machen Sie die Kiste zu. Und ich kann sehen, wie ich meine Sorgen loswerde, was?"

„Ja, leider ist das die ganze Wahrheit. Ich schlage Ihnen vor, Sie behalten einfach Ihre Symptome! ... Anscheinend kommen Sie ja ausgezeichnet damit zurecht. Denn wenn ich überlege, wie produktiv Sie sich jedesmal gegen mich behaupten, sobald es darum geht, nur ja nichts ändern zu müssen, werde ich automatisch zu der Annahme verleitet, Ihr Leiden quält Sie im Grunde gar nicht so furchtbar. Sie mäkeln viel zuviel an allem herum. ... Entschuldigung! Ich sage das mit aller Wertschätzung Ihnen gegenüber! ... Aber Sie haben tatsächlich an allem, was ich sage, Ihnen vorschlage oder versuche, Ihnen näherzubringen, irgend etwas auszusetzen. Überlegt man, was für ein hohes Maß an Energie Sie darauf verwenden, müssen Sie über enorme Kraftreserven verfügen. ... Was soll ich kleine Psychotherapeutin denn da noch ausrichten?"

„Sie meinen also, ich bin völlig umsonst hier?!"

„Keinesfalls! Höchstens vergeblich."

Anna Burger stutzt. Stimmt, sie muß besser auf ihre Wortwahl achten. *Umsonst* ist sie wirklich nicht hier. Jede Sitzung kostet sie eine Stange Geld. Und wofür? Jetzt muß sie sich das obendrein noch anhören. Sie ist also diejenige, die die Interventionen angeblich boykottiert. „Ich überlege gerade, ob ich die Therapie abbrechen soll."

„Das ist in Ordnung, Frau Burger! Sie müssen schauen, was Ihnen angemessen erscheint!"

„Sie haben wohl gar keine Sorge, es könnte ein schlechtes Licht auf Ihre Fähigkeiten werfen, was? Schließlich kenne ich eine Menge wichtiger Leute. Es könnte sich wie ein Lauffeuer herumsprechen, was ich denen über Sie erzählen könnte."

Für einen Augenblick kommt der Psychotherapeutin das Gespräch in den Sinn, das sie vor einiger Zeit mit ihrem Bruder geführt hat.

Sie beugt sich ein wenig nach vorn, schaut sehr ernst. Als sie spricht, muß Anna Burger genau hinhören, um sie zu verstehen. „Ich weiß nicht, wie Sie *wichtig* definieren, Frau Burger. Nach meiner eigenen Definition kenne ich ebenfalls eine Reihe wichtiger Leute. ... Angst vor dem, was Sie *Ihren* wichtigen Leuten erzählen könnten, habe ich jedoch ehrlicherweise nicht. Ich bin lediglich äußerst bestürzt darüber, daß Sie mir drohen wollen. Ist mir da in unserer therapeutischen Beziehung etwas Wesentliches entgangen?"

„Nein, nein! Es tut mir leid! Wirklich! So habe ich das gar nicht gemeint. Ich ... ich bin einfach manchmal so impulsiv, ... das wissen Sie doch! ... Ich will Ihnen doch gar nichts." Sie gibt sich alle Mühe, zerknirscht zu wirken. Doch gelingt es ihr nicht, die Therapeutin zu überzeugen.

Was spielt diese Frau für eine Rolle? Dr. de Winter ist inzwischen der festen Überzeugung, es kann sich nicht lediglich um Stimmungseinbrüche handeln. Es steckt mehr dahinter! Bloß was? Was verbirgt diese Frau, das so gewaltig ist, daß sie sich bisher nicht getraut hat, es in einer Sitzung zur Sprache zu bringen? Ein einziges Mal ist die Psychologin kurz davor gewesen, es herauszufinden. Aber eben nur kurz davor.

Für heute ist die Sitzung beendet. Dr. de Winter steht kommentarlos auf, begibt sich zu ihrem Schreibtisch und holt den Kalender.

Da die letzten Termine ausgefallen sind, sind sämtliche Vorausplanungen aufgebraucht.

„Wollen wir überhaupt neue Termine vereinbaren, Frau Burger?"

„Wollen Sie mich loswerden?"

Am liebsten hätte die Therapeutin ein deutliches Ja entgegnet. Sie wäre ehrlich heilfroh, ginge diese Patientin woanders hin. Es wäre eine enorme, riesige, grenzenlose Erleichterung! Für die Anstrengung, die sie Woche für Woche auf diese eine Sitzung verwendet, könnte sie fünf andere Patienten behandeln. Simultan!

Ja, sie wäre sehr, sehr froh, diese Anna Burger endlich loszuwerden. Sie würde abends Champagnerflaschen entkorken und ein Fest feiern! Auch Psychotherapeuten sind nur Menschen. Zumindest einige von ihnen. Und in diesem speziellen Fall kann sich Dr. Wilhelmina de Winter ohne schlechtes Gewissen eingestehen, keine rechte Lust mehr auf eine Therapie mit Frau Burger zu haben.

Dennoch hält sie sich zurück. Trotz allem sitzt ihr ein Mensch gegenüber, der ursprünglich mit der Erwartung zu ihr gekommen ist, Hilfe und Unterstützung zu erhalten. Sie kann mit ihr nicht reden, wie mit einer x-beliebigen anderen Person. Sie ist ohnehin bereits sehr konfrontativ. „Nicht notwendigerweise. Doch haben Sie selbst eben davon gesprochen. Womöglich wollen Sie ja *mich* loswerden!"

Da ist es wieder, dieses Funkeln! Steigt da erneut Zorn in Frau Burger auf? Allerdings antwortet sie betont gelassen. „Nein, ich fühle mich prächtig bei und mit Ihnen. Ich komme wieder, falls Sie gestatten!"

„Dann sollten wir beim nächsten Mal jedoch noch einmal abstimmen, was wir miteinander erreichen wollen, und wie wir das anstellen."

„In Ordnung." Anna Burger schaut auf ihre Armbanduhr. „Oh, schon so spät? Heute ist die Zeit aber besonders schnell vergangen."

„Ja, wenn man sich amüsiert ..."

Die Patientin hebt irritiert den Blick, heftet ihn forschend auf Dr. de Winter.

Letztlich entscheidet sie sich, die Bemerkung nicht zum Anlaß für ein weiteres Wortgefecht zu nehmen, bringt statt dessen sogar ein kleines Lächeln zustande. Das Funkeln ist für heute endgültig versiegt. Zurück bleibt das wäßrige Blau der Iris.

25

Als sie die vier Etagen des liebevoll restaurierten Altbaus im Eiltempo erklommen hatte, rang Mina förmlich nach Atem. Der Schlüssel rumorte noch erfolglos in der hierfür eigens installierten Öffnung, da wurde die Wohnungstür bereits mit Schwung aufgerissen, und eine völlig verheulte Charlie fiel ihr förmlich in die Arme. „Danke, daß du gekommen bist!" stieß sie mühsam unter Tränen hervor.

Während die Angesprochene ein „Sorry, ging nicht schneller, mußte Ben noch absagen" murmelte, stützte sie die Freundin mehr, als daß diese selbst einen Fuß vor den anderen zu setzen in der Lage schien. Sie ließ im Vorbeigehen einfach Schlüssel und Jacke fallen und sah zu, wie sie sich schleunigst samt Freundin auf dem Sofa niederlassen konnte.

Der Couchtisch war übersät mit zerknüllten Taschentüchern, und der Aschenbecher quoll über.

„Wer ist es dieses Mal?"

„Söööörrrreeeen!" brach es mehr heulend als sprechend aus Charlotte heraus.

„Was bitte ist *Söhrän*?"

„*Sören* ist ein Määännernaaameee! Was denn sooonst?"

„'tschuldige! Irgendwie klang es wie eine Geschlechtskrankheit. ... Und was genau ist mit *Sören*?"

„Wir hatten Seeex!"

„Oh, so schlimm?"

„Neeeiiin, schöööön!"

„Und wo ist dann das Problem?"

„Er will niiichts weiter von miiir! Er wollte bloooß Seeeeeeex!"

Aufgrund des anhaltenden Schluchzens konnte Mina den letzten Satz nur undeutlich verstehen. Also fragte sie sicherheitshalber nach. „Er wollte bloß Sex?"

Nachdem Charlie sich die Nase geschnäuzt hatte, stieß sie ein wenig gefaßter hervor: „Ja. Er hat kein Interesse an mir. Er wollte mich nur flachlegen. Sonst nichts."

„Und woher weißt du das, Charlie?"

„Er hat es mir deutlichst gesagt."

„Und was genau hat er gesagt?" Mina wollte sich nicht mit den allgemeinen Aussagen ihrer verstörten Freundin zufriedengeben. Womöglich hatte Charlie etwas mißverstanden.

„Er ist fertig gewesen, aufgestanden, hat sich angezogen, und während er den Reißverschluß seiner Hose hochgezogen hat, hat er gesagt: 'Das war nett. Dann mach's mal gut.' ... Daraufhin hat er seine restlichen Sachen genommen und ist gegangen."

„Okay, er wollte dich nur flachlegen."

Charlie hatte offensichtlich nichts mißverstanden!

Wieso geriet sie nur ständig an solch besonders widerliche ... Widerlinge?! Mina war regelrecht erbost über diesen Typen.

Sie drückte ihre Freundin, die sie während der gesamten Zeit im Arm gehalten hatte, noch etwas fester und gab ihr einen liebevollen Schmatzer auf die Wange. „Du bist die Tollste, Beste, Liebste und Klügste! Und dieser Hans ..., sorry, ... *Sören* Wurst ist keine einzige deiner Tränen wert. Wer dich auf diese Weise behandelt, verfügt ganz offensichtlich über eine mehr als überschaubare Intelligenz. Zukünftig sollte er auf deiner Beliebtheitsskala irgendwo zwischen Kopfschmerzen und Nagelpilz rangieren. Hak' ihn augenblicklich ab! Und beim nächsten Mann, den du kennenlernst, hältst du dich erst mal eine geraume Weile zurück! Versprich mir das!"

„Ich verspreche es dir. Trotzdem ist doch im Grunde nichts dabei, wenn man nach kurzem Kennenlernen mit jemandem schläft, oder?"

„Nein, Liebes, natürlich nicht! Zumindest nicht *moralisch* betrachtet. Nur wollen ein paar der Männer, die du zufällig kennenlernst, ... *ausschließlich* Sex. Die suchen eben lediglich einen One-night-stand. Und gehst du mit jedem gleich ins Bett, sind zwangsläufig auch diese dabei. Außerdem denken manche von ihnen wahrscheinlich, dir ginge es ebenfalls um nichts anderes."

„Du hast wohl recht. Ich bin halt bescheuert. ... Bei dir ist das schon immer anders gewesen. Du hattest zwar bisher ebenfalls nicht doll viel Glück mit Männern, nur kamen die Probleme aus anderen Ecken."

„Und das findest du erstrebenswerter?"

„Nein, natürlich nicht. Trotzdem! ... Weißt du, daß ich lange Zeit eifersüchtig auf dich war?"

Mina war sichtlich erstaunt. „Nein Charlie, das wußte ich nicht."

„Ist aber so! Du hast schon während der Schulzeit so gelassen und souverän gewirkt. Du hast es oft gar nicht mitbekommen, doch beinahe alle haben dich respektiert, viele gemocht und einige regelrecht angehimmelt."

„Ach Charlie, das hast du dir gewiß eingebildet."
„Nein, Mina! Das war so. Und heute ist es nicht anders."
„Du willst doch wohl nicht andeuten, du seist heute noch eifersüchtig auf mich!?"
Lange Zeit erwiderte Charlie nichts. Irgendwann gestand sie mit belegter Stimme: „Ich schäme mich furchtbar dafür, Mina. Wirklich! Aber es ist in der Tat so, ich erkenne selbst heute noch Gefühle von Eifersucht in mir. Es tut mir leid. Bitte verzeih mir!" Ein neuerliches Schluchzen erschütterte ihren Körper.

Mina war für einen Moment ratlos. Mit einem solchen Geständnis hatte sie nicht gerechnet. Langsam schüttelte sie den Kopf.

„Oh Mina! Du verzeihst mir nicht, was? Es war blöd, darüber zu reden. Weißt du, ich hab' dich doch furchtbar lieb. Du bist meine liebste und engste Freundin, und ich wünsche dir wirklich und wahrhaftig nur das Allerbeste! Diese Eifersuchtsgefühle oder ... dieser Neid, den ich manchmal empfinde, hat ja ausschließlich etwas mit *mir* zu tun. Ich hab' mich oft ... minderwertig gefühlt, vor allem wegen meiner Oberweite. Obendrein bin ich blond. Ich wollte nie in diese Schublade der minderbemittelten Blondine gesteckt werden."

„Du steckst dich gerade selbst dort hinein. Meinst du, für mich ist es leicht gewesen?" Sie ergriff eine Handvoll ihrer Locken. „Mit diesen Haaren? Nicht nur feuerrot, obendrein *unfrisierbar*! Und erinnerst du dich, wie mager ich war? Mein BMI bewegte sich nahezu im Bereich der Bedeutungslosigkeit. *Du* warst schließlich diejenige, der die Jungs bereits in der sechsten Klasse ins Dekolleté geglotzt haben."

„Zu der Zeit kannten wir uns doch noch gar nicht ..."

„Du *mich* nicht! Ich kannte *dich* allerdings bereits von der fünften Klasse an. Du warst schon damals so schön und wirktest regelrecht erwachsen und erhaben. Sobald du mit sanft wippenden Brüsten regelrecht über den Schulhof geschwebt bist, hat jegliches menschliche Wesen mit einem XY-Chromosomensatz unmittelbar eine Erektion bekommen. ... Keiner, der sich nicht mit offenem Mund nach dir umgedreht hätte. Mir haben sie währenddessen 'So viele Haare und kein Kamm!' hinterhergerufen. Hört sich nicht wirklich respektvoll an, oder?"

Unwillkürlich prustete Charlotte los. „Oh, tut mir leid, Mina! Das habe ich ja alles nicht gewußt."

Mit zuckenden Mundwinkeln gab Mina zurück: „Wer spottet, schadet eben jeder Beschreibung. Oder so ähnlich. Na, jedenfalls siehst du mal wieder, was es anrichtet, wenn man seine Welt allzu verdreht wahrnimmt!"

„Ach Mina!" Stürmisch schlang Charlotte ihre Arme um die Freundin. „Jetzt bin ich doch froh, es mir von der Seele geredet zu haben. Und daß es damals so gelaufen ist, wie du es soeben beschrieben hast, tut mir richtig gut. Natürlich nicht das, was sie dir hinterhergerufen haben. ... Bitte verzeih' mir und vergiß es schleunigst wieder, ja?"

„Na klar! Nur bitte zweifele nicht mehr an dir, und sei nicht länger eifersüchtig auf mich! Einmal von der Überflüssigkeit abgesehen, könnte ich es nur schwerlich aushalten, wüßte ich, du schautest neidisch auf mich oder mein Glück."

„Nein Mina, das tue ich nicht. Bestimmt nicht! ... Laß uns bitte das Thema wechseln! Ich winde mich schon jetzt in Peinlichkeit."

„Brauchst du nicht! Ehrlich nicht! Für mich ist es geklärt und abgehakt. ... Laß uns noch einmal auf deinen Sören zurückkommen!"

„Er ist nicht *mein* Sören."

„In Ordnung: Laß uns noch mal auf Sören zurückkommen, der zum Glück nicht der deine ist!"

„Ja, das ist wohl tatsächlich mein Glück. Nur weißt du, ich denke dauernd, wenn es das ist, was ich ausnehmend beherrsche, dann gebe ich es den Männern halt. Und im Bett bin ich nun mal ganz anstellig. ... Ich bin total bescheuert, was?"

„Ach Charlie, jetzt hör doch auf, dich klein zu machen! Du bist bloß zu blauäugig."

„Halt 'ne echte Blondine."

„Stimmt", konterte Mina schmunzelnd. „Wer blond ist, sollte nicht auch noch blauäugig sein."

„Na siehst du! Ich sag' ja die ganze Zeit, wie bescheuert ich bin."

„Du bist nicht bescheuert, nur sorgst du nicht ausreichend für dich. Weißt du, wenn du *zu* leicht zu haben bist, denken einige Männer, du seist nichts Besonderes. Also halte dich besser erst mal zurück, warte ab. Meint er es ernst, wird er es respektieren. Wenn nicht, weißt du Bescheid und fühlst dich nicht so mies wie jetzt gerade."

Charlie nickte. Natürlich hatte Mina recht. Leider überkam sie noch heute hier und da das Gefühl, das sie während der Schulzeit gehabt hatte: Nichts weiter zu sein, als eine Blondine mit großen *Titten*.

Aber beim nächsten Mal wollte sie sich rar machen, nicht gleich aufs Ganze gehen. Lieber abwarten. Qualitätsbewußtsein für sich selbst entwickeln.

„Du gibst dem anderen damit zudem die Gelegenheit, dich erobern zu können. Auszuprobieren, was dir gefällt, wie er dein Herz gewinnen kann", beendete Mina die unausgesprochenen Überlegungen der Freundin. Noch ein letztes Naseputzen, dann stand Charlie auf, sammelte sämtliche Taschentücher ein und brachte sie samt Aschenbecher in die Küche. Mina folgte ihr. „Wollen wir einen Kaffee trinken? Ich bereite ihn auch zu."

„Sehr gern! Du kennst dich ja aus."

So nahmen sie wenige Minuten später mit Kaffee, Keksen und einem geleerten Aschenbecher erneut im Wohnzimmer Platz. Charlie hatte sich mittlerweile vollständig beruhigt.

„Du denkst bestimmt, ich habe es nicht anders verdient, oder? Fortwährend derselbe Fehler!"

„Nein Charlie, du kennst doch meine Meinung. Wenn man noch mal *eins aufs Maul* braucht, dann muß man sich das eben abholen!"

Manche Erfahrungen, seien sie auch noch so schmerzlich, mußte man einfach mehrfach durchleben, bevor man verstand, wie unnütz und unbrauchbar sie waren. Dann konnte man endlich sein Verhalten ändern.

Natürlich mußte mit den Wiederholungen Schluß sein, bevor man zerbrach!

„Ich weiß! Du sagst aber auch, man dürfe ruhig Fehler machen, man sollte nur tunlichst vermeiden, andauernd denselben zu begehen."

Schmunzelnd erwiderte Mina: „Es ist wirklich blöd, wenn man mit seinen eigenen Waffen – oder besser: Sprüchen – geschlagen wird. Aber jetzt mal ehrlich! Ja, ich finde, man sollte Fehler nicht ständig wiederholen. Aber dazu muß man ja erst einmal erkennen, daß es sich um welche handelt. Und in deinem Fall ist eine solche Erkenntnis deshalb so vertrackt, weil du im Grunde gar nichts wirklich falsch machst. Obwohl es gegen die Suche nach einem Partner für lediglich eine Nacht ja an sich nichts einzuwenden gibt. Nur muß man es von vornherein klarstellen. Die meisten wollen jedoch nicht riskieren, nicht zum Zuge zu kommen. … Deswegen unterlassen sie diese entscheidende Information. Und genau an der Stelle fängt es an, mies zu werden. Weil man, kennt man die Bedingungen nicht, sich unter falschen Voraussetzungen auf etwas einläßt, das man bei voller Kenntnis aller Tatsachen gegebenenfalls *nicht* tun würde. ... Hätten die, die dich am Ende verletzen, also mehr Respekt vor anderen Menschen, würden sie zu Beginn deutlich machen, was sie wollen. Daraufhin hättest du die Freiheit einer eigenen Entscheidung."

„Du bist da so eindeutig. Das warst du schon früher. Ich bewundere das an dir. ... *Ich* muß das erst noch lernen."

„Das ist nicht so kompliziert, wie du denkst. Man muß lediglich bereit sein, mit den entsprechenden Konsequenzen zu leben. Weh tut es trotzdem, jedoch ist man klar *in* und *für* sich selbst. Und das macht stark, kann man sich doch mit Gewißheit darauf verlassen, angemessen für sich sorgen zu können."

„Mmh! Ich erinnere mich gerade an diesen einen Typen. Wie hieß er doch gleich? ... Du weißt schon, der aus dem Geschichtskurs."

„Ah, du meinst Paul!"

„Richtig, Paul. Der hat sich an dich rangeschmissen, als gäb's kein Morgen. Irgendwann hast du ihn endlich erhört. Doch nach einiger Zeit hat sich herausgestellt, daß er bereits seit längerem *noch* eine Freundin hatte."

„Ich erinnere mich. Nachdem ich es herausgefunden habe, hab' ich ihn damit konfrontiert."

„Und hat er da nicht erst alles abgestritten und behauptet, es handele sich lediglich um die Freundin seiner Schwester?"

„Genauso war's."

„Du hast sie daraufhin angerufen und freundlich nachgefragt."

„Natürlich stellte sich dabei heraus, daß er gelogen hatte. Sie ist *seine* Freundin gewesen. Hoffnungslos in ihn verknallt, hat sie mir in rosaroten Farben vorgeschwärmt, wie toll ihr *Päulchen* doch sei."

„Daraufhin hast du ihm knallhart mitgeteilt, es sei aus, obwohl du dich inzwischen auch ein bißchen in ihn verliebt hattest."

„Mmh."

„Und er solle dich bloß in Ruhe lassen."

„Was er nicht getan hat."

„Und als er es beim vierten Mal noch immer nicht verstanden hat, hast du es ihm schriftlich mitgeteilt."

Mina gluckste. „Das hat er allerdings ebenfalls noch nicht kapiert. Daraufhin hab' ich seine Freundin ein weiteres Mal angerufen. Diesmal hab' *ich* zur Informationsgewinnung beitragen können. ... Das hat endlich gewirkt."

„Allerdings kann ich mich erinnern, wie schlecht du dich gefühlt hast, weil sie so furchtbar geweint hat."

„Ja, das hat mir leid getan. Ich hab' mich jedoch mit dem Gedanken trösten können, daß sie garantiert etwas Besseres verdient habe als ein untreues *Päulchen*."

In Gedanken an vergangene Tage versunken, saßen sie eine Weile still nebeneinander. Charlotte brach als erste das Schweigen. „Würdest du heute genauso handeln?"

„Ich weiß es nicht. Ich wünsche mir zuallererst, nicht noch mal in eine derartige Situation zu geraten. Aber wenn doch. ... Heute bin ich natürlich reifer, habe meine *Mitte* gefunden, wenn du so willst, kann eher verzeihen. Dennoch bin ich mir nicht sicher, ob man in Zeiten, in denen es mal nicht so reibungslos läuft, oder in denen Zweifel an der Ehrlichkeit des anderen bestehen, nicht ständig eine solche Verletzung von neuem auspackt. Am Ende riskiert man somit, ohne es zu wollen, eine von diesen unzufriedenen, zeternden, an Kleinigkeiten rumnörgelnden Frauen zu werden. ... Ich weiß es nicht! Irgendwann gerät schließlich jede Beziehung mal in eine Krise. In diesen Zeiten muß sozusagen Erinnerungsmaterial vorhanden sein, das man als Fundament fürs Durchhalten verwenden kann. ... Und brauchbares Material stellt doch am ehesten solches dar, das aus allmählich gewachsener Liebe und grundlegendem Vertrauen besteht. Wie soll man sonst Erschütterungen aushalten? ... Andererseits ist es schwer, sich gleich zu trennen, wenn eine Beziehung ansonsten lohnend ist. Und Liebe kann man ja auch nicht einfach so abschütteln. Ich denke, man muß jeweils die Gesamtumstände bewerten ... und dann für sich sorgen. Wie auch immer das aussieht." Sie lächelte Charlie zu. „Ich hoffe, mein Vortrag hat dich nicht schläfrig gemacht."

„Bestimmt nicht", gab die Freundin ehrlich zurück. Sie wirkte mittlerweile deutlich gefaßter. „Fast bewundere ich noch mehr, daß du dir heutzutage offenläßt, wie du dich in einer solchen Situation verhalten würdest. Dazu gehört letztendlich noch mehr Klarheit und auch innere Stärke, als wenn man einfach bereits vorgefaßte Entscheidungen in entsprechenden Situationen abspult. Ich hätte gern ein bißchen mehr von beidem. Dann bräuchte ich auch weniger Taschentücher."

Amüsiert bohrte Mina der Freundin ihren Zeigefinger in den Arm. „Ab jetzt wird alles anders. Sonst trete ich dir in deinen Luxusarsch. ... Was ich allerdings überhaupt nie verstanden habe: Wieso gibt es keinen einzigen netten Kollegen in deiner gesamten riesengroßen Klinik!?"

„Du weißt doch, Mina", brummte Charlie mißmutig, „bei uns existiert das Einstellungskriterium der abgrundtiefen Häßlichkeit – zumindest für männliche Kollegen."

„Ich vergaß", gluckste Mina. „Obwohl ich es nicht so richtig glauben kann. Als ich dich das letzte Mal abgeholt habe, saß doch immerhin dieser niedliche Kerl in deinem Büro."

„Das war der Sohn des Hausmeisters."

„Na und? Ist das ein Ausschlußkriterium?"

„Nein, das nicht. Aber daß er erst dreiundzwanzig ist, könnte vielleicht sogar in deinen Augen als solches durchgehen."

„In der Tat! Da fehlen wirklich ein, zwei Monate ..."

„So, jetzt laß uns das Thema lieber beenden, bevor du mir einredest, auch aus dem Übungsskelett im Schulungsraum ließe sich ein brauchbarer Partner gestalten!"

„Zugegeben! Mit etwas Phantasie ..."

Charlie prustete nun endgültig los. „Hör auf, Mina!"

Nach einer Weile hatte sie sich wieder beruhigt. „Erzähl' mir jetzt lieber von deinem neuen Liebesglück! Dann *höre* ich wenigstens was Positives, wenn ich es schon nicht *erlebe*."

Die heikle Situation hatte einigermaßen zu Charlottes Zufriedenheit geklärt werden können, wodurch sie sich im Laufe des Abends zunehmend fing. Sich der Freundin anzuvertrauen, war jedesmal äußerst entlastend. Irgendwie fand Mina stets passende Worte. Wie eine rasch wirkende Pille, die sie – in Abwesenheit unerwünschter Nebenwirkungen – zurück auf die Spur brachte. Nach einer solchen Dosis fühlte sie sich neu sortiert, sah die Dinge wieder klar.

Und so konnte sie erfreuliche Details aus dem Leben ihrer besten Freundin anhören und sich mit ihr freuen.

26

Dr. de Winter befragt das Thermometer. Bereitwillig erteilt es Auskunft über eine Außentemperatur von 35 Grad Celsius, begleitet von einer Luftfeuchtigkeit oberhalb der 60-Prozent-Marke, obwohl doch der Sommer soeben erst Einzug gehalten hat. Immerhin erklärt sich auf diese Weise die drückende Schwüle im Raum.

Die Psychologin befreit Anton Hasten aus dem nicht minder aufgeheizten Wartezimmer. Kleine Schweißperlen haben sich auf seiner Oberlippe gebildet. Er ist froh, den stickigen Raum verlassen zu dürfen, hofft darauf, ein angenehmeres Klima im Sprechzimmer vorzufinden.

Der Patient kommt nun bereits seit geraumer Zeit in die Sprechstunde. Bisher hat die Therapeutin ausgezeichnet mit ihm arbeiten können. Sie hat ihn inzwischen als sanften und gutmütigen Menschen kennengelernt, der es gern allen recht machen will, auch wenn er selbst dabei zurückstehen muß. Entsprechend ist dies aus dem seit einigen Wochen geführten Aktivitätstagebuch ersichtlich geworden.

Gerade hat er allerdings begonnen, seine tägliche Arbeitszeit drastisch zu verkürzen, sooft es eben möglich ist. Das ist anscheinend vollkommen in Ordnung für seine Chefs. Sein nächster Vorgesetzter geht ohnehin meistens vor ihm nach Hause.

Die Psychologin hat ihm erklärt, zu einer allgemeinen Lebenszufriedenheit sei ein ausgewogenes Maß an strukturvermittelnden Verpflichtungen und angenehmen Beschäftigungen nötig. Ersteres vermittle einem die Gewißheit, effektiv seinen Alltag bewältigen zu können, zweiteres sorge für das erfreuliche Gefühl eines lohnenden und interessanten Lebens.

Dementsprechend erfahre das Immunsystem eine enorme Mobilisierung, Streß werde abgebaut, allgemeines Wohlbefinden und energieschöpfender Schlaf seien als Ergebnis zu verzeichnen.

Zudem hat der Patient begonnen, Sport zu treiben. Zweimal pro Woche joggt er durch den nahegelegenen Wald, was sich sehr wohltuend auswirkt. Desgleichen hat er eine Leidenschaft entwickelt, baut neuerdings Modellflugzeuge. Stundenlang kann er sich darauf einlassen, beschließt diese kreative Beschäftigung jeweils mit tiefempfundener Zufriedenheit.

Überdies weiß Anton Hasten mittlerweile, auf welche Weise er selbständig seine Bewertungsmuster verändern kann. Er hat bereits einen ersten Überblick gewonnen, welch einseitig negative Färbung seine Ansichten für gewöhnlich erfahren. Entsprechend hat er die an ihn gestellten Erwartungen bisher fast ausschließlich als *mühsam* kategorisiert, hat den Nachbarn, dessen Blätter vom ungefegten Gehweg vor seine Haustür geweht wurden, für *bescheuert* gehalten. Im übrigen hat er bis vor kurzem die Überzeugung gepflegt, ein Autofahrer, der mit gerade mal fünfundvierzig Kilometern pro Stunde – statt mit den erlaubten fünfzig – vor ihm hergefahren ist, dies lediglich getan habe, um ihn zu ärgern.

Er hat alles absolut und unveränderbar eingeschätzt. Dies zog folglich ein Gefühl von Hilf- und Sinnlosigkeit nach sich. Nichts ist angenehm und lohnend, nichts wird je angenehm und lohnend werden, und ich habe keinerlei Möglichkeit, Einfluß hinsichtlich einer Veränderung zu nehmen.

Mittlerweile hat er erkannt, daß nicht alles ausschließlich schwarz oder weiß ist. In seinem Fall besser gesagt: Nicht alles ist schwarz. Er hat begonnen, auf die Dinge zu achten, die angenehm und erfreulich sind.

Zudem hat Anton Hasten in Angriff genommen, auf ein neues Motorrad zu sparen. Er hat es seiner Therapeutin in der letzten Sitzung anvertraut. Es ist schön gewesen, die Vorfreude mit jemandem teilen zu können, der nicht bewertet. Seine Frau weiß nichts davon. Noch ist er zu feige, wie er es selbst ausgedrückt hat, zu bekennen. Nichtsdestoweniger beflügelt ihn die Vorbereitung eines erfreulichen Ziels. Alles in allem schöpft er stetig weitere Lebensfreude.

Heute wirkt er allerdings ziemlich nervös. Irgend etwas bedrückt ihn anscheinend. Dr. de Winter steuert daher geradewegs auf diese Beobachtung zu. „Was ist mit Ihnen? Haben Sie neuen Kummer?"

„Vor Ihnen kann man anscheinend nichts verbergen."

„Na ja, es ist recht offensichtlich. Wollen Sie es mir erzählen?"

„Genau deshalb *bin* ich ja so aufgeregt. Ich will Ihnen heute etwas beichten. Es ist nur schwieriger, als ich vermutet habe. ... Wissen Sie, ich habe inzwischen enorm viel Vertrauen zu Ihnen. Demzufolge denke ich, ich kann Ihnen alles sagen. Aber ... was ich Ihnen jetzt anvertrauen will, macht mir dennoch Angst. Angst davor, was Sie von mir denken könnten, ... wie Sie reagieren werden." Er schaut ins Leere, versucht, sich zu sammeln.

„Kann ich etwas tun, um es Ihnen zu erleichtern?"

„Nein, ich glaube nicht. Ich sag's einfach, ja? Ich habe ... seit einem halben Jahr eine ... Affäre." Er stößt vernehmbar die Luft aus. „Puh, jetzt ist es raus!"

„Ich nehme an, Ihre Frau weiß es nicht." Die Psychologin geht gelassen mit seiner Offenbarung um. Je weniger Wirbel sie darum macht, desto weniger bedrückend gestaltet es sich für Anton Hasten. Zudem hat sie ein derartiges Geständnis mittlerweile x-mal entgegengenommen. Es ist also keineswegs mehr geeignet, eine einzige Wimper zum Zucken ermuntern zu können.

„Ich glaube sogar, sie ahnt nicht einmal das geringste."

Dr. de Winter fragt sich, wie er diesen Zustand je ändern will. Wenn er bei seiner Therapeutin bereits fast ohnmächtig wird, würde er zu Hause vermutlich in unkontrollierbarer Schnappatmung verenden.

„Darf ich Sie fragen, wie Sie Zeit dafür gefunden haben?" Letzten Endes sind die praktischen Fragen zugleich die interessantesten, oder? Zweifellos ist es doch von Belang, wie ein depressiver Mensch, der zudem mehr als zehn Stunden am Tag arbeitet, obendrein Zeit – und *Lust* – zum Vögeln hat. Rein therapeutisch gesehen.

Flüchtig fixiert der Patient die Psychologin wie ein aufgeschrecktes Reh. Alsdann legt er den Kopf in den Nacken und lacht schallend. Es klingt wie ein *Hohoho*. „Sie sind so super!" prustet er zwischendrein aus voller Überzeugung, läßt anschließend erneut sein sympathisches *Hohoho* ertönen. „Soeben ist mir klargeworden, weshalb Sie so hohe Heilungserfolge erzielen." Er krümmt sich vor Lachen. „Wer außer Ihnen würde sich überhaupt trauen, so direkt, so schnörkellos auf den Punkt zu kommen?"

Die Therapeutin fällt in sein Gelächter ein. Unter keinen Umständen kann sie sich diesen ansteckenden *Hohoho*-Lauten entziehen. Diese darin mitschwingende unverhohlene Freude wirkt einfach umwerfend. Etappenziel erreicht!

Nach einer Weile haben sich beide beruhigt, obgleich Anton Hasten weiterhin unwillkürlich der ein oder andere Lacher entweicht. „Wie gewöhnlich, haben Sie den Nagel auf den Kopf getroffen. Es war tatsächlich ... superstressig. Das kann ich Ihnen flüstern! Deshalb habe ich es im Moment auch auf Sparflamme gesetzt. ... Iris heißt sie übrigens. Sie arbeitet in der Fertigung und ist eine bildhübsche Person. Und sie ist so ... fröhlich. Durch und durch voller Lebensfreude. Das hat mir anfangs gutgetan. Zunächst haben wir uns bloß mal unterhalten, wenn wir uns über den Weg gelaufen sind. Manchmal haben wir in der Kantine an einem Tisch gesessen. ... Und irgendwann ... sind wir ein Bier trinken gegangen. Anschließend ... ist es passiert. Im Parkhaus. Absolut unromantisch. Andererseits war es total heiß! ... Tagelang hat es mich noch beflügelt. Ich hab' mich auf einmal wieder gespürt, verstehen Sie? ... Leider jedesmal nur für kurze Zeit, meine Probleme sind durch dieses Verhältnis schließlich nicht weniger geworden. ... Im Gegenteil. ... Und überdies das schlechte Gewissen ... und die Ausreden." Er hält inne.

Im Grunde hat er sich selbst in eine äußerst beschissene Situation katapultiert. Er ist nicht einmal verliebt in Iris. Keinesfalls stellt sie eine Alternative zu Lisa dar. Vielmehr geht es um diese Ausgelassenheit, diese sorglosen Auszeiten.

Dessen ungeachtet ist nun Zahltag. Und er hat nicht die geringste Ahnung, wie er handeln soll. Iris macht Druck. Sie will mehr. Bisher hat er sich noch mit Arbeitsüberlastung herausreden können. Nur wie lange läßt sie sich noch hinhalten? Das alles beichtet er seiner Therapeutin, die ihm aufmerksam zuhört. „Was soll ich bloß tun, Frau Dr. de Winter?"

„Für klare Verhältnisse sorgen!"

„Aber, ... aber, ... teile ich Iris mit, es sei Schluß, läuft sie möglicherweise zu meiner Frau und ... und erzählt ihr alles."

„Kann sein."

Anton Hasten schaut Dr. de Winter irritiert an. „Ist Ihnen klar, daß meine Frau mich daraufhin womöglich verläßt?"

„Möglich."

„Mehr fällt Ihnen dazu nicht ein?"

„Herr Hasten, Sie haben ein Verhältnis mit einer Frau, bei der es sich eindeutig nicht um Ihre Ehefrau handelt. Das widerspricht der Übereinkunft, die Sie zu Beginn mit dieser getroffen haben. Es besteht nun die Möglichkeit aufzufliegen, was gleichbedeutend damit wäre, mit den Konsequenzen Ihres Handelns leben zu müssen. Das ist doch nur fair, oder?"

Betreten schaut er seine Therapeutin an. Leider hat sie recht. Dennoch behagt ihm ihre Offenheit nicht. Lieber wäre es ihm momentan, sie bedauerte ihn.

Sobald er die Praxis verlassen hat, ist es ihm jedoch deutlich lieber, daß sie Tacheles mit ihm gesprochen hat.

Ja, die Konsequenzen für die eigenen Handlungen zu tragen; das ist meistens die Sache, um die es geht. Und das will niemand wirklich. Andere zu belügen, erscheint den meisten wesentlich attraktiver.
„Ja, das ist nur fair." Er nickt anhaltend zur Bestätigung. Trotzdem betrübt ihn derzeit gewaltig die Vorstellung, für seine Taten geradestehen zu müssen.
„Verstehen Sie mich nicht falsch, Herr Hasten! Ich meine das keineswegs moralisch. Und zudem glaube ich seit langem nicht mehr daran, daß man alles beichten sollte. Denn viele Menschen tun dies lediglich, um ihr eigenes Gewissen zu erleichtern. Jedoch etwas zu gestehen, mit dem man wissentlich einem anderen Menschen Schmerz zufügt, führt so oder so nicht unweigerlich zu einer Belohnung. Somit ist nicht eindeutig entscheidbar, ob Sie es Ihrer Frau erzählen sollten. Es sieht doch so aus, erzählen Sie nichts, bleibt alles, wie es ist. Fliegt es allerdings auf, weil Iris nicht dichthält, ist das nicht zu ändern. In diesem Fall ist allerdings die Wahrscheinlichkeit, von Ihrer Frau keine Absolution zu erhalten, wesentlich höher, als wenn Sie es ihr selbst beichten. Dennoch ist eine solche Beichte keinesfalls ein Garant für ein günstiges Ergebnis. ... Aufgrund zu erwartender unangenehmer Konsequenzen auf die Durchführung einer Entscheidung einfach zu verzichten, macht allerdings nach meinem Dafürhalten den geringsten Sinn."
„Treffe ich aber die falsche Entscheidung, hab' ich mir mögliche Alternativen verbaut."
„Sich für eine Variante zu entscheiden, bedeutet doch *grundsätzlich*, sich gegen sämtliche Alternativen zu entscheiden. Entscheiden Sie sich aus diesem Grund jedoch erst *gar nicht*, treffen Sie damit letztendlich aber trotzdem eine Entscheidung – ebenfalls gegen sämtliche Alternativen!"
„Trotzdem ist es scheiße!"
„Da gebe ich Ihnen recht! Viel schlimmer wäre es allerdings, sich nötigen zu lassen, ein Verhältnis aufrechtzuerhalten, von dem Sie gar nicht mehr überzeugt sind."
Anton Hasten starrt mit zusammengepreßten Lippen vor sich hin; versucht, in Gedanken den Lösungsweg zu beschreiben, um ein Gefühl dafür zu bekommen, wie es wohl sein würde, wenn Lisa ihm den Laufpaß gäbe.
Am Ende dieses Gedankenspiels fühlt er deutlich, was er fürchtet.

„Ich will meine Frau ... unter keinen Umständen verlieren. Das wäre ... schrecklich! Wissen Sie, ich liebe sie nach wie vor. Seit achtzehn Jahren ist sie der wichtigste Mensch in meinem Leben. ... Und in den fünfzehn Jahren unserer Ehe hab' ich kein einziges Mal unser Zusammensein bereut. ... Außerdem kann sie wirklich nichts dazu, einen solchen Idioten zum Ehemann zu haben. Ich meine, ... sie hat nichts falsch gemacht. ... Sie zu betrügen, liegt ja nun mal einzig und allein in *meiner* Verantwortung."

„Eine Möglichkeit wäre, es ihr genauso zu sagen, wie Sie es mir soeben erzählt haben, ... *bevor* Iris plaudert."

„Meinen Sie? Damit hätte ich allerdings die ... Restchance vertan, es dauerhaft verbergen zu können."

„Jedoch würde es Sie ebenfalls vor dem Schicksal bewahren, von nun an in der Angst leben zu müssen, es könne rauskommen. Und Ihre Frau erfährt es aus *Ihrem* Mund."

„Und falls sie mich verläßt?"

„Das ist das, was Sie abwägen müssen! Letztendlich tragen eindeutig Sie allein das Risiko."

„Na, Sie sind mir ja 'ne große Hilfe."

„Das finde ich auch! Immerhin besteht die Hilfe, die Sie benötigen, darin, Sie in der geradlinigen Regelung Ihrer Angelegenheiten zu unterstützen, selbst wenn dabei Ihre Knie schlottern. Da das Leben aus einer Aneinanderreihung unsicherer Ergebnisse besteht, ist eine Vorhersagewahrscheinlichkeit überhaupt nicht nützlich. Ein gutes Standing allerdings, ein gerader Rücken und genügend Mut, um seine Angelegenheiten zu regeln *und* die Folgen ertragen beziehungsweise bewältigen zu können, *das* ist ja wohl absolut nützlich und sinnvoll."

„Lernen Sie das eigentlich vorher auswendig, oder fällt Ihnen das jedesmal spontan ein?" erkundigt sich Anton Hasten anerkennend.

„Ehrlich gesagt, dort hinten steht ein kleiner Teleprompter."

Ein fröhliches *Hohoho* erfüllt erneut den Raum.

Nach einer Weile nimmt der Patient den Faden noch einmal auf. „Also, mir ist deutlich geworden, was Sie mir mitteilen wollen. Und ich habe vorhin überlegt, wie ich gewöhnlich mit schwierigen Situationen umgehe. Dabei ist mir aufgefallen, daß ich ganz oft darauf verzichte, meine Dinge durchzusetzen, aus purer Angst, es klappe nicht. Und hinterher ist es meistens schlimmer als vorher. Daraufhin gebe ich mich mit Bedingungen zufrieden, die ich gar nicht annehmbar finde. Das macht auf Dauer so ... *hilflos*. Ich glaube, genau deshalb bin ich depressiv geworden. Sehr häufig habe ich das Gefühl, ich bewirke nichts, kann nichts verändern und bin nicht gut genug. Ein ... Versager." Er senkt den Kopf, fällt ein wenig in sich zusammen. Wie man es von einem Versager erwartet!

„Gerade tauchen Sie von neuem ein, in Ihre *dicke*, ... *dunkle* ... Versagersuppe." Dr. de Winter betont die Adjektive, um dem Patienten ein Bild von dem zu malen, was er mit sich anstellt.

Seine Analyse war großartig, doch tut er so, als gebe es kein Entrinnen. „Kommen Sie raus da! Sie können sich entscheiden, wie immer Sie wollen. Es liegt an Ihnen selbst. Sie können lügen, betrügen, sich bemitleiden und paralysiert verharren. Andererseits können Sie offen und ehrlich zu Ihren Taten stehen. Aktiv werden und schauen, was sich daraus ergibt."

„Ich mach' das nur schon so furchtbar lange. Wie soll ich denn da noch rauskommen?"

„Machen Sie es einfach anders!"

„Aber *wie* anders? Ich will's ja auch *richtig* machen."

„Was ist denn richtig?"

„Das weiß ich eben nicht. Deshalb mach' ich ja nichts."

„Machen Sie irgendwas! Hauptsache, Sie bewegen sich endlich."

„Egal, *was* ich mache?"

„Alles, was anders ist, ist gut!"

„Okay. Ich werde also gleich heute mit meiner Frau sprechen. Allerdings übernehmen *Sie* die Verantwortung!"

„Gewiß nicht."

„Ich wollte es wenigstens probieren."

Die an diesem Tag letzte Sitzung beginnt. Das Ehepaar Sajović sitzt mit Dr. de Winter im Sprechzimmer. Durch die hohen Fenster sendet die Abendsonne ihre letzten Strahlen in den behaglichen Raum.

Einer davon streift das Gesicht von Vera Sajović, das auf diese Weise wie in goldene Farbe getaucht wirkt. Es läßt ihre Züge weich und zufrieden aussehen.

Leider täuscht der äußere Anschein. Die Ehefrau hat sich während der letzten Wochen andauernd mit dem Thema *Verzeihen* auseinandergesetzt. Doch fällt es ihr nach wie vor extrem schwer. Sie gibt zu, ihrem Mann gegenüber, wegen der Affäre mit seiner Kollegin, regelmäßig in eine Vorwurfshaltung zu verfallen.

„Wenn ich Sie richtig verstehe, Frau Sajović, möchten Sie Ihrem Mann gern verzeihen, haben jedoch das Gefühl, es nicht zu können."

„Genauso ist das! Ich möchte ja gar nicht die von nun an ewig nörgelnde Ehefrau sein, die ihrem Mann einen einzigen Fehltritt lebenslang vorhält. Aber wissen Sie, sobald ich gedanklich an diesem Punkt angelangt bin, fallen mir augenblicklich Gründe ein, warum ich eigentlich doch nicht verzeihen kann!"

„Was für Gründe kommen Ihnen als erstes in den Kopf?"

„Mir war klar, daß Sie das genau wissen wollen. Also … mir fällt ein, daß es sich eben nicht bloß um *einen* Fehltritt handelt, statt dessen hat mein Mann mich immerhin ein Dreivierteljahr nach Strich und Faden betrogen *und* belogen. … Ich hab' ihn während dieser Zeit häufig angerufen. Jedesmal hat er gelogen. Er müsse noch arbeiten, hieß es, er habe gleich ein Meeting, einen Kundenbesuch oder sonst was. Darüber hinaus war er mehrere Wochenenden mit dieser … Dame … auf *Geschäftsreise*. Eine davon fiel sogar in die Schulferien. Ganz spontan hab' ich gesagt, ich wolle mitkommen. Wie er sich da gewunden hat, hätten Sie erleben sollen! Es sei gewiß furchtbar langweilig für mich. Ausgerechnet folge diesmal ein Termin dem nächsten, gar keine Luft für Privates, keine einzige Mahlzeit, die nicht verplant sei, … bla, bla, bla. Und ich blöde Kuh glaub' ihm jedes Wort! … Dann die vielen Es-em-esse, die er bekommen hat. Ach, das sei schon wieder ein Kunde! Man lasse ihn gar nicht in Ruhe. Ich könne froh sein, bloß eine *Verminderte-Stundenzahl-Lehrkraft* zu sein, und so weiter und so fort. … Sobald mir das alles wieder eingefallen ist, bin ich vom Verzeihen so weit entfernt wie Veronica Ferres vom Talent zur Schauspielerei."

„Aber das ist noch nicht alles, oder?" Dr. de Winter hat den Verdacht, es gebe eine Angelegenheit darüber hinaus, die Frau Sajović quält und ihren Weg zu einer lebbaren Lösung behindert.

Deren Blick bestätigt ihr, die richtige Fährte gewittert zu haben. Andererseits ist sich Vera Sajović nicht im klaren, ob sie es im Beisein ihres Mannes thematisieren soll. Zuletzt gelangt sie zu dem Schluß, mit mangelnder Offenheit von vornherein nichts gewinnen zu können. Ärger können sich die Dinge ohnehin schwerlich entwickeln.

Sie strafft die Schultern, schaut ihre Psychotherapeutin geradeheraus an. „Es gibt tatsächlich etwas, das weitaus quälender ist. Ich fühle mich ... *unattraktiv* und *alt*. Seit dieser Sache ... läßt mich das Gefühl nicht mehr los, daß dies alles bloß passiert ist, weil mein Mann mich nicht mehr begehrt."

„Aber Vera! Das stimmt doch gar nicht! Du bist für mich nach wie vor die schönste und erotischste Frau, die ich kenne!"

„Obwohl ich nicht mehr so aussehe wie vor zwanzig Jahren?"

„Ja, sicher." Der Ehemann nimmt eine Hand seiner Frau in seine beiden Hände. „Schau, Liebling, du willst nur noch äußerst selten Sex mit mir! Versteh' mich nicht falsch! Ich will keinesfalls dir die Schuld für mein Fremdgehen in deine schicken Pumps schieben. Doch *ich* fühle mich ebenfalls nicht mehr sonderlich von dir begehrt. Habe ich mal versucht, dich ... na ja, zum Sex zu überreden, hast du mich überwiegend abgewehrt."

„Das stimmt." Vera Sajović wendet sich an die Therapeutin. „Wissen Sie, Frau Dr. de Winter, nach einem normalen Tag mit Arbeit, Essen kochen, Hausaufgaben betreuen, Loreley ausführen – das ist unser Hund – und mit allen zusätzlichen Terminen, da reicht es mir. ... An zwei Nachmittagen in der Woche muß mein Sohn zum Klavierunterricht, meine Tochter hat kürzlich mit Karate begonnen. ... Putzen, Waschen, Bügeln, Auto in die Werkstatt und wieder raus, Arzttermine vereinbaren und einhalten ... und so weiter und so fort. Na ja, das hab' ich ja alles schon erzählt. Jedenfalls bin ich abends meistens so kaputt, daß ich entweder auf dem Sofa einschlafe oder mich früh ins Bett verabschiede. Ich weiß, das sollte keine Ausrede sein, doch ... empfinde ich es einfach als ... *lusttötend*."

„Vielleicht sollten wir uns einmal Ihren vielfältigen Aufgaben zuwenden."

„Meinen Sie, ich soll weniger machen?"

„Möglicherweise."

„Die Dinge müssen aber doch erledigt werden."

„Und Sie fühlen sich überlastet."

„Schon. Aber wie gesagt, die Dinge müssen schließlich erledigt werden."

„Und Sie fühlen sich damit überlastet. ... Was ist Ihrer Meinung nach wichtiger? ... Sich zu überlasten, damit die *Dinge* erledigt werden, oder nicht mehr *überlastet* zu sein? Kurz gesagt, was ist wichtiger, die Dinge oder Sie?"

„Das ist eben mein Problem. Ich weiß einfach nicht, was ich ändern soll."

„Hauptsache, Sie beginnen, etwas anders zu machen. Lassen Sie einfach was von dem weg, das Sie als zu anstrengend empfinden."

„Es muß doch wenigstens einen Sinn machen."

„Tut es ja."

„Und welchen?"

„Weniger belastet zu sein."

„Es gibt mir aber ein Gefühl von Sicherheit, wenn ich meine Abläufe exakt einhalte."

„Das stellt das Problem dar."

„Was jetzt?"

„Na *Sie*, die sich nicht bewegen will! Veränderungen machen Ihnen Angst. Demzufolge sollten Sie lernen, daß es grundsätzlich gar nichts zu befürchten gibt."

„Aha! Und wer erledigt die Dinge, die ich nicht mehr mache?"

„Das wird sich finden. In dem Moment, in dem Sie in der Lage sind, einfach mal loszulassen, werden Sie ganz Erstaunliches feststellen. Daraufhin werden Sie wissen, was zu tun ist. Bestimmt wird es einige Sachen geben, auf die Sie völlig verzichten können, andere wiederum werden Sie delegieren, und wieder andere machen Sie mit deutlich mehr Elan, die rauben Ihnen somit gar keine Energie mehr, lassen Sie sogar neue Kraft gewinnen."

„Das hört sich ja recht vielversprechend an, allerdings bezweifele ich, daß das funktioniert. Nennen Sie mir bitte ein Beispiel für etwas, das man einfach so weglassen kann, ohne daß es damit zu einem Problem wird!"

„Nehmen wir Ihre Bügelwäsche! Bitte sagen Sie mir einmal, was Sie so bügeln!"

„Sollten Sie tatsächlich die Meinung vertreten, ich brauche in Zukunft nichts mehr zu bügeln, muß ich Sie leider enttäuschen."

„Sehen Sie, das ist, was ich meine! Sie sagen, ich solle Ihnen ein Beispiel nennen. Ich versuche Ihnen eines näherzubringen, doch gehen Sie erst gar nicht darauf ein, sondern haben bereits ein fertiges Ergebnis, das alle Veränderung a priori zunichte macht."

„Das ist nervig, nicht?" Alexander Sajović hat sich kurzentschlossen aus dem Stand-by-Modus hochgefahren. „Mit mir macht sie das ganz genauso."

„Entschuldigung, Herr Sajović, ich wollte aus dem Gespräch keine Meinungsumfrage machen, sondern einzig etwas mit Ihrer Frau klären." Dr. de Winter hat absichtlich eine forsche Formulierung gewählt; er soll sich schließlich nicht an die von ihr geäußerte Kritik hängen, da dies bereits deshalb zu einem miesen Gefühl bei seiner Frau führen könnte, weil die anderen sich so prächtig einig sind.

Vera Sajović ignoriert seinen Zwischenruf souverän, knüpft ohne Überleitung an den Dialog zwischen ihr und der Psychologin an. „In Ordnung, die Bügelwäsche. Also, ich bügele natürlich die Hemden meines Mannes, meine eigenen Blusen, Hosen von allen Familienmitgliedern, die Nachtwäsche, Handtücher, Bettwäsche. Na ja, eben alles, was es so zu bügeln gibt. Doch erstens glaube ich nicht, meiner Familie einen guten Dienst zu erweisen, wenn sie von nun an in zerknitterter Kleidung herumläuft, und zweitens mache ich das meistens abends bei laufendem Fernseher. Damit ist es ja sozusagen keine zusätzliche Aufgabe."

„Ich fange mal ganz vorne an! Es ist *nicht* natürlich, die Hemden Ihres Mannes zu bügeln."

„Das habe ich ja gar nicht gesagt!"

„Ich habe leider keinen Mitschnitt der Sitzung, doch haben Sie deutlich geäußert, *natürlich* die Hemden Ihres Mannes zu bügeln."

„Na und wenn! Das sagt man doch so."

„Nein, nicht *man, Sie* sagen das so! Weil für Sie viele Werthaltungen, Anschauungen und Handlungsabläufe existieren, die Sie als vollkommen normal oder gar als *natürlich* ansehen. Genau darin liegt das Problem."

„Macht das nicht jeder so?"

„Nein, nicht jeder. Es ist allerdings richtig, daß wir Menschen dazu neigen, gewisse Dinge, die wir regelmäßig tun, nicht mehr zu hinterfragen, sie statt dessen als selbstverständlich akzeptieren und ausführen. Das ist sogar nützlich. Denn müßten wir jeden Morgen unsere Welt neu definieren, wäre das sehr zeitraubend. Jeden Tag aufs neue zu überlegen, ob es eine sinnvolle Zeitinvestition darstellt, sich die Zähne zu putzen, zu entscheiden, ob man zum Frühstück Marmelade oder Käse bevorzugt, das wäre nicht sinnvoll. Oder sich gar zu fragen, was überhaupt ein Frühstück ist, und ob es für einen persönlich brauchbar ist. Ob einem der Tisch gefällt, an den man sich setzt, und ob man stehend oder sitzend pinkeln will ..."

„Das überlegt mein Mann jedesmal!" Vera Sajović amüsiert sich über ihren eigenen – ausnahmsweise liebevoll provozierenden – Einwurf. Wie eine frisch geöffnete Flasche Sekt perlt ihr Lachen leicht dahin.

Alexander Sajović stimmt ein, reagiert nicht beleidigt auf die Bemerkung seiner Frau. Im Grunde hat er eine Menge Humor, denkt die Psychotherapeutin, spinnt anschließend den Faden weiter. „Ja, manchmal macht es tatsächlich Sinn, Abläufe neu zu durchdenken. Genau das meine ich. Alltägliches darf automatisch ablaufen. Sobald wir jedoch ständig an Grenzen stoßen und uns unwohl fühlen mit dem, was wir tun, wie wir leben, was wir denken oder wünschen, ist es Zeit, darüber nachzudenken, wie wertvoll es überhaupt ist."

„Und Sie finden, ich sollte als erstes über meine Bügelwäsche nachdenken!?"

Dr. de Winter lacht. „Genau. Bügeln dient uns als Beispiel. Stellen Sie sich einmal vor, Sie würden befinden, es nehme zuviel Ihrer kostbaren Zeit und Energie in Anspruch, und Sie fänden es außerdem extrem ätzend! Demzufolge müßten Sie sich etwa im nächsten Schritt überlegen, ob und wie diese Zeitverschwendung zu korrigieren wäre, oder?"

Vera Sajović nickt.

„Zweifelsohne stehen dafür diverse Möglichkeiten zur Verfügung. Zum Beispiel könnten Sie als erstes überlegen, welche Wäschestücke bequem komplett aufs Bügeln verzichten könnten."

„Und welche wären das?"

„Das sollten letztendlich *Sie* entscheiden! ... In *meiner* Welt existiert beispielsweise keine gebügelte Bett- und Nachtwäsche. Hemden sowie Blusen kann man darüber hinaus ganz wunderbar an eine Reinigung oder auf privater Ebene an jemanden delegieren, der entweder bügelwütig ist oder das Geld braucht. In einem Haushalt mit zwei – obendrein sicherlich recht guten – Einkommen ist das doch gewiß eine erlaubte Option."

„Ich hab' dir das ja schon längst angeboten, Vera. Du brauchst meine Hemden tatsächlich nicht zu bügeln. Und auf glatte Bettwäsche bin ich, ehrlich gesagt, ebenfalls nicht besonders scharf. Mir ist viel wichtiger, was drinliegt." Er schmunzelt anzüglich. Schließlich sollte man den Ausgangspunkt dieses Gesprächs nicht vollkommen aus dem Blick verlieren.

Vera Sajović meldet sich erneut zu Wort, ihren Mann hat sie zuvor mit einem flüchtigen Lächeln aus den Augenwinkeln bedacht. „Also okay, Frau Doktor! Und sobald ich das in dieser Art und Weise handhabe, geht es mir rundherum gut?"

Die Psychologin lacht. „Selbstverständlich ist nicht ein grenzenloses Wohlbefinden allein durch die Tatsache zu erwarten, in zerknittertem Bettzeug zu nächtigen. Haben Sie jedoch erst einmal begonnen, in den Modus *Wie erleichtere ich mein Leben?* umzuschalten, werden Ihnen voraussichtlich weitere Dinge ein- und auffallen, die veränderbar sind. Und das geht nicht spurlos an Ihren bisherigen Werthaltungen vorüber. … Nimmt – noch mal als Beispiel dienend – knitterfreie Bettwäsche nicht länger einen hohen Rang ein, sind Sie sozusagen gezwungen, nach brauchbareren Werten Ausschau zu halten. Und in dem Moment, in dem Sie beschließen, *Lebenslust* könne etwa einen brauchbaren Ersatz für das Privileg darstellen, eine perfekte Hausfrau zu sein, sind Sie ein enormes Stück weitergekommen."

„Nur ist es nicht mit allem so einfach wie mit der Bügelwäsche. Eine weitreichende Veränderung setzt ja ebenfalls voraus, daß andere mitziehen. Das wiederum würde bedeuten, auch mein Mann müßte sich einbringen, statt immerfort abwesend zu sein. Und spätestens da wird's heikel."

Die Therapeutin wendet sich an Alexander Sajović. „Sind Sie bereit, Ihren Teil beizutragen?"

„Selbstverständlich! Meine Frau macht mich oft viel schlechter als ich in Wirklichkeit bin."

„Du hast gut reden! Sollst du nur mal Geschirr abtrocknen, machst du doch schon Theater! Und *wie* er das macht." Vera Sajović wechselt den Blick zu Dr. de Winter. „Ich hab' ihm hundertmal gesagt, Geschirr muß man von allen Seiten abtrocknen. Das ist es allerdings nicht allein. Sie müßten mal sehen, wie es auf seiner Seite vom Kleiderschrank aussieht! Da ist nichts logisch sortiert. *Da* hängt 'ne Hose, daneben ein Hemd, dann wieder zwei Hosen. Wissen Sie, wieviel Zeit es mich kostet, das dauernd aufzuräumen? Und ständig sind Löcher in seinen Socken. Stopfen lohnt sich heutzutage ja kaum. Immerhin, da mach' ich mir *keine*

Arbeit. Doch kauft der Mann neue? Nein, er wartet so lange, bis *ich* welche besorge. Die sind allerdings bereits nach kurzer Zeit in den Tiefen seines Schrankes verschwunden. Ich könnte mit x Beispielen weitermachen. Sieht er fern, macht er den Apparat meistens derart laut, daß ich denke, er ist gewiß schwerhörig oder will es unbedingt werden. … Direkt nach dem Frühstück putzt er sich die Zähne. Jeder weiß aber doch, es ist viel sinnvoller, zunächst etwa eine halbe Stunde zu warten, damit man den Zahnschmelz nicht ruiniert." Sie holt tief Luft.

Und schon geht's weiter. „Zum Thema Sex möchte ich noch was ergänzen: Kommt mein Mann zu mir ins Bett, robbt er sich so an und streichelt mir über die Haare. Ich hab' ihm inzwischen mindestens tausendmal erklärt, daß ich das nicht mag. … Und eine Bierfahne find' ich ebenfalls nicht gerade schön."

Die Psychologin schaut Vera Sajović mit undurchdringlicher Miene an. „Kann er denn wenigstens eine Schleife?"

Die Ehefrau legt die Stirn in Falten. Sie kann nicht folgen.

„Na ja! Es hört sich so an, als mache er nichts richtig."

„Wenn es aber doch so ist?"

„Sie haben unter anderem Dinge aufgezählt, die Ihnen einerlei sein könnten; beispielsweise der Zustand seines Kleiderschranks und das mit dem Zähneputzen."

„Muß ich ihn denn nicht darauf hinweisen?"

„Ich finde, das ist keine artgerechte Haltung, Frau Sajović."

„Wie meinen Sie das?" Vera Sajović stutzt. Doch auf einmal fällt ihr die Vielschichtigkeit dieser Aussage auf. Zum einen zielt Frau Dr. de Winter darauf ab, wie arg sie ihren Mann bevormundet. Mitenthalten ist dabei die Aussage, daß sie ihn wie ein Haustier behandelt, das nicht in der Lage ist, eigene Entscheidungen zu treffen. Als sie den Wahrheitsgehalt dieser knapp formulierten Botschaft erkennt, schießt ihr das Blut in den Kopf. „Ach du meine Güte! Ich bin schrecklich, was?"

„Zu mir nicht!" entgegnet die Therapeutin in freundlichem Ton, der Vera Sajović zeigen soll, keiner verurteilt sie. Im Gegenteil lassen sich selbst kritische Botschaften mit Wertschätzung vereinbaren.

„Sie haben vollkommen recht! Mein Mann muß sich ja fühlen wie unser Hund. Nein, falsch! Unsere Loreley behandele ich wesentlich liebevoller. Die streichele und liebkose ich. Sie bekommt das beste Futter, denn sie soll gesund bleiben und ein langes Leben haben. An der mekkere ich auch nicht viel herum. Meistens muß ich eher lachen, wenn sie etwas kaputtmacht oder sonst einen Unsinn treibt."

„Ja, Ihr Hund hat's gut."

„Mmh. Aber wie soll ich das mit meinem Mann hinkriegen? Ich weiß gar nicht, was ich nun tun soll."

„Behandeln Sie ihn wie Ihren Hund!"

Alle drei lachen einhellig. Herr Sajović nimmt erneut die Hand seiner Frau. In einem achtungsvollen Rahmen ist es eben möglich, negative Kritik zu üben und diese anzunehmen, ohne daß ein Dritter Häme empfindet. Dem Ehemann ist in dem Dialog zwischen seiner Frau und der Therapeutin vielmehr deren Bereitschaft aufgefallen, auch an sich selbst zu arbeiten. Er ist nicht länger der Sündenbock, der durch seinen Fehltritt alles allein auszubaden hat.

„Eines möchte ich allerdings noch klären, Frau Dr. de Winter." Vera Sajović fällt es an diesem Punkt wesentlich leichter auszusprechen, was ihr auf dem Herzen liegt. „Das mit dem Verzeihen ist mir noch nicht klar. Schön, ich fühle mich besser, wenn ich einige Dinge verändere, es mir häufiger gutgehen lasse. Bin vielleicht sogar zufrieden. Und trotzdem bleibt die Tatsache bestehen, daß mein Mann mich betrogen hat, und ich mich nicht imstande sehe, es ihm zu verzeihen."

„Das ist leichter, als Sie denken. Sehen Sie, ein gestreßter, unglücklicher Mensch verzeiht nicht so leicht! Ein ausgeglichener, glücklicher schon."

27

Er hatte versucht, mit Martha zu reden. Dreimal hatte er angesetzt, um das loszuwerden, was so sehr auf seiner Seele brannte. Doch hatte sie gar nicht verstehen wollen, hatte ihn regelmäßig nach wenigen Worten abgewürgt. Beim vierten Anlauf war er zumindest zwei Wörter weitergekommen. Um ein Haar wäre sie in diesem Moment ausgeflippt. „Du willst mich doch wohl nicht ganz allein lassen? Einfach alles beenden, oder?" Sie hatte regelrecht geschrien.

„Nun hör' mich bitte erst mal an!" hatte er einen weiteren, kläglichen Anlauf genommen. „Ich bin zu jeder Zeit für dich da. Nur nicht mehr so wie bisher. Es hat sich einiges geändert."

Ihre Augen hatten ihm tausend Blitze entgegengeschleudert.

„Wenn du das tust, wirst du es bereuen, mein Lieber! Das schwöre ich dir bei meinem Leben!"

Daraufhin hatte er sich einfach nicht mehr getraut, das Gespräch in der geplanten Art und Weise weiterzuführen. „Ist ja gut! Es bleibt alles beim alten." Er hatte sie nur noch beschwichtigen wollen, damit sie nicht vollends ausrastete.

Nun mußte er sich also schnellstens eine neue Strategie überlegen. Bevor das Gespräch mit Martha so grundlegend in die Hose gegangen war, hatte er sogar erwogen, im Anschluß auch Mina reinen Wein einzuschenken. Die Last auf seinen Schultern wurde zunehmend gewaltiger. Obwohl reichlich früh, begann er bereits jetzt, Liebe für Mina zu empfinden. Es war einfach etwas ganz und gar Besonderes an ihr, das sie von den Frauen unterschied, die er bisher kennengelernt hatte.

Er konnte es spüren, sobald er mit ihr sprach, mit ihr einkaufen ging oder ihr beim Sex nicht nur körperlich vollkommen nahe war. Er wußte, was es war. Er hatte das Gefühl, in ihr Herz geschaut zu haben. Und das erschien ihm rein und edel.

'Oh Gott!' dachte er beinahe im selben Moment. 'Ich werd' noch zum gedichteschreibenden Warmduscher!' Direkt im Anschluß befand er allerdings, es könne ihm ein schrecklicheres Schicksal widerfahren. Vor allem angesichts Marthas Drohungen.

„Schluß damit!" befahl er sich laut. „Ich werde eine Lösung finden." Ein kläglicher Versuch, sich neuen Mut zu machen, denn Martha war eine harte Nuß. Zur Zeit hatte er noch keine Ahnung, wie er es anstellen sollte. War unter diesen Umständen seine bisherige Zurückhaltung Mina gegenüber nicht allzu verständlich? Was sollte er ihr sagen?

Vielleicht so etwas wie: 'Mina, es gibt da so 'ne Sache, die krieg' ich zwar im Moment nicht in den Griff, doch wollte ich es dir vorab schon mal beichten, damit du ebenso beunruhigt bist wie ich. Außerdem wollte ich mein Gewissen dir gegenüber endlich erleichtern. Und falls du nun findest, ich sei ein Turnbeutelvergesser, so hast du vollkommen recht. Das kommt allerdings nicht zuletzt auch dir zugute, denn ich wickele dir zukünftig jeden Morgen ein Gedicht um dein Frühstücksei.' Sie wäre gewiß hocherfreut.

Nein, damit mußte er allein fertig werden! Zuerst sollte er sich überlegen, wie er die Angelegenheit mit Martha regelte und Mina gegenüber …, nun, das mußte ebenso gründlich vorbereitet sein. Schließlich wollte er es nicht auf der ganzen Linie versauen. Und obschon ihn in seinem gesamten Leben sein Gewissen noch nie so arg bedrängt hatte, wollte er die Zeit mit Mina genießen. Es war so unbeschreiblich schön! Also fort mit den störenden Gedanken! Die Angelegenheit konnte nun noch ein bißchen länger warten. Darauf kam es jetzt auch nicht mehr an.

Er atmete mehrmals tief ein und aus. Danach fühlte er sich ein wenig besser. Nun wollte er rasch zu Mina fahren.

Ihr eine rote Rose mitzubringen, verkniff er sich. Statt dessen wählte er einen bunten Strauß mit vielen verschiedenen Sommerblumen. Nur in die Mitte ließ er eine einzelne dunkelrote Rose einarbeiten. Möglichst unauffällig, dennoch ein Symbol.

Mina freute sich tatsächlich sehr, als Ben ihr wenig später den Strauß überreichte. Er übernahm es überdies, ihn in die Vase zu stellen, denn Mina sorgte an diesem Abend erneut für das leibliche Wohl.

Bei Tisch plauderten sie über diverse Dinge, die sich am Tag ereignet hatten. Ben erzählte von einem Kunden, der sich *stinkstiefelig* aufgeführt habe. Mina berichtete, wie lange die abgehaltene Sprechstunde gedauert habe. Nie sprach sie ausführlich mit ihm über ihre Patienten. Sie äußerte höchstens so etwas wie: „Einer meiner heutigen Patienten hat arge Probleme mit seinem Nachbarn. Der behauptet ständig, mein Patient würde ihm die Zeitung stehlen."

Heute erwähnte sie flüchtig eine Patientin, die ihren Mann mit der Verkäuferin aus dem Geschäft um die Ecke erwischt hatte. „Kannst du dir das vorstellen?" fragte sie Ben daraufhin.

„Und? Du hast ihr sicher geraten, sich umgehend trennen zu müssen."

Mina betrachtete ihn erstaunt. „Nein, wieso? Sie muß doch selbst entscheiden, wie sie ihr Leben führen will. Außerdem kann man so eine Entscheidung ja nicht mal eben aus dem ersten Schmerz heraus treffen."

„Stimmt! Aber später wirst du mit ihr doch sicher besprechen, sie solle lieber gehen, oder?" Unruhig rutschte er hin und her.

„Nein, das werde ich nicht! Wie gesagt, sie muß selbst herausfinden, wie sie damit umgehen will. Ich bin keinesfalls dafür da, ihr zu sagen, was für sie richtig oder falsch ist. Ich begleite sie lediglich in dem, was sie tut."

„Sagen wir mal, du würdest irgendwann den Eindruck gewinnen, sie würde total unglücklich, wenn sie bliebe. Würdest du dennoch nicht versuchen, sie davon abzuhalten?"

„Nein. Oder besser: *jein.*"

„Na also!"

„Nicht, wie du denkst, Ben! Selbstverständlich würde ich sie auf die Risiken aufmerksam machen, die sie bei einer solchen Entscheidung einginge. Jedoch nicht mehr. Ich kann schließlich nicht in die Zukunft schauen. Deshalb weiß ich gar nicht genau, was geschieht, wenn jemand dies oder jenes tut. Bin ich fest davon überzeugt, es geht etwas schief, sage ich es allerdings. Und siehst du, das ist genau das, was so schwer an meinem Beruf ist! Manchmal muß ich leider tatenlos zusehen, wie jemand in sein Unglück läuft."

„Aber wann kannst du denn fest von etwas überzeugt sein?"

„Na, zum Beispiel, wenn ein Ehemann seine Frau stark alkoholisiert mehrfach krankenhausreif geschlagen hat, und nun zum x-ten Mal beteuert, es nie wieder zu tun. Ohne das Trinken aufzugeben, verspricht er lediglich, sich in Zukunft besser im Griff zu haben. In so einem Fall bin ich *absolut* sicher, er wird sie abermals schlagen. Dabei besteht leider jedesmal das Risiko für die Frau, totgeprügelt zu werden."

„Und dann rätst du ihr, ihn schnellstens zu verlassen!"

Mina war recht erstaunt über sein derart penetrantes Nachgehake. Daß es einen triftigen Grund dafür gab, ahnte sie nicht. Sie reimte sich lediglich zusammen, er sei möglicherweise selbst mal sehr enttäuscht worden, und das Thema berühre ihn deshalb besonders. Allerdings wollte sie nicht fragen. Hielt er es für angebracht, würde er es gewiß von selbst erzählen.

„Nein, selbst dann nicht!" korrigierte sie nun seine zuletzt getroffene Aussage. „Ben, verstehst du? Ich kann und darf nicht das Leben meiner Patienten leben! Ich kann ihnen lediglich Ungereimtheiten, Widersprüche, Risiken und Chancen aufzeigen. Ich frage auch manchmal, warum jemand glaubt, unbedingt so oder so handeln zu müssen. Ebenfalls weise ich in einzelnen Situationen darauf hin, wie unvernünftig oder sogar absurd etwas auf mich wirkt. Ab und an äußere ich in Umkehrung des Sprichwortes *Augen zu und durch*, es sei in Ordnung, wenn jemand in sein Unglück laufe, doch er solle verdammt noch mal die Augen dabei auflassen. ... Niemals sage ich jedoch: 'Gehen Sie nicht über Los, sondern direkt nach Hause. Und dann schicken Sie Ihren prügelnden Ehemann ins Gefängnis.' ... Das ist nicht mein Recht! Verstehst du, was ich meine?"

„Klar! Jetzt stell dir statt dessen mal vor, du hast eine Patientin, die angibt, sie sei zwar verheiratet, habe sich dennoch unsterblich in einen anderen Mann verliebt. Nun leide sie unter ihrem schlechten Gewissen, weil – sagen wir mal – zudem ein gemeinsames Kind im Spiel sei. Trotzdem wolle sie total gern mit dem neuen Mann leben."

Unwillkürlich mußte Mina lachen. „Na, das ist nun aber einfach!" Sie wurde von einem Moment auf den anderen ernst. „Weißt du, haben sich zwei Menschen einmal in Liebe zusammengefunden, sollte man erst einmal alles versuchen, diese Liebe zu erhalten. Verliebtsein ist rasch verflogen. Vertrauen, Gemeinsamkeit und Zusammenhalt stellen jedoch Werte dar, die sich nicht mal eben austauschen lassen. Es braucht Zeit, das aufzubauen; und Mühe, es zu pflegen. … Nun kommt also besagte Frau zu mir und erzählt mir besagte Geschichte. Zunächst erörtere ich mit ihr gewiß alles, was ein weiteres Zusammenleben mit dem Ehemann möglich macht. Als erstes sollte sie mit ihrem Mann reden, schließlich muß er gleichermaßen entscheiden dürfen, wie er mit der Situation umgehen will. Zudem weise ich sie deutlich darauf hin, daß sie den neuen Mann aller Wahrscheinlichkeit nach nicht liebt, sondern eher verliebt in ihn ist. Liebe kann sich ja erst im gemeinsamen Alltag aufbauen, nicht im rauschseligen Beisammensein für wenige Stunden, die meistens ausschließlich damit verbracht werden zu vögeln."

„Bisher hatte ich den Eindruck, du vögelst ganz gern." Er grinste anzüglich.

„Ist es dir doch so bald schon aufgefallen", gab sie ironisch zurück.

Lachend setzte er noch einmal nach. „Also mal im ernst! Wir wohnen nun ebenfalls nicht zusammen, verbringen lediglich unsere Freizeit miteinander. Wir haben zwar nicht ausschließlich Sex, allerdings doch sehr häufig. Was ist denn deiner Meinung nach der Unterschied?"

Mina nahm seine Hand und antwortete ebenso ernsthaft, wie er gefragt hatte. „Es ist wunderschön mit dir. Und nicht nur der Sex. Ob sich zwischen uns jedoch Liebe entwickelt, muß sich noch zeigen. Ich halte das keinesfalls für ausgeschlossen, ganz und gar nicht! Nur kann es erst die Zeit bringen. Alltag, Krisen, Streß. Diese Dinge sind ja bisher – was sicherlich sein Gutes hat – noch gar nicht vorgekommen."

Ben blieb eine Weile stumm. Natürlich hatte sie absolut recht. Es war viel zu früh, von Liebe zu sprechen. Dennoch hätte er es allzugern getan, immerhin hatte er nie zuvor derart empfunden. Nach dem Tod seiner Frau hatte er nicht einmal mehr daran geglaubt. Sie war ein liebenswerter Mensch gewesen, und er hatte sie so viele Jahre gekannt. In seinem enormen Kummer über ihren Tod hatte er sich anschließend mit Martha eingelassen. Nebenher hatte er eine Reihe bedeutungsloser Affären begonnen und rasch wieder aufgegeben. Allerdings stets mit einem schlechten Gewissen.

Nicht Martha gegenüber! Die Frauen selbst waren es, wegen derer er sich regelmäßig gegrämt hatte. Schließlich hatte er sich mit ihnen eingelassen, ohne ihnen das geben zu können und zu wollen, was diese sich gewiß von ihm erhofft hatten, was wiederum nichts mit Martha zu tun gehabt hatte, sondern ausschließlich mit Andrea, seiner verstorbenen Frau.

Mit Mina war es anders. Ganz sicher hatte er sich in sie genausowenig verlieben wollen. In sie schon gar nicht! Doch war es einfach passiert. Er konnte sich ihrem Bann nicht entziehen. Anfangs hatte er sich dagegen gewehrt, alles schön an der Oberfläche halten wollen, damit er zu gegebener Zeit einfach wieder herausgekommen wäre. Statt dessen hatte das Ganze bereits jetzt eine emotionale Tiefe erreicht, deren Ende nicht abzusehen war. Er fiel und fiel, tiefer und tiefer. In Empfindungen, die er nicht einmal benennen konnte. Sie durchdrangen ihn mit jedem Tag heftiger. Als sei er abgetaucht in Gewässer, die sich komplett von der Welt, wie er sie vorher erlebt hatte, unterschieden.

Alles erschien mittlerweile angenehm und lohnend. Durch Mina eröffneten sich ihm Welten, von deren Existenz er bis dahin nicht einmal etwas geahnt hatte. War er bei ihr, legte sich – bis auf wenige Ausnahmen – augenblicklich das Tosen in seinem Inneren, und es erfüllten ihn Ruhe und Zuversicht.

Dies alles sprach er jedoch nicht aus. Vielleicht wollte er es irgendwann einmal tun. Er hoffte, eine passende Gelegenheit zu finden, zu der er ihr sein Herz komplett öffnen konnte. Er wünschte es sehr. In diesem Moment äußerte er bloß: „Ich weiß, was du meinst. Alles, was du über deine Patienten und über die Liebe gesagt hast. Danke für deine Offenheit. Und besonders schön erscheint mir dein liebevoller und wertschätzender Umgang mit anderen."

Beide waren alsdann mit ihren ganz eigenen Gedanken beschäftigt. Nach einer Weile fragte Ben unvermittelt: „Hast du eigentlich nie daran gedacht, Kinder zu haben?"

Als er ihren erschreckten Blick wahrnahm, fügte er rasch hinzu: „Nein, nein, so meine ich das nicht! Ich weiß nur so wenig über dich."
Bisher hatten sie tatsächlich über wenig Vergangenes gesprochen. Wahrscheinlich lag es vor allem daran, daß beide dieses Thema als heikel einstuften. Allerdings aus ganz unterschiedlichen Gründen.
Mina unternahm einen letzten Versuch, gewisse Ereignisse weiterhin zu verschweigen, obwohl ihr dessen wahrscheinliches Mißlingen deutlich bewußt war. „Du weißt alles über mich, was du wissen mußt, um zu verstehen, wer ich bin."
„Das glaube ich gern. Trotzdem bin ich daran interessiert zu erfahren, wie du zu dem Menschen geworden bist, der du bist."
Das hatte sie sich bereits gedacht. Er ließ sie nicht mehr vom Haken. Also beschloß sie, direkt volle Fahrt aufzunehmen, um es hinter sich zu bringen. „Ich hatte ein Kind!" entfuhr es ihr deshalb viel lauter, als sie beabsichtigt hatte. Der gescheiterte Versuch zu vermeiden, es kläglich klingen zu lassen; zudem wollte sie keinesfalls so leise sprechen, daß er hätte nachfragen müssen.
„Oh!" gab er lediglich zurück. Damit hatte er nicht gerechnet. Aus der Art ihrer Antwort und der Formulierung entnahm er, es müsse sich um eine Geschichte ohne Happy End handeln. Andererseits war es zu spät, einen Rückzieher zu machen. Das hätte ja so ausgesehen, als könne er nichts Negatives hören oder gar verkraften.
Um ihretwillen wünschte er jedoch, nicht gefragt zu haben. „Willst du mir erzählen, was passiert ist?"
„Ich habe sehr jung geheiratet, war bereits schwanger. Georg, mein Ex-Mann, freute sich sehr über die Schwangerschaft. Zwar hatte ich eben erst die Zwanzig überschritten, doch er war immerhin Anfang dreißig. Bald kam Yasmin zur Welt. ... Sie war ein so wunderschönes Geschenk." Kaum wahrnehmbar lächelte sie, und ihre Augen leuchteten in der schönen Erinnerung an vergangenes Glück.
Nachfolgend verdüsterte sich ihr Gesicht von einem Moment zum anderen. „Sie war bereits in der Schule. Während des Schwimmunterrichts ist sie ... ohne jegliche Vorankündigung ... im Wasser zusammengebrochen und ertrunken. Unerklärlicherweise blieb das zunächst völlig unbemerkt von Bademeister, Lehrer und Mitschülern. Später stellte sich heraus, Auslöser oder gar Ursache war ein unentdeckt gebliebener Herzfehler. ... Yasmin war seit eh und je blaß und zart gewesen, zudem

wurde sie recht schnell müde. Doch sämtliche ärztliche Konsultationen, die in all den Jahren durchgeführt wurden, blieben ohne Befund. ... Man hätte weitreichendere Untersuchungen veranlassen müssen, um das Problem aufzudecken. Auf diese Idee kam allerdings niemand, da die Symptome nicht besonders gravierend waren. Yasmin war ein fröhliches Kind. ... Daneben nicht besonders aktiv zu sein, sondern häufig und gern Dinge für sich allein zu tun, schrieben wir ihrer Persönlichkeitsstruktur zu. ... Nach ihrem Tod waren Georg und ich uns einig, keine weiteren Klärungen zu wünschen oder gar Schuldzuweisungen vornehmen zu wollen. ... Es hätte unsere grenzenlose Trauer nicht vermindert. ... Darüber hinaus wollten wir uns durch ... unnütze Wut oder gar ... Haßgefühle auf irgendwelche Personen, die durch frühzeitiges Handeln vielleicht das Leben unseres Kindes hätten retten können, nicht in der Trauerphase irreleiten lassen." Ihr Blick schien sich im Unendlichen aufzuhalten.

Gefangen im Strudel schmerzlicher Erinnerungen. „Yasmin ist nur acht Jahre alt geworden."

Verschleierte Augen richteten sich nun auf Ben. Eine Träne löste sich endlich aus dem unteren Wimpernrand und rollte, als solle ihr Fortbewegen unbemerkt bleiben, sachte die Wange hinab.

Bevor sie ihren Weg beenden konnte, beugte sich Ben vorsichtig nach vorn und küßte Minas Gesicht genau an der Stelle, an der die Träne gerade angelangt war.

„In der Folgezeit haben wir uns trotz aller Bemühungen in unterschiedliche Richtungen entwickelt. Irgendwann ist ein Zusammenleben einfach nicht mehr möglich gewesen. Nach weiteren fast vier Jahren haben wir uns getrennt. Doch weißt du, Ben, weder mit dem Ausgang meiner Ehe an sich noch mit Yasmins Tod hadere ich! Die Jahre mit Georg und erst recht die Jahre mit meiner geliebten Tochter, die mich so unendlich bereichert hat, gehören zu den wertvollsten meines Lebens. ... Und Yasmin lebt ja in meinem Herzen weiter. Alles entsteht und vergeht. ... Das ist unser Leben. Vergänglichkeit! Wir können nichts festhalten. Und obwohl es beharrlich wiederkehrt und jedesmal aufs neue schmerzt, bin ich dankbar für jede einzelne Minute, die ich mit Yasmin verbringen durfte."

Ben nahm sie in die Arme und ... weinte, lange und bitterlich. Zum ersten Mal seit langer Zeit.

Mina tröstete ihn. Sie war im reinen mit ihrem Schicksal. Er war es nicht. Es war nicht Minas Kind, das er betrauerte – oder doch nur zu einem geringen Teil. Vielmehr rührte ihn die Erinnerung an sein eigenes Geschick zu Tränen. Doch *ein* totes Kind war mehr als genug für einen Abend. Deshalb sagte er nichts. Zudem hätte es noch eine Reihe anderer Dinge zu erzählen gegeben. Entscheidendere Dinge!

Und dabei bildete die Geschichte mit Martha lediglich die Spitze des Eisbergs.

28

„Ich habe gestern abend einen Film angeschaut. Ein Mann saß auf einer Dachterrasse. Er legte seine Uhr ab, nahm seine Brieftasche aus der Hose und legte sie daneben. Anschließend schaute er zum Himmel. In die strahlende Sonne. ... Er stieg über das Geländer, sah hinunter in die Tiefe – es war *sehr* tief. Dann sprang er. ... Einfach so." Janina Hofmann starrt vor sich hin.

Dr. de Winters Blick ruht geduldig auf ihr, sie läßt ihr Zeit.

Nach einer Weile des Schweigens versucht sie, den Gedankenfluß der jungen Frau erneut in Gang zu setzen. Sie will ihr damit ersparen, sich in einer Schleife zu verfangen, in der die Gedanken zwanghaft verarbeitet werden. „Sie haben gewiß einen Grund, mir diese Filmszene zu schildern." Nur das. Keine Frage, keine Vermutung. Letztendlich weiß sie bereits, warum sie am abendlichen Fernsehprogramm ihrer Patientin teilhaben soll.

Janina Hofmann schaut auf, blickt ihrer Therapeutin fest in die Augen. In ihren eigenen schimmert ein seichter Glanz. Dabei ist nicht eindeutig zu erkennen, ob es sich um Tränen handelt. „Als die Szene vorbei war, dachte ich: 'Guck mal! So schnell geht das; in dem einen Moment lebt man noch und im nächsten kann man schon tot sein.'"

Ja, heute geht es ihr wieder nicht gut. Zu viele Gedanken! Nachdem sie geraume Zeit wunderbar durchgehalten hat, sich stets aufs neue ihren Zwangsgedanken ohne Neutralisierungsversuche gestellt hat, haben sie sie eingeholt.

Weiterhin fixiert sie forschend ihre Psychologin. Als wolle sie im Gesicht ihres Gegenübers erkennen, ob sie wohl noch deutlicher werden könne.

„Ich dachte", fährt sie endlich fort, „ich dachte, wissen Sie, ... das ist doch eigentlich ganz einfach! Man muß bloß ... *springen!*" Sie betont das letzte Wort derart nachdrücklich, als handele es sich um eine Aufforderung. „Und alles wäre vorbei. Alle Sorgen, alle dunklen Gedanken. Mit einem Mal wäre man all das los. Dieser Gedanke wirkte so verführerisch, je länger ich ihn in meinem Kopf bewegte. ... Jetzt weisen Sie mich sicher ein." Sie versucht, sich ein Lächeln abzuringen. Es mißlingt. Heraus kommt eine Fratze. Eine ungemein verzweifelte noch dazu.

„Spielen Sie ernsthaft mit dem Gedanken, Ihr Leben zu beenden?" hakt Dr. Wilhelmina de Winter nach, ohne auf die letzte Bemerkung einzugehen. „Oder erscheint es bloß verführerisch, nicht länger von belastenden Gedanken gequält zu werden?"

„Ich sehe da keinen Unterschied. Natürlich will ich, daß diese Gedanken aufhören. Und dieses schreckliche Gefühl, diese Hoffnungslosigkeit, dieses *Sich-schlecht-fühlen*. Statt fröhlich zu sein, das Leben zu genießen. Ich möchte mal wieder ... Glück empfinden! Nein, nein, nein, so stark muß das Gefühl gar nicht sein", korrigiert sie sich. „Ich will einfach nur morgens aufwachen und ein gutes oder wenigstens *neutrales* Gefühl haben. Verstehen Sie?"

„Ich glaube ja. Sie wollen nicht sterben, Sie wünschen sich lediglich ein Ende der Grübeleien. Sie wollen einen Tag mit dem Gefühl beginnen, zuversichtlich der Zukunft entgegensehen zu können. Sie wollen nicht tot sein, im Gegenteil, im Grunde wollen Sie sich endlich wieder richtig lebendig fühlen."

„Genau das ist es! Ich will nicht sterben, ich habe sogar beträchtliche Angst davor. Manchmal grübele ich darüber nach, wie schlimm es beispielsweise wäre, die Diagnose zu erhalten, man sei schwer krank, habe nur noch wenige Monate zu leben. Das stelle ich mir absolut grauenvoll vor."

„Sicherlich ist solch eine Situation schwer zu bewältigen. Jedoch beinhaltet bereits unsere Geburt die Diagnose Tod, bekanntlich sind wir ja alle sterblich. Nur wissen wir in aller Regel nicht, wann unser Leben zu Ende sein wird."

„So habe ich es noch gar nicht betrachtet. ... Ich muß also versuchen, mein Leben so lohnend wie möglich zu gestalten. Und ich *will* leben! Ja, genau das will ich, nur weiß ich nicht wie. Verstehen Sie, ich weiß

einfach nicht mehr, wie das noch mal geht." Jetzt handelt es sich eindeutig um Tränen. „Ich habe völlig verlernt, wie man das macht, und ich wünsche mir so sehr, es wieder hinzubekommen!"
Eine Träne rollt hastig die Wange hinunter, bis sie vom linken Mundwinkel gebremst wird. Janina Hofmann fährt mit der Zunge über ihre Lippen, um die salzige Träne aufzunehmen, denn es kitzelt ein bißchen. Danach wischt sie mit dem Handrücken über ihre Wange und zieht kräftig die Nase hoch. „Glauben Sie, ich kann das wieder lernen?" Sie ist nun ein wenig gefaßter.

„Das glaube ich in der Tat!"

Die junge Frau nickt bedächtig. Genau das hat sie zu hören gehofft. Sie braucht im Moment so sehr jemanden, der ihr Kraft verleiht. Und daß die Therapeutin ihre Suizidphantasien gelassen hingenommen hat, um sie zunächst zu hinterfragen und auf Ernsthaftigkeit zu überprüfen, tut doppelt gut. Sie kann keine hysterischen *Oh-welche-Verantwortung-soll-ich-da-tragen*-Ausrufe gebrauchen. Das würde sie gehörig verunsichern. Doch das jetzige Gespräch hat ihr verdeutlicht, daß sie wirklich bloß einen einzigen Wunsch hat, nämlich den zu leben! Und das möglichst ohne dieses niederdrückende Gefühl.

„Wenn Sie mich weiterhin begleiten, glaube ich ebenfalls, es zu können." Ein vorsichtiges Lächeln. Erst bei der Patientin, dann offensichtlicher bei der Therapeutin. „Also machen wir uns auf den Weg! ... Sie haben anfangs mal von Ihrem Freund erzählt. Doch in den letzten Sitzungen ist sein Name – Jonathan, falls ich mich recht erinnere – gar nicht mehr aufgetaucht. Gibt es einen Grund?"

Oft führt einen Psychologen die reine Intuition oder Erfahrung zu gewissen Fragen.

Von außen betrachtet wirken diese zuweilen zusammenhanglos. Sie sind es jedoch nicht. Der verbindende Faden ist lediglich unsichtbar. Sozusagen hinter der Stirn des Therapeuten verborgen.

„Ja, den gibt es tatsächlich."

Treffer!

„Sehen Sie, Frau Dr. de Winter, ständig gehen die Männer! Die halten es mit einer wie mir nicht lange aus. Anfangs finden sie mich anregend, später nur noch an*strengend*. Zu Beginn sind sie aufmerksam, liebevoll, überschütten mich mit Komplimenten, später mit Vorwürfen oder Mißachtung. Mein letzter Freund beispielsweise hat mir zu jeder Verabredung Pralinen oder Blumen mitgebracht. Und der Sex, ... der übertraf wirklich alles. Ja, der Sex war am besten. Wir sind jedesmal sofort übereinander hergefallen. Und ganz unvermutet, wir waren letztendlich nicht einmal ein Vierteljahr zusammen, stellen Sie sich das vor, plötzlich ist alles vorbei!"

„Manchmal dauert eine Beziehung eben nur 9 ½ Wochen."

Janina Hofmann schaut die Psychologin zunächst skeptisch an. Plötzlich beginnt sie, amüsiert zu lachen. „Langsam begreife ich Ihre hintergründigen Bemerkungen bereits auf Anhieb. Sie wollen mir bestimmt mitteilen, es könne dann auch keine Liebe gewesen sein, sondern vielleicht nur Lust oder so. Wie in dem gleichnamigen Film."

„Oh, ich muß demnächst meine Taktik ändern! Inzwischen durchschauen Sie mich zu rasch. Da macht es ja gar keinen Spaß mehr. Aber ernsthaft! Sie dürfen nicht jedesmal sofort davon ausgehen, etwas falsch gemacht zu haben. Manchmal entwickeln sich die Dinge so, weil die Absichten der anderen nicht deckungsgleich mit den eigenen Wünschen und Vorstellungen sind."

„Trotzdem denke ich, bei meinem Ex könnte es mit meinen Zwängen in Zusammenhang gestanden haben. Wer kann denn als *Normalo* unterscheiden, wann es sich um eine Psychopathin und wann um eine hochmoralische Frau mit lediglich Zwangsgedanken handelt?"

„Na ja, das ist einfach! Wacht man tot auf, hat man mit einer Psychopathin die Nacht – oder zumindest einen Teil davon – verbracht."

„Bitte hören Sie auf! Das hält meine Bauchmuskulatur nicht aus. Sie sind so gemein! Ich komme depressiv hierher, und Sie bringen mich dazu, statt mich vom Hochhaus zu stürzen, mich totzu*lachen*."

„Entschuldigung! Aber ich konnte Ihre Vorlage einfach nicht ignorieren."

„Ich verzeihe Ihnen! Und zwar aus tiefstem Herzen."

„In Ordnung, ich habe den Schaden angerichtet, also bin auch ich diejenige, die versucht, uns erneut auf die Spur zu bringen. Also, ... mir ist klar, was Sie meinen. Gut, gehen wir mal von Ihrer Theorie aus!"

„Von welcher jetzt genau?" Ein Kichern begleitet den Satz.

Die Therapeutin wendet alle Kraft auf, um sich zu fassen. „Von der Theorie, die Männer könnten es nicht mit Ihren Zwangsgedanken aufnehmen beziehungsweise damit, daß Sie unter welchen leiden. Wie ist es diesbezüglich mit Jonathan?"

„Ich hab' aus meinen Fehlern gelernt. Deshalb habe ich ihm zunächst nur das Nötigste von meiner Störung erzählt. Nur leider hat er zwangsläufig die Psychiatriezeit mitbekommen. War ein hartes Stück Arbeit, ihn trotzdem ein wenig im unklaren zu lassen."

„Dennoch läuft was schief. Oder gerade deswegen?"

„Weiß ich gar nicht genau." Sie zögert. „Oder besser gesagt, ich weiß nicht, ob es an *mir* liegt. Obwohl ich glaube, andersdenkend zu wirken; selbst wenn man nicht genau weiß, woran ich leide. Ich bin insgesamt recht streng, was moralische Vorstellungen und Ansprüche betrifft. Und ich bin in etlichen Situationen und bei anstehenden Entscheidungen ausnehmend ängstlich. Das kann ich beim besten Willen nicht vollkommen verbergen."

„So ganz ist mir Jonathans Verhalten noch nicht klar."

„Na ja, er ist in letzter Zeit nicht mehr besonders aufmerksam. Auch Sex will er nur noch selten. Anfangs konnte er nicht genug von mir kriegen. Jetzt muß ich ihn oft überreden. ... Häufig hat er schlechte Laune. Ich versteh' das sogar zum Teil. Er macht derzeit seinen Facharzt. Wir haben uns ja in der Klinik kennengelernt, als ich dort meine Ausbildung absolviert habe. Er muß viel lernen. Und der Dienst ist anstrengend, was sich über die Zeit allerdings nicht verändert hat. ... Doch *er* hat sich verändert. Dabei trage ich ihm ... wirklich ..., Entschuldigung, aber ich muß das so deutlich ausdrücken, ... ich trage ihm den *Arsch* nach! Egal, ob wir bei mir oder bei ihm sind. ... Ich koche für ihn, bringe ihm vom Einkauf auch Sachen für *seinen* Kühlschrank mit, putze seine Wohnung und räume sie auf. ... Ist er gereizt und ungehalten mir gegenüber, bin ich besonders liebevoll zu ihm, weil ich denke, er hat so viel Streß, da will ich ihm nicht zusätzlich welchen machen. ... Doch es nützt alles nichts."

„Daran liegt's."

„Was? Woran? Versteh' ich nicht. Ich mache zunehmend mehr, und er wird fortwährend muffeliger. Da denkt man doch, der Frosch – den man ständig küßt – wird endlich zum Prinzen. Aber nichts da!"

„Das liegt daran, daß Sie das Märchen nicht richtig gelesen haben."

„Wieso? In dem Märchen *Der Froschkönig* küßt die Prinzessin den Frosch und der wird daraufhin zum Prinzen, oder nicht?"

„'Oder nicht' ist in diesem Fall die richtige Antwort. Ich sagte ja bereits, Sie haben das Märchen nicht aufmerksam gelesen. Also, erstens war der Frosch bereits *vorher* ein Prinz, der mit einem Fluch belegt worden ist. Diesbezügliche Informationen über das Vorleben Ihres Freundes liegen mir konkret nicht vor. ... Und zweitens wird der Frosch in dem Moment erneut zum Prinzen, in dem die Prinzessin ihn an die Wand wirft."

Janina Hofmann stutzt ungläubig. Sie überlegt. Doch ja, Dr. de Winter hat recht! Mal wieder. Is' ja eh klar! Da gibt es nichts zu rütteln. Die Prinzessin wirft den garstigen Frosch an die Wand, als sie endlich die Schnauze voll hat. Und erst in diesem Augenblick verwandelt er sich in einen wunderschönen Prinzen. Na ja, wunderschön muß Jonathan gar nicht werden. Hauptsache, er wird weniger garstig.

Die junge Frau lacht herzhaft auf. „Ach, Frau Doktor! Wenn ich Sie nicht hätte! Nur was soll ich tun? Jonathan an die Wand werfen?"

„Genau! Selbstverständlich im rein übertragenen Sinne. Werde ich von jemandem nicht ausreichend wertschätzend behandelt und verhalte mich daraufhin dem anderen gegenüber – sozusagen als Belohnung für sein Fehlverhalten – noch liebevoller als zuvor, ... was schließt er wohl daraus?"

„Daß ich es prima finde, mies behandelt zu werden?"

„Das wäre sicherlich eine Variante. So weit muß man allerdings gar nicht gehen. Zumindest drängt sich ihm die Schlußfolgerung auf, es sei einerlei, ob er sich Mühe gibt oder nicht."

„Oder er könnte sogar den Schluß ziehen, wenn er sich besonders ekelhaft verhält, gebe ich mir ausnehmend viel Mühe, um ihn milde zu stimmen. Dann könnte es passieren, daß er mich absichtlich gemein behandelt", ergänzt die Patientin.

„Sie meinen, er könnte ein Machtgefühl damit befriedigen? Nun, ... kann sein. Aber das unterstellen wir ihm jetzt mal nicht. Zunächst geht es bloß darum, die Interaktion zwischen Ihnen logisch aufzubereiten. Wie eine aufgestellte Gleichung, in die man eine Zahl für die Unbekannte einsetzt. Danach schaut man, ob die Gleichung aufgeht; ob also auf der rechten Seite das gleiche steht, wie auf der linken. Und so, wie wir es eben entwickelt haben, geht die Gleichung auf, oder?"

„Stimmt! Das ist eigentlich ganz einfach. Warum bin ich nicht selbst darauf gekommen?"

„Sie wollten mir die Freude lassen, es Ihnen vor Augen zu führen."

„Richtig, das war's."

„Doch ist es in der Tat häufig nicht so einfach, die Dinge logisch zu durchdenken, steckt man mitten im Problem, vor allem, wenn man gefühlsmäßig stark beteiligt ist."

„Und was soll ich nun tun?"

„Zeigen Sie Jonathan, wann Ihre Grenze erreicht ist! Sagen Sie ihm, was Sie verletzt und bitten Sie ihn, Sie zukünftig pfleglicher zu behandeln! Sollte er Ihrer Bitte beim nächsten Mal nicht nachkommen, was glauben Sie, was dann wichtig und richtig sein könnte?"

„Dann sollte ich vielleicht deutlicher werden, damit er kapiert, wie ernst es mir ist."

„Sollten Sie dabei jedoch Konsequenzen ankündigen, ist es nötig, diese notfalls einhalten zu können. Selbst wenn Sie einfach bloß sagen, Sie möchten so und so nicht mehr behandelt werden, es dennoch beim nächsten Mal erneut klaglos geschehen lassen, hört er irgendwann gar nicht mehr zu, sobald Sie diesbezüglich das Wort an ihn richten."

„Ich werde es mal ausprobieren. Hoffentlich gelingt es mir."

„Falls nicht, ist es gar nicht schlimm. Man muß nicht sofort alles beherrschen. Sollte es nicht gelingen, besprechen wir anschließend, woran es gelegen haben könnte, dann wird's beim darauffolgenden Mal bereits einfacher. Und irgendwann funktioniert's. Mir ist aber noch etwas anderes aufgefallen, Frau Hofmann. Ich finde, Sie benehmen sich teilweise wie eine Haushälterin. ... Das wirkt nicht besonders sexy auf einen Mann. ... Oder würden Sie Ihren Freund ins Bett zerren wollen, liefe er den ganzen Tag mit Schürze und Staubwedel herum, und riebe Ihnen das obendrein ständig unter die Nase?"

„Weil ich so *enttäuscht* bin! Ich tu so viel für ihn, und er flirtet lieber mit den Schwesternschülerinnen als mit mir! Doch glauben Sie wirklich, er interessiert sich wieder mehr für mich, sobald ich nicht mehr bei ihm putze?"

„Das ist es nicht allein. Warum machen Sie nicht mal Ihr eigenes Ding? Gehen Sie mit Freundinnen aus! Suchen Sie sich ein Hobby! Tun Sie etwas, das Ihnen Freude bereitet! Dadurch sind Sie nicht mehr so abhängig von seinen Launen. Und Sie werden wieder interessanter für ihn, weil nicht alles so berechenbar ist. Stellen Sie sich vor, in Ihrem Kühlschrank steht ... tagein, tagaus ... Ihr Lieblingsgericht! Sie müssen lediglich die Tür öffnen, es herausholen und essen. Oder es springt sogar von selbst auf Ihren Teller, um verspeist zu werden. Sie werden viel seltener Appetit darauf haben, als wenn es nicht andauernd verfügbar ist, oder? Von dieser Erkenntnis leben ganze Industrien. Sie kennen gewiß diese Produkte, die es ausschließlich zu gewissen Jahreszeiten gibt! Die Leute kaufen viel mehr davon, als Sie erwerben würden, wären diese jederzeit erhältlich."

„Das bedeutet, wenn ich mich rarer mache, nicht mehr so sehr auf Jonathan fixiert bin, wendet er sich mir wieder zu?"

„Vorausgesetzt, er liebt Sie und will noch mit Ihnen zusammen sein. Hat er bereits einen anderen Weg gewählt, funktioniert das selbstredend nicht. Allerdings ist es dann ebenfalls ein Ergebnis. Daraufhin könnten Sie sich überlegen, was Sie tun wollen. Eines ist mir dabei jedoch wichtig! Wenden Sie es bitte nicht sozusagen als Masche an! Sie sollen sich tatsächlich anderweitig amüsieren, Spaß haben an irgendwelchen Dingen und mit anderen Menschen. ... *Fühlen* Sie es nicht, können Sie es gleich lassen! Es soll kein Trick sein, sondern eine veränderte Lebens- und Beziehungsauffassung, die zu höherer innerer Zufriedenheit führt."

„Ich glaube, ich habe mich jedesmal zu sehr an die Männer gehängt. Hab' stets alles für sie getan."

„Und darum dachten Sie, sobald es nicht gut läuft, müssen Sie *noch mehr* tun. Jedoch ist genau das Gegenteil der Fall."

Der Patientin kommt ihr eigenes Beispiel aus der letzten Sitzung in den Sinn. *Das* war also gemeint mit dem Musikhören. Da hat sie sozusagen aus Versehen richtig gelegen. Sich auf eigene Dinge zu konzentrieren, das eigene Leben lohnend zu gestalten, *das* ist wichtig.

29

Er war entsetzlich aufgewühlt. Es hatte sich keine weitere Gelegenheit ergeben, die eine Klärung hätte herbeiführen können. Dabei hatte er sich in Gedanken fortwährend alles Mögliche zurechtgelegt, was er ihr hätte sagen wollen, und vor allem, *wie* er es sagen wollte. War er jedoch mit ihr zusammen, zauderte er, die Worte blieben ihm buchstäblich im Halse stecken. Zu sehr war ihm noch das letzte Mal gegenwärtig; dieser unbändige Zorn, den sie auf ihn hatte niederprasseln lassen, saß enorm tief.

Entmutigt senkte er den Kopf, starrte vor sich hin. Was sollte er bloß tun? Allmählich drängte die Zeit. Er mußte endlich seine Angelegenheiten in Ordnung bringen. Sein grenzenlos schlechtes Gewissen Mina gegenüber wurde von Tag zu Tag weniger erträglich. Er betrog sie! Nicht nur körperlich. Das wäre ein beinahe zu vernachlässigendes Problem gewesen. Doch betrog er sie auf der ganzen Linie. Menschlich gesehen! Und das passierte ausgerechnet ihm, der stets ungeheuer hohe moralische Ansprüche an sich und andere gestellt hatte, der noch in jüngster Vergangenheit aufgestiegen war, um Gerechtigkeit zu predigen und einzufordern. Anscheinend galt dies jedoch lediglich in Bezug auf seine eigenen Angelegenheiten. Anderen gegenüber nahm er es mit der Wahrheit offensichtlich nicht so genau.

Er hätte Mina von Anfang an offenbaren müssen, was Sache war. Bereits zu Beginn ihres Kennenlernens hatte sie einen uneingeschränkt ehrlichen Eindruck bei ihm hinterlassen, woraufhin er augenblicklich entsprechende Konsequenzen hätte ziehen müssen.

'Jammere jetzt bloß nicht! Erst fabrizierst du nur Scheiße, und dann zeterst du, den Gestank nicht ertragen zu können!'

Er stellte sich vor den Spiegel und betrachtete sein Gesicht. „Bring das Ordnung!" zischte Ben seinem Spiegelbild zu. Nur mühsam gelang es ihm, seinem eigenen Blick standzuhalten.

Als sie nach dem Abendessen gemütlich zusammen auf der Couch saßen, beschlich Mina eine leichte Unruhe. Zaghaft zupfte sie an Bens Ärmel. „Geht es dir gut?" Statt einer Antwort küßte er sie zärtlich.

„Erzählst du mir trotzdem, was dich quält?" setzte sie deshalb nach.

Unmerklich zuckte er zusammen. War ihm sein Gedankenkarussell derart deutlich anzumerken? Doch dann wurde ihm allmählich deutlich, worauf ihre Frage abzielte. Mina knüpfte an das Gespräch vom letzten Mal an. Beinahe erleichtert, klärte er sie ohne Umschweife auf. „Ich war ebenfalls verheiratet. Meine Frau Andrea und ich hatten einen kleinen Sohn. Leonard! Sie hatten … einen schweren Autounfall. Beide kamen dabei ums Leben."

Er nahm Minas Hand. Irgendwie mußte er in Kontakt mit der Welt bleiben. Beschäftigte er sich mit diesem Teil seines Lebens, drohte noch heute der Boden unter seinen Füßen einfach zu verschwinden. Das war auch der Grund, warum Martha ihn so sehr an sich hatte ketten können.

Er war lange überhaupt nicht bei Besinnung gewesen. Der Schmerz hatte sein Gehirn regelrecht ausgesaugt, bis er wie ein Zombie lediglich in der Lage gewesen war, mechanisch zu reagieren. Erst nach und nach hatte er die Einzelheiten einer Wahrheit erfahren, die sich wie Giftpfeile in seinen Körper gebohrt hatten. Ihm war zunehmend klarer geworden, die Tragödie hatte gar nicht erst mit dem Unfall begonnen. Allerdings hatte sie ihren Verlauf hinter den Kulissen genommen, vollends ohne sein Wissen, obwohl er einer der Hauptakteure gewesen war. Und erst nachdem der letzte Vorhang gefallen war, hatte sich ihm die volle, grausame Wahrheit eröffnet.

„Was mich nicht losläßt ...", begann er und stockte unverzüglich.

Mina wartete geduldig, bis er bereit war weiterzusprechen. Sie wollte ihn keinesfalls drängen, spürte sie doch, wie schwer er sich tat.

„Andrea war schwanger."

„Du hast also sogar *zwei* Kinder verloren. ... Oh Ben!"

„Nein, das ist es nicht", beeilte er sich zu ergänzen. „Ich weiß nicht, ob das Kind von *mir* war. *Das* quält mich. Es gibt Gerüchte, die besagen, es war nicht von mir, und Andy habe mich verlassen wollen."

„Wer streut denn solche Gerüchte?"

„Das ist kompliziert. Es würde im Moment zu weit führen."

„Wir haben Zeit."

„Nein Mina! Es ist so vertrackt, ich habe es bislang selbst nicht richtig sortiert bekommen. Jedenfalls fand ich ihren Mutterpaß. Erst dadurch erfuhr ich überhaupt von ihrer Schwangerschaft. Und es gab zudem Hinweise auf einen Liebhaber."

„Konnte eine Obduktion keinen Aufschluß über die Abstammung des Fötus' geben?"

„Leider nicht. Das Auto, in dem Andy und Leonard saßen, ... brannte komplett aus. Sie konnten meine Frau lediglich anhand der Zähne identifizieren. Alles Weitere konnte nicht rekonstruiert werden."

Diesmal war es an Mina, Ben in die Arme zu schließen. Nur weinte sie nicht, drückte ihn lediglich sanft. „Weißt du, um wen es sich bei dem Liebhaber handelte?"

„Nein, selbst das konnte ich nicht herausfinden."

„Das ist schlimm, Ben. Ich kann deinen Schmerz nachempfinden."

Er löste sich aus der Umarmung, sah ihr intensiv in die Augen. „Ich bin so froh, Mina, auf dich getroffen zu sein. Du gibst mir mehr, als du ahnst."

Die Tage der Beichten. So würde Mina es später insgeheim nennen. Sie waren sich ein gewaltiges Stück nähergekommen. Ben atmete indes auf, weil er ein bißchen mehr von sich hatte preisgeben können. Das würde alle weiteren Bekenntnisse gewiß ein wenig leichter machen.
   Jedenfalls fühlte er sich deutlich besser. Beinahe beschwingt. Es war angenehm, wieder vertrauen zu können. Das war etwas, was ihm sehr gefehlt hatte. Allerdings empfand er dadurch wiederum deutlich mehr für Mina. Sie war schon jetzt der wichtigste Mensch in seinem Leben. Und das Gefühl, das er ihr entgegenbrachte, war bereits stärker, als er es je Andrea gegenüber empfunden hatte. Als ihm das klarwurde, erschreckte es ihn für einen Augenblick. Im nächsten Moment fand er es – nach allem, was geschehen war – jedoch vollkommen in Ordnung.

30

   Das Ehepaar Sajović hat in den letzten Wochen deutliche Fortschritte erzielt. Dr. Wilhelmina de Winter ist aufgefallen, um wieviel häufiger sie sich anlächeln. Beide arbeiten an sich.
   „Stellen Sie sich vor! Mein Mann ist tatsächlich mit mir beim Tanzen gewesen. Früher habe ich ihn nie dazu überreden können."
   „Und? Hat es Ihnen gefallen?" Dr. de Winter wendet sich an den Ehemann.
   „Na ja, sagen wir mal so, Frau Doktor, es war nicht so schlimm, wie ich es von der Tanzschule in Erinnerung hatte. Zudem war ich über die zahlreichen Schritte überrascht, die mir ohne besondere Anstrengung wieder eingefallen sind."
   „Das bedeutet, die Aktion findet eine Wiederholung?"
   „Ganz bestimmt! Nicht wahr, Alex? Ein zweites Mal hat ja bereits stattgefunden."
   „Ich kann Ihnen sagen, Frau Doktor! Meine Frau! Die hat Ihnen da noch was zu erzählen."
   Erwartungsvoll schaut die Psychologin Frau Sajović an. Diese lächelt etwas verlegen. „Na ja, … ich weiß gar nicht, ob ich das erzählen soll. Bestimmt denken Sie dann schlecht von mir."
   „Lassen Sie es darauf ankommen!"
   „Also in Ordnung! Es war nämlich so, Stefanie war da. Beim Tanzen, meine ich. Sie erinnern sich, ja? Das ist besagte Wasserstoffblondine."

„Ich erinnere mich, wer Stefanie ist."

„Sie ist ebenfalls verheiratet!" Eine bedeutungsvolle Pause folgt. Die Dramaturgie muß schließlich in Ruhe aufgebaut werden. „*Und* sie hat tatsächlich mit ihrem Ehemann an einem der anderen Tische gesessen. Ich habe Alexander auf die beiden aufmerksam gemacht. Der wußte natürlich von Anfang an, daß Madame einen Ehemann hat. ... Ja, irgendwann haben wir – also mein Mann und ich – ein bißchen getanzt ... und noch mal getanzt ..."

„Nun zieh's nicht so in die Länge, Vera! Frau Dr. de Winter fängt schon an zu gähnen."

„Also gut! Irgendwann hat Alex die Toilette aufgesucht. Und Stefanie hat gerade nicht am Tisch bei ihrem Mann gesessen, sondern hat sich mit irgendeiner anderen Frau unterhalten, die sie wohl zufällig getroffen hat. Da bin ich zu ihrem Mann gegangen, hab' mich vorgestellt und meiner Verwunderung Ausdruck verliehen, daß er tatsächlich noch mit Stefanie zusammen sei. Als er gestutzt hat, hab' ich nachgesetzt, ob ihm denn das Verhältnis, das sie neun Monate lang mit meinem Mann gehabt habe, gar nichts ausmache!" Vera Sajovićs Wangen glühen bei der Erinnerung an diesen gelungenen Schabernack. Der innere Vorbeimarsch ist noch heute in vollem Gange. „Er ist regelrecht perplex gewesen, hat gar nicht antworten können. Offenkundig hat er keinerlei Ahnung gehabt, nicht einmal einen Verdacht gehegt. Das war ihm deutlichst anzumerken. Ich hab' mich dann ... einfach verabschiedet. Schließlich ist meine Mission erfüllt gewesen. Kurz darauf hab' ich noch beobachten können, wie Madame Stefanie zurückgekommen ist. Die beiden haben knappe Worte gewechselt, und dann ... sind sie gegangen."

Dr. de Winter schaut Alexander Sajović an, der sich offensichtlich wunderbar unterhalten fühlt und grinsend in seinem Sessel fletzt.

Obwohl es aufgrund seines Gebarens überflüssig erscheint, richtet die Therapeutin der Vollständigkeit halber dennoch die Frage an ihn, ob das Ganze für ihn in Ordnung gewesen sei.

„Ach, wissen Sie, Frau Doktor! Sicher hätte meine Frau sich das sparen können. Auf gewisse Weise fand ich es allerdings amüsant. Zudem hab' ich meine Frau bewundert. Sie gibt sich ja sonst eher zurückhaltend, und dafür war es ausgesprochen mutig, oder?"

Bevor die Psychologin antworten kann, schaltet sich Vera Sajović noch einmal ein. „Sie sind gewiß schockiert, was? Moralisch ist das sicherlich nicht ganz auf Ihrer Linie."

„Nun, die Moral ist so eine Sache. Was diese Stefanie betrifft, habe ich keine besonderen Bedenken, wenn ich ehrlich sein soll. ... Lediglich der Ehemann findet mein Bedauern. Er ist ohne jegliche Vorwarnung vor eine Tatsache gestellt worden, mit der er vermutlich so gar nicht gerechnet hat."

„Und genau deshalb habe ich es ihm gesagt. Die Angelegenheit zwischen meinem Mann und ihr ging genau vier Leute etwas an. Drei wußten davon, einer nicht. Das fand ich ungerecht."

Die Therapeutin schmunzelt. Das ist mal ein wirklich interessanter Ansatz von Gerechtigkeitssinn. Und obgleich sich trefflich über den moralischen Gehalt dieser Aktion streiten läßt, letztendlich gefällt ihr persönlich die Haltung von Vera Sajović ausgesprochen gut. Sie duckt sich nicht länger, fühlt sich nicht mehr als das Opfer, dem übel mitgespielt wird. Von nun an spielt sie selber mit. *Und* legt einen Teil der Spielregeln fest. Nicht übel!

„Aber ich möchte noch was ganz anderes besprechen, Dr. de Winter."

„Okay."

„Also ich weiß nicht, was mit mir los ist, vielleicht bin ich ja einfach nur paranoid, jedoch fühle ich mich seit ein paar Wochen irgendwie ... beobachtet. "

„Und wie kommt's dazu, Frau Sajović?"

„Mein Mann schreibt mir in letzter Zeit häufig Es-em-esse, in denen er meinen jeweiligen Aufenthaltsort mutmaßt. Vor allem, wenn ich mich mit meinem Kollegen treffe. Der unterrichtet Biologie, wie ich ja auch. Wir veranstalten nächsten Monat eine Projektwoche mit der Jahrgangsstufe, in der wir beide unterrichten. Dafür muß eine Menge vorbereitet und abgesprochen werden. Und Basti, ... also *Sebastian* – so heißt der Kollege – und ich zeichnen als Hauptverantwortliche für dieses Projekt."

„Hör sich das einer an: *Basti*!" Alexander Sajović äfft mit verzogenem Gesicht seine Frau nach. „Mir erzählt sie was von Untreue. Doch mit *Basti* hängt sie in letzter Zeit ständig zusammen."

„Das hab' ich doch gerade erklärt! Und du weißt es ohnehin. Natürlich treffen wir uns häufig. Allerdings lediglich wegen des Projekts."

„Das kannst du einem erzählen, der sich mit der Klobürste pudert, Vera! Mir *nicht!*"

„Alex, da ist nichts. Wirklich nicht. Nun glaub' mir das doch!"
„Herr Sajović, mutmaßen Sie, Ihre Frau sei sozusagen in Ihre Fußstapfen getreten und habe nun ebenfalls ein Verhältnis, mit ... *Basti*?"
„Was denn sonst? Außerdem muß sie mal überlegen, wie ihr Verhalten auf die Kinder wirkt."
„Wie meinen Sie das?"
„Nun ja, sie ist ständig weg, brezelt sich auf. Darüber hinaus bekommen die Kinder unsere Streitereien mit."
„Das ist allerdings sehr bedauerlich. Es wäre vorteilhaft, in Zukunft darauf zu achten, dies nach Möglichkeit nicht mehr vorkommen zu lassen. Andererseits müssen Kinder sich an den Störungen der Eltern vorbei entwickeln."
Das Ehepaar schaut die Therapeutin irritiert an. Vera Sajović ergreift als erste das Wort. „Finden Sie uns arg gestört?"
„So habe ich es nicht gemeint. Ich will einfach zum Ausdruck bringen, daß Ihre Kinder sicherlich einen eigenen Weg finden werden. Und ich möchte Sie daran hindern, eine vorgeschobene *Verantwortung-den-Kindern-gegenüber*-Bühne zu eröffnen. Denn das Problem besteht nicht aus Ihren Kindern oder deren Gedeihen, sondern aus Ihrer beider Umgang miteinander. ... Und im Moment kommt offensichtlich noch Ihre Eifersucht hinzu, Herr Sajović."
„Was heißt Eifersucht? Ich möchte einfach nicht belogen werden! Und die Nummer mit der Projektvorbereitung ist doch wohl ganz eindeutig eine Farce." Er wendet sich erneut an seine Frau. „Warum triffst du dich denn ausschließlich bei *ihm*?"
„Das hab' ich dir ebenfalls x-mal erklärt! Weil wir dort mehr Ruhe haben als bei uns."
„Ruhe! Ja klar! Zum Vögeln!"
„Ach Alex, jetzt spinn' doch nicht rum! Es ist ja nicht jeder wie du."
Vera Sajović schüttelt ratlos den Kopf. „Ich versteh' ihn nicht, Frau Dr. de Winter. Er geht monatelang fremd, habe ich jedoch lediglich häufigeren Kontakt zu einem Mann, flippt er unverzüglich aus. Und wissen Sie, ich glaube, er hat mir einen Detektiv auf den Hals gehetzt! Er weiß immerfort, wann ich bei Ba... Sebastian bin. Und einige Male hat er mir zudem besagte Nachrichten aufs Handy geschickt. Sinngemäß mit dem Inhalt, er glaube, ich befinde mich derzeit bei meinem *Kollegen*."
„Und waren Sie zu der Zeit tatsächlich bei ihm?"

„Das ist es ja eben! Er liegt jedesmal richtig damit. Das kann doch wohl kein Zufall sein."

„Ist es einer?" Die Frage ist an Alexander Sajović gerichtet. Dr. de Winter schaut ihn erwartungsvoll an.

„Na sicher ist es Zufall." Er moduliert es eine Spur zu gleichgültig. Irgend etwas stimmt nicht an der Sache, ruft die innere Stimme der Psychologin. Soll sie die Angelegenheit vertiefen? Liegt sie indes falsch, und das Gefühl der Ehefrau trügt ebenfalls, ist ein einmal gehegter Verdacht schwerlich wieder aus der Welt zu schaffen. Deshalb versucht sie, das Ganze zunächst auf sich beruhen zu lassen.

Dabei muß ihr jedoch gelingen, daß Vera Sajović mitspielt. „Frau Sajović, ich halte Sie ganz gewiß keineswegs für eine Frau, die rasch hysterisch überreagiert. Dennoch existieren im Moment keine deutlichen Anhaltspunkte dafür, irgend jemand könne Ihrem Mann Informationen über Ihre jeweiligen Aufenthaltsorte zukommen lassen. ... Deshalb denke ich, es ist am besten, die Angelegenheit – zumindest für eine Weile – ruhen zu lassen."

„Muß ich ja wohl." Sie weiß, derzeit hat sie schlechte Karten. Also ist sie einverstanden, die Klärung der Sache zu vertagen.

„Und was ist mit dem Verhältnis meiner Frau mit diesem Typen?"

„Genau das gleiche, Herr Sajović. Solange keine weiteren Anhaltspunkte auftauchen, müssen auch Sie es zunächst stehenlassen!"

„Aber Sie glauben mir doch?!" Das kommt von ihm *und* von ihr. Absolut gleichzeitig. Alle Augen sind auf Dr. de Winter gerichtet.

Der *Chorgesang* aus dem Hause Sajović ist nicht ganz frei von einer gewissen Komik. Da diese den beiden jedoch anscheinend entgeht, hält sich die Psychologin mit Heiterkeitsausbrüchen lieber zurück. Das Paar soll sich unter keinen Umständen ausgelacht fühlen. Es gelingt ihr zum Glück, den Lachwillen beinahe vollständig versiegen zu lassen.

Übrig bleibt ein unbedeutender Rinnsal, der wie ein freundliches Lächeln ihre Lippen umspielt, während sie entgegnet: „Schlechterdings ist es ohne Belang, was ich glaube. Ich könnte zudem kein einziges vernünftiges Argument für irgend etwas liefern. Weder hab' ich einen Anhaltspunkt für die Theorie, ein von Ihnen, Herr Sajović, beauftragter Detektiv könne der Beschattung Ihrer Frau nachgehen, noch hab' ich einen ernstzunehmenden Hinweis auf die Untreue von Ihnen, Frau Sajović. ... Also, was soll ich sagen?"

„War auch blöd von uns. Oder, Alex?"
„Müssen wir's wohl vorerst so stehenlassen."
„Ja genau. Müssen wir wohl."
„Allerdings werde ich noch Beweise finden."
„Nur zu!"

31

Nur wenig hatte die Tageshitze nachgelassen. Mina mochte zwar das Flirren der Sommerluft, war jedoch über die – wenngleich mäßige – Absenkung der Temperaturen recht froh. Sie hatten auf der Terrasse *Bei Viktor* eine Kleinigkeit gegessen, um anschließend zu Mina zu fahren.

Dort angelangt, begab sie sich unverzüglich nach oben, Ben tat es ihr gleich; Mina, um sich etwas anderes anzuziehen, Ben, um ihr etwas auszuziehen. Als sie im Schlafzimmer ihre Schuhe abgestreift hatte, drängte er sie aufs Bett. Er begehrte sie so sehr, als hätten sie zuletzt vor Wochen miteinander geschlafen. Sie hatte keinerlei Einwände gegen den deutlich vorgebrachten Antrag, ließ ihn Regie führen.

Er begann, ihre Bluse zu öffnen. Jedesmal folgte dem Öffnen eines Knopfes ein sanfter Kuß auf die freigelegte Hautstelle. Als der letzte Knopf gewichen war, schob er die beiden Hälften des leichten Sommerstoffes auseinander. Sie trug keinen BH. Sein Blick glitt über ihren entblößten Oberkörper, als wolle er sich das kleinste Detail für alle Zeit einprägen. Wenig später begann er, ihre Brüste zu streicheln, dabei knetete er sanft ihre Brustwarzen zwischen seinen Fingern.

Ihr Stöhnen steigerte sein Verlangen. Doch übte er sich in Geduld. Hingebungsvoll widmete er sich nun ihrem Rock. Zog ihn sachte von ihrem Körper, wobei er sie gleichzeitig ihres Höschens entledigte. Danach begann er, ihre Füße zu küssen. Er setzte sein Tun entlang ihrer Beine fort, schob sanft ihre Schenkel auseinander und liebkoste sachte ihre Vulva. Mina zerfloß in lustvoller Qual. Sie wand sich und stöhnte vor Entzücken. Trotz weiter zunehmender Erregung ließ Ben sich nicht beirren. Wenngleich er bereits allzugern in sie eingedrungen wäre, hielt er sich zurück, streichelte sie fortwährend, bis sie in einem endlos erscheinenden Orgasmus explodierte. Als dieser ein wenig abgeebbt war, beugte er sich über ihre geöffneten Schenkel und ließ Lippen und Zunge Minas Lust erneut nach oben treiben.

Er liebte ihren Geschmack. Süß und fruchtig schmeckte sie. Zuletzt drang er leidenschaftlich in sie ein. Sie stöhnte vor Lust, kam zweimal rasch hintereinander. Er bemühte sich sehr, das Ende dieses alle Sinne erfassenden Zusammenseins hinauszuzögern, um den letzten berauschenden Moment möglichst intensiv auskosten zu dürfen. Unaufhaltsam trieb auch er endlich einem gewaltigen Höhepunkt entgegen, den er in dieser Intensität nie zuvor erlebt zu haben glaubte.

Anschließend blieb er noch eine Weile in ihr. Zuletzt überdeckte er sie mit Küssen und zärtlichen Worten, bis beide schließlich eng umschlungen nebeneinanderlagen.

Dann passierte es! Und es zerschnitt wie das surrende Geräusch eines abgeschossenen Pfeils die bislang friedliche Luft. „Ich liebe dich!"

Es war Bens Stimme, die dicht an Minas Ohr diesen Satz in ihrem Gehörgang deponiert hatte. Eindeutig! Irrtum ausgeschlossen! Was sollte sie nun tun, sagen? 'Ich liebe, du liebst, er/sie/es liebt, ...', schoß es ihr wirr durch den Kopf. Und das war noch das Sinnvollste, was ihr auf Hochtouren arbeitendes Hirn zu produzieren vermochte. Es war doch alles gut gewesen. Mußte er es verkomplizieren? Doch wieso reagierte sie eigentlich so panisch? Müßte sie sich nicht freuen?

Okay, es war noch immer ein bißchen früh für eine solche Gefühlskundgabe. Andererseits konnte sie ja keinen Vermerk in seinem Terminplaner machen, der ihm vorschrieb, wann er 'Ich liebe dich' zu sagen hatte. *Er* hatte nun einmal *jetzt* das Bedürfnis.

Sie aber nicht! Sie war einfach noch nicht soweit.

Bevor die Pause nach seiner Offenbarung jedoch zu lang und damit zu peinlich für ihn werden würde, mußte sie reagieren. Irgendwie! 'Herrgott noch mal! Dir fällt doch sonst immer was Schlaues ein!' trieb sie sich an. Zu lügen wäre das einfachste gewesen, doch das wollte sie nicht. Um ihret- und um seinetwillen. Also schmiegte sie sich noch etwas enger an ihn und lächelte ihm zärtlich zu. Sie hoffte, das ginge als Antwort durch. Er lächelte zurück und küßte ihren Hals. Dabei mußte sie es für den Augenblick belassen. Ebenso mußte sie die Unmöglichkeit ertragen, zu jeder Gelegenheit das liefern zu können, was sich andere von ihr wünschten. Es gab zwar angenehmere Gefühle, doch wie war das mit dem Leben und dem Wunschkonzert? Gab's eben nicht! Und falls doch, kam höchstens ein *Musikantenstadl* dabei raus. War einem dann auch wieder nicht recht.

Sie redeten an diesem Freitagabend über nichts Bedeutsames mehr. Morgen würden sie ausschlafen können. Allerdings mußten sie erst einmal *ein*schlafen. Als Mina endlich Bens leise Schnorchellaute vernahm, entspannte sie sich zunehmend. Er grübelte also nicht über ihre ausgebliebene Antwort. Gut! Danach dachte sie nicht mehr viel, der Schlaf holte auch sie ein. Und mit ihm kamen süße Träume, in denen kein einziges Problem zu lösen war.

Am nächsten Morgen war Mina als erste auf. Wie gewöhnlich hatte sie der innere Wecker bereits vor der gewünschten Zeit aus dem Bett getrieben. Sie hatte das Frühstück vorbereitet und saß nun, auf Ben wartend, am gedeckten Tisch. Eine Tasse Tee in der Hand haltend, schaute sie gedankenverloren in ihren geliebten Garten.

Nach den letzten, sehr heißen Tagen hatte es in der Nacht stark geregnet. Trüb war es an diesem Morgen, und es nieselte weiterhin. Doch wie zum Trotz, von so vielen Menschen nicht gemocht zu werden, hängte der Regen silbrig schimmernde Tropfen an zahlreiche Blätter der verschiedenen Sträucher. Mina beobachtete, wie diese nach kurzer Zeit abperlten, sich daraufhin sofort neue bildeten. Als es einige Minuten später der Sonne gelang, durch die Wolken zu blinzeln, verwandelten sich die schimmernden Tropfen in leuchtende Diamanten, die nacheinander – *plitsch!* – auf den Boden fielen. Und von neuem lösten sich unzählige Diamanten von den Blättern, um sich – *plitsch!* – mit den anderen, die bereits die Erde erreicht hatten, zu vereinen.

Abrupt wurde Mina aus ihren Betrachtungen gerissen, als sie deutlich das Klappen der Badezimmertür vernahm. Ben war also aufgestanden. Sie setzte den Kaffeeautomaten in Gang und schob die Brötchen in den vorgeheizten Backofen. Kurz danach kam er nach unten, nahm Mina in die Arme und küßte sie. „Guten Morgen, meine Schöne!" Ein Lächeln unterstrich den Morgengruß, den sie wortlos erwiderte.

Während des Frühstücks tauschten sie ein paar Belanglosigkeiten aus.

Mina hatte bereits begonnen, den Tisch abzuräumen, als Ben unvermittelt herausplatzte: „Ich bedaure, sollte ich dich letzte Nacht mit meinem – nun, nennen wir es – *Geständnis* überfahren haben."

Sie stellte die Sachen ab, kehrte zum Tisch zurück, setzte sich auf seinen Schoß und ergriff seine Hände. „Du hast mich nicht *überfahren*. Na ja, ... vielleicht ein bißchen. Allerdings ist es keinesfalls deine Schuld.

Wenn du so empfindest, ist das ja nichts Negatives. Im Gegenteil! Ich freue mich einerseits."

„Andererseits ... ", führte er ihren Satz fort.

„Andererseits", bestätigte sie, „bin ich eben noch nicht so weit. Aber falls für dich mein gemächlicheres Tempo okay ist, ist für mich das deine – rasantere – genauso in Ordnung. Ich will mich nur nicht schlecht fühlen müssen, weil ich zur Zeit nicht empfinde wie du. Es tut mir leid! Ich weiß, das klingt hart, doch meine ich es nicht negativ."

„Es ist okay", beruhigte er sie rasch. „Ich erwarte ja nichts von dir! Schon gar nicht, Gefühle herbeizuzwingen. Allerdings habe ich noch eine einzige Frage, und bitte beantworte sie wahrheitsgemäß, ja?"

Mina nickte ernst.

„Würdest du es für überwiegend wahrscheinlich halten, daß du irgendwann so was wie Liebe für mich empfinden könntest?"

Ergab ein doppelter Konjunktiv einen Indikativ? Mina verbot sich umgehend, es laut auszusprechen. Sie nahm nicht an, Ben könne in diesem Moment zum Scherzen zumute sein. Und wieso fiel ihr ausgerechnet in dieser Situation so etwas ein? Sie nahm ihn ganz gewiß ernst. Und zudem hatte sie ihn wirklich sehr gern. „Ja, Ben. Es ist wie ... wie ein soeben keimendes Samenkorn."

„Kann ich dazu beitragen, die Wachstumsbedingungen zu begünstigen?" Jetzt witzelte *er*.

Mina war ausgesprochen erleichtert. Nicht nur sie brachte die Dinge gern auf eine etwas weniger bierernste Ebene, obwohl es sich um bedeutsame Inhalte handelte. Sie hielt weiterhin seine Hände, von denen sie nun eine zum Mund führte und küßte. „Das machst du bereits. Du brauchst nicht *mehr* zu tun, als du schon tust! Ich brauche einfach meine Zeit. Bei mir entwickeln sich Gefühle allmählicher als bei vielen anderen. Das kann man nicht beschleunigen. Und das sollte man auch nicht! Denn in diesem Fall hätte man am Ende eine gedopte Pflanze herangezüchtet, die zwar üppig erscheint, in Wahrheit jedoch derart mickrig ist, um allein durchs Gießen in sich zusammenzufallen."

Ben lachte schallend. „Ach Mina!" Er wischte sich eine Lachträne aus dem Augenwinkel. „Weißt du, ... manchmal denke ich: 'Mir doch scheißegal, ob sie mich liebt. Hauptsache sie ist da!' Aber natürlich wäre es schön, und ich wäre glücklich und stolz, würde ich von dir geliebt." Er äußerte es ohne übertriebenen Pathos, es klang natürlich und ehrlich.

„Vielleicht findest du das oberflächlich ...", gab sie zur Antwort. Statt eines weiteren Wortes stand sie auf und ließ ihren Morgenmantel von den Schultern gleiten. Sie hatte nichts darunter an.

Ben zog sie an sich und schmiegte für einen Moment seine Wange an ihren Bauch. „Ihr ergebener Diener", flüsterte er dabei, als halte er Zwiesprache mit Minas Nabel. Der verstand und setzte sich Richtung Schlafzimmer in Bewegung.

32

Anna Burger eröffnet ohne Umschweife das Gespräch, nachdem die Therapeutin sie ins Sprechzimmer gebeten hat. „Also, liebe Frau Dr. de Winter, ich möchte mich zunächst unbedingt nochmals bei Ihnen entschuldigen! ... Das soll selbstverständlich keineswegs zur Gewohnheit werden. Doch ich weiß, ich mache es Ihnen häufig äußerst schwer. Es steckt allerdings niemals böser Wille dahinter. ... Ehrlich! Und was ich letztes Mal gesagt habe, ... na ja, ich meine, das mit den Fähigkeiten und den wichtigen Leuten, bei denen ich Sie anschwärzen könnte, ... also, das war natürlich nicht so gemeint. Ich kann Ihre wenig begeisterte Reaktion nachvollziehen. Das ist absolut korrekt." Sie lacht nervös, blinzelt dabei verstohlen durch die voluminösen Brillengläser. Sie weiß nicht, was sie noch vorbringen soll.

Die Worte wirken arg gestelzt und übertrieben bemüht auf die Psychologin. Ist es ungerecht, die Ehrlichkeit des Inhalts anzuzweifeln? Womöglich fällt es Frau Burger bloß nicht leicht, Abbitte zu leisten.

Letztlich entschließt sie sich, die Entschuldigung vorerst anzunehmen, ohne sie zu hinterfragen. Was hat sie zu verlieren? Immerhin eröffnet sich damit eine weitere Chance, endlich etwas miteinander auf den Weg zu bringen. „Es ist in Ordnung, Frau Burger. Ich nehme Ihre Entschuldigung an."

„Da bin ich aber richtig erleichtert. Ich hatte schon Sorge, Sie könnten nicht mehr mit mir arbeiten wollen."

„So ist es nicht. Allerdings hatten wir uns vorgenommen, einen Plan aufzustellen, wie es mit der Therapie weitergehen soll. Haben Sie sich Gedanken darüber gemacht?"

„Ja, das habe ich und möchte es gern auf *Ihre* Weise versuchen. Dabei verspreche ich, mir alle Mühe zu geben, mich auf die Interventionen einzulassen, die Sie vorschlagen."

„Ich wünsche mir keine gehorsame Sklavin, Frau Burger. Es ist zwar schön, wenn Sie endlich bereit sind, sich neuen Wegen zu öffnen. Dennoch sollen Sie nicht unterwürfig tun, was ich anbiete. Ich schätze Ihre Skepsis ebenfalls. Nur war diese in der Vergangenheit fast *ausschließlich* vorzufinden. Ein bißchen Ausgewogenheit zwischen einer Öffnung neuen Wegen gegenüber und dieser Skepsis wäre sinnvoll."

„Ich versuche es." Sie klingt wie ein kleiner Hund, der nach zu vielen Schlägen alles tut, was sein Peiniger ihm abverlangt, um ja nicht noch einmal negativ aufzufallen.

Dieser komplette Verhaltensumschwung mutet – genau wie die Entschuldigung zuvor – völlig übertrieben an. Hat sie die Patientin beim letzten Mal zu hart angefaßt? Oder hat sie etwas übersehen, das sie dringend hätte bemerken müssen? Blickt sie auf den bisherigen Therapieverlauf zurück, ist sie jedoch eher mißtrauisch, was Anna Burgers ehrliches Bemühen anbelangt. Demnach muß sie wohl einfach abwarten, wie es sich weiterentwickelt. Eventuell ist es bloß ein erneuter, vorübergehender Versuch, sich tatsächlich einzulassen, der somit genauso rasch verfliegen kann wie seine sämtlichen Vorgänger.

Letztlich beschließt die Therapeutin, sich deutlich zurückzunehmen, um vorrangig die von Frau Burger angebotenen Vorschläge zu steuern. Damit gelingt es ihr vielleicht, das Risiko zu minimieren, von der Patientin verschiedene Interventionen ausheben zu lassen.

Noch bevor Dr. de Winter in die therapeutische Arbeit eintauchen kann, blitzt erneut ein Funken der ihr allzugut bekannten Anna Burger durch. „Bevor wir beginnen, muß ich Ihnen aber noch ein Kompliment machen, Frau Dr. de Winter! In dem Shirt, das Sie heute tragen, sehe ich zum ersten Mal, daß Sie Busen haben!"

„Woran wollen wir arbeiten, Frau Burger?"

„Nun, ich brauche etwas, das mir hilft, mit meiner Lebenssituation insgesamt klarzukommen. Verstehen Sie? Ich finde es prima von Ihnen, ... wirklich, ... mit mir zu trainieren, wieder am Leben teilzunehmen. Auch ist mir völlig klar, allzu depressiv gefärbte Denkmuster zu haben, die ... *umstrukturiert* werden müssen. ... Doch wissen Sie, ich muß für mich ein paar Begriffe klären."

Dr. de Winter hat bislang keinen Schimmer, worauf Anna Burger hinauswill. Jedoch hat sie erst unlängst beschlossen, geduldig abzuwarten.

Ihre Patientin braucht offensichtlich Zeit, um die eigenen Gedanken zu ordnen. Die soll sie bekommen. Bestenfalls läßt sich therapeutisch daran anknüpfen.

Nach einer Pause, in der Anna Burger ihren Blick unruhig im Raum hat umherwandern lassen, nimmt sie den Faden erneut auf. Ihr ist es äußerst wichtig, die Therapeutin verstehen zu lassen, was sie will. Bisher hat sie nichts von dem bekommen, was für sie persönlich von Bedeutung wäre. Beharrlich hat die Psychologin sie auf ihre eigene, therapeutische Spur gelenkt. Nun ist sie mal dran! Und sie hat eigene Pläne, was den Kurs der Reise betrifft.

Es ist an der Zeit, endlich die komplette Regie zu übernehmen. „Was ich sagen will! Ich glaube, ich kann mit meinem schweren Verlust besser fertig werden, wenn ich die Zusammenhänge ... wenigstens *einmal* komplett *aufdrösel* und verstehe. Nur ein einziges Mal will ich die Motive und Handlungsweisen der Beteiligten nachvollziehen können. ... Nein, so richtig *nachvollziehen* kann ich das gewiß niemals! Zumindest will ich jedoch verstehen, warum Menschen so ticken, *wie* sie ticken." Intensiv fixiert sie die Psychologin, als wolle sie in deren Augen eine Antwort auf sämtliche Fragen finden.

Leider trifft sie bloß auf einen freundlichen, offenen Blick, der geduldig zu ergründen sucht, was genau das Gegenüber erwartet.

„Ich weiß, Frau Dr. de Winter, das paßt nicht besonders gut in Ihr Konzept, dennoch möchte ich eine moralische Bewertung mit Ihnen diskutieren. ... So! Genau das ist es, was ich brauche!"

„Um wen oder was genau geht es dabei?"

„Von wem sprechen wir denn seit geraumer Zeit? Ein wenig müssen Sie schon mitdenken!"

„Ihr angemessenes Verhalten unterliegt mal wieder einer äußerst kurzen Halbwertszeit, was?"

„Wieso? Ach, Sie meinen, weil ich finde, daß Sie mitdenken sollen!? Sie sind wirklich empfindlich. Das muß ich Ihnen jetzt mal sagen."

„Finden Sie?" Dr. de Winter lacht auf. Irgendwie ist es recht amüsant mit Frau Burger. Allerdings nur irgendwie. Und auch nur zeitlich begrenzt. Sehr begrenzt, wenn sie es sich gründlich überlegt. Viele solcher Patienten würde sie nicht verkraften. „Also, Frau Burger! Sie sind eine kultivierte Frau, die sich einwandfrei ausdrücken kann und sehr auf Etikette achtet. Ich glaube sehr wohl, Sie wissen, was ich meine. Bitte reißen Sie sich endlich mal ein wenig zusammen!" Sie äußert es in einem freundlichen, doch ebenso grenzsetzenden Ton. Irgendwann muß Achtung einfach eingefordert werden.

„Schon gut, schon gut! Entschuldigung!" Wie gewohnt beschwichtigt Anna Burger. „Also, ich sage Ihnen, wen ich meine. Den Arzt, der für Tims Tod verantwortlich ist."

Die Therapeutin verzichtet auf ein neuerliches Veto, will dieses leidige, der Heilung offenbar im Wege stehende Thema nun ein für alle Mal aus der Welt schaffen. „Und was genau ist jetzt Ihre Frage?"

„Ich möchte einfach wissen, wieso jemandem, der einen Beruf gewählt hat, in dem es um das Wohl anderer Menschen geht, warum so jemandem offensichtlich völlig egal ist, was aus den Menschen wird, die er behandelt." Herausfordernd schaut sie Dr. de Winter an.

Soll *sie* nun die Antwort präsentieren? Keinesfalls läßt sie sich darauf ein. „Und wie genau sollen wir diese Frage klären? Schwebt Ihnen diesbezüglich etwas vor?"

„Sind Sie die Therapeutin oder ich?"

„Die Therapeutin bin vermutlich ich, obgleich Ihr Umgangston mich manches Mal daran zweifeln läßt. Der Zusammenhang erschließt sich mir allerdings zur Zeit nicht. Und zudem bin ich, sehr zu meinem Leidwesen, nicht allwissend."

„Gut, machen wir es anders! Sie haben ja auch so einen Beruf, nicht? Sie arbeiten mit Menschen, um deren Leiden zu lindern oder zu beseitigen. Das ist der Tätigkeit eines Arztes im Grunde ganz ähnlich. Nur, Sie kümmern sich um die Seele und der Arzt um den Körper. Also, wie ist das bei Ihnen? Ist es einfach nur ein *Job*? Mechanisch wendet man bei einer Depression *diese* Methode an, bei Angst *jene*?" Überraschend schwenkt sie ihren Arm erst in die eine, anschließend in die andere Richtung, als teile sie etwas aus. In diesem Fall mutmaßlich die therapeutischen Methoden.

„Sie erwarten eine ernsthafte Antwort auf Ihre Frage, Frau Burger?"

„Ja sicher. Das kann doch nicht sonderlich kompliziert sein, oder?"

„Ich glaube, wir sollten die Sitzung für heute beenden. Und jeder von uns denkt noch einmal darüber nach, ob es mit uns weitergehen soll."

„Das begreife ich nicht. Sie haben doch gesagt, es sei in Ordnung, wenn ich sage, was ich brauche. Jetzt tu ich das, und Sie sind eingeschnappt."

„Frau Burger! Ich möchte nicht länger in dieser Art mit mir reden lassen! Das ist unangemessen und zum Teil regelrecht unverschämt. Ich möchte hier eine deutliche Grenze setzen! Bitte haben Sie Verständnis für meine Entscheidung, unter diesen Umständen nicht länger mit Ihnen arbeiten zu wollen! Ich bin Ihnen jedoch gern bei der Suche nach einem passenden Kollegen behilflich."

Entschieden schaut Dr. de Winter ihrer Patientin in die Augen. Nach wie vor ist sie zwar der Meinung, Frau Burger leide. Doch kommt regelmäßig eine Aggressivität zum Vorschein, die sich irgendwie an der Therapeutin festmacht. Womöglich steht sie stellvertretend für diesen Arzt, den Frau Burger so abgrundtief verabscheut. Andererseits hat sie sich schließlich an die Psychologin gewandt, um besser mit ihrem Leben zurechtzukommen. Zudem vertraut man sich nicht ausgerechnet jemandem an, der einen besonders an die Person erinnert, die man haßt. Schon gar nicht derart dauerhaft. Diese Ungereimtheiten lassen unmöglich eine Auflösung zu. Der einzig zulässige Schluß ist somit, daß ihre Patientin nicht ehrlich ist. Sie hält etwas zurück, verschweigt Wesentliches. Darum kann es nicht weitergehen.

Doch nachdem Anna Burger sie fassungslos angeschaut hat, bricht sie plötzlich in Tränen aus. Allerdings ist es nicht lediglich ein Weinen, es handelt sich vielmehr um bitteres Geschluchze.

Aus ihrer gewaltigen Handtasche zieht sie eine Packung Papiertücher hervor, schnäuzt sich und schluchzt weiter. Schnäuzen – schluchzen, schnäuzen – schluchzen! So geht es eine geraume Weile.

Was soll das nun wieder werden? Die Zurückhaltung der Psychotherapeutin veranlaßt die Patientin anscheinend, ihr Leiden noch deutlicher hervorzubringen. Klagende Laute erfüllen den Raum und dringen in die Weiten der Welt außerhalb, denn aufgrund des schwülwarmen Wetters sind sämtliche Fenster weit geöffnet.

Seelenruhig wartet Dr. de Winter das Ende dieser sonderbaren Inszenierung ab. Oder ist Frau Burger tatsächlich traurig, enttäuscht, gar erschüttert? Fast unmerklich schüttelt sie den Kopf. Was man in diesem Beruf so alles erlebt. Manches wäre zur Not verzichtbar.

Oder man müßte ein Buch darüber schreiben!

Endlich beruhigt sich die Patientin ein wenig. Einigermaßen gefaßt hockt sie in ihrem Sessel, tupft noch einmal sachte ihre Nase, senkt Taschentuch und Blick in den Schoß und beginnt zu reden. „Es tut mir wirklich, ... *wirklich* leid! Ich will Sie überhaupt nie verletzen oder blöd anmachen. Ehrlich nicht! Ich bin nur immer wieder so ... verzweifelt. Dann muß irgend jemand herhalten. Oft sind das eben *Sie*. Dabei bin ich in Wirklichkeit sehr froh, zu Ihnen kommen zu dürfen. Ich will zu niemandem sonst. Sie sind die einzige, zu der ich wenigstens ein bißchen Vertrauen fassen kann. Auch wenn es selten so wirkt. Ich weiß, ... das ist nicht sehr viel, doch bin ich gewillt, *mehr* aufzubauen. Bitte versuchen Sie es noch ein letztes Mal mit mir! Bitte!" Flehend hebt sie den Blick zu Dr. de Winter. Ihr Gesicht wirkt ehrlich verzweifelt.

Die wäßrig-blauen Augen sind fest auf die Psychologin geheftet. Erhört diese ihr Flehen? Anna Burger hofft es inbrünstig.

„Also gut!" Dr. Wilhelmina de Winter ist nicht glücklich über ihre im selben Moment gefällte Entscheidung, jedoch gehört es zu diesem Beruf, manchmal ein wenig mehr zu geben, als man grundsätzlich bereit ist. Zum Wohle des Patienten. Hoffentlich bereut sie es nicht bei der nächsten Unverschämtheit. „Allerdings ist es *absolut* das letzte Mal, Frau Burger! Ich finde die Gespräche mit Ihnen äußerst anstrengend und wenig zielführend. Wir haben in den vielen Sitzungen, die wir uns nun bereits gesehen haben, kaum etwas erreicht, das Sie weiterbringt. Und das hängt nicht unwesentlich mit den Nebenschauplätzen zusammen, die Sie permanent eröffnen sowie mit Ihren unzähligen Versuchen, mich andauernd zu provozieren. Wir sind lediglich ... ein einziges Mal an einem Punkt gewesen, an dem ich zuversichtlich gewesen bin, etwas miteinander bewirken zu können. Danach haben Sie jedoch ständig aufs neue zugemacht. So möchte ich einfach nicht arbeiten! Ich weiß nicht, was für ein Problem Sie mit mir haben, bezweifele zudem, daß es mich komplett zufällig trifft, aber möglicherweise wissen Sie es selbst nicht. Falls doch, lassen Sie mich bitte teilhaben! In Ihrem eigenen Interesse. ... Also, wir versuchen es ein letztes Mal miteinander. Gleitet es erneut ab, beenden wir in aller Wertschätzung unsere gemeinsame Arbeit. ... In Ordnung?"

Anna Burger nickt beflissen. Innerlich atmet sie auf. Noch einmal geschafft. „Danke sehr! Darf ich denn meine quälenden Fragen trotzdem mit Ihnen klären?"

„Falls es Ihnen gelingt, dies ohne Unverschämtheiten mir gegenüber hinzubekommen."

„Ich versuche es! Ich benötige doch so dringend Ihre Beurteilung. Also, bitte sagen Sie mir, ist es Ihrer Einschätzung nach möglich, daß jemand Schuld trägt am Tod eines anderen Menschen?"

„Selbstverständlich tragen Menschen manchmal Schuld am Tod anderer Menschen. Ich weiß allerdings nicht, wohin die Beantwortung dieser Frage führen soll, Frau Burger."

„Ich versichere Ihnen noch einmal, Sie nicht ärgern zu wollen, doch bitte beantworten Sie mir noch eine weitere Frage! Sind Sie – wie ich – der Meinung, jemand, der eine solche Schuld auf sich geladen hat, verdiene eine gerechte Strafe?"

Blitzschnell ist Dr. de Winter auf der Hut. Will sie etwa den Arzt zur Rechenschaft ziehen? Und zwar auf nicht-juristischem Wege, da ihm nichts nachzuweisen ist? Weil es höchstwahrscheinlich gar nichts nachzuweisen *gibt*! Da Frau Burger bekanntlich völlig anderer Meinung ist, plant sie womöglich Selbstjustiz zu üben.

„Ich würde Ihnen gern den Gefallen tun und Ihnen eine eindeutige Antwort geben, Frau Burger. Die muß ich Ihnen jedoch leider schuldig bleiben. Auf Ihre Frage bezogen müssen wir erst einmal diskutieren, worin eine *gerechte Strafe* besteht. Zudem haben wir ein Rechtssystem, das dies nicht nur definiert, sondern Entsprechendes obendrein ausführt. Das bedeutet, eine Strafe sollte von einem Gericht verhängt werden, und die dort – nach unserem Recht und nach dem entsprechenden Gesetz – verkündete Strafe gilt als gerecht."

„Und wenn das Gericht nicht tätig wird? Wenn man in diesem System sein Recht nicht erhält?"

„Das wirft wiederum die Frage auf, was denn *sein Recht erhalten* bedeutet. Ich bin mit Ihnen einer Meinung, daß Urteile nicht immer unser Rechtsempfinden befriedigen. Jedes System ist fehlerhaft, weil es von Menschen gemacht und ausgeübt wird. Solange wir über kein besseres System verfügen, müssen wir uns jedoch irgendwie mit dem jeweils aktuellen arrangieren. ... Unabhängig davon, wie schwer es uns manchmal fällt. Genau darum geht es doch im Leben. Die Dinge, die unserem Ermessen nach reibungslos und regelrecht verlaufen, geben keinen Anlaß zu unguten Gefühlen. Erst wenn wir mit etwas oder jemandem nicht einverstanden sind, rühren sich Gefühle in uns, die stets auf unangenehme Weise unsere Aufmerksamkeit fesseln. Daraufhin suchen wir nach einer Lösung, die nur nicht in jedem Fall außerhalb zu finden ist. Oft sind wir vielmehr gefragt, unser *Inneres* zu verändern, um mit Ungerechtigkeiten umzugehen zu lernen. ... Manchmal existiert auch gar kein identifizierbarer äußerer Feind. Denken Sie beispielsweise an eine schlimme Krankheit, einen Unfall oder eine Naturkatastrophe! ... Wir Menschen neigen zwar dazu, Verantwortliche zu benennen, die die Schuld für das eigene Unglück tragen sollen, weil wir glauben, uns gehe es damit besser. Doch ist unser Schicksal wirklich leichter zu ertragen, sobald ein vermeintlich oder tatsächlich Verantwortlicher dafür zur Rechenschaft gezogen wurde?"

„Das heißt, Sie finden, jeder könne tun, was ihm beliebt, ohne dafür bestraft zu werden, sogar wenn es Unrecht ist?"

„Sie denken ausschließlich in eine einzige Richtung. Sicherlich ist Strafe nach unserem Verständnis manchmal sinnvoll. Doch existieren ganz und gar unterschiedliche Auffassungen darüber, für *wen* sie sinnvoll sein soll beziehungsweise ist. Ich persönlich glaube, im Vordergrund sollte der Schutz der Gesellschaft stehen, und der Bestrafte sollte – wenn irgend möglich – eine Chance bekommen, etwas aus den ihm auferlegten Konsequenzen zu lernen. Als *Gerechtigkeit* für das Opfer halte ich Strafe für maximal zweitrangig. ... Stellen Sie sich eine vergewaltigte Frau vor! Selbstverständlich ist es beruhigend für sie, wenn der Vergewaltiger nicht mehr frei herumläuft. Die Belastung des eigenen Lebens wird hierdurch jedoch nicht einmal ansatzweise geringer. Sie muß genauso mit den seelischen und häufig auch körperlichen Folgen leben, die ihr zugefügt wurden. Und das lebenslänglich, ... was für den Vergewaltiger keineswegs gilt."

„Trotzdem! Finden Sie nicht, ein Arzt, der eindeutig einen Fehler begangen hat, muß unbedingt zur Rechenschaft gezogen werden?"

„Ist der Fehler eindeutig und gravierend, sollte man die Sache selbstverständlich aufklären und schauen, was gerecht und sinnvoll für alle Beteiligten ist. Eben dafür ist unser juristisches System zuständig."

„Und wenn das nichts tut?"

„Auch das haben wir zur Genüge besprochen, Frau Burger. In diesem Fall muß man vor allen Dingen schauen, wie man damit klarkommt. ... Sie kündigen mir aber nicht gerade an, die Sache mit dem Arzt in die eigenen Hände nehmen zu wollen, oder?"

Erstaunt reißt Anna Burger – so gut es eben gelingt – die Augen auf. „Nein, Frau Doktor! Natürlich nicht! Darum geht es mir doch gar nicht. Ich will es nur klären. Für mich. Verstehen Sie? Um zu lernen, wie Sie

es sagen, damit umzugehen. Damit leben zu können. ... Ohne Timmy."
„Was fehlt Ihnen denn am meisten?"
„Diese unglaubliche Nähe, wie sie nur Timmy zu geben verstand."
„Nähe zu empfinden hat sicherlich etwas mit der Person zu tun, die sie gibt. Allerdings ist dabei nicht unwesentlich, selbst in der Lage zu sein, sie zu *empfangen*. Das bedeutet, Sie können sehr wohl neuerlich Nähe empfinden. Mit einem anderen Menschen."
„Und wie soll ich das machen?"
„Indem Sie vor allem versuchen, Stück für Stück mit der Vergangenheit abzuschließen. Das Gefühl des *Wiederhabenwollens* loslassen. Ich sage das ebenfalls nicht zum ersten Mal. Sie sollten sich kontinuierlich öffnen, demgegenüber, was sein könnte. ... Tim war Ihre große Liebe. In Ordnung. Schön, daß Sie es leben durften. Doch kann man nicht nur eine einzige Liebe erfahren. Öffnen Sie Ihren Blick – und Ihr Herz! Für etwas Neues."
„Ich denke, ich brauche noch Zeit, bis ich soweit bin."
„Ja, gewiß. Es geht nicht darum, wie schnell man läuft, es geht bloß darum, sich in die richtige Richtung zu bewegen."
„Also schön, lassen Sie uns versuchen, einen Weg für mich zu finden."
Dr. de Winter ist dieser ungewöhnlichen Wandlung gegenüber weiterhin skeptisch. Zu plötzlich ist ihre Patientin derart aufgeschlossen und allzu bereit, den Kurs zu wechseln. Zumindest ist sie jedoch beruhigt, was ihren vorübergehenden Verdacht anbetrifft, Frau Burger könne Selbstjustiz üben. Da ist wohl doch die Phantasie mit ihr durchgegangen.
Sie atmet einmal tief durch.

33

Bei strahlendem Sonnenschein saß Mina mit Ben auf einer grünen Wiese. Ausgelassen kitzelte er sie mit einem Grashalm an der Nase, flüsterte ihr dabei etwas ins Ohr. Sie verstand ihn allerdings nicht. So sehr sie sich auch bemühte, den Sinn seiner Worte zu erfassen, es gelang ihr einfach nicht. Dabei wußte sie genau, es war wichtig. Äußerst wichtig sogar! Er wollte ihr etwas mitteilen, das sie unbedingt wissen mußte! Verdammt! Wieso verstand sie ihn nicht?

„Ben, bitte wiederhole, was du eben gesagt hast! Und sprich ein bißchen deutlicher!"

Es half nichts. Auch der nächste Versuch verlief erfolglos. Ben nuschelte weiterhin in ihr Ohr.

Nachdem sie ihn mehrere Male gebeten hatte, ein wenig lauter und vor allem deutlicher zu sprechen, begann er, sie anzubrüllen. Seinem Mund entwichen gellende Schreie. Immer wieder, in einem gleichförmigen Rhythmus. Dabei neigte er jedesmal den Kopf nach vorn, als würge er diese furchtbaren Laute regelrecht aus sich heraus.

Dann erwachte sie! Das Telefon klingelte. Deutete sie die letzten Sequenzen ihres Traumes richtig, tat es das anscheinend bereits eine geraume Weile. Ein Blick auf die Uhr ließ sie erst recht hochfahren.

Drei Uhr siebzehn. Verdammt, es war nicht das erste Mal! Nahm sie ab, meldete sich niemand. Anfänglich waren diese Anrufe lediglich tagsüber unternommen worden, weshalb sie sich zunächst nichts dabei gedacht hatte. Schließlich war es nicht ungewöhnlich, sich zu verwählen. Manche waren dabei zu unsicher oder einfach nicht mit der nötigen Höflichkeit gesegnet, um sich für den Irrtum zu entschuldigen. Mittlerweile wurde sie zunehmend häufig aus dem Schlaf gerissen.

Unlängst hatte sie überlegt, das Telefon aus dem Schlafzimmer zu entfernen oder wenigstens den Ton stumm zu stellen, hatte sich jedoch von Mal zu Mal dagegen entschieden. Immerhin konnte irgend jemand einen Unfall gehabt haben, oder eine von Charlies Bekanntschaften spielte verrückt. Also nahm sie brav jedes Gespräch entgegen, was in diesem Fall – da niemand sprach – genaugenommen gar keines war.

Da bloß geatmet wurde, hatte sie beim ersten Mal tatsächlich gefürchtet, jemand sei in Not. Später hatte sie bloß ärgerlich reagiert, so häufig aus dem Tiefschlaf geweckt zu werden. Inzwischen löste die Angelegenheit allerdings eine gewisse Besorgnis aus.

„Hallo!" brachte sie wie gewöhnlich matt hervor, nachdem sie sich gähnend aus dem Bett gequält, das Telefon von der Kommode genommen und auf die grüne Taste gedrückt hatte. Erneut drang ein deutlich vernehmbares Atmen an ihr müdes Ohr. Ohne zu zögern legte sie auf und begab sich zurück ins Bett. Wie so häufig war Ben nicht zugegen.

Genaugenommen war er in diesen Nächten bisher überhaupt noch nie bei ihr gewesen. Könnte sie sich in seine Arme flüchten, legte sich nach kurzer Zeit ganz sicher dieses dumpfe Gefühl, das so ein anonymer Anruf hinterließ. Klar, vermutlich verbarg sich nichts Besorgniserregendes hinter allem! Vielleicht ein schlafloser Teenager, der seine Freude daran gefunden hatte, beständig ausgerechnet bei ihr – die absolut zuverlässig jedesmal wieder ans Telefon ging – anzurufen. Es war aber auch nicht komplett auszuschließen, daß jemand versuchte, sie systematisch zu terrorisieren. Nur wer diesbezüglich in Frage kam, dazu fiel ihr beim besten Willen nichts Passendes ein. Ein unzufriedener Patient?

Gewiß gab es im Laufe der Jahre ein paar wenige, die mit irgend etwas im therapeutischen Verlauf nicht einverstanden gewesen waren. Bei emotional instabilen Menschen kam das gar nicht so selten vor, da diese ausgesprochen empfindlich auf geringste Nuancen im Miteinander reagierten. Da ließen sich Mißverständnisse nie gänzlich ausschließen. Manchmal brach der Betreffende daraufhin die Therapie ohne entsprechende Klärung ab. Erst einmal! Häufig erlebte sie, wie derselbe Mensch – manchmal erst nach Jahren – anfragte, ob sie noch einmal mit ihm arbeiten würde, was als enormer Fortschritt zu verbuchen war!

Denn trotz aller Widrigkeiten stellte es einen Beleg für aufgebautes Vertrauen und eine gewisse Stabilität dar.

Doch gab es einen entscheidenden Grund, weshalb diese Theorie bereits im Ansatz unstimmig war: Niemand hatte Kenntnis von ihrer privaten Telefonnummer, da sie diese wie ein Geheimnis hütete. In keinem öffentlichen Verzeichnis war sie zu finden, und lediglich ihre engsten Freunde sowie wenige Kontakte darüber hinaus – etwa ihre Bank oder der Elektriker – kannten die Nummer ihres Privatanschlusses. Da müßte jemand schon mit einiger krimineller Energie aufwarten, um diese dennoch in Erfahrung zu bringen. Irgendwelche *Feinde* hatte sie jedoch ebensowenig, also mußte es sich wohl tatsächlich um einen dummen Streich oder um ein Versehen handeln.

Sie drehte sich auf die Seite, wickelte die Bettdecke eng um ihren Körper, obwohl es aufgrund der nächtlichen Temperaturen unnötig gewesen wäre. Dessen ungeachtet bescherte es ihr ein sicheres Gefühl. Schmiegte sich schon sonst niemand an sie, so doch wenigstens ihre Decke.

Um wieder einschlafen zu können, bemühte sie sich, störende Gedanken zu vertreiben. Doch schlichen sie sich, wie unartige Wichte, durch die Hintertür ständig erneut herein. Erst nach mehrmaligen erfolglosen Versuchen schlief sie endlich ein.

Wenig später schreckte sie völlig desorientiert erneut hoch. Als es ihr gelungen war, ihr Gehirn vollständig aus dem Schlafmodus hochzufahren, erhielt sie die Auflösung des Rätsels: Das Telefon klingelte. Schon wieder! Bisher hatte sie das noch nicht erlebt. Für gewöhnlich erhielt sie maximal *einen* Anruf pro Nacht.

Unmutig schälte sie sich aus ihrer Decke, griff zum Handstück und stellte die Verbindung her. Ein knappes „Ja!" war allerdings alles, was sie bereit war, um Viertel vor vier von sich zu geben.

Irgend etwas schien eine Flüsterstimme ins Telefon zu hauchen, Mina war jedoch keineswegs sicher, da sie absolut nichts verstand. Möglicherweise handelte es sich lediglich um eine Variante der gewohnten Atemgeräusche.

„Wer ist denn da?" fragte sie wider besseres Wissen. Zur Antwort bekam sie lediglich ein *Klack*. Der Anrufer hatte das Gespräch beendet. Ohne es zu wollen, kroch erneut Unruhe in ihr hoch. Wer veranstaltete einen derartigen Blödsinn mit ihr?

Ihre Kehle fühlte sich trocken an. Aufgewühlt huschte sie hinunter in die Küche und nahm einen kräftigen Schluck aus der halbvollen Flasche. Es war angenehm, das kalte Wasser einfach in den Mund laufen zu lassen. Als sie am Eßplatz flüchtig aus dem Fenster geschaut hatte, wurde ihr Blick noch einmal zurückgeholt und unweigerlich von Friedas Haus gefangengenommen.

Mina ging 'Ach, eine Leidensgenossin' durch den Kopf, als sie bei ihrer Freundin Licht brennen sah. Auch die Möglichkeit, sich demnächst gegenseitig Gute-Nacht-Geschichten vorzulesen, zog sie kurzfristig in Erwägung.

Kaum war der Gedanke formuliert, erlosch das Licht im Nachbarhaus. Womöglich hatte Frieda bloß zur Toilette gemußt und befürchtet, in der Dunkelheit zu fallen. Zeit für Mina, sich ebenfalls einem weiteren Schlafversuch zu widmen.

Sie leerte die Flasche, begab sich wesentlich ruhiger nach oben, machte bei der Gelegenheit einen Umweg über das Bad und ließ dort einen Teil des oben eingefüllten Wassers unten wieder hinauslaufen.

Daraufhin legte sie sich – im erneuten Versuch, bis zum Morgen schlafen zu können – in ihr noch warmes Bett, kuschelte sich ein und … stand noch einmal auf. Nur zur Sicherheit trennte sie den Stecker von der Telefondose.

34

Frau Burger erscheint heute nicht zu ihrem gewohnten Termin. Sie ist für eine Woche verreist und kommt erst morgen zurück. Da sie lange genug im voraus über deren Urlaubspläne in Kenntnis gesetzt worden ist, hat Dr. de Winter den Termin anderweitig vergeben können.

Herr Schulte ist erkrankt, was er ihr ebenfalls rechtzeitig mitgeteilt hat. Trotzdem hat sie keinen Ersatz gefunden, was bedeutet, um elf Uhr hat sie eine komplette Stunde zur freien Verfügung.

Eventuell unternimmt sie einen kleinen Ausflug in die Innenstadt. Das Wetter ist wunderbar sonnig mit einer leichten Brise. Wie geschaffen für den Besuch eines Straßencafés.

Die Türglocke ertönt. Erfüllt mit Vorfreude auf eine entspannende Freistunde eilt die Therapeutin beschwingt zur Tür, um ihren ersten Patienten persönlich einzulassen.

Anton Hasten ist nervös. Es drängt ihn, endlich zu berichten, was sich ereignet hat.

Als er und Dr. de Winter im Sprechzimmer Platz genommen haben, legt er unverzüglich los. „Ich habe mit meiner Frau gesprochen!" Er triumphiert ein wenig, ist stolz auf sich.

„Das war sicher nicht leicht."

„Mmh! Aber ich war jedesmal so … gepusht, sobald ich nach unseren Sitzungen nach Hause kam. Immerhin haben wir inzwischen oft genug darüber gesprochen, wie sinnvoll es wäre, ehrlich zu sein. Und jetzt hab' ich es endlich geschafft! Ich hab' reinen Tisch gemacht."

„Wie hat sie reagiert?"

„Na ja, … zuerst hat sie es nicht recht glauben wollen. Dann hat sie geweint. Doch habe ich ihr erklärt, es sei vorbei, und sie solle sich bitte keine Sorgen machen! Zuletzt habe ich ihr meine Liebe beteuert und sie gebeten, mir zu verzeihen."

„Und?"

„Sie will es sich überlegen, hat sie versprochen. Erst mal ist sie aus dem Schlafzimmer ausgezogen."

„Und wie hat sich die Stimmung mittlerweile entwickelt?"

„Eigentlich ganz gut. Aber wissen Sie, … wie soll ich es sagen? … Es ist egal, ob sie bleibt oder sich trennt. Nein, so meine ich es nicht. Natürlich wünschte ich, sie bliebe. Doch etwas viel Entscheidenderes ist passiert. Ich habe gemerkt, die Dinge *doch* bewegen zu können. Ich bin

ihnen nicht hilflos ausgeliefert, kann *mit*wirken, kann Entscheidungen treffen. Das ist toll! Verstehen Sie, was ich meine?"
„Sehr gut sogar."
„Ich sehe jetzt viel zuversichtlicher in die Zukunft. Ich weiß, ich kann es schaffen! Ich muß diese ständigen depressiven Grübeleien nicht einfach hinnehmen. Außerdem kann ich sogar mit unangenehmen Konsequenzen leben, ohne von ihnen fertiggemacht zu werden. Auch das ist mir klargeworden."
„Ich freue mich für Sie und *mit* Ihnen, Herr Hasten."
„Und am nächsten Tag habe ich direkt mit Iris gesprochen. Auf einmal ist es richtig leicht gewesen. Ich hab' überhaupt keine Angst mehr empfunden. Das ist ein derart ... unbeschreibliches Gefühl gewesen! Ich weiß nicht, wie ich es nennen soll."
„Befreiung?"
„Genau! Noch bevor Iris irgendwas gesagt hat, hab' ich mich vollkommen befreit gefühlt. Weil ich entscheiden kann. Ich *werde* nicht mehr entschieden! ... Na ja, jedenfalls hat Iris getobt wie eine Verrückte. Hat mir erwartungsgemäß gedroht, sie werde alles meiner Frau erzählen. Daraufhin habe ich ihr erklärt, Lisa stehe nicht sonderlich auf Wiederholungen, sie solle jedoch von mir aus tun, was sie nicht lassen könne. Sie hat gestutzt, hat wohl überlegt, ob das stimmen kann. Und ich bin gegangen. ... Ich weiß nicht, was sie daraus machen wird. Es ist mir aber gleichgültig. Ich will jedenfalls nie wieder in diese Grübeleien verfallen. Früher hab' ich mich tage- und wochenlang in ein Thema verbissen, habe es *durchgegrübelt*, bis mir schlecht geworden ist. Und zuletzt hab' ich dann jedesmal das schreckliche Gefühl gehabt, *nichts*, aber auch *gar nichts*, gegen *irgend etwas*, das mir widerfährt, unternehmen zu können."
„Ja, wir glauben, Grübeleien dienten dazu, ein Problem zu lösen. Das Gegenteil ist jedoch der Fall. Das, was eine Problemlösung darstellen soll, wird zum eigentlichen Problem. Man will die Depression durch Grübeleien überwinden und hält sie dadurch überhaupt erst aufrecht."
„Da habe ich doch die ganze Zeit einer absolut unbrauchbaren Technik aufgesessen. Genau das ist mir nunmehr richtig klargeworden."
„Sehr schön! Lassen Sie uns nun einfach noch schauen, ob Sie möglicherweise Werte vertreten, die Ihren Grübeleien Nahrung geben und Sie zusätzlich blockieren!"

„Sie meinen Vorstellungen darüber, wie etwas sein soll oder muß?"
„Richtig."
„Da kann ich Ihnen auf Anhieb ein Dutzend nennen. Beginnen wir mit einer sehr bedrückenden Werthaltung. Also, ich wäre gern ein *richtiger Kerl*, glaube andauernd, ich sei nicht männlich genug."
„Und was ist *männlich genug*?"
„Gute Frage! Das kann ich nicht so ohne weiteres beantworten. Vielleicht, wenn man stets direkt mindestens *eine* Lösung für ein Problem zur Hand hat."
„Und Männer, die das haben, wirken männlich auf Sie?"
„Mmh. Oberflächlich schon."
„Und bei näherem Hinsehen?"
„Zweifele ich daran."
„Was führt zu diesem Zweifel?"
„Männer, die ständig sofort eine Lösung parat haben, wirken oft besserwisserisch und überheblich."
„Also finden Sie überhebliche Besserwisserei männlich?"
„Irgendwie schon. Wissen Sie, das ist so! Männer, die arrogant sind und auf alles eine Antwort haben, finde ich zwar eigentlich widerlich, irgendwie beeindrucken sie mich aber trotzdem, ... oder besser gesagt, sie *schüchtern* mich ein."
„Weil Sie denken, diese Männer seien trotz allem schlauer als Sie selbst?"
„Möglich. Und weil ich merke, andere finden die irgendwie … super. Und anscheinend zweifelt auch niemand an deren Worten. Ganz egal, wie halbwissend das Gesagte manchmal wirkt – zumindest auf *mich*."
„Würden Sie denn lieber ebenfalls Blödsinn schwätzen, wenn andere Sie dafür bewunderten?"
„Keinesfalls! Trotzdem ärgert es mich, wenn solche Idioten für ihren Schwachsinn Applaus einheimsen."
„Angenommen, Sie ärgerten sich nicht, könnten statt dessen über besagten Umstand hinwegsehen, wäre dann alles in Ordnung?"
„Schon. … Also muß ich mich nur nicht mehr ärgern, oder? Und wie mache ich das?"
„Versuchen Sie sich beim nächsten Mal in solch einer Situation klarzumachen, wie gleichgültig das Benehmen anderer ist. Identifizieren Sie lieber Ihr Gefühl, zum Beispiel den Ärger, und verabschieden ihn."

„Ich sage also 'Tschüß Ärger'?"

„Warum nicht? Es geht ja in erster Linie darum, sich zu verdeutlichen, wie unbrauchbar Ärger ist. Darum können Sie ruhig 'Tschüß Ärger' sagen!"

Anton Hasten muß lachen. Ja, warum eigentlich nicht? Das Problem erscheint ihm auf einmal gar nicht mehr vorhanden. Er hat sich deutlich gemacht, daß es im Grunde nicht um die anderen geht, sondern um sein eigenes *Gefühl*. Und führt er sich vor Augen, was für eine Show diejenigen abziehen, die er selbst albern findet, muß er sich nicht länger klein oder unmännlich vorkommen. „Ich bin eben so, wie ich bin." Er sagt es, wie zu sich selbst.

Dr. de Winter nickt. „Ja, wer legt denn die Regeln fest, was männlich ist und was nicht? Sofern Sie Ihre eigenen Regeln aufstellen, was kümmern Sie noch die der anderen?"

Jetzt nickt *er*. Voller Zustimmung. Nach einer Weile will er allerdings noch etwas wissen. „Im Grunde geht es also immer wieder um die eigenen Gedanken und Gefühle, was?"

„So ist es. Sicherlich existieren außerdem Dinge, die unser Leben erschweren, ohne daß unsere persönliche Wertung den Ausschlag gibt. Wenn wir etwa starke Schmerzen haben, die sich nicht ausreichend kontrollieren lassen. Insgesamt machen wir uns unsere Welt jedoch selbst. Sie ist nicht so, wie wir sie sehen. Es ist der subjektive Eindruck, in dem wir leben. Der vermittelt uns, was uns Sorgen bereitet, was Angst auslöst. Und eben auch, was wir gut oder schön finden. Ich nenne es das *Pippi-Langstrumpf-Syndrom*."

„*Ich mach' mir die Welt, widde, widde, wie sie mir gefällt*", trällert er leise vor sich hin. „Das bedeutet, ausschließlich ich selbst kann etwas verändern."

„Exakt!"

„Nun will ich also meine Bewertung verändern. Was genau muß ich dafür tun?"

„Im besten Fall verabschieden Sie sich erst einmal überhaupt von allen Bewertungen. Dinge gar nicht zu bewerten – weder positiv noch negativ – löst jegliche Anspannung. Das gelingt selbstverständlich nicht immer. Und zudem ist es nicht in jeder Situation sinnvoll. Doch ist es eine gute Übung. Anschließend können Sie versuchen, Argumente für eine *brauchbarere* Wertung zu finden. … Wenn ich in meinen Garten schaue, kann ich voller Begeisterung 'Ach, ist der Rasen schön grün!' ausrufen, andererseits kann ich ebenso inbrünstig jammern, wie anstrengend das wöchentliche Mähen und wie hoch die Grundsteuer ist, die ich für dieses winzige Stück Land obendrein zu entrichten habe. ... Was ich meine, ist, die Dinge weisen stets unterschiedliche Seiten auf. Es liegt nun an mir selbst, auf welche Seite ich den Schwerpunkt lege. Finde ich den Rasen schön grün, sollte ich schleunigst aufhören, über Arbeit oder Geldabgabe zu lamentieren. Lamentiere ich, muß ich etwas ändern! Etwa das Haus verkaufen. Natürlich *mit* Rasen."

Anton Hasten hat verstanden. Entweder – oder! Beides zusammen macht Streß.

„Und haben Sie sich für eine brauchbare Umbewertung entschieden, sollten Sie sich auf diese konzentrieren, statt endlos über die andere Variante nachzugrübeln."

„Allerdings treten ja manchmal Situationen auf, bei denen beide zur Verfügung stehende Möglichkeiten etwas Gutes beinhalten. Ich könnte beispielsweise die Berge *und* das Meer wollen." Herausfordernd schaut er seine Therapeutin an.

„Klar! Manchmal läßt sich das sogar vereinbaren. In vielen Fällen muß man jedoch eine Entscheidung treffen. Nur kleine Jungs bekommen das Polizei- *und* das Feuerwehrauto."

„Auf mich hat das leider nie zugetroffen. Ich bin schon immer der *große* Junge gewesen, der sich letztlich zwischen zwei Varianten entscheiden muß. Wie bei Iris und Lisa."

„Oder Sie entscheiden sich nicht und sind bereit, die Konsequenzen zu tragen."

„Und am Ende bin ich das Polizei- *und* das Feuerwehrauto los."

„Mmh!"

„Was ist aber, wenn ich von einer Umbewertung nicht richtig überzeugt bin?"

„Eine Überzeugung ist ja letztendlich ebenfalls eher ein Gedanke, der von einem Gefühl gesteuert wird, das ich irgendwann willkürlich an diesen Gedanken gekoppelt habe. ... Entscheide ich mich nun, das Gefühl einfach stehenzulassen, ohne mich länger damit abzugeben, und aktiviere statt dessen immerfort den neuen Gedanken, *übe* also, weil ich diesen brauchbarer finde, wird mein Gehirn nach einiger Zeit den entsprechenden Gedanken ohne Anstrengung formulieren. Das ist so, als lernten Sie eine neue Sprache. Sie sind doch keineswegs davon überzeugt, daß Blume auf französisch *fleur* heißt! Das nehmen Sie lediglich hin, weil es in Ihrem Buch steht oder der Volkshochschullehrer Ihnen eine entsprechende Auskunft erteilt. Aber fühlt sich *fleur* für Sie wie *Blume* an?"

Anton Hasten verneint. Klar, die Bewertung gibt das Gefühl vor, und das Gefühl steuert daraufhin so vieles. Allzuviel!

„Also wäre ohne Bewertung alles einfacher."

„Ja! Dennoch erschwert Bewertung nicht nur unser Leben, einiges vereinfacht sie auch. Wir müssen, treffen wir auf die Nachbarin, nicht überlegen, was wir mit ihr alles erlebt haben, und wie wir das finden. Wir rufen unser vorgefertigtes Verhalten einfach ab und *empfinden*, es sei richtig. Erst sobald wir ein davon abweichendes Gefühl haben, überlegen wir, woran es liegen mag. Ansonsten können wir uns diese Anstrengung ersparen."

„Es kommt also eher darauf an, unser Gefühl nicht die komplette Führung übernehmen zu lassen."

„So ist es! Es ist sozusagen ein Werkzeug. Wir müssen nur lernen, es angemessen einzusetzen. Und wie bei allen Dingen, gilt, Brauchbares wird unbrauchbar, sobald wir es auf alle erdenkliche Situationen anwenden. Weil eben *nicht* gilt: Ein für *alle* Mal!"

Am Ende der Sitzung verspricht Anton Hasten, besser auf unbrauchbare Bewertungen zu achten; darüber hinaus will er versuchen, diese zu verabschieden, um brauchbarere zu finden, oder etwas auch mal nicht zu bewerten. Es einfach mal hinzunehmen. So, wie es ist.

Er fühlt sich erneut gestärkt. Zudem wird ihm noch einmal richtig bewußt, daß er sich kein bißchen mehr vor dem fürchten muß, was ihn in seinem Leben noch so erwartet.

Vielmehr blitzt etwas durch, was er seit langem nicht mehr empfunden hat: Neugier! Neugier auf das, was kommen mag.

35

Kaum hatte Mina den Finger von der Klingel genommen, ertönte bereits der Summer. Sie drückte ihren Rücken gegen die Tür, da beide Hände besetzt waren. In der einen befand sich eine Rotweinempfehlung ihres Weinhändlers, in der anderen ein prallgebundener Blumenstrauß, der ausschließlich aus Rosen aller Farben bestand.

Eine Handtasche trug sie für gewöhnlich nicht bei sich, war sie privat unterwegs. Das empfand sie als eher lästig und zudem recht überflüssig. Schlüssel und sonstige Notwendigkeiten trug sie ohnehin lieber am Körper.

Ben bewohnte das Dachgeschoß eines vierstöckigen Mehrfamilienhauses. Heute war sie zum allerersten Mal bei ihm eingeladen. Sie freute sich, endlich sein Zuhause kennenlernen zu dürfen. Wahrscheinlich lebte er in einer typischen Junggesellenwohnung, die selten aufgeräumt und noch seltener geputzt wurde. Mittlerweile hatte er allerdings ausreichend Zeit gehabt, alles präsentierfähig herzurichten.

Mit seinem gewinnenden Lächeln stand er in der geöffneten Wohnungstür und nahm sie unmittelbar in die Arme, als sie endlich oben angelangt war. Er küßte sie ausgiebig und voller Leidenschaft. Indes sah Mina sich außerstande, seine Umarmung zu erwidern, da sie weiterhin Wein und Blumen in Händen hielt.

„Zu allererst würde ich meine Wohnung gern mit dir einweihen", hauchte er nach dem Kuß in ihren Nacken und trug sie – ohne eine Antwort abzuwarten – über die Schwelle, als hätten sie soeben geheiratet, und die Blumen stellten den Brautstrauß dar.

Auf diese Weise brachte er sie unverzüglich in sein Schlafzimmer, legte sie sanft aufs Bett, erleichterte sie von Wein, Blumen und Kleidung, um daraufhin ihren gesamten Körper zu küssen.

Währenddessen ließ er sie noch wissen, wie unglaublich glücklich er sei, sie endlich in seinem Zuhause willkommen heißen zu dürfen.

Viel später äußerte Mina belustigt den Wunsch, nun doch einmal seine Wohnung in Augenschein nehmen zu dürfen.

„Oh, alles wirklich Interessante findest du hier!" gab er munter mit einem anzüglichen Blick auf ihren Körper und einem Schwenk auf sein erneut erigiertes Genital zurück. Mina lachte. „Ich weiß. Trotzdem bin ich neugierig."

Also kleideten sie sich rasch an und verließen das Schlafzimmer. Nun hatte Mina endlich Gelegenheit, sich etwas umzuschauen. Was sie sah, gefiel ihr auf Anhieb. Seine Einrichtung strahlte Geschmack und Liebe zum Detail aus. Wenige, moderne Möbel in hellem Holz, eine dunkelrote Couch mit zwei Sesseln und sogar ein paar Teelichthalter sowie andere Accessoires machten alles wohnlich und gemütlich. Im Laufe des weiteren Stöberns stieß sie unweigerlich auf einen mit zwei hübschen Kerzenarrangements sorgsam gedeckten Tisch.

„Schön!" entglitt ihr aus voller Überzeugung mit einem fast kindlichen Lächeln.

„Ich war mir wegen der Tischdekoration nicht ganz sicher. Um so besser, wenn sie dir gefällt." Ben atmete erleichtert auf. Der heutige Tag war ungeheuer wichtig für ihn, und er hatte ihm so sehr entgegengefiebert. Je häufiger er daran gedacht hatte, daß Mina erstmals zu ihm kommen würde, desto mehr hatte es seine Vorfreude gesteigert. Und die Vorstellung ihres in Räumen und Laken zurückbleibenden Duftes machte ihn regelrecht glücklich.

„Ja", hörte er von weither Minas Stimme, „du hast den Tisch wirklich schön gedeckt. Meine Äußerung bezog sich allerdings auf den Gesamteindruck. Deine komplette Wohnung ist ganz wunderbar. Ich fühle mich rundherum wohl hier."

Ben drückte sie fest an sich. „Du glaubst gar nicht, wie wichtig mir das ist!"

Diesmal konnte sie seine Umarmung erwidern, da ihre Hände – anders als bei der unverhofft kreativen Begrüßung – nun frei waren. Offensichtlich fiel ihr dieser Umstand im gleichen Moment wie ihm ein und auf, denn er eilte „Der Wein und die Blumen" murmelnd Richtung Schlafzimmer, um beides zu bewahren; die Blumen vor der allzu raschen Vergänglichkeit, den Rotwein vor dem Gegenteil.

Später redeten und aßen sie bei Kerzenschein in vollständiger Glückseligkeit. Gerade bei der Nachspeise angekommen, ihre Finger berührten sich über den Tisch hinweg, sonderte Bens Handy *On the Road Again* von Canned Heat ab. Mina erkannte zwar augenblicklich die Melodie, nicht jedoch den Ursprung der Klänge.

Als Ben, nach flüchtigem Blick auf das Display, den Anruf wegdrückte, wurde ihr allerdings unversehens klar, wer beziehungsweise *was* für die Melodie verantwortlich war.

„Du hättest ruhig drangehen können!" ermunterte sie ihn nachträglich, mit Blick auf das verstummte Handy.

„Ist nicht so wichtig", gab er leicht abwesend zurück.

Kurz danach wollte Mina die Toilette aufsuchen, stand zunächst jedoch irrtümlich im Abstellraum, bevor sie zur richtigen Tür gelangte.

Als sie wenig später das Bad wieder verließ, hörte sie Ben sagen: „Das paßt mir heute abend ganz und gar nicht! Wir sind doch übermorgen verabredet. ... Nein, auf gar keinen Fall! ... Das wirst du *nicht* tun!"

Beim Näherkommen sah sie ihn auf einem seiner beiden Sessel sitzen, dabei wandte er ihr den Rücken zu. Mina überlegte schon, zurück ins Bad zu gehen, als Ben sie bemerkte. Er fauchte noch knapp ins Telefon: „Ich leg' jetzt auf. Bis Sonntag also!" Dann warf er das Handy unsanft beiseite. Er schien aufgewühlt, versuchte dennoch ein Lächeln aufzusetzen, während er sich ihr zuwandte. Allerdings gelang es ihm nicht recht.

Mina war verunsichert. Bei was für einem Gespräch hatte sie gestört?

„Es tut mir leid, Ben! Ich wollte nicht lauschen. Wenn du etwas regeln mußt, das mich nichts angeht, kann ich noch mal rausgehen." Sie deutete mit einer Hand hinter sich.

„Bloß nicht!" entgegnete Ben blitzschnell. „*Mir* tut es leid, daß du das mitanhören mußtest! Es ... es war nur eine alte Freundin meiner Mutter. Seit Mutters Tod nervt sie. Ich konnte sie nie leiden. Und meine Mutter hat zuletzt ebenfalls deutlich unter ihr gelitten, war aber nicht stark genug, sich von ihr zu lösen. Jetzt ist sie ebenfalls krank und hat niemanden, der sich kümmert. Kein Wunder! Sie hat wirklich alle vergrault! Ich war ihr hier und da behilflich, weil sie mir trotz allem leidtat. Doch nun nervt sie zunehmend mehr, ... hat ständig Aufträge, die von Mal zu Mal aufwendiger werden. Da muß ich manchmal einfach deutlich eine Grenze setzen."

„Braucht sie dich denn heute? Wir können den Abend ja beenden. Auch wenn sie ein Drache ist, kann ich absolut nachvollziehen, wenn du dich kümmern willst. Deshalb brauchst du dich nicht zu schämen!" Sie setzte sich auf seinen Schoß, legte einen Arm um seinen Nacken und küßte ihn zärtlich. „Ich finde das sogar höchst edel von dir. Wirklich. Dafür liebe ich dich noch etwas mehr."

Er schaute sie irritiert an. „Du liebst mich? Sollte das Pflänzchen tatsächlich bereits erblüht sein?"

Von ihrer eigenen Aussage überrascht, dachte sie einen Moment nach, entschied dann, daß diese auch einer genaueren Betrachtung standhielt. „Ja, Ben! Ich beginne gerade, dich zu lieben! Und wenn du einer miesepeterigen alten Schachtel ab und zu unter die Arme greifst, treibt das die Blüte zusätzlich voran. Solche Menschen haben schließlich ebenso Unterstützung verdient. Gewiß hat sie ein schweres Leben hinter sich und nie gelernt, wie man anständig mit anderen umgeht. Dient es nicht sogar als gerechte Strafe, wenn sich dennoch jemand um sie sorgt?" Mina lachte, und Ben lachte mit, jedoch nur zum Schein.

In ihm begann erneut ein Sturm zu wüten, der diesmal derart gewaltig seine Seele peitschte, daß er nicht im mindesten ahnte, wie er diesen Tumult je besänftigen sollte. *Sie* lobte und bewunderte *ihn* wegen seiner Nächstenliebe! Schlimmer ging's nicht mehr! Dabei war *sie* diejenige, die Respekt und Bewunderung verdiente, vertrat sie doch ernsthaft die Ansicht, man solle sogar einen unangenehm aufdringlichen Menschen unterstützen. Und er? Er gab bloß vor, edel zu sein. In Wahrheit war er das nicht nur überhaupt nicht, nein, es war viel ärger, da es sich lediglich um eine Tarnung handelte, die ihm ermöglichte, Mina gegenüber seine miese Handlungsweise zu verschleiern. Wie verlogen er doch war!

Wenn sie vorhin gewettert hätte, er habe wohl nicht alle Latten am Zaun, falls er sich um diese Pißnelke kümmern wolle, finde es alles andere als angemessen, gegebenenfalls den gemeinsamen Abend deswegen zu versauen, dann fühlte er sich in diesem Augenblick erheblich besser. Die von ihr tatsächlich gezeigte Reaktion löste demgegenüber erhebliche Schuldgefühle in ihm aus.

Von Anfang an hatte er sie nach Strich und Faden belogen. Was sollte er bloß tun? Gestand er ihr die Wahrheit, ergriff sie garantiert schleunigst die Flucht. Etwas anderes war, völlig nachvollziehbar, nicht zu erwarten. Häufig hatte er bereits darüber nachgedacht, wie viele mögliche Zeitpunkte der Offenbarung er inzwischen verpaßt hatte. Immer wieder hatte er sich vorgenommen, reinen Tisch zu machen. Und *jedes* verdammte Mal war er aus fadenscheinigen Gründen davor zurückgewichen. Er war wirklich ein feiger Trottel und ein Riesenarschloch!

Mina saß weiterhin auf seinem Schoß. Und obwohl er einen verkrampften Eindruck auf sie machte, ahnte sie nichts von seinem inneren Kampf, interpretierte seine Anspannung vielmehr als Unwohlsein wegen dieser alten Frau, deren Verhalten ihn belastete.

Darum streichelte sie liebevoll seinen Nacken, in der Hoffnung, er könne Abstand zu dem unangenehmen Telefonat gewinnen.

Trotz aller Selbstanklage überlegte Ben währenddessen fieberhaft, welcher Handlungsschritt als nächstes auszuführen sei, um sich unmittelbar aus der Gefahrenzone befreien zu können, damit das Geheimnis, das er bisher so sorgfältig gehütet hatte, nicht doch noch vor der Zeit auffliege. Martha hatte ihn soeben am Telefon gefragt, ... nein, sie hatte *angeordnet*, sie schaue in wenigen Minuten bei ihm vorbei! Dabei hatten sie sich ursprünglich für Sonntag verabredet.

Verdammt! Er war so sicher gewesen, daß sie heute garantiert nicht auftauchen würde, schließlich hatte sie für ein paar Tage verreisen wollen. Andernfalls hätte er Mina niemals zu sich eingeladen.

Wenigstens hatte Martha nicht einfach unangemeldet vor der Tür gestanden. Das wäre nicht das erste Mal gewesen. Sie machte stets ihre eigenen Regeln, unabhängig von den Wunschäußerungen anderer Beteiligter. Obwohl er ihr schroff und unmißverständlich zu verstehen gegeben hatte, sie keinesfalls sehen zu wollen, war es dementsprechend durchaus möglich, daß sie gleich dennoch auftauchte.

Er mußte unbedingt aus der Wohnung verschwinden. Mina sollte die Wahrheit ausschließlich von ihm erfahren. Keinesfalls von Martha. Das wäre eine Katastrophe! Noch *ein* Mal mußte er lügen. Nur noch ein einziges, letztes Mal! In diesem Moment war es einfach wichtig, Mina von hier wegzulotsen. Da sie offengelassen hatten, wo sie übernachten wollten, ließe sich eine Abwandlung ohnehin unausgesprochener Pläne vielleicht sogar unauffällig durchsetzen.

Also faßte er einen Entschluß. „Mina, macht's dir was aus, noch ein bißchen rauszugehen? Ich bin etwas unruhig und brauche Bewegung."

„Für Bewegung können wir doch auch anders sorgen", gab sie zurück und öffnete sein Hemd. „Es ist sicher nichts dagegen einzuwenden, den Abend zu beschließen, wie wir ihn begonnen haben, oder?" Jetzt küßte sie seine freigelegte Brust.

„Mina!" Er wehrte sie behutsam ab. „Bitte, nicht böse sein! Aber ich will wirklich ein bißchen raus hier." Viel lieber hätte er sich von ihr verführen lassen. Dieses Risiko konnte er jedoch keinesfalls eingehen.

Mina ließ von ihm ab und schaute ihn prüfend an. „Geht es dir nicht gut?" erkundigte sie sich mitfühlend. Sie begann, sich Sorgen zu machen. Doch zerstreute er einigermaßen ihre aufkommenden Zweifel, indem er sofort erwiderte: „Nein, ehrlich nicht! Ich habe nur irgendwie den Wein nicht vertragen und dann noch dieser Anruf. Ich brauche bloß etwas Bewegung in frischer Luft. Okay? Sei nicht verletzt! Du weißt, wie sehr ich dich begehre."

„Ja, natürlich. Ich bin nicht verletzt. Ich war nur für einen Moment in Sorge um dich." Beruhigter stand Mina auf und begann, den Tisch abzuräumen.

„Laß doch!" Er sprang rasch herbei, nahm ihr die bereits aufgenommenen Teller aus den Händen, stellte sie zurück auf den Tisch. „Das mache ich später oder morgen. Bitte laß mir die Freude! Du bist heute zum ersten Mal mein Gast gewesen, da bin ich ausnahmsweise allein für alles zuständig."

„Du bist der perfekte Gastgeber." Sie küßte ihn, holte anschließend ihre leichte Jacke, die im Schlafzimmer zurückgeblieben war.

Unauffällig – damit Mina nichts bemerke – orientierte Ben sich nach allen Seiten, nachdem sie wenig später das Gebäude verlassen hatten.

Martha war zum Glück nirgends zu sehen. Kurzentschlossen hakte er sich bei Mina unter und steuerte sie in die entgegengesetzte Richtung zu der, aus der Martha sich aller Wahrscheinlichkeit nach nähern würde, falls sie so unverschämt wäre, sein kategorisches Nein nicht zu akzeptieren. Als sie sich seiner Einschätzung nach weit genug aus der Gefahrenzone entfernt hatten, entspannten sich seine Muskeln ein wenig, und auch der Sturm in seinem Kopf legte sich ansatzweise. Die frische Luft tat ihm wohl. Vielleicht gelang es ihm ja noch, das Steuer herumzureißen, um in friedlichere Gewässer zu gelangen. Das funktionierte sonst schließlich fast immer in Minas Nähe.

Verstohlen schaute er sie aus den Augenwinkeln an. Für sie lohnte sich das alles! Er löste die zuvor eingenommene Haltung, legte statt dessen seinen Arm um ihre Schultern, woraufhin sie den ihren um seine Hüften schlang. So schlenderten sie fast eine Stunde durch die Straßen, unterhielten sich über dies und das, küßten sich zwischendurch mehrmals ohne stehenzubleiben. Irgendwann hatte Mina das Telefonat sowie seine vormals wahrgenommene Unruhe aus dem Fokus verbannt. Sie fühlte sich einfach nur wohl mit ihm, ließ alle Vorbehalte fallen, die sie noch vor wenigen Wochen gehegt hatte. Mittlerweile konnte sie sich sogar eine gemeinsame Zukunft vorstellen.

Derweil hatten sie sich Minas Haus genähert, was gleichzeitig eine deutliche Entfernung zu Bens Wohnung bedeutete. Für Mina war dies völlig unbemerkt geblieben. Genau dies hatte Ben beabsichtigt und geschickt die Richtung vorgegeben, um die Rückkehr ins ungewisse Terrain zu verhindern. Als sei es ihm soeben erst aufgefallen, staunte er also: „Och Mina, nun sind wir ja schon fast bei dir!"

Sie mußte über sich selbst lachen. „Tatsächlich! Da kannst du doch mal sehen, welch unglaubliche Wirkung du auf mich ausübst! Ich habe es nicht einmal bemerkt."

„Das freut mich! Nur, was machen wir jetzt?"

„Na ja, wir sollten wohl langsam den Rückweg antreten, falls wir beabsichtigen, noch vor dem Morgengrauen zurück zu sein."

Das war nicht die Antwort, die er erhofft hatte. Ihm war keineswegs ihre ausgeprägte Beobachtungsgabe verborgen geblieben, weshalb er fürchtete, sie könne bei nüchterner Betrachtung spielend auf die Idee kommen, etwas stimme nicht, und er habe sie absichtlich aus seiner Wohnung gelockt. Solche Zweifel wären viel eleganter zu zerstreuen, äußerte *sie* den entscheidenden Satz. Jedoch verhielt sie sich – wie gewöhnlich – rücksichtsvoll. Schließlich war es *sein* Abend. Niemals wäre sie auf die Idee gekommen, ihm die Freude zu verderben, nach dem gelungenen Start der heutigen Begegnung, das gemeinsame Frühstück ebenfalls in seinem Zuhause zu bereiten. Zudem hatte sie eine unfreiwillige Entdeckung gemacht. Als sie versehentlich die Abstellkammer mit dem Bad verwechselt hatte, hatte sie eine rote Rose erspäht, die dort offensichtlich auf ihren großen Auftritt am nächsten Morgen wartete.

Ben ahnte von dieser Entdeckung allerdings nichts. Und da er keinesfalls vorzeitig aufgeben wollte, wagte er einen weiteren Vorstoß. „Du trägst ja nicht unbedingt Wanderschuhe. Sehr zu meiner Freude natürlich." Grinsend deutete er auf ihre hübschen Sandalen, die zwar recht bequem, aufgrund des recht hohen Absatzes jedoch nicht für allzu ausgedehnte Wege geeignet waren. „Du sollst dir einfach keine Blasen holen! Wollten wir zurückkehren, wären wir – selbst bei beschleunigtem Tempo – mindestens eine weitere halbe Stunde unterwegs."

Mina durchschaute tatsächlich das Manöver. Allerdings wäre sie nie auf den wirklichen Grund gekommen, da sie ihm vertraute. Vielmehr zog sie in Erwägung, seine eigenen Füße könnten Anlaß zu diesem Vorschlag geben. Gewiß war *er* fußlahm und müde. Nur, was sollte mit dem Frühstück geschehen?

Möglicherweise täuschte sie sich aber doch, und er war lediglich auf *ihr* Wohl bedacht. So legte sie ein letztes Veto ein. „Ben, es war ein wunderschöner Abend bei und mit dir! Und ich weiß, wir haben es nicht explizit verabredet, dennoch bin ich davon ausgegangen, die Nacht bei *dir* zu verbringen. Zudem habe ich gedacht, das sei dir wichtig. Für mich spielt es keine bedeutende Rolle, ob wir in deinem oder in meinem Bett übernachten. Ich finde es einfach schön, es überhaupt gemeinsam zu tun. Ich möchte dir bloß nicht die Freude verderben. Deshalb überlasse ich dir die Entscheidung. Meine Füße sowie der gesamte Rest sind zu allem bereit, was für dich in Ordnung ist."

Er war sprachlos. Einerseits hatten ihm ihre Worte geschmeichelt, andererseits begann in seinem Kopf der Wind erneut Fahrt aufzunehmen, dementsprechend befürchtete er einen weiteren Sturm, der von seinem schlechten Gewissen angetrieben wurde. Sie vertraute ihm! Und er? Er nutzte es aus!

Letztlich bot die augenblickliche Situation allerdings keine ausreichende Gelegenheit, in selbstbemitleidenden Gedanken zu zerfließen. Erst einmal sollte er das Nächstliegende in den Griff bekommen.

Angestrengt dachte er nach, küßte Mina zwischendurch, da ihm gerade nichts Besseres einfiel. Unvermittelt stieg Verlangen in ihm auf, was er als willkommenen Anlaß und als Lösung aufgriff. Er drängte sich eng an sie, damit sie sein Bedürfnis hautnah spüren konnte. Anschließend äußerte er leidenschaftlich: „Laß uns lieber zu *dir* gehen!"

In dieser Nacht verdrängte er alle weiteren Gedanken an das, was er endlich zu regeln hatte. Mina schlief irgendwann in seinen Armen ein und konnte bis in den Morgen Tiefschlaf- wie Traumphasen genießen, da kein Telefon ihren Schlaf unterbrach, und weil sie sich geborgen fühlte bei dem Mann, den sie erst kürzlich zu lieben begonnen hatte.

Während des Frühstücks sorgte Ben dafür, ebenfalls den Samstag sowie die nachfolgende Nacht bei Mina zu verbringen. Auch dieses Mal entging ihr seine Manipulation nicht, sie dachte sich aber wiederum nichts dabei. Er hatte schließlich des öfteren geäußert, sich bei ihr wohler zu fühlen als im eigenen Zuhause.

Ben bot an, zwischendurch Minas Auto zu holen, das vor seiner Tür stehengeblieben war. Das sollte ihm zudem ausreichend Gelegenheit bieten, seine Wohnung in Ordnung zu bringen. Dementsprechend brach er nach dem Frühstück auf. Mina erledigte derweil ihren Haushalt und besorgte ein paar Lebensmittel für den gemeinsamen Abend. Als sie mit allem fertig war, war der Nachmittag bereits angebrochen. Wie auf ein Stichwort klingelte es. Ben! Mina war erfreut über das perfekte Timing. Erwartungsvoll lief sie zur Tür und öffnete sie mit Schwung.

„Frieda?!" Fast hörte es sich – überflüssigerweise – wie eine Frage an. Denn vor ihr stand ohne jeden Zweifel Frieda Weller. Daß sie offensichtlich jemand anderen erwartet hatte, bekam die alte Dame ganz unabsichtlich zu spüren. „Oh, entschuldige bitte vielmals!" beeilte diese sich einzuräumen, um die offensichtliche Enttäuschung ihrer Nachbarin zu entschärfen. „Ich störe dich wirklich ungern. Aber ich bekomme meine Tür einfach nicht auf. Ich weiß nicht, was mit dem Schlüssel los ist. Bist du wohl so nett und bist einer tütteligen, alten Frau behilflich?"

„Natürlich, Frieda. Und du störst auch nicht, das weißt du doch. *Ich muß mich entschuldigen!* Mein entglittenes Gesicht galt nicht dir. Ich hatte dich nur einfach nicht erwartet, was keineswegs gleichbedeutend mit einer Enttäuschung ist, dich vorzufinden."

Herzlich drückte sie Frieda nun erst einmal, was diese lachend erwiderte. „Mit deinem gutaussehenden Ben kann ich zu meinem Bedauern nicht mithalten."

Die alte Dame hatte den Freund ihrer Nachbarin vor einiger Zeit kennengelernt, als sie einmal zu dritt bei Mina Kaffee getrunken hatten. Bei einer anderen Gelegenheit waren sie zusammen mit Charlotte und Fabian zum Essen ausgegangen. Und da er sich mittlerweile regelmäßig bei Mina aufhielt, liefen sich die beiden auch zwischendurch hier und da über den Weg.

Frieda hatte Ben gleich gemocht. Zudem hatte sie das Gefühl, Mina könne es nur guttun, einen verläßlichen Partner an ihrer Seite zu haben. Das Kindchen mußte einfach viel zuviel allein bewerkstelligen, da war männliche Unterstützung genau das richtige.

Ohne ein weiteres Wort griff Mina nach ihrem Schlüssel, warf die Tür hinter sich zu und begab sich mit der Freundin zu deren Haustür.

„Hier, … siehst du? Ich habe meinen Schlüssel wie gewöhnlich ins Schloß gesteckt, doch läßt sich die Tür einfach nicht öffnen."

Der gesamte Schlüsselbund hing weiterhin an dem im Schloß steckenden Schlüssel. Mina versuchte nun ebenfalls, ihn herumzudrehen. Als eine Rechtsdrehung nicht gelang, probierte sie es andersherum.

In diesem Moment bemerkte sie, daß er sich überhaupt nicht bewegen ließ. Nur mit Mühe gelang es ihr, ihn aus dem Schloß ziehen.
„Siehst du, es funktioniert nicht!" quengelte Frieda hinter ihr.
„Keine Sorge, das bekommen wir hin!"
Es gab gewiß Schlimmeres als dies. Für ihre Nachbarin allerdings, die fortwährend ihre Einkaufstasche fest in Händen hielt, war es offensichtlich belastend. Deshalb versuchte Mina, sie zu beruhigen. Zudem hegte sie bereits einen Verdacht. Um dem nachzugehen, überprüfte sie die weiteren Schlüssel am Bund. Bezüglich Größe und Form kam nur noch ein einziger in Betracht, der dem, den sie soeben ausprobiert hatte, sehr ähnelte.
Mit diesem unternahm sie einen erneuten Versuch. Und siehe da, die Tür ließ sich problemlos aufschließen!
„Voilà!" Mina gab der Tür einen sanften Schubs und vollführte eine einladende Handbewegung. Frieda, halb hinter ihr stehend, hatte den Vorgang nicht exakt beobachten können. Also war sie freudig erstaunt.
„Wie hast du denn das bloß gemacht? Du hast tatsächlich heilende Hände!"
Mina lachte. „Zuviel der Ehre! Es war einfach der falsche Schlüssel." Sie demonstrierte es der kopfschüttelnden Frau.
„Das ist ja ein Ding, Kindchen! Das ist mir wirklich noch nie passiert. Werde ich auf meine alten Tage doch noch plemplem?" Sie bewegte eine Hand vor ihrem Gesicht hin und her.
„Nein, liebe Frieda, *du* doch nicht! So was kann schließlich jedem mal passieren."
„Ich hoffe, du täuschst dich nicht. Jedenfalls danke ich dir ganz herzlich für deine Hilfe. Und nun verabschiede ich mich schleunigst, damit du deinen Ben nicht verpaßt. Macht euch ein schönes Wochenende! Ich freue mich so sehr für dich, daß du jemanden gefunden hast, mit dem du glücklich bist!"
„Danke, Frieda, das ist sehr lieb von dir. Dir ist immerhin schon klar, daß du die Nächste bist!?"
Ihre Freundin brach in hemmungsloses Gelächter aus. „Mich alte Schachtel will ja sowieso keiner mehr. Und außerdem", sie näherte sich Mina auf kurze Distanz, flüsterte verschwörerisch, „wenn ich die alten Männer so sehe, kein Haar auf dem Kopf, kein Zahn im Mund … und trotzdem Ansprüche stellen. Mindestens fünfzehn Jahre jünger soll sie

sein, die Auserwählte. Damit man gleichzeitig die Krankenschwester im Haus hat. Glaubst du, ich will einen fast Neunzigjährigen zu Tode pflegen, um anschließend doch wieder allein zu sein?"

„Falls ich deine Worte richtig deute, willst du das nicht." Mina war amüsiert. Frieda, in ihrer schonungslos offenen Art, brachte nur ihre Empfindung zum Ausdruck. Jedoch kannte sie Minas Gerechtigkeitssinn. Deshalb ergänzte sie ihre Aussage rasch um einen weiteren Satz. „Na ja, ich weiß wohl, was du denkst! Wir Frauen werden auch nicht schöner mit den Jahren. Dennoch will ich keinen mehr."

Mina nickte. Dem war nichts hinzuzufügen. Sie verabschiedeten sich fröhlich voneinander, und Frieda begab sich endgültig ins Haus. Sie hatte die Tür bereits fast geschlossen, als Mina laut hinter ihr herrief: „Hast du nicht etwas vergessen?"

Von neuem öffnete sich die Tür, und eine irritierte Frieda schaute sie fragend an. Mina deutete lediglich auf den Schlüsselbund, der geduldig am Türschloß baumelte.

„Siehst du, das ist es, was ich meine!" äußerte die alte Dame bekümmert. „Ich bin tatsächlich ein wenig schusselig geworden. Es ist ja auch nicht das erste Mal."

„Ach Frieda, ich wiederhole es! Dinge zu vergessen stellt nichts Außergewöhnliches dar."

„Du hast wahrscheinlich recht." Sie lächelte der Freundin eher gequält als überzeugt zu, nahm die Schlüssel endlich an sich, eine letzte Verabschiedung folgte.

Soeben hatte Mina den Rückweg angetreten, als Ben mit ihrem Auto vorgefahren kam. Sie wartete auf ihn, gemeinsam gingen sie ins Haus.

„Hast du das mit der Freundin deiner Mutter noch klären können?" erkundigte sich Mina später, während sie gemütlich mit einem Buch auf dem Sofa saß. Ben hatte sich am Eßtisch in die Tageszeitung vertieft. Er spürte, wie ihm das Blut in den Kopf stieg. Er hatte sich vorgenommen, heute nicht mehr über seine Probleme nachzudenken, wollte einfach abtauchen, weit entfernt von allen Sorgen.

Betrachtete er es allerdings genauer, nutzte es letztendlich nichts. Gut, daß sie ihn nicht entwischen ließ, er sollte endlich Farbe bekennen.

„Mina!" Ach wie mutig, ihren Namen hatte er zumindest schon mal ausgesprochen. „Mina, ich muß dir etwas erzählen!"

Sie horchte auf. Er klang so ernst. „Was denn?"

Sie legte ihr Buch beiseite und setzte sich an den Tisch ihm gegenüber. Mit gesenktem Kopf hockte er da, starrte angestrengt auf seine Hände. „Nach dem Tod meiner Frau und meines Sohnes ... war sie da ... und stand mir zur Seite."

Mina sagte kein Wort. Sie wollte ihn nicht unterbrechen, merkte sie doch, wie schwer es ihm fiel, ihr zu beichten, was ihm augenscheinlich auf der Seele brannte. Doch beschlich sie ein mulmiges Gefühl. Was er zu offenbaren hatte, würde ihr nicht gefallen. Das hatte sie in dem Moment gewußt, in dem er zu reden begonnen hatte.

Nach einer Pause nahm er erneut allen Mut zusammen. „Ich war so am Ende, war unendlich froh, von jemandem getröstet zu werden, der obendrein ... mein Leid nachempfinden konnte. Sie war eben ... einfach immer da. Ohne darum gebeten worden zu sein." Er hob den Kopf, fixierte Mina angestrengt. Dann wurde sein Blick glasig. „Martha! Ich spreche von Martha. ... So heißt sie. Und jetzt ... ist sie ... noch immer da." Zum Ende hin war seine Stimme kontinuierlich leiser geworden, als hoffe er, ihr könne das Entscheidende auf diese Weise entgehen. Und doch hätte er es ausgesprochen, müßte sich nicht länger wegen seiner Feigheit und Unehrlichkeit grämen.

Jedoch hatte Mina alles gehört. Jedes einzelne Wort. Und sie glaubte sogar, nach und nach zu verstehen. Neben ihr gab es anscheinend eine andere Frau. Er hatte also bereits eine Freundin. Und er hatte ihr soeben gestanden, ... na, was eigentlich? Ein Doppelleben geführt zu haben? Oder richtiger, weiterhin eines zu führen? Oder hatte er sich aktuell für diese Martha entschieden, und wollte nun lieber in deren Zeitung weiterlesen?

Ben entging keineswegs, wie sich Minas Gesicht zunehmend verfinsterte. Deshalb schwieg er lieber eine Weile. Was mochte in ihr vorgehen? Er hatte schließlich gerade erst mit seiner Beichte begonnen. Und schon schien sie sich meilenweit von ihm wegzubewegen. Was sollte er bloß tun?

Mina enthob ihn dieser Entscheidung. Da er nicht weitersprach, versuchte sie, den Rest zu ergänzen. Sie hoffte, es werde weniger schmerzlich, sprach sie es selbst aus. „Du hast also bereits eine Freundin. Und jetzt weißt du nicht, was du tun sollst. Du willst aus einem Grund, den ich nicht kenne, bei ihr bleiben, jedoch willst du ebenso mit *mir* zusammen sein. Zumindest hatte es diesen Anschein, als du begonnen hast,

den Leitartikel zu lesen." Sie deutete mit dem Kopf auf die aufgeschlagene Tageszeitung, die von nun an das trostlose Schicksal fristete, auf Dauer ungelesen zu bleiben. „Auch von Liebe war bereits die Rede."
„Nein, nein!" Er mußte es dringend richtigstellen. Einerseits war ihre Zusammenfassung korrekt, andererseits traf es die Sache nicht wirklich im Kern. „Ich habe nichts mit ihr. Wirklich nicht!"
„Du meinst, du hast keinen Sex mit ihr!?"
„Ja, das meine ich. Zwischen uns läuft nichts."
„Nicht *mehr*? Oder lief *nie* etwas?"
„Nein, da war nichts. Oder ... doch! Ja, da war mal was." Wand er sich weiterhin, konnte er es auch direkt lassen. Er verstrickte sich nur zunehmend tiefer in Lügen. „Du hast recht. Ich hatte so etwas wie ein Verhältnis mit ihr. Aber eigentlich trifft es das nicht. Der Sex fand mal statt und danach lange Zeit nicht mehr. Ich weiß gar nicht, wie ... ich es benennen soll. Es war jedoch nie eine richtige Beziehung. Sie war die Freundin meiner Frau, weißt du? Und als Andrea tot war, hat Martha mir irgendwie Halt gegeben. ... Ich hätte den Kummer über den Verlust meiner gesamten Familie sonst vermutlich nicht überstanden. Und irgendwann ist es zum Sex gekommen. Es war meinerseits eher der Versuch, diesen Schmerz weg...zuvögeln. Oh, ich weiß, das klingt furchtbar, aber ich stand lange Zeit derart neben mir, ich konnte mich nur in wenigen Augenblicken überhaupt noch ... spüren. Beim Sex war so ein Moment. Das hatte nichts mit Liebe zu tun, nicht einmal mit Geilheit. Es diente lediglich dazu, ausnahmsweise irgendeinen Kontakt zu mir zu bekommen. ... Und die Nähe eines anderen Menschen zu spüren. Wenigstens körperlich ..." Er brach ab.

Mina dachte an ihre eigene Zeit nach Yasmins Tod. Sie konnte es ihm problemlos nachempfinden. Wenngleich er diese Martha benutzt hatte, erschien es ihr wiederum verzeihlich, da er sich in einem Ausnahmezustand befunden hatte. Inzwischen hätte er die Angelegenheit jedoch unbedingt klären müssen. So war es dieser Martha gegenüber absolut unehrlich. Allerdings hatte sie seine Ausführungen an manchen Stellen als recht ungenau – regelrecht schwammig – empfunden.

Also hakte sie noch einmal nach. „Schläfst du derzeit mit ihr? Oder besser gefragt, ... vögelst du sie noch, um dich zu spüren?" Es klang schärfer, als sie beabsichtigt hatte. Ob es ihr leid tat, hing indessen von seiner Antwort ab. Diese kam eine geraume Weile nicht.

Mina war auf alles gefaßt, doch erwartete sie endlich Aufklärung!
„Ben, du wirst mir augenblicklich ehrlich beantworten müssen, ob du mit dieser Frau noch in irgendeiner Weise intimen Kontakt unterhältst!"
„Ich will dir ja ehrlich antworten. Das ist nur nicht so einfach."
„Was ist kompliziert daran, ja oder nein zu sagen?"
„Gar nichts natürlich. Ich kann nur nicht mit ja oder nein antworten."
„Was bedeutet das, Ben?" Ihre Stimme hatte sich auf ein Flüstern reduziert. Sie erwartete nun absolut nichts mehr, was sie aus den Qualen, die sie erlitt, hätte befreien können.
„Also, ich versuche, es zu erklären. Als ich dich kennenlernte, hatte ich ab und an Sex mit ihr. Auch noch in der ersten Zeit, die wir uns getroffen haben. Ich schwöre jedoch, seit dem ersten Mal, als wir beide – du und ich – miteinander geschlafen haben, ist mit Martha nichts mehr gelaufen. Ich hätte es gar nicht mehr gekonnt. Es war so wunderschön mit dir. Ich habe zum ersten Mal erlebt, wie erfüllend, leidenschaftlich und trotzdem innig Sex sein kann."

Mina war unsicher, wie sie mit seinem Geständnis umgehen sollte. Da gab es also diese Martha. Und anscheinend hatte er während der gesamten Zeit Sex mit dieser Frau gehabt, obwohl er mit ihr bereits immerhin geknutscht hatte. Ergo war es so oder so eine Zeitlang parallel gelaufen. Er hatte sich offensichtlich eine völlig eigene Moral zusammengebastelt. Eine, in der Küsse nicht gleichbedeutend mit einer gewissen Verbindlichkeit waren, so daß man andere ruhig weiterhin beschlafen durfte, ohne untreu zu sein. Aha! In Ordnung war das nach Minas Verständnis keinesfalls. Ihrer Vorstellung nach war ein solches Verhalten beiden Frauen gegenüber höchst hinterhältig.

„Dann ist dein HIV-Test ebenfalls eher zweifelhaft", geriet ihr unweigerlich in den Sinn. „Das ist eine weitere Unehrlichkeit, derer du dich schuldig gemacht hast."

„Mina, ich weiß. Es tut mir auch unendlich leid! Was du allerdings wirklich glauben kannst: Ich liebe dich! Ich wußte nicht so recht, wie ich aus der Nummer mit Martha rauskommen sollte. Sie ist ein Mensch, den man nicht mal eben so vor den Kopf stoßen kann. Ich verspreche dir jedoch, ich bringe das in Ordnung!"

Es hätte noch das ein oder andere zu erzählen gegeben. Doch schwieg er lieber und beließ es bei dem, was zumindest schon mal raus war. Weitere Wahrheiten hätte er Mina keinesfalls zumuten können.

„Ich weiß nicht, Ben. Ich muß das alles erst einmal verdauen."

Sie stand auf. Und ohne ihn eines weiteren Blickes zu würdigen, bat sie ihn zu gehen.

„Ist es vorbei, Mina?" Er fürchtete, sie könne ihn nicht mehr wollen. Dabei hoffte er inständig, sie würde ihm verzeihen.

„Ich weiß es noch nicht, Ben!" Sie sagte es deutlich und fest. Sie mußte die Wendungen erst einmal sacken lassen und danach gründlich über einiges nachdenken. Als sie zur Tür ging und sie weit öffnete, verstand er, daß es im Augenblick keinerlei Zweck hatte zu kämpfen.

Er mußte ihr Zeit lassen. Und hoffen. Also zog er unverzüglich seine Schuhe an, nahm seine Jacke und ging. Draußen wollte er sich ein Taxi rufen, entschied sich kurzfristig jedoch anders. Ein Gang durch die frische Luft sorgte sicherlich für einen klareren Kopf. Er mußte dringend nachdenken, genau wie Mina. Nur würde der Inhalt seiner Überlegungen ein vollkommen anderer sein als der ihrige.

Was derzeit in seinem Leben ungelöst geblieben war, konnte ausschließlich er allein klären. Im Anschluß mußte er trainieren, mit seinem rumorenden Gewissen zu leben. Wie auch immer das zu bewerkstelligen sein würde, Mina durfte nichts weiter erfahren. Auf gar keinen Fall!

Kaum hatte Ben das Haus verlassen, befürchtete Mina das Ingangsetzen eines unangenehmen Gedankenkarussells. Um dies zu vermeiden, holte sie Zafu und Zabuton und begann zu meditieren. Anfangs gelang es ihr nicht, ihren Geist zu besänftigen. Zu viele Gedanken kamen unaufhörlich angekrochen und versuchten, sich in ihrem Schädel einzunisten. Unbewertet schickte sie alle unverzüglich wieder fort.

Irgendwann gelang es ihr, sie endgültig zu verabschieden. Lange Zeit blieb sie in absoluter Stille sitzen.

Nachdem sie die Meditation beendet hatte, fühlte sie sich deutlich besser. Und morgen wollte sie mit dem nötigen Abstand, den sie bis dahin gewonnen haben würde, die einzelnen Dinge beleuchten.

Irgendwann würde sie schließlich eine Entscheidung treffen können. Und es würde für sie die richtige sein. Dessen war sie gewiß!

36

„Mir ist in den letzten Monaten etwas klargeworden!" Daniel Landwehr befindet sich zwar im Sprechzimmer, doch sitzt er nicht wie gewohnt im Sessel. Lieber schreitet er auf und ab. Er hat es kurz angekündigt und gefragt, ob es in Ordnung sei. „Sobald es mich zu nerven beginnt, sage ich Bescheid", hat er zur Antwort bekommen.

„Mir ist klargeworden, daß ich immer dünn sein wollte, weil mich die Vorstellung quälte, Probleme würden wie Bomben auf mich geworfen. Je dünner ich wäre, desto mehr Bomben würden ... mich verfehlen. Das klingt albern, nicht? Doch genauso hab' ich es empfunden."

„Und wie ist es aktuell?"

„Inzwischen weiß ich, es nutzt nichts. Die Probleme sind ja trotzdem da ... und bleiben obendrein ungelöst, wenn ich mich ständig verstecke. Ich habe viel über das Gespräch nachgedacht, das wir vor einiger Zeit bezüglich des Lebensstils meiner Mutter hatten. Die Gedanken, warum sie sich so benimmt, wie sie sich benimmt, haben mich oft stundenlang beschäftigt. Immer und immer wieder sind sie durch meinen Kopf gekreist, ohne anzuhalten. Das hat mich derart viel Energie gekostet, daß ich das Gefühl gehabt habe, für andere Problemlösungen sei gar keine Kraft mehr vorhanden." Er bleibt abrupt stehen, schaut in Richtung seiner Therapeutin.

Diese sitzt mit geschlossenen Augen da.

„Hören Sie mir überhaupt zu, Dr. de Winter?"

Die Psychologin öffnet allmählich die Augen, wendet sich ihm zu. „Sicher. Ich hatte bloß Angst, einen Nystagmus zu erleiden, würde ich Ihren Mach-2-Schritten zu lange folgen."

Daniel Landwehr beginnt regelrecht zu kichern, setzt sich dabei auf seinen gewohnten Platz. Ja, er ist eben wirklich ein Multitasker. „Frau Doktor!" Er nimmt einen gespielt belehrenden Tonfall an, obwohl er weiterhin kichern muß. „Ich habe Ihnen doch gesagt, Sie sollen Bescheid geben, wenn es Sie stört!"

„Das habe ich ja versucht. Leider konnten Sie mich bei Ihrer Geschwindigkeit nicht hören."

Gerade wollte er wieder ernst werden, prustet jedoch aufs neue los. Nach einer Weile lacht er seiner Therapeutin entgegen: „Hätte ich gewußt, wieviel Spaß eine Psychotherapie machen kann, wäre ich garantiert schon eher gekommen."

„Hätte ich gewußt, wieviel Spaß mir die Therapie mit Ihnen macht, hätte ich Sie persönlich zu Hause abgeholt."
Nach ein oder zwei Minuten haben sich beide endgültig beruhigt. Entspannt versucht die Psychologin, den Faden erneut aufzunehmen.
„Ihnen ist also klargeworden, um wieviel nützlicher es ist, sich mit der Ihnen zur Verfügung stehenden Energie den vorhandenen Problemen zu stellen, anstatt alle Kraft in Essen und Erbrechen zu investieren."
„Sie haben tatsächlich zugehört! ... Es bleibt die Frage, wie stelle ich es an, das zu unterlassen? Irgendwie ist es ja wie eine Sucht, nicht?"
„In vielem ist es vergleichbar. ... Wir haben anhand Ihrer Aufzeichnungen bereits feststellen können, sobald Sie angespannt sind oder sich sonstwie unwohl fühlen, stopfen Sie Essen in sich hinein, das Sie anschließend in die Toilette erbrechen. Nicht ein einziges Mal kommt es in Phasen vor, in denen Sie sich gut fühlen, entspannt oder regelrecht zufrieden sind. ... Langeweile ist ab und zu ebenfalls ein Auslöser, der jedoch in Ihrem Leben keine allzu bedeutsame Rolle spielt. Zusammenfassend sind sämtliche als negativ erlebten Gefühle relevante Auslöser."
„Das ist mir ebenfalls aufgefallen."
„Somit ist es wichtig, Alternativen zu finden."
„Also etwas Positives?"
„Das auch. Doch es ist vor allem bedeutend, zu *akzeptieren*, sich einfach mal nicht gut zu fühlen. ... Abgespannt, frustriert oder ärgerlich zu sein, ohne direkt zum Kühlschrank zu laufen. ... Darüber hinaus ist es wichtig, Bedürfnissen nachzugeben, statt sie in Essen zu ersticken. Beispielsweise benötigen Sie bei Müdigkeit Entspannung, kein Essen. Bei Abgespanntheit genauso. Ein bißchen Ruhe oder ein kleiner Spaziergang, eine Dusche zur Erfrischung oder eine Pause, in der Sie Musik hören. ... Handelt es sich um ein Problem, ist es besonders wichtig, es als solches zu erkennen und anzunehmen. Das Leben kommt leider ständig mit irgendwelchen Problemstellungen um die Ecke. Das muß man zunächst hinnehmen. Und im nächsten Schritt sucht man angemessene Lösungsstrategien. ... Dabei eignen sich solche, die tatsächlich das Problem bearbeiten, statt kurzfristig dafür zu sorgen, daß es einen nicht zu arg drückt."
„Zum einen muß ich also lernen, Frust auszuhalten."
„Ich möchte es ungern als *aushalten* bezeichnen. *Akzeptieren* paßt besser oder etwas *annehmen* können."

„Ich sollte also lernen, Frust erst einmal zu akzeptieren, und darüber hinaus, Alternativen zu meinen Freß-kotz-Sessions zu finden. Echte Lösungsansätze zu identifizieren und anzuwenden. Auch wenn das gerade mal nicht leicht erscheint."
„Genau."
„Nur wissen Sie, was mir das um so schwerer macht? Ich bin so abhängig vom Urteil anderer. Ein Professor hat mich vor ein paar Tagen gelobt. Davon zehre ich noch heute. Das ist ja ebenso falsch, nicht? Ich sollte mich lieber unabhängig von äußerer Meinung machen, oder?"
„Wie so oft, möchte ich es in zwei Teile gliedern. Ja, grundsätzlich ist es wichtig, sich von der Bewertung anderer nicht abhängig zu machen, das gilt gleichermaßen für positive. Wir sollten nicht zu sehr an Dingen oder Aussagen haften, die uns *schmücken*. Denn das innerlich Zufriedenmachende besteht keinesfalls aus toller Leistung, äußerer Schönheit oder Begabung. Glücklich macht uns viel eher, in der Lage zu sein, Zugriff auf unsere jeweiligen Bedürfnisse nehmen zu können, und diese entweder zu befriedigen oder zu erkennen, daß eine Bedürfnisbefriedigung uns in einer bestimmten Situation gar nicht weiterbringt. ... Und dabei zum Wesentlichen gelangen zu können. Wobei das Wesentliche ist, im inneren Gleichgewicht zu sein beziehungsweise immerfort dorthin zurückzufinden. ... Allerdings ist es ebenfalls in Ordnung, die positive Äußerung eines anderen tagelang nachwirken zu lassen. Nur wenn jemand sich negativ äußert, eine vielleicht böse oder ungerechtfertigte Kritik anbringt, *dann* sollte man sich in der Lage befinden, diese rasch von sich zu schieben, statt sich endlos damit zu beschäftigen und sich schlecht zu fühlen. Andernfalls würde man unweigerlich die Bedeutung des Gesagten überdimensionieren. Denn Dinge sind ja nicht so oder so, bloß weil irgend jemand es in dieser Weise empfindet und/oder es derart äußert."
„Aber ich kann mir doch nicht einfach die Rosinen herauspicken; mal so, mal so."
„Warum nicht?"
„Na ja, ... ja, warum eigentlich nicht? Ich tue damit ja niemandem was Böses. Nur *mir* was Gutes."
„Eben."
Ja, warum eigentlich nicht. Das zumindest ist geklärt. Doch so viele Dinge beschäftigen ihn ...

Er setzt noch einmal an. „Noch 'ne Frage: Ich finde es schön, etwas für andere zu tun. Das macht mir ein gutes Gefühl. Das ist doch grundsätzlich in Ordnung, oder?"

„Absolut!"

„Okay. Allerdings weiß ich ja vorher nicht, wie die anderen reagieren. Vielleicht wissen die das, was ich für sie tue, gar nicht zu schätzen. Daraufhin bin ich möglicherweise enttäuscht, weil ich keine Dankbarkeit für das bekomme, was ich den anderen Gutes tue. Also ... wieviel Hilfe, Unterstützung oder Zuwendung soll ich denn sozusagen investieren?"

„Stets genau *so* viel, wie Sie – ohne Dankbarkeit zu erwarten – zu geben bereit sind."

Daniel Landwehr nickt verstehend. Es geht jedesmal um das innere Gefühl, das man selbst in der Lage ist herzustellen.

Anschließend verbringen Patient und Therapeutin die Zeit damit zu schauen, was sich am Eßverhalten geändert hat, und wo Schwierigkeiten aufgetreten sind. Dr. de Winter hat mit dem jungen Mann in der letzten Sitzung vereinbart, er möge sich mindestens dreimal täglich an einen gedeckten Tisch setzen und wenigstens ein wenig Essen auf seinen Teller legen. Diese Menge darf er essenstechnisch unterschreiten, darf es ebenfalls gänzlich unberührt liegenlassen. Jedoch soll er so oder so mindestens zehn Minuten am Tisch verweilen.

Diese Vorgehensweise hilft ihm, Zeit für Mahlzeiten einzuräumen, damit sie zum einen mehr und mehr einen festen Bestandteil seines Tages bilden, zum anderen soll dadurch das Risiko verringert werden, Essen zu *vergessen*, um als Reaktion auf ein darauffolgendes körperliches Mangelgefühl gewaltige Mengen Nahrung in sich hineinzustopfen.

Darüber hinaus hat der Patient jedesmal, sobald ihn das Gefühl ereilt hat, erbrechen zu wollen, Aufzeichnungen angefertigt und anschließend bis zehn gezählt. Diese Verzögerung erfüllt den Zweck, den Automatismus zu unterbrechen, um eine alternative Bewertung herbeiführen zu können. Das störende Verhalten wird also nicht *verboten*, sondern lediglich für den Patienten deutlich sichtbar gemacht, wodurch ihm eine brauchbarere Handlungsweise erleichtert wird.

Daniel Landwehr kann berichten, dies alles ist ihm fast regelmäßig gelungen, er hat nur noch wenige Freßattacken, wobei er es bei zweien tatsächlich geschafft hat, alles bei sich zu behalten. „'Na und', hab' ich mir gesagt, 'dann ist das jetzt eben so.' … Ich hab' den Impuls notiert, bis zehn gezählt und mir anschließend überlegt, würde ich ein Pfund oder gar ein Kilo davon zunehmen, käme das nun keinem Todesurteil gleich."

„Und wie ist es Ihnen damit ergangen?"

„Erst nicht so gut. Ich hab' bestimmt zwei oder sogar drei weitere Male überlegt, ob ich nicht doch erbrechen soll. Allerdings ist mir dann etwas klargeworden. Sie haben mir das einmal erklärt, doch hab' ich es damals irgendwie nicht abrufbar gespeichert. Mittlerweile ist es mir jedoch präsent. Nämlich, daß ich dauernd etwas künstlich aneinanderkopple, was im Grunde nichts miteinander zu tun hat. Konkret: Essen mit kotzen! Und mir ist aufgefallen, ein Teil des Drucks ist dadurch entstanden, einen Handlungsablauf nicht vollendet zu haben. Weil ja nach dem Essen das Erbrechen nicht erfolgte. … Sie haben mir das Beispiel genannt, zieht man die Haustür zu und ist gewohnt abzuschließen, *spürt* man ohne jeweils nachzudenken, daß noch was fehlt. Und genauso war das bei mir nach dem Essen. Zum Glück ist mir danach eingefallen, daß Sie ebenfalls gesagt haben, dieser Druck, der dadurch entsteht, geht zurück, wenn man lange genug widersteht. Und … genau das ist passiert! Durch die Verzögerung des Aufschreibens und Zählens habe ich die Handlungssequenzen unterbrochen. Das gab mir Zeit, mir mein Verhalten sorgfältig anzuschauen und den Druck zu akzeptieren. … Und auf einmal … war es okay, zuviel gegessen zu haben. Ich hatte zwar ein leidlich unangenehmes Völlegefühl, mußte jedoch nicht erbrechen, nur, um die gewohnte Handlungsabfolge zu vollenden. … Und ich konnte es selbst kaum glauben, doch hat mich das unendlich befreit. Diese Gewißheit, selbst bestimmen zu können, was ich tue! Niemand sonst diktiert mir das! … Das war unbeschreiblich schön." Tränen stehen in seinen Augen.

Nun, da er es mitteilt, wird es ihm noch klarer. Er kann sich auf den Weg machen. Und die Richtung bestimmt *er*. Er muß gar nicht immer und immer wieder denselben Pfad nehmen. Er kann wählen.

„Das ist *wirklich* schön, Herr Landwehr!" Der junge Mann spürt die Ehrlichkeit der Aussage. Keine therapeutische Floskel.

Jedoch ist Dr. de Winter noch etwas aufgefallen, das sie unbedingt thematisieren will. „Sie haben eben von einem unangenehmen Völlegefühl gesprochen. Ein Völlegefühl an sich – zumindest bis zu einem gewissen Grad – muß ja gar nicht unangenehm sein. Das bedeutet, Sie haben es möglicherweise bereits einer Interpretation unterzogen, die nützlich ist, will man ein bulimisches Verhalten fortführen. Will man es jedoch durch ein – sagen wir – *gesundes* Eßverhalten ersetzen, ist es nützlicher, es umzuinterpretieren. Denn grundsätzlich zeigt ein Gefühl von Völle lediglich an, mit dem Essen aufhören zu können oder – meinetwegen – *zu sollen.* ... Was ich damit sagen will: Sie interpretieren bisher alles in Richtung *Es-darf-nicht-zuviel-Essen-in-meinen-Körper-gelangen.* Wollen Sie es umdeuten, sollte ein Völlegefühl im schlimmsten Fall als Hinweis dienen, beim nächsten Mal etwas weniger zu essen."

„Ich muß also lernen, nicht alles negativ einzustufen, was mit *Essen-bei-sich-behalten* zu tun hat."

„Genau! ... Wie ist es denn darüber hinaus gelaufen? Ist es Ihnen gelungen, regelmäßig Mahlzeiten zu sich zu nehmen? Und falls dem so ist, woraus haben diese bestanden?"

„Na ja, ab und zu hat es geklappt."

„Haben Sie Ihre Aufzeichnungen mitgebracht?"

„Nein, leider hab' ich nicht mehr regelmäßig aufgeschrieben. Ich weiß, ich sollte es tun, doch manchmal hängt mir mein eigenes Verhalten zum Halse raus, deshalb möchte ich mich häufig gar nicht so ausgiebig mit dem Thema beschäftigen. Abgesehen von der jeweiligen Notiz, wenn ich den Impuls hatte, mich übergeben zu wollen. Da erschien es mir auch besonders angebracht. Insgesamt ist es aber nicht richtig, derart zu schludern, was?"

„Wir haben doch als Grundlage unserer gemeinsamen Arbeit definiert, *Sie* entscheiden, was Sie letztendlich von dem umsetzen, was wir hier planen und besprechen. Ich bin nicht die Übermutter, die die Entscheidung trifft, was richtig oder falsch ist, Herr Landwehr. Klar wäre es weiterhin nützlich, einiges zu notieren, was mit Essen, dessen Bewertung und sonstigen Befindlichkeiten zu tun hat. Einfach, weil es für Sie und genauso für mich einfacher ist, Muster zu erkennen, Veränderungen wahrzunehmen und ähnliches. Doch werden Sie Ihre Gründe haben, warum es in letzter Zeit für Sie nicht so gepaßt hat, es aufzuschreiben. Und damit ist es in Ordnung! Es bleibt nach wie vor ganz und gar *Ihre* Entscheidung."

„Danke, daß Sie das sagen! Auf jeden Fall ist es dumm und falsch, es nicht zu tun."

„Wenn überhaupt, könnte ich gerade noch gelten lassen, daß es dumm und falsch ist, sich als dumm zu bezeichnen."
„Ich hab's kapiert. Ich sollte nicht alles sofort bewerten."
„Und vor allem sollten Sie sich nicht so klein machen, Sie sind es nämlich nicht!"
„Ja. Ich muß erst noch lernen, die Dinge ein wenig mehr wie Sie zu sehen."
Die Psychologin nickt zustimmend. Sie weiß, er braucht noch etwas Zeit. Veränderung geschieht nicht en passant. Und Eßstörungen lassen sich erst recht nicht hopplahopp beheben.
„Ich würde trotzdem gern wissen, wie Sie sich ernährt haben. Können Sie es mir aus dem Gedächtnis wiedergeben?"
„Ich versuch's." Er schaut angestrengt in die linke obere Zimmerecke. Vor seinem geistigen Auge entfaltet sich der vorherige Tag. Womit hat dieser begonnen? Na ja, mit Essen jedenfalls nicht. Er überlegt weiter. Die erste Mahlzeit – falls sie diesen Namen überhaupt verdient – hat am Nachmittag stattgefunden. Was war es noch gleich? Ah ja, er hat's! Jetzt heißt es Farbe bekennen. Vor allem vor sich selbst. „Also am Nachmittag gab's ein Brötchen. Ich habe mich sogar hingesetzt. So, wie Sie es mir vorgeschlagen haben."
„Um was für ein Brötchen hat es sich dabei gehandelt?"
„Wie meinen Sie das?"
„War es ein Vollkornbrötchen oder ein weißes? Und womit war es belegt?"
„Äh, ... also, … es war ein normales, na ja, also ein weißes Brötchen. Und belegt war es gar nicht."
„Ein weißes Brötchen ohne alles."
„Ja genau."
„Und haben Sie es – wie gewöhnlich – ausgehöhlt oder es komplett gegessen?"
Daniel Landwehr stöhnt auf. Er hat sich derart viel Mühe gegeben, vom Wesentlichen abzulenken, dennoch hat Doktor de Winter ihn erwischt. Er kapituliert. Ein wenig zumindest. „Ihnen kann man ja eh nichts vormachen. Also, es handelte sich um ein weißes, ipsiges Brötchen ohne alles. Obendrein habe ich das Weiche daraus entfernt und den Rest gegessen. Aber ich hab' es wirklich ganz gemütlich gemümmelt. So in aller Ruhe. Zudem hab' ich – wie gesagt – dabei gesessen. Das sollte

ich ja möglichst tun. Einerlei, ob ich esse oder nicht."

„Einfach, damit der Ablauf sich einprägt. Und damit Sie vor sich selbst nicht die Ausrede geltend machen können, Sie hätten einfach keine Zeit zum Essen gehabt. ... Was mir allerdings so gar nicht an Ihrer Berichterstattung gefällt, sind die Begriffe *gemütlich* und *gemümmelt*! Was um alles in der Welt ist daran *gemütlich*, den Korpus eines einfachen Brötchens zu sich zu nehmen, nachdem Sie ihn von seinen ohnehin spärlichen Bestandteilen per Ausweidung befreit haben? ... Und *mümmeln* ist ein Wort, das ebenfalls eine positive Assoziation weckt. ... Erst am Nachmittag besagtes Restkornbackwerk als erste Mahlzeit des Tages zu inhalieren, darin kann ich *nichts* Positives erkennen! Ernähren Sie sich schlecht oder fast nicht, ist es eine Entscheidung, die Sie jedesmal für sich treffen. ... Das ist völlig okay! Doch nennen Sie die Dinge bitte beim Namen, statt sie zu verniedlichen! Das lockt Sie doch nur auf die falsche Fährte." Die Therapeutin macht eine Pause, betrachtet ihren Patienten intensiv.

Trotz der Vehemenz ihrer Worte ist nichts Angriffslustiges in Stimme oder Blick zu erkennen. Sie möchte den jungen Mann lediglich ermutigen, zu dem zu stehen, was ist. „Wenn Sie in Ihr Unglück laufen, lieber Herr Landwehr, ist das in Ordnung. Das meine ich genauso, wie ich es sage. Wir alle tun es das ein oder andere Mal. Manchmal fällt einem einfach keine Alternative ein. Zumindest nicht zu einer bestimmten Zeit. Jedoch ist eines dabei ganz wichtig: Wenn Sie in Ihr Unglück laufen, lassen Sie verdammt noch mal die Augen dabei auf!"

Es entsteht ein ausgedehntes Schweigen. Daniel Landwehr bewegt die Worte seines Gegenübers in seinem Kopf hin und her, beschaut sie von allen Seiten, prüft sie auf Verständnis und Brauchbarkeit und versucht, sie in sein eigenes Leben zu integrieren. Seinen Blick hat er dabei im Unendlichen abgelegt. Er ist ganz und gar in seiner eigenen Welt, die er derzeit versucht umzugestalten. Wie ein Wohnzimmer, dessen Einrichtung man als nicht mehr sinnvoll erachtet, weil man sich ständig die Schienbeine an irgendwelchen Möbeln stößt, die im Weg stehen oder einfach zu wuchtig geraten sind.

Nach einigen Minuten taucht er aus den Tiefen seiner Anschauungen auf. Er stellt den Blick scharf, fokussiert Dr. Wilhelmina de Winter, lächelt. „Was Sie zuletzt gesagt haben, ... soll das bedeuten, zuallererst ist es wichtig, sich bewußt zu machen, was man tut?"

„Mmh. Sehen Sie, manchmal hält man in einer Beziehung aus, die im Grunde längst zu Ende ist. Oder man behält einen Arbeitsplatz, ... eine Wohnung, obwohl man sich dort überhaupt nicht mehr wohlfühlt. Beginnt man in einer solchen Situation, alle spürbaren Nachteile dieser Situation schönzureden, erkennt man nicht an, wie schlecht es einem *mit* beziehungsweise *in* der betreffenden Situation geht. Man erhebt sie zu etwas Gutem oder zumindest Neutralem. Damit nimmt man sich jegliche Chance auf Veränderung. *Und* es impliziert gleichzeitig, man solle sich nicht so anstellen, sei selbst schuld, es negativ wahrzunehmen, oder man müsse hart gegen sich selbst sein, statt zu jammern. Man entzieht sich also obendrein alle Wertschätzung. ... Sieht man andererseits, daß die Situation, in der man sich befindet, einem nicht guttut, und erkennt zudem an, aus diversen Gründen zur Zeit nicht bereit für eine Veränderung zu sein, kann man weiterhin alle *Mängel* erkennen und hat später noch immer die Möglichkeit, sich aus der Situation zu befreien."

Daniel Landwehr denkt noch einmal nach. Mittendrin öffnet er den Mund und gähnt völlig gedankenverloren. Unverzüglich wird dies mit einem gutgelaunten Kommentar bedacht. „Sollte ich Sie langweilen, Herr Landwehr, müssen Sie es sagen!"

Erschreckt zuckt er zusammen. „Nein, nein, 'tschuldigung! ... War einfach in Gedanken."

„Es war bloß ein Spaß. Freut mich, wenn Sie hier so entspannt sind."

Sie lächelt ihm zu. Er erwidert es, ärgert sich allerdings ein wenig über sich selbst. Ständig nimmt er alles so ernst. Das sollte er sich tunlichst abgewöhnen.

37

Die Temperaturen waren in diesen letzten, spätsommerlichen Tagen rapide gesunken, die ersten Blätter wiesen bereits eine gelbliche Färbung auf.

Mina hatte die Zeit seit Bens Offenbarung mit Mühe hinter sich gebracht. Der Sonntag war noch einigermaßen entspannt verlaufen, das elende Gefühl in ihr hatte sich allerdings im Laufe der Tage erheblich gesteigert. Zudem war sie bisher keineswegs zu einer Entscheidung gelangt, und keine Entscheidung war zu *ihr* gekommen. Offensichtlich befand diese sich noch auf dem Weg.

Ihr Handy teilte ihr durch ein leises *Bib* den Eingang einer SMS mit. Insgeheim rechnete sie mit einer Nachricht von Ben, der sich seitdem kein einziges Mal gemeldet hatte. Sie wurde nicht enttäuscht: 'Du fehlst mir! Ben'.

Einerseits löste dieser Satz ein Gefühl aus, das sie zwar nicht genau definieren konnte, keineswegs jedoch als negativ bezeichnen würde. Andererseits hätte sie sich zu diesem Zeitpunkt nicht erlaubt, ihr eigenes Empfinden ihm gegenüber, näher zu befragen. Und ihm etwas zurückzuschreiben löste die Befürchtung aus, es könne voreilig und unbedacht sein. Sie wollte sich erst ganz sicher werden, ob sie ihm verzeihen wollte. Also ließ sie seine Nachricht unbeantwortet.

„Ich kann dich absolut verstehen, Mina. Es ist keineswegs in Ordnung, dir das zu verschweigen." Fabian leckte sich den warmen Käse seiner Pizza von den Fingern.

Als Mina an diesem Abend nach Hause gekommen war, hatte sie sich derart einsam gefühlt, daß sie spontan bei ihm angerufen hatte. Er hatte augenblicklich gemerkt, was mit seiner Schwester los war.

Zehn Minuten später hatten sie in Decken gehüllt gemeinsam auf Minas Gartenbank gesessen und kurzerhand zwei Pizzen bestellt.

Anschließend hatte Mina ihm ihre gesammelten Leiden erzählen können. Sich von ihm verstanden zu fühlen, war ein nicht zu unterschätzender Trost.

„Wie soll ich jetzt damit umgehen, Fabian? Ich weiß, ich muß es in Ruhe abwägen. Es ist bloß so, obwohl ich mir derzeit nicht zugestehe, meine Gefühle ihm gegenüber zuzulassen, so weiß ich trotzdem, wie wichtig er mir ist."

„Wenn du kannst, gibst du ihm sicher noch 'ne Chance. Allerdings soll er erst ein bißchen zappeln. Er hat's verdient, ein wenig zu leiden."

„Ich glaube, das tut er sowieso. Er kam mir vorher bereits einige Male ungemein zerknirscht vor. Und häufig hatte ich das Gefühl, er wolle mir etwas sagen."

„Hat er aber nicht!"

Ohne es zu wollen, lachte Mina laut auf. „Du redest schon wie ich mit meinen Patienten."

Fabian stimmte ein. „Na, da kannst du mal sehen! Es handelt sich wohl um ein Familientalent."

Mina rückte ganz nah an ihren Bruder heran. Sie nahm seinen ihr zugewandten Arm und legte ihn um ihre Schultern. Umgehend drückte er sie liebevoll.

„Ach Fabian! Ich bin so froh, dich zum Bruder zu haben."

„Das klingt jetzt gewiß sehr einfallslos, aber ich bin ebenfalls total froh und glücklich, dich zur Schwester zu haben. Noch glücklicher wäre ich allerdings, wenn du *nicht* meine Schwester wärst."

Mina schaute ihn aus den Augenwinkeln skeptisch an.

„Na ja", setzte er seinen Gedankengang fort, „dann würde ich dich einfach heiraten, und die tollste Frau der Welt hätte endlich einen gutaussehenden, charmanten und hochintelligenten Partner."

Mina knuffte ihren Bruder in die Seite und verdrehte theatralisch die Augen. „Also Fabian, letztendlich bin ich doch froh, daß du mein Bruder und nicht mein Partner bist. Bei deinem Frauenverschleiß hättest du mir längst das Herz gebrochen."

„Du hast recht, Minchen. Letztendlich ist alles gut, wie es ist. Und Familie ist nach wie vor das beste."

Sie aßen ihre Pizza, gingen später hinein und schalteten für eine Weile den Fernseher ein. Währenddessen machten sie sich mit wachsender Begeisterung über eine amerikanische Krimiserie lustig, in der hölzerne und altklug wirkende Akteure agierten. Als Fabian sie um halb eins verließ, fiel Mina nach einer kurzen Dusche todmüde ins Bett.

Sie erwachte völlig desorientiert. Blinzelte zunächst, entdeckte sodann Ben neben sich. Wo kam er her? Sie hatte nicht bemerkt, daß er sich zu ihr gelegt hatte. Überdies konnte sie sich nicht erklären, wie er überhaupt hatte ins Haus gelangen können. In diesem Moment schlug er die Augen auf. Statt irgendwelcher Erklärungen küßte er sie. Sie ließ ihn gewähren, war es doch zu schön, wie er sie liebkoste, ihren Hals mit den Lippen sanft umschmeichelte.

Unerwartet hielt er inne, schaute sie an. Seine Augen verengten sich zu Schlitzen, sein Mund öffnete sich, und er begann, zu ihr zu sprechen. Die Worte drangen stoßweise aus den Tiefen seines Schlundes, begleitet von einem rhythmischen Kopfnicken, das an eine über Pflaster laufende Taube erinnerte. Zu ihrem Bedauern verstand sie ihn jedoch nicht.

An ihr Gehör gelangten lediglich gellende Schreie, die sie in äußerste Anspannung versetzten. Was wollte er bloß von ihr? Sie verstand ihn einfach nicht!

Schweißgebadet schreckte sie hoch, richtete sich nach Atem ringend im Bett auf. Wiederum dieser bedrohliche Traum, begleitet vom Klingeln des Telefons! Wie gewöhnlich kämpfte sie mit sich. Sollte sie den Anruf entgegennehmen und sich anläßlich des aufdringlichen Atmens erneut ärgern? Oder sollte sie es einfach klingeln lassen?

Unbedingt mußte sie endlich einen Anrufbeantworter einrichten. Alsdann würde dieser Kerl nach Belieben das Gerät vollröcheln können, am nächsten Morgen würde sie es einfach löschen.

Leider hatte sie ein solches Gerät gerade nicht zur Hand. Und obwohl Bestellungen übers Internet des Nachts problemlos möglich waren, die Zustellung zudem häufig blitzschnell erfolgte, war *blitzschnell* dennoch nicht wörtlich zu nehmen.

Demzufolge entschied sie zugunsten der geringen Wahrscheinlichkeit eines Notfalles, verließ kurzentschlossen das Bett, nahm den Anruf entgegen, sprach allerdings kein Wort. Das tat ihr der Anrufer gleich. Fluchend unterbrach sie die Verbindung.

Okay, nutzte sie die Störungen von nun an als regelmäßige Möglichkeit der nächtlichen Blasenentleerung. Während des Gangs zur Toilette entdeckte sie abermals Licht im Haus ihrer Nachbarin. Es war nicht davon auszugehen, daß Frieda ebenfalls regelmäßig nachts Anrufe erhielt. Also litt sie vermutlich tatsächlich unter Schlafstörungen.

Gähnend begab Mina sich zurück ins Bett, verfolgte den Gedanken nicht länger.

In dieser Nacht wurde sie noch zwei weitere Male unsanft aus dem Schlaf gerissen. Nach dem dritten Anruf zog sie endgültig den Stecker aus der Telefondose. Sie sollte sich dieser Maßnahme regelmäßiger bedienen. Selbst im direkten Anschluß an einen dieser Anrufe formulierte ihr Gehirn nicht automatisch eine entsprechende Lösung. Anscheinend hielt sich im Hinterkopf diese diffuse Angst, es könnte ihren Liebsten etwas passiert sein. Obwohl es ihr, nüchtern betrachtet, regelrecht albern erschien, an einen Notfall zu denken. Sollten Charlie oder Fabian unerwartet lebensrettende Hilfe benötigen, riefen sie, falls sie nur noch wenig Kraft hätten, sicherlich den Rettungswagen oder die Polizei.

Morgen würde sie dementsprechend ein Post-it an die Schlafzimmertür heften, als Erinnerung, endgültig das Telefon vor dem Zubettgehen *unscharf* zu stellen.

38

„Sie sehen müde aus. Fehlt Ihnen etwas?" Die Stimme kommt von weither, sie gehört Anna Burger, die Frage ist an Dr. de Winter gerichtet. Diese ist tatsächlich mit ihren Gedanken woanders gewesen. *Ganz woanders!* Das kann kurzfristig immer mal vorkommen. Den gesamten Tag lang Gespräche zu führen, die alles andere als einen Small talk darstellen, erfordert extreme Konzentration. Das ist anstrengend!

Derart abwesend zu sein, daß keinerlei Zugriff mehr auf das besteht, was die vor ihr sitzende – und obendrein nicht gerade leicht zugängliche – Patientin eben erst geäußert hat, das ist der Therapeutin allerdings kein einziges Mal zuvor passiert.

Ihr ist in diesem Moment nicht einmal klar, welchen Umfang die Lücke aufweist, die dadurch entstanden ist, daß ihre Aufmerksamkeit sich vollkommen stekum davongeschlichen hat.

Sie richtet sich ein wenig auf. „Entschuldigung! Nein, … mir fehlt nichts." Was soll sie sagen? Ausgerechnet gegenüber Frau Burger?

Im Gespräch mit Patienten, mit denen die Therapie geschmeidiger verläuft, kann man schon mal Privates offenbaren. In solch einem Fall hätte sie jetzt etwas in der Art geäußert, es tue ihr leid, sie habe tatsächlich schlecht geschlafen. Daraufhin hätte sie beispielsweise zur Antwort bekommen, er oder sie kenne da eine hervorragende Technik, die ihm oder ihr von einer befähigten Therapeutin glaubhaft vermittelt worden sei. Beide hätten gelacht, woraufhin man die Konzentration neuerlich auf das eigentliche Thema gelenkt hätte.

Bei Frau Burger müssen die Sitzungen jedoch äußerst akkurat strukturiert sein. Ansonsten stürzt sie sich augenblicklich und mit Genuß auf jedwedes, was sie hinterfragen und kritisieren kann.

In den vergangenen Sitzungen ist eine solche Strukturierung tatsächlich gelungen. Die Patientin hat sogar vorbildlich mitgearbeitet. Zumindest, was Ton und Inhalt ihrer Äußerungen betrifft. Zwar erfüllt es die Psychologin nicht gerade mit Freude, die besprochenen Grundlagen in jeder Sitzung wiederkehrend erörtern zu müssen. Ohne fortwährend geäußerte Unverschämtheiten ist diese stete Wiederholungsschleife jedoch viel besser zu ertragen als mit.

Darüber hinaus ist das ewig leidige Thema bezüglich der gerechten Strafe für den behandelnden Arzt ihres verstorbenen Lebensgefährten immerhin nicht nochmalig aufgeführt worden.

Heute befindet sich Anna Burger allerdings erneut in Bestform. Als habe sie bloß darauf gewartet, einen Anlaß zu bekommen, ihre gewohnten Manöver zu starten. „Na, da bin ich aber froh! Sie sehen nämlich richtig schlecht aus, wenn ich mir die Bemerkung erlauben darf."

Was würde die Patientin wohl vorbringen, würde die Therapeutin „Nein, das dürfen Sie sich nicht erlauben!" zur Antwort geben? Doch verzichtet sie auf eine Erwiderung, versucht statt dessen, den Faden wieder aufzunehmen, dessen Ende ihr leider unbekannt ist. „Wo waren wir noch gleich stehengeblieben?"

Anna Burger lacht. „Als hätten Sie auch nur den blassesten Schimmer! Aber ich helfe Ihnen gern weiter. Bevor Sie an Ihren Liebsten gedacht haben, hatte ich Ihnen von dem ungeheuren Spaß berichtet, den mir in der letzten Woche einige Unternehmungen bereitet haben. Ungelogen! Zudem hatte ich Sie gelobt, weil Sie mir das ja vorausgesagt haben. Sie haben tatsächlich recht gehabt. Man muß dranbleiben, nicht aufgeben, nur weil nicht sofort alles klappt."

Ohne auf die schnippisch hervorgebrachten Sticheleien einzugehen, die sie inzwischen ohnehin als zahnlose Beißerei klassifiziert, bekundet Dr. de Winter Empathie. „Schön, Frau Burger! Das freut mich!"

„Tut es das?"

„Wieso fragen Sie?"

„Na ja, ich kann mir einfach nicht vorstellen, daß ein Therapeut echtes Interesse an all seinen Patienten hat."

„Ja, es gibt immer mal Dinge im Leben, die unsere Vorstellungskraft übersteigen."

„Ach meinen Sie, es liegt an meiner mangelnden Vorstellungskraft?"

„Ich meine das ganz allgemein."

„Sie sind sauer, nicht? Weil ich Sie erwischt habe."

„Erwischt? Ich verstehe nicht."

„Tun Sie doch nicht so! Ich habe Sie beim Träumen erwischt. Muß ja eine aufregende Nacht gewesen sein."

„Wollen wir uns wieder auf das Thema der Therapie konzentrieren?" Dr. de Winter denkt weiterhin keineswegs daran, auf die Provokationen einzugehen. Läßt sie sich in diesem Augenblick verleiten, lernt Anna Burger lediglich, möglichst penetrant nachstochern zu müssen. Sie soll jedoch einen angemesseneren Umgang mit anderen Menschen erlernen. Und mit sich selbst. Allerdings läßt sich die Patientin nicht ohne weiteres verunsichern. Stur folgt sie ihrem Pfad: Provoziere deine Therapeutin so sehr du kannst! Das macht Spaß und lenkt von den langweiligen Therapiethemen ab. Schließlich ist sie nicht hier, um blöde Aktivitäten auszuführen und obendrein Freude dabei zu empfinden.

„Gehört das nicht ebenfalls zur Therapie?"
„Was genau meinen Sie, Frau Burger?"
„Na ja, wenn ich Sie langweile."
„Und wieso denken Sie, Sie langweilen mich?"
„Weil Sie nicht bei der Sache sind."
„Entschuldigen Sie!" Dr. de Winter beugt sich unmerklich nach vorn, schaut ihrer Patientin fest in die Augen. „Ich möchte nicht spitzfindig sein, dennoch glaube ich eher, *Sie* sind momentan nicht bei der Sache."

Anna Burger ist perplex. Sie fühlt sich ihrer Therapeutin zwar haushoch überlegen, doch soeben ist sie abermals dabei, die Kontrolle über den Verlauf des Gesprächs abzugeben. Zudem muß sie höllisch aufpassen, keine endgültige Grenze gesetzt zu bekommen. Immerhin stand es bereits einmal arg auf der Kippe. Sie sollte umdisponieren, eine andere Taktik muß her. Und die fällt ihr auch unverzüglich ein. „Touché! Aber im ernst, Frau Doktor. Ich würde ehrlich gern wissen, ob Sie die Schicksale Ihrer Patienten persönlich berühren. Ist es Ihnen tatsächlich wichtig, wie es allen geht? Und was aus uns wird?"

„Wohin führt das Gespräch, Frau Burger?"
„Ich finde es für mich persönlich einfach wichtig."
„Ja, die Schicksale meiner Patienten liegen mir am Herzen."
„Und wenn Sie merken, jemanden, … sagen wir mal, … in eine falsche Richtung gelenkt zu haben. Was machen Sie dann?"
„Das wird mir jetzt zu hypothetisch, Frau Burger. Ich lenke ja niemanden in irgendeine Richtung."
„Natürlich tun Sie das!" Anna Burger äußert es im Brustton der Überzeugung mit hochgezogenen Augenbrauen und spitzen Lippen. Ihr Kinn hebt sich ein wenig deutlicher empor als gewöhnlich, während sie bekundet: „Sie sagen mir doch die ganze Zeit, was ich machen soll!"
„Nein, Frau Burger, das ist so nicht richtig. Ich versuche vielmehr – mit Ihnen zusammen – Aktivitäten zu finden, die lohnend für Sie sind."
„Das ist ja wohl ebenso eine Vorgabe."
„Jedoch lediglich die Vorgabe eines Rahmens. Dafür suchen Sie mich schließlich auf, oder?"

„Ich würde aber ganz anders an meinen Problemen arbeiten."
„Ja gut."
„Wollen Sie wissen, wie?"
„Frau Burger! Ich wiederhole mich gern."
„Das müssen Sie nicht! Ich bin ja nicht blöd!"
„Ja."
„Warum sind Sie denn so ungehalten? Ich bin doch ganz brav, oder nicht?"

Dr. de Winter beschließt, in diesem Moment authentisch sein zu dürfen und lacht lauthals.

„Lachen Sie mich etwa aus?" Die prompte Reaktion ihrer Patientin auf den Anfall von Belustigung.

Die Therapeutin beruhigt sich rasch. „Nein, ich lache Sie nicht aus. Ich bin bloß über die Art Ihrer Argumentation belustigt. Wenn Sie mich netterweise aufklären, was Sie diesmal bezwecken, kann ich mich gegebenenfalls darauf einstellen."

„Ich bezwecke einfach, Sie dazu zu bringen, mit mir an den Problemen zu arbeiten, die mich *wirklich* bewegen."

„Okay, da sind wir einer Meinung. Das ist mir ebenfalls wichtig."

„Gut. Nur bewegt mich nicht der Mangel an Hobbies. Der Tod meiner großen Liebe macht mir viel eher zu schaffen. *Daran* will ich arbeiten."

Da ist es wieder! Denkt man am wenigsten daran, platzt es wie der Springteufel aus der Kiste. Vielleicht leidet Frau Burger ja an einer Demenz. Wie ist es sonst zu erklären, innerhalb weniger Wochen wiederkehrend vergessen zu können, daß sie all diese Themen bereits ausführlichst und zum Erbrechen häufig mit ihrer Psychotherapeutin erörtert hat? Aber gut, auf ein Neues! „Das tun wir ja ebenfalls beziehungsweise haben es bereits getan, Frau Burger. Es ist erst einige Sitzungen her, als wir dieses Thema – auf der Basis der Schuldfrage – ausgiebig erörtert haben. In genau dieser Sitzung haben wir zudem beschlossen, daß Sie mit Ihren Provokationen aufhören. Darüber hinaus halte ich es nach wie vor für wichtig, Ihre Stimmung aus diesem tiefen Loch herauszubekommen; mittels entsprechender Aktionen sowie der Umbewertung diverser Dinge Ihres Lebens. Sie bedienen sich einiger Werthaltungen, die mir nicht brauchbar für ein zufriedenes oder gar glückliches Leben erscheinen. Jedoch ist ein glückliches Leben das erklärte Ziel. Oder sehen Sie das anders?"

„Nein, das ist schon richtig. Doch wird meine Stimmung blitzschnell bestens sein, sobald dieser Arzt endlich für seine Verfehlungen büßt."

„In diesem Punkt stimmen wir eben *nicht* überein, Frau Burger. Unerheblich, wie oft Sie es wiederholen. Das wäre nämlich so, als würden Sie wegen zu hoher Belastungen mit dem Rauchen beginnen und erwarten, nicht mehr nikotinsüchtig zu sein, nur weil die Belastung geringer geworden ist."

„Sie wollen nur den Kollegen decken. *Deshalb* wollen Sie mit mir einfach nicht daran arbeiten."

„Ich will mit Ihnen an der vermeintlichen Schuld des behandelnden Arztes aus der Überzeugung heraus nicht arbeiten, daß das Aufdecken eines möglichen Behandlungsfehlers Ihre Probleme keineswegs lösen würde. Das haben wir – wie alles andere – bereits x-mal diskutiert. Außerdem bin ich weder Detektiv noch Jurist, somit bin ich ohnehin nicht der richtige Ansprechpartner für diese Art der Problembewältigung. Wenn Sie also gar nicht gewillt sind, an Ihrem Befinden zu arbeiten, sondern lediglich einen möglichen Kunstfehler aufdecken wollen, sind Sie hier einfach nicht richtig."

Anna Burger schweigt. Ihr Gesicht wirkt wie eine Maske. Dr. de Winter schaut sie an, wartet geduldig. Nach ungefähr einer Minute verändert sich zunehmend das Gesicht der Patientin. Es zieht sich wie in Zeitlupe zusammen, wirkt immer mehr wie eine Grimasse.

Anna Burger beginnt zu wimmern. Erst leise, dann nimmt es an Fahrt auf. Zuletzt heult sie los, wie ein verwundetes Tier. „Ich will doch nur Timmy wiederhaben!" Ihre Stimme klingt schrill. Nachdem sie es herausgeschrien hat, schluchzt sie: „Können Sie das denn nicht verstehen?"

Behutsam reicht Dr. de Winter dem Häufchen Elend die pinkfarbene Box. Fast rutscht Frau Burger komplett von der Sesselkante. Kleine Rinnsale laufen aus Augen und Nasenlöchern das Kinn hinunter und tränken den steifen Kragen der frisch gestärkten Bluse. Nach einer Weile richtet sie sich wie gewohnt auf. Die Tränen sind versiegt.

„Lassen Sie uns etwas anderes versuchen, Frau Burger. In Ordnung?"
„In Ordnung."
„Was bedeutet Glück für Sie?"
„Das wissen Sie doch."
„Nein, weiß ich nicht."
„Na, Gerechtigkeit."

„Aber was macht Sie in einem … ganz unbestimmten Moment glücklich? Was müßten Sie tun, um sich in einem beliebigen Augenblick wohlzufühlen?"
„Weiß ich nicht."
„Denken Sie ruhig einen Moment nach!"
„Weiß ich trotzdem nicht."
„Versuchen Sie, sich einmal vorzustellen, unabhängig von allen Widrigkeiten Ihres Lebens, was könnte Ihnen eine innere Ausgeglichenheit verschaffen? Nur für einen Moment."
„Wenn mir der Rücken juckt, tut es gut zu kratzen." Herausfordernd fixiert sie die Therapeutin.
„Sehr gut, Frau Burger!"
„Wieso ist das gut?" Sie ist irritiert.
„Na ja, es geht schließlich darum, Zugriff auf das zu haben, was man zu seinem ganz persönlichen Glück benötigt. Sobald ich weiß, was mich zufrieden oder gar glücklich machen kann, und wenn ich dann sogar noch in der Lage bin, das umzusetzen, was in einem konkreten Moment angenehm für mich ist, habe ich im Grunde alles, was ich brauche."
„Aha."
„Wenn Sie Hunger haben, macht es wenig Sinn, einen Spaziergang zu unternehmen. Brauchen Sie jedoch Bewegung oder wollen sich am Gesang der Vögel erfreuen, ist es unbrauchbar, ein Stück Kuchen zu verzehren."
„Wenn ich also tue, wonach mir gerade ist, werde ich glücklich?"
„So ungefähr."
„Also nur ungefähr!?"
„Es geht nicht darum, einfach ständig zu tun, *wonach einem ist*. Es geht darum, Zugriff auf die Dinge zu haben, die einen persönlich bereichern, und diese zur richtigen Zeit umzusetzen."
„Wenn einem aber doch eine Tragödie im Wege steht!?"
„Dann ist es erst recht wichtig."
Anna Burger verstummt.
„Was bedeutet Glück für Sie, Frau Burger? … Was macht Sie glücklich?"
„Sie sind eine Nervensäge."
„Freut mich, wenn Sie das glücklich macht."
„Das meine ich nicht."

„Ach so."
„Also gut! Ich mache gern Spaziergänge. Außerdem finde ich es angenehm, mich nach getaner Arbeit auf dem Sofa rumzufläzen und einen schmalzigen Liebesfilm zu gucken."
„Sehr schön!"
„Manchmal backe ich gern. Gilt das auch?"
„Ja."
„Also könnte ich von nun an pausenlos backen, und dann wäre ich glücklich?"
„Nein."
„Wieso nicht?"
„Weil es eben um den Zugriff auf das geht, was man in einem gewissen Moment braucht."
„Wenn aber zu backen mein Leben bedeuten würde!?"
„Tut es das?"
„Nein."
„Damit haben Sie die Antwort."
„Sie wollen mir verdeutlichen, ich solle mein Leben mit Dingen anreichern, die eine positive Bedeutung für mich haben!?"
„Exakt."
„Und Sie glauben vermutlich, mir würde das helfen, die Trauer um Timmy sowie den Haß auf den Arzt loszulassen."
„Ja, das denke ich. Dabei bedeutet *loslassen* jedoch nicht, ein bedrückendes Gefühl für alle Zeiten davonzujagen. Das würde selbst bei extremer Anstrengung – oder dann erst recht – nicht gelingen. Leider wird dies häufig mißverstanden. Etwas loszulassen bedeutet stets, es einfach mal für einen Moment so stehenzulassen, ohne sich länger damit zu beschäftigen. Damit man den Kopf für lohnende Dinge freibekommt. ... Vielleicht empfindet man diese in einem solchen Moment nicht einmal als wunderbar und erfüllend, dennoch eröffnet es einen Weg, der irgendwann mehr und mehr genau dorthin führt. ... Dadurch gewinnt man wertvolle Kraft, die enorm hilfreich ist, um das bedrückende Gefühl von Trauer oder jedwedem anderen Schmerz – das einen nach einer gewissen Zeit erneut ergreift – besser aushalten und zunehmend bewältigen zu können."
„Das wäre zu schön, um wahr zu sein."
„Es *ist* wahr."

„Aber Schmerz ist ebenfalls wahr."
„Das ist unbestritten. Er ist tatsächlich zu wahr, um schön zu sein."
„Wollen Sie mich auf den Arm nehmen?"
„Keinesfalls. Ich will Sie darin unterstützen, glücklich zu sein."
„Meinen Sie, das kann man wirklich lernen?"
„Ja, man kann."
„Ihr Wort in Gottes Ohr!"
„Oder so."

39

Abermals neigte sich die Arbeitswoche dem Ende zu. Mit einem frisch zubereiteten Tee saß Mina am Schreibtisch ihrer Praxis und dokumentierte die Sitzungen des gegenwärtigen Tages.

Es gelang ihr nur unzureichend, sich auf ihre Arbeit zu konzentrieren. Beharrlich drängte sich Ben in ihren Gedanken nach vorn. Im Laufe der Zeit hatte er ihr zwei weitere Nachrichten aufs Handy geschickt, dabei glich der Inhalt stets der ersten. Er vermisse sie, würde sie gern sehen, falls sie es wolle. Nicht ein einziges Mal hatte sie bisher geantwortet, zudem jedweden sonstigen Kontakt mit ihm vermieden. Weiterhin befand sie sich nicht in der Verfassung, eine klare Entscheidung treffen zu können.

In Gedanken versunken, trank sie den heißen Tee nur zur Hälfte, den Rest ließ sie stehen, fuhr den Rechner herunter und packte ihre privaten Dinge zusammen. Heute würde das nichts mehr werden. Sie beschloß, am Montag eine Stunde früher in die Praxis zu fahren, um den Rückstand aufzuholen. Momentan wollte sie einfach nur nach Hause.

Wie schon ein paarmal zuvor, fühlte sie sich auf dem Weg zum Parkhaus beobachtet. Sie vollführte eine rasche Seitwärtsbewegung des Kopfes in die Richtung, aus der sie die Beobachtung wähnte, jedoch war niemand zu sehen. Selbst eine Komplettdrehung um die eigene Achse zur Sondierung des gesamten Gebietes ergab nichts, was sie auch nur ansatzweise als auffällig hätte bezeichnen können. Also beruhigte sie sich ein wenig, schob das mutmaßlich trügerische Empfinden auf die anstrengende Zeit, die hinter ihr lag.

Und ganz unerwartet überkam sie unendliche Sehnsucht nach Ben. Er fehlte ihr. Sie empfand zudem gar keine Enttäuschung mehr.

Gewiß war es unehrlich von ihm gewesen, zweigleisig zu fahren. Und ja, ihr konnte es genauso ergehen, wie es dieser Martha gerade erging. Doch war sie mittlerweile Ohrenzeuge zu vieler Geschichten menschlichen Versagens geworden, um davon ausgehen zu können, Ben stellte die rühmliche Ausnahme auf der ganzen Linie dar. Zudem hatte er trotz allem etliche liebenswerte Seiten.

Sie nahm sich vor, ihn endlich anzurufen, um wenigstens seine Stimme zu hören. Vielleicht ergab sich eine Möglichkeit, sich behutsam wieder anzunähern. Sie könnte ihn beispielsweise fragen, ob er am Sonntag mit ihr spazierengehen wolle. Anschließend könnten sie gemeinsam einen Kaffee trinken, dann würde man weitersehen.

Vollkommen in Gedanken versunken, war sie bereits an ihrem Auto angelangt. Während der Fahrt überlegte sie sich ihr weiteres Vorgehen.

Zu Hause angekommen, meldete sich das Bedürfnis nach einer ausgiebigen Dusche. Danach fühlte sie sich gewiß erfrischt und konnte viel klarer denken.

Nachdem sie das Vorhaben in die Tat umgesetzt hatte, trocknete sie sich ab und wickelte das Badetuch um ihren Körper. Anschließend begab sie sich nach unten in die Küche, um etwas zu trinken.

Mit dem Glas in der Hand Richtung Terrasse schlendernd, wurde ihr Blick magisch von uneindeutigen Bewegungen im Garten angezogen. Sie stutzte. Was war das? Sie reckte den Hals, um Genaueres herauszufinden. Rasch erkannte sie, wer in gebückter Haltung an ihrer seitlichen Hecke stand, öffnete daraufhin unbefangen die Tür. „Hallo Frieda! Was ist los? Kann ich dir helfen?"

Die alte Dame schien etwas in oder unter der Hecke zu suchen. Auf die Ansprache reagierend, wendete sie sich Mina zu. Als sie deren Aufzug wahrnahm, entschuldigte sie sich wie gewohnt für die Störung.

Mina beschwichtigte wie stets.

„Ach Kindchen! Ich habe in letzter Zeit ständig Streit mit meinem Schlüssel. Diesmal ist er absolut nicht auffindbar. Es macht mich regelrecht verrückt."

„Und da suchst du ihn ausgerechnet in meiner Hecke?" Mina verbarg nur unzureichend ihre Belustigung.

„Das sieht vollkommen durchgeknallt aus. Ich weiß." Die Nachbarin nickte zerknirscht. „Doch als ich eben vom Einkauf kam, ist mir die Tüte mit den Äpfeln aus der Tasche gefallen. Natürlich war dieses blöde

Ding nicht richtig zu. Also kullerten sämtliche Äpfel durch die Gegend. Einige haben es bis zur Grundstücksgrenze geschafft. Ich hab' daraufhin erst einmal meine anderen Einkäufe bis zur Haustür getragen. Als ich aufschließen wollte, war der Schlüsselbund unauffindbar. Und nun suche ich Schlüssel und Äpfel. Ich dachte, sie sind möglicherweise unter der Hecke hindurch auf dein Grundstück gerollt. Die Äpfel, meine ich natürlich. Ich hätte dich fragen sollen, ob ich in deinem Garten herumsuchen darf, was?"

„Frieda, ich bitte dich! Nein, wirklich nicht. Das ist selbstverständlich völlig in Ordnung. Du weißt doch, du kannst, wann immer du willst, über mein Haus und meinen Garten verfügen. Ich war bloß ein wenig ... verdutzt, als ich einen *Hintern* in meiner Hecke entdeckte."

Selbst in einem solchen Moment hatte Frieda Weller noch Sinn für Humor. „Ja", ergänzte sie Minas Ausführung, „wenn schon, wäre dir ein Männerpo sicher lieber gewesen."

„Ach, weißt du ...", ließ Mina den Satz unvollendet. Statt dessen ging sie ebenfalls zur Hecke und half zu suchen. „Hier ist schon mal der Schlüssel", rief sie unverzüglich aus, nachdem sie ihn aus Friedas Tasche hervorgezogen hatte.

„Wie hast du das schon wieder hinbekommen?" erkundigte sich die alte Dame voller Ehrfurcht.

„Ganz leicht", stellte Mina es grinsend richtig. „Der Anhänger schaute vorwitzig aus deiner Manteltasche. Ich mußte also bloß zugreifen."

„Jetzt bin ich richtig erleichtert. Nun ist aber Schluß! Du holst dir noch 'nen Schnupfen, Kindchen. Abends wird's doch schon empfindlich kalt. Weißt du, der Schlüssel ist das wichtigste, ich lasse die Äpfel einfach, wo sie sind. Geh' schnell wieder rein! Und nicht böse sein! Beim nächsten Mal sag' ich vorher Bescheid."

Mina winkte ab, stapfte dennoch zügig Richtung Haus. Frieda schritt hinter ihr her. „Ach Mina, bevor ich es vergesse, ich wollte dir noch etwas erzählen. Das muß allerdings nicht sofort sein."

„Na sag' schon! Mir ist nicht besonders kalt. Außerdem kannst du ja mit reinkommen."

„Nein, nein, im Grunde geht es ganz rasch. Vielleicht ist es auch gar nicht wichtig, doch es hat ein derart blödes Gefühl in mir ausgelöst, da will ich es dir lieber mitteilen."

„Du machst es aber spannend."

„Keine Sorge, es ist wirklich nichts Spektakuläres. Ich finde bloß, du solltest es wissen. Für alle Fälle. In letzter Zeit hab' ich nämlich in unserer Straße ein paarmal einen Mann gesehen, der offensichtlich nicht hier wohnt."

„Ja und?" Mina war nicht klar, worauf die Freundin abzielte.

„Ich fand, der hat sich merkwürdig benommen. So, als wolle er nicht gesehen werden. Außerdem hab' ich ihn einmal in deinem Garten erwischt. Als ich auf ihn zugegangen bin und gefragt habe, was er denn da mache, hat er nur 'Entschuldigung, war ein Irrtum' gemurmelt und ist schleunigst davongelaufen. Ich weiß, es ist sicher albern, trotzdem wollte ich es dir unbedingt mitteilen."

„Ist gut, Frieda. Danke für den Hinweis. Ich werde zukünftig darauf achten, wer hier möglicherweise umherschleicht."

„Na ja, wie gesagt, wahrscheinlich ist es gar nicht wichtig."

„Wahrscheinlich nicht."

„Nun geh' schnell rein! Ich hab' dich viel zu lange aufgehalten."

Mina winkte lachend zur Verabschiedung und begab sich endgültig ins Haus. Jetzt war es ihr doch recht kühl, die Sonne spendete nicht mehr ihre volle Kraft.

Kaum hatte sie die Terrassentür hinter sich geschlossen, klingelte es. Obschon sie keinerlei Lust verspürte, jemanden zu empfangen, öffnete sie und fand sich überraschend Ben gegenüber.

„Mina, ... entschuldige, aber ich mußte dich einfach sehen!"

Wieso entschuldigten sich heute alle? Ohne ein Wort machte sie einen Schritt zur Seite, als Zeichen, er möge eintreten. Er tat, wie ihm geheißen, zog direkt im Anschluß ein Schriftstück aus seiner Jackentasche und reichte es ihr. „Hier! Ich hab' den Test wiederholen lassen. Der Zeitraum kommt hin. Er ist ebenfalls negativ."

Mina studierte das Schriftstück, ohne es aus seiner Hand zu nehmen. Danach schaute sie ihn an. Erneut überkam sie eine Welle von Gefühlen, was weniger mit dem vorgezeigten Testergebnis in Zusammenhang stand als vielmehr mit ihm selbst. Wie rührend er ihr sozusagen ein kleines Friedenszeichen brachte. Ein Anlaß, sie sehen zu können. Durchschaubar und gleichzeitig liebenswert.

Dabei ahnte sie nicht mal einen Bruchteil von dem, was er durchgemacht hatte. Er hatte unendlich gelitten, zudem bereits seit Tagen fieberhaft überlegt, wie er sich ihr nähern könnte. Je länger er nichts von ihr gehört hatte, desto größer war die Sorge geworden, sie möglicherweise nie wiederzusehen. Doch war er ebenso unsicher gewesen, was er tun könnte. Was war in Ordnung, womit versaute er es noch mehr?

Den HIV-Test hatte er unverzüglich am Montagmorgen nach dem Wochenende seiner Beichte veranlaßt. Sein Arzt hatte zwar überrascht reagiert, seinen Patienten innerhalb einiger Monate zweimal dieselbe Bitte äußern zu hören, doch kannte Ben ihn bereits lange genug, um ihn wahrheitsgemäß in Kenntnis setzen zu können.

Als Mina sich auf seine diversen SMS-Versuche nicht gemeldet hatte, hatte er mit mulmigen Gefühlen, zugleich mit unendlicher Sehnsucht, allen Mut zusammengenommen und war zu ihr gefahren.

Wie sie in diesem Augenblick vor ihm stand, lediglich mit dem Badetuch bekleidet, konnte er sich nur mühsam zurückhalten. Er wollte sie einfach in seine Arme nehmen, ihr so nah wie möglich sein. So sehr hatte er sie vermißt, ein vollkommen neues Gefühl für ihn. Er hatte Andy sicherlich geliebt, doch was er mit Mina erlebte war unvergleichbar. Derart intensiv hatte er noch niemals geliebt.

Minas Gefühle reichten an die seinen kaum heran. Dazu war die Zeit für sie nicht ausreichend gewesen. Und das tiefere Gefühl, das sie als beginnende Liebe bezeichnet hatte, war ihr schließlich erst kurz vor seiner Enthüllung offenbar geworden. Dennoch empfand auch sie intensiv genug, um eine spontane Umarmung schwerlich zurückhalten zu können. Einzig die Angst, ihn zu leicht davonkommen zu lassen, hielt sie noch fern. Allerdings nur vorübergehend. Dann fielen sie sich in einem gleichzeitig auftretenden Impuls in die Arme, küßten sich und gestanden sich gegenseitig, wie kalt und einsam Tage und Nächte ohne den jeweils anderen gewesen waren. Ben öffnete Minas Badetuch, das bereitwillig zu Boden glitt. Kurzerhand setzte er sie auf die Flurkommode, öffnete seine Hose und drang augenblicklich in sie ein. Der Orgasmus überrollte sie, kam bei beiden schnell, heftig und gleichzeitig.

Als sie später aneinandergekuschelt im Bett lagen, kam es Mina wie das Natürlichste der Welt vor. Er war da, und es war völlig in Ordnung. In diesem Moment erfüllte sie die Gewißheit, ihm verzeihen zu können. Genaugenommen hatte sie es bereits getan.

Ben war einfach nur glücklich. Hinzu kam eine unendliche Erleichterung. Nun war alles in Ordnung. Demnächst würde er genügend Kraft aufbringen, mit Martha vollkommen zu brechen. Eine Aussprache hatte er bislang ständig hinausgeschoben. Das war allerdings allzu verständlich, beruhigte er sich auch jetzt noch. Schließlich war er vollkommen fertig gewesen, als Mina ihn vor die Tür gesetzt hatte. Tagelang hatte er keinen einzigen klaren Gedanken fassen können.

Wie hätte er sich ausgerechnet in diesem Zustand mit Martha auseinandersetzen sollen, der er sich selbst in besten Zeiten kaum gewachsen fühlte? Sie war aber auch derart ... dominant. Ja, das war sie. Total dominant! Und allzu schnell eingeschnappt. Manchmal bekam er regelrecht Angst, hatte sie mal wieder ihre *Zustände*. So nannte er es, wenn sie völlig entrückt schien. Als bekomme sie dann das meiste um sich herum gar nicht mit. In einer solchen Verfassung wirkte es, als konzentriere sie sich auf eine einzige Sache. Bisweilen glaubte er zu erahnen, um was es sich handelte. Zum Beispiel paßte ihr häufig nicht, was er sagte oder ablehnte.

Vielfach war ihm hingegen überhaupt nicht klar, womit sich ihr Geist gerade beschäftigte. In einer solchen Situation konnte er sie auch nicht ansprechen, denn sie war dann irgendwie weg. Nur noch ihr Körper schien anwesend, saß einfach bloß da. Eine leere Hülle mit leeren Augen – ohne jegliches Leben. Das machte ihm fast noch mehr Angst, als wenn sie ihn anschrie. Allerdings war sie mit ihrem Geschrei in der Lage, Steine zu sprengen. Hatte sie einmal angefangen, hörte sie zudem nicht so bald auf. Hielt sie endlich inne, herrschte lediglich für einen flüchtigen Moment Stille. Kurze Zeit später verfiel sie jedesmal in herzzerreißendes Wehklagen. Dazu setzte sie sich auf den Boden, zog die Beine dicht an sich heran, umschlang sie mit den Armen, als wolle sie sich in sich selbst einschließen. Daraufhin begann sie zu schaukeln.

Vor – zurück, vor – zurück. Fast eine Stunde lang. Zwischendurch immer wieder dieses Wehklagen, lediglich aus Lauten bestehend, ohne geäußerte Vorwürfe. Doch wirkte es selbst wie ein einziger Vorwurf.

Er konnte sich dem nicht entziehen, so sehr er sich auch bemühte. Er fühlte sich dann schuldig. Weswegen, wußte er selbst nicht. Es war einfach das tiefgreifende Gefühl, verantwortlich für ihren Zustand zu sein.

Hörte es endlich auf, benahm sie sich, als sei absolut nichts gewesen. Anfangs hatte er sie auf das Vorgefallene angesprochen, jedoch war sie ihm jedesmal ausgewichen. Irgendwann hatte er nicht mehr gefragt. War es wieder soweit, hatte er es einfach kommentarlos hingenommen. Wie einen Wirbelsturm und die anschließende Verwüstung.

Dagegen konnte man schließlich genausowenig ausrichten. Außer sich in Sicherheit zu bringen und abzuwarten, bis es vorüber war. Danach konnte man den Schaden begutachten. Da kam ja ebenfalls keiner auf die Idee, das Wetter zu fragen, warum es manchmal stürmte.

Ebenso verhielt es sich mit Martha. Das alles machte sie allerdings für ihn extrem unberechenbar, weshalb er garantiert dutzendfach versucht hatte, sie aus seinem Leben zu verbannen, und genauso oft war er gescheitert.

Er wendete sich Mina zu. Sie war inzwischen eingeschlafen. Ihr Anblick entlockte ihm stets ein Lächeln.

Ja, er wollte es endlich schaffen! Es *mußte* ihm gelingen!

Mit diesem Gedanken schlief er ein.

Aufgrund der unvorhergesehenen Wendung des Abends hatte Mina erneut vergessen, das Telefon zum nächtlichen Schweigen zu verdammen. Allerdings war es in dieser Nacht überflüssig. Niemand rief an. Alles blieb friedlich.

Während des gesamten Wochenendes unterhielten sie sich nicht über Bens Vertrauensbruch, was er dankbar zur Kenntnis nahm. Keinesfalls hätte er sich in irgendwelche Aussagen verstricken wollen, deren Inhalt er im Nachhinein als gelogen oder zumindest geschönt hätte zugeben müssen. Sein Plan war schließlich bereits gefaßt: Martha mußte aus seinem Leben verschwinden! Egal wie! Dann war alles gut.

In den Momenten, in denen er allein war, sprach er sich Mut zu. Daß er sich auf jeden Fall in der nächsten Woche kümmern wolle, und es ihm garantiert gelänge. Am besten ginge er gleich Montag zu ihr, brachte die Sache ein für alle Mal hinter sich. Doch war das eigentlich gar nicht der günstigste Tag, da hatte sie eine Reihe anderer Termine. Hatte er in letzter Zeit montags versucht, sie telefonisch zu erreichen, ging sie entweder nicht an ihr Handy, oder sie wimmelte ihn rasch ab.

Also besser nicht Montag! Wenn er jetzt handelte, mußte er alles richtig machen. Sonst ging doch noch etwas schief, und das wollte und konnte er unter keinen Umständen riskieren. Also Dienstag! Er bekräftigte seinen Gedankengang mit einem unmerklichen Kopfnicken.

Minas Gründe, die Angelegenheit nicht weiter zu erörtern, bestanden darin, daß es ihrer Meinung nach nichts mehr zu klären gab. Was sollte sie mit ihm besprechen? Daß er sie mit seiner Handhabung der Dinge sehr verletzt hatte, war ohnehin klar. Und daß er sie kein weiteres Mal hintergehen durfte verstand sich allemal von selbst. Was nützte zudem eine solche Vereinbarung, angenommen, er beabsichtigte, sie unaufhörlich zu belügen und zu betrügen? Er würde es kaum lassen, nur weil sie sich mit erhobenem Zeigefinger vor ihm aufbaute und sagte: „Tu' das ja nie wieder!"

Sie konnte lediglich darauf vertrauen, daß er tatsächlich den Absprung verpaßt hatte, die Beziehung zu Martha zu beenden, sowie den, Mina von vornherein zu unterrichten, noch gar nicht frei zu sein.

Dadurch hätte er ihr die Möglichkeit eingeräumt, selbst zu entscheiden, ob sie das Risiko hätte eingehen wollen, dauerhaft die Geliebte zu bleiben. Sie wäre selbstverständlich *nicht* damit einverstanden gewesen, was er hätte akzeptieren müssen. Doch nun war's so, wie es nun einmal war. Daran ließ sich nichts mehr ändern, wollte sie mit ihm zusammenbleiben. Wohlwollend ging sie davon aus, er habe mit Martha mittlerweile alles geklärt. Mehr wollte sie nicht wissen.

Am Sonntagnachmittag unternahmen sie einen Ausflug zu einem nahegelegenen Stausee. Da es am Morgen stark geregnet hatte, waren nur wenige Spaziergänger unterwegs. Mina setzte sich auf einen gefällten Baumstamm und gab Ben ein Zeichen, es ihr gleichzutun. Unverzüglich folgte er ihrer Einladung. Sie legte ihren Kopf an seine Schulter und ließ den Blick über den See wandern. So saßen sie eine Weile friedlich nebeneinander, ohne zu sprechen.

Irgendwann fragte Mina fast flüsternd: „Hörst du?"

Er lauschte angestrengt, zog die Stirn kraus, als helfe das seinen Ohren auf die Sprünge. Unsicher erklärte er: „Nein, tut mir leid. Ich höre nichts. Wirklich gar nichts."

„Eben", gab sie zurück. „Nichts. Absolute Stille. Ist das nicht wunderbar?"

Er lächelte verstohlen und ganz leise. Schon, um die Stille, die Mina so sehr genoß, nicht zu stören. So recht erschloß sich ihm allerdings nicht, was sie meinte. Mit unmerklicher Verzögerung nickte er jedoch, da er fürchtete, er könne einen gewaltigen Fehler begehen, zuzugeben, nicht zu verstehen.

40

Sie kann es kaum fassen. Die Zeit ist wie im Flug vergangen. Wie oft war sie inzwischen hier? Auswendig weiß sie es nicht, jedenfalls hat sich inzwischen einiges getan. Zum Beispiel hat sie aufgehört, Jonathan den *Hintern* nachzutragen. Und bei den Überlegungen, was sie mit ihrer dadurch gewonnenen Zeit anfangen könnte, ist ihr aufgefallen, wie sehr sie ihre Freundinnen in der Vergangenheit vernachlässigt hat. Weil sie ununterbrochen beschäftigt gewesen ist. Mit Jonathan. Und der keineswegs zwanghaft gefärbte Gedanke 'Was bin ich doch für eine blöde Kuh' ist der Beginn einer weitreichenden Veränderung gewesen.

Neuerdings trifft sie sich regelmäßig mit anderen, hat einen Yogakurs belegt und malt mit Acrylfarben abstrakte Bilder. Jonathan ist daraufhin tatsächlich nähergerückt. Fortwährend ein Stückchen mehr! Ab einem gewissen Punkt hat es begonnen, ihr unangenehm zu werden. Sie ist zuvor ständig damit beschäftigt gewesen, traurig, enttäuscht und manchmal ein bißchen eifersüchtig zu sein, wodurch ihr völlig entgangen ist, daß sie ihn nicht so wahnsinnig liebt, um ausschließlich mit ihm zusammen sein zu wollen. Doch nun weiß sie es. Daraufhin hat sie vor einigen Tagen eine Aussprache mit ihm arrangiert. Im Ergebnis sehen sie sich zukünftig nur noch etwa alle zwei Tage, wodurch sie Zeit gewinnt, sich mit anderen Dingen beschäftigen zu können, und um genug Freiraum für das Gelingen ihres Studiums zu haben.

Jonathan ist im Laufe des Gesprächs sehr traurig geworden, hat sogar geweint und seine Freundin regelrecht angefleht, sie solle sich bitte nicht von ihm trennen. Einerseits hat ihr das fast leidgetan, andererseits hat sie diese Reaktion wiederum enorm nach vorn gebracht. Denn zum ersten Mal ist ihr klargeworden, wie begehrens- und liebenswert sie (für ihn) ist. Vorher ist sie grundsätzlich davon ausgegangen, *sie* sei diejenige, die verlassen wird. Und nun hat sich deutlich herausgestellt, diese Annahme ist ihrer verdrehten Wahrnehmung zu verdanken gewesen.

Wie ist das doch gleich noch mit der Wahrheit und der Brauchbarkeit? Offenbar hat sie sich ihre Angelegenheiten ständig bis zur Unbrauchbarkeit zurechtgedreht, was ihr lange Zeit komplett verborgen geblieben ist. Es endlich erkannt zu haben, spendet ihr reichlich Energie.

Neuerdings *hört* sie im übrigen nicht lediglich Musik, sie *macht* auch welche. Zumindest soll es sich irgendwann danach anhören. Der Lehrer hat es ihr jedenfalls versprochen, und sie glaubt ihm.

Sämtliche Neuigkeiten teilt sie voller Freude ihrer Therapeutin mit. Ja, sie hat sich kürzlich eine Trompete gekauft. Wie von selbst hat sich auf einmal eine völlig verstaubte Schachtel in ihrem Gehirn geöffnet, daraufhin ist ihr eingefallen, wie liebend gern sie als Kind Trompete spielen wollte.

Leider war ihre Mutter dagegen. Das sei nichts für ein Mädchen. Sie solle lieber Ballett lernen. Dazu hatte sie jedoch keine Lust. Also machte sie gar nichts. Und jetzt hat sie eine Trompete. Sehr zum Mißfallen der Nachbarn. Und ihrer Mutter! Das stört sie indessen nicht. Eher im Gegenteil.

„Ist das Verhältnis zwischen Ihnen heute gleichermaßen angespannt, Frau Hofmann? Ich erinnere mich deutlich an Ihre Berichte über eine sehr strenge und bevormundende Mutter."

„Ja, es ist weiterhin angespannt." Die Patientin fährt sich mit der einen Hand durch ihr schönes blondes Haar, mit der anderen nestelt sie nervös an ihrer Brille, die eigentlich tadellos sitzt. Trotz aller Fortschritte ist ihr das Thema Mutter unangenehm. „Ihr ist es völlig egal, daß ich erwachsen bin. Sie behandelt mich einfach weiterhin wie ein Kind, statt wie eine 24jährige. Das mit der Trompete bildet keine Ausnahme. Wenn sie mit etwas nicht einverstanden ist, redet sie ununterbrochen auf mich ein. Und das in einer Stimmlage, … da fangen sämtliche Hunde in der Nachbarschaft an zu heulen. Doch macht es mir in letzter Zeit fast nichts mehr aus. Ich versuche, sie einfach reden zu lassen. … 'Bla bla bla', spreche ich in Gedanken mit. Anschließend wechsle ich das Thema. Und wissen Sie, … irgendwie ist es schlimm, … aber höre und sehe ich sie ein paar Tage überhaupt nicht, … geht es mir deutlich besser."

„Demzufolge sollten Sie ein passendes Maß für sich finden und dementsprechend die Kontakthäufigkeit gestalten!"

„Und was mache ich, wenn sie anruft? Das tut sie nämlich häufig. Erreicht sie mich nicht, und ich melde mich nicht spätestens am nächsten Tag zurück, läßt sie ihre üblichen Tiraden ab."

„Wie war das mit dem *Bla bla bla*?"

Schelmisch grinsend erwidert Janina Hofmann: „Stimmt! Das könnte ich in gleicher Weise anwenden. … Ich geh' beim nächsten Mal einfach nicht dran!" Sie äußert es wie eine Instruktion, die sie sich selbst erteilt. „Ja, ich muß mehr Abstand zu ihr gewinnen. … Wissen Sie, mein Vater leidet ebenfalls unter ihrer penetranten Art. Aber er hat seine eigene Lösung gefunden."

„Er geht in den Keller und bastelt irgendwas. Und vermutlich hat er dort einen guten Freund namens Johnny Walker oder so ähnlich versteckt."

Die Patientin fixiert ihre Therapeutin völlig perplex. Nach einer Weile stammelt sie mehr, als daß sie redet. „Wo... Woher wissen ...? ... Kennen Sie meinen Vater? Woher wissen Sie das?"

„Entschuldigung! Es ist keinesfalls meine Absicht gewesen, Sie zu verwirren. Ich habe es bloß so dahergesagt. Es handelt sich lediglich um einen Erfahrungswert aus etlichen Gesprächen. Ich hab' gedacht, warum sollte Ihr Vater eine Ausnahme bilden?!"

„Genau *so* macht er es! Er geht in den Keller und baut oder schraubt irgendwas. Das mit dem Alkohol ist allerdings bisher eher eine Vermutung von mir gewesen. Doch nun, da Sie es sagen, wird es beinahe zur Gewißheit. Ich hab' nämlich schon sehr oft den Eindruck gehabt, er habe getrunken, hab' ich ihn mal am Telefon gehabt oder bin bei meinen Eltern gewesen, und er ist aus dem Keller gekommen. Bisher hab' ich es jedesmal wieder verworfen, denn meine Mutter verpönt Alkohol absolut. Das dürfte sie *niemals* erfahren! ... Ach, du je! ... Was hab' ich mal – da war ich so sechzehn und durfte unter strengsten Sicherheitsauflagen auf eine Party mit *Jungs* – für 'ne Predigt über mich ergehen lassen müssen, bloß weil meine Mutter eine Alkoholfahne bei mir gerochen hat, als ich nach Hause gekommen bin. Hausarrest hat's gegeben! Und Taschengeldentzug! ... Und diverseste Androhungen, was mir alles *blühe* – das ist stets ihre Wortwahl gewesen –, sollte ich mich erneut so gehenlassen. ... Puh!" Ihr Blick wandert unstet durch den Raum, so als habe sie die einzelnen Schnipsel dieser unschönen Erinnerung in verschiedenen Ecken ihres Gedächtnisses abgelegt, um durch die getrennte Aufbewahrung die Heftigkeit zu verringern.

Endlich begegnet sie geradewegs Dr. de Winters Blick. „Ist doch eigentlich kein Wunder, daß ich diese Zwangsgedanken habe, was?"

Ein mitfühlendes Lächeln begegnet ihr. Tatsächlich existieren Befunde, die besagen, neben der Veranlagung könne eine strenge Erziehung zur Auslösung einer Zwangssymptomatik beitragen. In diesem Moment entscheidet die Therapeutin jedoch, es ihrer Patientin nicht mitzuteilen. Was könnte sie derzeit dabei gewinnen, wissenschaftliche Belege auszuwerten? Und ob es sich letztendlich in dieser Art und Weise verhält oder nicht, der Weg ist doch jedesmal identisch. Zudem erbringen Studien im Grunde nie abschließende Ergebnisse. Sie tragen lediglich dazu bei, den Nebel ein wenig zu lichten. Im schlechtesten Fall erzeugen sie jedoch neue Schwaden, die den Blick mehr verstellen als schärfen.

Eines ist deutlich zu erkennen! Janina Hofmann ist auf einem guten Weg. Durch die positiven Veränderungen in ihrem Leben und dadurch, ihren Zwangsgedanken nicht länger auszuweichen, ziehen sich diese allmählich zurück. So als würde ihnen zunehmend klar, wie wenig gemütlich das Leben bei der jungen Frau mittlerweile ist.

Am Ende dieser Sitzung sind beide, die Patientin ebenso wie ihre Psychotherapeutin, zufrieden mit dem, was bisher erreicht worden ist.

„Es ist doch beim letzten Mal alles so super gelaufen. Ich versteh' das nicht!" Eveline Groß schüttelt den Kopf. Sie versucht momentan verzweifelt, irgendeine Logik in die Ereignisse der vergangenen Wochen zu bringen. Nachdem sie sich sogar getraut hat, in den Urlaub zu fahren, ist sie so sicher gewesen, alles Weitere ohne allzuviel neuerliche Anstrengung hinzubekommen. Und nun das! „Was soll ich bloß tun? War denn alles vergeblich?"

Dr. de Winter schüttelt vehement den Kopf. Nicht aus Ratlosigkeit, sondern zur Verneinung. „Selbstverständlich fangen Sie nicht von vorne an. Die Dinge laufen nicht immer so glatt, wie man es sich wünscht. Lassen Sie uns erst einmal schauen, was überhaupt vorgefallen ist!"

„Das hab' ich Ihnen doch erzählt. Ich hab' die Übungen wiederholt. Gleich am nächsten Tag. Ich war in genau derselben Reihenfolge dort, hab' mich an denselben Stellen aufgehalten, wie mit Ihnen zusammen. Alles hat wunderbar geklappt."

„Kurz danach hatten wir ja die nächste Sitzung, und Sie haben mir von der erfolgreichen Wiederholung erzählt."

„Und anschließend konnte ich nicht noch einmal üben, weil ich ja in den Urlaub fuhr, was an sich ja schon ein Riesenfortschritt ist."

„Eineinhalb Wochen später."

„Ja …" Das *Ja* schleift ein wenig orientierungslos an den Stimmbändern entlang. Es ist sich nicht sicher, ob es nun eine Bestätigung oder eher eine Frage werden soll. So hängt es derzeit im Niemandsland, würde von dort gern abgeholt werden, um zu erfahren, wohin es gehört

– nach oben oder nach unten. „Wollen Sie damit andeuten, ich hätte genügend Zeit gehabt, um vorher noch einmal zu üben, Dr. de Winter?" Nun ist es klar! Das *Ja* sollte dazu dienen, die Absicht der Aussage ihrer Therapeutin zu ergründen. Jedoch hat diese ihren Satz bezüglich der Zeitangabe wie ein Attentäter plaziert: Anonymer Angriff, rascher Rückzug! Was die Patientin daraus macht, bleibt ihr überlassen. Eveline Groß macht lieber nichts daraus, schickt die Angelegenheit zurück zum Absender.

Das erwidert die Psychologin nun mit identischen Mitteln. „Finden *Sie*, Sie hätten vor dem Urlaub noch ein weiteres Mal üben können?"

„Ich weiß nicht. Ja, … vielleicht. Aber es war mir zu stressig."

„Und *während* des Urlaubs?" setzt Dr. de Winter nach.

„Da habe ich mich zu erholen versucht. Auch von der schrecklichen Angst, die ich vor der Reise hatte. … Und wir hatten ja besprochen, ich könnte kleine Übungen machen, bei denen mein Freund eventuell vor der Tür wartet, nachdem wir zunächst gemeinsam in ein Geschäft gegangen sind."

„So hatten wir's besprochen."

„Nur leider ist es nicht dazu gekommen. Jochen hat unbedingt ein Moped leihen und ebenfalls Tageswanderungen machen wollen. Beides ist für mich auf gar keinen Fall in Frage gekommen. Das weiß er auch. Aber ich kann ihn ja nicht von allem abhalten, schließlich muß er ohnehin so viele Einschränkungen wegen mir in Kauf nehmen. Und er sollte den Urlaub nach so langer Zeit ja auch genießen. Also hab' ich ihm vorgeschlagen, er solle das allein machen. Währenddessen hab' ich mich in der Nähe des Hotels aufgehalten oder auf dem Zimmer. Hab' gelesen und Musik gehört. Das ist sehr entspannend gewesen. … Doch natürlich haben wir dadurch kaum gemeinsame Zeit gehabt. Da hab' ich die wenigen Stunden nicht noch mit Übungen verplempern wollen. ... Entschuldigung! So meine ich's nicht. ... Nur hätte ich Jochen lediglich vorschlagen können: 'Du Schatz. Bleib du mal hier draußen und ich geh' allein da rein! Wie lange ich weg bin, weiß ich nicht. … Dauert meine Angst zwei Stunden, tut es mir leid für dich. Solange mußt du halt warten.' Was hätte er wohl dazu gesagt?"

„Sie haben also entschieden, die Übungen lieber aufzuschieben. Und *nach* dem Urlaub ist es Ihnen zunächst gleichermaßen nicht gelungen zu üben. Erst ganz zuletzt sind Sie zur Wiederholungstat geschritten."

„Genau. Ich hab' gedacht, ich müsse vor dem heutigen Termin wenigstens noch *einen* kurzfristigen Erfolg erzielen."

„Weshalb ausgerechnet kurz vor dem heutigen Termin?"

Eveline Groß stutzt. Eine berechtigte Frage. Nur, was soll sie antworten? „Ich ... ich weiß nicht. Um Ihnen sagen zu können, daß ich geübt habe?"

„Das hieße allerdings, Sie wollen Ihre Symptome für *mich* bewältigen. Bisher bin ich davon ausgegangen, Sie tun es für sich selbst."

„Ja klar." Die Patientin grinst verlegen. „Aber wissen Sie, es ist so anstrengend. Oft will ich lieber gar nicht darüber nachdenken."

„Offensichtlich. ... Jedenfalls hat es nicht geklappt."

„Ja, es war furchtbar! Ich wollte schon früher hin. Also, in die Stadt, meine ich. Nur irgendwas hielt mich dauernd zurück. Daraufhin hab' ich's von einem auf den anderen Tag verschoben. Leider war's jedesmal identisch. Na ja, gestern hab' ich also gedacht, ich müsse es schleunigst noch packen, da heute die Sitzung bei Ihnen ist." Erneutes verlegenes Grinsen. „Ich bin also zum Kaufhaus. Es war ein Riesenkampf, bis ich mich endlich getraut hab' reinzugehen. Allerdings ging es dann einigermaßen. Deshalb versteh' ich nicht, wieso mich im nächsten Kaufhaus eine Mega-Panikattacke erwischt hat."

„Wie war es *genau* in dem ersten Kaufhaus?"

„Also, ich hab' mich irgendwo hingestellt ..."

„Wohin genau?"

„Ist das wichtig?"

„Weiß ich, sobald ich Ihre Antwort kenne."

„Ich bin Richtung Handtaschenauslage gegangen."

„Wo haben Sie exakt gestanden?"

„Vom Eingang Marktplatz kommend, hab' ich am Anfang der Handtaschenabteilung gestanden."

„Ah! Sie meinen dort, wo der Zugang zum Treppenhaus ist?"

„Ja und?"

„Haben Sie möglicherweise gedacht, es könne nützlich sein, sich dort aufzuhalten?"

„Ist doch nicht schlimm, oder? Schließlich bin ich nicht geflüchtet. Es hat mir einfach geholfen, die Möglichkeit zu haben."

„Und das ist genau die Möglichkeit, derer man sich berauben sollte. Sehen Sie, es ist wie eine *Flucht im Kopf*. Schwillt die Angst an, können

Sie sich mit dem Gedanken beruhigen, zur Not rasch verschwinden zu können. Demzufolge konfrontieren Sie sich nicht richtig mit der Angst, sondern geben ihr neue Nahrung. Sie sagen zu dem glibbrigen Bruder des Turtur: 'Ich fürchte dich. Und wenn du mich zu überwältigen drohst, haue ich vor dir ab.' ... Das ist keine wirkliche Konfrontation mit der Angst. Und die *Flucht im Kopf* führt darüber hinaus zu einer mehrfachen Aktivierung Ihrer alten Lernstrukturen innerhalb einer vermeintlichen Konfrontationsübung."

„Sie meinen, weil ich Flucht als Lösungsmöglichkeit akzeptiere!?"

„Richtig! Das bedeutet, Sie vertiefen nicht die neuen Spuren in Ihrem Gehirn, sondern graben die alten noch tiefer ein. Selbst wenn Sie im Wechsel *mal* üben und *mal* vermeiden, ist das, als üben Sie eine neue Sprache zu sprechen, aktivieren zwischendurch jedoch regelmäßig die alte, unbrauchbare Sprache. Damit festigen Sie zwar die neuen Spuren, allerdings bleiben die alten ebenfalls aktiv und vertiefen sich sogar. Zusätzlich geben Sie die Botschaft an sich selbst, das Erlernen der neuen Sprache sei viel zu mühsam, und daß Sie deshalb die alte getrost immerzu mal benutzen dürfen und sogar müssen. ... Durch den Zeitdruck, den Sie sich bei Ihrer Hauruck-Aktion gemacht haben, ist der Nährboden für eine Panikattacke obendrein besonders günstig gewesen."

„Scheiße! So hab' ich es bisher gar nicht gesehen." Eveline Groß senkt den Kopf. Die Schultern passen sich dieser Haltung an und lassen sich hängen. „Es ist so mühsam, Frau Doktor! Gibt es denn nichts, was meine Heilung beschleunigt?"

„Was soll ich tun?"

„Können Sie's nicht einfach wegmachen?"

„Gern! Was zahlen Sie?"

Eveline Groß hebt den Kopf, schaut ihre Therapeutin argwöhnisch an. Diese ergänzt lachend: „Liebe Frau Groß, könnte ich zaubern, säße ich in diesem Augenblick in weißem Sand, die Füße im seichten Ozean. Mit der einen Hand hielte ich meinen zweiten Cocktail, den mir ein umwerfend hübscher Kellner liebevoll zubereitet hätte, und der sich mittels Fingergymnastik bereits auf meine tägliche Rückenmassage am Abend einstimmte; und mit der freien Hand ... zählte ich mein Geld."

Belustigt entspannt sich das Gesicht der Patientin. „Ja, ja, ich versteh' schon. Es bleibt alles an mir hängen." Als wollten sie diese Aussage Lügen strafen, straffen sich augenblicklich ihre Schultern.

„Ich übe weiter! Ich verspreche es! Ich will nicht mehr vermeiden. Ich will endlich diese blöde Angst schrumpfen lassen. Sie soll vor *mir* erzittern, nicht ich vor *ihr*. Nur wissen Sie, wüßte ich bloß, daß es tatsächlich funktioniert! Ich meine *komplett* und *dauerhaft*. In diesem Fall wäre ich gewiß viel motivierter."

„Die Erkenntnis steht nie am Anfang, sondern ich tue etwas und nehme das unangenehme Gefühl mit, weil ich annehme, der Weg – etwas trotz des unangenehmen Gefühls zu tun – sei richtig für mich. Erst mit der Zeit erfahre ich, es wirklich zu können, und daß es *tatsächlich* richtig für mich ist. In dem Moment verringert sich das unangenehme Gefühl, und ich erlange eine Erkenntnis. Sie steht also immer am *Ende* eines Prozesses und nicht am Anfang."

Nach einer Weile hat Eveline Groß die Bedeutung dieser Aussage ermittelt. Um sicher zu gehen, fügt sie die sich daraus ergebende Erkenntnis hinzu: „Mmh. Deshalb ist es stets wichtig, Dinge auszuprobieren, selbst wenn das Gefühl etwas anderes zu sagen scheint."

„So ist es."

„Hab' ich es endlich erfaßt?"

„Absolut!"

41

Mittlerweile hatte die Unruhe vollständig Besitz von ihm ergriffen, es gelang ihm nicht einmal mehr, still zu sitzen. Seit einer halben Stunde schritt er in seinem Büro auf und ab. Es war bereits Donnerstag, und er hatte noch immer nicht mit Martha gesprochen. An und für sich hatte er zwar mit ihr gesprochen, über das Entscheidende jedoch kein einziges Wort verloren. Er kam sich zunehmend schwächer und feiger vor. Was konnte ihm schon passieren? Ja, okay! Martha war nicht mit gewöhnlichen Maßstäben zu messen. Doch letztendlich mußte auch sie einsehen, daß irgendwann mal Schluß sein mußte mit alten Geschichten, denen man längst nicht mehr die Bedeutung beimessen konnte, die sie allenfalls anfänglich mal gehabt hatten. Nach Andreas und Leonards Tod war er nun einmal extrem verwundbar und somit allzu empfänglich für jegliche Zuwendung gewesen. Und Martha war bestimmt ähnlich getroffen und zutiefst traurig gewesen. Immerhin hatte sie ja ihre beste Freundin verloren, zudem war sie die Patentante von Leonard gewesen.

Daraufhin Ideen zu entwickeln, die ausschließlich der extremen Situation geschuldet waren, war gewiß nicht ungewöhnlich. Man sagte und tat dann ausnahmsweise Dinge, die man unter normalen Umständen keinesfalls tun und sagen würde.

Letzten Endes war Martha doch überhaupt nicht sein Typ. Schon rein äußerlich gefiel sie ihm nicht, war ihm von jeher viel zu unweiblich und burschikos erschienen. Noch niemals hatte er sie in einem Rock oder gar in einem Kleid angetroffen. Sie trug ausnahmslos sportliche Hosen, derbe Schuhe und irgendwelche Pullover oder Shirts. Dazu die kurzen straßenköterblonden Haare, niemals Farbe auf den Lippen, geschweige denn ein wenig Rouge auf der blassen Haut, keine Wimperntusche, keinen Kajal. Nichts. Nicht einmal ein Ring hatte je einen ihrer Finger geziert. Eine Uhr bildete das einzige Schmuckstück, das sie regelmäßig trug. Obendrein benahm sie sich – aus seiner Sicht im negativsten Sinne – stets wie ein Anführer, alles bestimmen wollend, keine abweichende Meinung zulassend. Darüber hinaus war sie seit eh und je sehr kompliziert gewesen. Rasch eingeschnappt, vieles in den falschen Hals bekommend, bis zu mehreren Tagen prattend. Darunter hatte bereits Andy häufig leiden müssen. Auf der anderen Seite konnte sie allerdings ebenso lieb und entgegenkommend sein. Leonard hatte sie jederzeit sofort betreut, wenn Andrea fortgemußt hatte, ohne eine Ahnung, wo sie den Kleinen hätte unterbringen sollen. Martha war nicht nur einmal bereit gewesen, eigene Termine zu verschieben oder sogar einen Urlaubstag zu opfern, um Andrea diesen Gefallen zu erweisen.

Mit Leonard war sie ohnehin stets vorbildlich liebevoll und geduldig umgegangen. Ben hatte niemals erlebt, daß sie ein einziges böses oder gereiztes Wort gegen ihn gerichtet hatte. Und auch für ihn selbst war sie vor allem nach Andreas Tod nicht nur emotional dagewesen, sondern hatte in extrem behilflicher und unterstützender Weise alle Ämtergänge für ihn erledigt, soweit sie es allein hatte tun können. Sie hatte ihn darüber hinaus zum Beerdigungsinstitut begleitet, hatte den für ihn unerträglichen *Leichenschmaus* ausgerichtet und tagelang mit ihm in seiner Wohnung ausgehalten, nachdem sie ihn in erbarmungswürdigem Zustand dort vorgefunden hatte und endlich hatte überreden können, sich von ihr auch weiterhin helfen zu lassen. Dabei war sie stets ohne Zögern zur Stelle gewesen, hatte er sie gebraucht, war demgegenüber fast unsichtbar geblieben, hatte er lieber für sich sein wollen.

So erklärte er sich im Nachhinein auch die irgendwann beginnende körperliche Seite dieser ungewöhnlichen Beziehung. Ganz am Anfang waren es ja bloß Umarmungen gewesen, einmal hatte er dann seinen Kopf in ihren Schoß gelegt, was so unendlich entlastend gewesen war. Dabei hatte er gar nichts Sexuelles empfunden, dennoch hatte es irgendwann in einem Koitus geendet. Sie waren beinahe komplett bekleidet geblieben. Er selbst hatte lediglich seine Hose geöffnet, während sie die ihre ausgezogen und den Slip lediglich beiseite geschoben hatte. Zuvor und währenddessen waren keinerlei Küsse getauscht worden.

Ebenso später nicht. Überhaupt niemals! Genaugenommen hatte es sich – zumindest von seiner Seite – fast eher um einen aggressiven Akt gehandelt. Er hatte dermaßen kräftig in sie hineingestoßen, daß er hinterher überrascht gewesen war, keinerlei Beschwerde oder gar Gegenwehr von ihr erfahren zu haben. Ganz im Gegenteil hatte es ihr allem Anschein nach sogar gefallen. Zudem war sie *gekommen* oder hatte es zumindest vorgegeben.

Die Male danach hatten überwiegend auf Marthas Intervention hin stattgefunden. Sie hatte ihn gestreichelt und irgendwann mehr gefordert. Ja, *gefordert* war der korrekte Ausdruck! Ihn hatte damals das dumpfe Gefühl beschlichen, ein Nein von seiner Seite wäre nicht wirklich akzeptiert worden. *Sie* hatte beschlossen, mit ihm sexuell zu verkehren, und *er* hatte das hinzunehmen. Dieses Verhalten repräsentierte exakt die Seite, die ihm so unangenehm an ihr aufstieß. Nicht mehr allein über sich und seine Handlungen entscheiden zu können und mit unkontrollierbaren Konsequenzen rechnen zu müssen, sollte man sich widersetzen, löste ein äußerst bedrückendes und regelrecht hilfloses Gefühl in ihm aus. Obwohl sie es noch nie explizit ausformuliert hatte. Doch war allem auch ohne Androhung konkreter Konsequenzen zu entnehmen, für das, was sie ihm je – obwohl freiwillig und ungefragt – Gutes getan hatte, erwartete sie Gegenleistungen, deren Inhalt und Ausmaß allein von ihr bestimmt wurden. Wäre er damals nicht so extrem paralysiert gewesen, hätte er sich vielleicht rechtzeitig gewehrt.

Indes hatte sich der Sex später ebenso oberflächlich und wenig innig wie beim ersten Mal gestaltet. Für ihn eine aggressive Abfuhr des enormen Drucks, der sich anfangs tagtäglich in ihm aufgestaut hatte, und der am Ende manchen Tages fast unerträglich geworden war. Für sie …, ja, was war es wohl für Martha gewesen? Er konnte es lediglich erahnen.

Lust im eigentlichen Sinne, so, wie er sie bei Mina erlebte, gewiß nicht einmal ansatzweise. Ein *Hineilen zu einem Orgasmus* stellte wohl die treffendste Beschreibung dar.

Inzwischen vertrat er die feste Überzeugung, daß sie es allem voran jedoch als eine Art Machtausübung eingesetzt hatte: Indem sie ihm erlaubte, sie auf diese aggressive Weise zu benutzen – und genau das hatte er getan, obwohl er sich dafür schämte –, war er ihr etwas schuldig. So hatte sie im Laufe der Monate enorme Macht über ihn erlangt, die sie genutzt hatte, ihn zunehmend intensiver zu manipulieren und ihn zu Dingen zu verleiten, die er sich zuvor nie hätte vorstellen können.

Leider war ihm das erst viel zu spät richtig deutlich geworden. Doch was sollte er nun mit dieser Erkenntnis anfangen? Sicher! Letztlich war ihm absolut bewußt, was er tun *sollte*. Und das hatte er sich ja auch vorgenommen.

Rückte der von ihm selbst gewählte Zeitpunkt der Aussprache mit Martha näher, schreckte er allerdings jedesmal exakt vor diesem Gespräch zurück. Unentwegt stellte er sich daraufhin dieselbe Frage nach dem Warum. Er gierte regelrecht nach einer wenigstens halbwegs erschöpfenden Antwort, drehte sich jedoch bloß ständig im Kreis.

Also noch einmal: Mit tödlicher Sicherheit konnte er davon ausgehen, sie würde *not very amused* sein. Und überwiegend wahrscheinlich würde sie ihn wegen seiner Undankbarkeit beschimpfen. Möglicherweise drohte sie ihm zudem – wie schon einmal –, er werde das noch bereuen, und er brauche in diesem Fall nicht wieder angekrochen zu kommen. Gewiß handelte es sich dabei jedoch um reine Drohgebärden. Nichts weiter. Sie wollte einfach stets diejenige sein, die bestimmte, wie es laufen sollte. Oder bereitete ihm das wirklich Kopfzerbrechen?

Ben horchte, wie so oft, ganz tief in sich hinein. Allerdings fand er auch diesmal nichts. Es meldete sich lediglich dieses diffuse Gefühl, ein Unheil braue sich zusammen, ließe er Martha fallen.

'Ach Quatsch!' Zum x-ten Mal versuchte er, sich zu ermutigen. 'Ich bin eben ein Weichei geworden und interpretiere in Martha viel zuviel hinein. Sie hat mittlerweile bestimmt ebenfalls einen gewissen Abstand zu allem gewonnen. Vielleicht ist sie sogar froh, wenn wir endlich getrennte Wege gehen. Das stellt schließlich für sie ebenso die Chance auf einen Neubeginn dar.'

Und emotional richtete er gewiß keinen Schaden an.

Er atmete tief ein, ließ den Atem dann hörbar durch den Mund wieder ausströmen. Er mußte es endgültig angehen und schleunigst hinter sich bringen.

Am selben Abend saß Mina gemütlich mit Charlotte und Fabian in der Cocktail-Bar, die Mina bereits einmal mit Ben besucht hatte, und die sie immer wieder gern aufsuchte. Hier wurden ihrer Meinung nach die besten Cocktails gemixt, und ebenso sagte ihr das südamerikanisch angehauchte Ambiente zu.

Die drei Freunde hatten einen der letzten freien Tische ergattert und alberten bereits seit einer Weile herum. Sie konnten völlig unbefangen miteinander um- und ausgehen. Jegliche anzügliche Bemerkung oder Geste beinhaltete keinerlei tiefere Bedeutung. Jedem der drei war dabei bewußt, dies war den jeweils anderen beiden ebenso klar. Fabian hatte zu keiner Zeit Interesse an Charlotte gezeigt, und auch sie hätte sich keinesfalls je auf Fabian eingelassen. Den entscheidenden Faktor bildete dabei weniger der Mangel an Anziehungskraft, vielmehr kam ein derartiges Verhältnis innerhalb der *Familie* einfach nicht in Frage. Demzufolge konnten sie herumalbern, wie ihnen gerade zumute war.

Heute handelte es sich um einen solchen Tag. Aktuell saßen sie beim dritten, alkoholfreien Cocktail, denn albern sein war ohne Alkohol häufig leichter als mit.

Das Thema Ben hatten sie flüchtig gestreift. Sowohl Charlie als auch Fabian konnten Minas Entscheidung, ihm eine weitere Chance einzuräumen, recht gut nachvollziehen. Zum einen blieb ihnen nicht verborgen, wie viel er ihr inzwischen bedeutete, zum anderen fanden sie es in Ordnung, jemandem einen derartigen Fehler zu verzeihen. Und nicht zuletzt mochten sie Ben und merkten, wie gut er Mina trotz allem tat. Also konnte dieses Thema nach kurzer Zeit ad acta gelegt werden.

Anschließend bot Charlie sehr unterhaltsam den Verlauf einer Geschichte dar, in der ihre letzte Eroberung – die, die sie vor dem Onenight-stand gemacht hatte – die unfreiwillige Hauptrolle spielte. Hatte eine mißglückte Liebesgeschichte ihr ruhmloses Ende gefunden, konnte Charlie nach vorübergehendem Heulen und Zähneklappern rasch Abstand nehmen und darauf schauen, was beziehungsweise *wer* als nächstes noch kommen mochte. Ihre Freundin und deren Bruder lachten dermaßen amüsiert über die Art ihrer Präsentation, und letztendlich *darü-*

ber mehr als über die Inhalte, daß sie deren Aufmerksamkeit gern etwas länger genießen wollte. Dementsprechend holte sie – obwohl im Grunde bereits alles gesagt war – erneut aus. „Und wißt ihr, wie der rauchte?"
„Nein, woher?" gab Mina zurück. „Die Zeit, die du mit ihm zusammen warst, hat schließlich kaum eine Zigarettenlänge gedauert."
„Mina hat vollkommen recht!" Jetzt schaltete sich auch Fabian ein, dem vor Lachen bereits die Tränen in den Augen standen.
„Also, ich sag's euch!" Charlie hielt die rechte Hand in einer Art und Weise in die Höhe, als hielte sie eine Zigarette. Mit einer echten konnte sie es zu ihrem Leidwesen nicht demonstrieren, da in dieser Bar – wie mittlerweile überall – Rauchverbot herrschte. Das tat der Geschichte allerdings keinerlei Abbruch. Eher im Gegenteil! Sie zog nun verhalten an ihrem imaginären Glimmstengel, duckte dabei den Kopf ein bißchen, als solle es keiner bemerken. „So hat er jedesmal an seiner Zigarette gezogen, als hätten alle eine visuelle und olfaktorische Störung, und keiner würde bemerken, daß er raucht. Um das perfekt zur Vollendung zu bringen, blies er den Rauch zudem niemals aus. Könnt ihr euch das vorstellen? Er zog also – wie heimlich – an seiner Zigarette, inhalierte, und das war's. Kein Rauch. Nichts zu sehen. Ich weiß bis heute nicht, wo er geblieben ist. Der Rauch, meine ich. Ob er wohl bis unten durchgegangen ist, um heimlich durch die Hintertür zu verschwinden?"
„Hör auf, Charlie! Ich kann nicht mehr", stieß Mina atemlos hervor.
„Na, jetzt erzähl' ich es noch zu Ende." Charlie tat pikiert. So, als treffe sie auf ein undankbares Publikum, das vorzeitig den Saal verlassen wolle. „Also, genauso, wie er rauchte, küßte er auch."
„Wollen wir das überhaupt wissen?"
„Ich bin sicher: Das wollt ihr!" Die Antwort kam rasch und überzeugend.
„Charlie, hör auf! Bitte!" Mina lehnte sich an die Schulter der Freundin. Sie hatte langsam Sorge um die Muskulatur ihres Bauches.
„Wenn ich es euch sage! Er küßte, indem er den Mund öffnete, und dann bewegte er den Kopf hin und her." Sie demonstrierte es anschaulich. „Doch da gab es keine Zunge!" Sie hob, wie in einer verzweifelten Geste, beide Arme. „Er bewegte also seinen geöffneten Mund um meinen herum, hin und her, ohne auch nur ansatzweise die Zunge nach vorne zu schieben. Ich hab' mich jedesmal gefragt, ob er wohl überhaupt eine hat. Allerdings konnte er ganz ordentlich sprechen. Demzufolge gehe

ich mal davon aus, anatomisch war alles in Ordnung. Als sich im Laufe der Kußsituationen nichts veränderte, hab' ich einfach mal einen intensiveren Vorstoß in seinen Mund gewagt. Ich presche also mit meiner Zunge so weit nach vorne, wie es gerade noch geht, und ... was soll ich euch sagen?" Sie ließ eine Pause, um die Spannung zu steigern. „Keine Zunge da!" Als habe niemand mit diesem Ergebnis gerechnet.

Mina und Fabian konnten sich inzwischen kaum noch beruhigen. Sie wischten sich die Tränen von den Wangen und hofften, Charlies Performance werde bald ein Ende finden.

„Ja, ihr lacht!" Es klang, als sei das zu allerletzt Charlottes Ziel gewesen.

„Weißt du, Charlie!" Mina hatte sich mittlerweile etwas beruhigt. „Womöglich lernst du bald einen für dich passenden Partner kennen."

„Ja, ich hoffe ebenfalls, daß der nächste Mann, der in mein Leben tritt, mir keinerlei Anlaß gibt, mich lustig über ihn machen zu können und zu wollen."

Mina legte eine Hand auf die ihrer Freundin. „Ach liebste Charlie, du glaubst gar nicht, wie sehr ich mir das ebenso für dich wünsche!" Dann schmunzelte sie. „Aus verschiedenen Gründen."

Genau in diesem Moment trat jemand durch die Tür, der unverzüglich Charlies Aufmerksamkeit fesselte. Es handelte sich um einen mittelgroßen Mann mit dunkelblonden Haaren und einem Drei-Tage-Bart. Seine lässige Frisur hatte ihn gewiß einige Mühe gekostet, das brachte ein handelsübliches Kopfkissen keinesfalls allein fertig.

Frisurkonform schlenderte er gelassen Richtung Bar und blickte dabei durch den Gastraum, als sei er verabredet. Er schien jedoch zu keinem Ergebnis zu gelangen, denn vorerst nahm er am Tresen Platz, sprach kurz mit dem Kellner, der ihm wenig später ein Glas Mineralwasser offerierte.

Charlies Blick war der Freundin keineswegs entgangen. „Der kommt ja wie gerufen!" flachste sie. „Willst du ihn nicht an unseren Tisch bitten? Es ist ohnehin nichts frei. Außer bei uns."

Charlies Kopf fuhr blitzschnell in Minas Richtung. „Spinnst du? Das wäre ja total peinlich. Außerdem ist der bestimmt mit seiner Freundin verabredet. Oder mit zweien, so blendend, wie der aussieht."

„Wußte ich doch, daß er dir gefällt. Man sollte ihn allerdings erst fragen, ob er ab und zu seine Zunge benutzt."

Ungewollt mußte Charlie über die zweideutige Bemerkung ihrer Freundin lachen. Anschließend verdunkelte sich ihr Gesicht jedoch ein wenig. „Genau deshalb mach' ich mich erst recht nicht zum Affen. Ich meine, weil er mir ganz gut gefällt."

„Okay, dann geh' *ich*!" Schon war Mina aufgestanden und bewegte sich in Richtung des blonden Mannes. Charlie raunte ihr noch irgendwas von „Laß das, du spinnst ja!" hinterher. Mina tat hingegen, als höre sie es nicht. Der Fremde hatte auf sie gleichermaßen einen sympathischen ersten Eindruck gemacht, und sie befand, eine solche Situation sollte unter keinen Umständen ungenutzt verstreichen.

Möglicherweise war er ja ein Blödmann. In einem solchen Fall war's wesentlich besser, das baldigst zu erkennen, als im Nachhinein darüber zu sinnieren, ob er womöglich der Mann fürs Leben – oder zumindest für einen Teil davon – hätte werden können.

Inzwischen stand sie unmittelbar neben ihm an der Bar, von Charlotte und Fabian minutiös beobachtet. Während Charlie dem Ergebnis entgegenfieberte und sich einigermaßen unwohl fühlte, genoß Fabian die spontane Aktion seiner Schwester. „Was ist denn schon dabei?" Das war für gewöhnlich ihr Kommentar. Man könne bei einem Versuch schließlich nichts verlieren. Viel ärger sei es, aus lauter Angst, ausgelacht oder beschimpft zu werden, Dinge nicht zu tun, die einem aus irgendeinem Grund wichtig und sinnvoll erschienen.

„Entschuldigung, ich will nicht aufdringlich sein!" Der Mann drehte sich zu Mina um. Ein wohlwollendes Schmunzeln erschien gleichzeitig auf seinem unrasierten Gesicht. „Oh bitte", gab er schelmisch zurück, „seien Sie ruhig aufdringlich! Was kann ich für Sie tun?"

Es handelte sich anscheinend um einen offenen, humorvollen Menschen, befand Mina erfreut. „Ich sitze mit meinen Freunden dort hinten." Sie vollführte eine Geste Richtung Gastraum. „Wir haben bemerkt, daß Sie keinen freien Tisch finden. Und da wir alle drei *einer* Meinung sind, daß Sie einen sympathischen Eindruck machen, wollten wir Sie fragen, ob Sie Lust haben, uns Gesellschaft zu leisten."

Daß er auf jemanden warten könnte, ließ sie vollkommen außer acht. Bei Bedarf könnte er sie immer noch aufklären. Tat er aber nicht. Statt dessen strahlte er Mina regelrecht entgegen und erhob sich. „Ich weiß nicht, ob ich je eine so nette Einladung bekommen habe. Da wäre ich wohl ein vollkommener Trottel, würde ich der nicht Folge leisten."

Begleitend nahm er mit der linken Hand sein Glas von der Theke, rückte mit der rechten den Hocker, auf dem er gesessen hatte, zurecht und schlenderte, begleitet von Mina, zu deren Tisch. Auf dem Weg dorthin streckte er ihr seine freie Hand entgegen und erklärte bloß: „Marek." Mina ergriff sie. „Wilhelmina. Du darfst mich aber Mina nennen!"
Am Tisch angelangt, stellte sie alle einander vor.
„Setz' dich, Marek!" Fabian wechselte nach der Begrüßung rasch seinen Platz, damit der Stuhl neben Charlotte frei wurde.
Marek tat, wie ihm geheißen. „Eigentlich war ich mit einem Freund verabredet. Doch entweder verspätet er sich oder hat mich versetzt. Womöglich haben wir uns aber auch einfach mißverstanden."
„Pech für deinen Freund, Glück für dich. Denn so hast du Gelegenheit drei wirklich nette Menschen kennenzulernen." Charlie war soeben dabei, ihre anfängliche Scheu unter Kontrolle zu bringen.
Marek erschien ihr bei näherem Hinsehen und -hören weiterhin angenehm. Sie hoffte, eine ähnliche Wirkung auf ihn auszuüben. Jedoch schien er die kleine Gruppe, der er erst vor kurzem begegnet war, vollkommen unbefangen und ohne feste Absicht wahrzunehmen.
Insgesamt wurde es ein sehr schöner und weiterhin lustiger Abend, an dessen Ende sich zwei Personen ein kleines bißchen verliebt hatten.

„Ben, ich verstehe nicht, was du mir sagen willst. Bitte, sprich deutlicher!" Warum konnte er sich nicht einfach klar ausdrücken? Das konnte doch wirklich nicht so schwierig sein. Mina beschlich das Gefühl, er bemühe sich nicht ausreichend.
Seinem Mund entwichen lediglich Laute, die sie nicht einordnen konnte. Sie wußte dennoch genau, er hatte ihr etwas verdammt Wichtiges mitzuteilen.
„Ben, nun sag's schon! Aber bitte verständlich!" Sie konnte kaum aushalten, ihn nicht verstehen zu können. Schließlich mußte sie unbedingt wissen, was er ihr zu offenbaren hatte!
In dieser Nacht schreckte sie besonders abrupt und orientierungslos aus ihrem Traum hoch. Die Arme aufgestützt, saß sie halb aufgerichtet im Bett und rang nach Atem. Sie war schweißgebadet. Dabei war es dieses Mal nicht das Telefon gewesen, das sie geweckt hatte. Es war der Traum selbst! Dieser beklemmende Traum, der ständig wiederkehrte, auf den sie sich jedoch absolut keinen rechten Reim machen konnte.

Und damit alles schön seine gewohnte Ordnung – oder besser: *Unordnung* – hatte, klingelte nun doch noch das Telefon. Sie ergriff ihr Kopfkissen und warf es mit Schwung auf die Station.

Diese fiel samt Handstück zu Boden, begraben unter dem Kissen, das nach Minas Wurfberechnung auf der Kommode hätte liegenbleiben müssen. Entweder war die Berechnung in der Eile mißglückt, oder das Kissen hatte sich einfach anders entschieden. Dem Telefon war jedenfalls nichts passiert. Es quäkte lediglich, da die Schallwellen durch das Kopfkissen ein wenig abgebremst wurden.

Und wieder war Ben nicht hier. Er übernachtete so häufig bei ihr, nur in diesen Nächten war er nie anwesend.

Wie ein Blitz durchdrang sie ein furchtbarer Gedanke! Ja, er war tatsächlich nie da, wenn die anonymen Anrufe kamen! Wirklich *nie*! Kein einziges Mal! Zur Sicherheit versuchte sie, die einzelnen Nächte gedanklich durchzugehen. Doch konnte sie weder die genauen Daten noch Uhrzeiten benennen. Warum hatte sie nicht wenigstens nach dem dritten oder vierten Mal begonnen, Protokoll über diese nächtlichen Störungen zu führen? Das wäre bezüglich der Frage, ob Ben bei den Anrufen je anwesend gewesen war, allerdings nicht von Belang. Denn für eine sinnvolle Beantwortung hätte sie sich zusätzlich notieren müssen, wann er bei ihr übernachtet hatte. Und auf eine solche Idee wäre sie unter keinen Umständen gekommen.

Wollte sie sich selbst gegenüber ehrlich sein, waren sämtliche Erhebungen ohnehin überflüssig. Sie wußte auch so mit absoluter Bestimmtheit: Ben war bisher kein einziges Mal anwesend gewesen, hatte der nächtliche Telefonterror stattgefunden!

Doch war auch nur ansatzweise anzunehmen, er könne dahinterstekken? Traute sie ihm das tatsächlich zu? Sie ließ den Gedanken für einen Moment auf sich wirken. Nein, gefühlsmäßig war da nichts in ihr, das ein solches Mißtrauen rechtfertigen konnte. Ben wirkte ehrlich und aufrichtig. Doch war er das wirklich? Von wegen ehrlich! Das Verhältnis mit Martha hatte er lange verschwiegen, was eindeutig eine Unehrlichkeit darstellte. Obwohl zwischen dem Verschweigen eines Verhältnisses und offenkundigem Lügen ein gewisser Unterschied bestand.

Na ja, wenn man es sich unbedingt so drehen wollte!

Von einer grundlegenden Aufrichtigkeit auszugehen, fiel auf jeden Fall flach. Zudem hatte sie bereits so manches Mal das Gefühl gehabt, als sei da was, das er zurückhalte. Irgend etwas! Sie hatte bisher keine Erklärung finden können, doch hier und da empfand sie Unstimmigkeiten. Und ihre Wahrnehmung trog sie sehr, sehr selten. Wann hatte diese es überhaupt je getan? Auf Anhieb fiel ihr dazu nichts ein. Dennoch, zwischen dem Verschweigen einer nicht beendeten Beziehung und regelmäßigem Telefonterror bestand ein bedeutender Unterschied.

Und was hatte es mit ihren Träumen auf sich? Okay, obwohl man Träume insgesamt nicht überbewerten sollte, spiegelte dieser regelmäßig wiederkehrende Albtraum zumindest wider, daß sie Ben gegenüber ein unterschwelliges Gefühl hegte, er enthalte ihr eine Information vor, die für sie bedeutsam wäre. Das war sicher nicht zufällig! Vielmehr handelte es sich um die innere Gewißheit einer realen Unstimmigkeit, die sie sich im Wachzustand – vermutlich wegen ihrer Gefühle ihm gegenüber – bisher nicht eingestanden hatte.

Mittlerweile hatte ihr Ben die Sache mit Martha zwar gebeichtet, doch logischerweise hätten die Träume nach seinem Geständnis aufhören müssen. Allerdings dachten sie gar nicht daran.

Fieberhaft versuchte ihr Gehirn, eine Lösung zu präsentieren. Vielleicht fürchtete sie insgeheim, Ben könnte nicht der Mann sein, für den sie ihn hielt. In einem solchen Fall hieße es Abschied nehmen. Darin war sie zweifelsohne mehr als geübt. Doch er würde ihr enorm fehlen. Sie konnte ihn gut um sich haben, was für sie nicht selbstverständlich war. Auf Charlie und Fabian traf dieser Umstand ebenfalls zu. Und auch Frieda konnte getrost stundenlang in ihrem Garten oder auf ihrem Sofa verweilen. Um nicht allein zu sein, kam sie manchmal mit einem Buch oder einer Zeitschrift unter dem Arm herüber. Das mochte Mina sehr. Leider hatte sie ja in ihrem bisherigen Leben nicht sehr viel an Geborgenheit im Kreise einer Familie erfahren dürfen.

Sie war abgeschweift. Ein Trick ihrer Psyche, um sich nicht länger mit Ben beschäftigen zu müssen? Zumindest nicht auf diese zweifelnde Art. Ja, ja, Frau Psychologin! Analysieren allein half da nix! Also, jetzt mal ans Eingemachte! Was war unstimmig an ihm?

Sie erhob sich, stellte das Telefon, das bereits seit einer Weile zu klingeln aufgehört hatte, samt Station auf die Kommode zurück.

Das Kopfkissen nahm sie an sich. Sie umarmte es, als könne es ihr Trost spenden. Alsdann setzte sie sich mit dem Rücken ans Kopfende ihres Bettes, zog die Beine dicht an ihren Körper heran, stützte ihr Kinn

auf das eng umschlungene Kissen und durchforstete intensiv ihr Gedächtnis. Was wußte sie eigentlich über Ben?
Genau betrachtet war er ein Fremder, der irgendwie in ihr Leben getreten war. Oder besser gesagt, war sie ihm unter anderem vors Auto gestolpert. Letztlich kannte sie von ihm nur das, was er ihr während des Beisammenseins zeigte.
Mit Fabian und Charlie fühlte er sich ebenfalls wohl. Frieda gegenüber verhielt er sich ausgesucht höflich und zugewandt.
Seine Eltern waren bereits verstorben, Geschwister gab es keine, genausowenig existierten weitere Angehörige. Kollegen hatte er ebenfalls nicht vorzuweisen, da er in seiner Selbständigkeit allein arbeitete. Zwei seiner engeren Freunde seien weggezogen, hatte er ihr einmal erzählt, der eine in die USA wegen eines Jobs, der andere nach Österreich der Liebe wegen. Zu beiden sei der Kontakt eingeschlafen. Ein dritter, sein wohl bester Freund, sei vor Jahren an Krebs verstorben. Nach dem Tod seiner Frau und seines Kindes habe er sich ohnehin sehr zurückgezogen.
Das alles konnte sie ihm wohl kaum vorwerfen!
Dennoch blieb die Tatsache – sah sie von Martha einmal ab, die sie aus naheliegenden Gründen keinesfalls befragen konnte –, daß somit niemand existierte, der hätte Auskunft über ihn geben können, oder in dessen Anwesenheit sie hätte Beobachtungen anstellen können, wie er sich bei *seinen* Leuten benahm, wie er mit ihnen umging, was sie ihm für Verhaltensweisen zuschriebe; oder jemand, der Geschichten aus der Schul-, Studien- oder aus sonstwas für einer Zeit zum besten hätte geben können. Erzählungen, denen zu entnehmen war, wie er bei anderen angekommen war, oder einfach, wie er in diversen Situationen agierte.
Wie war seine Ehe verlaufen? Seine Frau Andrea hatte ihn betrogen. Doch sagte das eher etwas über *sie* oder über *ihn* aus? Möglicherweise hatte sie es nicht mehr ausgehalten, da er womöglich desinteressiert gewesen war, kalt, mit anderen Frauen geschlafen hatte, bevor sie sich einem anderen zugewandt hatte.
Faßte sie alles zusammen, wußte sie lediglich, es hatte Frau und Kind gegeben, beide waren bei einem tragischen Verkehrsunfall zu Tode gekommen, und seine verstorbene Frau hatte eine Freundin – Martha – gehabt, mit der er, aufgrund gemeinsamer Trauer, eine Art Verhältnis mit sexuellen Anteilen begonnen hatte, das hoffentlich inzwischen nicht mehr bestand.

Und selbst diese recht spärlichen Informationen – die schließlich nicht deshalb als ausreichend eingestuft werden konnten, bloß weil sie in sich schwer wogen – hatte sie ausschließlich durch *ihn* gewonnen. Es lag nicht ein einziger Beweis für nur ein klitzekleines Detail irgendeiner seiner Aussagen vor, vielmehr basierten sie auf Treu und Glauben. Zudem hatte sie ihm lediglich ein einziges Mal einen Besuch abgestattet, und selbst der hatte sich keineswegs langer Dauer erfreut.

Hatte er nicht ständig andere Ausreden geltend gemacht, warum eine Verabredung abermals nicht bei ihm stattfinden könne? Mittlerweile hatte er den Veranstaltungsort ihrer Verabredungen komplett in seine Wunschrichtung gebogen. Stets kam er zu ihr, hatte bei Nachfragen ihrerseits sofort eine Ausrede parat, außerdem fühle er sich bei ihr so ungeheuer wohl. Nie hatte er sich erkundigt, ob sie es gegebenenfalls anders empfinde.

Was für Gründe mochte es geben, sie von dem wenigen Persönlichen, das er anzubieten hatte, fernzuhalten? Irgend etwas verheimlichte er ohne jeglichen Zweifel! Andernfalls ging die Gleichung nicht auf. Doch verbarg sich die Lösung weiterhin.

Zudem blieb die Frage, wie die nächtlichen Anrufe in dies alles hineinpaßten. Und dann fühlte sie sich zu allem Überfluß seit geraumer Zeit beobachtet. Ging das ebenfalls auf sein Konto? Nein, das kam zeitlich nicht hin. Diese *paranoiden Phantasien*, wie sie es spaßhaft nannte, um dem mulmigen Gefühl die Spitze abzubrechen, also diese Gefühle, beschattet zu werden, hatte sie schon gehabt, als Ben noch gar nicht in ihrem Leben aufgetaucht war. Das alles war in der Tat sehr verworren. Nun wußte sie überhaupt nicht mehr, was sie davon halten sollte.

Ungeduldig erhob sie sich, schleuderte das Kissen mit einer Drehbewegung hinter sich aufs Bett. Anschließend zog sie sich Jeans und Shirt über und flitzte nach unten. Ohne Socken streifte sie die gestern neben der Tür abgestellten Stiefeletten über, zog rasch die Reißverschlüsse zu, entnahm der Flurschale ihren Schlüsselbund, wo dieser stets geduldig auf den nächsten Einsatz wartete, zog zuletzt noch im Hinausgehen ihre Jacke über und eilte zu ihrem Wagen.

Sie wollte zu Ben fahren. Jetzt sofort! Sie konnte und wollte nicht länger warten, sie benötigte rasche Aufklärung. Möglicherweise war der Überraschungseffekt auch gar nicht so übel. Noch dazu würde sie ihn sicherlich aus dem Schlaf reißen. Dementsprechend würde sich sein Gehirn vielleicht noch nicht voll einsatzfähig zeigen, und sie konnte ihn sozusagen überrumpeln, die Wahrheit zu offenbaren.

Während der Fahrt kamen ihr unentwegt neue Ideen, wie sie sich zusätzliche Informationen verschaffen könnte. Sie konnte sein Telefon befragen, ihn zudem bitten, ihr sein Handy zu überlassen, um zu schauen, wen er wann zuletzt angerufen hatte. Für gewöhnlich gab er zwar die Rufnummernübermittlung frei, dagegen konnte man diese, beim Stand der heutigen Technik, nach Bedarf problemlos unterdrücken.

Vor seinem Haus angekommen, blieb sie bewegungslos hinter dem Steuer sitzen. Auf einmal kam ihr ihre nächtliche Aktion nicht mehr ganz so genial vor, wie zu Beginn ihrer Überlegungen. Womöglich war es ihr eigenes Gehirn, das sich zur Zeit nicht voll funktionstüchtig zeigte. Die ständigen Träume von Ben, der – wie so viele Politiker – sprach und doch nichts sagte, dazu die regelmäßigen Störungen durch die Telefonanrufe, das machte leidlich mürbe. Eventuell reagierte sie über, verrannte sich in die verrückte Idee, Ben habe etwas zu verbergen. Noch dazu etwas Unlauteres! Dabei war er garantiert kein schlechter Mensch. Das spürte sie ganz deutlich. Und auf dieses Gefühl konnte sie sich gewiß verlassen. Da spielte ihr dieses andere Empfinden vielleicht nur einen Streich.

Sie blieb noch eine Weile, wo sie war, blickte in die Nacht und wartete auf eine Eingebung, die ihr eine Entscheidung verschaffte. Leider blieb diese gänzlich aus. Daraufhin überlegte sie, ob es nicht das Vernünftigste sei, unverrichteter Dinge zurück nach Hause zu fahren.

Letztlich gab sie sich einen Ruck und stieg aus. Es war an und für sich einerlei, wie das hier ausging, sie mußte wenigstens versuchen, sich Klarheit zu verschaffen.

Als sie die Hand zur Klingel hob, zuckte sie ein letztes Mal zurück, hielt kurz inne, drückte dann den Knopf, neben dem *Steiner* zu lesen war. Bens Klingel ließ kein *Ding* verlauten, sobald man den Knopf hineindrückte, und *Dong*, ließ man ihn wieder los. Vielmehr gab sie einen anhaltend schrillen Ton von sich, solange der Besucher Ausdauer und Lust bewies, seinen Finger auf dem Knopf zu halten. Das hatte sie einmal während eines Telefonats mit ihm mitbekommen, als der Pizzabote ihm sein Abendessen gebracht hatte. Also hielt sie drauf! Sie wollte nicht kurz anklingeln und falls nicht geöffnet wurde, mit der Ausrede wieder nach Hause fahren, sie habe ihn nicht um jeden Preis wecken wollen. Denn genau das wollte sie: ihn um jeden Preis wecken! Also hielt sie den Finger ausdauernd auf der Klingel, bis sie endlich den Türsummer vernahm. Über eine Gegensprechanlage verfügte dieses Haus nicht. Entsprechend blieben Ben zwei Möglichkeiten: Es klingeln zu lassen, bis nicht nur er taub, sondern zudem alle Nachbarn aufgewacht waren, oder in der Annahme zu öffnen, es stehe nicht gerade ein Serienkiller vor der Tür, der es auf ihn abgesehen hatte und sich Zugang durch freundliches Anschellen verschaffen wollte. Da letzteres eher weniger zu vermuten stand, hatte Ben sich erfreulicherweise entschieden zu öffnen. Damit hatte auch noch niemand Zutritt zu seiner Wohnung. Und der lange Weg nach oben bot ihm genügend Gelegenheit, über das Geländer schauend herauszufinden, wer ihn derart penetrant aus dem Bett gescheucht hatte. Einen Treppenabsatz vom Dachgeschoß entfernt hörte sie ihn fragend ausrufen: „Mina!?"

Als sie wenig später vor ihm stand, fügte er noch ein „Was machst du denn um diese Zeit hier?" hinzu. Mina wand sich jedoch wortlos an ihm vorbei und trat durch die weit geöffnete Wohnungstür in seine Diele. Sie wollte nicht unbedingt im Treppenhaus mit ihm bereden, was ihr solch enormen Kummer bereitete. Ben lief auch sogleich hinter ihr her, schloß die Tür und fragte besorgt: „Ist was passiert?"

Sie drehte sich zu ihm um. Die Last ihres Herzens ließ ein wenig nach. Wie er so dastand in seinem ausgeleierten Schlafanzug, der wie das Erbstück seines Großvaters anmutete. Braun-braun gestreift. Mittelbraun, kackbraun, mittelbraun, kackbraun. Na ja, er hatte schließlich nicht mit ihr gerechnet. Dazu die zerzausten Haare! So rührend jungenhaft, wie er in diesem Moment auf sie wirkte, widerstand sie nur mühsam dem aufkeimenden Impuls, ihn zurück ins Bett zu schicken, eine warme Milch zu bringen und das Köpfchen zu streicheln. Wie sollte sie ihn da fragen, ob er etwas Schlimmes vor ihr verbarg?

Ben bemerkte, wie sie ihn musterte. Er schaute an sich hinunter und grinste. „Okay! Falls du gekommen bist, um mit mir zu vögeln, hast du spätestens jetzt deine Absicht geändert, was?"

Minas sonores Lachen erklang, verstummte jedoch augenblicklich wieder. Leider hatte sie etwas deutlich Unerfreulicheres hergeführt. Zeit, es hinter sich zu bringen, kneifen galt nicht. „Ich muß mit dir reden, Ben!"

„Das muß ja äußerst dringend sein, wenn du nicht noch ein paar Stunden damit hast warten können." Er war hin- und hergerissen; einerseits amüsiert, andererseits beunruhigt.

Er hatte Mina neben aller Spontaneität als besonnene, kein bißchen zu Hysterie neigende Frau kennengelernt. Führte sie eine solche Aktion durch, mußte es einen triftigen Grund geben.

„Stimmt! Es *ist* dringend und ich konnte nicht noch ein paar Stunden warten."

„Dann geh' doch schon mal ins Wohnzimmer! Ich zieh' mir kurz was über."

Mit besorgter Miene setzte er sich wenig später im Morgenrock neben sie auf die Couch. Kam sie etwa wegen Martha? Aber woher konnte sie wissen …? Nein, vielleicht hatte es ja mit ihm gar nichts zu tun.

„Ben, ich bekomme schon seit längerem nächtliche Anrufe."

Er war erleichtert und schämte sich zugleich dafür. Es gelang ihm, seine Empfindungen vor ihr zu verbergen, versuchte alsdann, sich ganz und gar auf ihre Aussage zu konzentrieren. „Oh Gott, Mina! Warum hast du mir nichts davon erzählt? Was sagt das Schwein?"

„Es schweigt."

Jetzt müßte er eigentlich 'Dann ist es vermutlich ein Lamm' antworten, schoß es Mina durch den Kopf. Typisch! Es wurde ernst, und ihr fielen unverzüglich irgendwelche Albernheiten ein. War das gut oder schlecht? Sie beschloß, es in Ordnung zu finden.

Ben verfügte derzeit offensichtlich nicht über ihre Art von Humor. Oder er riß sich zusammen. Jedenfalls wirkte seine Antwort betroffen. Konnte das gespielt sein? „Aber was passiert denn genau? Das Telefon klingelt, und sobald du drangehst, spricht niemand?"

„Genau so ist es. Ich höre lediglich ein Atmen. Dann hänge ich ein, oder der Anrufer tut es. Anfangs kam *ein* Anruf in einer Nacht, doch inzwischen wird teilweise mehrere Male durchgeläutet."

Ben nahm sie in den Arm, drückte sie an sich. „Wer tut denn so was?" Eine rhetorische Frage, weshalb Mina sich der Mühe einer Antwort enthielt. Eine Weile saßen sie so da, bis Ben noch etwas anderes wissen wollte. „Hast du schon mit der Polizei gesprochen?"

„Nein. Ich weiß nicht, ob ich das tun soll. Was soll ich denen denn mitteilen? Mir atme jemand ab und zu ins Telefon?" Mina löste sich aus seiner Umarmung, schaute ihm fest in die Augen. „Außerdem wollte ich zunächst mit *dir* sprechen."

„Das ist auch sicher richtig. Nur, was kann *ich* tun?"
„Ich muß etwas wissen."
„Was denn?"
Nun war der Augenblick unausweichlich gekommen, sie mußte endlich die Karten auf den Tisch legen. „Hast du irgendwas damit zu tun, Ben?"
„Womit?" Er schien nicht zu verstehen, überlegte einen Moment. „Du meinst …, du meinst doch nicht … mit diesen Anrufen?!"
„Doch Ben, genau das ist meine Frage! Hast du etwas damit zu tun, oder bist gar *du* der Anrufer?"
Er wirkte empört. Empört und entsetzt. So sehr, daß sie seine Reaktion regelrecht schmerzte. Sie hatte ihn keinesfalls verletzen wollen, mußte ihn dennoch mit ihrem Verdacht konfrontieren. Welche Alternative hätte sich geboten? Zu schweigen und dauerhaft Zweifel bezüglich seiner Integrität zu hegen? Nein, das wäre auf gar keinen Fall eine mögliche Option gewesen. Immerhin wollte sie ihm vertrauen können. Nur war dies im Grunde etwas, das aus einem selbst kam. Das war nichts, was einem jemand erst beweisen mußte oder konnte. Doch was sollte man tun, wenn man *miß*traute? In diesem Fall sollte man es ansprechen, oder? Notfalls sogar auf Kosten der Beziehung.
Konsequenzen für sein Handeln hatte man schließlich fortwährend zu tragen. Deswegen etwas totzuschweigen, was an einem nagte, … nein, das wollte sie nicht! Andererseits verstand sie seine Verletztheit, falls er tatsächlich gar nichts mit den Anrufen zu tun hatte.
Sie versuchte, ihm zu erklären, was in ihr vorging. Der Zweifel, der in dieser Nacht so offenbar geworden war. Den sie gern ausräumen würde, falls das möglich sei. Konnte er ihre Verunsicherung nachvollziehen? Anonyme Anrufe, die ausschließlich erfolgten, wenn er nicht anwesend war?
„Wenn du nichts damit zu tun hast, Ben, mußt du es nur sagen! Wenn du mir mit reinem Gewissen versichern kannst, daß das alles nichts mit dir zu tun hat, glaube ich dir! Mehr will ich gar nicht. Ich werde daraufhin nicht länger zweifeln."
Noch während sie sich ihm erklärte, bemerkte sie, was für eine überflüssige – geradezu lächerliche – Aktion sie letztendlich veranstaltet hatte. Unterstellt, er war unschuldig, säte sie lediglich schlechte Gefühle zwischen ihnen. War er schuldig, stritt er es selbstverständlich ab.

Was hatte sie sich bloß dabei gedacht? Nun war sie kein Stück weiter, hatte eher ein Problem hinzugewonnen.

Ben erhob sich indessen und verließ mit gequältem Gesichtsausdruck das Wohnzimmer. Sie wartete eine Weile, doch kam er nicht zurück.

Nach geraumer Zeit, die ihr endlos erschien, schickte sie sich an, ihn zu suchen. Sie fand ihn im Schlafzimmer vor, auf dem Fußende des Bettes sitzend. Er weinte. Verunsichert setzte sie sich zu ihm, verharrte zunächst einen Moment schweigend neben ihm, legte dann eine Hand auf seine Schulter und sah ihn traurig an. Stumm erwiderte er ihren Blick, lächelte durch die Tränen hindurch.

„Es tut mir wirklich leid!" stieß sie endlich hervor. „Ich weiß auch nicht ..."

„Ich kann dich verstehen", warf er ein, legte seine Hand auf die ihre. „Ich kann mir vorstellen, wie unheimlich belastend das alles für dich ist. Mich kennst du nicht ausreichend genug, und ständig von jemandem aus dem Schlaf gerissen zu werden. ... Trotzdem!" Er vollführte eine hilflose Geste mit der freien Hand und kämpfte dabei mit erneut aufsteigenden Tränen. „Trotzdem tut es unendlich weh. Was tut uns ... dieser Mistkerl bloß an? Ich habe Angst, es könnte unsere Beziehung zerstören. Das könnte ich überhaupt nicht ertragen!" Er bewegte den Kopf hin und her, als wolle er den belastenden Gedanken abschütteln.

„Das wird nicht passieren!" Sie sagte es fest und entschlossen. „Bitte verzeih mir, ja? Ich habe nicht wirklich geglaubt, du könntest dahinterstecken. Es ist bloß merkwürdig, da es ausschließlich passiert, wenn du nicht bei mir bist. Da drängte sich mir irgendwann ein logisch erscheinender Zusammenhang auf." Ihr schossen ebenfalls Tränen in die Augen. Jedoch bemühte sie sich, diese zurückzudrängen. Sie wollte nicht weinen. Nicht jetzt jedenfalls.

Er legte seinen Arm um sie, drückte sie sanft an sich. Oh, es tat so gut! Sie wollte ihm nicht mißtrauen. Nie wieder!

Sie blieb in dieser Nacht. Beruhigt durch die Aussprache, die keine gewesen war. Er war ihrer Bitte keineswegs nachgekommen, klar zu äußern, ob er etwas mit der Angelegenheit zu tun habe oder nicht. Er hatte sich lediglich auf seine Betroffenheit zurückgezogen. Das war Minas Wahrnehmung nicht entgangen. Doch verweigerte ihr Gehirn, die eingegangene Information weiterzuleiten.

42

Bewertung ist immer wieder das Thema gewesen. Gemeinsam haben sie sich im Laufe der vergangenen Sitzungen alle möglichen Situationen angeschaut, haben sie von jedweder erdenklichen Seite beleuchtet und im Anschluß überlegt, was jeweils der Auslöser für unangenehme Gefühle gewesen sein könnte.

Kürzlich ist jedoch etwas geschehen, das Anton Hasten unbedingt mit seiner Therapeutin besprechen will. Es drückt ihn. Nein, es *be*drückt ihn. Er ist ratlos, benötigt dringend Unterstützung.

Endlich mit Dr. de Winter im Sprechzimmer sitzend, kann er kaum abwarten zu reden und ist froh, daß die Psychologin es wie gewohnt bemerkt, ihn ohne Umschweife fragt, was ihn beschäftigt.

„Es war alles gut", platzt es aus ihm heraus, „wirklich und richtig gut. Ich habe mich auch tatsächlich ... verändert. Ich zweifele nicht mehr so viel an mir. Das Grübeln ist ebenfalls viel, viel weniger geworden. Alles zusammen hat sich positiv auf meine Stimmung ausgewirkt. Erinnern Sie sich noch, wie wir vor zwei oder drei Sitzungen darüber gelacht haben, als ich zu Ihnen sagte, früher sei alles beschwerlich gewesen, doch mittlerweile erleichtere ich mich zunehmend?"

Sie erinnert sich. Ihr Patient hat gewaltige Fortschritte gemacht. Nicht immer ist ein derart rascher Erfolg zu verzeichnen. Darum ist sie ein wenig besorgt, er könne möglicherweise in alte Muster verfallen sein. Dennoch wartet sie geduldig. Er wird es gewiß bald aufklären.

„Ja, es ist mir in den letzten Wochen richtig gutgegangen. Zudem hat mir meine Frau ... diese Sache, ... na, Sie wissen schon, ... das mit Iris, ... na ja, sie hat es mir verziehen. Zumindest dachte ich es. Jetzt spricht sie plötzlich von Trennung. Sie habe das Gefühl, ich mache nur noch mein Ding, beachte sie gar nicht mehr. Das sei zwar früher ähnlich gewesen, doch habe sie es zunächst meiner vielen Arbeit und anschließend den Depressionen zugeschrieben. Nun bemerke sie jedoch, es gehe mir eindeutig besser. Dennoch beachte ich sie nicht, mache weiterhin ausschließlich mein eigenes Ding."

„Und was genau meint sie damit?"

„Das habe ich sie ebenfalls gefragt. Ich schenke ihr eben keinerlei Aufmerksamkeit, hat sie entgegnet, sei ununterbrochen mit mir selbst beschäftigt. Wissen Sie, sie hat herausgefunden, daß ich auf ein Motorrad spare. Sie verabscheut die *Dinger*, wie sie sie nennt. Und da ich genau wisse, daß sie garantiert nicht mit mir fahren werde, sei ich auf die Idee verfallen, *so ein Ding* anzuschaffen. Ergo müsse sie wohl oder übel davon ausgehen, ich sei auch in Zukunft an gemeinsamen Unternehmungen nicht interessiert. ... Da versteh' jemand diese Logik!"

„Nun, Frauen argumentieren häufig aus dem Gefühl heraus. Dabei gelingt es nicht immer, diese Gefühle in passende Worte zu kleiden."

„Sie verstehen also, was sie damit meint!" Es klingt weniger wie eine Frage, ist wohl eher als Feststellung zu werten. Anton Hasten geht offenkundig fest davon aus, Frauen verstehen stets andere Frauen! Und da Psychologinnen ohnehin *alles* verstehen, fühlt er sich insgesamt auf der sicheren Seite.

„Ich vermute es. Wissen kann ich es selbstverständlich nicht genau, Herr Hasten. Ich weiß zuwenig von Ihrer Frau. Eines hat sie jedoch deutlich zum Ausdruck gebracht! Sie wünscht sich, mehr Zeit mit Ihnen zu verbringen. Vielleicht spielt Ihre Affäre doch noch eine gewisse Rolle. Schließlich handelt es sich um einen gewaltigen Brocken, den sie erst verdauen muß."

„Oh ja, davon hat sie obendrein angefangen! Es werde ihr jetzt erst richtig klar, was ich da angestellt habe. Offensichtlich sei ich nicht zu depressiv zum *Fremdficken* gewesen. Ja, das hat sie wörtlich geäußert. Meine Frau hat vorher noch nie *ficken* gesagt! Selbst *poppen* erscheint ihr zu vulgär. Doch in diesem Augenblick war sie sich nicht zu fein. ... Sie sitze andauernd zu Hause, mache alles schön sauber, erziehe unsere Kinder, während ich mich ausgeklinkt und mir meine Depression genommen habe. Das habe sie klaglos mitgetragen, habe es zudem gern getan, allerdings sei sie keineswegs bereit, die Rechnung, die ich ihr nun vorlege, zu bezahlen. Sie wolle *auch* noch was von ihrem Leben haben, habe keine Lust zuzusehen, wie ich ständig fröhlicher werde, und sie währenddessen vor sich hin altere."

Dr. de Winter muß lachen. Sie versucht, es zu unterdrücken, leider gelingt es ihr nur unzureichend. Anton Hasten entgeht das Zucken um ihre Mundwinkel nicht. Erst in diesem Moment wird ihm klar, was seine Frau da von sich gegeben hat. Nun kann auch er sich nicht mehr zurückhalten. Sein eigenwilliges *Hohoho*, das die Psychologin stets so ansteckend findet, erfüllt den Raum.

Nach einer Weile ergreift Dr. de Winter erneut das Wort. „Hat sie wirklich gesagt, sie habe keine Lust zuzusehen, wie Sie fortwährend fröhlicher werden, während sie selbst vor sich hin altere?"

„Genauso hat sie es formuliert. Ich habe das Gefühl, sie neidet mir meine besser werdende Stimmung."

„Vielleicht ist es so. Demzufolge müßte man jedoch nach den Gründen schauen. Stellen Sie sich das mal so vor! Ihre Frau ist monatelang depressiv, schließt Sie aus ihren Gedanken aus, brütet vor sich hin. Und eines Tages erfahren Sie, daß sie obendrein eine Affäre gehabt hat. Kurz nach dieser Offenbarung wird die Laune Ihrer Frau zunehmend besser. Sie wird aktiver, in den Unternehmungen kommen *Sie* allerdings nicht vor. Außerdem spart sie heimlich für eine Kreuzfahrt, obwohl sie weiß, daß Sie seekrank werden."

Anton Hasten ist bestürzt. „Na klar! Das habe ich nicht bedacht. Ich habe sie in der Tat ziemlich sich selbst überlassen. Anfangs wollte ich sie mit meinen depressiven Gedanken und Stimmungen nicht belasten. Danach hatte ich ein schlechtes Gewissen wegen meiner Affäre, und in letzter Zeit bin ich einfach nur froh, wieder eine … Zukunftsperspektive entwickeln zu können, da hab' ich meine Frau … glatt übersehen." Er schaut Dr. de Winter zerknirscht an. „Ich bin ein egozentrischer, desinteressierter Ehemann, was?"

„Ich will's mal so ausdrücken: Sie haben sich Ihrer Frau gegenüber zwar suboptimal verhalten, jedoch war es schließlich auch für *Sie* das erste Mal. Sie waren vorher noch nie in einer depressiven Phase, in deren Verlauf Sie sich zu allem Überfluß noch in einem Verhältnis verstrickten, mit dem Sie Ihren schlechten Gefühlen entgegenwirken wollten. Sie mußten halt … üben."

Verschmitzt lächelt Anton Hasten sie an. „Das haben Sie sehr freundlich formuliert. Nur, was mach' ich jetzt?"

„Diese Frage steht Ihnen strenggenommen nicht mehr zu, da Sie bereits vor einigen Sitzungen eine Antwort von mir bekommen haben."

„Ich muß das klären, nicht?"

„Ja, reden Sie mit Ihrer Frau! Fragen Sie sie, was in ihr vorgeht! Bemühen Sie sich, eine gemeinsame Basis zu finden, auf der Sie den Versuch eines gemeinsamen Leben starten können! Und sagen Sie ihr, daß Sie sie lieben, falls es der Wahrheit entspricht! Davon gehe ich allerdings aus, nach dem, was Sie bisher diesbezüglich geäußert haben. Und fragen Sie sie, ob bei ihr ebenfalls noch genügend Gefühle vorhanden sind, die es ermöglichen, Ihnen beiden diese Chance einzuräumen!"

„Das klingt bei Ihnen immer so einfach."

„Das *ist* es auch! Die anschließende Umsetzung wird um ein Vielfaches schwieriger. Die grundsätzliche Klärung stellt das geringste Problem dar. In dem Moment, in dem Sie eine günstige Atmosphäre schaffen, in Ruhe Ihre Vorstellungen und Bedenken erklären, Ihrer Frau danach die gleiche Möglichkeit einräumen und anschließend überlegen, was zu tun ist, in dem Moment ist es gar nicht schwer. Problematisch sind solche Gespräche nur, wenn beide eine unterschiedliche Sprache sprechen, oder mindestens einer von beiden nicht ehrlich gewillt ist, eine Lösung zu finden, die auch für den anderen akzeptabel ist."

„Aber das ist doch bestimmt selten, oder? Wenn diese Vorbedingungen nicht erfüllt sind, kommen zwei Menschen doch gar nicht erst zusammen."

„Na ja, ... die Verständigungsprobleme werden oft erst nach ein paar Jahren richtig deutlich. Und der gute Wille bleibt häufig auf der langen Strecke der Ehegemeinschaft mit heraushängender Zunge liegen. Denn jeder von beiden glaubt irgendwann, er habe sich für die Partnerschaft abgemüht, während der andere bloß keine Lust hatte, einen Sprachkurs zu besuchen."

„In Ordnung! Ich *will*! Ich will unbedingt die Sprache meiner Frau verstehen! Außerdem will ich versuchen, ihr zu erklären, warum ich oft so sprachlos war, und was ich mir für die Zukunft vorstelle. Vielleicht erreiche ich sie ja."

„Ich wünsche es Ihnen! Ihnen beiden."

43

„Er ist wirklich *so* nett! Er geht mir nicht mehr aus dem Kopf. Ach Mina, was soll ich bloß machen?"

Charlie saß mit Mina auf deren Couch, nachdem sie einen gemeinsamen Einkaufsbummel hinter sich gebracht hatten. Sie tranken ein Glas Wein, aßen verschiedene Käsesorten, die sie auf dem Wochenmarkt ausgesucht hatten und unterhielten sich über Marek.

„Ja, er ist wirklich sympathisch." Mina konnte das ehrlich bestätigen. Marek hatte Fabian am Abend des Kennenlernens seine Handynummer gegeben und zum Abschied geäußert, ihm würde ein weiteres Treffen in dieser Konstellation große Freude bereiten.

„Er steht bestimmt auf *dich*. Ich hab's an seinem Blick erkannt."
„Charlie, du spinnst mal wieder! Wärm' jetzt bitte dieses Thema nicht noch mal auf! Er will garantiert nichts von mir. ... Außerdem hab' ich mehrfach fallenlassen, einen Freund zu haben."
„Als habe das einen Mann jemals abgehalten, eine Frau anzugraben."
„Hört, hört! Deine Meinung von Männern läßt ja sehr zu wünschen übrig, liebste Freundin."
Mina amüsierte sich über Charlottes zweifelnde Äußerungen, hatte sie doch beobachten können, wie Marek mehrfach tief in Charlies Dekolleté geschaut hatte. Desgleichen war sein deutliches Interesse an ihr als Person ebenso zu bemerken gewesen. Zugegeben, den anderen war er ebenfalls aufgeschlossen gegenübergetreten, doch Mina war sich absolut sicher, Charlie war die Kandidatin, die in Mareks Phantasien die Hauptrolle spielte. Allerdings foppte sie die Freundin lieber noch ein wenig, damit diese endlich mit ihren negativen Erwägungen aufhörte.
„Weißt du, was ich glaube, Charlie?"
„Nein, aber du sagst es mir hoffentlich."
„So leid es mir tut, doch das Wort *hoffentlich* wirst du garantiert gleich zurücknehmen."
„Wieso denn das?"
„Weil ich zwar glaube, daß Marek an mir tatsächlich nicht mehr als zwischenmenschlich interessiert ist, doch denke ich, sein Herz würde er am liebsten ... Fabian schenken." Sie hatte unendliche Mühe, nicht losszuprusten, so überzeugt war sie von der Absurdität ihrer Äußerung. Doch behielt sie bestens die Kontrolle über ihre Gesichtszüge, die nichts anderes als ein absolutes Pokerface zeigten. Charlie war vollkommen entsetzt, glaubte jedes Wort, kämpfte jedoch noch um die Möglichkeit, Mina unterliege einem Irrtum. „Nein, glaubst du das wirklich? Wieso denkst du das? Du hast schließlich gar keinen Anhaltspunkt."
„Doch, hab' ich. Erstens wirkt er so."
„Wie wirkt man denn, wenn man schwul ist?"
Gar keine so dumme Bemerkung. Doch war das Spiel keineswegs zu Ende. „Na ja, das ist eben ein Erfahrungswert. Außerdem, wem hat er denn seine Handynummer zugesteckt?"
Charlie entglitten die Gesichtszüge. Das war nun einmal eine Tatsache. Daran ließ sich nicht rütteln. „Du hast recht, Fabian hat sie bekommen! Scheiße!"

„Es gibt noch *eine* Hoffnung." Bevor sie die Auflösung präsentieren würde, mußte sie noch ein einziges Mal nachlegen.

„Welche denn?" Die Frage kam prompt.

„Na ja", brachte Mina bedächtig hervor, „vielleicht will Fabian ihn ja gar nicht."

Charlie stierte sie regelrecht an, bemühte sich angestrengt zu erfassen, was die Freundin eigentlich von sich gab. Selbstverständlich hatte Fabian nicht im mindesten Interesse an ihm, ihres Wissens war er keineswegs bisexuell. Entsprechend handelte es sich um einen Scherz, oder? Doch schaute ihre Freundin derart bitterernst, sie meinte es anscheinend genauso, wie sie es gesagt hatte.

Mina hielt es nicht länger aus. Sie prustete abrupt los, krümmte sich vor lauter Spaß am gelungenen Schabernack.

Endlich verstand Charlie! Mina hatte ihr einen gewaltigen Bären aufgebunden. Und sie hatte es kein bißchen gemerkt! In gespielter Wut beschimpfte sie ihre beste Freundin als „Blöde Kuh!" und ergriff dabei eines der Sofakissen, das sie ihr ein paarmal auf den Kopf schlug.

Einige Zeit später lagen sie mehr, als daß sie saßen. Mina mit noch zerzausteren Haaren als gewöhnlich, Charlie mit drei Stücken Käse im Mund, die bei der Balgerei vom Sofa gefallen waren. 'Dreck reinigt den Magen' war ein beliebtes Bonmot, von Charlotte häufig zur Anwendung kommend, wenn etwas Eßbares versehentlich auf dem Boden landete, beziehungsweise durch Herabfallendes oder Vorbeifliegendes verunreinigt wurde, während man es sich etwa am Gartentisch gemütlich gemacht hatte.

Trotz des günstigen Ausgangs ihres Gesprächs zeigte sich Charlie nicht recht zufrieden. Schließlich war die entscheidende Frage offengeblieben. „Sag im ernst, Mina! Glaubst du, Marek interessiert sich ein bißchen für mich?"

„Nein, das glaube ich nicht. Ich glaube, er interessiert sich viel mehr als ein bißchen für dich. Und wie sollte er auch nicht? Du bist so schön und klug. Außerdem hab' ich mehrmals beobachtet, wie seine Augen beinahe in deinen Ausschnitt geplumpst wären. Und sobald du das Wort an ihn gerichtet hast, hat sich unverzüglich ein dümmliches Lächeln auf seinen Lippen gebildet."

„Du meinst diese Art von Dümmlichkeit, die man unabsichtlich an den Tag legt, wenn man sich verliebt hat?"

„Genau diese Art von Dümmlichkeit. Die zeichnet *dein* Gesicht übrigens ebenfalls, sobald wir über *ihn* sprechen."
Charlie grinste unmittelbar noch ein wenig dümmlicher. „Er ist aber auch so süß!"
„Ich verrate dir mal ein Geheimnis, Charlie! Sag' Marek niemals, wirklich *niemals*, er sei süß! Er wird augenblicklich eine ausgeprägte Erektionsstörung davontragen. Und dann wird zumindest der physische Teil eurer möglichen Liebe niemals die vollkommene Erfüllung finden. Sag' ihm lieber, er wirke extrem männlich und verwegen auf dich!"
Einige Zeit später erschien verabredungsgemäß Ben. Charlie hatte längst gehen wollen. Durch das Gespräch über Marek hatten sie jedoch nicht auf die fortgeschrittene Zeit geachtet. So fand er die beiden Frauen in bester Laune vor und freute sich, weil Charlotte auf seine Aufforderung hin noch ein wenig länger blieb. Sie erzählten ihm von Marek, und wie *süß* er sei, was er jedoch niemals erfahren würde, woraufhin Ben fragte: „Findest du mich ebenfalls süß, Mina?"
Mina durchdrang Charlie mit Blicken, woraufhin diese murmelte: „Denk an deine eigenen Worte!" Dementsprechend wandte Mina sich zu Ben und versicherte übertrieben ernst mit rauchiger Stimme, die noch tiefer als gewöhnlich klang: „Nein Ben! Ich finde dich unheimlich verwegen und männlich."
„Warum fühle ich mich gerade etwas verarscht?" Er äußerte es gutgelaunt, kein bißchen eingeschnappt, sah sich lediglich nicht in der Lage, die Pointe zu erfassen, da er die Vorgeschichte nicht mitbekommen hatte. Mina klärte ihn auf. Er bestätigte lachend, es gebe tatsächlich angenehmere Komplimente, die frau Männern machen könnte.
Nachdem Charlie sich verabschiedet hatte, wirkte Ben plötzlich regelrecht in sich gekehrt. Mina erkundigte sich irritiert, ob ihm irgend etwas quergegangen sei.
„Nein, nein", beruhigte er sie rasch, „nur ein wenig Streß in der Arbeit."
Sie legte ihre Hände auf seine Schultern, begann mit einer leichten Massage.
„Mina, laß lieber!" bat er unwirsch, entzog sich ihren Händen.
Sie war irritiert, schwieg jedoch erst einmal.
„Es tut mir leid! Ich hatte wirklich viel Streß heute. Wollen wir schlafen gehen?"

Mina willigte ein. Es war ohnehin spät geworden, und womöglich benötigte er einfach nur etwas Ruhe.

Mitten in der Nacht erwachte sie. Oh, das verdammte Telefon! Leider hatte sie erneut vergessen, es abzustellen. Ben bewegte sich neben ihr. Als er merkte, daß Mina ebenfalls nicht mehr schlief, nahm er sie in seine Arme und flüsterte: „Wer kann denn das sein? Ach, *er* ist es wohl wieder, was?"

„Vermutlich", gab sie in normaler Lautstärke zurück. Abgesehen von ihnen befand sich schließlich niemand im Haus, der durch ihre Unterhaltung hätte geweckt werden können.

Sie nahm den Anruf entgegen. Erwartungsgemäß war lediglich ein Atmen zu hören. Sie hatte den Lautsprecher eingeschaltet, damit Ben mithören konnte. Er war jetzt hellwach. Als die Verbindung kurze Zeit später unterbrochen wurde, wirkte er aufgebracht. „Hast du inzwischen mit der Polizei gesprochen?"

„Nein, wieso? Soll ich eine Fangschaltung installieren lassen?"

„Zum Beispiel."

„Glaubst du tatsächlich, die betreiben einen derartigen Aufwand, bloß weil jemand nachts in mein Telefon atmet?"

Ben mußte unwillkürlich lachen. „So, wie du es ausdrückst, hört es sich regelrecht harmlos an. Nur weiß ja keiner, wer oder was dahintersteckt?"

„Schon, ich habe auch jedesmal ein mulmiges Gefühl. Und ich bin froh, dich dieses Mal bei mir zu haben."

„Damit hast du wenigstens einen Beweis, daß *ich* nicht der Anrufer bin."

Er hatte zwar recht, nur beruhigte es sie gar nicht. Sie konnte sich nicht erklären, was da in ihr arbeitete. Im Grunde hätte sie innerlich Luftsprünge vollführen müssen, statt dessen fühlte sie sich leer.

Sie legte sich wieder ins Bett.

„Falls das noch häufiger vorkommt, schalten wir wirklich die Polizei ein!" Ben stand auf, um den Stecker aus der Wand zu ziehen. Rasch kroch er zurück unter die Decke, nahm Mina fest in die Arme und flüsterte ihr zärtlich ins Ohr: „Nun schlaf' schön, meine Liebste! Ich bin bei dir und passe auf dich auf."

44

Alexander Sajović hat nach wie vor keinerlei Beweise für die mögliche Untreue seiner Frau gefunden. Obwohl die Projektwoche längst vorbei ist, trifft sie sich auch weiterhin regelmäßig mit dem Kollegen Sebastian Klagenfurth, besser bekannt als Basti. Auf diesen Umstand hat der Ehemann in den letzten Sitzungen wiederholt aufmerksam gemacht.

Vera Sajovićs Gefühl, verfolgt beziehungsweise beschattet zu werden, ist in der Zwischenzeit ebensowenig gewichen. Ihr Mann hat anscheinend stets exakt gewußt, wo sie sich jeweils aufgehalten hat. Ist sie bei Basti gewesen, hat er regelmäßig angerufen und ihr weiterhin Nachrichten zukommen lassen, ihn beschleiche *so ein Gefühl*, sie sei dort.

Jedesmal hat es zugetroffen!

Mehrfach hat sie sich gefragt, ob er denn über eine derart sensible Intuition verfügen könne, hat ihm dies letztendlich jedoch nicht zugetraut. Schließlich ist er ein Mann! Und obendrein hat sie ganz andere Erfahrungen mit ihm gemacht.

Gegen ihre sonstige Gewohnheit hat sie vor ein paar Tagen seine Unterlagen und Schränke durchsucht. Dabei hat sie selbst keine Ahnung gehabt, *was* sie eigentlich zu finden hoffte. Mittlerweile ist das allerdings einerlei, ist sie doch bei ihren Durchsuchungsaktionen nicht fündig geworden. Statt dessen ist es erneut der Zufall gewesen, der die ersehnte Aufklärung der mysteriösen Angelegenheit zutage gebracht hat.

Die Sitzung hat kaum begonnen, da rutscht Vera Sajović bereits aufgeregt hin und her. Sie kann es kaum erwarten, der Therapeutin von der interessanten Wendung zu berichten. Ihr Mann weiß noch nichts von der Schlachtbank, zu der er heute geführt werden soll. Ihm ist lediglich aufgefallen, daß seine Frau sich seit zwei oder drei Tagen merkwürdig verhält. Und noch etwas ist anders.

„Wie läuft es im Hause Sajović?" Dr. Wilhelmina de Winter eröffnet die Sitzung. Sie hat bereits bemerkt, wie unruhig die Ehefrau ist. Eine ausgiebige Einleitung ist offensichtlich überflüssig. Tatsächlich wird sie nicht enttäuscht.

„Ich muß unbedingt was loswerden!" Die Worte poltern geradezu aus dem Mund der nervösen Frau, die zunehmend nach vorn rutscht, wodurch sich ihr Gesäß gefährlich nah in Richtung Sesselkante bewegt. Wenn sie nicht aufpaßt, sitzt sie gleich – *pardauz!* – auf dem Boden.

„Ich hab' die Lösung! Ich weiß jetzt, warum ich mich beobachtet fühle."

Neben der Psychotherapeutin zeigt sich ebenso der Ehemann äußerst gespannt, was Vera Sajović wohl herausgefunden haben mag.

„Letztens bin ich in der Nacht aufgewacht und konnte nicht wieder einschlafen. ... Um meinen Mann nicht zu wecken, steh' ich lieber auf. Ich denke, ich könnte mir vielleicht ein Glas Milch warm machen. Während die Milch auf dem Herd steht, fällt mir ein, daß mein Handy im Wohnzimmer liegengeblieben ist. Ich hole es also und nehme es mit ins Arbeitszimmer, um das Ladegerät aus der Schreibtischschublade zu holen, damit mein Handy über Nacht etwas Saft bekommt. ... Irgendwie treffe ich im finsteren Zimmer die Steckdose nicht richtig. Also denke ich mir, ich nehme die, die sich weiter hinten neben dem Schrank befindet. Denn dort steht auch ein Tischchen, auf dem sich eine kleine Lampe befindet. Ich schalte sie also ein und will den Stecker in die freie Dose einführen, da entdecke ich, daß diese bereits belegt ist." Vera Sajović wendet sich mit einer halben Kopfdrehung ihrem Mann zu. Für ein bis zwei Sekunden bohrt sich ihr Blick in den seinen.

Alexander Sajović atmet erwartungsgemäß tief ein, hält die Luft anschließend fest, als sei er auf diese Weise geschützt vor einem Ehefrauenkillerangriff.

„Und was soll ich Ihnen sagen, Frau Doktor?! Dank moderner Technik konnte ich anhand der Beschriftung des kleinen schwarz-gelben ... Dings, das da so unschuldig in der Steckdose verharrte, herausfinden, um was es sich handelt. ... Ein Ortungsgerät! Zur Positionsbestimmung und -mitteilung. ... Ich *bin* beschattet worden! Genau, wie ich es vermutet habe. Und zwar über jenes Gerät." Sie wendet sich nun komplett ihrem Mann zu, schaut ihn erwartungsvoll an. In ihren Augen liegt vor allem Triumph. Die Tränen der Enttäuschung über seinen neuerlichen Verrat sind längst getrocknet. Sie ist in Kriegerstimmung.

Alexander Sajović ist in den letzten Minuten einem bemerkenswerten Schrumpfungsprozeß erlegen. Mickrig hockt er nun in seinem Sessel. Wie ein kleiner Junge, der mit der Hand im Bonbonglas erwischt worden ist. Er weiß nicht, was er sagen soll. Also ergreift Dr. de Winter statt seiner das Wort. „Haben Sie tatsächlich Ihre Frau mittels dieses Gerätes überwacht, Herr Sajović?"

„Ist ja schon gut! Ich gestehe! ... Es hat mich wahnsinnig gemacht, nicht zu wissen, wann und wie oft sie bei ... diesem Cordhosenlehrer steckt. Ich habe mir ausgemalt, was sie mit ihm treibt. Die Ortung wollte ich nutzen, um hinzufahren, um mich mit eigenen Augen davon überzeugen zu können, was Sache ist. Doch leider wohnt dieser Herr Klagenfurth – oder auch *Basti*, wie ihn seine Anhänger gern nennen – im Dachgeschoß. Natürlich! Und zu klingeln hab' ich als mögliche Option nicht in Betracht gezogen. Also ist es dabei geblieben, die Häufigkeitsangaben meiner Frau zu überprüfen, was ihre Besuche bei Herrn *Bastiklagi* betrifft. Und sie ein bißchen ... aufzumischen, damit ihr die Lust daran vergeht, seine Cordhose zu öffnen."

„Das ist ein absoluter Vertrauensbruch, Alex! Erst poppst du diese getunte Tusse, und anschließend wagst du es, mir zu unterstellen, ich betrüge dich, bloß damit du mich beschatten kannst. Ausspionieren! Das ist wirklich das Letzte!"

„Jetzt reg' dich doch nicht so künstlich auf! Du willst mir gewiß nicht weismachen, da laufe nichts."

„Bisher hat das der Wahrheit entsprochen. Anderweitige Schritte behalte ich mir jedoch vor. Basti ist nämlich tatsächlich ein sehr sympathischer, einfühlsamer und gutaussehender Mann."

„Vorausgesetzt, man steht auf Waldorfbubis."

„Du hast doch keine Ahnung!"

„PING ... PONG ... PING ... PONG", fährt Dr. de Winter ruhig dazwischen, um das ineffektive Hin und Her des Ehepaares zu unterbrechen. Ihr ist daran gelegen, die Sensibilität der beiden dafür zu schärfen, was für einen fruchtlosen Schlagabtausch sie sich unentwegt liefern. Derartige Dispute führen schließlich höchstens dazu, daß einer den anderen verletzt. Und dadurch wird die Kluft nur noch gewaltiger.

Mitten in das Schweigen hinein stellt sie zusammenhanglos eine absichtlich sachliche Frage: „Wie funktioniert das eigentlich mit diesem Positionsbestimmungsgerät?"

Alexander Sajović erteilt gern Auskunft. Jetzt, wo ohnehin alles aufgeflogen ist. Im Grunde schade, findet er. Er hat Spaß daran gefunden, seiner Frau immer einen Schritt voraus zu sein. Endlich mal hat er sich ihr überlegen gefühlt.

Oh, was kommt ihm da für ein Gedanke in den Kopf? Fühlt er sich ihr denn unterlegen? Ja, das tut er tatsächlich. Puh! Soll er es ansprechen? Das schwächt doch ganz sicher seine Position seiner Frau gegenüber. Apropos Position! Er sollte ohnehin erst einmal die Frage beantworten. Damit kann er zudem Zeit gewinnen. „Also, man legt es beispielsweise ins Handschuhfach des Autos. ... So hab' *ich* es zumindest meistens gemacht. Es gibt daraufhin dem Empfänger – in dem Fall also mir – genau an, wo es sich befindet. Nur ein einziges Mal hab' ich es meiner Frau sogar in die ... Handtasche geschmuggelt. Allerdings hab' ich da Blut und Wasser geschwitzt, sie könnte es entdecken."

„*Was* hast du getan? Du hast ja wohl wirklich einen Schaden."

„Eröffnen Sie bitte nicht von neuem das Ping-Pong-Spiel, Frau Sajović!"

„Sie müssen sich nur mal eines vorstellen, ich hab' bereits begonnen, an meinem Verstand zu zweifeln! Und was ist der Grund? Mein eigener Ehemann treibt gemeine Spielchen mit mir."

„Aber Honigschnute! Ich wollte dir doch nichts Böses. Bitte verzeih' mir! Ich hab' bloß Angst, dich zu verlieren."

„Wirklich?" Das zu hören, empfindet Vera Sajović als etwas durchaus Erwähnenswertes. Das hätte er immerhin mal früher sagen sollen. Doch möglicherweise hat er es vorher nicht so empfunden.

Egal! Sie will es gar nicht genau wissen. Inzwischen hat er jedenfalls Angst, sie zu verlieren. Das ist erst einmal ein Anfang.

„Wirklich! Es wird mir zunehmend klarer. Ich will mit dir zusammensein. Du bist nach wie vor das Beste, was mir passieren konnte. Ja, ich weiß, ich kann es dir nicht genug zeigen. Das hat allerdings ... seinen Grund. Und der ist mir eben erst richtig deutlich geworden. Es fällt mir zwar außerordentlich schwer, dennoch muß ich wohl darüber reden." Er widmet sich der Begutachtung seiner Hände. Erst muß er sich sammeln, andernfalls bekommt er das nicht hin.

Wie soll er es überhaupt erklären? Als er es endlich versucht, klingt seine Stimme belegt. Er schämt sich. „Wissen Sie, Frau Doktor, mit uns ist es wie mit dem Hasen und dem Igel! Ich strenge mich an, gebe mein Bestes, die Zunge hängt mir regelrecht aus dem Hals. Bin ich hernach am Ziel, blicke ich auf und sehe ... *sie*, meine Frau. Und sie sagt: 'Ich bin schon da.'"

„Wieso ist das ein Problem für dich? Und warum machst du mir zum Vorwurf, Dinge gut und schnell im Griff zu haben? Das ist doch kein Makel, der an mir haftet. Warum weißt du es nicht einfach zu schätzen? Ich tu' schließlich *alles* für dich!"

„Das stimmt schon, trotzdem ..., ach, ich weiß auch nicht."

„Vielleicht ist das genau das Problem." Die Psychologin versucht, eine Struktur in seine Äußerung zu bringen. Beide blicken fragend auf. Die Therapeutin schaut zuerst Vera Sajović an. "Wenn Sie alles schnell und gut strukturiert hinbekommen, und Ihr Mann dabei kaum eine Chance hat, Dinge in seinem eigenen Tempo, das vielleicht etwas verzögerter ist, zu erledigen, frustriert ihn das. Ist es so, Herr Sajović?" Ihr Blick wechselt zu ihm.

„Genauso ist es! Es war mir selbst bis vorhin nicht klar. Und wissen Sie, es ist sogar noch schlimmer. Ich fühle mich wie ... ein Nichtsnutz, wie ein jämmerlicher Idiot." Seine Stimme wird lauter, zuletzt bricht es aus ihm heraus. „Sie kann alles! Und alles besser als ich! Und das meine ich genau *so*! Ihr gelingt tatsächlich alles und jedes, obendrein schnell und dennoch gründlich. Sie erledigt mal eben den Haushalt, Telefonate, ihre Arbeit. ... Und alle sind zufrieden, mögen sie, sie kommt mit jedem zurecht, jeder will mit ihr befreundet sein. Sie vergißt nie Geburtstage, selbst die *meiner* Freunde nicht! Regelmäßig erinnert sie mich, ich solle dran denken, daß ... XY Geburtstag habe, und ich bisher kein Geschenk besorgt habe. Vergesse ich es dennoch, zaubert sie eins aus dem Ärmel. ... Obendrein handelt es sich um eines, über das sich derjenige richtig freut. Obwohl sie den Geschmack meiner Freunde gar nicht erschöpfend kennen kann. ... Selbstverständlich liegt die fertige Karte dabei, die sie schreibt, weil sie ohnehin weiß, daß mir nie was einfällt. Auch kein gescheites Geschenk. Falls ich an einen Geburtstag überhaupt denke, kaufe ich ein Buch. Am selben Tag. Lasse es selbstverständlich im Geschäft einpacken. *Ohne* Karte. ... Ich kann ja meine Wünsche persönlich überbringen. Mit Karte ist es natürlich viel netter. ... Ich wünschte mir so sehr, sie würde *ein* Mal – nur ein *einziges* Mal – einen Fehler machen! Wenigstens einen kleinen. Lieber wäre mir jedoch ein ... großer! Ein kleiner würde mir aber schon reichen. Nur macht sie keinen. Sie hat *immer alles* im Griff! Und ich steh' wie der Trottel vom Dienst daneben. Denn alles, was *mich* ausmacht, verblaßt neben ihr."

Während seiner Ausführungen haben sich die Augen seiner Frau zunehmend geweitet. Sie ist fassungslos. So hat sie es bisher noch nicht gesehen. Es tut ihr leid, daß er sich derart fühlt.

Nur kann sie andererseits keine andere werden, bloß damit er sich weniger schlecht fühlt. „Ich bedaure das. Ganz ehrlich! Ich will nicht, daß du leidest! Nur, soll ich ab jetzt Fehler einbauen, damit es dir gutgeht? Oder Geburtstage vergessen, an die ich in Wahrheit denke? Damit würde ich ja viele andere Menschen traurig machen, obwohl es gar nicht sein müßte."

„Erst einmal geht es lediglich um die Gefühle Ihres Mannes, Frau Sajović. Sie sind bereits wieder bei einer allumfassenden Lösung. Vielleicht gibt Ihnen Ihre eigene Aussage bereits einen Hinweis auf das, was Ihr Mann meint."

„Immerhin zeigt mir *seine* Aussage, daß er wohl doch anerkennt, was ich alles bewerkstellige. Bisher hab' ich ja ständig das Gefühl gehabt, er belächelt das, was ich leiste. Dabei ist es genau umgekehrt. Aber ... was sollen wir denn jetzt tun? Muß *ich* mich verändern?"

„Jeder darf seine eigene Umgehensweise mit verschiedenen Dingen haben. Es ist grundlegend, das erst einmal anzuerkennen. Was Ihre Bereiche betrifft, dürfen Sie bleiben, wie Sie sind! Und Ihr Mann darf das ebenfalls. Es ist wichtig, daß er sich selbst um gewisse Sachen kümmert. Vor allem um welche im zwischenmenschlichen Bereich. Wie fänden Sie es, Herr Sajović, sich in Zukunft zum Beispiel selbst um die Geburtstage Ihrer Freunde zu kümmern?"

„Das wäre sicherlich sinnvoll. Allerdings vergesse ich tatsächlich sehr häufig solche Daten."

„Und?"

„Na ja, dadurch sind die entsprechenden Leute traurig."

„Und?"

„Das ist doch nicht schön, oder?"

„Wie unschön finden Sie es denn?"

„*Richtig* unschön!"

„So unschön, es lieber anders haben zu wollen?"

„Natürlich."

„Und was sind Sie bereit, dafür zu tun?"

„Also ... ich muß besser an bestimmte Tage denken."

„Genau. Es stehen Ihnen drei vorrangige Lösungen zur Verfügung. Erstens, Sie lernen, an Geburtstage et cetera zu denken; zweitens, Sie denken nicht daran und nehmen beispielsweise die Traurigkeit Ihrer Freunde in Kauf, oder drittens, Sie lassen alles, wie es ist. Ihre Frau kümmert sich also wie bisher um alles, und Sie fühlen sich weiterhin als *Nichtsnutz*, der nicht einmal in der Lage ist, an den Geburtstag seines besten Freundes zu denken."

„Mir muß es also wichtig genug sein, beispielsweise meine Freunde nicht traurig oder sauer zu machen. So wichtig, daß ich bereit bin, mich zu strukturieren, um endlich an gewisse Daten zu denken. Und zudem *so* wichtig, daß ich mir die Zeit nehme, nach Geschenken Ausschau zu halten, oder was auch immer nötig ist."

„So ist es! Nur alles so zu lassen, wie es derzeit läuft, und nebenher dauernd zu jammern, wie beschissen man sich dabei fühle, das ist unbrauchbar. Oder?"

Alexander Sajović nickt. Er ist über die stets deutlichen Formulierungen seiner Therapeutin froh; denn damit, um den heißen Brei zu reden, kann er nichts anfangen.

Zuletzt faßt Dr. de Winter das Erarbeitete zusammen. „Es geht an und für sich darum, bereit zu sein, die Konsequenzen seines eigenen Handelns in Kauf zu nehmen beziehungsweise diese zu akzeptieren. Das bedeutet, es ist sozusagen einerlei, *wie* Sie sich entscheiden, und welche Handlungen Sie aus Ihren Entscheidungen ableiten. Nur müssen Sie bereit sein, die Folgen zu tragen! Ohne diese zu beklagen. Denn das macht keinen Sinn! Schließlich haben Sie vorher gewußt, daß gewisse Ergebnisse zu erwarten sind, sollten Sie dies oder jenes tun. ... Bemühen wir ein weiteres Mal das Beispiel mit den Geburtstagen. Es ist recht wahrscheinlich, daß der ein oder andere traurig oder ärgerlich ist, wenn Sie es nicht für nötig halten zu gratulieren, da das bedeutet, es ist Ihnen nicht ausreichend wichtig. Das ist zwar in Ordnung, allerdings müssen Sie dann auch damit leben, daß Ihre Freunde vielleicht – entsprechend – ebenfalls andere Prioritäten setzen."

Vera Sajović hat aufmerksam zugehört. Sie versucht, das Gesagte auf sich selbst zu übertragen. „Für mich bedeutet das wohl, ich sollte aushalten lernen, daß mein Mann eine von mir abweichende Vorstellung davon hat, wie man mit anderen umgeht, und was als Geschenk – um *noch* einmal das Beispiel zu bedienen – akzeptabel ist und was nicht. Zusätzlich muß ich lernen, das Tempo meines Mannes auszuhalten und zu akzeptieren. Und daß es nicht negativ oder defizitär ist, wenn er Dinge im allgemeinen nicht *so* und zudem nicht so zügig erledigt wie ich."

Die Psychologin bestätigt erneut durch ein Nicken. „Und Sie, Herr Sajović, können darüber hinaus lernen, die Stärken Ihrer Frau anzuerkennen, statt sie oder sich selbst zu degradieren. Sobald Sie sich mit ihr darüber freuen, und ebenso darüber, eine derart tolle, beliebte und begabte Frau zu haben, fühlen Sie sich nicht mehr als *jämmerlicher Idiot* oder *Nichtsnutz*, sondern können es eher als Bereicherung für sich selbst erfahren."

Bedächtig nickt nun auch er. Ja, man kann Dinge tatsächlich von einer anderen Seite sehen. Und aus dem aufgezeigten Winkel betrachtet, wirken sie viel freundlicher. Gut, er will es versuchen! Etwas unsicher spinkst er zu seiner Frau. Diese erwidert seinen Blick, lächelt ihm dabei aufmunternd zu. Auf einmal beginnen beide, sich gegenseitig zuzunikken. Sie wollen es versuchen, obgleich es bestimmt nicht einfach wird. Wie immer! Doch haben sie schließlich weitere Termine. Da ist leichtes Schwächeln gewiß noch eine Weile erlaubt.

45

Im Eiltempo begann sie, die soeben getätigten Einkäufe, im Kofferraum ihres Wagens zu verstauen. Begleitet von kühlen Windböen, nieselte es bereits während des gesamten Tages ohne jegliche Unterbrechung. Der nahende Herbst ließ sich nicht länger verleugnen.

Erneut beschlich Mina dieses mulmige Gefühl, beobachtet zu werden. Brennende Blicke, die sich in ihren Rücken bohrten. Doch wie jedesmal, hatte sie nichts Verdächtiges ausmachen können, als sie die Umgebung mit den Augen durchforstet hatte. Waren es vielleicht tatsächlich ihre Nerven? Wie so oft verwarf sie diesen Gedanken umgehend.

Diesmal endgültig! Zu keiner Zeit hatte sie zu Hysterie oder Dramatik geneigt. Bemühte sich statt dessen stets, besonnen mit den Dingen des Lebens umzugehen, und das gelang zumeist.

Was mit einer bloßen Vermutung begonnen hatte, war mittlerweile einer klaren Gewißheit gewichen: Etwas Außergewöhnliches, schlimmstenfalls sogar Bedrohliches ging in ihrem Leben vor, dessen Ursprung sich jedoch leider nach wie vor vollkommen ihrer Kenntnis entzog.

Doch sie würde es noch herausfinden!

Als sie alles verpackt hatte, stieg sie rasch in ihren Wagen und fuhr zügig davon.

Kaum hatte sie wenig später die Tür zum Haus geöffnet, läutete das Telefon. Schwerbeladen lief sie zunächst in die Küche, setzte unsanft die Einkaufstaschen ab, um zurück in den Flur zu eilen und dem wiederkehrenden Ton ein Ende zu bereiten.

Nachdem sie sich gemeldet hatte, wurde sie unvermittelt von einem Wortschwall überrollt. Ihr Bruder hatte Neuigkeiten, die er anscheinend als Kompaktnachricht loswerden wollte. Leider handelte es sich nicht um angenehme, darum wohl die verbale Eile.

Mina hörte geduldig zu, bis er sich endlich leer geredet hatte.

„Oh nein, Fabian! Du meinst die süße Blondine mit den großen blauen Augen? Die war doch so nett! Und sehr in dich verliebt. ... Mmh. ... Ach so. ... Na, da kann man nichts machen! ... Mmh! Trotzdem schade."

Erneut hatte Fabian eine Eroberung abserviert, die er erst vor drei Wochen errungen hatte. Dabei war Simone sehr lieb, intelligent und witzig gewesen, soweit Mina das beurteilen konnte. Sie sah die jeweilige Kandidatin im Durchschnitt ja lediglich ein einziges Mal. Mehr Gelegenheiten ergaben sich meistens nicht – bei diesen Halbwertszeiten. Eine Drosophila verfüge über eine deutlich längere Lebenszeit als Fabians Beziehungen, hatte Mina es einmal satirisch zusammengefaßt. Obwohl ihr Bruder diesmal mit einer Dauer von drei Wochen sogar seinen eigenen Rekord gebrochen hatte. Immerhin gelang es ihm für gewöhnlich etwa ein halbes Jahr auszuhalten.

Okay, Fabian war ein hochintelligenter Mann mit sprühenden Ideen und einem umfangreichen Wissen. Und es handelte sich bei ihm keineswegs um Halbwissen, wie sie es bedauerlicherweise bei vielen anderen oftmals erlebte. Die lasen vor einem geselligen Abend flüchtig zwei oder drei Zeitschriften, am besten die Überblicksartikel, speicherten einige markante Aussagen ab, begaben sich auf die Party und lenkten geschickt das Gespräch auf die im Kurzzeitgedächtnis zur zeitnahen Wiederverwertung zwischengelagerten Themen. Dann ergossen sie sich in schlauen Sprüchen, die sie den Artikeln entnommen hatten, brüsteten sich auf diese Weise mit ihrem scheinbar umfangreichen Verständnis für Politik, Religion und Wirtschaft. Heiße Luft, nicht mehr!

Das galt in keiner Weise für Fabian. Doch nicht, daß er etwa erwartete, eine Partnerin müsse es ihm gleichtun. Eine gewisse intellektuelle Aufnahmebereitschaft erwartete er jedoch schon. War die nicht vorhanden, langweilte er sich rasch. Demzufolge verabschiedete er sich – und zwar dauerhaft.

Und dieses Mal hatte es Simone getroffen. Die wunderschönen blauen Augen hatten leider auch nichts retten können.

Mina war traurig und fühlte mit Simone, die gemäß Fabians Erläuterungen sehr geweint hatte. Und obwohl sie ihren Bruder aus dessen Wesen und Verständnis heraus nachvollziehen vermochte, vertrat sie die Ansicht, er müsse eine gewisse Korrektur seiner Vorstellungen und Ansprüche vornehmen, die Verhältnisse neu zueinander positionieren.

Dabei würde letztlich nichts verlorengehen, lediglich anders aufgeteilt sein. Diesbezüglich hatte sie sich bereits des öfteren mit ihm ausgetauscht. „Du mußt dich ja nicht mit weniger zufriedengeben, Abstriche machen! Das meine ich nicht. Jedoch könntest du eventuell einige deiner Werte hinterfragen und hier und da eine leichte Verschiebung vornehmen."

Er hatte ihren Standpunkt verstanden, dennoch gelang ihm eine derartige Neuanpassung bislang nicht.

Es klingelte an Minas Tür. Das hatte ihr gerade noch gefehlt! Nicht einmal ihre Einkäufe hatte sie bisher auspacken können. Ben konnte es nicht sein. Er wollte heute lange arbeiten und anschließend zügig ins Bett gehen. Sie hatten verabredet, eventuell gegen zehn kurz miteinander zu telefonieren. So war ihr erster Impuls, gar nicht zu öffnen. Als ihr in den Sinn kam, es könne sich um Frieda handeln, entschied sie sich mal wieder anders.

„Fabian, wir reden ein anderes Mal weiter, ja? Es schellt gerade. ... Ich drück' dich auch. Tschüß!"

Das Telefon noch in der Hand haltend, öffnete sie die Tür und fand eine ihr unbekannte Frau vor. Also äußerte sie statt einer Begrüßung lediglich: „Ja?"

„Oh bitte entschuldigen Sie den Überfall, Frau Doktor de Winter! Ich habe Sie telefonisch nicht erreicht, und es ist wirklich dringend."

Mina schaute weiterhin desorientiert. Endlich fiel der Groschen. Vor ihr stand Maria Lindlau, die Tochter ihrer Nachbarin. Sie sah sie nicht häufig. Und offensichtlich zierte sie eine neue Frisur inklusive einer etwas veränderten Haarfarbe, zudem trug sie neuerdings eine Brille.

„Ach, Frau Lindlau! 'tschuldigung, ich habe Sie nicht gleich erkannt."

„Ja, ich habe eine Wette verloren." Sie griff sich verstohlen lächelnd ins Haar. „Nein, ich mußte mal was Neues ausprobieren! Und die grauen Haare, die neuerdings Überhand nahmen, wollte ich ebenfalls ein bißchen kaschieren. Es ist leider ziemlich danebengegangen."

„Oh nein!" beeilte sich Mina zu sagen. Sie fand es tatsächlich recht schön. „Es ist nur ungewohnt, steht Ihnen aber gut. Kommen Sie doch rein, Frau Lindlau!"

Frieda Wellers Tochter trat dankend in den gemütlichen Wohnbereich und ließ sich auf dem angebotenen Sofaplatz nieder. In der Tat hatte sie etwas zu besprechen, das ihr sitzend wesentlich leichter fiel. Mina bot ihr etwas zu trinken an, was sie allerdings ablehnte. „Nein, nein, Frau de Winter, vielen Dank! Ehrlich gesagt würde ich gern zur Sache kommen. Ich möchte nämlich mit Ihnen über meine Mutter sprechen, falls Sie erlauben."

Gespannt setzte sich Mina neben ihren unerwarteten Gast. „Ich hoffe, es ist nichts passiert!?"

Sie war beunruhigt, Frau Lindlau wirkte sehr ernst.

„Na ja, wie man's nimmt", wendete diese zögerlich ein. „Meine Mutter ist in den letzten Monaten …, nun, wie soll ich es ausdrücken? Sie ist zunehmend seltsamer geworden. Zuerst dachte ich, man wird in dem Alter einfach etwas *tüttelig*. Doch ist es leider weit mehr."

Sie machte eine Pause und schaute angestrengt auf ihre Hände, die sie im Schoß nebeneinandergelegt hatte. Es fiel ihr schwer, über die Entwicklung ihrer Mutter zu sprechen. Es tat weh, deren Verfall zu beobachten, ohne etwas dagegen tun zu können. Zudem fand sie es unangenehm, zugeben zu müssen, daß ein Familienangehöriger offenbar einer geistig-seelischen Erkrankung zum Opfer gefallen war. In ihrer persönlichen Sichtweise hatte das etwas mit einer Art Makel zu tun.

Darum war sie zumindest erleichtert, daß Frau Doktor Wilhelmina de Winter diejenige war, der gegenüber sie offen sprechen mußte, war diese doch immerhin Psychologin. Darüber hinaus hatte sie die Nachbarin ihrer Mutter in all der Zeit nicht besonders häufig getroffen. Ein paarmal, wenn ihre Mutter zum Geburtstag eingeladen hatte, und ab und zu hatte man sich von Haustür zu Haustür flüchtig zugewinkt. Dennoch hatte Frau Lindlau die persönlichen Kontakte, die über die Jahre zustande gekommen waren, stets als ausgesprochen positiv erlebt.

Zudem erledigte Frau de Winter Einkäufe für ihre Mutter – war sie selbst beruflich zu eingespannt oder befand sich im Urlaub –, wechselte Glühbirnen aus und war darüber hinaus ständig zur Stelle, benötigte ihre Mutter einmal Hilfe. So konnte sie getrost von einem gutnachbarschaftlichen Miteinander ausgehen. Das wirkliche Ausmaß der Freundschaft zwischen den beiden Frauen hatte sich ihr allerdings nie offenbart.

Frau Lindlau ahnte nicht im entferntesten, um wieviel enger und herzlicher sich das Verhältnis zwischen ihrer Mutter und deren Nachbarin gestaltete, als es selbst unter günstigsten Bedingungen je zwischen *ihr* und ihrer Mutter herstellbar gewesen wäre.

Dieses als Geheimnis zu hüten, dafür hatte Frieda Weller mit viel Bedacht gesorgt, hatte sie doch stets Bedenken gehegt, die Tochter könne eifersüchtig oder traurig werden. Deren Draht zur Mutter war zwar nicht vollkommen frei von Gefühlen und Interesse an deren Wohlergehen, insgesamt konnte jedoch nichts über die vorwiegend vorhandene Distanziertheit dieses Verhältnisses hinwegtäuschen. Frieda hatte das Mina gegenüber einmal folgendermaßen beschrieben: Sie liebe ihre Tochter sehr und würde ohne zu zögern für sie sterben, doch mit ihr auf einer einsamen Insel zu stranden, sei eine grauenhafte Vorstellung.

Maria Lindlau klärte Mina nun darüber auf, was ihr auf dem Herzen lag. „Die ersten Untersuchungen sind bereits abgeschlossen, und die Ärzte vermuten, meine Mutter leide an einer Demenz. Wie weit diese fortgeschritten ist, und ob es sich um *Alzheimer* oder einen anderen Typus handelt, ist noch unklar. Doch haben sich in den letzten Monaten einige Vorfälle ereignet, die sich inzwischen derart dramatisiert haben, daß meine Mutter nicht länger allein in ihrem Haus leben kann. Deshalb werde ich sie vorerst zu mir nehmen. Sollte die Krankheit Ausmaße annehmen, die den häuslichen Rahmen sprengen, muß ich sie allerdings wohl oder übel in einem Pflegeheim unterbringen."

Die letzten Worte wurden von einem leichten Zittern der Stimme begleitet, wenngleich nicht auszumachen war, ob dieses Unstete in der Stimmmodulation durch Mitgefühl und Sorge hervorgerufen wurde, oder ob es einfach nicht so richtig in ihre Vorstellung von sich als Tochter paßte, die eigene Mutter in die Obhut fremder Menschen zu geben. Selbstverständlich war ihr klar, wie sehr ihre Mutter an ihrem Zuhause hing, und wie enorm sie darunter leiden würde, es verlassen zu müssen. Dessen ungeachtet konnte sie sich keinesfalls rund um die Uhr damit belasten, ihre Mutter in deren Haus zu belassen und dort zu versorgen. Das wäre wiederum zuviel verlangt! Maria Lindlau war sicher, dies sei für jeden nachvollziehbar.

Zunächst war es also um ein Vielfaches problemloser umsetzbar, sie bei sich einzuquartieren. Erst einmal! Ein stufenweiser Abschied aus einem selbständigen Leben war für ihre Mutter sicher weniger schmerzlich und der Umwelt gegenüber nicht gar so auffällig.

Mina deutete die stockende Erzählweise der Tochter allerdings ausschließlich als Trauer und Bestürzung über das Schicksal der Mutter, weshalb sie Frau Lindlau spontan umarmte, wodurch sich diese wiederum – wenn auch fälschlicherweise – in der Angemessenheit der eigenen Überlegungen bestätigt fühlte. Als sie sich, für den Moment erleichtert, aus der Umarmung löste, wollte Mina gern wissen, was denn in letzter Zeit Auffälliges passiert sei, das Anlaß zu der getroffenen Entscheidung gegeben habe.

„Nun, meine Mutter irrt so manches Mal in der Gegend herum. Sie ist bereits mehrfach in den Gärten der Nachbarschaft aufgefunden worden. Irgendwann hat sie sogar im Wohnzimmer der Fischers gestanden. Die kennen Sie ja, nicht?"

„Oh ja!" erwiderte Mina bedeutungsvoll. Das Ehepaar Fischer hetzte sehr gern gegen andere Leute. Sie selbst hielt sich lieber von ihnen fern, demgegenüber war Frieda hin und wieder mit ihnen aneinandergeraten. Und das hatte vor allem *Herr* Fischer – ein unangenehmer, cholerischer Mensch, der für alles, was er selbst verbockte, anderen die Schuld zuschob – überall breitgetreten. Selbstredend hatte er die Geschichte so weit verdreht, um als Held daraus hervorgehen zu können, während die gutmütige Frieda von ihm in einer Art und Weise diffamiert worden war, daß sie manchem Nachbarn als bösartige Hexe, auf ihrem Besen durch die Nacht reitend, vor dem geistigen Auge erschien.

„Beim Bäcker hat sie letzte Woche, als sie gefragt wurde, was sie wünsche, nur abwesend aus dem Fenster geschaut und was vor sich hingemurmelt, in der Art, da sei er wieder, der fremde Mann, der führe gewiß Böses im Schilde, bringe noch Unheil über andere Menschen oder ähnliches. Die Bäckersfrau, Frau Hansmann, hat es mir selbst erzählt."

Frau Lindlau schwieg erneut. Es war ihr unangenehm, daß ihre Mutter sich auf diese Weise unfreiwillig dem Gespött der ganzen Gegend ausgesetzt hatte.

Mina war derweil mit ihren eigenen Gedanken beschäftigt. Schließlich hatte sie sich in letzter Zeit ebenfalls um die alte Dame gesorgt. Auch sie hatte Frieda suchend im Garten vorgefunden. Und schon häufiger hatte sie des Nachts bei ihr Licht gesehen, war sie selbst mal wieder unsanft durch das Klingeln ihres Telefons aus dem Schlaf gerissen worden.

Zudem hatte es die Begebenheit mit dem falschen Schlüssel gegeben. Und zuletzt hatte Frieda auch ihr etwas von einem fremden Mann erzählt, der um Minas Haus geschlichen sei, und vor dem sie sich möglicherweise in acht nehmen solle.

Und das alles sollte einem dementen Geist entsprungen sein? So gravierend war es Mina gar nicht vorgekommen. Frau Lindlau sowie Frieda selbst hatten es als *tüttelig* bezeichnet, was es nach Minas Einschätzung recht treffend charakterisierte. Keinesfalls wirkte die alte Dame auffällig oder gar geistesschwach.

Und die Warnung vor dem fremden Mann hatte sie nicht überbewerten wollen. Wer konnte schon wissen, wen sie gesehen haben mochte? Manchmal beobachtete man schließlich Menschen, die einem irgendwie merkwürdig erschienen; und weil die Nachrichten vor lauter Berichten über Einbruchdiebstähle, prügelnde Jugendbanden und andere Schrecklichkeiten dieser Welt barsten, konnte man fraglos mal ein bißchen paranoid werden. Alte Menschen neigten ohnehin zu etwas mehr Ängstlichkeit. Im übrigen hatte sie ja selbst schon seit geraumer Zeit das Gefühl, beobachtet zu werden. Nicht, daß sie einen Zusammenhang konstruieren wollte, nur, litt sie deshalb ebenfalls an einer Demenz?

„Oh, wofür ich mich unbedingt bei Ihnen entschuldigen muß! Zumindest vermute ich es." Frau Lindlau riß Mina jäh aus ihren Überlegungen. „Haben Sie in letzter Zeit nächtliche Anrufe von meiner Mutter bekommen?"

„Nein, habe ich nicht."

„Na ja, es muß nicht unbedingt jemand gesprochen haben. Und eine Anzeige der Rufnummer hat meine Mutter ja nicht."

„Oh ja! Es sind tatsächlich einige anonyme Anrufe bei mir eingegangen."

„Sehen Sie! Ich dachte es mir."

„Aber das muß ja nicht Ihre Mutter gewesen sein. Schließlich hat sich nie jemand gemeldet."

„Doch, glauben Sie mir! Es tut mir wirklich sehr leid, und ich entschuldige mich im Namen meiner Mutter! ... Ich erkläre es Ihnen. Dazu muß ich allerdings etwas ausholen. ... Sehen Sie, meine Mutter telefoniert seit einiger Zeit des Nachts, wenn sie nicht schlafen kann, was zunehmend häufig vorkommt. Für gewöhnlich ruft sie bei *mir* an, um einfach meine Stimme auf dem Anrufbeantworter zu hören. Sie weiß, daß unser Telefon im Wohnzimmer steht, und wir es auf der ersten Etage bei geschlossener Schlafzimmertür nicht hören. Dementsprechend stört sie nicht, und auf sie wirkt es wohl beruhigend, eine vertraute Stimme zu vernehmen. So hat sie es mir vor längerem mal erklärt, nachdem ich sie nach den ersten Malen aufgelöst zurückgerufen habe, sobald ich morgens das Lämpchen blinken sah und direkt an meine Mutter dachte und daran, es könne ihr etwas zugestoßen sein. … Da ihr Telefon – wie gesagt – keine Rufnummer übermittelt, ist es reine Spekulation gewesen, die sich zwar bestätigt, zum Glück jedoch als harmlos herausgestellt hat. … Vor einiger Zeit nun hat sie mich verlegen gefragt, warum ich keinen Anrufbeantworter mehr angeschlossen habe, und es tue ihr leid, mich geweckt zu haben. Sie hat regelrecht herumgedruckst, so peinlich ist es ihr gewesen. Vermutlich hat sie es letztendlich nur gebeichtet, weil sie kein einziges Mal mehr den Anrufbeantworter erwischt hat und damit unzufrieden gewesen ist. … Dieser hat allerdings ununterbrochen einwandfrei funktioniert. … Also habe ich nach einer Erklärung gesucht. … Der Zufall ist mir zu Hilfe gekommen. Es ist nämlich so, … meine Mutter hat an ihrem Telefon ein paar dieser Schnellwahltasten belegt, für Nummern, die sie häufig wählt. *Mein* Anschluß ist auf der Eins programmiert und *Ihrer* auf der Vier, das habe ich vor einiger Zeit so eingerichtet. … Letztens hat sie meinen Mann anrufen wollen, um ihn zu bitten, mich bei ihr abzuholen. Mein Auto ist einfach nicht angesprungen, als ich, nach einem Besuch bei ihr, habe nach Hause fahren wollen. Ich hab' ganz zufällig auf den Zahlenblock am Telefon geschaut. Mutter hat ja noch diesen alten Apparat, der an einer Spiralschnur mit dem Hörer verbunden ist. Dabei habe ich gesehen, wie sie statt der Eins die Vier gedrückt hat. Als ich rasch die Verbindung unterbrochen und ihr erklärt habe, sie habe die falsche Taste betätigt, hat sie darauf bestanden, ich sei im Unrecht, sie habe eindeutig die Eins gedrückt! … Nach einigem Hin und Her hat sie mich wissen lassen, bisher habe sie stets diese Taste betätigt und sei an der richtigen Stelle gelandet. … Ich habe daraufhin nicht weiter insistiert und sie auch später nicht mehr darauf angesprochen, um ihr … die Peinlichkeit zu ersparen. Dennoch reime ich es mir so zusammen, daß sie nachts häufig statt meiner *Ihre* Nummer angewählt hat, und … vermutlich sind sie einige Male ans Telefon gegangen."

Mina bestätigte es.

„Dabei hat sie Sie womöglich irrtümlich für mich gehalten, ist jedoch in ihrem mittlerweile etwas verwirrten Verstand nicht auf die Idee gekommen, es richtigzustellen oder ist zu perplex oder überfordert gewesen, um zu reagieren. Oder sie hat einfach wieder eingehängt, weil es ihr unangenehm gewesen ist, mich geweckt zu haben. Schließlich ist ihr das diesbezügliche Gespräch mit mir äußerst unangenehm gewesen, und sie hat sehr, sehr zögerlich Auskunft erteilt."

Mina ließ sich diese Erklärung kurz durch den Kopf gehen.

Ja, es paßte alles! Sie hatte kein einziges Mal eine Nummernanzeige auf dem Display gehabt, es hatte nie jemand gesprochen, und nach kurzer Zeit war regelmäßig die Verbindung unterbrochen worden, hatte sie dies nicht bereits vorher von sich aus getan. Zudem war ihr doch mehrmals aufgefallen, daß bei Frieda Licht gebrannt hatte, während sie die unfreiwillige Schlafunterbrechung zur Entleerung ihrer Blase genutzt hatte.

Schlagartig fiel ihr ein Stein vom Herzen! Sie war inzwischen so sehr besorgt gewesen, hatte schon eine sich ankündigende Bedrohung gefürchtet. Dabei steckte bloß Frieda hinter allem! Die gute, alte, liebe Frieda mit ihrer etwas getrübten Sicht und dem Hang, ihre Brille überall zu haben, nur nicht auf der Nase.

Allerdings zweifelte sie weiterhin entschieden an einer Demenz als Ursache der Vorfälle.

Frau Lindlau schrieb Minas Schweigen im ersten Moment allerdings eine andere Bedeutung zu. „Sie sind sauer, was? Das kann ich verstehen. Sie haben schließlich einen anstrengenden Beruf. Wird man dann ständig aus dem Schlaf gerissen, ist das nicht nur ärgerlich, sondern zerrt auch an den Nerven."

„Nein, Frau Lindlau. Entschuldigung, wenn ich so gewirkt habe! Ehrlich gesagt bin ich eher froh. Ich bin bereits etwas beunruhigt über die anonymen Anrufe gewesen. Und in letzter Zeit hat die Frequenz sogar zugenommen. Nun, da ich davon ausgehen kann, lediglich mit Ihrer Mutter telefoniert zu haben, bin ich regelrecht erleichtert."

„Oh, jetzt bin ich aber ebenfalls froh! Und machen Sie sich keine Sorgen! Ich habe eben erst Ihre Nummer gelöscht. Leider benötigt meine Mutter sie nun ohnehin nicht mehr. Ich nehme Sie gleich heute mit zu mir. Ich habe bereits einen Immobilienmakler mit dem Verkauf des Hauses beauftragt."

„Ist es denn wirklich so eilig?" wollte Mina wissen. „Kann sie nicht noch eine Weile in ihrer gewohnten Umgebung bleiben? Es ist schließlich nicht dramatisch, wenn sie mal in fremden Gärten steht. Und ich schaue gern häufiger nach ihr, falls das hilfreich ist."
„Nein!" Das kam kategorisch zurück. „Vielen Dank, liebe Frau Dr. de Winter!" Frau Lindlau ergriff spontan Minas Hand. „Sie sind ein guter Mensch, und es hat mich während der letzten Jahre sehr beruhigt, Sie nebenan zu wissen. Leider bin ich beruflich stark eingespannt, und es wird immer mehr. Ich muß zunehmend häufig zu Kunden ins Ausland fliegen. Ich habe ohnehin keine Ahnung, wie das gehen soll mit meiner Mutter. ... Ich weiß, Sie sind umsichtig und waren auch stets da, sobald es nötig war. Sogar weit über ein normales Maß hinaus. Nur wissen Sie noch gar nicht das Schlimmste." Erneut senkte sie den Blick.

Nach einer Weile hatte sie sich ausreichend gesammelt, um weitersprechen zu können. „Meine Mutter hat gestern abend einfach den Gasherd angemacht. Oder sie hat vergessen, ihn auszumachen. Doch eigentlich spricht alles für ersteres. Es sind nämlich sämtliche Schalter voll aufgedreht gewesen, inklusive Backofen, dessen Tür obendrein geöffnet gewesen ist. Es hat fast gewirkt, als wolle sie sich in einem umnachteten Moment das Leben nehmen. ... Sie sagt, sie sei es nicht gewesen. Das könne nur dieser ominöse *fremde Mann* getan haben, ... den sie sich ja schon ein paarmal zusammenfabuliert hat. Ich habe das Gespräch daraufhin rigoros abgebrochen. Es hat mich sehr bedrückt, meine Mutter so einen Unsinn reden zu hören! ... Allerdings kann ich sie vor diesem Hintergrund keinesfalls länger in ihrem Haus lassen. Es ist purer Zufall gewesen, daß ich ausgerechnet gestern noch bei ihr hereingeschaut habe! ... Ich hatte nämlich vergessen, ihr eine Crème zu besorgen, die sie so gern hat, und die man nicht überall bekommt. Ich hab' ihr eine Freude machen wollen und sie ihr vorbeigebracht. Bevor ich gegangen bin, hab' ich noch kurz ein Glas Wasser trinken wollen und dabei die Bescherung entdeckt. Ich habe sofort alles abgedreht, sämtliche Fenster weit aufgerissen und bin mit meiner Mutter ins Auto gestiegen, um abzuwarten, ob etwas passiert. Einen Moment lang hab' ich sogar überlegt, ob ich die Feuerwehr anrufen soll, aber meine Mutter hat geschworen, überhaupt erst seit einer halben Stunde zu Hause zu sein. Danach soll mutmaßlich ... dieser *Fremde* ... aufgetaucht sein, dem sie beharrlich unterstellt, für den Zwischenfall verantwortlich zu sein."

„Und wenn diese Person tatsächlich existiert?" Mina wollte wenigstens den Versuch einbringen, die Angelegenheit aus einer anderen Perspektive zu beleuchten. Gewiß, alles hörte sich logisch an, und nichts sprach so recht dafür, daß Frieda geistig absolut auf der Höhe war, zumindest nicht, betrachtete man diese Geschichte als solche. Andererseits gelangte Mina beständig zu dem Schluß, daß Frieda keineswegs dement auf sie wirke. Höchstens hier und da ein wenig zerstreut, jedoch gewiß nicht derart ausgeprägt, um einen Auszug aus ihrem Heim oder gar eine *Dauerbewachung* zu rechtfertigen.

„Es ist lieb von Ihnen, Frau de Winter, so sehr für meine Mutter einzutreten."

„Und die Streifzüge durch fremde Gärten können ja ebenfalls einen plausiblen Grund haben", fügte Mina hinzu.

„Sie hat es auch schon nachts getan."

„Das wirkt tatsächlich ungereimt und ein wenig seltsam."

„Ich bin wirklich sicher, daß das Gehirn meiner Mutter nicht mehr ganz intakt ist. In sechs Wochen wird eine bildgebende Untersuchung durchgeführt. Leider sind die Wartezeiten sehr lang. Danach haben wir Sicherheit. Wie auch immer, ich bin davon überzeugt, daß es das beste ist, wenn sie nicht mehr allein lebt."

Mina traf diese Nachricht sehr. Frieda in ihrer unveränderten äußerlichen Erscheinung sowie in ihrer stets ausgewogenen, modernen Art zu denken war ihr bisher irgendwie *unbegrenzt haltbar* vorgekommen.

Und sie war ihre Freundin! Mina hatte sie von Herzen lieb und wußte sicher, Frieda fühlte ebenso. Auf einmal überkam sie das Gefühl von damals, als sie und Fabian die Nachricht erhielten, ihre Eltern seien für immer fort. Und nun sollte es ihr mit Frieda ähnlich ergehen?

Sie spürte, wie ihr der Blick verschwamm. Das war ihr unangenehm, Maria Lindlau erfuhr in diesem Moment schließlich das viel größere Leid und saß doch so tapfer vor ihr. Als diese Minas Rührung wahrnahm, konnte sie ihre eigenen Emotionen ebenfalls nicht länger unterdrücken, die zwar nicht annähernd so ausgeprägt wie die ihres Gegenübers ausfielen, jedoch genügend vorhanden waren, um eine ansehnliche Menge von Tränen zu erzeugen.

Und kurze Zeit später saßen die Frauen in enger Umarmung auf der Couch, weil ein Mensch, der ihnen auf die ein und andere Weise sehr nahestand, unfreiwillig in einen neuen Lebensabschnitt eintreten mußte, von dem beide wußten, dies stellte einen deutlichen Schritt in Richtung eines endgültigen Abschieds dar. Und so tränkte die jeweils eine der jeweils anderen den Schulterstoff mit salzigen Tränen der Trauer.

Als habe sie nur darauf gewartet, öffnete Frieda unmittelbar die Tür, als Mina bei ihr anschellte. Diese wollte ihre Freundin unbedingt noch vor deren überstürzten Auszug sehen und ihr ein paar persönliche Worte mit auf den schweren Weg geben. Doch in diesem Augenblick schnürte sich ihre Kehle zu, sie brachte kein einziges Wort hervor. Frieda schien es ebenso zu ergehen; also breitete sie einfach ihre Arme aus, und Mina fiel förmlich hinein. Sie drückten sich herzlich, was ohnehin jedes Wort überflüssig machte.

Und damit sich nicht der Eindruck einbrannte, es könne tatsächlich ein dauerhafter Abschied werden, beließen sie es bei der innigen Umarmung bei geöffneter Tür. Zum Schluß küßten sie sich noch einmal herzhaft auf beide Wangen, dann entfernte sich Mina schweren Herzens.

Derweil blieb Frieda in der offenen Tür stehen und lächelte. Es war ein trauriges Lächeln, doch wirkte es darüber hinaus tapfer und weise. Schließlich war ihr seit langem klar, daß mit einer gewissen, nicht zu unterschätzenden Wahrscheinlichkeit irgendwann der Moment eintreten würde, in dem sie ihr geliebtes Haus, ihre Heimat, verlassen mußte. Die Gegend, die sie so sehr liebte. Hier hatte sie mehr als die Hälfte ihres Lebens verbracht, und in all den Jahren hatte sie sich genau hier wohlgefühlt. Sie kannte nicht nur sämtliche Nachbarn, auch jeder Baum und jeder Strauch war ihr vertraut.

Doch irgendwann mußten schließlich alle Abschied nehmen, und der ihre war zur Zeit – verglichen mit vielen anderen – sogar recht gnädig. Immerhin konnte sie vorerst bei ihrer Tochter leben, obwohl ihr das bereits ausreichend arg erschien.

Sie schüttelte den Kopf, als könne sie diesen Gedanken, der ihr regelrecht undankbar vorkam, auf diese Weise loswerden. Und was würde eigentlich danach auf den Plan treten? Betrachtete man es nüchtern, handelte es sich um einen Abschied auf Raten. Nur, wer wußte schon, was einen erwartete? Vielleicht fiel sie ja im nächsten Moment tot um.

Komischerweise machte sie sich um sich selbst derzeit gar keine Sorgen. Vielmehr lag ihr das Kindchen, ihre Mina, am Herzen. Sie war fest davon überzeugt, von dem fremden Mann, der sich in der Gegend herumtrieb, ging nichts Gutes aus. Sie hatte bereits versucht, Mina zu warnen. Seit allerdings ihre Tochter, der sie offensichtlich regelrecht peinlich war, überall entschuldigend herumerzählt hatte, sie leide an einer Demenz, nahm sie niemand mehr so richtig ernst.

Wenn überhaupt, war Mina die einzige. Doch wahrscheinlich hatten alle recht! In der Tat war sie leidlich vergeßlich geworden. Manchmal stand sie sogar irgendwo und wußte nicht mehr, was sie da gewollt hatte. Ihre Tochter hatte ihr erklärt, ihr Gehirn sei ein bißchen *mitgenommen*. Was für ein Ausdruck! Wer hatte es denn bloß mitgenommen?

Na ja, möglicherweise war wirklich nicht mehr alles dort, wo es hingehörte. Die Situation mit dem Schlüssel war letztendlich Beweis genug! Den falschen Schlüssel ins Schloß zu stecken und den Irrtum nicht einmal zu bemerken, obwohl dieser ganz offensichtlich nicht gepaßt hatte, da er weder nach rechts noch nach links drehbar gewesen war. Sie war so sehr davon überzeugt gewesen, daß er hatte passen müssen. So etwas war ihr vorher niemals passiert!

Nun konnte sie bloß abwarten, was die Untersuchungen ergaben, anschließend konnte man weitersehen. Vermutlich bekäme sie ein Etikett auf die Stirn geklebt. Diagnose: Schallermann! So konnte jeder unmittelbar erkennen, wie bekloppt sie war.

Als Frieda sich endlich aus ihren düsteren Gedanken lösen konnte und zurück ins Haus ging, war Mina längst außer Sicht. Sie war zurück in ihr eigenes Heim gegangen, hatte die Haustür geschlossen, sich mit dem Rücken dagegen gelehnt und verharrte seit mehreren Minuten in dieser Haltung.

Jetzt beugte sie die Knie und rutschte langsam mit dem Rücken die Tür entlang, bis sie mit angezogenen Beinen auf dem Fußboden saß. Ihr Blick lag in weiter Ferne. Sie saß einfach nur da und bemühte sich, das Gefühl niederzukämpfen, das ihre Brust so schmerzhaft zusammenzog.

Auf einmal spannte sich ihr gesamter Körper an. „Du bist so eine blöde Kuh!" rief sie laut zu sich selbst. „Greinst herum! Tust dir leid, weil *sie* ihr Haus verlassen muß! Schließlich ist *Frieda* wohl diejenige, die Mitgefühl verdient hat. Hör auf, dich selbst zu bemitleiden!"

Entschlossen erhob sie sich und besann sich auf das, was sie zu tun hatte. Zunächst einmal hatte sie den Schmerz zu akzeptieren, den dieser Abschied auslöste. Schließlich gehörte das ebenfalls zum Leben. Das wußte sie nur zu gut. Schon von berufswegen.

Die innere Zwiesprache entlastete. Ihr Kopf wurde peu à peu klarer. Außerdem gab es gewiß eine Lösung. Irgendeine, die eine glückliche Wendung herbeiführen würde! Wie genau die aussehen könnte, war ihr zur Zeit selbst nicht klar. Doch wußte sie, da ging noch was.

Nachdem sie etwas gegessen hatte, rief sie Ben an. Sie erzählte ihm von Friedas endgültigem Auszug und den Gründen, die dazu Veranlassung gegeben hatten. Ben hörte geduldig zu, kommentierte jedoch nicht viel. Mina fühlte sich nach dem Telefonat trauriger als zuvor.

Warum hatte er nicht zumindest ein paar tröstende Worte für sie gehabt? Merkwürdig! War er denn kein bißchen empathisch? Er kannte Frieda zwar nicht besonders intensiv, doch er wußte, wie nah sie selbst ihr stand. Nun ja, vielleicht erwartete sie einfach zuviel von ihm.

Sie baute ihr Saxophon zusammen und spielte den blauesten Blues, der ihr einfiel. Anschließend ging es ihr besser. Nachdem sie das Instrument sorgfältig gereinigt hatte, stieg sie unter die Dusche und begab sich sodann schleunigst ins Bett. Sie hatte noch Musik hören wollen, schlief jedoch bereits nach wenigen Minuten ein, so daß die eingelegte CD zwar keine Zuhörer mehr erfreuen konnte, ihre Lieder dennoch tapfer bis zum Ende abspielte.

*

Er glaubte doch tatsächlich, sie wisse nicht Bescheid; dachte, sie sei blöd! Dabei konnte sie verliebte Männer auf hundert Meter erkennen. Dieser dümmliche Gesichtsausdruck, fühlte er sich unbeobachtet, und andauernd ein munteres Liedchen auf den Lippen, das er fast unhörbar vor sich hinsummte, während er seine Sachen wegräumte oder das Geschirr abwusch.

Es war unerträglich für sie! So hatte sie sich das Ganze nicht vorgestellt! Letztendlich machte er es ihr allerdings leichter, zum richtigen Zeitpunkt Abstand zu allem zu nehmen. Sobald sie fertig mit ihm war, mußte sie ihn vermutlich nie wiedersehen. Sie grinste mit einem bösen Zug um den Mund. Sollte er ruhig noch ein wenig Spaß mit seiner kleinen Schlampe haben. Das würde ohnehin bald vorbei sein. Dann war sie frei! ... Doch war sie das auch wirklich? Einfach den Menschen loslassen, den man mal geliebt hatte? Ob ihr das gelingen würde? Und ein Leben in Spanien, so, wie sie es gemeinsam geplant hatten, als die Welt noch in Ordnung gewesen war, wollte und konnte sie das tatsächlich allein durchziehen? Alles hinter sich lassen? Würde sie sich nicht furchtbar einsam fühlen?

Sie wankte in die Küche und entkorkte die zweite Flasche Rotwein an diesem Abend. Auf dem Rückweg zu ihrem leeren Glas nahm sie schon einmal einen kräftigen Schluck aus der Flasche. Als sie sich, angetrunken vom vielen Alkohol, der sich bereits in ihrem Körper ausgebreitet hatte, aufs Sofa plumpsen ließ, suchte sie ihre Zigaretten.

Scheiße, sie saß drauf! Zum Glück hatten sie keinen Schaden genommen, waren lediglich ein bißchen zerknittert. Wie sie selbst, dachte sie frustriert. So viele Jahre ihres Lebens bereits futsch!

Schwungvoll streckte sie ihren Arm, als wolle sie einen Vogel in die Freiheit heben, wiederholte dann die Bewegung, brachte dabei laut hervor: „Futsch! Alles futsch!"

Anschließend ließ sie sich zur Seite fallen und lachte bitter. Nach einer Weile ging das Lachen nahtlos in ein Schluchzen über. Selbstmitleid überschwemmte sie nun wie der viele Alkohol. So schlecht hatte es das Leben mit ihr gemeint, obwohl sie doch stets ein guter Mensch gewesen war! Immerfort für alle da, nie hatte sie an sich selbst gedacht!

Und als ihre Freundin noch gelebt hatte, war sie ebenfalls dauernd für sie dagewesen. Wie oft hatte die sich ausgekotzt über Ben. Er sei nie da, arbeite zu viel. Und sei er zu Hause, beachte er sie häufig gar nicht. Sei ständig mit den Gedanken woanders. Pausenlos hatte sie die Freundin getröstet. Ja, und irgendwann hatte sich die Gattin halt vom desinteressierten Ben entfernt – und neu verliebt. Ja und? Das konnte doch passieren, oder? *Ihre* Schuld war es jedenfalls nicht gewesen!

Sie trank das bis zum Rand gefüllte Glas in einem Zug leer. Dabei lief die dunkelrote Flüssigkeit rechts und links aus ihren Mundwinkeln. Die beiden Spuren trafen im Dekolleté zusammen und verfingen sich zuletzt in der faltigen Spalte zwischen ihren Brüsten.

Jedoch bemerkte Martha es nicht. Sie füllte das Glas ein weiteres Mal. Und kaum hatte sie ihre Zigarette zu Ende geraucht, entzündete sie die nächste an der vorherigen. Hatte sie erst einmal mit dem Trinken begonnen, verlor sie bereits nach kurzer Zeit jegliche Kontrolle. Und je mehr Alkohol sie trank, desto mehr rauchte sie auch. Dabei endete es jedesmal auf die gleiche Weise: Irgendwann war sie komplett zugedröhnt, manchmal erbrach sie direkt neben dem Sofa, weil sie kaum noch gehen konnte und es keinesfalls bis zur Toilette geschafft hätte.

Am nächsten Morgen erwachte sie daraufhin mit einem säuerlichen Geschmack im Mund und einem ebensolchen Geruch in der Nase. Dann schleppte sie sich meistens zum Fenster, um frische Luft rein- und den Gestank rauszulassen. Danach setzte sie sich erst einmal in den unbefleckten Sessel, der dem Sofa gegenüberstand, um die Welle der Übelkeit abebben zu lassen. Die Einheiten des Sitzens und einzelner Handgriffe – Erbrochenes aufwischen, Flaschen wegräumen, Aschenbecher leeren, Flecken entfernen, falls möglich – wechselten sich hierbei ab.

So verbrachte sie alsdann meistens den Vormittag. Anschließend legte sie sich für ein oder zwei Stunden ins Bett. Zuletzt versuchte sie, ihrem Magen etwas Leichtes anzubieten. Wenn sie Glück hatte, behielt er es.

An diesem Abend lief es entsprechend ab. Selbstverständlich trank sie lediglich, sofern sie allein und unbeobachtet war. In Bens Gegenwart tat sie es nie. Keinesfalls wollte sie in seinem Beisein die Kontrolle verlieren. Das hätte ihn gewiß total abgestoßen, und alles wäre möglicherweise schon längst aus gewesen. Und wenigstens darüber wollte sie, *sie* ganz allein, die Kontrolle behalten. Sollte er sie doch betrügen! Okay! Letztendlich würde *sie* bestimmen, wann Schluß war!

Die Gedanken verschwammen in ihrem Gehirn. Inzwischen war die Betäubung so weit fortgeschritten, daß logisches Denken nicht mehr möglich war. Der Kopf fiel in den Nacken und sie selbst in einen wenig erholsamen Schlaf. Dabei öffnete sich der Mund, sie begann laut zu schnarchen. Irgendwann kippte ihr Körper zur Seite, wodurch sie noch einmal kurz erwachte.

Sie erbrach. So, das war nun auch erledigt! In diesem Zustand kümmerte es sie nicht.

Sie träumte von Andrea und Ben, vom kleinen Leonard und sogar von dem ungeborenen Kind, von dem Ben nicht wußte, ob es von ihm gezeugt worden war. Im Traum wurde dieses Kind geboren und von ihr, Martha, aufgezogen. Es sah ihr sogar ein bißchen ähnlich.

Alsdann entfaltete die zweite, rasch geleerte Flasche Wein ihre volle Wirkung. Alle Trauminhalte verschwammen und wurden wie in einem Wirbel in ein schwarzes Nichts gezogen.

46

Die letzte Sitzung vor der Mittagspause steht unmittelbar vor der Tür und ist mit Frau Burger belegt. Diese wiederum steht nicht, sondern sitzt. Und auch nicht vor der Tür, sondern bereits im Wartezimmer.
In gespannter Erwartung des Unvermeidlichen stößt Dr. de Winter hörbar den Atem aus. Zwar hat sich die Patientin während der letzten Wochen in zweifelhaften Versuchen wieder einmal einigermaßen zusammengerissen, hat sogar die Sache mit dem Glück wohlwollend in Erwägung gezogen; doch Frau Burger wäre nicht Frau Burger, wenn sie am Ende nicht doch wieder dermaßen viel an diesem Konzept auszusetzen gehabt hätte, daß es letztendlich als unbrauchbar verworfen worden ist. Schade, aber wie sagt man so schön? Man kann niemanden zu seinem Glück zwingen. Nur zu wahr!
Allerdings hat die Therapeutin ihre eigene Strategie deutlich modifiziert. Sie übt sich mittlerweile darin, trotz aller Widrigkeiten empathisch und wertschätzend ihre Interventionen zu plazieren, so gut es eben gelingt.
Von nun an will sie Frau Burger als eine Art Korrektur verstehen, um sich in der oftmals recht schwierigen Attitüde zu trainieren, einen persönlichen Angriff nicht wirklich persönlich zu nehmen. Selbst wenn er so gemeint ist.
Eine schwierige Kunst, die man dauerhaft nur dann beherrschen kann, wenn man lernt, seinen Narzißmus zu kontrollieren sowie jegliche Sensibilität der eigenen Person gegenüber zurückzustellen, was jedoch keineswegs gleichbedeutend mit einer mangelhaften Grenzsetzung ist.
Die Psychologin erhebt sich und streicht ihren Rock glatt. Auf geht's! Tapfer fügt sie sich in die bevorstehende Sitzung, auf die sie sich sogar ein wenig freut. Was doch eine veränderte innere Haltung zu bewirken vermag!
„Alles hat wieder richtig Spaß gemacht, es geht mir insgesamt auch viel besser", berichtet Anna Burger, was die vorgezeigten Punktwerte im Wochenplan zu bestätigen scheinen, die sich zwischen acht und neun bewegen. 'Reichlich hoch', schießt es der Therapeutin durch den Kopf. Es macht sie eher skeptisch, werden Annehmlichkeitswerte im obersten Bereich der Skala angesiedelt. Selbst für einen nicht-depressiven Menschen ist es eher ungewöhnlich, erfreuliche Tätigkeiten derart hoch einzuschätzen.

Ein Wert von acht spiegelt so etwas wie eine außergewöhnliche Feier wider oder einen Urlaub, der besonders gelungen ist. Die Abiturfeier des eigenen Kindes oder das Abholen eines Welpen, den man sich seit langem gewünscht hat, *das* verdient eine Acht. Abends vor dem Fernseher abzuhängen und eine Liebesschnulze anzuschauen, einen Spaziergang durch den Wald zu unternehmen, ein Puzzle zusammenzusetzen oder einen Pullover zu stricken, das verdient *keine* Acht. Vielleicht eine Drei oder eine Vier, im günstigsten Fall handelt es sich um eine Fünf.

Dementsprechend kann die Patientin entweder keinen Bezug zu ihren eigenen Empfindungen herstellen, oder sie lügt! Andere Möglichkeiten zieht die Therapeutin nicht in Erwägung, da sie inzwischen Beobachtungen darüber hinaus angestellt hat, die nicht stimmig an und in dieser Frau wirken.

Sie konfrontiert Anna Burger mit ihren Überlegungen. „Mir fällt auf, daß Sie für die Aktivitäten der letzten Woche sehr hohe Annehmlichkeitswerte eingesetzt haben."

„Ja und?"

„Das ist ... ungewöhnlich."

„Für *mich* oder generell?"

„Generell."

„Wenn ich es aber doch so empfunden habe, soll ich dann lügen?" Da ist er wieder, der gereizte Unterton in der Stimme.

„Genau *das* eben nicht!"

„*Was* eben nicht?"

„Lügen. Genau das sollen Sie *nicht* tun!"

„Ach, und Sie unterstellen mir, *daß* ich lüge!"

„Was macht Sie nun wiederum so ungehalten?"

„Na ja, Sie unterstellen mir gerade, ich lüge! Da darf man ja wohl ungehalten werden."

„Ich bin mir nicht bewußt, Ihnen das unterstellt zu haben."

„Jetzt streiten Sie es obendrein ab, ja? Das ist ja typisch."

„Für mich oder generell für Psychologen?"

„Für *Sie*! Ja, für *Sie* ist es typisch. Sie provozieren mich, und im Anschluß tun Sie so, als hätten Sie nichts getan. Läuft das mit allen Ihren Patienten auf diese Art und Weise?"

„Ehrlich gesagt, Sie sind die einzige, die ständig an mir herumnörgelt."

Anna Burger schaut konsterniert. Für einen Moment weiß sie nicht, was sie antworten soll. Immerhin findet sie die Sprache rasch wieder. „Vielleicht trauen sich die anderen nur nicht. Und *Sie* sind wahrscheinlich nicht gewohnt, daß Ihnen Patienten widersprechen. Die anderen lassen sich gewiß von Ihnen manipulieren."

Die Augen blitzen. Keck hebt sie das Kinn.

„Ich weiß nicht, wohin die Diskussion diesmal führen soll, Frau Burger. Und ehrlich gesagt, Ihre Angriffslust ist für mich zunehmend wenig nachvollziehbar. Will ich mir überhaupt einen Reim darauf machen, gehe ich am ehesten davon aus, daß Sie sich nicht mehr wohl bei und mit mir fühlen."

„Ach, sieh an! Sie will mich nun endgültig loswerden!" Anna Burger versucht, durch das Verwenden der dritten Person eine abwertende Note in ihre Äußerung zu bringen. Dr. de Winter schweigt. Es ist keine Frage an sie gerichtet worden. Im Gegenteil, genaugenommen hat sie selbst eine Frage gestellt, auf die sie bisher keine Erwiderung erhalten hat. Mit Wonne hätte sie zwar 'Erwarten Sie eine Antwort, oder lauschen Sie lediglich gern dem Klang Ihrer Stimme?' geäußert, doch verbietet sich das selbstverständlich. Also läßt sie die Aussage erst einmal so stehen.

Als der Patientin das deutlich wird, ergreift sie erneut das Wort. „Haben Sie nichts dazu zu sagen?"

„Entschuldigung! *Wo*zu genau soll ich etwas sagen?"

„Zum Beispiel *da*zu, ob es richtig ist, daß Sie mich loswerden wollen."

„Es geht nicht darum, ob ich Sie loswerden will, Frau Burger. Es geht darum, daß sich mir zunehmend folgendes Gefühl aufdrängt: Sie haben ganz offensichtlich ein – zudem häufig bekundetes – Problem mit mir oder mit der Art, wie ich die Therapie gestalte. Sie sind überzufällig häufig aggressiv mir gegenüber, zudem lassen Sie sich nur phasenweise auf die angebotenen Interventionen ein. Wir sind jetzt nach … Monaten kaum über die Erstellung und Besprechung Ihres Wochenplans hinausgekommen, was ungewöhnlich ist. Ich löse anscheinend eine Menge Widerstände in Ihnen aus. Deshalb habe ich Ihnen die Frage gestellt, ob Sie sich hier unwohl fühlen. Ich wiederhole die Frage hiermit!"

„Ich sage ja, Sie können es einfach nicht vertragen, wenn jemand mitdenkt. Sie glauben, alles, was Sie sich vorstellen, sei richtig. Der Patient soll einfach tun, was Sie anordnen, dann wird schon alles gut. Ich möchte Ihnen aber nicht einfach folgen. Ich habe keine Lust, wie ein abgerichtetes Hündchen die Dinge auszuführen, die Sie angemessen für mich finden. Ich muß mich doch mit der Umsetzung gewisser Dinge wohlfühlen, oder?"

„Darum geht es nicht, Frau Burger! Selbstverständlich dürfen und sollen Sie mitdenken. Auch das haben wir bereits diverse Male erörtert. Im übrigen müssen Sie gar nichts von dem tun, was ich vorschlage. Allerdings sollten Sie wenigstens hier und da in Erwägung ziehen, daß bestimmte Dinge zur Verarbeitung Ihrer Erlebnisse und zur Aufhellung Ihrer Stimmung beitragen können. Demgegenüber führen Sie – wie gesagt – lediglich den Wochenplan. Ansonsten verbringen Sie die meiste Zeit damit, Parzellen abzustecken, die Sie glauben, für sich in Anspruch nehmen zu dürfen. Das ist kontraproduktiv! … Ich schätze es zwar sehr, wenn mir jemand gegenübersitzt, der hinterfragt, auch mal zweifelt, Dinge anders handhabt als hier besprochen. Das ist ein gutes Zeichen dafür, daß jemand sein Leben selbst in die Hand nimmt. Schließlich will ich keinesfalls diejenige sein, die anderen vorschreibt, wie sie leben sollen. Dennoch müssen Sie mir zumindest eine grundsätzliche Seriosität meiner Methoden zutrauen. … Ich denke mir etwas bei der Struktur der Sitzungen und der Therapie insgesamt. Auch davon dürfen Sie getrost ausgehen! Dabei geht es selbstverständlich niemals um manipulative Interventionen, die der Entmündigung meiner Patienten dienen. Und das möchte ich mir von Ihnen – ehrlich gesagt – auch nicht länger unterstellen lassen!"

„Es geht mir ja auch nur darum, Dr. de Winter, daß ich mein Leben lang gewohnt war, selbständig zu denken und zu entscheiden. Und ich will mich nicht zurückentwickeln."

„Jedoch ist Ihnen an irgendeinem Punkt Ihres Lebens aufgefallen, daß Sie allein nicht weiterkommen. Daraufhin haben Sie sich an mich gewandt. Das impliziert meiner Ansicht nach, sich einer anderen Sichtweise auf die Dinge zu öffnen. Und eine veränderte Sichtweise führt häufig zu einer veränderten Bewertung sowie zu einer modifizierten Handlungsweise, oder sehen Sie das anders?"

„Das ist ja korrekt! Trotzdem fällt es mir schwer, mir vorschreiben zu lassen, wie ich dies oder jenes machen soll."

„Habe ich Ihnen je Derartiges vorgeschrieben?"

„Na ja!" Unschlüssig wiegt sie den Kopf hin und her. Will sie ehrlich sein, tut Dr. de Winter das *nicht* und hat es bisher auch nicht getan. Doch ist sie sicher, sie *würde* es am liebsten tun. Äußerte sie das jetzt allerdings, würde die Psychologin sie garantiert fragen, wie sie zu dieser Behauptung komme, daraufhin gäbe es bloß zum x-ten Mal eine Riesendiskussion. „Nein, Sie haben das bisher nicht getan."

„Aber Sie befürchten, ich tue es ... demnächst!?"

„Ach kommen Sie! Ich weiß auch nicht. Lassen wir's einfach!"

Versucht die Psychologin, einen Dialog mit ihr zu führen, grätscht ihr die Patientin unentwegt in die Parade. Konfrontiert sie sie daraufhin mit diesem Verhalten, vollzieht diese regelmäßig einen Rückzieher. Auf diese Weise lernt sie leider nichts dazu.

„Gut, Frau Burger, lassen Sie uns folgendes vereinbaren: Sie versuchen, sich ein Stück auf *meine* Strategien einzulassen! Ist Ihr Mißtrauen mir gegenüber allerdings allzu groß, hat es sicherlich keinen Zweck für Sie. In diesem Fall ist die gesamte Therapie reine Zeitverschwendung. Und ehrlich gesagt, nicht nur für *Sie!*"

„Ich weiß, ich bin oft schwierig und auch nicht immer besonders verträglich, was ich ja bereits mehrfach zugegeben habe. Dafür habe ich meine Gründe. ... Jedenfalls verspreche ich, mich zu bemühen, Ihnen und der Therapie gegenüber offen und wohlwollend zu sein."

„Vor allem in *Ihrem* Interesse, Frau Burger!"

„Sicher."

'The same procedure as last time, Miss Burger?', geht der Therapeutin durch den Kopf. 'The same procedure as every time, Dr. de Winter!'

Während der restlichen Zeit macht die Patientin mal wieder mit, antwortet adäquat auf Fragen, statt die Fragen zu *hinter*fragen. Und obwohl die Psychotherapeutin hier und da deutlich wahrnimmt, wie sich die Augen verengen und Frau Burger ihre Blitze aussendet, reißt sie sich zügig von neuem zusammen, reagiert angemessen und anscheinend offen.

Am Ende der Sitzung äußert sie sich sogar überraschend einsichtig. „Es hat mir jedenfalls gutgetan, mit Ihnen so offen zu reden. Ich habe endlich verstanden, daß es allein an mir ist, eine Veränderung herbeizuführen. Es hat wohl tatsächlich ... keinen rechten Sinn, fortwährend Timmys Tod zu beklagen. Ich muß mit der Vergangenheit abschließen! Ich muß endlich handeln, um mein Leben wieder auf die Reihe zu bekommen!"

„Schön."

„Ich weiß inzwischen, was richtig und was falsch ist. ... Sehen Sie, Frau Doktor, unsere Gespräche haben doch schon manches bewirkt. Sie haben gute Vorarbeit geleistet. Der Rest ist bestimmt ein Kinderspiel."
Was sich nun tatsächlich entwickeln wird, bleibt jedoch abzuwarten, schließlich kann sich beim nächsten Zusammentreffen der Wind bereits erneut gedreht haben. Und möglicherweise kommt abermals der altbekannte Sturm auf.
Vielleicht sogar ein Orkan.

47

Die Sonne überflutete den Frühstückstisch und warf ihre Strahlen weit in den offenen Wohnbereich des Erdgeschosses.

Obwohl es draußen sehr kalt war, konnte Mina im T-Shirt dort sitzen, ohne zu frieren. Sie trank soeben ihre zweite Tasse Kaffee und las die Zeitung. Ben hatte sich ins Bad verzogen, um zu duschen. Mina erledigte das gern *vor* dem Frühstück, hatte jedoch absolut nichts gegen seine bevorzugte Reihenfolge einzuwenden.

Er hielt sich nun fast jeden Tag bei ihr auf. Bislang hatte sie stillschweigend geduldet, daß er zunehmend mehr persönliche Dinge aus seinem Zuhause mitbrachte.

Würde es sich nicht in der Weise entwickeln, wie einst in der *Mariacron*-Werbung, war ja noch alles okay. In besagtem Werbespot schob ein unrasierter Typ mit seinem Arm die Hälfte aller Gegenstände seiner (vermutlichen) Freundin von (ebenso vermutlich) deren Möbeln in (konsequenterweise ebenfalls vermutlich) ihrer Wohnung einfach beiseite, um nicht zu sagen: Er fegte sie ungeniert von dannen, ganz gleich, wo sie infolgedessen aufschlugen und vor allem, in was für einem Zustand sie sich nach der Landung befanden.

Außerdem erwies sich Ben als ausgesprochen toleranter Gast, der sie sowohl völlig ungestört ihre tägliche Meditation durchführen ließ und ebenso ungerührt ihr Tenorsaxophon ertrug, übte sie mehrmalig schwierige Passagen. Er behauptete sogar, er lausche dem warmen Klang dieses Instrumentes grundsätzlich gern, egal was sie spiele. Dieser sei Minas Stimme sehr ähnlich, weshalb es ausschließlich Wohlbefinden in ihm auslöse.

So war einige Zeit in überwiegender Beschaulichkeit verstrichen.

Einzig Bens unerklärliche Stimmungseinbrüche trübten hier und da die Harmonie. Manchmal wechselte seine Befindlichkeit abrupt von einem Moment zum anderen ohne erkennbaren Anlaß. Gerade noch gut gelaunt, störte ihn im nächsten Augenblick die Fliege an der Wand. Mina war bislang nicht dahintergekommen, worin der – anscheinend innere – Auslöser bestand. Befragte sie ihn, erhielt sie eine ausweichende Antwort. Also hatte sie einmal mehr beschlossen abzuwarten.

Davon abgesehen, hatten sich in letzter Zeit keinerlei Besonderheiten ereignet. Die nächtlichen Anrufe hatten tatsächlich aufgehört, zudem fühlte sich Mina viel seltener unter dieser sonderbaren Beobachtung, die sie zuvor häufig empfunden hatte.

Einzig Friedas Auszug lag weiterhin schwer auf ihrer Seele. Sie vermißte die alte Dame enorm. Schaute sie durch ihr Eßplatzfenster auf das verwaiste Haus, betrübte sie dies regelmäßig. Selbstverständlich besuchte sie ihre alte Freundin so oft sich die Gelegenheit bot. Auch heute hatte sie sich kurz entschlossen auf eine Tasse Kaffee bei ihr eingeladen.

Ben wollte sie gleich dort absetzen, ein paar frische Sachen aus seiner Wohnung holen und Mina anschließend wieder einsammeln.

Gerade kam er – ein Liedchen summend – die Treppe herunter.

Liebevoll lächelnd stellte er sich hinter Mina und küßte zärtlich ihren Nacken. „Wollen wir los?"

„Ich sollte mir zumindest noch kurz was überziehen", wendete Mina grinsend ein. Sogleich erhob sie sich, es wurde tatsächlich Zeit.

Im Stehen trank sie den letzten Schluck aus ihrer Tasse, gab Ben einen Kuß und begab sich nach oben.

Wenige Minuten später fuhren sie los.

„Ich freue mich jedesmal, Frieda zu sehen. Dennoch bin ich genauso oft betrübt, sobald ich mich von ihr verabschiede."

„Mmh."

„Verstehst du, was ich meine, Ben? Es ist schön, sie zu sehen, doch es macht mich ungeheuer traurig, sie in dieser Umgebung vorzufinden. Sie ist einfach nicht glücklich dort."

„Es gibt wirklich schlimmere Schicksale, Mina, als bei seiner Tochter leben zu müssen! Meinst du nicht?"

„Darum geht es doch nicht. Es ist der Mangel an eigener Entscheidungsmöglichkeit, der mich stört."

„Du hast manchmal ein ausgesprochenes Talent, aus Dingen ein Problem zu konstruieren, obwohl gar keines vorhanden ist. Dabei handelt es sich anscheinend um eine Berufskrankheit."
„Willst du mich provozieren?"
„Ich sage nur die Wahrheit. Aber vielleicht kannst du einfach keine Kritik vertragen."
„Okay, lassen wir das Thema!"
„Sobald es heikel wird, steckst du auf."
„Weißt du was, Ben? Im Moment weiß ich mal wieder nicht, was in dich gefahren ist, aber ich habe eindeutig keine Lust auf dein Gezänke. Laß mich bitte aussteigen!"
„Ja, vielleicht ist das besser."
Er setzte den Blinker, fuhr den Wagen an den Straßenrand und blieb dort stehen, ohne Mina eines Blickes zu würdigen.
„Ich fahre mit dem Taxi heim!" rief sie ihm zu, als sie bereits ausgestiegen war. Sie hatte nur noch wenige Minuten zu laufen, und im Grunde erfrischte sie die kühle Luft. Da war er wieder gewesen, einer von Bens unerklärlichen Stimmungseinbrüchen. Doch wollte sie jetzt nicht weiter über ihn nachdenken. Lieber trank sie gleich mit ihrer Freundin gemütlich einen Kaffee und hörte sich an, was es bei ihr Neues gab.
Wenig später, als sie in Friedas Zimmer beisammensaßen, erfuhr sie, daß sämtliche bisher durchgeführten neuropsychologischen Tests alles andere als eindeutig gewesen waren. Frieda war dadurch ein wenig verunsichert. Das anberaumte Schädel-MRT war allerdings bereits zweimal verschoben worden, weil Friedas Gesundheitszustand einige Störungen erlitten hatte. Zunächst hatte sie eine schwere Erkältung mit Fieber und starken Gelenkschmerzen überstanden, zuletzt hatte ein Magen- und Darmvirus sie arg geschwächt.
Gleichwohl beklagte sich die alte Dame nicht im geringsten, weder über ihre Erkrankungen, noch über die Schwierigkeiten der Umgewöhnung. Jedoch merkte Mina ihr deutlich an, wie sehr sie litt. Frieda vermißte eindeutig ihre alte Heimat, stellte zahlreiche dahingehende Fragen. Ob der Garten noch in Ordnung sei, und ob Mina bitte demnächst daran denke, ihre Töpfe neben der Haustür mit Säcken zu umwickeln, damit sie den Winter unbeschadet überstanden. Zudem wollte sie gern in Erfahrung bringen, wie es Mina ergehe, und zuletzt, ob sie bereits dem Interessenten für ihr Haus begegnet sei.

Was letztere Frage anging, so war Mina zwar nicht entgangen, daß wiederholt ein und derselbe Mann – wahrscheinlich der Makler – mit unterschiedlichen Personen Friedas Haus aufsuchte, um anschließend ausladende Gesten im Garten zu vollführen, die den womöglich kaufwilligen Menschen die volle Schönheit dessen nahebringen sollten, was diese gerade begutachteten. Von einem verbindlichen Interessenten war ihr jedoch bisher nichts bekannt gewesen.

„Er zeigt extreme Begeisterung, Kindchen."

„Das ist gewiß äußerst belastend für dich."

Die alte Dame lächelte bestätigend. „Ach, weißt du, ich kann den Lauf der Welt trotzdem nicht aufhalten, so gern ich es manchmal täte. Ich werde aller Wahrscheinlichkeit nach nicht mehr in mein Haus zurückkehren können. Wird es nicht verkauft, steht es leer und kostet nur Geld. Das ist weder fürs Haus noch fürs Geld gut."

Sie lachte über ihren eigenen Scherz, allerdings war sowohl ihr als auch dem Scherz anzumerken, daß es sich eher um die bittere Wahrheit handelte.

„Ich wünschte nur, der Käufer wüßte mein Haus und meinen Garten zu schätzen. Demzufolge wäre er oder sie ebenfalls nett genug, dir ein würdiger Nachbar zu sein."

„Ach Frieda, zu meinem Kummer kann dich *niemand* ersetzen."

Sie saßen noch eine geraume Weile beisammen. Erst schweigend, später tauschten sie mal dies mal jenes aus. Obschon sich der räumliche Abstand zwischen ihnen erweitert hatte, blieb die innere Nähe unverändert.

Als Mina irgendwann aufbrach, äußerte Frieda eine Bitte: „Hältst du mich wohl auf dem Stand der Dinge, was deine neue Nachbarschaft betrifft?"

Mina beugte sich mit verschwörerischer Miene dicht ans Ohr der Freundin und raunte: „Jedes noch so winzige und, vor allem, jedes noch so schmutzige Detail wird von mir aufgedeckt und brühwarm an dich weitergetratscht."

48

Anton Hasten kauert bekümmert in seinem Sessel. Leider hat er keine Gelegenheit mehr erhalten, die Sprache seiner Frau zu erlernen. Unmittelbar nach der Sitzung, in der er Dr. de Winter über die Schwierigkeiten in seiner Ehe berichtet hat, ist seine Frau mit den Kindern zu ihren Eltern gezogen.
Vorübergehend! Sie will ins Haus zurück, jedoch ohne ihn.
In den darauffolgenden Sitzungen hat die Therapeutin ihn gestützt, mit ihm besprochen, wie es zu diesem Ergebnis gekommen sein könnte und gemeinsam mit ihm versucht, eine brauchbare Zukunftsperspektive zu entwickeln. Er bereitet ihr Sorgen, ist er doch erneut ein erhebliches Stück in seine Grübeleien verfallen, die sich vorrangig damit beschäftigen, welchen Anteil er am Zustandekommen der Trennung trägt. Dabei weist er sich unaufhörlich erhebliche Schuld zu. Darüber hinaus will er seine Frau unbedingt zurückgewinnen.
„Herr Hasten!" Dr. de Winter unterbricht vorsichtig den Gedankenkreislauf ihres Patienten. „Es mag Ihnen zwar womöglich gelingen, Ihre Frau zurückzuerobern. Dennoch können Sie nicht Ihr weiteres Leben ausschließlich auf diese Möglichkeit ausrichten. Denn im Moment steht sie nicht zur Verfügung, und obendrein sieht es gegenwärtig leider nicht so aus, als beabsichtige sie, zu Ihnen zurückzukehren. Schließlich haben Sie, nach Ihren Schilderungen zu urteilen, jeden erdenklichen Versuch unternommen."
Anton Hasten schaut seine Therapeutin kläglich an. „Das ist schon richtig. Aber die Verbindung ist schließlich noch nicht vollends abgebrochen."
„Wie meinen Sie das?"
„Na ja, ich erhalte immerhin regelmäßig Post von ihr."
„Entschuldigung, Herr Hasten! Ich will Sie ja nicht quälen, dennoch finde ich, Briefe vom Anwalt Ihrer Frau kann man nun wirklich nicht mitzählen."
„Sie hat mir auch *selbst* geschrieben."
„Sie hat Ihnen mitgeteilt, welche Sachen ihr gehören."
„Das ist ja auch eine Art von Kontaktsuche, oder nicht?"
„Nur keine, die unweigerlich in die aktive Wiederaufnahme des Ehebündnisses mündet. Eher noch ist das Gegenteil der Fall. Oder sehen Sie das anders?"

„Stimmt schon! ... Doch woran soll ich mich noch klammern, wenn nicht daran?"

„Am besten klammern Sie überhaupt nicht! Viel sinnvoller wäre es ... loszulassen."

„Aber das tut doch so verdammt weh!" Er verzieht das Gesicht, der Schmerz ist ihm deutlich anzusehen. Der Schmerz des Verlustes.

„Ja, ich weiß." Die Psychologin kann seinen Kummer nachvollziehen. Und dabei geht es nicht um Schuld oder Unschuld. Gewiß kann sie ebenso seine Frau verstehen. Andererseits hat sie absolutes Mitgefühl mit ihm, dem Verlassenen. Zu urteilen stellt nicht ihre Aufgabe dar. Und das will sie ohnehin nicht. Schließlich machen Menschen Fehler.

Sie steht lediglich zur Verfügung, um den seelischen Müll, der durch die Kümmernisse des Lebens entsteht, gemeinsam mit dem Betreffenden zu sortieren, damit dieser anschließend entscheiden kann, welchen Teil er am besten entsorgen sollte, und welchen es zu akzeptieren gilt.

„Wissen Sie, Frau Doktor, ich weiß genau, was ich falsch gemacht habe. Meine Frau hat es in der Tat nicht leicht mit mir gehabt. Ich habe fortwährend viel gearbeitet, obendrein hab' ich die Depression bekommen, und zuletzt hat sie zu allem Überfluß erfahren müssen, von mir betrogen worden zu sein. ... Wahrscheinlich wäre ich im umgekehrten Fall ebenfalls gegangen. ... Ich mache ihr garantiert keinen Vorwurf. Aber, ... loslassen! ... Ich weiß nicht, wie ich das machen soll. ... Schließlich hab' ich dann nichts mehr, ... bloß leere Hände." Er schaut in deren Innenflächen, um sich ein Bild davon zu machen, wie diese Leere aussehen mag.

„Ihre Hände sind nicht leer, wenn Sie loslassen, sondern frei. Damit Sie etwas anderes greifen, etwas Neues anpacken können. Beispielsweise Ihr weiteres Leben. ... Und ich meine mit *loslassen* keineswegs, etwas von sich zu stoßen oder weit wegzuwerfen. ... Loslassen bedeutet lediglich, etwas nicht länger festzuhalten. So als hielten Sie einen kleinen Vogel in der Hand. ... Öffnen Sie nun Ihre Hand, ist er in der Lage davonzufliegen. Muß er aber nicht. Entscheidet er sich jedoch zu fliegen, kehrt er möglicherweise auf Ihre geöffnete Handfläche zurück. Halten Sie ihn andererseits fest umschlossen, nehmen Sie ihm jegliche Möglichkeit, etwas anderes zu sehen als das Innere Ihrer Hand. Demzufolge prägt sich sein Streben nach Freiheit um so beträchtlicher aus. ... Sollte es ihm daraufhin irgendwann gelingen zu entweichen, wird er gewiß niemals mehr das Risiko eingehen, in die Gefangenschaft zurückzukehren. ... Gelingt ihm allerdings letztendlich keine Flucht, besteht sein Schicksal unweigerlich darin, früher oder später in der Enge Ihrer geschlossenen Hand einzugehen."

„Ich begreife, was Sie mir verdeutlichen wollen. Nur erscheint mir mein weiteres Leben düster und wenig lohnend. ... Ich wünschte, die nächsten ein, zwei Jahre wären bereits vorbei. Dann hätte ich vielleicht den Schmerz schon einigermaßen überwunden."

„Herr Hasten! Ist Ihnen eigentlich die Endlichkeit des Lebens bewußt?"

Überrascht bestaunt er seine Psychotherapeutin mit unstetem Blick. „Wieso?"

„Na ja, Sie gehen äußerst großzügig mit Ihrer Zeit um, wenn Sie sich wünschen, unmittelbar zwei Jahre Ihres Lebens abstreichen zu dürfen. Deshalb hab' ich gedacht, ich lasse Ihnen freundlicherweise die wertvolle Information der zeitlichen Begrenztheit eines jeglichen Daseins – zumindest in dieser Form – zukommen."

„So hab' ich es bisher noch gar nicht betrachtet." Anton Hasten wirkt aufgeschreckt.

„Statt dessen sollten Sie lieber jeden Tag leben, jeden Tag so gut wie eben möglich *genießen*! Denn irgendwann ist Ihre menschliche Lebenszeit abgelaufen. Warum bloß wünschen Sie sich, dieser Moment möge rascher eintreten? Sie können schließlich keine Lebenszeit hinten anhängen!"

Anton Hasten lacht. Dieses Mal ertönt nicht sein ansteckendes *Hohoho*, es handelt sich eher um ein recht mickriges Lachen, dennoch geht es gerade noch als solches durch. „Ich rede wirklich ziemlichen Mist, was? Aber es stimmt! Ich wünsche nicht wirklich ein beschleunigtes Verstreichen meiner Lebenszeit, ich will bloß diesen Schmerz nicht mehr ertragen müssen."

„Genau, das ist es, worum es geht! Es geht meistens darum, ein unangenehmes Gefühl nicht länger aushalten zu wollen. Leider gehört der Schmerz zu unserem Leben. Daran können wir nichts ändern. Dagegen können wir sehr wohl das Leid vermindern, das wir uns selbst einbrocken, indem wir über den vorhandenen Schmerz grübeln, mit unserem Schicksal hadern und uns zu allem Überfluß zusätzlich beschuldigen, es selbst verbockt zu haben. ... Das kann zu einer bedrückenden

Endlosschleife ausarten, die uns fortwährend tiefer in den Mist gräbt. Stellen Sie sich vor, Sie sitzen in Ihrem Auto, und Ihre Reifen drehen im dicken Matsch durch! Haben Sie sich irgendwann so richtig festgefahren, werden Sie durch weiteres Gasgeben in dieselbe Richtung keineswegs aus dem Matsch herausfinden."

„Also muß ich als erstes das Grübeln aufhören. ... Nur, wie stelle ich das an?"

„So wie beim letzten Mal! Wenden Sie sich – statt zu grübeln – erneut Dingen zu, die Ihnen Freude bereiten! Treiben Sie ein wenig Sport, bauen Sie Ihre Modellflugzeuge! Ich erinnere mich deutlich, mit wieviel Begeisterung Sie mir von dem Spaß berichtet haben, der Ihnen das bereitet."

„Ja, als ich noch Zeit dafür fand."

„Und die finden Sie genau dann, wenn Sie sie sich nehmen."

„Stimmt. Und ich spare weiterhin auf ein Motorrad. ... Jetzt muß ich auf meine Frau ja keine Rücksicht mehr nehmen. Glauben Sie, ich finde mein ... inneres Gleichgewicht wieder, sofern ich das alles tue? Schließlich war ich, bevor das ... mit meiner Frau passierte, schon ganz nahe dran."

„Glauben *Sie*'s?"

„Immerhin hab' ich's schon einmal hinbekommen."

„Eben."

„Selbstverständlich ist es weiterhin wichtig, sich nicht ständig in diesen zermürbenden Selbstvorwürfen zu verlieren, nicht? ... Es ist, wie es ist!"

„Richtig! Akzeptieren Sie nicht nur die Entscheidung Ihrer Frau, sondern gleichermaßen Ihre eigene. Zum Beispiel auch, was Iris angeht. Sie haben zu jener Zeit auf diese Weise entschieden, weil Sie Ihre Gründe hatten. Klar, Sie hätten es anders lösen können! Vielleicht sogar ein wenig ... eleganter." Dr. de Winter lächelt wohlwollend. Anton Hasten erwidert es. Die gegenseitige Wertschätzung verträgt ein offenes Wort.

„Doch Sie haben entschieden, wie Sie es damals naheliegend fanden. Daran läßt sich im Nachhinein nichts ändern."

„Ich sollte mich also ebenso mit meinen Fehlern akzeptieren?"

„Ja, wir müssen uns mit unseren Fehlern abfinden, schließlich ist keiner von uns vollkommen. Okay, manche glauben es von sich; das ist allerdings ein anderes Problem. Fehler zu machen, ist jedenfalls *kein* Problem. Fehler ständig zu *wiederholen, das* ist eins. Lernen wir jedoch aus dem, was wir falsch gemacht haben – oder besser, womit wir anderen oder uns selbst Kummer bereitet haben, obwohl uns angemessenere Möglichkeiten zur Verfügung gestanden hätten –, ist alles okay."

„Was wäre beispielsweise eine angemessenere Lösung gewesen, zu der Zeit, als ich mit Iris ein Verhältnis angefangen habe?"

„Sagen *Sie* es mir!"

„Na ja, ich hätte vielleicht erst einmal versuchen können, mich meiner Frau anzuvertrauen. Ich hätte ihr mitteilen können, wie beschissen es mir geht, wie überfordert ich mich fühle, und ich hätte ... ihre Unterstützung erbitten können."

„Ja, um Hilfe zu bitten hätte eine ganz und gar angemessene Möglichkeit dargestellt. Glauben Sie, beim nächsten Mal gelingt es Ihnen müheloser?"

Die Beantwortung dieser Frage ist nicht so simpel, wie es womöglich den Anschein erweckt. Schließlich handelt es sich hierbei exakt um eines seiner Probleme. Demzufolge denkt er ausgiebig nach, entgegnet anschließend mit der Klarheit, die er gewonnen hat. „Nein! So weit bin ich wohl noch nicht. Ich komme mir bei dem Gedanken weiterhin wie ein Schwächling vor. Aber, ... ich glaube, ... ich würde es trotzdem *tun*. So weit bin ich immerhin schon."

„Denken Sie ernsthaft, um Hilfe zu bitten zeichnet einen Schwächling aus?"

„Ich weiß genau, es ist *nicht* so! Nur ... dieses Gefühl ist nach wie vor präsent."

„Es handelt sich also lediglich um ein Gefühl!?"

„Mmh."

„Wir haben ja bereits über Gefühle und deren Entstehung gesprochen. Erinnern Sie sich?"

Anton Hasten nickt.

Trotzdem führt die Psychologin den Gedanken weiter. Wiederholungen gehören zu einer erfolgreichen Therapie. „Ein Gefühl ist nichts, was uns beständig den rechten Weg weist. Gefühle entstehen in unserem Körper, häufig sogar vollkommen ohne Zusammenhang mit irgendeinem Lebensereignis. Beginnen wir jedoch, einen Zusammenhang mit irgend etwas herzustellen, kann es uns rasch passieren, ein Gefühl falsch einzuordnen, also inkorrekt zu *deuten*. Damit erschaffen wir eine Verknüpfung des betreffenden Gefühls mit einer inhaltlichen Bewertung, obwohl diese beiden ursprünglich überhaupt nichts miteinander zu tun hatten."

„Aber man sagt doch immer, man solle auf sein Gefühl hören."

„Man sagt so manches. Doch leider ist es nicht samt und sonders richtig. Nichtsdestotrotz geraten wir hin und wieder in Situationen, in denen es tatsächlich klug ist, auf sein Gefühl zu hören, nur gilt das – wie bei allem – eben nicht in jeglicher Situation."

„Was mache ich also mit solch einem störenden Gefühl, das mir im Grunde nichts Brauchbares anbieten kann?"

„Ignorieren Sie es, falls möglich! Mit der Zeit vergeht es von selbst, sobald Sie ihm keine neue Nahrung liefern. Oder schicken Sie es weg! Es kommt daraufhin zwar höchstwahrscheinlich noch ein paarmal durch die Hintertür zurück, schicken Sie es aber jedesmal ohne weiteres erneut fort, zieht es sich irgendwann vollständig zurück."

Anton Hasten nickt nachdenklich. Er versucht, das Gesagte zu verinnerlichen. Überraschend erinnert er sich. „Ah! Ich sage so etwas wie 'Tschüß Gefühl', nicht?"

„Sie wissen es also noch!"

Dennoch ist eine Frage offengeblieben. „Wenn ich nun mittels dieser sämtlichen Bemühungen mein inneres Gleichgewicht wiedergefunden habe, besteht denn das nächste Ziel darin, unaufhörlich im Gleichgewicht zu bleiben, mich von nichts aus der Ruhe bringen zu lassen? Ich glaube nämlich, das krieg' ich nicht hin."

„Das hoffe ich!"

Ein verunsicherter Blick trifft auf die Psychotherapeutin. „Sie haben mir aber doch erklärt, das soll mein Ziel sein, Frau Dr. de Winter."

„Selbstverständlich würde ich Ihnen solch einen Unsinn niemals vermitteln wollen, Herr Hasten."

Sie lacht. Es bereitet ihr stets gewaltigen Spaß, diese Art von Verunsicherung bei ihren Patienten hervorzurufen, gewinnt sie doch auf diese Weise die allzugern schwindende Aufmerksamkeit ihres Gesprächspartners zurück. Die Verunsicherung selbst entsteht derweil durch das automatische Aufrufen eigener kognitiver Schemata, die in die Irre leiten. Und diese Schemata sind regelmäßig durch folgende Merkmale gekennzeichnet: *An* oder *aus*, *alles* oder *nichts*, total *schwarz* oder vollkommen *weiß*!

Nun ist es an der Zeit, dieses vom starren Schema geleitete Mißverständnis aufzulösen. Die Psychotherapeutin schickt sich an, dies zu tun. „Selbstredend sollen Sie nicht fortwährend und überall komplett ausgeglichen sein! Sie wissen doch, bei totalem Gleichgewicht wirken keinerlei Kräfte mehr, die einen Antrieb darstellen. Und das ist im Leben eines Menschen gewiß nicht dauerhaft gewünscht. ... Deshalb ist es in Ordnung, sich ab und zu über irgendwas aufzuregen, das um Sie herum passiert, und das Sie beispielsweise als ungerecht empfinden. Und natürlich ist es wichtig und gut, immer mal wieder mit Dingen unzufrieden zu sein, die sich gerade in Ihrem Leben abspielen. Denn das treibt Energien voran, die eine Veränderung ermöglichen. So entwickelt man sich weiter. ... Doch zwischendurch ist es ebenfalls wichtig, das System Mensch, welches Sie darstellen, einfach mal zur Ruhe kommen zu lassen, damit es sich *nicht* aufregt, *nicht* nach Veränderung strebt, sondern statt dessen zufrieden ist, ausgeglichen. ... Na, eben im Gleichgewicht! Und sobald Sie sich in der Lage sehen, sich das eine oder das andere ganz nach Bedarf auszusuchen beziehungsweise das Ausmaß der An- oder Aufregung sowie der Ruhe bestimmen und steuern zu können, ist alles bestens."

Anton Hasten erwidert mit gespielt stöhnender Stimme: „Ah ja, ist schon klar. Das ist wieder die Sache mit dem Mittelweg; oder wie Sie es gern provozierend nennen: Mittel*maß*."

„Hey, Sie hören mir tatsächlich zu! ... Sie können es sich auch anders merken. Stellen Sie sich vor, Sie reisen um die Welt! Dabei bestimmen Sie einen Kurs. Bleiben Sie stets auf dem festgelegten Kurs, kommen Sie irgendwann am selben Punkt wieder heraus. Das ist nicht besonders sinnvoll. Der Sinn ist lediglich, die *Richtung* festzulegen – oder den *Weg*. Das hat eben nichts mit einer – na ja, nennen wir es – *absoluten Größe* zu tun. Verstehen Sie?"

„Ich gebe mir zumindest Mühe."

Beide lachen amüsiert.

„Doch, doch, ich verstehe es, Frau Dr. de Winter! Wir Menschen denken dauernd in schwarz oder weiß, dabei geht es vielmehr um die Grautöne."

„So kann man es zwar ausdrücken, nur klingt das so fade. Grau will schließlich keiner wirklich. Sagen wir einfach, es geht darum, immer mal wieder eine andere Farbe zu wählen, damit das Leben bunter wird.

Vielleicht sogar kunterbunt. Mischen Sie alle Farben zusammen, kommt schwarz heraus. Lassen Sie alle weg, haben Sie bloß weiß – nämlich keine Farbe."

„Ich versuch's noch mal! Wenn ich baden will, ist eiskaltes Wasser genauso unbrauchbar wie siedendheißes. Eine *mittlere* Temperatur ist die angenehmste."

„Das ist ein schönes Beispiel, veranschaulicht es doch die interindividuellen Unterschiede. Also Unterschiede zwischen den verschiedenen Menschen. Der eine badet lieber bei 38, während der andere 36 Grad vorzieht."

„Und es kann zudem bei ein und derselben Person vorkommen, das eine Mal lieber wärmer und ein anderes Mal lieber weniger warm baden zu wollen. Oder?"

„Das kann sein. Sehen Sie, und je mehr Sie bei *sich* sind – nicht *bei* sich, das sind Sie ohnehin –, desto eher erkennen Sie, wie warm das Wasser sein soll, und ob Sie überhaupt das Bedürfnis nach einem Bad überkommt."

„Puh! Inzwischen ist mir nicht nur *ein* Licht aufgegangen. Ich glaube, es handelt sich eher um eine ganze Lichterkette – mit Spektralfarben!" Er kneift schelmisch die Augen zusammen. „Und diese leuchtet nicht extrem hell, sondern in einer mittleren Intensität. Das ist nämlich viel angenehmer für die Augen und spart obendrein Stromkosten."

Sie stopft sich rasch den letzten Bissen ihres Brötchens in den Mund. Zum Vegetarier hat sie es in der heutigen Mittagspause nicht geschafft. Der Schreibtisch hat unter der Last der zahlreichen zu bearbeitenden Dinge anhaltend geächzt, weshalb sie es vorgezogen hat, seinem Appell nachzukommen und statt einer außerhäuslichen Mahlzeit zwei Brötchen aus dem Tiefkühlfach aufzubacken.

Trotzdem hat die Zeit nicht ausgereicht, auch nur einen Bruchteil zu erledigen. Rasch trinkt sie noch einen letzten Schluck Kaffee, bittet anschließend Eveline Groß ins Sprechzimmer, die sich vor etwa zehn Minuten eingefunden hat.

Im Laufe der letzten Wochen hat die junge Frau enorme Fortschritte erzielt. *Eine* Expositionsübung haben sie noch einmal gemeinsam absolviert, danach hat die Patientin allein weitergeübt. Mit Erfolg! Die meisten Situationen bekommt sie mittlerweile ausreichend bewältigt.

Dr. de Winter hat ihr noch ein paar Hilfestellungen mit auf den Weg gegeben, wie sie in Zukunft beim Aufkommen von Angst dieser beschleunigt begegnen kann. Zu Beginn einer Therapie der Panikstörung ist es stets von enormer Wichtigkeit, dem Betreffenden nahezubringen, eine Verringerung der Angst allein durch Verweilen in der entsprechenden Situation erreichen zu können. Das vermittelt die Sicherheit, daß Angst nicht für immer und ewig von einem Besitz ergreift.

Danach ist es angemessen und ebenso hilfreich, dem Patienten zusätzlich Strategien zur Verfügung zu stellen, mit denen er Angst *aktiv* begegnen kann. Eine ruhige Bauchatmung eignet sich beispielsweise hervorragend, um Rezeptoren zu stimulieren, die auf physiologischer Ebene Entspannung aktivieren. Zudem hat die junge Frau inzwischen gelernt, gedanklich Sätze zu benutzen, die in Richtung Bewältigung zielen. Das bedeutet, sie konzentriert sich bewußt auf angstreduzierende Inhalte, indem sie beispielsweise 'Ich bewältige meine Angst' oder 'Mein Herz schlägt ruhig und gleichmäßig' denkt.

Insgesamt beherrscht Eveline Groß dies alles bereits recht gut.

Die Interventionen befassen sich nun mit den Streßvariablen der Patientin, da Streß einen begünstigenden Faktor bei der Entstehung und Aufrechterhaltung von Panikattacken darstellt. Um die Gefahr eines Rückfalls zu verringern, sollte dieser also unbedingt therapeutisch berücksichtigt und – soweit möglich – reduziert werden.

Als die Frauen sich gegenübersitzen, berichtet Eveline Groß zunächst, welche Konfrontationen sie bewältigt hat.

Im Anschluß richtet die Therapeutin den Fokus auf die vorhandenen Belastungen. „Wir haben ja bereits über die Hektik und den Zeitdruck gesprochen, wodurch Ihr Leben sehr anstrengend geworden ist. Ich möchte das nun mit Ihnen ausführlicher anschauen, damit wir entscheiden können, was vielleicht veränderbar ist. Erzählen Sie mir doch bitte noch einmal, was Sie zur Zeit als besonders belastend in Ihrem Alltag empfinden!"

„Streß hab' ich wirklich! Was ich aber auch alles am Hals habe! Morgens mache ich als erstes das Frühstück. Meistens ist Jochen anwesend, dann möchte ich gern mit ihm gemeinsam frühstücken. Ich finde das sehr schön, doch schießt es mir gewaltig auf die Zeit. Na ja, … danach räume ich den Tisch ab und mache noch ein paar andere Dinge im Haushalt."

„Was zum Beispiel?"
„Was so anfällt. Manchmal sind es die Pflanzen, ... ein anderes Mal nehm' ich noch rasch Wäsche von der Leine. Eben so Haushaltsdinge, die gemacht werden müssen. Danach ... fahre ich zur Arbeit. Es ist natürlich toll, daß das wieder funktioniert. Das hat mir echt das Leben gerettet! Na ja, ... zumindest meinen Arbeitsplatz. Nur wissen Sie, der Umstand, viele Dinge wieder tun zu können, hat auch die Anforderungen meiner Umwelt in die Höhe getrieben. Also, ... zum Beispiel mittags hoffe ich, das Büro pünktlich verlassen zu können. Meine Pause geht eigentlich von eins bis zwei. Ich habe mit meinem Chef vereinbart, keine Frühstückspause zu machen und statt dessen eine etwas längere Mittagspause. In der Zeit düse ich zu meinen Eltern. Meine Mutter leidet ja seit vielen Jahren an Multipler Sklerose. Inzwischen ist sie ein Pflegefall. Mein Vater fühlt sich mit der Situation vollkommen überfordert. Darum helfe ich, wo ich kann. Für ihn ist es eine Entlastung, schaue ich mittags rein. Ich kann ein paar Handgriffe erledigen, die sie lieber von mir durchführen läßt als von meinem Vater. Der ist oft recht ungeduldig. ... Ja, anschließend esse ich in Windeseile. Papa hat häufig eine Kleinigkeit vorbereitet. Danach rase ich zurück zur Arbeit, weil meine Pause meistens schon fast vorbei ist, wenn ich von meinen Eltern endlich wegkomme. ... Sie freuen sich doch jedesmal so sehr. ... Bin ich mit heraushängender Zunge zurück im Büro, müßten Sie mal das Gesicht meines Chefs sehen! Ein einziger Vorwurf! Er ist mir schließlich so sehr mit dem vorübergehenden Heimarbeitsplatz entgegengekommen. Und ich bin derart undankbar, denkt er bestimmt. Das macht mir ein total schlechtes Gewissen, also bleibe ich abends sowieso dauernd länger. ... Und nicht nur so viel länger, wie ich schlimmstenfalls meine Pause überzogen habe. Das sind oft bloß wenige Minuten. Ehrlich! Aber Herr Eberhardt – also mein Chef – erwartet ohnehin von mir, länger zu arbeiten, wenn viel zu tun ist. Das mit meinem schlechten Gewissen nutzt er somit aus, um seinen Anspruch zu rechtfertigen. Meine Überstunden kann ich im übrigen nie komplett abfeiern, denn im Grunde ist *immer* viel zu tun. Mit welchem Recht fordert er das denn eigentlich? Hätte ich wenigstens eine richtig gutbezahlte Stelle mit Aufstiegschancen, könnte ich das noch nachvollziehen, aber so ...! Dennoch bleibe ich. ... Zunehmend häufig in der letzten Zeit. ... Um meine *Schuld* abzuarbeiten. Wenigstens eine Stunde, teilweise sogar zwei. Was jedoch bedeutet,

danach noch mehr Streß zu haben, alles Weitere zeitlich auf die Reihe zu bekommen. Gehe ich ausnahmsweise pünktlich, schleiche ich mich aus dem Büro, habe, falls ich dennoch auffalle, eine ... Entschuldigung parat, als täte ich was Verbotenes, murmele so was wie 'Heute leider Arzttermin' oder 'Später noch wichtige Verabredung, muß seh'n, wie ich alles vorher erledige', mache mich dann schleunigst vom Acker, damit er nicht doch noch auf die Idee kommt, mich zurückzuhalten. Ich warte jedesmal darauf, ihn 'Mir doch scheißegal, was Sie noch vorhaben, Sie arbeiten weiter' erwidern zu hören." Sie macht eine Pause, holt tief Luft.

Nach einer Weile hat sie sich gesammelt, berichtet weiter. „Tatsächlich lege ich meine Arzttermine auf den Abend. Ich habe meine Ärzte mittlerweile alle nach der Länge ihrer Sprechstunden ausgewählt. Die, die vor neunzehn Uhr schließen, sind für mich nicht in Frage gekommen. ... Sie sind die einzige Ausnahme! Dieses Recht nehme ich mir zumindest. Es macht zeitlich allerdings nicht viel aus, da ich von hier aus rasch wieder im Büro bin und oft sogar meine Mittagspause für den Termin verwende. ... Wenigstens die entsprechend versäumte Zeit kann ich von den fünf bis acht Überstunden pro Woche abziehen. Na ja, und in diesen Fällen gehe ich ausnahmsweise nicht zu meinen Eltern. Was mir mal ganz guttut. ... Ja, und um ungefähr acht Uhr, manchmal erst um halb neun, komme ich in der Regel endlich zu Hause an."

„Und dann sind Sie bereits am Ende."

„So kann man es ausdrücken. Zu Hause bin ich derart kaputt, daß ich nur noch rasch was esse, um im Anschluß entweder auf dem Sofa einzuschlafen oder mich früh ins Bett zu verabschieden. Meistens ist Jochen bereits da. Er hält sich kaum noch in seiner Wohnung auf. Alles spielt sich bei mir ab. Gehe ich todmüde ins Bett, versteht er es häufig als Aufforderung, daß noch was läuft ... zwischen uns beiden, meine ich."

„Sie meinen sexuell!?"

„Ja, genau." Eveline Groß senkt den Blick, starrt traurig vor sich hin. „Meistens hab' ich aber keine Lust mehr. Weise ich ihn jedoch ab, ist er sauer, und das läßt er mich tagelang spüren. Also lasse ich es in letzter Zeit oft einfach über mich ergehen, damit Ruhe ist."

„*Einfach*, sagen Sie!"

Die Patientin schaut auf. Ein fragender Blick haftet an der Therapeutin. „Was meinen Sie mit *einfach*?"

„*Sie* haben dieses Wort verwendet! Und zwar im Zusammenhang mit dem Sex, den Sie *einfach* über sich ergehen lassen. ... Ist das tatsächlich so einfach?"

„Es ist alles andere als das. Es ist ... schrecklich."

„Das finde ich auch, Frau Groß!" Dr. de Winter entgegnet es in ehrlicher Betroffenheit, obwohl die junge Frau keineswegs die erste ist, die ihr solche Erlebnisse berichtet. „Sie nehmen sich damit alle Freude an etwas so Schönem wie Sex!"

„Daran hab' ich längst keinen Spaß mehr. Das liegt aber auch an dem Streß insgesamt."

„Sicher! Nur zerstören Sie neben allem anderen jedes gute Gefühl Ihrem Freund gegenüber. Weiß er, daß Sie es lediglich ihm zum Gefallen tun, oder denkt er, Sie haben Riesenspaß?"

„Meistens liege ich bloß da, schon deshalb, weil ich zu müde bin, um noch *irgend*was zu tun." Ein gequältes Lächeln huscht über ihr hübsches Gesicht. „Ich empfinde in dem Moment sogar einen ziemlichen Ekel vor Jochen. Weil ihm offensichtlich egal ist, ob ich Spaß habe. *Ich bin ihm also egal!* Hauptsache, jemand steht ihm zur Verfügung, damit er sein ... *Ding* hineinstecken kann. Entschuldigen Sie, wenn ich das so sage!"

„*Onanie in Vagina* nenne ich das. ... Übrigens finde ich es gut, offen zu sein. Danke, daß Sie mir dieses Vertrauen entgegenbringen!"

„Wie sagten Sie? *Onanie in Vagina*? Das ist wirklich ein passender Begriff. Muß ich meinem Freund mal sagen! Am besten, wenn er kurz vorm Orgasmus ist." Die Vorstellung amüsiert sie. Jochen, der sich gerade abmüht und sie, die so nebenher sagt: 'Du, Jochen, weißt du eigentlich, welchen Begriff meine Therapeutin für das erfunden hat, was du da mit – oder besser *in* – mir treibst?' Aber dann fühlt sie sich gleich wieder schuldig. Sie will nicht gehässig sein. Und was denkt Dr. de Winter bloß über sie? „Oh je! Da ist die böse Phantasie mit mir durchgegangen. Was denken Sie jetzt von mir?"

„Das kann ich Ihnen sagen! Insgesamt wirken Sie auf mich wie ein Sprinter." Die Psychologin geht absichtlich noch nicht auf den Sinn der Frage ihrer Patientin ein. Ihr ist ein anderer Aspekt wichtig, den sie vorausschicken will.

„Wie ein Sprinter komme ich Ihnen vor?" Die Aufmerksamkeit fokussiert sich augenblicklich auf die Wendung des Gesprächs. Eveline Groß ist neugierig geworden.

„Ja, wie ein Sprinter. Nur, daß Sie einen Marathon sprinten. Verstehen Sie, was ich meine? Eigentlich schließt sich das aus. Der Sprinter kann alles geben, weil er weiß, er hat eine kurze Distanz zu überwinden. Der Marathonläufer haushaltet mit seinen Kräften, da die Wegstrecke, die er zu bewältigen hat, enorm ist. *Sie* geben alles, und das den ganzen Tag. Das bedeutet, bereits mittags steht gar keine Energie mehr zur Verfügung. Sie zapfen sämtliche Reserven an, die jedoch Extremsituationen vorbehalten sein sollten."

Als die Therapeutin den Eindruck gewinnt, die Ausführungen seien bei ihrer Patientin angelangt, kommt sie auf den anderen Themenkomplex zurück. „Daneben möchte ich noch einmal deutlich hervorheben, wie absolut schlimm ich es finde, Intimkontakte zuzulassen, ohne es zu wollen. Man riskiert dabei das eigene Wohl und das der Beziehung. Der Ekel, der sich während der sexuellen Kontakte Ihrem Freund gegenüber in Ihnen breitmacht, sickert irgendwann wahrscheinlich in Ihr restliches Leben. Dann finden Sie sogar alltägliche Berührungen eklig, finden ihn doof, gibt er mal was nicht so Gescheites von sich, erledigen kleine Liebesdienste, wie, seine Klamotten wegzuräumen, ihm das Frühstück zu richten oder sonstiges ebenfalls mit einem Gefühl von Widerwillen. Das zerstört nach und nach die Beziehung ... und auch Sie selbst."

Eveline Groß hat erneut den Blick gesenkt, nickt zaghaft. „Zudem ekele ich mich vor mir selbst, weil ich zulasse, mich von meinem eigenen Freund derart behandeln zu lassen. ... Und ich finde es schlimm, mein Leben bloß noch in einem einzigen Dauersprint ausarten zu lassen, wenn ich es mit Ihrem Bild ausdrücken will."

„Ich *male* Ihnen noch ein weiteres Bild. Eines, welches das Problem verallgemeinernd darstellt. Stellen Sie sich vor, Sie planen einen Umzug und benötigen einige Unterstützung! Drei Freunde stehen Ihnen dafür zur Auswahl. Der erste lehnt stets ab, bittet man ihn um Unterstützung. Der zweite hilft ab und zu, und der dritte stimmt regelmäßig zu. Welchen rufen Sie zuerst an?"

„Na ja, die Antwort ist wohl offensichtlich."

„Eben."

„Ich gehöre tendenziell zur dritten Kategorie, was? ... Nur, wie soll ich es verändern?"

„Beginnen wir mit Ihrem Chef, wenn Sie einverstanden sind!"

Eveline Groß nickt.

„Diese Situation ist dem Problem mit Ihrem Partner vergleichsweise ähnlich. Sie lassen bei Ihrem Chef ebenfalls zu, daß die Spielregeln, die er am liebsten aufstellen möchte, zur Realität werden. Er – und das ist ein *Er*, das Sie sowohl auf Ihren Chef als auch auf Jochen anwenden können – versucht, in verschiedenen Situationen gut für sich zu sorgen. Jetzt lassen wir den moralischen Aspekt mal undiskutiert. Werten wir also nicht, stellt es sich so dar, daß er bloß versucht, möglichst viel aus einer bestimmten Situation herauszuholen. In dem Augenblick, in dem Sie signalisieren, für Sie sei es in Ordnung, legitimieren Sie gleichzeitig seine Handlung. Und anschließend rufen Sie empört: 'Wie kann der mich nur derart behandeln?!'"

„Uiuiui! Sie gehen aber heute ran!"

„Sollte Ihnen das zu konfrontativ sein, sagen Sie es mir! ... Das ist ja schließlich genau unser Thema. Sagen Sie mir, wo Ihre Grenze ist!"

„Nein, nein, da muß ich jetzt durch! Also, Sie sind der Meinung, ich bin selbst schuld, wenn jemand mich schlecht behandelt. Verstehe ich Sie da richtig?"

„Nein, Sie verstehen mich *nicht* richtig. Es geht nicht um Schuld. Sie werten schon wieder. Und jeder kommt schlecht dabei weg. Die anderen sind mies, und Sie sind schuld."

„Das *ist* doch auch so."

„Ich wiederhole: Es geht nicht um Schuld. Es geht bloß um *Verantwortung*. In diesem Fall vor allem um die Verantwortung, die Sie für sich selbst tragen."

„Aber die anderen müßten doch eigentlich auch Verantwortung für mich übernehmen."

„Grundsätzlich ist das richtig. Nur ist es zum einen leider wie im richtigen Leben; oft tun Menschen nicht das, was sie gegebenenfalls tun müßten oder könnten. Und zum anderen sagen Sie ja überhaupt nicht, was Sie wollen. Also woher sollen die anderen das denn überhaupt wissen?"

„Na, ich bitte Sie! Nehmen wir noch mal Jochen. Muß er denn nicht *vorher* schon wissen, und falls nicht, zumindest währenddessen *merken*, daß ich nicht will? Daß ich in dem Moment auf gar keinen Fall von ihm *gefickt* werden will?" Sie ist kontinuierlich lauter geworden, schleudert den letzten Satz ungebremst in den Raum.

Dr. de Winter ist erfreut über die emotionsgeladenen Worte der jun-

gen Frau, sind sie doch ein Zeichen der endlich stattfindenden Kontaktaufnahme zu den eigenen Gefühlen. Und damit ist die notwendige Voraussetzung geschaffen, in Zukunft besser für sich zu sorgen.
„Wenn es doch so klar ist, *auf gar keinen Fall* zu wollen, wieso lehnen Sie nicht ab? Warum empfangen Sie sein Ansinnen statt dessen mit offenen Beinen? ... Und Ihr Chef? Wenn Sie es vollkommen selbstverständlich finden, keinesfalls regelmäßig Überstunden zu machen, wieso machen Sie dann ständig welche? ... Und wenn Sie vertragsgemäß mit aller Selbstverständlichkeit pünktlich Ihren Schreibtisch und das Büro verlassen, wieso schleichen Sie sich dann raus, und wenn Sie Ihren Chef treffen, wieso entschuldigen Sie sich obendrein bei ihm?"
Eveline Groß starrt lange vor sich hin. Sie sortiert, was ihre Therapeutin ihr gespiegelt hat. Mehrmals fällt ihr ein *Aber* ein, das allerdings genauso häufig wie eine Seifenblase zerplatzt. Es stimmt alles!
Klar bauen die anderen auch Scheiße. Es ist gewiß nicht korrekt, so wenig auf die Bedürfnisse seiner Mitmenschen zu achten. Doch letztendlich muß sie nun wirklich selbst für Ihr Wohlergehen sorgen! Und wieso hat sie Jochen eigentlich nie gesagt, was sie will beziehungsweise *nicht* will? „Jetzt verstehe ich, was Sie meinen."
„Und was?" Dr. de Winter fragt sanft. „Was ist es, was ich meine?"
„Ich muß Grenzen setzen."
„Ja! In einigen Situationen sollten Sie Grenzen setzen. ... Allerdings möchte ich es lieber anders formulieren, weil *Grenzen setzen* eher martialisch klingt. Deshalb möchte ich es so ausdrücken: Sie haben Fähigkeiten und Möglichkeiten, Ihr Leben aktiv mitzugestalten. Das, was mit Ihnen und um Sie herum passiert, kann von Ihnen mitkreiert werden. Sie sind kein ohnmächtiges Opfer in einer über Sie entscheidenden Umwelt. Statt dessen haben Sie Einflußmöglichkeiten, die den Fortgang Ihres Lebens mitbestimmen. Sicherlich existieren daneben Situationen, in denen der eigene Einfluß nicht besonders weitreichend ist, doch die Situationen, über die wir heute gesprochen haben, gehören eindeutig *nicht* dazu. Und eine Vielzahl anderer Situationen, von denen wir anfangs glauben, wir hätten keinen Einfluß, stellen sich bei näherem Hinsehen als solche heraus, die doch zur ersten Kategorie gehören. ... Es ist also wichtig, für sich zu sorgen. Und dabei ist nicht entscheidend, ob angemeldete Bedürfnisse überzogen, unmoralisch oder unangemessen sind. Äußert jeder klar, was er sich in einer konkreten Situation vorstellt, können alle Be-

teiligten eine Einigung darüber erzielen, inwieweit die einzelnen Wünsche unmittelbar oder überhaupt Berücksichtigung finden können."

Mit weit geöffneten Augen schaut Eveline Groß unverwandt Dr. de Winter an; als könne sie auf visuellem Wege die Informationen erfassen, die sie derzeit auditiv vermittelt bekommt, und die so überwältigend alles das zunichte machen, an das sie bisher geglaubt hat.

Fast möchte sie aufspringen und laut lachen, derart befreiend erlebt sie diese Vernichtung ihrer Lebensirrtümer!

Doch sie bleibt sitzen, legt diese jüngst erwachte zuversichtliche Lebendigkeit statt dessen in eine enorme Stimmgewalt, die ihre Worte nach außen transportiert. „Ja! Ja! Jetzt ist es klar! *Ich* muß, nein, ... ich *kann*, *darf* und *will* meine Bedürfnisse anmelden! Und umsetzen! Zumindest ab und zu. Oder häufig?"

„Schon *häufig*. Jeweils dann, wenn es angemessen ist."

„Und woher weiß ich, was wann angemessen ist?"

„Notfalls durch Versuch und Irrtum. Sobald Sie übertreiben, wird Ihre Umwelt Ihnen umgehend die Quittung überreichen."

„Ist angekommen! Was mache ich denn nun ganz konkret mit ... meinem Freund? Fangen wir mit ihm mal an!"

„Sagen Sie es mir!"

Eveline Groß überlegt. Sie will keinen Fehler machen! „Kann ... ich denn beim nächsten Mal, wenn er etwas will, und ich will nicht, einfach nein sagen?"

„Können Sie?"

„Beantworten Sie doch nicht jede meiner Fragen mit einer Gegenfrage!"

„Wir sind zusammenfassend zu dem Schluß gekommen, weder das Verhalten anderer noch unser eigenes sollte nach dem Schuldprinzip bewertet werden, weil es in erster Linie darum geht, eine Situation mehr danach zu gestalten, wie man sich in und mit ihr wohlfühlt. Richtig?"

„Richtig."

„Demzufolge würde ich Ihnen gern erneut eine Frage stellen. Darf ich?"

Eveline Groß kontert in gespielt gönnerhaftem Ton. „Na, wenn es sein muß." Dabei vollführt sie eine gewährende Handbewegung, fügt schelmisch lächelnd an: „Sie haben gesagt, ich soll Situationen mitgestalten."

„Die Geister, die ich rief ...! Wenn Ihr Freund etwas von Ihnen will, das Sie nicht wollen, fühlen Sie sich unwohl, oder?"
„Mmh."
„Welche Reaktionen Ihrerseits würden dazu führen, sich wohler, oder im besten Fall ganz und gar wohl zu fühlen?"
„Also wenn ich es noch einmal auf den Sex beziehe, würde ich ihm manchmal am liebsten mein Knie in sein Gemächt donnern!" Sie spricht voller Inbrunst. Trotzdem merkt man ihr an, daß sie es nicht als ernsthaften Lösungsvorschlag anbietet.

Dennoch steigt die Therapeutin auf die Äußerung ein. Schließlich sollte man jeden Vorschlag erst einmal in Erwägung ziehen, um ihn auf Tauglichkeit zu überprüfen. „Das wäre sicher eine brauchbare Lösung, um – zumindest für dieses Mal – den Geschlechtsverkehr zu verhindern. Allerdings wäre es günstig, Tote und Verletzte zu vermeiden. Außerdem hieße das erneut, gemäß der Schuldfrage zu handeln. Entsprechend ist Ihr Partner offensichtlich der Schuldige, der Strafe verdient hat."

„Es war ja nicht ernst gemeint."

„Ach was? Machen Sie jetzt bitte nicht erneut *sich* zur Schuldigen, die sich *ent*schuldigen muß! Irgendwie war es schon ernst gemeint, zumindest auf der Gefühlsebene. Sie glauben, sich im Sinne einer Genugtuung besser zu fühlen, wenn Sie ihn bestrafen. Vielleicht wäre das sogar der Fall. Jedoch nur kurzfristig. Langfristig wäre es weder praktisch, noch für das Herstellen eines dauerhaft angenehmen Gefühls geeignet. Was könnten Sie also statt dessen tun?"

„Ich könnte einfach nein sagen!"

„Nein, ich möchte nicht! Genau *das* können Sie sagen!" Dabei verschiebt sie nicht zufällig den zuvor von ihr benutzten und anschließend von ihrer Patientin übernommenen Konjunktiv in den Indikativ. Sie will damit noch einmal die Lösung, die so nahe liegt, deutlich als *echte* und nicht als bloß rein theoretisch *mögliche* Lösung hervorheben.

„Sagen Sie's mal!" fordert sie nun freundlich Eveline Groß auf.

„Wie meinen Sie das?"

„Na, äußern Sie mal den Satz!"

„Also gut! Nein, ich möchte eigentlich nicht richtig." Zaghaft mühen sich die Worte über die Lippen der Patientin.

„Ja, es ist beim ersten Mal noch gar nicht so leicht. Es klingt fremd für Sie, oder?"

„Irgendwie schon, es ist einfach ... ungewohnt. Ich trau mich nicht so recht."

„Und aus diesem Grund bauen Sie in den Satz *eigentlich* und *nicht richtig* ein. Dadurch verliert er jedoch an Deutlichkeit und eignet sich somit nicht mehr als klare Botschaft. Es hört sich vielmehr wie eine Einladung zum Nachbohren an. ... Entschuldigung! Das Wort meine ich im übertragenen Sinne."

„Na ja, im direkten paßt es ja genauso, oder?" Sie grinst verschämt.

„Also, ich versuch's noch mal! *Ich will jetzt keinen Sex!* ... Ich weiß trotzdem nicht, ob ich mich tatsächlich traue, wenn Jochen leibhaftig anwesend ist."

„Was befürchten Sie?"

„Wie meinen Sie das?"

„Anscheinend erwarten Sie eine negative Konsequenz, sobald Sie einem anderen gegenüber Ihre Bedürfnisse anmelden."

„Ja, ... Jochen könnte mich mit einer anderen Frau betrügen oder gar verlassen, wenn ich zu selten Sex mit ihm will. ... Und mein Chef könnte mich *ent*lassen."

„Für wie wahrscheinlich halten Sie es, von Jochen verlassen zu werden, weil Sie einmal den Sex mit ihm ablehnen?"

„Nach *einem* Mal wird er das gewiß nicht in Erwägung ziehen."

„Wie oft müssen Sie hintereinander ablehnen, damit er es tut?"

„Das kann ich nicht sagen. Vielleicht tut er es ja überhaupt nicht."

„Das bedeutet, derlei Spekulationen sind nicht wirklich hilfreich, um eine brauchbare Entscheidung treffen zu können. Brauchbar ist jedoch sehr wohl, sich zu fragen, was Sie wollen, und mithilfe welcher Umgehensweise Sie es erreichen können."

„Stimmt! Außerdem müßte man sich wohl grundsätzlich überlegen, ob es paßt, wenn der eine tatsächlich ständig Sex will und der andere überhaupt nicht mehr."

„Ganz genau! Oft will man einfach nicht die Konsequenzen seines Handelns tragen, obwohl die unter mancherlei Umständen das eigene Leben eher verbesserten."

„Das bedeutet, ich sollte mich erst einmal fragen, was ich eigentlich will. Danach muß ich herausfinden, wie die Umsetzung am besten vonstatten gehen kann. Und zuletzt zieh' ich es durch. ... Immer?"

„Vermutlich nicht. Schließlich gibt es Situationen, die nicht ganz und gar eindeutig sind. Nehmen wir noch einmal das Beispiel von vorhin, nur umgekehrt! Eine Freundin bittet Sie, ihr beim Umzug behilflich zu sein; vielleicht haben Sie an diesem Tag keine Lust, Kisten zu schleppen oder Gläser zu spülen. Dennoch könnten Sie entscheiden, Ihre eigenen Bedürfnisse zurückzustellen, weil Ihnen Ihre Freundin sehr wichtig ist, und weil Sie deren Unterstützung in diesem Moment als höherrangig einstufen als Ihren Wunsch nach Ruhe."

„Das finde ich prima und doch schwierig. ... Aber bei meinem Chef ist es ja wohl eindeutig, oder?"

„Ich weiß nicht. Zumindest im Einzelfall, oder? Sie können ja jeweils neu entscheiden!"

„Das ist gut! Also, ... wie tue ich ihm deutlich kund, an einem bestimmten Tag nicht länger bleiben zu wollen?"

„Versuchen Sie doch zunächst, den Satz von eben auf die Situation im Büro zu übertragen! Paßt da 'Nein, ich will nicht' ebenfalls?"

Die Patientin überlegt. „Nicht richtig. Mein Chef verlangt ja gar nicht offen Überstunden von mir. Das findet ja eher nonverbal statt."

„Genau! Er fordert es nicht, Sie interpretieren es hinein. Möglicherweise liegen Sie sogar richtig mit Ihrer Deutung, nur ist das nicht entscheidend. Einzig entscheidend ist, nicht auf reine Spekulationen hin zu reagieren, wenn Ihnen dies zum Nachteil gereicht."

Eveline Groß schaut fragend.

Dr. de Winter erklärt ihr genauer, wie sie es meint. „Ihr Chef sagt ja nicht: 'Frau Groß, Sie machen heute Überstunden!' Sie nehmen bloß an, er hätte dies gern. Daraufhin machen Sie tatsächlich Überstunden oder signalisieren ihm mit Ihren Entschuldigungen, mit dieser vermeintlichen Erwartung einverstanden zu sein. Sie legitimieren somit eine Forderung, die Ihr Chef nicht einmal anmelden muß. ... Damit ist er fein raus! Sollten Sie sich gegen diese Forderung wehren, kann er mit Recht behaupten, sie niemals gestellt zu haben. Wehren Sie sich nicht, machen Sie Überstunden."

„Blöd, was?"

„Das ist in der Tat ziemlich blöd." Die Psychologin lacht. „Vor allem für *Sie*."

„Mmh, allerdings."

„Aber leicht veränderbar."

„Wie denn?"

„In Ordnung, ich antworte nicht mit einer Gegenfrage: *Machen* Sie keine Überstunden mehr! Zumindest nicht regelmäßig."
„Und sein Blick?"
„Was schert Sie sein Blick? Der ist nicht existent. Reine Spekulation! Realität wird es erst in dem Augenblick, in dem er was *sagt*, und dann paßt erneut der Satz von vorhin."
„Nein, ich möchte nicht!" ergänzt Eveline Groß stolz, weiß sie doch mittlerweile, worum es geht.

49

Mit angestrengtem Gesichtsausdruck und dem Telefon am Ohr saß Mina auf der Kante eines Eßtischstuhls. Soeben hatte Frieda ihr weinend mitgeteilt, der Interessent wolle tatsächlich das Haus kaufen. Die Freundin erläuterte ihr nun, es sei bereits ein Vorvertrag geschlossen worden, der Notartermin finde bereits in der nächsten Woche statt. Jetzt sei es also ernst und endgültig. Bei dem Käufer handele es sich dabei um einen immerhin sympathischen Mann, der anscheinend vorerst allein das Haus beziehe, zumindest sei von Anhang keine Rede gewesen. Zudem sei ein fairer Preis vereinbart worden.
„Willst du noch einmal in dein Haus, um Abschied zu nehmen?" Mina bot Frieda an, sie dabei zu begleiten, falls sie es wolle.
Doch lehnte diese unverzüglich ab. „Nein, Mina! Das ist ganz, ganz lieb von dir, aber ich habe bereits Abschied genommen. Und was vorbei ist, ist vorbei. Ich will die Wunde nicht von neuem aufreißen, sie hat gerade ein erstes dünnes Häutchen gebildet."
„Das kann ich absolut nachvollziehen. Ich komme dich bald wieder besuchen, ja? … Und sobald du ausreichend Abstand gewonnen hast, kommst du auch regelmäßig zu mir! Dann kannst du in meinem Garten sitzen und ich bringe dir Kräutertee und Zwieback. Oder was trinken und essen alte Damen für gewöhnlich?" Sie versuchte, Friedas Trauer für den Moment ein wenig abzumildern.
„Ich komme gern. ... Bald."
Für einen Moment wurde es still am anderen Ende der Verbindung. Als in Mina allmählich die Sorge aufstieg, Frieda habe erneut mit aufsteigenden Tränen zu kämpfen, platzte diese unvermittelt heraus: „Mina, ich hoffe, dich jetzt nicht zu überfahren! Doch ich wünschte sehr, du

würdest ein paar meiner Möbel nehmen, und darüber hinaus einige andere Gegenstände, an denen mir sehr viel liegt. Weißt du, meine Tochter hat hier nicht besonders viel Platz, und im Grunde habe ich schon zu viele meiner Möbel mitgebracht. Nur sind noch so reichlich wertvolle Stücke dort, die ich nicht einfach wegwerfen oder verkaufen will. Natürlich bin ich ein närrisches und hoffnungslos sentimentales altes Weib, das längst gelernt haben müßte loszulassen, denn am Ende kann man ja auch nichts mitnehmen. Trotzdem wäre es mir ein Herzenswunsch, daß gerade *du* diese Dinge bekommst."

Ungeachtet der edlen Kleinode, die sich unter Friedas ehemaligem Dach befanden, war Mina gerührt. Ihr war klar, deren Wunsch stellte ein ganz besonderes Dankeschön dar sowie ein 'Du liegst mir sehr am Herzen'. Nur allzugern wollte sie dieser Bitte nachkommen. Ihr Haus war ohnehin viel zu groß, in der ersten Etage standen noch immer zwei Zimmer leer.

„Es ist mir eine große Ehre, Frieda. Und ich freue mich, deine Möbel anvertraut zu bekommen."

Daraufhin weinte *das sentimentale Weib* tatsächlich. „Ich danke dir, Mina! Und nicht nur dafür."

Sie verabredeten noch, wie die Möbelumverteilung vonstatten gehen sollte. Frieda beschrieb ihr detailliert alle Dinge, die sie außerdem noch aus dem Haus holen sollte. Einen Schlüssel besaß sie ja noch. Mina versprach, bereits am nächsten Morgen alles zu erledigen. Fabian und Charlie würden gewiß helfen. Notfalls konnte Fabian kurzfristig einen Freund hinzuziehen, falls irgend etwas nicht zu dritt zu bewältigen sein würde. Dann beendeten sie das Gespräch.

Noch auf der Stuhlkante sitzend, wurde ihre Aufmerksamkeit jäh von etwas angezogen, das sich im Nachbargarten bewegte. Ein sehr großer, schlanker Mann mit grauem, leicht gewelltem Haar stand mit geschlossenen Augen dort und ließ sich die Herbstsonne auf sein markantes, recht attraktives Gesicht scheinen. So viel konnte Mina von ihrem Logenplatz aus erkennen. War das der neue Eigentümer? Vermutlich.

Aus Solidarität mit Frieda beschloß sie augenblicklich, ihn abscheulich zu finden. Gewiß war er ein arroganter Playboy, der aus drei gescheiterten Ehen ein komfortables Vermögen abgezogen hatte, das es ihm ermöglichte, sich mal eben Friedas Haus unter den Nagel zu reißen.

Angewidert wendete sie sich ab, mußte beinahe im selben Augenblick über sich selbst lachen. So kamen Gerüchte in die Welt! Sie bräuchte diese komplett erfundene Geschichte lediglich Frau Hansmann zu erzählen, sobald sie bei ihr Brötchen holte. Ganz im Vertrauen, wenn sich kein anderer Kunde im Verkaufsraum befand. Die Bäckersfrau würde sich dadurch besonders geschmeichelt fühlen und ganz sicher darauf brennen, die interessante Neuigkeit weiterzutratschen. Schließlich galt man als wichtig, wußte man über Dinge Bescheid, von deren Existenz andere nicht einmal etwas ahnten. So funktionierte das mit Gerüchten!

Aber selbstverständlich würde Mina niemandem diesen Bären aufbinden. Sie wollte den Nachfolger von Frieda nur einfach nicht sympathisch finden, weil es ihr vorkam, als sei er mitverantwortlich für Friedas Vertreibung aus ihrer Heimat. Sicher, letztendlich trug dafür niemand die Verantwortung. Und schon gar nicht dieser *Fatzke*, der augenblicklich vollkommen unschuldig tuend in Friedas Garten die Sonnenstrahlen einsammelte, die eigentlich Frieda zustanden.

Mina streckte ihm die Zunge heraus und machte: „Bäääh!" Dabei schloß sie genußvoll die Augen. Und um es so richtig auszukosten, daß *sie* Faxen machen konnte, und *er* nichts davon mitbekam, zog sie es schön in die Länge. Als sie ihre Augen wieder öffnete, hatte er seine Position verändert, schaute genau in Minas Richtung. Ruckartig schnellte ihr Kopf zurück. Hoffentlich hatte er nicht doch etwas erkennen können.

Da die Sonne am Vormittag durch ihr Fenster am Eßplatz schien, am Nachmittag jedoch bereits so weit gewandert war, um den Garten und den dahinterliegenden restlichen Teil des Wohnraums in Sonnenlicht tauchen zu können, standen die Chancen günstig, nicht von ihm entdeckt worden zu sein. Ein bißchen unangenehm berührt fühlte sie sich dennoch. Wäre ja ein toller Auftritt! Klingelte er demnächst an ihrer Tür, um sich vorzustellen (was er natürlich nie tun würde, da er garantiert keine guten Manieren aufwies, aber falls doch), könnte er so etwas sagen wie: 'Hallo, ich bin Herr Fatzke von nebenan. Ich bin ungemein arrogant und rücksichtslos. Und wer sind Sie? Außer Ihrer Zunge hab' ich leider noch nichts von Ihnen kennengelernt.'

Selbstverständlich würde er Derartiges garantiert nicht von sich geben. Denn das mit der Zunge wäre ja schon wieder witzig, da es sehr zweideutig klang. Im selben Moment drang der Gedanke in ihr Bewußtsein, wie gut es doch sei, daß ihre Patienten nicht wußten, welch alberne Gedanken ihre ach so seriöse Therapeutin zeitweise hegte.

Sie schmunzelte. Wahrscheinlich würde der ein oder andere die Plätze tauschen wollen und ihre Krankenversicherungskarte verlangen.

Derweil ging es ihr etwas besser. Sollte Herr Fatzke doch das Haus kaufen und dort unglücklich, oder notfalls sogar glücklich werden. Ihr war das einerlei. Sie baute lieber ihr Saxophon zusammen.

Ihr Leben verlief doch inzwischen im großen und ganzen angenehm und gut. Alles war okay. Sie hatte ihre Familie, einen Partner, der vielleicht irgendwann ebenfalls zur Familie gehören würde, sie übte einen tollen Beruf aus, hatte ihre Musik, ihr Heim und demnächst nebenan Herrn Fatzke, über den sie schimpfen konnte, benötigte sie mal einen Sündenbock. Was wollte sie mehr?

Ben würde gleich eintreffen. Sie freute sich auf ihn. Der Disput, den er auf der Fahrt zu Frieda angezettelt hatte, war von ihm lediglich mit einer knappen Entschuldigung kommentiert worden. Eine Diskussion darüber, wer den Unfrieden letztendlich zu verantworten hatte, würde zu keinem zufriedenstellenden Ergebnis führen. Also nahm sie ihn entweder, wie er war, mit allen liebenswerten Eigenschaften und Launen, die er aufwies, aber ebenfalls mit den weniger liebenswerten. Oder sie ließ es. Ändern wollte und konnte sie ihn nicht.

Sie befeuchtete das Mundstück, holte tief Luft, und innerhalb weniger Minuten war sie komplett eingetaucht in die dunklen Klänge ihres Instrumentes.

50

Anton Hasten ist heute ihr erster Patient. Es läuft hervorragend mit ihm. Die größte Hürde hat er endlich überwunden. Loslassen! Das ist sein Hauptthema. Tatsächlich hat er seine Frau losgelassen. Gemeinsam mit den Kindern ist sie zurück ins Haus gezogen, während er sich eine Wohnung in der Nähe gesucht hat. Dabei will er kein vierzehntägiger Wochenendpapi sein. So oft wie möglich holt er seinen Sohn Edwin von der Schule ab, geht mit ihm auf den nahegelegenen Bolzplatz. Seine Tochter Sophie hängt besonders intensiv an ihrem Vater. Sie übernachtet häufig bei ihm, genießt es, wenn er sie zur Schule bringt. Abends kocht sie gern in seiner Wohnung. Das Verhältnis zwischen den beiden ist sichtbar enger geworden. Sie nehmen sich endlich die Zeit, miteinander zu reden. Sophie findet das super. Kein kleiner Bruder, der ständig dazwischenfunkt. Und Edwin ist nicht eifersüchtig, weil er den Vater ja ebenfalls häufig für sich allein hat. Regelmäßig unternimmt Anton Hasten zudem etwas mit *beiden* Kindern. Sie erleben ihren Vater viel entspannter als früher. Er hat seine Gelassenheit wiedergefunden, sogar erhöht. Vieles nervt ihn nicht mehr, was früher extremen Streß bereitet hat. Inzwischen hat er darüber hinaus sein Motorrad. Die Kinder dürfen allerdings nicht mit ihm fahren, obwohl sie ihm angeboten haben, es der Mutter zu verschweigen. Doch in dieser Angelegenheit bleibt er konsequent. Er will seine Noch-Ehefrau niemals wieder hintergehen.

Er schaut zufrieden schweigend vor sich hin. In der ersten Phase der Therapie hat er es kaum abwarten können, seine gesamte Last loszuwerden. Jedesmal hat es ihn enorm erleichtert, Dr. de Winter seinen gesammelten Seelenschmerz vor die Füße zu werfen. Es hat einfach richtig gut getan, wenn sie mit ihm stets aufs neue geduldig sortiert hat. Die Guten ins Töpfchen, die Schlechten ins Kröpfchen! Gedanke für Gedanke, Gefühl für Gefühl.

Zunächst hat er gedacht, es werde nie funktionieren, er werde sich niemals mehr besser fühlen. Doch mittlerweile erkennt er seinen Irrtum. Das Leben beginnt, wieder gut zu ihm zu sein. Und er ist sicher, daß das sehr viel mit seinem eigenen Verhalten und seiner Bewertung zu tun hat. Und ebenfalls damit, gar nicht ständig gleich zu bewerten. Er kann neuerdings Dinge mal stehenlassen. So, wie sie nun mal gerade sind.

Er weiß, wartet er ruhig ab, kann er irgendwann sozusagen von selbst erkennen, was zu tun ist. Wann Veränderung vonnöten ist, und wann Dinge sich auflösen, weil er sie nicht mehr so enorm wichtig nimmt. Er hat gelernt, daß sie dann – wie von selbst – tatsächlich weniger bedeutend werden. Und falls es angemessen und brauchbar erscheint, kann er ohne großes Tamtam etwas verändern. Dabei traut er sich sogar hier und da, nach Versuch und Irrtum zu handeln. Und seine größte Errungenschaft, die wahrscheinlich ein Ergebnis dieser gesamten anderen Veränderungen darstellt, ist das Gefühl, wirklich Einfluß auf die Dinge seines Lebens zu haben. Ihnen nicht länger ausgeliefert zu sein. Und nun fühlt er sich endgültig nicht länger wie ein Versager oder Schwächling.

„Sie wirken sehr fröhlich, Herr Hasten. Ihnen geht's offensichtlich gut!" Einen leichten Schlenker der Stimme in Richtung Frage baut Dr. de Winter dennoch ein. Sie könnte sich schließlich täuschen. Tut sie jedoch glücklicherweise nicht.

„Ja, es geht mir prächtig! Ehrlich!" Sein Lächeln intensiviert sich. Er kann nicht anders. Es ist alles so wunderbar. „Ich fühle mich nicht mehr wie ein Versager. Ich finde mich sogar in Ordnung. Genauso, wie ich bin. Ist das nicht toll?"

„Ja, wirklich!" Die Therapeutin strahlt. Es erfüllt sie jedesmal aufs neue mit enormer Freude, hat jemand, mit dem sie meistens über Monate oder manchmal gar Jahre gearbeitet hat, einen Weg zum inneren Gleichgewicht gefunden.

„Und noch etwas muß ich Ihnen unbedingt erzählen! Meine Frau Lisa! Sie macht so Bemerkungen, ... na ja, also ich glaube fast, sie nähert sich mir wieder an."

Dr. de Winter schaut skeptisch. Nicht die Tatsache an sich würde sie für ein Problem halten. Sie hat lediglich die Befürchtung, Herr Hasten könnte etwas überinterpretieren, sich im schlimmsten Fall in etwas verrennen. „Was sind denn das für Bemerkungen?"

„Gestern erst hat sie angeregt, mal gemeinsam ins Kino zu gehen."

„Nehmen Sie es mir nicht übel, aber könnten Sie es genauer wiedergeben?"

„Ich weiß, was Sie jetzt denken!" Er intoniert es genauso wie Tom Selleck in der Serie *Magnum*. „Sie befürchten, ich bilde mir das ein, oder?"

„Ich gestehe! Zu meiner Verteidigung habe ich jedoch vorzubringen, es liegt keineswegs an mangelndem Zutrauen Ihnen gegenüber, Dinge adäquat wahrzunehmen. Es ist vielmehr die Sorge, Sie könnten erneut etwas greifen und festhalten wollen, das Ihnen am Ende nicht gut bekommt." Sie hebt die Hände und ballt sie zu Fäusten, um ihm das Gesagte zu demonstrieren.

„Das ist lieb von Ihnen! Aber ich bin sicher, sie will schauen, ob aus uns noch einmal was werden kann. Nur kann ja keiner voraussagen, ob sie das nach einer Weile des Ausprobierens weiterhin denkt. Schon deshalb bin ich vorsichtig und noch aus einem anderen Grund. Wissen Sie, obwohl ich meine Frau noch liebe, weiß ich im Moment noch nicht so recht, in welche Richtung es mit uns gehen soll. Ich will auf gar keinen Fall dort anknüpfen, wo wir sozusagen geendet, ... oder besser *ver*endet sind. Das bedeutet, wir müssen uns auf einer völlig neuen Ebene kennenlernen und annähern. Sollte uns das gelingen, ... ja, dann kann ich mir gut und gerne vorstellen, wieder mit ihr zusammenzukommen. ...

Sie kriegt mich dann allerdings nur im Doppelpack: Meine BMW und mich! Könnte sie das nicht akzeptieren, wäre das ein schwerwiegender Hinderungsgrund. ... Nicht, weil ich keine Kompromisse mehr eingehen will, sondern weil es zu *mir* gehört. Es ist ein Lebensgefühl, dieses Motorradfahren! Und verlangt sie noch einmal, ich solle es aufgeben, will sie nicht wirklich *mich*. Verstehen Sie, was ich meine?"

„Vollkommen. Und ich bin …, entschuldigen Sie, wenn ich das so sage, aber … ich bin sehr stolz auf Sie! Ich hoffe, das ist in Ordnung?"

Anton Hasten nickt eifrig. Ja, es ist vollkommen in Ordnung! Und es freut ihn. „Nur womit genau hab' ich das verdient?"

„Ich weiß jetzt, es läuft in die richtige Richtung. Sie sind nicht zu einem Egozentriker geworden, der nur noch sein eigenes Ding macht, ohne Rücksicht auf andere zu nehmen. Vielmehr gehen Sie besonnen an alles heran. Sie wägen ab, worum es sich zu kämpfen lohnt, wofür Sie eintreten wollen. Aber das setzt voraus, überhaupt zu wissen, was Ihnen wichtig ist. … Sie versuchen jedoch nicht, Ergebnisse zu erzwingen. Sie warten, was sich entwickelt. Und geben sich dabei zu erkennen. Das ist etwas, was in Ihrer Ehe vorher möglicherweise gefehlt hat, waren Sie doch allzu rasch bereit, sich auf Bedingungen einzulassen, die Sie gar nicht überdacht hatten. Und in Ihrem darauffolgenden Unglücklichsein haben Sie sich einfach andere Dinge genommen, die Ihnen sozusagen gar nicht richtig zustanden. … Dadurch haben Sie andere für etwas bestraft, für das diese nichts konnten."

„Wenn ich das richtig verstehe, meinen Sie mit den nicht überdachten Bedingungen beispielsweise das Motorradfahren. Und mit den Dingen, die ich mir unberechtigterweise genommen habe, meinen Sie gewiß das Fremdgehen, mit dem ich dann gleichzeitig meine Frau bestraft habe, obwohl sie nichts für meinen Zustand konnte, und letztendlich konnte sie ebensowenig für meinen Verzicht."

„Wobei *unberechtigt* keineswegs moralisch gemeint ist. Es geht mir lediglich um die Dynamik, die entstanden ist, weil Sie nicht für sich und Ihre Bedürfnisse eingetreten sind. Dabei haben Sie zuletzt aus lauter Frust auch die Bedürfnisse anderer nicht mehr beachtet und nicht mehr *ge*achtet."

Anton Hasten nickt bedächtig. Es fällt also regelmäßig auf einen selbst zurück, distanziert man sich an falscher Stelle von seinen Wünschen und Vorstellungen. Die Folgen getroffener Entscheidungen zu akzeptieren und mit ihnen umzugehen, dies hat Dr. de Winter ihm ebenfalls beigebracht. Daß es nicht nur um die Dinge *an sich* geht, sondern ebenso darum, bereit zu sein, mit den Konsequenzen zu leben, die sich aus ihnen ergeben.

Abschließend nickt er ein weiteres Mal. Sieht der Psychologin dabei fest in die Augen. Er muß es nicht aussprechen: Er hat alles verstanden. Und sie hat verstanden, daß er verstanden hat.

51

„Hast du eigentlich niemals mit deinem Leben gehadert?"

„Entschuldige, Ben! Aber erscheint dir eine solche Betrachtung nicht etwas abwegig, nachdem wir uns eben erst ausgiebig und – wie ich finde – hinlänglich innig geliebt haben?"

„Na, gerade deswegen! Weißt du, Mina, … es kam mir der Gedanke, wie schön es doch ist. Mit uns, meine ich. Und nicht nur unser Liebesleben, alles andere ist ebenso wunderbar mit dir."

Sie lagen aneinandergekuschelt im Bett. Liebevoll küßte er ihre Stirn.

„Doch manchmal macht es mir Angst. Weißt du, mit Andy war es auch schön. Nicht so schön, wie mit dir. Oh Gott! … Siehst du, nun fühle ich mich total schuldig, so etwas überhaupt nur zu denken, … geschweige denn, es sogar auszusprechen."

„Ben, das ist doch in Ordnung! Deine Ehe mit Andrea war ja zuletzt nicht mehr unbelastet. Sie hatte einen Liebhaber und war sich ja offensichtlich wenig darüber im klaren, ob sie dich verlassen wollte oder nicht. Da ist es doch normal, die Beziehung nicht mehr als besonders schön zu empfinden."

„Klar. Ich meine aber ebenso die Zeit davor. So intensiv wie mit dir war es mit ihr überhaupt nie! Und trotzdem hab' ich so gelitten, als sie starb, daß es mich fast um den Verstand gebracht hätte."

„Du hattest ja neben deiner Frau noch dein Kind verloren – oder sogar deine Kin*der*! Und bis heute nicht zu wissen, ob das Kind, das sie in sich trug, überhaupt von dir war, ist ebenfalls nicht gerade eine Kleinigkeit."

„Sicher. Aber ich will auf etwas anderes hinaus. Ich … ich weiß nicht, … ach, es ist blöd, das zu sagen. Eigentlich will ich dich gar nicht mit reinziehen, … in meine dummen, dunklen Gedanken."

Mina stützte sich auf einen Ellbogen und betrachtete ihn ernst. „Wenn dich etwas belastet, egal wie dumm oder blöd du es findest, kannst du es mir sagen. Auch dafür sind wir doch zusammen, oder nicht?"
„Ja, nur will ich keinen Druck erzeugen."
„Tust du nicht."
„Sobald du weißt, um was es sich handelt, siehst du das möglicherweise anders."
„Versuch's!"
„Also gut! Manchmal denke ich ... darüber nach, wie es wohl wäre, wenn *du* nicht mehr wärst, verstehst du? Ich meine nicht unbedingt, daß du sterben würdest. ... Wenn du mich etwa verließest, wie ginge ich damit wohl um?! Siehst du, und das macht dir bestimmt Druck. Angedeutet zu bekommen, ich würde vielleicht nicht damit fertig, stellt gewiß eine Last für dich dar."

Mina schwieg eine Weile. Sie wußte nicht so recht, was sie sagen sollte. Obendrein fragte sie sich, wohin derartige Gedanken führen sollten. Sie entschied sich, offen zu sein. „Ich fühle mich insgesamt wohl mit dir, Ben. ... Und im Moment sehe ich erst mal keinen wirklichen Grund, der dazu führen könnte, mich von dir zu trennen. Natürlich weiß ich nicht, wie sich unsere Zukunft entwickelt. Ich wünsche mir zwar, mit dir zusammenzubleiben. Dennoch wird erst die Zeit zeigen, ob wir langfristig unsere Gefühle aufrechterhalten können ... oder besser, ob sie sich intensivieren."

„Und falls das der Fall ist. Kannst du dir vorstellen, daß es dich verrückt machen würde, wenn mir etwas zustieße? Ich meine, manchmal macht man doch in Krisenzeiten Dinge, die man hinterher gar nicht mehr so richtig verstehen kann."

„Ich weiß wirklich nicht, worauf du hinauswillst, Ben! Aber wie du weißt, war ich ebenfalls mal in solch einer Krise. Und natürlich war ich verrückt vor Kummer, als Yasmin starb. Und ja, ich habe vorübergehend Gedanken gehegt, meinem Leben ein Ende zu setzen, ... falls du das meinst."

„Zum Beispiel! Und manchmal richtet man Wut und Kummer nicht gegen sich selbst, sondern nach außen. Man sucht jemanden, der Schuld an allem ist und sinnt auf Rache."

„Klar, so etwas gibt es. Ich selbst hatte dieses Gefühl allerdings nie. Das habe ich dir ja schon mal erzählt."

„Doch hast du nicht wenigstens mal für einen Moment gedacht, du würdest beispielsweise gern dem Bademeister irgendwas antun, weil er deine Tochter nicht rechtzeitig aus dem Wasser gerettet hat?"
„Solche Gefühle oder Gedanken sind mir nie gekommen."
„Stieße es denn auf dein Verständnis, entwickelte jemand in einer ähnlichen Situation derartige Gedanken?"
„Sicher. Dunkle Gedanken gehören zu unserem ... na ja, zu unserem Menschsein."
„Und verfolgte jemand einen Racheplan, könntest du das ebenfalls nachvollziehen?"
Mina verlor nun vollends die Richtung. Was bewegte ihn zu diesen Fragen, und wohin sollten sie führen? „Ben, ich weiß nicht, was du von mir wissen willst. Hast du damals jemandem etwas angetan, den du für mitschuldig hieltest? Hast du womöglich doch den Liebhaber ausfindig gemacht? Oder weshalb stellst du mir diese abstrusen Fragen?"
„Nein, Mina, das habe ich nicht. Aber ich habe solche Gedanken gehegt. Ich habe sicherlich noch eine etwas dunklere Seite als die, die ich zeige, seit ich mit dir zusammen bin. Mich haben lange Rachegedanken gequält. Demzufolge habe ich Pläne geschmiedet, es jemandem heimzuzahlen. Nicht mit Gewalt, jedoch wollte ich unbedingt Gerechtigkeit, und daß der zur Rechenschaft gezogen wird, den ich für schuldig am Tod meiner Familie hielt."
„Das ist absolut verständlich, Ben. Nur gibt es bei diesem schrecklichen Unfall, dem deine Familie zum Opfer gefallen ist, gar keinen richtigen Schuldigen."
„Das sehe ich mittlerweile genauso."
Sie schwiegen eine Weile.
Jeder versuchte auf seine Weise das Gespräch zu sortieren, um es im Anschluß gedanklich ablegen zu können.
Allerdings brannte Ben noch etwas anderes auf der Seele. „Gibt es etwas, das dich an mir stört, Mina? Oder irritiert? Oder etwas, das du nicht besonders magst? Bitte sei ganz ehrlich!"
„Na, du stellst ja heute schwierige Fragen. Sollte das nach dem Sex ab nun regelmäßig in dieser Weise ablaufen, werde ich beizeiten über Sinn und Zweck einer platonischen Beziehung nachdenken." Mina wollte etwas Abstand zu der Schwere schaffen, die sich durch das gesamte Gespräch zunehmend belastend auf beide niedersenkte.

Andererseits wollte sie ihm auch dieses Mal die Antwort nicht schuldig bleiben. „Im Grunde gibt es da nicht viel. Nur manchmal bin ich verunsichert, wenn deine Stimmung abrupt wechselt. … So, wie auf der Fahrt zu Frieda, oder wenn du in einen Gedankenmodus umschaltest, den ich nicht nachvollziehen kann. Es wirkt dann … nicht *stimmig* auf mich. Einerseits denke ich, ich kenne dich bereits recht genau, doch manchmal bist du mir auf einmal ein wenig fremd. Ich bekomme in solchen Momenten das Gefühl, du verschweigst mir etwas. Etwas, was ich unbedingt wissen sollte." Sie brach ab. Es war recht diffizil, es ihm begreiflich zu machen. Außerdem legte sie wenig Wert auf weitere Ausflüchte. Sie schaute ihn an, erkannte ein fast unmerkliches Nicken.

Hatte er es verstanden? Abwartend schwieg sie.

„Ich weiß, was du meinst, Mina. Und du hast recht! Es gibt ein paar Dinge, auf die ich nicht besonders stolz bin. Sie belasten mich oft. Und manchmal ist die Last besonders schwer. Vorrangig in Situationen, in denen mir bewußt wird, wie gradlinig und ehrlich *du* denkst und handelst. Du bist ein ganz besonderer Mensch." Er strich zärtlich über ihre Wange. „Darum erfüllt mich manchmal eine ungeheure Angst, einfach nicht … mithalten zu können."

Mina hätte sich in diesem Augenblick bemüßigt fühlen können, seine Zweifel auszuräumen. Doch sah er es in dieser Weise, mußte er einen eigenen Weg finden, um derartige Empfindung zu verändern. Schmeicheleien oder sogar Vernunftsargumente konnten da gar nichts ausrichten.

Darüber hinaus wußte Mina ja nicht einmal, um was genau es sich handelte. Womöglich gab es etwas, das gar nicht einer Veränderung der Bewertung bedurfte, sondern vielmehr eine Korrektur des Verhaltens notwendig machte. Jedoch konnte das ebenfalls ausschließlich Ben entscheiden und umsetzen. Fragen mochte sie jedoch nicht.

Oft genug hatte sie das Thema angesprochen und auch jetzt offen geäußert, wie unzureichend sie mit seinen *dunklen* Stimmungen zurechtkam, die so unberechenbar auftraten und irgendwann ebenso unvorhersehbar wieder verschwanden. Falls er es endlich aufklären wollte, mußte es von *ihm* kommen. Da er jedoch die begonnenen Erklärungen nicht vertiefte, beließ sie es dabei, ihn zärtlich auf den Mund zu küssen und sich zurück in seinen Arm zu kuscheln. „Wenn du mich brauchst, ich bin da", raunte sie ihm noch zu, was er wortlos zur Kenntnis nahm.

52

Mit einem breiten Grinsen freudiger Erwartung thront Eveline Groß im Sprechzimmer. Ist ihr eine bessere Abgrenzung gelungen? Hat sie ihre Umwelt mitgestaltet?

„Wie ist es gelaufen, Frau Groß?"

„Ach, Frau Dr. de Winter, es war *so* schön! Das können Sie sich nicht vorstellen! Also mein Chef, der Herr Eberhardt, hat *dermaßen* blöd geguckt." Sie grinst noch intensiver in Erinnerung an ihren gelungenen Coup. „Also zuerst hab' ich mich nicht getraut. Inzwischen verlasse ich jedoch seit einer ganzen Woche pünktlich mein Büro. Dabei hab' ich allerdings peinlichst genau darauf geachtet, keinesfalls meine Mittagspause zu überziehen. ... Der Eberhardt hat zwar nichts gesagt, in meinem Rücken habe ich allerdings seinen stechenden Blick gespürt. ... Und gestern, ... gestern hat er mich tatsächlich gefragt, ob ich denn wohl schon fertig sei mit meiner Arbeit." Beim letzten Teil grimassiert sie, um zu unterstreichen, wie wenig sie von ihrem Chef hält – und von dem, was er von sich gibt. „Und wissen Sie, was ich erwidert habe?"

„Leider war ich nicht dabei."

„Soll ich's Ihnen sagen, Frau Doktor?" Sie möchte die Spannung am liebsten bis in alle Unendlichkeit aufrechterhalten. Jedoch ist ihr allzu bewußt, ihr Publikum wird irgendwann ermüden, strapaziert sie es zu sehr. Dementsprechend rückt sie endlich mit der Auflösung heraus. „Ich habe ihm geantwortet: 'Ja, ich habe meine Arbeit für diese Woche erledigt. Und Sie?' Er hat nur dösig geguckt. Abschließend hab' ich gesagt: 'Also, Herr Eberhardt, dann wünsche ich Ihnen noch einen erfolgreichen Abend. Bis morgen.' Dann bin ich gegangen." Sie lehnt sich zurück, verschränkt ihre Arme über der Brust, fixiert herausfordernd ihre Therapeutin. Sie ist gespannt, wie diese ihre Jungfernabgrenzung benotet.

Dr. de Winter tut jedoch nichts dergleichen. „Und wie war das für Sie?"

„Großartig! Ich habe mich so ... *frei* gefühlt. Ich kann das gar nicht richtig beschreiben. ... Sie sind wohl nicht so begeistert. Dabei dachte ich, Sie klopfen mir anerkennend auf die Schulter." Sie verzieht die Lippen zu einem Schmollmund.

„Ich freue mich, daß es Ihnen gelungen ist, pünktlich zu gehen und sich nicht mehr verunsichern zu lassen, Frau Groß. Ich bin nur etwas perplex über Ihr unvermutet forsches Vorgehen. Wenn ich bedenke, wie zusammengekauert Sie die bedrückende Situation in der Arbeit beschrieben haben und jetzt ... sind Sie so weit über sich hinausgewachsen. Entschuldigen Sie, ich will Ihre Freude nicht schmälern, nur bitte übertreiben Sie es nicht! Sehen Sie, mit Abgrenzung ist ja keineswegs *Provokation* gemeint. Und trotz aller Unzulänglichkeiten, die Ihr Chef vielleicht aufzuweisen hat, ist er immerhin dennoch derjenige, der Ihnen einen vorübergehenden Heimarbeitsplatz ermöglicht hat, damit Sie Ihre Arbeit behalten können."

„Ja, es war vielleicht ein bißchen arg rotzig von mir. Nur sehen Sie!" Sie zieht die Schultern bis zu den Ohren und grinst dabei wie ein Kind, nachdem es erfolgreich *Klingeltürchen* beim verhaßten Nachbarn gespielt hat. „Es war so angenehm, diesen Obersklaventreiber einfach abblitzen zu lassen. Das werde ich nie vergessen." Abrupt ändert sie ihre Körperhaltung in eine übertrieben aufrechte Position, legt züchtig die Hände im Schoß zusammen und schaut wie eine alte Jungfer, der man soeben einen unflätigen Witz erzählt hat. Dazu passend preßt sie die Worte nasal aus sich heraus. „Doch verspreche ich Ihnen, liebe Frau Dr. de Winter, von nun an ein braves Mädchen zu sein! Sie werden keine Klagen mehr über mich zu hören bekommen. Machen Sie sich also bitte keine Sorgen!"

Die Psychologin fühlt sich recht gut unterhalten. Einen Moment lang überlegt sie, wer die heutige Sitzung zu bezahlen hat. Sie schüttelt belustigt ihre Mähne. Dabei wirbeln die roten Locken um den Kopf herum. Eveline Groß erwartet beinahe, sie könnten sich anschließend zu einer ordentlichen Frisur niederlegen. Aber nein, der erwünschte Effekt verflüchtigt sich, noch bevor er überhaupt zustande gekommen ist. „Ihr schauspielerisches Talent ist wirklich bühnenreif, Frau Groß! Falls Herr Eberhardt Sie zu entlassen belieben sollte, können Sie gegebenenfalls beim Ohnsorg-Theater nachfragen. Vielleicht sucht man dort ein solches Ausnahmetalent."

„Gute Idee. Ich hab' allerdings gar keine Angst davor, entlassen werden zu können. Komisch, was?"

„Wie kommt's?"

„Ich weiß nicht genau. Ich hab' mir kürzlich noch mal unser Gespräch durch den Kopf gehen lassen, in dem es um die Akzeptanz von Konsequenzen ging. ... Und dann habe ich mich mit der Frage auseinandergesetzt, welche Konsequenzen ich grundsätzlich bereit wäre zu akzeptieren, und welche ich lieber vermeiden würde. Und interessanterweise ist dabei herausgekommen, daß ich kaum noch eine Konsequenz befürchte, nachdem ich sie bis zum letzten Ende gedanklich durchgespielt habe."

„So ist das eben mit der Konfrontation. In dem Moment, in dem man nicht mehr aus Angst vermeidet, leidet der Glibbermann zunehmend an Unterernährung."

Eveline Groß gluckst fröhlich in sich hinein. „Und das ist dermaßen befreiend. Ich kann's kaum glauben!"

„Wie ist es denn mit Ihrem Freund gelaufen?"

„Sie verfügen ebenfalls über ein ausgeprägtes Talent. Nämlich, einem jede gute Laune mit einer einzigen Frage komplett zunichte zu machen."

„Dennoch kommen Sie regelmäßig wieder."

„Eins zu null für Sie! ... In Ordnung, ich versuche, jetzt nicht mehr albern zu sein. Also, mit Jochen ist es nicht problemlos gelaufen. Vorgestern war wieder solch eine Situation. Obwohl ich in der letzten Woche stets pünktlich nach Hause gegangen bin, ist ja die Erschöpfung nicht gleich gewichen."

„Das ist klar."

„*Ihnen* ist das klar! Jochen noch längst nicht. Ich hab' ihm also gesagt, ich sei todmüde, und ob er noch den Tisch abräumen könne, bevor er später schlafen gehe. Er komme ebenfalls gleich ins Bett, hat seine Antwort gelautet. Also *nein*. Demonstrativ hab' ich dennoch alles stehenlassen und bin ohne Erwiderung schlafen gegangen."

„Das ist doch gut."

„Finden Sie?"

„Sicher. Sie haben nicht mit ihm diskutiert, haben somit vor allem Ihre eigenen Nerven geschont."

„So hab' ich es noch gar nicht gesehen. Aber danke! ... Was danach geschehen ist, ist allerdings nicht so gelungen. Er hat sofort wieder Sex mit mir gewollt, nachdem er sich zu mir ins Bett gelegt hat. Ich hab' daraufhin ein einziges Mal gesagt, ich sei zu müde, was er ignoriert hat. Anschließend hab' ich es geschehen lassen. Obwohl ich stinksauer auf ihn war. Verstehen Sie das? Und es ist so widerlich gewesen! Ich hab' es als regelrecht *ekelhaft* empfunden. Anders kann ich es nicht ausdrücken. Ich habe in dem Moment jeglichen Respekt vor ihm verloren. Allerdings gleichermaßen vor mir selbst. Da lasse ich doch wider besseres Wissen zu, daß sich mein eigener Lebensgefährte meines Körpers bedient."

„Was ich noch nicht ganz verstehe, Sie haben sich bei Ihrem Chef äußerst energisch positioniert. Und bei Ihrem Freund haben Sie sich nicht getraut, nein zu sagen. ... Was hat Sie gehindert?"

„Das habe ich mich bereits hundertfach gefragt. ... Aber ehrlich", sie schaut Dr. de Winter geradewegs an, „ich weiß es nicht."

„Lassen Sie uns dort mal ein bißchen nachgraben. Ist es ein Verlustgedanke oder zumindest ein Gefühl, das dem ähnlich ist?"

„Das hab' ich mich als erstes gefragt. Mittlerweile bin ich jedoch so weit, mir einigermaßen vorstellen zu können, ohne ihn zu sein. Also, ich liebe ihn schon noch. Doch ich finde es oft sehr anstrengend mit einem Mann. Er läßt ständig Dinge herumliegen, vergißt fast alles. *Ich* bin diejenige, die ihn an Termine erinnern muß. Sogar an seine eigenen."

„Warum erinnern Sie ihn?"

„Na ja, ... bisher hab' ich gedacht, es sei einfach nett von mir, das zu tun."

„Aber es ärgert Sie doch."

„Stimmt. Zuerst hab' ich gehofft, es bessert sich bei ihm. Statt dessen ist es nur schlimmer geworden."

„Klar, schließlich verfügt er über einen unfehlbaren Kalender."

„Sie meinen *mich*, oder?"

„Ja, ich meine *Sie*! ... Doch kommen wir zurück zum vorherigen Problem. Was hindert Sie an einer Grenzsetzung ihm gegenüber?"

„Ich glaube, ... ich will einfach keine ..., wie soll ich sagen? Ich will einfach ... 'ne tolle Frau sein, die jederzeit Sex will, sobald der Mann es will. Ich will nicht zum Gespött von Jochens Freunden werden, denen er womöglich berichtet, ich sei genauso *frigide*, wie die es ihm häufig von *ihren* Freundinnen erzählen. Ich glaube, das ist es."

„Das bedeutet, Sie wollen ein bestimmtes Bild von sich kreieren. Eines, das Sie jedoch gar nicht wiedergibt. Und dafür sind Sie bereit, Ihre körperliche und seelische Integrität zu opfern oder doch zumindest stark beschädigen zu lassen."

„Wie *Sie* es sagen, klingt es so schlimm."

„Es *ist* schlimm!"

Eveline Groß verstummt. Sie weiß, Dr. de Winter hat wie gewöhnlich den Finger auf die richtige Wunde gelegt. Es ist ihr zwar peinlich, so zu denken, wie sie denkt, weshalb sie es noch nie jemandem erzählt hat.

Doch ist sie froh, sich getraut zu haben, ihrer Therapeutin zu offenbaren, welche Beweggründe sie veranlaßt haben, sich derart behandeln zu lassen. Es erleichtert enorm, offen darüber sprechen zu dürfen, obgleich es schmerzt. Inzwischen hat sie jedoch kapiert, daß das manchmal einfach dazugehört.

Die Psychologin durchbricht das Schweigen. „Viele Frauen handhaben es wie Sie. Zu einem gewissen Teil hat es wohl mit unserem Gesellschaftsbild zu tun. Frauen wollen nicht als sexmuffelige, mittlerweile zudem gleichzeitig karrieregeile und mannhafte Blödtussen dargestellt werden. Das ist jedoch ein Bild, das lediglich stört, solange Frauen versuchen, sich zu rechtfertigen. ... Klassifiziert man derartige Kategorisierungen einfach als Thekengeschwätz gelangweilter Typen, verliert das Ganze den Biß. ... Wir haben ja keinen Einfluß darauf, was andere über uns denken und erzählen. Doch haben wir sehr wohl Einfluß darauf, welchen Schuh wir uns anziehen. In dem Moment, in dem wir mit der Schulter zucken und 'Was interessiert mich das Geschwätz der anderen?' denken, hören wir auf, in eine unbrauchbare Realität einzutauchen. Und dementsprechend gibt es sie dann nicht, diese Realität."

„Höre ich also auf, eine – nach der Definition meines Freundes – aufgeschlossene, allzeit bereite Superfrau sein zu wollen, fühle ich mich nicht mehr schlecht, seine Vorstellungen nicht befriedigen zu können!?"

„Ist das eine Frage?"

„Nein! Ja! Ich meine *nein*! Ich weiß genau, Sie haben es so gemeint. Ich mußte es mir nur noch mal eben richtig deutlich machen."

53

Herr Fatzke zog ein. Mit Sack und Pack. Unzählige Möbelstücke und Kisten wurden über die großzügige Terrasse ins Haus geschleppt, was sich vermutlich mehr anbot, als sämtliches Inventar durch die wesentlich schmalere Haustür zu zwängen. Mina stand in Yogahose und ausgeleiertem Shirt, eine Tasse Kaffee in Händen haltend, am Eßtischfenster und beobachtete das rege Treiben in Friedas Garten, dessen Zeit als Friedas Garten spätestens in diesem Moment endgültig abgelaufen war.

Als winzigen Trost erwartete sie ganz selbstverständlich, nun wenigstens dem amüsanten Schauspiel beiwohnen zu dürfen, in dem Herr Fatzke – die Hauptrolle spielend – seine abgrundtief häßlichen Möbel in das schöne Haus tragen würde. Leider enttäuschte er sie. Zwar übernahm er zwangsläufig die unfreiwillige Hauptrolle, nur verfügte er ausschließlich über geschmackvolles Mobiliar, soweit sie das aus dieser Distanz beurteilen konnte. Außerdem erschien sein Verhalten den Möbelpackern gegenüber außerordentlich freundlich. Er wirkte nicht einmal ansatzweise arrogant, faßte zudem eigenhändig mit an.

Nun, dann mußten sich ihre Vorurteile eben mit den Enttäuschungen über Wasser halten, die er ihr laufend bereitete. Eine Art Diät. Vorurteile in einer Light-Version sozusagen. Doch im Grunde benötigten Vorurteile schließlich keinerlei Belege, sonst wären sie ja keine.

Schmunzelnd entfernte sie sich vom Fenster, öffnete die Terrassentür und setzte sich auf ihr Zafu.

Als sie ihre Meditation beendet hatte, schaltete sie den CD-Player ein, startete *Nina Simone* und machte es sich auf dem Sofa gemütlich. Ben erwartete sie erst später, er hatte noch zu arbeiten und anschließend irgendwelche Besorgungen zu erledigen.

Wie aus dem Nichts vernahm sie plötzlich eine ihr unbekannte Stimme. „Klopf, klopf! Ist jemand zu Hause?"

Mina zuckte zusammen und wendete instinktiv den Kopf zur offenen Terrassentür. Dort stand … Herr Fatzke! Fast hätte sie ihn so angesprochen, derart überrumpelt war sie.

Kam doch dieser unverschämte Typ einfach durch ihren Garten! Das war ausschließlich Fabian erlaubt! Dieser Mensch hatte offensichtlich keinen Vertrag mit irgendwelchen sozialen Grundregeln. Und als Krönung dieser gelungene sprachliche Auftritt! 'Klopf, klopf', äffte sie ihn in Gedanken nach. Und zuletzt die bescheuert überflüssige Frage, ob jemand zu Hause sei.

„Nein!" konterte sie demzufolge. „Was Sie hier erblicken, ist bloß ein Hologramm. Und deshalb können Sie sich unverzüglich wieder in Ihr gewiß gemütliches Zuhause begeben."

„Oh Entschuldigung!" gab er zerknirscht zurück. Ob es sich um eine echte Empfindung handelte, oder ob er diese lediglich vortäuschte, war jedoch nicht zweifelsfrei auszumachen. „Ich wollte Sie wirklich nicht erschrecken. Doch auf mein Klingeln haben Sie nicht reagiert, und ich möchte mich gern mal vorstellen. Ich wohne von nun an direkt neben Ihnen. Mein Name ist Wotan Hallstedt." Er streckte ihr – weiterhin in der Terrassentür stehend – seine rechte Hand entgegen.

Wotan! Was für ein Name! Hatten seine Eltern ihn nicht gewollt? Wer nannte denn seinen Sohn Wotan? Das war ein Name für einen Hund! Hätte sie je einen Bernhardiner gehabt, *den* hätte sie Wotan genannt.
 Aber doch nicht das eigene Kind!
 „Na, dann kommen Sie mal rein", reagierte Mina etwas milder gestimmt. Schon aus Mitgefühl.
 Sie erhob sich, während er augenblicklich ihrer Einladung folgte.
 „Gibt's was zu kommentieren?" erkundigte sie sich mit schneidender Stimme, als sie bemerkte, wie er auffällig ihren Schlabberlook musterte. Ihr Mitgefühl war unverzüglich versiegt.
 „Ja, schon", kam die Bestätigung.
 „Lassen Sie's stecken!"
 „Okay …!" Er lachte. Ein nettes Lachen, mußte sie sich widerwillig eingestehen. Doch gelang es ihr bereits in der nächsten Sekunde, diesen Gedanken abzuschütteln. Jegliche positive Empfindung in seine Richtung wurde unmittelbar aus dem Zwischenspeicher gelöscht. Keine Übereinstimmung mit den angelegten Vorurteilen. Also raus damit!
 Auch die umwerfend sympathischen, strahlend blauen Augen taten nichts zur Sache. Fatzke blieb Fatzke! Sie schaute einfach weg. Bot ihm, als rede sie mit dem Tisch, einen Kaffee an, den er gern entgegennahm. Eigentlich empfand sie es als ein wenig übertrieben, ihm zum Kaffee obendrein einen Platz anzubieten, doch siegte letztendlich die Höflichkeit. Zudem war es gewiß nicht schlecht zu wissen, wer ab sofort nebenan wohnen würde.
 Eine Weile tauschten sie Belanglosigkeiten aus. Dann äußerte Wotan Hallstedt die Frage, seit wann Mina hier wohne, erkundigte sich nach ihrem Beruf und erfragte ein paar Adressen, die ihm den Einkauf in der Umgebung erleichtern konnten.
 Er war nach eigenen Angaben kürzlich dem Ruf der hiesigen Universität als Architekturprofessor gefolgt. Dieser gelte ab dem nächsten Sommersemester. Zur Zeit pendele er zwischen der Uni, an der er bisher tätig gewesen sei und der ansässigen, an der er bereits ein eigenes Büro besitze, um sich nach und nach einrichten zu können. Nun habe er auch endlich ein neues Heim gefunden, so daß er sich gewiß rasch einlebe. Er freue sich auf die bevorstehende berufliche Aufgabe sowie auf die neue Nachbarschaft. Während er dies freundlich kundtat, spürte er zeitgleich, daß es höchste Zeit wurde, den ersten Höflichkeitsbesuch zu beenden.

Erneut dieses sympathische Lachen, verbunden mit einem festen, warmen Händedruck.

Dann verschwand er, wie er gekommen war – durch den Garten.

Er ließ eine leicht aufgewühlte Mina zurück, die sich einerseits alle Mühe gab, ihre Antipathie ihm gegenüber aufrechtzuerhalten, andererseits jedoch ins Schwanken geriet. Bald hatte sie sich wieder unter Kontrolle. Nur weil er einigermaßen nett aussah und über ein einnehmendes Lachen verfügte, mußte sie ihn ja nicht gleich sympathisch finden. Denn eines blieb doch bestehen, und das war sein unkonventionell unverschämtes Auftreten. Wer machte seinen Antrittsbesuch schließlich durch eine zufällig offenstehende Terrassentür, nur weil ihm an der Haustür – an der er angeblich geklingelt hatte – niemand geöffnet hatte?

Das war eindeutig frech! Da konnte er noch so charmant rumgrinsen, das änderte nichts. Mit Schwung schlug sie die Terrassentür zu, obwohl ein neuerliches Auftauchen ihres frischgebackenen Nachbarn nicht unmittelbar zu befürchten stand. Es war auch eher als rituelle Geste gedacht. Eine, die ihr selbst, eher als ihm, deutlich machen sollte, hier die Hausherrin zu sein und zu entscheiden, wer willkommen war und wer draußen bleiben mußte.

54

Ein strahlender Daniel Landwehr sitzt Dr. de Winter im Sprechzimmer gegenüber. Einige Zeit ist vergangen, seit der junge Mann erstmals die Praxis betreten hat. Inzwischen ist er ein beträchtliches Stück vorangekommen. Soeben ist er dabei, der Therapeutin von seinen Plänen und Erfolgen der vergangenen Woche zu berichten. „Ich muß Ihnen was Tolles erzählen! Stellen Sie sich vor, ich habe eine Wohnung gemietet! Nächsten Monat bin ich von zu Hause weg. Super, was?"

„Hey, Sie werden flügge!"

„Ja, ich habe viel über unsere Gespräche nachgedacht, was meine Eltern betrifft. Dabei ist mir mit der Zeit die Bedeutung Ihrer Worte erst richtig klargeworden. ... Tatsächlich hab' ich mich mit den Problemen identifiziert, die meine Eltern mit sich selbst und mit dem jeweils anderen haben. Es sind ja gar nicht *meine*! Ich habe mich daraufhin gefragt, wieso ich sie denn ständig zu meinen *mache*!? Als erstes ist mir eingefallen, daß es sicherlich mit der räumlichen Nähe zu tun hat. Ich bekomme nun mal alles haarklein mit. Wie meine Mutter sich von meinem Vater runterputzen läßt, bis sie wie ein begossener Pudel eine Entschuldigung murmelt für etwas, das mein Vater getan hat. ... Und solche Situationen ereignen sich derart häufig, das können Sie sich nicht vorstellen! Darüber hinaus fängt mein Vater fast täglich an, mir zu erzählen, was für einen Mist ich da eigentlich studiere, auf diese Weise könne ich nie auf eigenen Füßen stehen. ... Warum sich das alles dauernd anhören? Das ist die Frage, die ich mir gestellt habe. Und ich glaube, eine eigene Wohnung ist bereits die erschöpfende Antwort. Es nicht mehr zu hören, dieses schlechte Gefühl nicht mehr haben zu müssen *und* mir selbst zu beweisen, es allein zu schaffen. ... Ich habe mir zwei Jobs gesucht. Ich kellnere jetzt freitags und samstags in einer Kneipe und räume an zwei Abenden pro Woche Regale im Supermarkt ein. Letzteres wird nicht besonders gut bezahlt, doch in der Kneipe darf ich alle von mir erzielten Trinkgelder behalten. Wenn ich also meine Sache gut mache, wird bestimmt ordentlich was dabei rumkommen."

„Klingt richtig vielversprechend! Anscheinend haben Sie alles gründlich durchdacht. Also können Sie sich getrost auf den Weg machen!"

„Ich denke schon. Und sollte es nicht hinhauen, kann ich immer noch überlegen, was zu tun ist. Hab' ich von Ihnen gelernt."

„So etwas hab' ich Ihnen beigebracht?"

„Allerdings. ... Und was das Essen betrifft, muß ich Ihnen auch was erzählen. Ich sitze nun wirklich jeden Tag dreimal am Tisch. Manchmal trinke ich nur Tee, aber ich sitze. Und ich höhle keine armen Brötchen mehr aus, die doch nichts anderes von mir wollen als das, was nun mal alle Brötchen von mir wollen!" Er zieht in einer übertrieben männlichen Geste die Mundwinkel nach unten, stülpt dabei die Unterlippe ein wenig vor. „Ja, ich bin ein vielgefragter Typ auf dem Brötchenmarkt. Ich könnte sie *alle* haben! Aber ich bin wählerisch. Das wissen Sie ja bereits. Doch immerhin suche ich mir mittlerweile die zwei schönsten pro Tag aus und verspeise sie mit Haut und Haaren. ... Na ja! Hoffentlich doch ohne." In gespieltem Abscheu verzieht er das Gesicht. „Jedoch mit Knusperhülle und allem Inhalt. Und an zwei Tagen ist es mir sogar gelungen, zumindest eines mit Belag zu essen. ... Und drinzulassen! ... Außerdem habe ich begonnen zu akzeptieren, daß es noch ein langer Weg sein wird, bis ich ein *Normalesser* oder so etwas geworden bin. Und ich nehme mich selbst inzwischen viel mehr an. Schaue nicht dauernd bloß auf das Negative. Oder auf das, was andere denken könnten, was negativ an mir sei."

„Dabei ist es nicht immer so leicht, sich auf das Positive zu konzentrieren, da Dinge, die uns stören, nun mal unsere Aufmerksamkeit viel eher fesseln als solche, die wir als neutral oder positiv wahrnehmen. Deshalb ist es wunderbar, wenn Sie nun bereits mehr auf das schauen, was gelingt! Allerdings ist es ebenso wichtig, zu akzeptieren, daß manche Dinge eben nicht so gut laufen."

„Das versuche ich mir andauernd klarzumachen. ... Bei den Frauen ist das zum Beispiel so. Durch meine Schüchternheit hört sich das, was ich zu ihnen sage, meistens richtig blöd an. Dann wollen sie höchstens noch mit mir reden, weil sie mich wohl als einigermaßen ordentlich aussehend empfinden. Wird ihnen mein Gestotter zuviel, verabschieden sie sich jedoch irgendwann. Das passiert mir ständig."

„Vielleicht sollten Sie das bald aufs neue angehen! Etwas, das man nicht gut kann, sollte man üben, anstatt es zunehmend zu vermeiden. Stottern tun Sie ja gewiß nur, weil Sie aufgeregt sind und fürchten, daß das, was Sie zu sagen haben, nicht interessant genug sein könnte."

„So ist das wohl. Und es zu üben ist dann jedesmal wieder peinlich."

„Sie könnten doch ohne Hast beginnen, einfach mal die Augen offenhalten, mit Blicken flirten, nur mal schauen, was passiert. Und am besten beginnen Sie mit einer Frau, die Sie nicht besonders sympathisch finden! Bei der ist es schließlich einerlei, lehnt sie Sie ab, da Sie sie ja ohnehin nicht wollen."

Beide lachen.

„Sie haben stets die besten Vorschläge, Frau Doktor! Nur, was mache ich, wenn diese mich wider Erwarten super findet?"

„Das könnte unseren Plan in der Tat durchkreuzen, denn danach nähmen Sie vermutlich noch seltener Kontakt zum weiblichen Geschlecht auf. Andererseits gehe ich nicht davon aus, daß Sie einer Frau, mit der Sie gerade mal ein paar Minuten geflirtet haben, derart weitreichende Versprechungen machen, daß dieser durch Ihr weiteres Verhalten das Herz gebrochen werden könnte."

„Stimmt, damit ist vermutlich nicht zu rechnen! ... Und ich sollte wohl tatsächlich etwas aus mir herausgehen, mir nicht zu viele Gedanken machen, wie ich ankomme. Schließlich möchte ich nicht für alle Zeiten allein bleiben. Nur im Moment hab' ich ehrlich gesagt gar keine

Lust, jemanden kennenzulernen, es erscheint mir viel zu anstrengend."

„Guuut!" Sie läßt das *U* langgezogen wie einen warmen Windhauch genüßlich aus den Tiefen ihres Rachens entweichen, bis die Schallwellen gemächlich ihre Lippen verlassen. „Das ist der optimale Zeitpunkt, sich mal umzuschauen, wer als Partnerin in Frage kommt."

„Versteh' ich nicht."

„Schließlich soll die Frau, mit der Sie zusammen sein wollen, etwas Besonderes sein, nicht?"

„Das wäre allerdings von Vorteil." Er grinst.

„Nun stellen Sie sich mal vor, Sie hätten das Gefühl, es müsse unbedingt und um jeden Preis eine Frau her! Glauben Sie, Sie wären noch wählerisch?"

„Wahrscheinlich nicht. Ich würde wohl eher ... na ja, ich will nicht sagen *jede*, aber doch zumindest eine nehmen, die mir vielleicht – kritisch betrachtet – gar nicht so recht gefällt."

„Mmh. Das ist nämlich so, als gingen Sie total hungrig einkaufen. Da packten Sie ebenfalls alles Mögliche in den Einkaufswagen, das Sie normalerweise nie kaufen würden."

„Das können Sie laut sagen! Das hab' ich schon mehr als einmal gemacht. Allerdings meistens mit dem Gedanken, alles wieder auskotzen zu können." Er lacht. Der Vergleich hat zwar etwas Ekliges, komisch findet er es dennoch. Vielleicht sogar genau deswegen. „Also halte ich jetzt Ausschau nach der passenden Frau, weil ich zufrieden mit dem Single-Dasein bin. Denn dementsprechend wähle ich viel kritischer aus. ... Und außerdem wäre der Verlust nicht so enorm, sollte sie mich ablehnen, könnte ich mir doch in diesem Fall sagen, ich übe ja noch. ... Vielleicht könnte ich mir einen entsprechenden Sticker aufs Shirt heften. Wie beim Auto, wenn man gerade erst den Führerschein hat."

„Keine schlechte Idee. Dadurch wäre zumindest schon mal das erste Eis gebrochen."

„Gut, ich versuch's! Blamiere ich mich notfalls, oder?"

Die Therapeutin stimmt in die Heiterkeit ihres Patienten ein. Sie versteht gar nicht, wieso die Frauen sich abwenden, nur weil er beim ersten Kontakt ein bißchen herumstottert. Vermutlich unterliegt er viel eher einer Fehldeutung des Verhaltens seines entsprechenden Gegenübers. Einfach, weil er unsicher ist.

Dabei ist diese Unsicherheit vollkommen überflüssig.

Dr. de Winter ist sich jedenfalls ganz und gar *sicher*, daß er mit seiner etwas feminin angehauchten Art und der hohen Sensibilität ein absoluter Frauentyp ist. Obendrein sieht er ansprechend und sympathisch aus. Er hat einen offenen Blick und ein einnehmendes Lächeln. Der Klang seiner Stimme ist warm und doch tief, was einen interessanten Kontrast zu dem schmalen Körperbau und den feinen Gesichtszügen bildet. Alles in allem ist er ein attraktiver junger Mann.

Doch muß er das selbst herausfinden. Und das wird er, das ist gewiß! Sobald er mit etwas weniger Scheu auf die Frauen zugeht, wird er entsprechende Rückmeldungen erhalten. Das wiederum wird sein Selbstwertgefühl stärken.

Insgesamt steckt viel Dynamik im therapeutischen Verlauf. Daniel Landwehr läßt sich auf die Interventionen ein, reflektiert, probiert aus, gerät ins Stocken, strauchelt ab und zu, fällt auch mal hin, steht wieder auf und weiter geht's. Das ist der Weg, wie er sein soll. Alles gut!

Dr. de Winter ist sehr gespannt, was die weitere Therapie noch mit sich bringen wird. Ihr Patient hat bereits enorm viel geschafft. Zudem hat er Spaß an der Veränderung bekommen. So läßt sich noch vieles ausprobieren. Das wird ihn weiter stärken. Wie schön, noch eine Weile an seinem Leben und den Veränderungen teilhaben zu dürfen.

Später am Tag versucht das Ehepaar Sajović von seinen Fortschritten zu berichten sowie von den Bereichen, in denen keinerlei positive Veränderung zu verzeichnen ist. Immerhin ist Alexander Sajović bereit, seine Angelegenheiten selbständiger zu erledigen, ohne von seiner Frau ständig an etwas erinnert werden zu müssen. Er will ihr nicht länger zumuten, sich wie seine Mutter zu fühlen und aufführen zu müssen. Da dies bereits gut funktioniert, bevormundet Vera Sajović ihren Mann mittlerweile deutlich weniger.

Die Situation hat sich zudem deshalb günstig entwickelt, weil er sie – und das, was sie leistet – zunehmend wertschätzt. Dennoch gibt es noch einiges, das der Klärung bedarf. Sebastian Klagenfurth steht dabei weiterhin ganz oben auf der Liste.

„Ich fühle mich noch immer beobachtet und kontrolliert. Jedesmal, wenn ich ins Auto steige, durchforste ich erst das Handschuhfach und fingere unter den Sitzen nach diesem schrecklichen Ortungsgerät. Damit hat er mir wirklich sehr geschadet."

„Ach Vera, jetzt hör doch auf damit! Ich mach' so etwas ja nicht mehr. Das hab' ich dir schließlich versprochen."

„Schon, nur woher weiß ich, daß du dir nicht morgen was Neues ausdenkst?"

„Das können Sie nicht wissen. Das hat etwas mit Vertrauen zu tun, Frau Sajović."

„Sie haben gut reden! Entschuldigung, Frau Dr. de Winter, ich meine es nicht böse. Aber im Moment kann ich ihm nicht vertrauen."

„Nun machen Sie erneut das, was Sie so vorzüglich beherrschen! Sie unterstellen, ich hätte von Ihnen erwartet, Ihrem Mann zu vertrauen. Das habe ich jedoch nicht, sondern lediglich zu erklären versucht, daß *Vertrauen* das eine und *Wissen* das andere ist."

Alexander Sajović fährt ungehalten dazwischen. „Immerhin muß ich dir ja ebenfalls vertrauen. Schließlich weiß ich genausowenig, was du mit diesem Klagenfurth treibst. Da hab' ich ja auch bloß dein Wort."

„Jetzt machen Sie es ebenso, Herr Sajović! Sie unterstellen, Vertrauen sei etwas, das man unter einem Zwang bewerkstelligen muß."

„So meine ich es ja nicht. Nur wissen Sie, das mit diesem ... *Basti* geht mir wirklich langsam auf den Sack! Oh sorry! Ich meine, es nervt mich. Und zwar gehörig."

„Mensch Alex, ich kann es bald nicht mehr hören! Als ich dein Verhältnis mit Stefanie herausgefunden habe, hast du mir irgendwas von Freiheit, die jeder leben soll, erzählt. Auch ich dürfe mich nach so vielen Ehejahren mal anders orientieren, wenn es wichtig für mich sei. ... Aber weißt du was? Du bist nichts anderes als ein Obermacho! Nur tarnst du es mit einem geheuchelten Liberalismus. Und falls du es genau wissen willst: Ja, ich habe mir zumindest vorgestellt, wie es sein würde, mit Sebastian zu schlafen. So, jetzt weißt du es!"

„Hört, hört! Da ist der nächste Schritt ja nicht mehr weit. Und mir hast du Vorwürfe ohne Ende gemacht."

Ohne auf ihn einzugehen, wendet sich Vera Sajović der Psychologin zu. „Ich finde es ja selbst schrecklich, solche Gedanken zu haben."

„Was genau finden Sie daran schrecklich, Frau Sajović?"

„Na ja, das ist doch bereits eine gewisse Untreue."

„Ist es das? ... Und warum haben Sie es nicht in die Tat umgesetzt? Dann hätten Sie doch viel mehr davon gehabt."

„Sie haben doch eben selbst wieder erlebt, wie er vor lauter Eifersucht ausflippt. Außerdem könnte ich ihm das nie antun. Ich will ihn einfach nicht verletzen."

„Es handelt sich also wohl eher um Liebe als um Untreue."

Das Ehepaar Sajović stutzt. Sie, weil sie es auf diese Weise bisher nicht betrachtet hat. Er, weil seiner Frau offenbar sein Wohlergehen sehr wichtig ist. Beschämt senkt er den Kopf, Bedauern überkommt ihn und sein Gewissen beginnt, sich zu regen. Nachdem er zum ersten Mal Sex mit Stefanie hatte, haben ihn keinerlei Schuldgefühle geplagt. Vielmehr hat er seinerzeit überlegt, wie er solch geile Treffen regelmäßiger bewerkstelligen könne, ohne seine Frau etwas merken zu lassen.

„Woran denkst du, Alex?" Vera Sajović ist die in sich gekehrte Haltung ihres Mannes aufgefallen. Hingegen erhält sie keine Antwort. Eine leichte Abwehrhaltung mit der rechten Hand ist alles, zu was er im Moment fähig ist.

„So ist es oft, Frau Doktor! Wir reden über was Wichtiges, und er gibt mir keine Antwort auf irgendeine Frage, die ich ihm stelle."

„Worum geht's bei Ihren Fragen?"

„Ich weiß momentan kein passendes Beispiel. Ist das denn wichtig?"

„Keine Ahnung. Deshalb würde ich es gern herausfinden. Vielleicht sind es ja unangenehme Fragen für Ihren Mann." Die Therapeutin wendet sich an den Ehemann. „Wie ist es aus Ihrer Sicht, Herr Sajović? Antworten Sie häufig nicht auf Fragen Ihrer Frau? Und falls das der Fall ist, sind es bestimmte Fragen, die Sie mit Schweigen bedenken?"

„Kann schon sein." Es klingt eher wie ein Brummen.

„Was jetzt? Beides kann sein?"

„Ach, wissen Sie, meine Frau macht sich über alles Mögliche Gedanken. Und dann fragt Sie mich irgendwas, was ihr zu einem bestimmten Problem einfällt." Er schaut Dr. de Winter schelmisch an. „Nun wollen Sie garantiert wieder ein Beispiel!"

Die Psychologin lacht erheitert. „Tut mir leid! Ich weiß, ich bin nicht leicht zufriedenzustellen."

Grinsend kontert er: „So schlimm ist es nun auch wieder nicht."

Noch bevor er weiterreden kann, ergreift seine Frau das Wort. „Mir fällt ein passendes Beispiel ein. Mein Mann hat seit längerem Streß mit seinem Vorgesetzten. Der ist seit ungefähr eineinhalb Jahren in dem Betrieb, in dem mein Mann arbeitet. Und er ist ein Unsympathling, falls Sie verstehen, was ich meine. Mein Mann ärgert sich ständig über ihn, weil er ihm Aufträge erteilt, die gar nicht zum Arbeitsbereich meines Mannes gehören, seinen Streß jedoch enorm erhöhen. Daraus resultiert, daß er noch mehr Überstunden absolvieren muß als ohnehin schon. Zuerst hab' ich noch gedacht, er treffe sich mit Stefanie, inzwischen bin ich allerdings davon überzeugt, es hat mit diesem Schulze-Anrath zu tun. Selbst am Wochenende fährt er neuerdings regelmäßig in den Betrieb, weil er noch was nacharbeiten muß."

Ironisch bemerkt Alexander Sajović: „Danke für das freundliche Memo!" Er bedenkt seine Frau mit einem verzogenen Gesicht. „Dabei kann ich es meistens gut ausblenden; ich würde kaum daran denken, würdest du mich nicht dauernd erinnern."

„Entschuldigung! ... Ich habe dich in den letzten Monaten lediglich ein einziges Mal auf die Sache angesprochen und erwähne es jetzt bloß, weil es doch um ein Beispiel geht."

„Ich habe auch nichts anderes behauptet."

„Doch, du hast *dauernd* gesagt, ... ich würde dich angeblich *dauernd* daran erinnern."

„Hab' ich nicht gesagt. Das habe ich *nicht* gesagt!" Er bekräftigt seinen Satz durch Wiederholung. „*Du* hast es hineininterpretiert."

„So geht das ständig zwischen uns, Frau Dr. de Winter. Es geht hin und her. Und jedesmal, sobald ich ihn festnageln will, bestreitet er einfach, etwas Bestimmtes geäußert zu haben."

„Wenn ich es doch nicht gesagt habe! Aber warum reden wir nicht über das Problem mit deiner Mutter? Das wäre mal ein sinnvolles Thema." Nun wendet *er* sich an die Therapeutin. „Sie mischt sich ständig in unsere Ehe ein." Erneut in Richtung seiner Frau: „Stimmt es nicht, Liebes? Ist es nicht so, daß deine Mutter ständig gegen mich hetzt?"

„Ich möchte von dir keine dämlichen Fragen gestellt bekommen. Und *dämlich* hab' ich selbstverständlich nie gesagt. Das hast du hineininterpretiert."

Bevor der Ehemann seine Erwiderung formulieren kann, schaltet sich die Psychologin ein. „*PING ... PONG ... PING ... PONG!* ... Da ist es wieder. Das Ping-Pong-Spiel! Sie schlagen sich beide prächtig. Wirklich gut. Meine Anerkennung!" Sie schürzt die Lippen und nickt vielsagend. „Ich behaupte mal: Remis! Die Frage ist bloß, handelt es sich hierbei um einen Wettkampf? Falls ja, bewegt sich alles im grünen Bereich, und ich habe gar nichts auszusetzen. ... Wollen Sie jedoch endlich beginnen, ein gemeinsames Leben zu gestalten, in dessen Rahmen man sich möglichst mit Liebe, aber garantiert mit Respekt begegnen will, finde ich es langsam so richtig, richtig überflüssig, immer und immer wieder dieses Ping-Pong-Spiel aus der Kiste zu holen. ... Und ehrlich gesagt nervt es mich mittlerweile sogar ein bißchen. Wenn Sie mit diesem Quatsch weiterhin Ihre kostbare Lebenszeit verschwenden wollen: Bitte! Tun Sie es von mir aus! Nur brauchen Sie wirklich keine hunderte oder bald tausende von Euros hierherzutragen, um einen Zuschauer zu haben!"

Das Ehepaar schaut Dr. de Winter betreten an. Sie hat mit einiger Vehemenz gesprochen. Und es hat vollkommen authentisch geklungen. Anscheinend ist die Therapeutin echt genervt von den Wortgefechten. Was sollen sie jetzt sagen oder tun?

Weil ihnen nichts Brauchbares einfällt, warten die beiden ab, was passiert. Vielleicht nimmt die Psychologin das Gespräch noch einmal auf. Tut sie aber nicht! Sie läßt die plakative Analyse dieser zur Zeit schwierigen Beziehung einfach mal in der Luft hängen.

Das Ehepaar soll sich das Gesagte bei Bedarf ruhig einige Minuten auf dem Trommelfell zergehen lassen, um zu begreifen, was da andauernd abläuft.

Nach einer Weile fühlt sich Alexander Sajović endlich aufgefordert, Stellung zu beziehen. „Läuft wohl nicht so super bei uns, das hab' ich nun schon kapiert. Aber an wem liegt's denn? Sagen Sie uns das doch bitte!"

Die Gattin eilt ihm zu Hilfe. „Ja, üben Sie ruhig Kritik! Wenn *ich* es schuld bin, sagen Sie's frei heraus!"

„Natürlich dürfen Sie genauso *mich* kritisieren, Frau Doktor!"

„Fordern Sie mich wahrhaftig in einhelliger Zweisamkeit auf, Ihren Schiedsrichter zu spielen? Damit das Spiel weitergehen kann? Genau davon habe ich soeben gesprochen. Ich würde Sie gern darin begleiten, diesen Wettkampf, in dem Sie sich befinden, aufzugeben. ... Führen Sie doch lieber eine *Ehe* miteinander! Lieben Sie sich, ... wenn Sie können! Und hören Sie auf, diese nutzlosen Wortgefechte zu führen! ... Das geht schließlich stets bloß ins Leere. Und *dabei* brauchen Sie sich *tatsächlich* auf. Ich verstehe in diesem Augenblick erst die Aussage richtig, die Sie, Frau Sajović, einmal zu Beginn unserer Zusammenkünfte gemacht haben. Die hatte exakt damit zu tun. Daß man sich verbraucht, wenn man ständig gegeneinander kämpft."

Vier Augen schauen auf vier Hände. Je zwei auf je zwei. Nach einer geraumen Pause, Dr. de Winter findet, die Sajovićs haben mittlerweile ausreichend lange ihre Finger inspiziert, erkundigt sie sich freundlich: „Was ist schön daran, miteinander zu leben?"

Das Paar blickt – wie so häufig – irritiert auf. Beide sind sich nicht sicher, ob sie richtig verstehen, wie diese Frage gemeint ist.

Ihre Therapeutin sieht es den fragenden Blicken an. Deshalb wird sie konkreter. „Nun, ich meine, Sie haben sich ja mal entschlossen, Ihr weiteres Leben *gemeinsam* zu verbringen. Sie sind zusammengezogen, haben geheiratet, Kinder gezeugt und gemeinsam aufgezogen. Und sogar jetzt, trotz aller Schwierigkeiten, sind Sie noch zusammen. Und Sie beabsichtigen, Ihre Probleme zu lösen, um ein weiteres Zusammenleben gewährleisten zu können. Alldem muß schließlich ein Motiv zugrunde liegen. Offensichtlich verbinden Sie etwas Gutes, etwas Positives und Erstrebenswertes mit dem Gedanken, Ihr Leben weiterhin zu teilen. Sie hätten mich ansonsten nicht aufgesucht, sondern säßen inzwischen getrennt bei Ihrem jeweiligen Anwalt."

Die Blicke beider sind nun vollkommen verdutzt, allerdings anders als zuvor, denn sie haben mal wieder verstanden. Die gesamte Zeit über beschäftigen sie sich in einer Wiederholungsschleife mit dem, was ihnen am anderen nicht paßt. Sie verbringen ihre Tage damit, zu überlegen, wie man den anderen *umziehen* könnte, wie man ihn dazu bringen könnte, dies nicht zu tun und jenes zu lassen, damit er besser *paßt*, in diese Gemeinschaft, die gar keine Definition mehr aufweist – abgesehen von der juristischen. Deshalb weiß keiner von beiden, was denn eigentlich passend wäre.

Einig sind sie sich zumindest darin gewesen, eine dritte Person hinzuzuziehen, um ihre Ehekrise zu bearbeiten. Na ja, zumindest ist die diesbezügliche Einigkeit mit der Zeit gewachsen. Dabei sind sie – tatsächlich gemeinsam – davon ausgegangen, diese Person werde mit dem Finger erst auf den einen, dann auf die andere zeigen, um ihnen dabei mitzuteilen, was der jeweilige zu tun und zu lassen habe. Anschließend wollten sie nach Hause gehen und ihr weiteres Leben nach Anweisung gestalten. Brave Schüler, die brav ihre Hausaufgaben erledigen. Damit der Lehrer auch ja stolz ist.

Es arbeitet gewaltig in den Köpfen des Paares. Die Erkenntnis kommt bei beiden etwa gleichzeitig. Sie wenden sich einander zu. Und ... ja, ohne jeden Zweifel beginnen sie, sich innig anzulächeln und sich dabei die Hände zu reichen. Dr. de Winter glaubt es kaum. 'Ach, was hab' ich doch für einen schönen Beruf!' denkt sie und wischt sich verstohlen eine Träne aus dem Augenwinkel.

55

„Charlie!" Mina drückte ihre beste Freundin mit einem strahlenden Lächeln an sich. „Ich freue mich so sehr für dich! Das kannst du dir gar nicht vorstellen!"

„Doch, das kann ich", gab die Angesprochene lachend zurück.

Trunken vor Glückseligkeit war sie spontan bei Mina aufgetaucht. Sie mußte es der Freundin unbedingt persönlich und unverzüglich erzählen. Sie hatte heute das soundsovielte Treffen mit Marek gehabt. Und es entwickelte sich bestens zwischen ihnen. Sie konnte sich überhaupt nicht mehr erinnern, wann ihr das zuletzt passiert war.

„Du, Mina! Ich will noch was loswerden." Charlie folgte Mina Richtung Küche. Diese warf einen fragenden Blick auf die Freundin, entnahm anschließend dem Kühlschrank eine Flasche Sekt.

„Du hast mich fortwährend so sehr unterstützt, bist nie genervt gewesen, hast dir ständig tapfer mein Gejammer angehört, bist jederzeit für mich dagewesen. ... Ich nehme das nicht als selbstverständlich, Mina. Das wollte ich dir nur mal sagen. Ich bin dir regelrecht was schuldig."

Mina hatte mittlerweile die Flasche geöffnet. „Charlie, ... in einer Freundschaft ist man sich nichts schuldig. Hör also auf mit dem Gefasel! Laß uns lieber darauf anstoßen, daß du mir nicht mehr so bald mit Liebeskummer in den Ohren liegen wirst!"

Sie füllte die Gläser, die Charlotte in Händen hielt. „Apropos *anstoßen!*" Sie schaute Charlie von schräg unten an. Ein schelmisches Funkeln lag in ihren Augen. „Habt ihr schon?"

Charlie tat empört. Affektiert erwiderte sie: „Nein, was denkst du!? Das würde ich doch nie vor dem hundertsten Date auch nur ansatzweise in Erwägung ziehen. ... Und selbstverständlich müßte er bis dahin bereits ein Eheversprechen abgegeben haben."

„Ach Charlie, hundert Dates müssen es ja nicht unbedingt sein! Trotzdem schön, wenn du noch ein bißchen wartest."

„Soll ich dir was sagen? Es ist wunderbar! Weißt du, ich bin oft so erfüllt von dieser Sehnsucht. ... Das ist ein tolles Gefühl! Es prickelt so schön und macht die gesamte Entwicklung dieser Beziehung viel ... viel spannender."

„Genau das hab' ich gemeint, als ich dir vorgeschlagen habe, nicht direkt die Spannung rauszunehmen. Für ihn und ebenso für dich. Es ist doch herrlich, Sehnsucht zu empfinden, sich auf jemanden zu freuen."

„Ich hasse nur, daß du meistens recht hast."

„Wirklich? Haßt du es doll?"

„Nein, nicht allzu doll."

„Nur ein bißchen?"

„Ja, letztendlich hasse ich es nur ein ... klitzekleines, unerhebliches, kaum wahrnehmbares ... bißchen."

„Damit kann ich ohne weiteres leben."

Nun schwelgte Charlie in der Erinnerung an das letzte Date mit Marek. Sie ließ Mina an jeglichem Detail dieser erst kürzlich beendeten Begegnung ausführlichst teilhaben. Wie süß er *hier* geschaut habe und wie besonders süß *dort*. Wie niedlich er sie etwas gefragt habe und wie absolut genial etwas anderes. Außerdem ließ sie ihre Freundin ebenso detailliert wissen, wie knackig sein Po sei, wie muskulös seine Schultern, und wie aufregend sein Dreitagebart auf sie wirke.

„Weißt du, Charlie, ich hab' es mir überlegt! ... Geh' bitte schleunigst mit ihm in die Kiste!"

„Was? Das meinst du jetzt nicht ernst!?"

„Doch, absolut. Das ist ja echt nicht auszuhalten, wie du mir seinen *genialen* Körper beschreibst. Du brauchst dringend jemanden, der es dir endlich besorgt."

Charlie knuffte die Freundin mit gespielt anklagendem Augenaufschlag in die Seite. „Jetzt machst du dich obendrein noch lustig über deine unberührte Freundin. ... Aber mal was ganz anderes: Wie ist es denn mit dir und Ben? Ihr seid ja nun bereits seit einigen Monate zusammen, was?"

„Die Zeit verfliegt tatsächlich erschreckend schnell. ... Nun, wie ist es denn mit Ben? Eigentlich ziemlich schön."

„Und *un*eigentlich?"

„Hey, das ist meine Fragetechnik! Allerdings ist die Frage berechtigt. Ich weiß es nicht, Charlie. Einerseits ist er wunderbar, liebevoll, intelligent, angenehm. ... Und andererseits ist da wiederkehrend etwas, das mich stört." Eine Weile betrachtete sie ihr halbgeleertes Glas. „Ich hab' dir ja mal von meinen Träumen berichtet, nicht?"

Charlie nickte zustimmend. Sie erinnerte sich genau. Mina hatte bereits einige Male von Ben geträumt, der ihr etwas Wichtiges mitteilen wollte, das sie jedoch nie verstand.

„Diese Träume hab' ich in letzter Zeit wieder häufiger. Ich kann dir nicht erklären, wieso. Nun bin ich ja nicht gerade eine eingeschworene Anhängerin von Traumdeutung, wie du weißt. Dennoch finde ich es sonderbar. Ich glaube, die Trauminhalte drücken mein Gefühl aus. Ein Gefühl, das ich nicht packen und schon gar nicht definieren kann. Es ist nichts Konkretes, verstehst du? Nur immer mal wieder wechselt seine Stimmungslage ohne ersichtlichen Grund. ... Zudem fragt er mich teils merkwürdige Dinge. Und in letzter Zeit ist er zunehmend häufig abwesend. Außerdem merke ich, er nimmt vieles vollkommen anders wahr als ich. Damit könnte ich zwar leben, nur diese Unklarheit, was er wohl zu verbergen hat, die ist unangenehm, verunsichert mich."

Charlie legte einen Arm um die Freundin. Aus Erfahrung wußte sie, Minas Sensibilität hatte nie getrogen. „Hast du ihn denn darauf angesprochen? Na, bestimmt hast du das."

„Klar, Charlie! Du kennst mich doch. Allerdings ist nichts dabei herausgekommen."

„Somit kannst du es lediglich noch eine Weile beobachten."

„Genau das habe ich mir vorgenommen! Durch weiteres Nachdenken bekomme ich die Unklarheit jedenfalls nicht gelöst. Weißt du, das ist wie mit einer Schneekugel! Je mehr man sie schüttelt, desto weniger erkennt man die Figur in der Mitte. Deshalb hab' ich beschlossen, die Kugel eine Weile ruhig stehenzulassen. ... Irgendwann werden sich alle Schneeflocken gesenkt haben, und ich werde erkennen können, was mir zur Zeit noch verborgen bleibt."

„Liebst du ihn denn?"

„Irgendwie schon. Nur kann ich es nicht ganz und gar zulassen. Eben weil da etwas ist, das zwischen uns steht."

Charlotte nickte. Es handelte sich tatsächlich um eine schwierige Situation, in der ihre Freundin steckte. Doch Mina würde gewiß eine Lösung finden. Darum mußte sie sich nicht sorgen. Dennoch war sie traurig. Sie selbst fühlte sich überglücklich, und ihre beste Freundin hatte Schwierigkeiten mit dem Partner. Das Leben war oft wirklich ungerecht.

„Unbedingt muß ich dir aber noch von meinem neuen Nachbarn erzählen." Mina wechselte abrupt das Thema. Sie hatte keine Lust mehr, über ihre Probleme nachzudenken. Und letztendlich gab es auch gar keine richtigen. Lediglich etwas Ungeklärtes, was sie jedoch nicht dingfest machen konnte.

Also Schluß damit! So erzählte sie nun haarklein jede Sequenz aus dem Hause Fatzke. Charlie amüsierte sich prächtig.

Als Ben später hinzukam, hatten sie den Sekt geleert, alle Themen ausgiebig erörtert und waren bester Stimmung.

Ein wenig beschlich den Hinzugekommenen das Gefühl zu stören. Doch ließ er sich nichts anmerken. Vielleicht lag es ja an ihm selbst. Er konnte in letzter Zeit nicht mehr so recht locker sein. Zu viele Gedanken bedrückten ihn.

„Ich weiß nicht, was mit mir los ist. Es tut mir wirklich leid!"
„Wieso entschuldigst du dich bei mir? Es ist doch alles in Ordnung."
„Nein, ist es nicht. Ich bin Anfang vierzig, Mina! Und habe schon die ersten Potenzprobleme? Das kann doch nicht wahr sein!"

Mina legte sanft eine Hand auf seinen Arm, kuschelte sich noch etwas enger an ihn. Was war denn groß dabei? Sie hatten im Laufe des Abends eine weitere Flasche Sekt geöffnet, von der Charlie und sie selbst nur je ein Glas getrunken hatten. Ben hatte sein erstes einigermaßen rasch hinuntergestürzt, danach noch etwa zwei weitere geleert.

Nachdem Charlie sich verabschiedet hatte, und sie und Ben schlafen gegangen waren, hatte sie Lust auf ihn bekommen. Zunächst schien er nicht in Stimmung gewesen zu sein, hatte sich jedoch nach kurzer Zeit *überzeugen* lassen.

Wenig später hatte seine Erektion abrupt nachgelassen. Und nun empfand er es wie ein Drama.

„Ben! Das passiert garantiert jedem Mann mehrere Male in seinem Leben, auch in jüngeren Jahren."

Er schlug die Decke zurück, setzte sich auf die Bettkante und verbarg den Kopf in den Händen. „Es ist mir furchtbar peinlich, Mina!"

Sie verstand seine übertriebene Reaktion nicht. Es war spät gewesen, er hatte getrunken, war eigentlich zu müde gewesen, hatte sich dennoch von ihr überreden lassen. Ja und? Warum machte er ein solches Problem daraus? Die unzähligen Male, die sie bisher sexuell beisammen gewesen waren, waren allesamt ohne die geringste diesbezügliche Störung verlaufen. Selbst wenn sie mehrfach in einer Nacht miteinander geschlafen hatten, hatte alles bestens *funktioniert*. Und nun stellte es für ihn die Katastrophe schlechthin dar, mal nicht zu *können*?

Sanft streichelte sie seinen Rücken. „Ben, warum dramatisierst du es dermaßen?"

„Schon gut." Das war alles, was er zur Antwort gab. Daraufhin stand er auf, zog sich an und ging zur Tür.

„Ben!"

Er reagierte nicht, schloß die Tür hinter sich. Zuerst dachte sie, er sei nach unten gegangen, habe sich vielleicht etwas zu trinken geholt, wolle für einen Moment allein sein. Also ließ sie ihm Zeit.

Als er nach mehr als einer halben Stunden noch nicht wieder im Schlafzimmer aufgetaucht war, ging sie nach unten. Sie suchte ihn überall, rief nach ihm, erhielt keine Antwort.

Er war nicht mehr da. War er vielleicht spazierengegangen, um einen klaren Kopf zu bekommen?

Sie schaute durch das Dielenfenster, welches einen Blick auf die Straßenfront ermöglichte. Da dies keinen brauchbaren Aufschluß erbrachte, öffnete sie das Fenster und lehnte sich ein wenig hinaus, um einen erweiterten Sichtradius zu erlangen. Eine dünne Schneedecke hatte den Vorgarten und die Straße überzogen. Bens Auto war allerdings nirgends zu erkennen. Sie wußte zwar nicht, wo genau er es abgestellt hatte, doch entlang der gesamten Vorgartenfront und noch ein geraumes Stück die weitere Straße entlang waren mehrere Parkmöglichkeiten ungenutzt.

Unmittelbar vor ihrem Gartentörchen fiel ihr nun eine Stelle auf, die eindeutig erst seit kurzem von den stetig herabfallenden Schneeflocken bedeckt wurde. Dort hatte Ben gewiß sein Auto abgestellt, als er am Abend gekommen war.

Er war also offensichtlich nach Hause gefahren!

Es fröstelte Mina nicht nur aufgrund der Kälte. Behutsam schloß sie das Fenster und begab sich nachdenklich zurück in ihr Schlafzimmer. Sie versuchte, die gewonnenen Eindrücke unter logischen Gesichtspunkten einzuordnen. Es gelang ihr nicht. Nur einen einzigen Gedanken konnte sie klar formulieren: Wie wenig sie ihn doch kannte.

56

Die Wochen sind regelrecht dahingeflossen. Eveline Groß hat die Zeit allerdings sinnvoll genutzt und dabei viel erreicht. Sie vermeidet nicht mehr, schätzt jede schwierige Situation als Herausforderung und Möglichkeit zu üben. Ab und zu beschleicht sie zwar noch ein mulmiges Gefühl, doch ist ihr stets bewußt, jegliche überhöhte Anspannung oder gar Angst durch Konfrontation bewältigen zu können. Und nach jeder bewältigten Situation spürt sie eine stetig zunehmende Sicherheit.

Mit ihrem Freund hat sie sich ebenfalls ausgesprochen. Dabei hat sie – wie in den Sitzungen erarbeitet – in Ruhe geäußert, was sie bedrückt, um herausfinden zu können, ob ihrem Partner noch an ihr und der Beziehung mit ihr gelegen ist, oder ob bei ihm die Luft raus ist.

Das Gespräch hat sich bemerkenswert günstig entwickelt. Jochen ist regelrecht fassungslos gewesen, als sie ihm eröffnet hat, der Sex sei für sie in letzter Zeit eine Qual gewesen, weil sie sich enorm unter Druck gesetzt gefühlt habe. Er habe es nicht bemerkt, hat er seiner Freundin erschüttert gestanden. Das hat *sie* wiederum erschüttert! Jedoch hat sie sich mit dem Gedanken getröstet, daß Männer vermutlich nicht über das Ausmaß an Empathie verfügen wie Frauen. Allerdings hat es sich dabei um einen Trick gehandelt, um sich nicht weiter damit auseinandersetzen zu müssen, ob er es hätte merken können oder gar sollen. Das ist ihr im selben Moment bewußt gewesen, doch liebt sie ihn noch, will die Beziehung trotz allem nach Möglichkeit aufrechterhalten.

Dr. de Winter hat sie darin unterstützt, die Partnerschaft – falls nötig beziehungsweise erwünscht – erst dann zu beenden, wenn sie sich ihrer Gefühle klargeworden ist; und über das, was sie in einer Beziehung überhaupt erwartet. Zudem, so hat ihr die Psychologin erklärt, sei es in einem gewissen Rahmen von Wert, an etwas zu arbeiten, das sich nicht ganz einfach darstelle.

Seit der Aussprache mit Jochen läuft es jedenfalls deutlich besser. Was daraus wird, weiß die junge Frau bislang nicht. Sie denkt, es zur Zeit auch gar nicht wissen zu müssen. Jochen gibt sich Mühe, hilft ein wenig im Haushalt, da er ohnehin ständig bei ihr ist, geht einkaufen und hält sich sogar beim Sex zurück.

Das hat dazu geführt, daß seine Freundin wieder Zugriff auf die eigene Lust nehmen kann. Letzte Woche haben sie zweimal miteinander geschlafen, und sie hat es genossen!

In der Arbeit läuft es ebenfalls wesentlich besser. Sie hat ihren forschen Ton gewaltig gedrosselt, dennoch ihre Grenzen aufgezeigt. Inzwischen hat sie gelernt, trotz aller Selbstbestimmung kompromißbereit zu sein. Daraus hat sich eine Basis entwickelt, auf der beide Parteien zu Gewinnern geworden sind. So hat Herr Eberhardt verstanden, daß seine Mitarbeiterin sich einerseits nicht ausnutzen lassen will, andererseits jedoch eine leistungsstarke Person ist, die dem Unternehmen sehr gern ihr Können zur Verfügung stellt. Demzufolge hat er ihr kürzlich einen Vorschlag unterbreitet. Sie könne einen verantwortungsvollen Aufgabenbereich übernehmen, der deutlich attraktiver dotiert sei als ihr bisheriger, was allerdings Überstunden zur Pflicht mache.

Sie überlegt noch, was sie tun soll, will es in der Sitzung besprechen.

Als sie ihrer Therapeutin gegenübersitzt, sprudelt es nur so aus ihr heraus. Sie freue sich, ein Angebot von Eberhardt bekommen zu haben, im Unternehmen weiterzukommen, wisse jedoch nicht so recht, ob ihr ein Aufstieg wichtig und nützlich sei. Was sei mit der daraus resultierenden Mehrbelastung? „Dadurch, daß es mit Jochen viel besser läuft, und er mir ein paar Dinge abnimmt, bin ich nicht mehr ganz so belastet. Aber wenn ich wieder länger arbeite, was dann? Und meine Eltern sind ja auch noch da. Und was ist mit Kindern? Ich will schließlich mal Familie haben. Ich bin jetzt fünfundzwanzig. ... Allzu lange will ich nicht mehr warten. ... Zur Zeit entwickelt sich alles richtig gut, und ich bin so ratlos wie zuvor. Also, was soll ich tun?" Erwartungsvoll schaut sie Dr. de Winter an, als könne diese mal eben im großen Lösungsbuch nachschlagen.

„Lassen Sie uns erst einmal sortieren, was Sache ist! Mit Jochen läuft es recht gut. Bedeutet das denn, zuversichtlich sein zu können, was eine gemeinsame Zukunft betrifft?"

„Na ja, ... so genau kann ich das noch nicht einschätzen. Ich muß erst mal seh'n, wie lange das anhält. Mit der Veränderung, meine ich. ... Im Moment gibt er sich – wie gesagt – enorme Mühe. Jedenfalls für seine Verhältnisse."

„Und sobald er nachläßt, ist er nicht mehr der Idealmann?!"

„Ne, dann ist es zuwenig. Es ist okay im Moment. Nur gemessen an dem, was ich mir in einem Zusammenleben vorstelle, ist es weiterhin nicht genug. Doch strengt er sich zumindest an, was ich ihm hoch anrechne und auch mitteile, damit es nicht gleich wieder weniger wird."

„Therapeutisch gesehen, ist es sicherlich richtig von Ihnen, seine Annäherung zu verstärken. ... Man nennt es übrigens *Shaping*. Jemand tut zwar noch nicht das, was er tun soll, jedoch entwickelt es sich in die gewünschte Richtung."

Eveline Groß lacht. „Verstärke ich ihn also weiterhin, habe ich gute Chancen, daß er irgendwann das tut, was er soll."

„Vielleicht."

„Ach, das ist nicht einmal sicher?"

„Na ja, es kommt ganz darauf an, ob die Verstärkung, die sie ihm bereitstellen, sobald er das gewünschte Verhalten zeigt, einen Belohnungswert für ihn darstellt, der höher ist, als gewisse Dinge *nicht* zu tun. Und darauf, ob Sie dabei die Verstärkungsintervalle optimal gestalten. Eine Belohnung etwa, die jederzeit verfügbar ist, ist weit weniger attraktiv als eine, von der man nicht weiß, wann beziehungsweise ob man sie im Einzelfall erhält. ... Im ersten Fall zeigt man das gewünschte Verhalten nur noch, wenn man mal wieder Lust auf eine entsprechende Belohnung hat."

„Ich kenne Sie mittlerweile gut genug, um zu wissen, wo das gerade hinführt."

„Ist das so?" Die Therapeutin muß lachen. Sie ist soeben ziemlich clever durchschaut worden.

„Sie wollen mir verdeutlichen, daß ich zwar tricksen kann, um einen gewissen Einfluß auf das Verhalten meines Partner auszuüben, dieser Einfluß jedoch zum einen nicht vollkommen ist, und zum anderen weiß ich auch nie genau, wann welche Einflußfaktoren wie wirken. Außerdem finden Sie's nicht richtig, so *methodisch* mit ihm umzugehen. ... Stimmt's?"

„Sie haben mich zweifellos durchschaut! Ich wollte Ihnen tatsächlich verdeutlichen, daß Sie Dinge sicherlich beeinflussen können, nur um welchen Preis? Unentwegt auf der Hut sein zu müssen, auch ja das zu tun, was aktuell sinnvoll ist. Und die Frage, was man wohl falsch gemacht hat, funktioniert's mal nicht. ... Und am Ende lebt man im besten – oder im schlimmsten – Fall mit einem dressierten Äffchen zusammen. Ob das geeignet ist, um Liebe und Erotik auf schwindelerregende Höhen zu treiben, wage ich sehr zu bezweifeln. ... Wissen Sie, er muß sich einfach zu sehr anstrengen, um zumindest in die von Ihnen gewünschte Richtung zu gelangen. Das ist es, was mich stört."

„So richtig wohl fühle ich mich selbst nicht mit dem jetzigen Zustand. Okay, damit fällt diese Variante also flach. Bei wieviel Prozent stehen denn Ihrer Meinung nach meine Chancen, mit Jochen alt zu werden?"

Ein sonorer Altklang erfüllt erheitert den Raum. „Nach welchen Kriterien soll ich die Antwort erteilen? Nach statistischen Erhebungen, oder soll ich einfach aus dem Bauch heraus mutmaßen?"

„Ist ja schon gut!"

„Vielleicht geben ja besser *Sie* die Antwort! Es ist schließlich *Ihr* Leben. Darauf haben Sie einen viel vollständigeren Blick als ich. ... Doch womöglich scheuen Sie genau das."

Eveline Groß nickt bedächtig. „Sie haben erneut ins Schwarze getroffen. Denn im Grunde weiß ich, daß Jochen nicht der Mann meines Lebens ist. Obwohl es im Moment recht ordentlich zwischen uns läuft, ist doch vieles an ihm nicht so, wie ich es mir an – oder *mit* – einem Partner wünschen würde. ... Und deshalb ist mir klar, daß unsere Beziehung nicht mehr von langer Dauer sein wird. Wissen Sie, ... ich habe mich verändert. Inzwischen betrachte ich einiges aus einer veränderten Perspektive."

„... und Jochen nicht."

„Richtig. Für ihn ist die Welt, wie sie ist, und das bleibt auch so. Und genau das erweitert die Kluft zwischen uns."

Draußen rauschen Autos vorbei, Menschen, die in Hektik von hier nach dort wollen. Andere, die sich auf ihr Zuhause freuen oder darauf, von dort wegzukommen. Und drinnen, in diesen vier Wänden, sitzen zwei Frauen, die soeben etwas herausgefunden haben, das für eine von beiden eine weitreichende Bedeutung hat. Etwas, das deren Leben in naher Zukunft grundlegend verändern wird.

Die gewonnene Erkenntnis muß in Eveline Groß erst noch eine entsprechende Gestalt annehmen, die sie befähigt, das zur Zeit noch Fremde als etwas Vertrautes zu empfinden, das sie annehmen kann.

Anschließend wird sie wissen, was zu tun ist und kann demgemäß handeln. Alles Weitere wird sich in der Folge aus dem einen ergeben.

Was spricht nun tatsächlich gegen eine andere Tätigkeit? Eine, die die intelligente und strebsame junge Frau adäquater fordert als die jetzige? Selbst eine *solche* Arbeit kann sie in ein paar Jahren unterbrechen, sollte sie einen Partner gefunden haben, mit dem sie sich eine Zukunft inklusive der Erziehung von Kindern vorstellen kann.

Aktuell muß sie sich erst einmal daran gewöhnen, daß das Leben, das sie bislang geführt hat, unwiederbringlich der Vergangenheit angehört, und daß das Verharren in der bisherigen Lebensphase nun endgültig von einer aktiven Mitgestaltung ihres Lebens abgelöst wird.
Sie ist bereit! Und in die Trauer des schleichenden Abschieds, der gerade erst begonnen hat, sich in ihr zu etablieren, mischt sich bereits eine sachte Vorfreude auf das Neue, Unbekannte, dem sie gewiß schon bald mit Neugier und Mut entgegensehen kann.

57

Sie mochte es, wenn es leidenschaftlich ablief. Trieb sie es mit einem Mann, mußte es harter, ehrlicher Sex sein. Die Blümchenvariante sagte ihr nicht zu. Ein Kerl mußte zeigen, wo es langging. Mußte sie *nehmen*! Allerdings bedrängte sie anhaltend das Gefühl, daß es beim letzten Mal keineswegs Leidenschaft gewesen war, die ihn derart aufgeheizt hatte. Genaugenommen war Leidenschaft ja nie im Spiel gewesen.

Triebreduktion! Das war die passendere Vokabel. Und als er letztens mitten in der Nacht angetrunken bei ihr aufgeschlagen war, hatte er einigermaßen durcheinander gewirkt. Regelrecht wirr. Ohne ein Wort hatte er sie aufs Sofa gedrängt.

Dumm wäre gewesen, hätte er sie volltrunken und derangiert vorgefunden. Einfach die Tür nicht zu öffnen, wäre in seinem Fall leider keine Option gewesen, schließlich besaß er einen Schlüssel. Welch Glück, daß es sich um einen Abend gehandelt hatte, an dem sie zur vollständigen Ausnüchterung auf Alkohol verzichtet hatte! Da bereits länger nichts mehr zwischen ihnen gelaufen war sowie mangels Alternative, hatte sie mittlerweile gewaltig unter Druck gestanden. Er war ihr also gerade recht gekommen mit der unverhohlenen Absicht, sie flachzulegen. Mit seinem Liebchen war es ihm offensichtlich allzu rasch langweilig geworden. Nicht jede gab schließlich so ein Teufelsweib ab wie sie selbst. Zu allem bereit! Ohne Tabus! Das konnte *Mademoiselle* gewiß nicht bieten. Ein schadenfrohes Lachen erfüllte den Raum.

Bloß war er eben nicht einfach stürmisch gewesen, nahm sie ihren gedanklichen Faden wieder auf. Irgendwie war es – wie sollte sie es benennen – ja, irgendwie war es auffallend aggressiv gewesen. Deutlich mehr als sonst. Als habe sich bei ihm die Lust mit dem Willen abgewechselt, ihr absichtlich weh zu tun. Ob er sexuelle Obsessionen verbarg? Hegte er vielleicht eine dominante Vorstellung, die er sich nicht traute, ihr zu gestehen? Ach was, so extrem war's nun auch wieder nicht gewesen! Jedenfalls hatte es in jener Nacht gewirkt, als vögele er regelrecht um sein Leben.

Er war schon ein komischer Kerl! Doch für sie war es eine enorme Genugtuung, daß er endlich angekrochen gekommen war. Sie hatte bereits befürchtet, komplett die Kontrolle über ihn zu verlieren, da er die jüngste Zeit nur noch bei seinem Liebchen zugebracht hatte.

Na ja, letztendlich wußte er wohl doch, was gut für ihn war!

Unschlüssig stand sie in der Küche. Sollte sie ihn anrufen, bevor sie sich etwas zu essen zubereitete? Vielleicht hatte er Lust, ihr Gesellschaft zu leisten! Man könnte den vergangenen Abend womöglich wiederholen. Ach, was sollte es! Sie hatte sich um andere Dinge zu kümmern.

Rasch ließ sie den Gedanken fallen. Allmählich mußte sie handeln. Da rangierte Sex wohl eher unter ferner liefen. Sie sollte endlich ihre Angelegenheiten zum Abschluß bringen. Inzwischen hatte sie viel zuviel Zeit vergeudet. Warum eigentlich? Möglicherweise genoß sie einfach das Spiel. Sicher, es war ausgesprochen aufregend, die Marionetten tanzen zu lassen. Doch nun mußte Schluß damit sein!

Entschlossen streckte sie ihren Körper, nickte einmal zur Bestätigung ihres Vorhabens und wandte sich dem Kühlschrank zu. Eine Mahlzeit stand als nächstes auf dem Plan, anschließend konnte sie in Ruhe ihre Dinge regeln. Sie fühlte sich blendend! Alles lief wieder auf Kurs, ganz und gar gemäß ihren Wünschen.

58

Gerade noch hat Janina Hofmann verschüchtert vor der völlig fremden Psychotherapeutin gesessen, und nun soll bereits eine Erprobungsphase beginnen, in der sich zeigen wird, wie gut sie ohne die Interventionen zurechtkommt. Auch wenn es ihr nicht so erscheint, ist doch viel Zeit vergangen, und es hat sich Erhebliches verändert. So ist sie mittlerweile fast frei von ihren aufdringlichen Gedanken!

Zunächst ist es äußerst mühevoll gewesen, sich regelmäßig dieser schrecklichen Angst zu stellen, doch hat sie sie dadurch vom Höllenhund zu einem zahnlosen Pinscher schrumpfen lassen. Ist sie zwischenzeitlich von dem Gefühl heimgesucht worden, sie könne erneut von einem Zwangsgedanken überwältigt werden, hat sie laut in den Raum gerufen: „Ich hab' keine Angst vor dir! Komm doch! Es ist okay, wenn du da bist!"

Das ist zwar nicht unbedingt verallgemeinerbar, doch ihr hat es bemerkenswert gut geholfen. Selbstverständlich hat sie das nie in Anwesenheit anderer getan. Versteht sich!

Und dann ist da noch die Sache mit dem neuen Mitarbeiter an der Uni gewesen. Ingolf! Ingolf Meyer-Wendt. Oh Mann! Unaufhaltsam hat sie sich mit Haut und Haaren in ihn verknallt. Nach dem fünften Seminar hat endlich eine gemeinsame Nacht stattgefunden. Die ist wunderschön gewesen. Janina Hofmann muß trotz der folgenden Entwicklung jedesmal lächeln, denkt sie daran zurück.

Leider gibt es fernerhin eine *Frau* Meyer-Wendt. Und die trug diesen Namen keineswegs vor Ingolf, sondern hat ihn rechtmäßig per Eheschließung von ihm erhalten. Und so untreu das Ingölfchen auch sein mag, hält er sich doch für die wahrhaftige Inkarnation der Treue. Also hat er so etwas gesagt wie: „Hör zu, Nina!" Ja, er hat sie stets Nina genannt. Tut es noch immer, wenn sie miteinander reden. Inzwischen tun sie das allerdings überwiegend rein beruflich. Er hat ihr also gesagt: „Hör zu, Nina, ich liebe dich! Wirklich! Aber ich kann meine Frau nicht verlassen, weil ...!" Der Satz ging noch weiter, doch Frau Dr. de Winter hat ihr klargemacht, daß man in solchen Fällen nach einem *Weil* getrost abschalten kann, nicht mehr hinhören muß; strenggenommen sogar bereits nach dem *Aber*. Denn die Botschaft ist ohnedies längst klar.

Die Verliebte hat in dieser Sitzung allerdings laut geschluchzt: „Aber ich liebe ihn doch so sehr! Er ist der tollste, liebste und intelligenteste Mann, der mir je begegnet ist. Noch nie war eine Liebe so intensiv."

Daraufhin hat die Psychologin sie anhaltend betrachtet. Janina Hofmann erinnert sich noch genau an diesen verständnisvollen Blick, begleitet von einem sanften Lächeln. Und nach einer Weile hat ihre Therapeutin nur einen einzigen Satz geäußert. Einen Satz, der alles umfaßte, was in dieser Situation nötig war. Allerdings ist ihr das erst viel später klargeworden. Anfangs ist sie enttäuscht gewesen, hat sich ein wenig unverstanden gefühlt. „Ja, die schönste Liebe ist immer die unerfüllte!" Das hat Dr. de Winter gesagt. Sonst nichts.

Jetzt sitzt die junge Frau erneut hier. Wochen sind vergangen.

Der Satz fällt ihr just wieder ein, da das Thema auf die Stationen der letzten Zeit gekommen ist. Ihre Therapeutin hat absolut recht gehabt! Weil sie ihn nicht haben konnte, hat sie ihn um so gewaltiger begehrt. Doch das ist mittlerweile vorbei. Ihr geht es gut, auch ohne ihn. Genaugenommen sogar besser als *mit* ihm. Sie hat Jonathan ihren Seitensprung gebeichtet und fest damit gerechnet, es werde das Ende der Beziehung bedeuten. Überraschend hat er sie statt dessen bloß in den Arm genommen. Ganz zärtlich. Anschließend hat er ihr einen liebevollen Kuß aufs Haar gegeben. Nach einer Weile hat sie ihn sagen hören: „Alles gut, laß uns neu beginnen! Vielleicht machen wir es diesmal besser."

Das hat sie regelrecht umgehauen. Und sie hat begonnen, Jonathan mit anderen Augen zu betrachten. Er ist anscheinend ebenfalls gereift. Schließlich steht er kurz vor dem Ende seiner Facharztausbildung. Da wird's wohl Zeit. Wie auch immer, der Neustart ihrer Beziehung läßt sich recht vielversprechend an. Und das kostet sie mit allen Fasern aus. Bleibt sich selbst dabei treu. Macht weiterhin auch ihr eigenes Ding, pflegt ihre Freundschaften, lernt fleißig fürs Studium.

„Sie haben eine ganze Menge geschafft." Dr. de Winters Worte dringen nur mühsam in ihr Bewußtsein. Sie ist tatsächlich weit weggeglitten. Wie unhöflich! Hoffentlich hat die Therapeutin nichts gemerkt.

„Woran haben Sie gerade gedacht?"

„Entschuldigung, Frau Doktor! Während Sie die Zeit, in der Sie mich bisher begleitet haben, zusammengefaßt haben, sind mir verschiedene Phasen eingefallen. Zuletzt bin ich bei Ingolf hängengeblieben. Ich bin tatsächlich darüber hinweg. Ich erinnere mich oft an Ihre Worte über die unerfüllte Liebe. Und anschließend denke ich an stinkende Socken, zerdrückte Zahnpastatuben und Streitereien um nichts. … Mal davon abgesehen, ihn kaum zu kennen und deshalb gar nicht zu wissen, ob es zwischen uns überhaupt gepaßt hätte, wären meine Erwartungen an ihn – oder besser an die Beziehung mit ihm – wirklich enorm hoch gewesen. … Ich weiß nicht, ob jemand das überhaupt erfüllen könnte. Außerdem läßt es mich in der jetzigen Phase der Beziehung mit Jonathan aufmerken, wenn mich was stört. Ich frage mich dann, ob mein Anspruch gerechtfertigt ist, unterscheide daraufhin zwischen schmutzigen Socken und Achtlosigkeit mir gegenüber. … Und am Ende weiß ich stets genau, wann ich aktiv werden sollte, und wann ich mich einfach in Toleranz üben will." Sie lächelt. „Im Moment ist für mich allerdings weitaus wichtiger, kaum noch diese doofen Gedanken zu haben. Manchmal suchen sie mich zwar erneut heim, doch schaue ich sie mir bei diesen Gelegenheiten fast schon beiläufig an, um sie anschließend freundlich zu verabschieden. So, wie ich's hier gelernt habe."

„Genau, behandeln Sie sie einfach wie einen ungeladenen Gast! Heißen Sie Ihren Gast willkommen, lassen ihn kurz verschnaufen, und beenden Sie daraufhin seinen Besuch, indem Sie sozusagen aufstehen und die Tür öffnen! Er wird Ihrem Ansinnen folgen. Denn *Sie* sind die Herrin Ihres Hauses. Sie bestimmen letztendlich, womit Sie sich gedanklich beschäftigen wollen."

„Doch tauchen weiterhin Situationen auf, in denen das nicht gelingt."

„Das liegt vor allem daran, daß Sie noch nicht ausreichend Gelegenheit zur Übung gehabt haben. Bleiben Sie einfach dran! Selbst wenn nur noch selten ungebetene Besucher anklopfen, sollten Sie sie nicht in irgendeine Schublade verbannen! Stellen Sie sich auch harmlosen Gedanken, die Sie als *ungewollt* einstufen! ... Zudem sollte man danach schauen, was sich in Ihrem Leben in dem Augenblick ereignet, in dem die Gedanken aufs neue vermehrt auftreten. Wir haben dies ja im Laufe der Sitzungen ausgiebig besprochen, nicht? Gibt es also beispielsweise Belastungsfaktoren, irgendeinen Kummer, der sie arg bedrückt oder sonstige Ereignisse, die sie emotional beschäftigen!?"

„Wie wahrscheinlich ist es denn, daß die Gedanken noch mal so richtig schlimm werden?"

„Ich will es so beantworten: In keinem Leben lassen sich unangenehme Entwicklungen ausschließen. Schmerz und Krisen gehören zu unser aller Dasein! Und in solchen Zeiten reagieren wir am ehesten mit Symptomen, die uns sozusagen zu eigen sind. Es kann beispielsweise nicht jeder mit Neurodermitis auf Belastung reagieren oder mit einer Gastritis. Vereinfacht ausgedrückt, müssen wir eine entsprechende *Neigung* in uns tragen. *Sie* tragen die Neigung zur Entwicklung von Zwangsgedanken in sich. Das bedeutet, Sie reagieren auf Belastung eher mit solchen *Gedanken* als mit anderen Symptomen. ... Doch gestalten Sie Ihr Leben weiterhin so achtsam, wie Sie es mittlerweile tun, haben Sie eine gute Vorbeugung in die richtige Richtung."

„Und wenn es doch noch mal so richtig schrecklich wird?"

„In diesem Fall wissen Sie nur allzugut, was zu tun ist. Und sollten Sie es allein nicht hinbekommen, ist es ja nun ebenfalls keine Schande.

Dann sind Sie herzlich eingeladen, mit mir oder einem Kollegen erneut eine Bewältigung anzugehen. Erst einmal haben Sie allerdings Gelegenheit, während eines etwas längeren Zeitintervalls zu erproben, wie Ihnen alles gelingt."

„Ausschließen können Sie einen Rückfall also nicht!?"

„Selbstverständlich kann ich nicht ausschließen, daß Sie erneut mit zwanghaften Gedanken auf Krisen oder ähnliches reagieren, die das Leben nun mal bereithält. Ich sehe Sie jedoch wesentlich besser gewappnet als zuvor, da Sie inzwischen wissen, auf welche Weise Sie dieser Angst begegnen können. *Und* Sie haben erlebt, wie effektiv es ist. ... Das ist der erste Teil meiner Antwort. Der zweite Teil bezieht sich auf die Formulierung *Rückfall*. ... Ich weiß, es entspricht unserem Sprachgebrauch, bei dem Auftreten gleicher oder ähnlicher Symptome bei demselben Menschen von einem Rückfall zu sprechen. Ich habe indessen ein anderes Verständnis. Für mich ist es kein *Zurückfallen* in etwas, das bereits einmal dagewesen ist. Denn nach meiner Vorstellung würde das ja bedeuten, mich in die Vergangenheit zu begeben. ... Können Sie das?"

Erwartungsgemäß schüttelt die Patientin den Kopf.

„Ich leider – oder glücklicherweise – auch nicht. Ich sehe es eher so: Da ich durch das erste Auftreten *meiner* Symptome Verschiedenes lerne, am besten natürlich den *Umgang* mit diesen Symptomen, befinde ich mich unweigerlich in einem anderen – na, nennen wir es – Entwicklungsstadium. Ich habe über gewisse Dinge und Zusammenhänge Wissen erworben. Infolgedessen bewerte ich nicht nur die Symptome *selbst* anders, sondern ebenso mein sonstiges Leben. Zumindest sollte das so sein, und bei Ihnen hat es sich ja deutlich so entwickelt. Und dadurch kann ich doch gar nicht *zurückfallen* in etwas, das längst Vergangenheit ist und für mich eine vollkommen veränderte Bedeutung erworben hat."

„Sie meinen, die neue Erfahrung prägt mich, ergo gehe ich mit allen Dingen irgendwie anders um, als ich es vorher getan habe. Und deshalb kann ich nicht dieselben Symptome bekommen, die ich mal hatte."

„Ganz genau."

„Weil ich die mittlerweile gemachten Erfahrungen automatisch mit verwerte. Somit habe ich eine andere Aufgabe als beim ersten Auftreten der Symptome."

„Das enthebt Sie selbstredend nicht davon, eine erneute Bearbeitung einzuleiten. Jedoch geschieht dies dann unter veränderten Vorzeichen.

Sie sind beispielsweise sicher, die sich aufdrängenden Gedanken bewältigen zu können. Auch sehen Sie sie nicht länger als Vorboten für die Ausführung böser Taten oder als Beleg, ein schlechter Mensch zu sein und vieles mehr."

„Ich bin also inzwischen zum Experten für meine psychische Störung geworden. Das bewahrt mich leider nicht vor dem Risiko, erneut Symptome zu erleiden, doch kann ich ihnen mit all meinem erworbenen Wissen zu Leibe rücken, statt ihnen hilflos ausgeliefert zu sein."

Nach einer Weile ist alles gesagt. Für den Moment jedenfalls.

Abschied! Wenn es gut läuft, findet sich die junge Patientin erst in zwei Monaten wieder in der Praxis ein. Beide sind zuversichtlich, was das Gelingen betrifft.

Es ist schwer gewesen. Ihm sind Tränen in die Augen geschossen, als sie ihm gesagt hat, es sei aus. Sie hat ihn zuvor nie weinen sehen. Für einen flüchtigen Moment hat sie an ihrer Entscheidung gezweifelt. Dann ist ihr eingefallen, was Dr. de Winter ihr einmal gesagt hat: „Es ist nicht so wichtig, geliebt zu werden, viel wichtiger ist es zu lieben."

Und sie liebt ihn eben nicht mehr. Sie mag ihn, er ist ihr vertraut, sie hat sich an ihn gewöhnt. Nur Liebe ist es bereits seit langem nicht mehr. Genau weiß sie nicht, wann dieses Gefühl ihr abhanden gekommen ist. Jedoch ist eines gewiß! Es ist durch seine Achtlosigkeit ihr gegenüber arg beschleunigt worden. Sie hat noch ein paarmal mit ihrer Therapeutin darüber gesprochen. Dr. de Winters Haltung ist zunächst einmal eher *pro* Beziehung. Hat jemand allerdings das Gefühl, es sei vorbei, hält sie nicht viel davon, das Leiden zu verlängern. Das findet sie ungerecht, beiden Beteiligten gegenüber.

Nun sitzt Eveline Groß im Wartezimmer und sortiert ihre Gedanken. Heute will sie unbedingt besprechen, wie sie es schaffen kann, ihren *Marathonsprint*, wie Dr. de Winter es genannt hat, zu beenden.

Sie hat ihrem Chef, Herrn Eberhardt, zugesagt. Sie will die neue Aufgabe. Er hat sich regelrecht gefreut. Seit sie eindeutige Signale sendet, kommt sie wesentlich besser mit ihm klar, und er respektiert sie offensichtlich viel mehr. Sie lächelt. Ihr Leben hat sich gewaltig verändert. Nicht nur äußerlich. Sie *sieht* und *empfindet* Dinge völlig anders als vor der Therapie. Und ihre jetzige Sichtweise gibt ihr Sicherheit. Sie fühlt sich rundherum wohl.

Als Dr. Wilhelmina de Winter ihre Patientin ins Sprechzimmer bitten will, findet sie eine Zufriedenheit ausstrahlende junge Frau vor.

„Die heutige Sitzung erübrigt sich offenbar", witzelt die Therapeutin. Eveline Groß kommt von weither. Wie aus einem schönen Traum erwacht, schaut sie zunächst etwas irritiert. Die Worte, die an ihr Trommelfell gedrungen sind, müssen erst noch gehirntechnisch aufbereitet werden. Einige Sekunden verstreichen, dann strahlt ihr Gesicht kundig.

Der Code ist entschlüsselt: Menschliche Sprache, deutsch, humorvolle Aussage! Sie grinst. „Nein, nein! Nichts erübrigt sich! Ich brauche Sie um so mehr. Wo Sie doch mitgeholfen haben, mein Leben in Unordnung zu bringen." Sie steht auf, begibt sich zielstrebig in das stets beruhigend auf sie wirkende Sprechzimmer. Hier kann sie sich viel besser konzentrieren als zu Hause.

„Ich würde gern heute mit Ihnen bearbeiten, wie Sie Ihren Dauersprint unterbrechen können. Sind Sie einverstanden? Oder steht etwas Dringenderes an, das Sie mit mir besprechen wollen?"

„Nein, das ist absolut in meinem Sinne. Ich würde Sie nur gern kurz auf den neuesten Stand bringen." Die junge Frau erzählt von ihrer Trennung vom Partner, von der Zusage ihrem Chef gegenüber, und davon, sich insgesamt viel wohler zu fühlen. Die Panikattacken bestimmen nun nicht länger ihr Leben, andererseits weiß sie, sie muß weiterhin dranbleiben, weil sie eine Art Alarmanlage darstellen, die ein Signal gibt, sobald sie zu lange zu wenig auf ihre Bedürfnisse achtet.

Derzeit will sie indes nach vorne schauen. Ihr künftiges Leben strukturieren. Zumindest an den Punkten, an denen es nötig erscheint. Zuviel Struktur tut ebenfalls nicht gut. Auch das hat sie gelernt. „Nach unserem letzten Termin ist es mir abermals deutlich geworden, daß ich mich trotz allem weiterhin im Dauersprint befinde. Und Sie haben ja mal gesagt, falls ich nicht genau weiß, was gerade in meinem Leben läuft, soll ich einfach mal aufschreiben, was mir durch den Kopf geht, und was ich beobachte."

Die Psychologin nickt.

„Das hab' ich getan. Ich habe notiert, was ich so alles tue. Erst einmal habe ich an den einzelnen Wochentagen alle durchgeführten Tätigkeiten notiert und darüber hinaus aufgeschrieben, was ich turnusmäßig erledige. Und wissen Sie was? Es ist mir schwindelig geworden, als ich mir gestern meine Aufzeichnungen in Vorbereitung auf die heutige Sitzung angesehen habe."

Sie kramt ihren Block aus der Handtasche, schlägt die erste Seite auf, beginnt, ihre Notizen vorzulesen. So putzt die Patientin jeden zweiten Tag das komplette Bad. Wischt jede Woche die Mülleimer gründlich aus, putzt einmal im Monat alle Fenster und überzieht mindestens einmal wöchentlich ihr Bett. Kühlschrank und Küchenschränke werden alle vier Wochen grundgereinigt, Sitz- und Kleinmöbel alle zwei Wochen abgerückt, um darunter beziehungsweise dahinter Schmutz entfernen zu können. Auch die Blätter ihrer Zimmerpflanzen werden alle paar Wochen feucht abgewischt, damit kein glanznehmender Staub auf ihnen haften kann. Staubwischen steht darüber hinaus täglich auf dem Plan, genauso wie das feuchte Abwischen sämtlicher Spiegel, das Auto wird alle zwei bis drei Wochen durch die Waschanlage gejagt, auf die Innenreinigung verzichtet die Putzwütige immerhin satte drei bis vier Wochen lang.

„Genug!" ruft Dr. de Winter.

Eveline Groß löst erschreckt den Blick von ihren Notizen, starrt ihre Therapeutin an, die hinzufügt: „In mir macht sich allein beim Zuhören der Streß breit. Das ist ja furchtbar!"

„Ja, nicht? Ich sagte ja schon, daß mir das ebenfalls aufgefallen ist. Hab' ich einen zwanghaften Putzfimmel?"

Die Frage ist ernst gemeint. Dem geschuldet, erhält sie eine gewissenhafte Stellungnahme. „Ich glaube nicht. Zumindest nicht im klinisch-diagnostischen Sinne. Allerdings fällt tatsächlich eine nicht unerhebliche Beschäftigung mit Putzaktionen und Sauberkeit auf. ... Haben Sie eine Idee, warum Sie das tun? Was haben Sie davon? Abgesehen davon, sich zu keiner Zeit vor einer Spontanvisite von Meister Proper fürchten zu müssen."

„Darüber habe ich mir letzte Nacht ebenfalls Gedanken gemacht. Dabei bin ich zu dem Schluß gelangt, es könnte irgend etwas mit Jochen und mit der bisher so unbefriedigenden Arbeit zu tun haben. Na ja, und ebenso mit meinen Eltern. ... Nur wissen Sie, was hab' ich von dieser Erkenntnis? Es hat also mit meinem Leben zu tun. Prima! Das hätte ich bereits vorher per Augenschein beantworten können."

„Seien Sie nicht so streng! Es gibt schon Auskunft über den Anlaß."

„Inwiefern?"

„Diese Themen weisen sehr wohl Gemeinsamkeiten auf. Da existiert zum einen die Belastung *insgesamt* und zum anderen möglicherweise ein Gefühl mangelnder Kontrolle *insbesondere*. Die Beziehung mit Jochen haben Sie als belastend erlebt, seine Wünsche Ihnen gegenüber häufig als unkontrollierbar. ... Die Arbeit ebenfalls; und das nicht ausschließlich durch die Überstunden, sondern ebenso, weil Sie das Verhalten Ihres Chefs Ihnen gegenüber als wenig wertschätzend erleben mußten, was Sie obendrein als nicht kontrollierbar eingestuft haben. ... Und Ihre Eltern, oder besser, die Bedingungen, die Sie dort vorfinden, vor allem durch die Erkrankung Ihrer Mutter, sind ebenfalls belastend."

„Und dann putze ich zu allem Überfluß noch wie der Teufel, um die Belastung komplett zu machen."

„Genau."

Eveline Groß schaut irritiert.

„Nein, natürlich nicht", korrigiert sich die Psychologin umgehend. „Selbstverständlich haben Sie das nicht gemacht, um sich möglichst gründlich zu überfordern. Sie haben es zum Ausgleich getan. ... Der Versuch einer Kompensation und des Erlangens von Kontrolle. Läuft alles aus dem Ruder, muß zumindest der Haushalt perfekt kontrolliert werden. Und das unterliegt voll und ganz dem eigenen Einfluß. Verstehen Sie? … Solche Dinge folgen einer eigenen Logik. Klar ist es nicht tatsächlich der Entspannung förderlich. Doch das ist Alkohol ebenfalls nicht. Und trotzdem trinken viele Menschen zuviel davon, um zu entspannen. Und kurzfristig gelingt das sogar."

„Ich fühle mich tatsächlich jedesmal total wohl, nachdem ich alles erledigt habe. Und außerdem habe ich ja einige Zeit zu Hause gearbeitet. Das war trotz aller Entlastung auch unbefriedigend. Zusätzlich hab' ich dadurch stets alles gesehen, was erledigt werden könnte. ... So hat es sich vielleicht entwickelt. Nur nach kurzer Zeit hat es mir nicht mehr gereicht, alles gründlich gereinigt zu haben. ... Bereits am nächsten Tag benötige ich anscheinend eine weitere Dosis."

„So kann man es ausdrücken."

„Es durchdringt mich tatsächlich kurz nach meinen Putzorgien ein unglaublich gutes Gefühl, alles im Griff zu haben. ... Und jetzt?"

„Jetzt streichen wir Ihre Putzaktionen erst einmal auf ein vernünftiges Maß zusammen. Schließlich haben Sie mittlerweile gelernt, angenehme Gefühle viel *adäquater* zu erlangen, und ebenso gelingt es Ihnen vorzüglich, ein brauchbares Maß an Einfluß auf Ihr Leben an den Stellen zu nehmen, an denen es einen echten Sinn macht."

„Nur, was *ist* ein vernünftiges Maß?"
„Das, was wir heute gemeinsam als solches definieren."
„Das hört sich immer so simpel an."
„Wie so oft, ist es das auch. Sie werden sehen! Wir notieren, was Sie wann und in welchem Umfang erledigen sollten. Dann halten Sie sich einfach an den Plan, und schon gibt es diesbezüglich kein Problem mehr. Danach überlegen wir, wie Sie anderweitigen Streß ebenfalls ein wenig reduzieren können. Zum Beispiel könnten Sie Ihre mittäglichen Besuche bei Ihren Eltern verlegen. Sie könnten etwa … statt fünfmal mittags lieber zweimal am Abend zu ihnen gehen. Oder … einmal in der Woche und einen ganzen Nachmittag am Wochenende. Davon hätten sowohl Sie als auch Ihre Eltern viel mehr. … Und es wäre für Sie nicht länger eine solch gewaltige Belastung. Das sind jedoch lediglich Möglichkeiten. … Sie selbst sollten entscheiden, was Ihnen jeweils passend erscheint!"

„Es ist absolut passend, wie Sie es eben entworfen haben. Warum bin ich nicht selbst darauf gekommen? Es ist schließlich derart naheliegend! Ich muß ohnehin einen Pflegedienst beauftragen, der meine Mutter regelmäßig versorgt und dadurch meine Eltern *beide* unterstützt."

Also beginnen die Frauen einen Plan für die verschiedenen Bereiche zu entwerfen. Dr. de Winter hält sich ab jetzt allerdings zurück. Die Patientin soll eigene Ideen entwickeln, was Menge und Richtung der Veränderung betrifft.

Es gelingt ihr zunehmend mühelos.

Die Ergebnisse der Überlegungen werden allesamt fein säuberlich in Eveline Groß' Notizbuch festgehalten, damit sie nicht jedesmal überlegen muß, was besprochen worden ist.

Zuversichtlich sieht die junge Frau ihrem weiteren Leben entgegen. Sie hat inzwischen nicht nur eine bessere Struktur für alle relevanten Bereiche, sie hat des weiteren gelernt, wie man an so etwas herangeht.

Das macht sie fit für die Lösung weiterer Schwierigkeiten, die das Leben irgendwann ganz zuverlässig für sie bereithalten wird.

59

Im Anschluß an die Sprechstunde wollte Mina noch einige Besorgungen in der Stadt erledigen. Ausgerechnet in diesem Moment mußte der Regen heftiger werden. Am liebsten hätte sie sich umentschieden und wäre direkt ins Parkhaus zu ihrem Auto geeilt, um schleunigst nach Hause zu fahren. Doch hatte sie sich fest vorgenommen, bereits ein paar Weihnachtsgeschenke zu erwerben, nun wollte sie nicht nur wegen des schlechten Wetters kneifen. Zudem wollte sie keinesfalls auf den letzten Drücker durch die Geschäfte hetzen müssen, um in aller Eile irgend etwas zu kaufen, von dem sie selbst nicht überzeugt sein würde.

Im Grunde war es auch gar kein Problem, nur daß der ohnehin starke und eiskalte Regen von heftigem Wind begleitet wurde. Und wie so oft hatte sie mal wieder keinen Schirm bei sich. Darum zog sie den Mantel eng um ihren Körper, hielt ihn am Hals mit einer Hand fest umklammert, um sich ein wenig vor dem ungastlichen Wetter zu schützen.

Glücklicherweise lag ja die Innenstadt nur wenige Gehminuten von ihrer Praxis entfernt.

Da die Kanaldeckel die immensen Mengen Niederschlag nicht zügig genug aufnehmen konnten, bildeten sich im Rinnstein gewaltige Pfützen. Einige Autofahrer fuhren mit hohem Tempo direkt durch die Wassermassen. Mina bekam mehrfach beträchtliche Spritzer des dadurch hochgeschleuderten Schmutzwassers ab.

Sie beschleunigte ihre Schritte.

Durch eine Stimme wurde sie aus ihren mißmutig gefärbten Gedanken gerissen. Sie drang aus einem Auto, das in Schrittgeschwindigkeit neben ihr fuhr. Wie lange es das bereits tat, konnte sie nicht einschätzen. Das Beifahrerfenster war komplett geöffnet.

„Hallo, kann ich Sie mitnehmen?" erkundigte sich die Stimme.

Ohne stehenzubleiben, drehte Mina den Kopf ein wenig in Richtung des sprechenden Fahrzeugs. Auch das noch! Wie sich herausstellte, gehörte die Stimme Herrn Fatzke, der mitgekommen war; augenscheinlich, um den Wagen zu steuern.

Am liebsten wäre sie eine Antwort schuldig geblieben. Nur leider hatte sie ihn ja bereits zur Kenntnis genommen, da konnte sie schwerlich einfach auf die andere Straßenseite wechseln, als habe sie nichts gehört.

Also erwiderte sie mit übertriebenem Lächeln: „Danke! Aber ... *nein danke!*"

„Ach kommen Sie schon!" insistierte Wotan Hallstedt. „Es regnet in Strömen, und Sie sehen bereits beachtlich derangiert aus. Lange hält Ihre Dauerwelle gewiß nicht mehr durch."

Er ging fest davon aus, daß Minas Haar nicht durch Chemie, sondern mittels Natur in Locken gelegt worden war. Genau deshalb fand er es spaßig, sie ein bißchen aufzuziehen. Nachdem er sich am Tage seines Einzugs bei ihr vorgestellt hatte, waren sie sich noch einige Male über den Weg gelaufen. Dabei hatte er stets versucht, durch eine humorvolle, etwas schnodderige Art ihre Aufmerksamkeit in positiver Weise zu gewinnen, jedoch hatte sie ihn regelmäßig abblitzen lassen. Er verstand, daß sie ihn für arrogant und frech hielt. Und obwohl es ihn betrübte, und er es bei Gelegenheit dringend korrigieren wollte, spielte er die Rolle in diesem Augenblick noch ein bißchen länger.

Zu seinem tiefsten Bedauern reagierte Mina allerdings nicht einmal ansatzweise auf seine Unverschämtheiten. Sie ignorierte ihn komplett, schritt einfach weiter. Also versuchte er es mit einer Kurskorrektur. „Es macht mir wirklich nichts aus. Ich nehme Sie sogar sehr gern mit."

„Ich sagte doch bereits: Nein danke! Ich muß sowieso in die andere Richtung."

„Sie wissen doch gar nicht, wohin ich will. Vielleicht haben wir ja *denselben* Weg."

Durch das weiterhin geöffnete Beifahrerfenster streifte ihn beiläufig Minas Blick. „Ich muß auf jeden Fall in die andere Richtung", gab sie lakonisch zurück.

Er begann hemmungslos zu lachen. Sie gefiel ihm immer besser. In ihr konnte er seinen Meister finden. „Ich gebe mich geschlagen, Frau Nachbarin! Mir fällt im Augenblick nichts mehr ein, was Sie noch toppen könnte. Mitnehmen würde ich Sie trotzdem gern."

Ein letzter Versuch. Doch hätte er sich sehr gewundert, hätte sie jetzt noch ihre Meinung geändert. Zu seinem Leidwesen behielt er Recht.

Sie war stehengeblieben. „Hören Sie!" begann sie etwas einfallslos, wie sie selbst kritisierte. „Ich weiß nicht, ob Sie es tatsächlich nett meinen. Doch letztlich ist mir das einerlei. Eins können Sie aus dieser Situation lernen: Sagt eine Frau nein, meint sie keinesfalls ja! Selbst wenn die Männermagazine, die Sie abonniert haben, dies behaupten. Nein bedeutet nein. Und ich will nur wenig unhöflich erscheinen, doch finde ich, nachdem ich es inzwischen mehrfach wiederholt habe, müßten selbst Sie es langsam verstehen. Und da ich bereits beginne, mich wie ein begossener Pudel zu *fühlen*, wäre ich Ihnen außerordentlich verbunden, würden Sie einfach Ihres Weges fahren und mich in Ruhe lassen, bevor Sie noch Zeuge werden, daß ich auch wie einer *aussehe!*"

„In Ordnung!" Er gab auf. „Nichts für ungut!" Beschwichtigend hob er die Hand. Anschließend schloß er schleunigst das Beifahrerfenster. Es hatte mächtig hereingeregnet. Der komplette Sitz war bereits naß, was es ihm allerdings wert gewesen war. Er konnte sich nicht erklären, wieso er sich trotz der erheblichen Abfuhr auf einmal beschwingt und fröhlich fühlte.

Mit einem nicht enden wollenden Lächeln auf dem Gesicht setzte er seine Fahrt fort. Die gute Laune wich auch den Rest des Tages nicht.

Die Haare klebten ihr regelrecht am Kopf. Sie entledigte sich schleunigst ihrer durchnäßten Kleidung und begab sich nach oben. Ihr Zustand schrie nach einem heißen Bad. Rasch ließ sie Wasser ein und wählte einen Duft, den sie behutsam in die Wanne tröpfeln ließ.

Aus dem Schlafzimmer holte sie trockene Kleidung, legte diese über die Heizung im Bad, damit alles schön warm sein würde, sobald sie aus der Wanne stieg.

Als ein brauchbarer Wasserstand erreicht war, ließ sie sich hineingleiten. Sie tauchte einmal kurz unter, lehnte sich anschließend gegen das Kopfpolster und schloß die Augen. Tief atmete sie das Badeöl ein, mit dem sie das Wasser angereichert hatte. Es duftete angenehm nach Vanille und Zitrone. Allmählich wich die Anspannung aus ihrem Körper.

Ihre Weihnachtseinkäufe hatten sich trotz der widrigen Umstände als recht erfolgreich erwiesen. Ein zufriedenes Lächeln erhellte ihr Gesicht.

Für Charlie hatte sie ein hübsches Album erworben, in das sie am kommenden Wochenende etliche Photos aus den vielen gemeinsamen Jahren einkleben wollte. War ihr im Laufe der Zeit ein besonders schönes Bild in die Hände gefallen, hatte sie es umgehend in dem Karton verstaut, um es irgendwann verwenden zu können. Mittlerweile hätte sie drei Alben füllen können. Sie würde entweder eine Fortsetzung daraus machen oder nur die allerschönsten Bilder verwenden. Sie war sicher, Charlie würde sich riesig freuen.

Fabians Geschmack hatte sie ebenfalls mit Sicherheit getroffen. Eine Photographie ihrer Eltern hatte sich in einem Buch versteckt, das sie vor Monaten aus einem Gefühl heraus in die Hand genommen hatte. Noch bevor sie es richtig aufgeschlagen hatte, war ihr wie durch Zauberhand die verblaßte Abbildung vor die Füße gefallen, die beide Elternteile mit einem strahlenden Lächeln zeigte. Und vor ihnen stehend, konnte man Fabian und sie selbst erkennen, als sie noch glückliche Kinder in einer wunderbaren Familie gewesen waren. Sofort hatte sie gewußt, diese Erinnerung wollte sie in einem Fachgeschäft aufbereiten lassen, um ein Andenken an ihre Eltern bewahren zu können. Fabian hatte einmal sein Bedauern über den Mangel an Familienphotos geäußert.

In der Tat handelte es sich bei denen, die die Wirren der Zeit überdauert hatten, lediglich um ein paar, obendrein vielfach recht unscharfe Schnappschüsse. Mal war lediglich das Profil des Vaters zu erkennen, mal ein halber Kopf ihrer Mutter. Die meisten Photos waren vermutlich beim Umzug ins Kinderheim *verlorengegangen*. Sie hegte dabei die Vermutung, daß die paar vorhandenen, entfernten Verwandten sich sämtlicher Habseligkeiten bemächtigt hatten, um in Ruhe schauen zu können, was womöglich wertvoll sei. Auf die Idee, sich um die Waisen zu kümmern, war damals allerdings nicht ein einziger von ihnen gekommen. Ebenfalls hatte keiner den Anstand besessen, den Kindern wenigstens alle persönlichen Dinge als Vermächtnis auszuhändigen.

Zum Glück hatte sie damals instinktiv das Buch mit ins Heim genommen. Sie hatte einmal ihre Mutter darin lesen sehen, so hatte es ihr Trost gespendet, es nach deren Tod in Händen zu halten, ohne je auf das – vermutlich irgendwann von der Mutter hineingesteckte – Photo gestoßen zu sein. Auf diese Weise hatte beides überlebt.

Wehmut zeichnete sich in Minas Gesichtszügen ab. Abrupt unterbrach sie die Gedankenkette. Hielt sie sich zu ausführlich damit auf, schmerzte es sogar heute noch. Also wendete sie sich den weiteren Einkäufen zu. Für Frieda hatte sie ein ganz besonderes Geschenk, dessen Bedeutung sich jedoch erst im neuen Jahr offenbaren würde.

Beim Gedanken daran hellte sich ihr Gesicht deutlich auf. Das würde eine Freude werden! Sie stellte sich vor, wie Frieda schauen würde; wahrscheinlich mit offenem Mund, ohne einen einzigen Ton herauszubekommen.

Für Ben war ihr bisher keine Idee gekommen. Auch der Einkauf hatte sie nicht inspiriert. Nach jener Nacht, in der er wortlos abgehauen war, hatte er zwei Tage gebraucht, um sich bei ihr zu melden. Das hatte sie einigermaßen erschüttert. Schließlich hatte es keinen wirklichen Anlaß gegeben. Sie hatte ohnehin nichts getan, das er ihr hätte übel nehmen können. Offensichtlich hatte er es letztendlich ebenso gesehen, denn zerknirscht hatte ihr sie um Verzeihung gebeten. Seine Erektionsstörung habe einfach seinen Mannesstolz derart gekränkt, daß er erst einmal für sich allein habe Klarheit gewinnen müssen.

Alles in allem fand sie die Begründung zwar mager und zudem recht abwegig, beließ es jedoch dabei. Es handelte sich schließlich mal wieder um eine dieser Situationen, die mit recht oder unrecht haben nichts zu tun hatten. Er hatte es eben so empfunden, das konnte sie ihm kaum ausreden. Wollte sie auch nicht. Schließlich war sie nicht seine Psychotherapeutin.

Insgesamt nahm sie ihm den unangemessenen Abgang viel weniger übel als sein Verhalten danach. Sie nannte so etwas *Nachtatverhalten!* Was tut jemand, *nachdem* er einen Fehler begangen hat? Das fand sie wesentlich interessanter als die Analyse des Fehlers selbst. Jeder konnte mal eine Handlung vollziehen, die nicht einwandfrei war. Doch wie ging derjenige anschließend damit um? Das konnte immerhin einigen Aufschluß über seine Persönlichkeit geben. War er bereit, für sein Fehlverhalten geradezustehen, oder machte er es noch schlimmer, schob es etwa auf das Gegenüber, kehrte es unter den Teppich oder begründete es mit diversesten Ausflüchten?

Ben hatte sich zwar entschuldigt, die Zeit bis dahin erschien Mina jedoch entschieden zu lang. Eine Stunde danach oder spätestens am nächsten Morgen hätte sie als angemessen empfunden. So hatte die Angelegenheit einen neuerlichen Riß in der Vertrauensbasis ihm gegenüber hinterlassen. Nun wollte sie abwarten, wie er sich zukünftig verhielt. Schloß er sie weiterhin aus, reagierte er wiederholt derart übertrieben? Dann müßte sie sich überlegen, was sie tun wollte. Und das würde sie zum entsprechenden Zeitpunkt garantiert wissen.

Das Badewasser begann, sich abzukühlen. Rasch wusch sie sich die Haare, verließ anschließend die Wanne. Während sie sich abtrocknete, fiel ihr zu allem Überfluß ihr neuer Nachbar – Herr Fatzke – ein.

Überlegte sie es sich genau, war sein Angebot, sie ein Stück mitzunehmen, recht nett gewesen. Und auch sein Name war im Grunde gar nicht so blöd. Gut, ein wenig gewöhnungsbedürftig, aber dennoch ganz … schön. Letztendlich nahm sie ihm bloß seinen Einzug in Friedas ehemaliges Heim übel. Das hatte mit ihm selbst gar nichts zu tun.

Er hatte das Haus lediglich gekauft. Das war eben mal wieder wie im richtigen Leben. Der eine zieht aus, der nächste zieht ein. Irgendwann zieht der nächste ebenfalls aus, und der übernächste kommt. Dementsprechend sinnierte sie abschließend, der neuen Nachbarschaft eine Chance geben zu wollen.

Wotan Hallstedt war zwar keine Frieda Weller, statt dessen konnte er aber vielleicht mal 'ne Kiste schleppen oder Schnee räumen.

60

Er steht vor dem Badezimmerspiegel und bindet seine Krawatte. Heute ist sein vorläufig letzter Therapietermin. Er hat lange überlegt, ob es angebracht sei, Blumen mitzunehmen. Er möchte ein Zeichen setzen. Danke sagen! Zuletzt hat er sich jedoch dagegen entschieden.

Wenn er überlegt, wie sein Zustand vor einem knappen Jahr gewesen ist, und wie es ihm heute geht. Ein himmelweiter Unterschied! Selbst die Arbeit macht ihm wieder Freude, weil er sich darauf einlassen kann. Geht er in den Betrieb, hofft er nicht länger, endlich Feierabend zu haben. Zudem fühlt er sich nicht mehr für alles und jedes verantwortlich. Inzwischen ist er in der Lage, Dinge liegenzulassen. Zumindest für eine gewisse Zeit. Dabei traut er sich zu, angemessen entscheiden zu können, was zu welchem Zeitpunkt erledigt werden muß. Also ist ein dauerhaft gedankliches Festhalten unnötig. Und dadurch hat er wiederum den Kopf viel freier, mit der Folge, mehr Spaß bei der Arbeit zu empfinden, insgesamt zudem viel effektiver in dem zu sein, was er tut.

Die Führung von Unternehmen sollte ihren Mitarbeitern viel öfter eine psychologische Unterstützung zukommen lassen, hat er bereits einige Male überlegt. Am besten *bevor* es jemandem schlechtgeht.

Das wäre nicht nur sozial, es würde obendrein die Produktivität eines Unternehmens steigern, und somit wäre es betriebswirtschaftlich eine kluge Maßnahme.

Doch Anton Hasten glaubt nicht, eine diesbezügliche Verbreitung noch zu erleben, solange *er* in Lohn und Brot steht. Für ihn persönlich ist es allerdings ohnehin nicht mehr von entscheidender Bedeutung.

Schließlich hat er seinen Weg gefunden. Oder besser gesagt, es ist ihm das Glück zuteil geworden, Patient eines Hausarztes zu sein, der der Psychotherapie aufgeschlossen gegenübersteht.

Er löst sich aus seinen Gedanken, verläßt das Bad, packt seine Sachen zusammen, denn im Anschluß an die Sitzung mit Frau Dr. de Winter fährt er unverzüglich zur Arbeit.

Kurzfristig entschließt er sich, doch Blumen zu kaufen. Sie wird sich gewiß freuen und es garantiert nicht mißverstehen.

Dr. de Winter lehnt an dem großzügigen Fenster ihres Sprechzimmers und verfolgt das Treiben auf der Straße an diesem kalten Tag. Der anhaltende Niederschlag hat mittlerweile alles mit großen Schneeflocken zugedeckt, so daß die Stadt wie ein neues Kunstprojekt von Christo und Jeanne-Claude wirkt. Es bereitet ihr ein wenig Sorge, Herr Hasten könne Probleme haben, hierher zu gelangen, denn dort, wo er wohnt, ist es heikel, bei Eis und Schnee fortzukommen. Und gerade heute – zur letzten Sitzung – wäre es schade. Doch offensichtlich ist es ihm gelungen, denn im selben Moment kündigt die Türglocke sein Eintreffen an.

Bei der Begrüßung überreicht ihr Anton Hasten einen üppigen Blumenstrauß. „Ich möchte mich ganz herzlich bei Ihnen bedanken, Frau Dr. de Winter! Ohne Ihre Unterstützung wäre ich wohl nicht da, wo ich bin."

Die Psychotherapeutin freut sich sehr über die wunderschönen Blumen und ist gerührt über die nette Geste. „Vielen Dank, Herr Hasten, das ist wirklich lieb von Ihnen!"

Sie füllt eine Vase mit Wasser und stellt die Blumen hinein. Als sie Anton Hasten kurz darauf gegenübersitzt, beginnt er umgehend zu reden. Er möchte ihr – jetzt, in der letzten Sitzung – noch alles sagen, was sich ereignet hat, was ihm bevorsteht, was sich entwickeln könnte.

Sämtliche Dinge sind auf einmal im Fluß. Und ebenso, wie sein Leben fließt, fließen die Worte aus ihm heraus. „Es ist alles so gut, Frau Dr. de Winter. Sie müssen sich keine Sorgen mehr um mich machen! Ich merke, wie stark ich innerlich geworden bin. Und falls ich doch mal irgendwann in einer neuen Krisensituation alles vergessen haben sollte, was ich hier gelernt habe, komme ich einfach wieder her, okay?"

„Na sicher!"

„Schön! ... Mit meiner Frau entwickelt es sich übrigens gut. Wir reden viel, arbeiten ein wenig die Vergangenheit auf. Allerdings nicht zu arg. Wir legen beide viel Wert darauf, Spaß miteinander zu haben. Das mit dem Motorrad habe ich ihr übrigens inzwischen mitgeteilt. Und Sie werden es kaum glauben, sie hat tatsächlich bekundet, ich solle tun, was ich für richtig halte! Sie habe schließlich ebenfalls aus unserer Misere gelernt. ... Ist das nicht toll?"

Sie nickt vehement. „Sie fühlen sich also weiterhin wohl mit der neuen Annäherung!?"

„Das tue ich! Ich habe mich geprüft, wie es mir wohl ginge, würden wir erneut zusammenleben. Dabei ist mir aufgefallen, daß es ganz bestimmte Punkte gibt, die ich so nicht mehr haben will. ... Die habe ich mittlerweile fast komplett mit Lisa besprochen. Das meiste fand sie in Ordnung oder sogar gut, bei zwei oder drei Dingen hat sie zwar geschluckt, letztendlich jedoch zugestimmt und sogar erklärt, sie könne von mir lernen. Nämlich vor allem, gleichermaßen nach ihren eigenen Bedürfnissen zu schauen. Und ... mich loszulassen. Regelmäßig, statt ein für allemal. So, wie Sie es mir mal erklärt haben anhand des Beispiels mit dem Vogel. ... Das hat mir gut gefallen. Es ist mir mehrfach in den Sinn gekommen. Und irgendwann hab ich's meiner Frau erzählt. ... Es hat sie sehr berührt."

Nach einer Weile des Schweigens ergreift er erneut das Wort. „Apropos Vogel! Ich hab' letzte Nacht zum ersten Mal seit der Trennung, ... nein, zum ersten Mal seit *Monaten* Sex mit meiner Frau gehabt." Er lacht über seine Wortspielerei. „Das war schön! Ich hab' mich ihr dabei viel näher gefühlt als in den letzten Jahren zuvor. ... Ich bin tatsächlich überzeugt, wir bekommen wieder ein gemeinsames Leben hin. Erst einmal, auch darin sind wir uns einig, bleibt es allerdings räumlich, wie es ist. ... Wir wollen uns aufeinander freuen, statt voreilig den Alltag miteinander zu teilen. Und wer weiß, vielleicht lassen wir es sogar dauerhaft so. Es hat eine Menge Vorteile, kann ich Ihnen sagen!"

Als er alles losgeworden ist, was er seiner Therapeutin unbedingt noch hat mitteilen wollen, faßt Dr. de Winter das Wesentliche zusammen, damit Anton Hasten auch in Zukunft gut auf sich achten kann.

Vor allem soll er sich weiterhin mit Dingen beschäftigen, die ihn erfreuen, damit er begleitend zu seinem sonstigen Leben einen Ausgleich für auftretende Belastungen hat. „Sie können sich das am besten folgendermaßen vorstellen: Es ist gut, ein Projekt zu haben, mit dem man sich hin und wieder beschäftigen kann, hat man doch dementsprechend ein Ziel vor Augen, entwickelt etwas, an dessen Tun man sich erfreuen kann. Dabei ist mit *Projekt* keine Riesensache gemeint. Nicht der Bau eines Hauses, die Gründung eines Unternehmens oder die Planung einer Weltreise. Vielmehr etwas, auf das man sich *täglich* freuen kann. Was es genau ist, liegt ganz an Ihrer Interessenlage. Es kann sich ebenso um das Bauen eines Modellautos wie um das Zusammenlegen eines Puzzles handeln, das Malen eines Bildes oder das Erlernen eines Instrumentes. … Solche Projekte helfen, die Gedanken fließen zu lassen und einen Sinn für sich zu erfassen."

„Das merke ich bereits in Bezug auf mein Motorrad. Sich darauf zu freuen, es spiegelblank zu putzen und den Ledersitz zu fetten ist doch so ein Projekt, oder?" Er lächelt und strahlt dabei eine doppelte Portion Überzeugungskraft aus, damit seine Therapeutin auch gewiß 'Ja, das gehört selbstverständlich auch dazu' sagt. Als wolle er einem Schwarzafrikaner ein Solarium verkaufen.

Dabei ist es gar nicht notwendig, denn sie versichert völlig unabhängig von seiner Mimik: „Ja richtig, das gehört selbstverständlich ebenfalls dazu."

Darüber hinaus erinnert Dr. Wilhelmina de Winter ihn daran, daß er Grübeleien sofort unterbrechen soll, sobald er sich dabei erwischt. Anschließend kann er sich einfach klarmachen, diese Art des Nachdenkens führt niemals zu einem Ergebnis, sondern lediglich zu einer depressiven Stimmung respektive zu deren Erhöhung. Zudem ist es nützlich, sich ab und zu daran zu erinnern, nicht alles einer unmittelbaren Bewertung zu unterziehen. Das gilt ebenso für die eigene Stimmung, ist sie mal nicht so gut.

Und zuletzt bittet sie ihn, sich nicht zu häufig irgendwie gearteten Extremen zu unterziehen, sondern lieber im *Mittelmaß* zu bleiben.

Am Ende stehen beide gleichzeitig auf. Obwohl es für Dr. de Winter alles andere als der erste Abschied ist, stellt es stets aufs neue etwas Besonderes dar.

Einerseits überkommt sie ein Bedauern, weil die Gespräche, die für gewöhnlich intim und bedeutungsvoll sind, ihr Ende finden, andererseits wird sie von einer immensen Freude erfüllt, weil nun erneut jemand ohne sie auskommt.

„Ich bin wohl einer der wenigen Menschen, der sich freut, gesagt zu bekommen, er werde nicht mehr gebraucht", hat sie vor einiger Zeit mal zu einer Patientin gesagt, die ihr im Laufe der Therapie besonders ans Herz gewachsen war.

Sie reicht Anton Hasten die Hand. „Lieber Herr Hasten, es war eine gute Zeit mit Ihnen. Ich wünsche Ihnen alles Liebe für das, was vor Ihnen liegt!"

Er schüttelt ihre Hand und hält sie einen Moment länger fest als gewöhnlich. „Ich danke Ihnen nochmals ganz herzlich! Ohne Sie hätte ich das nicht geschafft."

„Bitte vergessen Sie nicht, den größten Teil haben Sie selbst bewerkstelligt!"

„Ich weiß, ich habe wohl einiges zum Erfolg beigetragen. Trotzdem dürfen Sie das Lob ruhig in Anspruch nehmen! Also danke!"

„Wirklich sehr gern! Sollten Sie Lust haben, lassen Sie mich mal wissen, wie es Ihnen so ergeht!"

„Herzlich gern, wenn es nicht aufdringlich ist."

„Ist es nicht. Ich freue mich stets über gute Nachrichten, obwohl ich in den schlechten mehr zu Hause bin. Berufsbedingt."

Lachend läßt er ihre Hand los. Im Gehen hebt er noch ein letztes Mal den Arm zum Gruß und öffnet die Etagentür. Einen Moment später verschluckt ihn das Treppenhaus.

Dr. de Winter verharrt sekundenlang in der Haltung, in der er sie zurückgelassen hat. Im Anschluß findet sie ein gemütliches Eckchen in ihrer Erinnerung. Dort deponiert sie ihren nun ehemaligen Patienten mitsamt dem therapeutischen Verlauf.

Inzwischen hat es aufgehört zu schneien, allerdings bleibt es wohl weiterhin ein trüber Tag mit einer Sonne, die nicht recht wach werden will. Wie zum Trotz, umspielt ein leises, jedoch sehr zufriedenes Lächeln die Mundwinkel der Psychologin.

61

„Wie schön, dich Weihnachten bei mir zu haben! Ich freue mich sehr! Wir haben das doch jedesmal so gehandhabt."

„Störe ich auch bestimmt nicht beim Tête-à-tête mit Ben?" Fabian legte seine Stirn in Falten und bot seiner Schwester einen fragenden Hundeblick dar.

„Sag' mal, spinnst du?" Sie boxte ihn sanft in die Rippen.

Fabian lachte. „Könnte doch sein. Ich will das junge Glück keinesfalls stören."

„Erstens ist das Glück nicht mehr wirklich jung und zweitens nicht durchgehend glücklich."

„Ach Minchen!" Tröstend legte er einen Arm um ihre Schultern. Eigentlich hatte sie ihren Besuch bei ihm bereits vor einigen Minuten beendet. Seitdem standen sie unentschlossen in seiner Wohnungstür und tauschten noch dies und jenes aus. „Ich wünsche dir, daß sich alles aufklärt. Ich finde Ben recht sympathisch und könnte ihn mir als Schwager durchaus vorstellen."

„Das könnte ich ebenfalls."

„Was könntest du? Dir Ben als Schwager vorstellen?"

„Ja willst du ihn denn?"

Fabian lachte schallend. „Du weißt, Minchen, ich tue alles für dich. Nur *das* nicht."

„Ich dachte, ich frag' mal." Mina zwinkerte ihm schelmisch zu, wurde dann erneut ernst. „Na, mal sehen, ob er je dein Schwager wird."

„Ich kann sehr gut nachvollziehen, was dich verunsichert. Manchmal kommt er selbst mir ein wenig … abwesend vor."

„Warten wir's ab! Vielleicht wird's noch was." Sie ließ eine Umarmung folgen. „Also, Brüderchen, bis die Tage!"

„Ja, Minchen. Schön, dich mal wieder bei *mir* gehabt zu haben."

Sie winkte noch einmal, als sie die Treppe hinunterlief. Draußen war es bereits dunkel, und es begann soeben erneut zu schneien. Sie blieb einen Moment stehen, blickte zum Himmel. Ein wohliges Gefühl durchfuhr sie beim Beobachten der tanzenden Flocken. Dick und weiß wirbelten sie durch die Luft wie fröhliche Kinderscharen. Flocken, die sich perfekt eigneten liegenzubleiben, um sich zu den vorhandenen zu gesellen. In der Vorfreude auf Spaziergänge zwischen weißverhangenen Bäumen stieg sie endlich in ihr Auto und fuhr nach Hause.

Ben traf kurz nach ihr dort ein. Als sie einige Zeit später gerade schlafen gehen wollten, erbat jemand durch Betätigung der Klingel Einlaß. Mina öffnete und fand Wotan Hallstedt vor. Lediglich mit einer leichten Strickjacke bekleidet, auf der einige Schneeflocken soeben dabei waren, ihr Leben auszuschmelzen, lächelte er ihr freundlich entgegen. „Guten Abend, Frau Nachbarin! Ich wollte Ihnen bloß kurz ein Einstandsgeschenk vorbeibringen." Er hielt ihr ein Päckchen vor die Nase, das – mit einer riesigen Schleife geschmückt – Form und Größe einer CD aufwies. Sie nahm es zögernd entgegen und bat ihn herein.

„Nur, wenn ich nicht störe." Ah, er konnte tatsächlich höflich sein. Das freute sie, hatte sie sich schließlich erst kürzlich vorgenommen, ihn doch nicht grundlegend unsympathisch und flegelhaft zu finden.

„Nein, Sie stören nicht", gab sie also artig zurück.

Daraufhin nahm er die Einladung gern an und folgte Mina ins Wohnzimmer. Sie stellte die Männer einander vor und bot Wotan Hallstedt etwas zu trinken an. Man einigte sich darauf, zur Feier des Anlasses eine Flasche Wein zu öffnen. Mina befragte kurz ihre Leber, die in letzter Zeit reichliche Mengen Alkohol zu verarbeiten gehabt hatte, jedoch keinerlei Einwände erhob.

Als alle drei mit angemessen gefüllten Gläsern am Eßtisch saßen und sich bereits zugeprostet hatten, öffnete Mina das mitgebrachte Präsent. Es beinhaltete wie erwartet eine CD. Miles Davis' *Sketches of Spain,* die sich bereits in Minas Fundus befand, was sie jedoch verschwieg.

Offensichtlich hatte sich ihr neuer Nachbar einige Gedanken darüber gemacht, was zu ihr passen könnte. Und da er beim letzten unangemeldeten Besuch gehört und vielleicht sogar gesehen hatte, welche Musikrichtung Mina mochte, und weil er gewiß das ein oder andere Mal ihr Saxophonspiel vernommen hatte, war er anscheinend zu dem Schluß gelangt, diese CD könne ihr gefallen.

Gewöhnlich war Mina in vergleichbaren Situationen ehrlich, es lag ihr einfach nicht zu schwindeln. Zudem vertrat sie die Meinung, ein Geschenk, daß beim Beschenkten bereits vorhanden war, könne jemand anderem eine Freude bereiten, der es noch nicht besaß. Sie selbst verschenkte jedoch grundsätzlich keine Dinge weiter, die jemand *ihr* zugedacht hatte. Es erschien ihr irgendwie unmoralisch.

In dieser einen Ausnahmesituation, in der der Start so knifflig gewesen war, entschied sie aber, die Umstände als ihr persönliches Geheimnis zu bewahren, beide CDs in Ehren zu halten und abwechselnd abzuspielen. Nett von ihm, befand sie also lächelnd und versicherte unaufklärenderweise lediglich: „Lieben Dank! Ein schönes Geschenk."

Im Verlauf des nun folgenden amüsanten Abends wurde allseits zum *Du* übergegangen. Vollkommen selbstverständlich, ohne jegliches Getöse. Ben hatte sich zunächst ein bißchen geziert. Er wäre sich selbst und den anderen jedoch gewiß albern vorgekommen, hätte er weiterhin auf stur geschaltet. Er war etwas eingeschnappt, was er noch gerade kontrollieren konnte, doch mußte er höllisch aufpassen. Ein weiterer Patzer durfte ihm keinesfalls unterlaufen, sonst würde das sehr wahrscheinlich die gesamte Beziehung gefährden.

Nur, weshalb reagierte er so auf den unerwarteten Besuch? Na ja, war er ehrlich, mußte er sich eingestehen, eifersüchtig zu sein. Schlicht und ergreifend! Dieser Wotan sah verdammt gut aus und verfügte über ein gerüttelt Maß an Intelligenz. Obendrein versprühte er in Humor getränkten Charme. Und als sei das nicht bereits schlimm genug, bemerkte Mina das alles, und es gefiel ihr offenbar. *Er* gefiel ihr! Das spürte Ben. Nein, das *sah* er! Das hätte jeder gesehen. Ganz deutlich. Sie blühte regelrecht auf, lachte amüsiert über seine Scherze und Wortspiele, bei denen sie ihm absolut das Wasser reichen konnte. Und genau das gefiel beiden. Sie hatten regelrecht Spaß an- und miteinander.

Ben gelang es unter Qualen, bis zum Ende des Beisammenseins tapfer durchzuhalten und sich fast nichts anmerken zu lassen. Selbstverständlich fiel Mina auch das *Fast-nichts* auf. Bei ihrem ausgeprägten Gespür für emotionale Schwingungen hätte er sich das natürlich denken können. Also schützte er Müdigkeit vor, als sie später, nachdem Wotan gegangen war, nachfragte. Damit gab sie sich anscheinend zufrieden, da sie seine Auskunft nicht weiter kommentierte, was ihn sehr erleichterte.

Er hatte es überstanden! Und ab morgen mußte er sich richtig ins Zeug legen. Mit diesem Gedanken schlief er ein.

62

„Oh, schon so spät?!" Sie erhebt sich mit einem Ruck aus dem Bett und eilt Richtung Bad. Begleitet wird sie von den begehrlichen Blicken ihres Mannes. „Du bist nach wie vor eine wunderschöne Frau", bekennt er in ihren Rücken. Sie dreht sich zu ihm um. Ihr lächelndes Gesicht ist weich und gelöst. „Und ich wußte gar nicht mehr, was für ein einfühlsamer Liebhaber du bist." Sie wirft ihm einen Kuß zu und verschwindet hinter der Badezimmertür. Er folgt ihr, möchte zumindest noch die Freude einer gemeinsamen Dusche auskosten. Er ist glücklich! Wer hätte gedacht, daß sie es noch mal miteinander hinbekommen!?

Eine halbe Stunde später sitzt das Paar gemeinsam im Auto.

Die Dämmerung hat sich noch nicht vollständig aufgelöst. Beide sind müde, sie haben letzte Nacht kaum geschlafen. Er ist gegen Mitternacht, zunächst ohne ersichtlichen Grund, erwacht, hat jedoch kurze Zeit später realisiert, was ihn aus seinen Träumen geholt hat! Seine Frau hat eng bei ihm gelegen, und ihre Hand hat sich in seine Schlafanzughose verirrt. Na ja, vermutlich nicht wirklich verirrt, es hat sich wohl eher um eine geplante Tat gehandelt.

Als er begonnen hat, sie ebenfalls zu streicheln, ist ihm aufgefallen, daß sie völlig entkleidet gewesen ist. Und dann haben sie sich die ganze Nacht über geliebt. Noch jetzt hat er ihren süßen Duft in der Nase.

Soeben hat sie ihre Hand auf seinen Oberschenkel gelegt. Es herrscht Schweigen. Doch es ist kein bedrückendes, lähmendes Schweigen, vielmehr handelt es sich um eine einhellige, sozusagen gemeinsame Stille. Es bedarf in diesem Moment keiner Worte. Sie sind sich einig.

Als sie ihr Ziel erreicht haben, gehen sie Hand in Hand auf die Praxis ihrer Psychotherapeutin zu.

Wenig später nimmt Dr. de Winter das Paar in Empfang, bemerkt dabei sogleich die Veränderung. In den letzten Wochen hat sich einiges getan. Weitere Wortgefechte sind geliefert worden, Tränen sind geflossen, unbehagliches vor sich hin Starren hat ebenfalls stattgefunden.

Gleichwohl haben sich die beiden letztendlich Schritt für Schritt neu zusammengefügt. Mit dem jeweils anderen und mit sich selbst.

„Wir haben beschlossen, dies soll unsere vorläufig letzte Sitzung sein. Natürlich nur, wenn es Ihnen recht ist, Frau Doktor."

„Ob Sie es glauben oder nicht, Herr Sajović, genau das wollte ich mit Ihnen besprechen! Ich hatte mir vorgenommen zu schauen, ob es weiterhin gut bei Ihnen läuft, um Ihnen den Vorschlag zu unterbreiten, es eine Zeitlang ohne mich zu versuchen."

„Schön, daß Sie es genauso sehen! Meine Frau und ich haben tatsächlich etwas wiederentdeckt, von dem wir beide nicht mehr so recht wußten, ob es noch vorhanden ist. Nämlich unsere Liebe zueinander."

„Das ist wunderbar – und immer wieder schwierig! In Partnerschaften besteht für gewöhnlich die Erwartung, es möge stetig *mehr* kommen beziehungsweise passieren, damit sich das gleiche, überwältigende Gefühl einstellt. Bei dieser Empfindung handelt es sich hingegen um Leidenschaft, die sich mit der Zeit weitestgehend erschöpft. Das ist völlig natürlich. Ein biologisches Gesetz sozusagen. Das bedeutet gleichermaßen, in der ersten Phase steht ausgeprägt das Gefühl an sich im Vordergrund, es geht also nicht nur um den Menschen, an den man es knüpft. Kann man von diesem Gefühl nicht genug bekommen, ist man sozusagen gezwungen, unentwegt den Partner zu wechseln. ... Letztendlich geht es somit um die Wahl zwischen Liebe und Leidenschaft. Paßt ein Mensch zum anderen, kann sich aus der Leidenschaft Liebe entwickeln. Die ist jedoch nicht so ... laut, so berauschend. Sie entfaltet sich eher leise und wärmend. Dafür kann sie – weiß man sie zu schätzen und pflegt sie angemessen – viel zuverlässiger und dauerhafter sein. ... Das bedeutet selbstverständlich nicht das völlige Dahinsterben der Leidenschaft. Sie wird nur um einiges weniger."

„Und das haben wir mittlerweile kapiert. Mir ist insbesondere klargeworden, meine Eifersucht, die ich zuletzt wegen dieses Kollegen meiner Frau – Basti – hatte, hat gar nichts mit ... Liebe zu tun gehabt. Und Sie, Frau Doktor, haben mir deutlich gemacht, schauen zu müssen, was ich an meiner Frau liebenswert finde. Und daß ich ihr viel positiver gegenübertreten kann, sobald ich aufhöre, mein Selbstwertgefühl darüber zu definieren, für andere Frauen attraktiv zu sein, während sich obendrein meine eigene Frau keinesfalls für andere Männer interessieren darf."

„Wunderbar! Somit haben Sie verinnerlicht, daß Wertschätzung und Respekt dem anderen gegenüber erst einmal die Grundlage für jede Beziehung bildet, was Paarbeziehungen natürlich einschließt. ... Und es ist richtig: Eifersucht ist keineswegs ein Zeichen von Liebe, sondern Ausdruck mangelnden Vertrauens dem anderen gegenüber sowie eines mangelhaften Selbstwertgefühls. ... Den anderen zu kontrollieren bedeutet darüber hinaus, ich versuche, etwas bei ihm oder ihr zu ändern, obwohl ich bei *mir* etwas ändern müßte, da es sich um *mein* Problem handelt. Das heißt, es handelt sich um den Versuch, mein Problem zu lösen, jedoch unter Einsatz einer unbrauchbaren Strategie. Demzufolge kann es mir niemals gelingen. Wie immer bedarf es einer genauen und richtigen Definition des Problems. Das ist entscheidend für einen passenden Lösungsansatz. ... Und Liebe bedeutet: Ich liebe dich, weil du *bist*, und *nicht,* weil du *tust*!" Sie macht eine Pause.

Nach einer Weile wendet sie sich an die Ehefrau. „Und wie ist es für Sie, Frau Sajović?"

„Also, ich kann alles unterstreichen, was Sie gesagt haben! Und worauf Sie uns ja mehrfach hingewiesen haben, ist doch ebenfalls die Tatsache, daß Liebe sich im Alltag häufig ... verbraucht. Weil man sich zu sehr an den vielen Kleinigkeiten festkrallt, die einem am anderen nicht passen, und die man ihm persönlich übelnimmt."

„Und häufig zieht man den Schluß, der andere tue diese sämtlichen Dinge aus Mangel an Respekt."

„Sehen Sie, daran arbeite ich derzeit, was mir zunehmend besser gelingt! Und da ich ja weiß, was für eine ausgeprägte Beispielfetischistin Sie sind, habe ich Ihnen eines mitgebracht. Also, wenn mein Mann sich kämmt oder rasiert, läßt er ständig Haare im Waschbecken und drumherum liegen. Ich weiß, ich soll nicht *immer* sagen, aber er tut es nun mal *immer.* Was habe ich mich in der Vergangenheit darüber aufgeregt! Und jetzt? Jetzt sage ich mir, wenn ich dauernd darüber schimpfe, stelle ich mich mit ihm auf eine Stufe, nämlich die, dem anderen einen derartigen *Dreck* zuzumuten. ... Daraufhin atme ich einmal tief durch und wische alles weg, ohne mich zu ärgern."

„Sie sagen sich also: Die Klügere putzt nach."

Vera und Alexander Sajović lachen.

Die Ehefrau hakt noch einmal ein. „Sie haben mir einmal erklärt, als ich mich darüber beschwert habe, was ich alles tue, was obendrein anscheinend nie genug sei, ... da haben Sie gesagt, es sei wahrscheinlich nicht zuwenig sondern zu*viel*. Aber in diesem Fall ist es doch etwas anderes, oder?"

„Ja, Frau Sajović, es ist sehr weise und partnerschaftlich, was Sie tun. Denn Ihr Mann meint ja nicht *Sie*, in dem Sinne, sich zu überlegen, wie er Ihnen mal so richtig Arbeit machen kann. Es ist eben seine Art, mit den Dingen umzugehen. ... Und Sie beide haben ja inzwischen ebenfalls gelernt, wie schwierig bis unmöglich es sich gestaltet, Menschen weitreichend zu verändern. Deshalb sollte man sich lediglich fragen, ob die Anteile, die einem an einer anderen Person nicht gefallen, genügend gering ausfallen, um die beabsichtigte Art von Beziehung mit diesem Menschen – weiterhin – leben zu wollen. Sollten sie zu gewaltig beziehungsweise vielfältig sein oder in einem ungünstigen Verhältnis zu den positiven Anteilen stehen, sollte man die Beziehung gar nicht erst eingehen oder sie beenden."

„Ja, ich weiß." Vera Sajović setzt einen gespielt genervten Stöhnlaut ab. „Take it or leave ist!"

Dr. de Winter ist amüsiert. „Ich sehe, Sie haben tatsächlich oft zugehört und demzufolge eine Menge gelernt."

„Ja, das haben wir." Vera Sajović schaut liebevoll ihren Mann an. Der lächelt zärtlich zurück, wendet sich anschließend der Therapeutin zu.

„Ich möchte letztmalig auf meine Eifersucht zurückkommen. Oder besser gesagt, auf die Kontrolle, die ich ausgeübt habe. Ich schäme mich dafür. Zutiefst. Und ich möchte meine Frau um Verzeihung bitten."
„Sagen Sie es ihr!"
Er folgt der Aufforderung, schaut seiner Frau intensiv in die Augen. „Liebe Vera, es tut mir wirklich sehr, sehr leid! Ich weiß, ich bin eine Zumutung gewesen. Was die Kontrolle anbetrifft und ebenso das mit ... Stefanie. Bitte verzeih' mir!" Es ist ihm ernst. Es hat in den letzten Monaten ständig in ihm gearbeitet. Die Wellen haben sich auf und ab bewegt. Er war verunsichert, was seine Ehe und gleichermaßen sein Leben insgesamt betrifft. Mittlerweile ist ihm vollkommen klar, sein Dasein weiterhin mit Vera verbringen zu wollen. Unbedingt! Sie ist lieb, intelligent, sexy und geduldig. Er war blöd, das aufs Spiel zu setzen.

Seine Frau wird deutlich gewahr, was in ihm vorgeht. Zudem ist ihr die Ernsthaftigkeit seiner Entschuldigung bewußt. Es handelt sich keinesfalls um eine Inszenierung, die sie in Sicherheit wiegen soll, damit er wie bisher weitermachen kann. Dafür achtet sie ihn wiederum ein Stück mehr. Und sie liebt ihn noch. Das ist *ihr* in den letzten Monaten klargeworden. Ebenso wie die Tatsache, daß er nicht dafür verantwortlich zeichnet, wenn sie ihr Leben nicht zufriedenstellend genug gestaltet. *Sie* trägt die alleinige Verantwortung dafür, wie und womit sie ihre Zeit verbringt. Deshalb hat sie daran bereits einiges geändert. So hat sie mit dem Malen begonnen, worauf sie schon seit langer Zeit enorme Lust verspürt hat. Zuvor hat sie sich bloß nicht genügend Talent zugetraut, es somit lieber gar nicht erst ausprobiert. Endlich hat sie den Mut gefunden. Sie denkt immer wieder an die Worte der Psychologin, die ihr vermittelt hat, nicht das Ergebnis sei entscheidend, sondern einzig die Freude am Tun. Und die hat sie in der Tat! Es erfüllt sie mit unbändiger Freude, läßt sie den Pinsel über die Leinwand tanzen.

Zudem ist sie jedesmal überrascht, daß etwas dabei entsteht, zu dem sie Kontakt bekommt. Ja, ihre Bilder sagen ihr etwas, obwohl sie auf den ersten Blick abstrakt wirken. Sind sie jedoch letztendlich gar nicht. Vielmehr sind sie voller Kraft und Lebenslust.

Darüber hinaus nimmt sie den Haushalt nicht mehr so wichtig. Inzwischen kann sie Dinge eine Weile liegenlassen. Und weil es ihr damit insgesamt viel besser geht, hat sie deutlich mehr Zugriff auf die positiven Gefühle ihrem Mann gegenüber. So kann sie ihm jetzt aus vollem

Herzen antworten: „Ja, Alex, mein Liebster, ich verzeihe dir! Und ich weiß, wir haben eine Chance."

Das Paar beugt sich über die Lehne des jeweiligen Sessels einander entgegen und tauscht einen innigen Kuß.

Und nachdem die fünfzig Minuten vergangen sind, heißt es vorerst Abschied nehmen. Das Ehepaar schüttelt Dr. Wilhelmina de Winter herzlich die Hand. Es ist vereinbart worden, sich zu melden, sollte Bedarf bestehen. Voraussichtlich wird die Psychotherapeutin die beiden lange Zeit nicht wiedersehen, was wünschenswert ist, bedeutet es ja, das Paar bekommt es miteinander hin. Oder findet einen brauchbaren Weg ohne ihre Unterstützung. In diesem Augenblick ist die Psychologin jedenfalls zuversichtlich, was die Partnerschaft der Sajovićs betrifft.

Ob es eine Liebe auf Dauer sein wird, weiß keiner, was allerdings den gewöhnlichen Lauf des Lebens darstellt. Wie sich etwas entwickelt, weiß man nie. Erst einmal haben sie jedoch ihre Chance genutzt.

Sie betrachten sich, ihr Leben und ihre Partnerschaft aus einem veränderten Blickwinkel. Ihnen ist klargeworden, wie falsch es ist zu erwarten: *Mach' mich ja glücklich!* Denn eine Partnerschaft kann einen nicht glücklich machen, höchstens unglücklich. Für sein Glück ist man einzig und allein selbst verantwortlich.

Der Vormittag ist wie gewöhnlich im Eiltempo vergangen. Die Therapeutin erwartet nun gespannt den Verlauf der heutigen Sitzung mit ihrer schwierigsten Patientin. „Frau Burger!"

Anna Burger erhebt sich elegant aus ihrem Wartezimmerstuhl und folgt Dr. de Winter ins Sprechzimmer, wie bereits so viele Male zuvor. An ihrem linken Arm hängt die gewaltige Tasche, in der Hand hält sie ein Paar Lederhandschuhe, die gewiß sehr teuer gewesen sind.

Es ist tatsächlich sehr kalt geworden, überlegt die Psychologin, während sie Richtung Sprechzimmer voranschreitet. Ein wenig läßt sie ihrer unausgesprochenen Verwunderung Raum, daß Frau Burger weiterhin Kostüm und Nylonstrumpfhose trägt. Stiefel hat die Therapeutin ebenfalls noch kein einziges Mal an ihr gesehen. Ob sie jedesmal einen Parkplatz vor der Tür ergattert, um nicht lange durch die Kälte laufen zu müssen? Nun ja, wer schön sein will, muß eben leiden! Verfroren wirkt Frau Burger allerdings überhaupt nicht. Und zumindest trägt sie einen warmen Mantel, den sie sich nun locker über den Arm gehängt hat, sowie einen Wollschal und eben auch die edlen Handschuhe. Stets bringt sie alles mit ins Sprechzimmer, läßt nie etwas im Wartezimmer hängen oder liegen. „Es kommt ja so viel weg", hat sie es einmal kommentiert. Wie auch immer, sinniert Dr. de Winter abschließend, ihre Patientin ist schließlich alt genug, um selbst entscheiden zu können, wie sie ihre Einkleidung handhabt, und welche Mode sie zu welcher Jahreszeit bevorzugt. Und sie bevorzugt nun einmal fortwährend Kostüme, Nylonstrumpfhosen und Pumps.

„Wir werden uns ja nun eine Weile nicht sehen", eröffnet Anna Burger das Gespräch. „Deshalb habe ich Ihnen etwas mitgebracht. Es ist bloß eine Kleinigkeit. Als Anerkennung für Ihre Mühe und Geduld."

Sie überreicht der überraschten Psychologin ein winziges Vergißmeinnicht in einem ebenso winzigen Töpfchen. Sie hat es aus ihrer geräumigen Handtasche hervorgezogen.

„Das ist sehr aufmerksam von Ihnen, Frau Burger!"

„Das ist doch das mindeste, liebe Frau Dr. de Winter! Schließlich weiß ich sehr gut, wie sehr ich Sie regelmäßig geärgert habe. Und ich bin Ihnen überaus dankbar, daß Sie mich trotzdem weiterbehandelt haben, ... wenn es mir auch noch immer nicht so gutgeht, wie man es nach dieser doch recht langen Zeit erwarten dürfte."

Ja, ja, da ist es schon wieder aufgeblitzt!

Diese Frau ist tatsächlich in der Lage, selbst in die grundsätzlich nettesten Dinge eine Bösartigkeit zu plazieren. Allerdings bleibt die Therapeutin innerlich ungerührt. Mittlerweile ist es ihr gelungen, die gewünschte therapeutische Distanz perfekt hinzubekommen. Die Burger ist eben die Burger!

Gelassen überhört sie also die unangemessene Gehässigkeit. „Sie erwähnten ja bereits in der vorigen Sitzung, sich eine längere Zeit im Ausland aufhalten zu wollen. Beruflich, nicht wahr?"

„Ja richtig. Es gehört trotz meiner Teilzeitstelle immer mal wieder zu meinen Aufgaben." Vornehm schürzt sie die roten Lippen, um ihrer Aussage eine größere Bedeutung zu verleihen.

„Wollen Sie die Therapie denn anschließend überhaupt fortsetzen, Frau Burger?"

„Das gedenke ich sehr wohl zu tun. Oder spricht von Ihrer Seite etwas dagegen?"

„Grundsätzlich nicht." Die Therapeutin will das Thema zu diesem Zeitpunkt nicht vertiefen.

„Also, Frau Doktor, ich habe jedenfalls immerhin schon gelernt, regelmäßig nach Dingen zu schauen, die mich erfreuen. Außerdem sollte ich fortwährend meine Bewertungen überprüfen, weil einige davon unbrauchbar sind, um glücklich oder zufrieden zu sein. Habe ich das richtig zusammengefaßt?"

„Im Grunde ja. Wir alle bewerten Dinge in einer Art und Weise, die nicht der Realität entspricht. Oder anders ausgedrückt: Wir erschaffen uns überhaupt erst eine Realität, in der gewisse Dinge gut, andere schlecht und einige bedeutungslos erscheinen. Wir fühlen uns entsprechend unter gewissen Bedingungen wohl, unter anderen jedoch nicht. Das hängt zu einem wesentlichen Teil mit unserer Lerngeschichte zusammen, aus der heraus wir über Jahre hinweg Bedürfnisse oft erst entwickelt haben. ... Und Abneigungen. Das ist vollkommen in Ordnung. Jedoch nur, so lange es in Ordnung ist. Das bedeutet, es ist grundsätzlich unerheblich, ob die von uns geschaffene Realität mit anderen Realitäten übereinstimmt, was ja ohnehin nicht objektivierbar ist. ... Entscheidend ist bloß, ob wir mit unserer Art von Wirklichkeit – ohne andere Menschen zu sehr zu stören oder gar zu gefährden – ein zufriedenes Leben führen können. Gelingt uns das nicht beziehungsweise nicht *mehr*, sollten wir überprüfen, welcher Teil unserer Realität uns daran hindert. Also welche Bewertungsmuster, welche Bedürfnisse, Abneigungen oder Ängste stehen uns womöglich im Wege!?"

„Und glauben Sie, ich habe inzwischen einige meiner unbrauchbaren Bewertungen abgelegt?"

„Haben Sie?"

„Aus meiner Sicht schon. Mich würde jedoch interessieren, wie es sich aus Ihrer Sicht darstellt."

„Zumindest ist Ihnen die mangelhafte Brauchbarkeit ... einiger Ihrer Bewertungen bewußt geworden, von deren Angemessenheit Sie zuvor überzeugt waren. Komplett verändert haben Sie diesbezüglich allerdings – zumindest meiner Einschätzung nach – nichts Grundlegendes. ... Ich möchte einfach ehrlich sein."

„Ja, ja, ist schon gut! Nur manche Dinge kann man vielleicht auch gar nicht in der Bewertung verändern. Möglicherweise muß man manchmal einfach die *Dinge* verändern, nicht die Bewertung."

„Gewiß. Allerdings muß man dann ebenso bereit sein, mit den Konsequenzen zu leben."

„Ja, alle müssen das!" Sorgfältig studiert sie das Teppichmuster. Schließlich wird der verschwommene Blick hinter den üppigen Brillengläsern wieder klar. Sie heftet ihn lächelnd auf Dr. de Winter. „Frau Doktor! Ich würde gern einen Termin für Ende Januar vormerken lassen. Da bin ich garantiert zurück. Und vielleicht sehen bis dahin einige Dinge bereits völlig anders aus. ... Ist das in Ordnung für Sie?"
„Das ist okay."
„Oh schön!" Das Lächeln intensiviert sich. „Dann würde ich jetzt gern einen Termin ausmachen und danach schließen." Sie schaut beiläufig auf ihre Armbanduhr.
Der Blick der Psychologin geht automatisch zur Wanduhr. Heute hat es Frau Burger anscheinend eilig. Genau siebenundvierzig Minuten sind vergangen. Inklusive Vereinbarung des neuen Termins ist die Sitzungsdauer soeben erst erreicht. So pünktlich ist es ihr mit dieser Patientin bisher nicht ein einziges Mal gelungen. Sie gehört eher zu denen, die das Ende gern hinauszögern.
„Sie haben es heute aber eilig, Frau Burger! Wollen Sie noch Weihnachtsgeschenke besorgen?"
„So ist es. Ich habe tatsächlich noch einiges zu erledigen. Seien Sie mir also nicht böse! Und ich bin im Moment ja auch einigermaßen zufrieden mit dem, was wir erarbeitet haben."
„Gut, dann vereinbaren wir den neuen Termin!"
Anna Burger nickt. Im Grunde ist die Therapeutin froh. So hat sie wenigstens mal eine regulär lange Mittagspause.
Die Patientin beginnt bereits, sich ihre Handschuhe überzustreifen. Sie hat es wohl tatsächlich ziemlich eilig. Also steht Dr. de Winter auf, um ihren Kalender vom Schreibtisch zu holen.
„Ach, wissen Sie was, Frau Doktor? Ich rufe Sie doch lieber an. Es dauert mir jetzt zu lange."
Soeben hat die Psychologin nach ihrem Kalender gegriffen. Das Knistern des Ledersessels gibt ihr Auskunft darüber, daß Frau Burger sich bereits erhoben hat.
„Immer eine Extrawurst!" denkt sie. Doch unmittelbar verflüchtigt sich der Gedanke auch schon wieder.

63

Wie ein gehetztes Tier marschierte er auf und ab. Zunächst hatte er seine Eifersucht einigermaßen in den Griff bekommen. Doch im Laufe der Zeit war immer wieder dieses quälende Gefühl aufgeblitzt.

Wie dieser Wotan Mina angestarrt hatte. Und obendrein hatte es ihr ganz offensichtlich gefallen. So wenig empfand sie für ihn, ihren Partner, daß sie umgehend mit einem anderen flirtete, der sich zufällig anbot?

Er könnte es nicht noch einmal ertragen, hintergangen und betrogen zu werden. Schließlich hatte er das alles bereits mit Andrea durchgemacht. Was stimmte denn nicht mit ihm, von den Frauen so wenig geschätzt zu werden?

Wollte er ehrlich sein, mußte er allerdings sein eigenes Verhalten ebenfalls berücksichtigen. Nur was sollte er jetzt tun?

Er zog sämtliche Varianten in Erwägung, doch wie er es drehte und wendete, er kam zu keinem brauchbaren Ergebnis, am Ende würde er alles verlieren.

Es hätte einige günstige Zeitpunkte gegeben, mit allem aufzuräumen, seine Angelegenheiten zu klären und sein Leben in neue Bahnen zu lenken. Hätte er das getan, wäre wahrscheinlich alles anders gekommen.

Leider hatte er jede einzelne dieser möglichen Gelegenheiten verpaßt!

Für einen Moment unterbrach er seine Schritte, ließ sich auf einem der Sessel nieder. Beinahe automatisch sackte sein Körper in sich zusammen, der Rücken rund, der Kopf gesenkt. Verdrossen dachte er an die enorme Chance, die sich in seinem Leben so unverhofft aufgetan hatte, und die er so achtlos – nein, nicht achtlos, man konnte viel eher Mutwilligkeit unterstellen – zerstört hatte.

Könnte er doch die Zeit noch einmal zurückdrehen! Doch wie weit zurück würde er sie drehen, stünde es in seiner Macht? Bis zu dem Zeitpunkt, zu dem er Mina erstmals gegenübergestanden hatte? Oder noch weiter zurück? Und würde er nach den inzwischen durchlebten Erfahrungen wahrhaftig anders handeln?

Wie vom Donner gerührt, sprang er vom Sessel auf und nahm das getriebene Abschreiten des Raumes erneut auf. Wollte er ganz und gar ehrlich sein, mußte er sich eingestehen, vermutlich – äußerst wahrscheinlich sogar – würde er alles, aber auch wirklich alles noch einmal ganz genauso machen. Was für eine jämmerliche Gestalt er doch abgab!

Plötzlich begann er zu lachen, prustete regelrecht los. Er lachte sich selbst aus! Höhnisches Gelächter darüber, außerstande gewesen zu sein, aus allen gebotenen Möglichkeiten etwas Sinnvolles auf den Weg gebracht zu haben.

Zunehmend verwandelte sich das Lachen in Schluchzen. Neuerlich hielt er inne, sank mitten im Raum auf die Knie, die Arme rechts und links schlaff herabhängend, als gehörten sie gar nicht zu ihm.

Die Tränen rannen ungebremst sein Gesicht herab, wurden nach und nach von seinem Shirt aufgesammelt. Ein dunkler Fleck bildete sich auf dem weißen Baumwollstoff und gewann zusehends an Größe. Ein sichtbares Mal der puren Verzweiflung!

Irgendwann hatte er sich komplett leergeweint, erhob sich alsdann, als sei nichts gewesen, wusch sein Gesicht, tauschte das durchtränkte Shirt gegen ein frisch gebügeltes Hemd und verließ seine Wohnung.

Während er seine Wagentür öffnete, glaubte er regelrecht spüren zu können, wie sich sein Blut mit Adrenalin anreicherte.

Er war fest entschlossen, zumindest ein bißchen Gerechtigkeit wiederherzustellen. Keinesfalls würde er der jämmerliche Idiot bleiben, zu dem ihn mittlerweile nicht nur *eine* Frau in seinem Leben degradiert hatte. Weitere Demütigungen würde er nicht zulassen!

Seine Schläfenarterie pochte. Zu allem entschlossen, startete er den Motor.

Zeit abzurechnen!

Teil 2

1

Den Tiefen der schwärzesten Finsternis, die sie sich je hätte vorstellen können, entstieg Ben. Da war er ja endlich! Sie hatte so lange auf ihn gewartet! Wider Erwarten war es jedoch gar kein angenehmes Gefühl, ihm zu begegnen. Und wo kam er überhaupt her?

Sie strengte ihre Augen an, doch gelang es ihr nicht zu erkennen, was sich hinter Ben befand. Sie sollte rasch zu ihm laufen, ihn befragen, wo er bloß gesteckt habe. So vieles hatte sie mit ihm zu besprechen. Er mußte ihr endlich gestehen, was ihn bedrückte! Da war doch etwas.

Etwas ganz und gar Bedrohliches! Sie war sich absolut sicher!

Sie versuchte nun, sich auf ihn zuzubewegen. Doch versagten ihr die Beine den Dienst. Sie blieben einfach auf ein und derselben Stelle, als seien sie tief im Boden verwurzelt. Sie öffnete den Mund, um ihn anzusprechen. 'Ben!' wollte sie sagen. 'Wo warst du bloß? Sprich doch mit mir! Was verheimlichst du mir die ganze Zeit?' Doch kein einziger Laut drang aus ihrer Kehle.

Allerdings kam Ben nun langsam auf sie zu. Er blickte sehr ernst. Wo war sein gütiger Blick geblieben? Sie benötigte doch so dringend eine liebevolle Geste. So allein, so weit weg von allem fühlte sie sich.

Als er bei ihr angelangt war, öffnete auch er den Mund. Und er sagte: „Bip – bip – bip – bip …" Fortwährend. Und plötzlich wich die Dunkelheit ein wenig. Mina blinzelte. Zu hell war das Licht, das sie inzwischen umgab. Und es ertönte weiterhin dieses *Bip – bip – bip – bip*.

Jedoch hatte sie sich wohl geirrt. Es war gar nicht Ben, der es artikuliert hatte. Indessen war sie nicht fähig, den Ursprung zu identifizieren.

Schließlich spürte sie, daß jemand ihre Hand hielt. Oh, tat das gut! Jemand war da! Ben? Ihre Lippen formten seinen Namen, doch konnte sie ihre Stimme nicht hören.

Allmählich gewöhnten sich ihre Augen an das Licht, das mit aller Kraft die Dunkelheit durchdrang, die sie zuvor gefangengenommen hatte. Also hob sie die Lider noch ein wenig mehr.

„Fabian!?" Fast eine Frage und selbst die kaum hörbar.

„Ja, ich bin hier." Er lächelte ihr zu, als habe er sie jahrelang nicht gesehen. Seine Augen schwammen in einem Meer aus Tränen.

Sie lag in ihrem Bett. Aha! Der Gedanke riß ab. Sie versuchte, ihn wieder aufzunehmen. „Was …?" Wie ging die Frage bloß weiter? Sie wußte gar nicht genau, was sie wissen wollte. Wollte sie überhaupt etwas wissen? Und falls ja, was war es noch gleich? Ah, jetzt fiel es ihr ein. „Was machst du hier? In meinem Schlafzimmer?"

„Wir … wir befinden uns nicht in deinem Schlafzimmer, Minchen. Wir sind … im Krankenhaus."

Vorsichtig drehte sie den Kopf, was nur unter enormen Schmerzen gelang. Tatsächlich wirkte alles wie in einem Krankenhaus. Und neben ihrem Schädel schmerzte auch ihr gesamter Körper. Na, das paßte zumindest schon einmal zusammen! Genau wie die zahlreichen Kabel, deren Ursprung in dem Monitor neben ihrem Bett zu finden war, während die Enden auf ihrer Haut klebten.

Einen Moment lang dachte sie angestrengt nach, erkundigte sich dann mühsam: „Okay, ich formuliere die Frage um: Was mache *ich* hier?"

„Wir sind hier auf der Intensivstation des Städtischen Krankenhauses, Minchen. Erschrick nicht! Du hast ein paar Tage … im Koma gelegen."

„Oh!" Das war alles, was ihr dazu einfiel. 'Wir befinden uns in der Semperoper und sitzen in der Loge. In wenigen Augenblicken wird *Aida* aufgeführt.' Dazu würde ihr deutlich mehr einfallen. Zum Beispiel: 'Das ist ja toll! Ich freue mich sehr!' Doch was entgegnete man, wenn einem soeben eröffnet worden war, unmittelbar aus dem Koma erwacht zu sein? 'Oh!' erschien ihr dafür angemessen und vollkommen ausreichend. Und es kostete nicht allzuviel Kraft.

Fabian hatte offensichtlich ebenfalls nichts einzuwenden. „Charlie ist auch hier. Sie holt gerade den Arzt." Seine Stimme brach. Die letzten Worte stieß er nur mit Mühe hervor. „Ich bin so glücklich, daß du aufgewacht bist, Minchen." Er führte ihre schlaffe Hand an seine Wange, die naß vor Tränen war.

„Du sabberst meine Hand voll", lallte sie. Er hörte sich so furchtbar besorgt an, also machte sie am besten rasch einen Scherz, damit er sah, wie gut es ihr ging. Na ja, *gut* war wohl irgendwie übertrieben. Vielleicht paßte eher: den Umständen entsprechend gut; wobei ihr nicht ganz klar war, um was für Umstände es sich eigentlich handelte.

Noch bevor sie die Information einholen konnte, warum sie überhaupt im Koma gelegen hatte, wurde die Tür schwungvoll geöffnet. Ein fremder Mann mit wehendem weißen Kittel – vermutlich ein Arzt oder ein Schauspieler, der sich als Arzt verkleidet hatte – schwebte freudestrahlend herein, dicht gefolgt von Charlie. Oh, sie war gleichfalls hier! Fabian hatte es möglicherweise bereits erwähnt. Sie konnte sich nicht mehr genau erinnern.

Der Arzt trat an ihr Bett. „Hallo, Frau de Winter! Schön, daß Sie sich entschlossen haben, wieder unter uns zu weilen. Ich bin Konstantin von Hagen."

„Oh, haben Sie mich plastiniert? Ach nein, dazu fehlt Ihnen ja ein *S*."

Der Arzt ließ ein Lachen verlauten, das augenblicklich ihr Herz erwärmte. Jemand, der so lachte, mußte ein guter Mensch sein.

„Wie ich sehe, funktioniert Ihr Gehirn einwandfrei. Und um auf Ihre Frage zu antworten: Nein, Sie sind absolut lebendig, die Wundheilung verläuft gut, und ich plastiniere nur im äußersten Notfall."

Mina hörte den Rest kaum noch. Was hatte er da von einer gut heilenden Wunde gesagt? Dr. von Hagen las die Frage offenbar von ihrem Gesicht ab. „Oh ja! Sie erinnern sich anscheinend nicht. Das ist ganz normal, kann alles noch kommen."

„An was genau müßte ich mich denn erinnern?"

„Darf *ich* es ihr sagen?" Das war jetzt Fabian, der seine Frage an den Arzt gerichtet hatte. Dieser nickte, während er ein paar Vitaluntersuchungen an Mina vornahm. Fürs erste schien er zufrieden. „Ich lasse Sie noch einen Moment allein. Nur bitte überfrachten Sie Ihre Schwester nicht! Sie braucht noch viel Ruhe. Ich komme in etwa zehn Minuten noch einmal."

„Danke!" gab Fabian lediglich zurück. Dr. von Hagen nickte Mina ein 'Bis gleich' zu, verließ daraufhin das Zimmer. Charlotte, der ebenfalls Tränen in den Augen standen, trat nun an Minas Seite und umarmte sie, so gut es mit all den Kabeln möglich war. „Ich hab' dich lieb. Und wir sind bei dir", flüsterte sie der Freundin ins Ohr, die ihr als Antwort die Wange tätschelte.

„Minchen!" begann Fabian. Er hatte keine Ahnung, wie er es ihr beibringen sollte. Keiner hatte sagen können, ob sie sich nach dem Erwachen an etwas erinnern würde. Schließlich war nicht einmal klargewesen, ob sie überhaupt aufwachen würde. Und nun zeigte sich eindeutig, daß ihr Gedächtnis – zumindest derzeit – Lücken aufwies.

Also mußte er ihr nun die Geschehnisse möglichst schonend beibringen. „Du bist niedergestochen worden."

'Sehr einfühlsam!' schalt er sich im selben Moment. Mina hatte jedoch nichts zu beanstanden, schien vielmehr froh zu sein, daß er nicht lange drumherum redete. „Na, dann gibt's ja zumindest schon mal eine Diagnose für die höllischen Schmerzen. Allerdings kann ich sie kaum lokalisieren. Wo genau …?" Sie beendete den Satz nicht, Fabian verstand ohnedies, was sie wissen wollte.

„Das Messer ist von hinten zwischen den Rippen eingedrungen. Es sollte wohl dein Herz treffen, hat es aber um Haaresbreite verfehlt."

„Sonst läge ich nicht *hier*, sondern wohl eher ein paar Etagen tiefer."

„So ist es." Fabian versuchte zu lächeln, indes wirkte es leidlich gequält. Er fühlte sich äußerst unwohl, ebenso merkte man Charlie eine ausgeprägte Nervosität an. Sie hatte sich mittlerweile ans Fußende des Bettes gestellt, die Hände wie schützend auf der Bettdecke.

Beide wußten, was als nächste, spätestens übernächste Frage kommen mußte. Und obwohl sie sich gedanklich wiederholt darauf vorbereitet hatten, bohrte sich diese Frage, als sie endlich gestellt wurde, tief in beider Herzen. „Weiß man, wer es getan hat?" Mina sprach sehr leise. Fast ahnte sie, wie die Antwort lauten werde. Es war so ein Gefühl. Hoffentlich trog es sie!

„Es tut mir unendlich leid, Minchen! … So, wie es aussieht, war es … *Ben*!" Fabian senkte den Kopf. Er hätte den Schmerz in Minas Blick nicht ertragen können. Tatsächlich schmerzte es sie unendlich mehr als die Wunde in ihrem Brustkorb, obwohl sie es geahnt hatte. Andererseits, da es nun ausgesprochen worden war, fühlte es sich falsch an. War denn Ben zu einer solchen Tat fähig? Gewiß, er war nicht besonders aufrichtig gewesen. Bloß, warum um alles in der Welt sollte er sie umbringen wollen?

Lange Zeit sprach niemand ein Wort. Letztlich gab es nichts mehr zu sagen, zumindest nichts Wesentliches. Und keiner wollte das Schweigen als erster brechen.

Nach ein paar Minuten, die allen dreien wie eine Unendlichkeit vorgekommen waren, mußte Mina ihre Zweifel unbedingt verbalisieren. Ihr Gehirn hatte versucht, die erhaltenen Informationen zu verarbeiten, was ihr einigermaßen gelang. Die Warum-Frage hatte sie jedoch nicht beantworten können. Vielleicht wußten die anderen ja noch etwas, was ihr bisher verborgen geblieben war. „Habt ihr irgendeine Ahnung, warum er das getan haben soll?"

Charlie übernahm die weiteren Erklärungen. „Wir wissen noch nicht viel. Nur, daß die Polizei ihn in deiner Praxis verhaftet hat. Eine Patientin von dir hat ihn neben dir kniend vorgefunden, als sie zur Sitzung kam. Er hielt ein blutiges Messer in der Hand. Sie hat unverzüglich die Polizei alarmiert, die ihn wohl gleich mitgenommen hat. Per richterlicher Durchsuchungsanordnung ist anschließend seine Wohnung auf den Kopf gestellt worden. Dort hat man einen Messerblock gefunden, aus dem eindeutig die Tatwaffe stammt. Und es gibt wohl noch weitere Indizien, Mina."

„Und was für welche?"

„Keine Ahnung. Die Informationen der Polizei sind sehr spärlich. Sie stecken noch mitten in den Ermittlungen und befürchten wohl, zuviel preiszugeben."

Erneut trat Stille ein. Und noch bevor sich anschließende Fragen hätten ergeben können, ließ sich ein vorsichtiges Klopfen an der Tür vernehmen. Dr. von Hagen trat gleich darauf mit zwei weiteren Ärzten und einer Krankenschwester ein und bat Fabian und Charlotte freundlich, außerhalb des Zimmers zu warten. Er beabsichtige, einige notwendige Tests durchzuführen und den Heilungsfortschritt der Verletzungen zu überprüfen.

Minas Einwand, die Anwesenheit der beiden störe sie keineswegs, eher im Gegenteil, lehnte von Hagen kategorisch ab. Sie brauche gleich ohnehin äußerste Ruhe, schließlich weile sie sozusagen erst wieder seit kurzem unter den Lebenden, da solle sie sich nicht überstrapazieren.

Freundin und Bruder gaben sich zwar geschlagen, wollten jedoch keinesfalls das Krankenhaus verlassen. Während der letzten Tage hatten sie ständig an Minas Bett gesessen, zu ihr gesprochen, ihr Lieder vorgesungen oder einfach bloß ihre Hand gehalten. Unter keinen Umständen hatten sie Minas Erwachen aus dem Koma verpassen wollen, an dessen Eintreten sie sich fest geklammert hatten. Andererseits hatten sie in der ständigen Angst gelebt, sie könne im schlimmsten Fall einsam sterben.

Und obwohl sie lediglich stundenweise im Wechsel auf den harten Besucherstühlen geschlafen hatten, wollten sie auch künftig höchstens für einen Moment von Minas Seite weichen. Also zogen sie sich für eine Stunde in die Cafeteria zurück, um anschließend erneut bei ihr sein zu können. Auf ein entsprechendes Zeichen nickte Mina dankbar, war sie doch froh, sie später noch einmal um sich haben zu dürfen.

Dennoch wollte sie ihnen, sobald sie zurück waren, nach einer Weile bedeuten, sich erst einmal zu Hause tüchtig auszuschlafen. Ohne daß irgend jemand nur ein einziges Wort darüber hätte verlieren müssen, war Mina klar, daß ihre Familie nicht von ihrer Seite gewichen war. Doch nun war sie gewiß nicht mehr in Lebensgefahr, da benötigte sie keine weitere Rundumbetreuung.

Bereitwillig ließ sie sämtliche Untersuchungen über sich ergehen.

Ihr Gehirn arbeite anscheinend einwandfrei, ließ man sie wissen; und der Heilungsprozeß mache gleichermaßen vorzügliche Fortschritte. Man bringe ihr gleich etwas Leichtes zu essen, und ab morgen komme der Physiotherapeut Olaf Hansen, der mit ihr die Muskulatur trainieren werde, damit sie bald wieder fit sei. Die Ausführungen veranlaßten Mina zu der ungeduldigen Frage, wann denn wohl ihre Entlassung anstehe!? Jedoch erhielt sie darauf keine eindeutige Antwort. Sie müsse sich gedulden, wurde sie vertröstet. Vor Ablauf der nächsten zwei Wochen solle sie erst gar nicht daran denken, und danach müsse man schauen, ob die Heilung ausreichend weit fortgeschritten sei.

Immerhin sei sie schwerstverletzt hier eingeliefert worden, habe den Mordversuch lediglich knapp überlebt. Letzteres hatte Dr. Hubert Zimmer ihr erklärt, dem Mina innerlich einen Kurs in empathischer Gesprächsführung empfahl. Allerdings äußerte sie dies nicht, weniger aus Feigheit als vielmehr aus der Erfahrung, daß solch missionarische Bemühungen wenig fruchteten. Er konnte es einfach nicht besser, ohne sich über seinen schlechten Stil im mindesten bewußt zu sein.

Grundlegend anders empfand es anscheinend Dr. Konstantin von Hagen. Diesem war die verbale Entgleisung seines Kollegen sofort aufgefallen und offenbar außerordentlich unangenehm. Entschuldigend tätschelte er Minas Hand, bevor er mit den anderen das Zimmer verließ. Dabei hielt er ihren Blick deutlich länger fest, als es für eine bloße Verabschiedung notwendig gewesen wäre.

Endlich wieder allein, versuchte Mina, alle bislang gewonnenen Informationen zu sortieren und einzuordnen. Viele waren es ja nicht gerade, also strengte sie sich erst einmal an, sich wenigstens an irgend etwas zu erinnern, das mit dem Anschlag auf sie zusammenhing. Unbedingt wollte sie herausbekommen, ob Ben tatsächlich der Täter war.

Sie versuchte, den Tag, an dem es passiert war, zu rekonstruieren.

Es gelang ihr nicht. So sehr sie auch nachdachte: … Nichts!

Auf einmal fielen ihr die in ähnlicher Weise sich ständig wiederholenden Träume ein, in denen Ben stets im Mittelpunkt gestanden hatte. Er hatte ihr etwas mitteilen wollen. Und sie war die einzige, die eine mögliche Bedeutung dieser Traumbilder herausfiltern konnte.

Tief in ihrem Inneren verborgen, hatte sie immerhin während der gesamten Zeit der Eindruck beschlichen, Ben verberge etwas. Ließ sie sich nun das Gespräch noch einmal durch den Kopf gehen, das sie damals bezüglich Martha geführt hatten, erschien eine angemessene Interpretation ihrer Träume auf den ersten Blick gar nicht so kompliziert.

Nach seiner Offenbarung hatten diese allerdings nicht aufgehört. Statt dessen hatte ihr Gehirn des Nachts stets aufs neue Szenen produziert, deren entscheidender Inhalt darin bestanden hatte, daß Ben ihr eine Mitteilung machen wollte, zu der es nie gekommen war. Also hatte sie das Gefühl gehabt, er verheimliche ihr weiterhin etwas. Etwas, das über die Geschichte mit Martha weit hinausging.

Puh! So weit war sie bereits *vor* dem Anschlag auf ihr Leben gewesen. Allerdings kam es ihr nun noch einmal besonders klar ins Bewußtsein. Sie hatte es die ganze Zeit gespürt, ja, irgendwie sogar *gewußt*! Es war sozusagen ständig nebenhergelaufen.

Einerseits hatte sie sich wirklich wohl mit ihm gefühlt. Er war liebevoll gewesen, sie hatte gut mit ihm reden können, es hatte alles in allem den Anschein gehabt, er liebe sie tatsächlich. Einerseits!

Andererseits hatte sie die ganze Zeit dieses merkwürdige Gefühl beschlichen. Und nicht nur das! Schließlich hatte es auch diese launischen und ungerechten Seiten an ihm gegeben. Die immer häufiger auftretenden Stimmungsschwankungen, die sich ohne erkennbaren Grund Bahn gebrochen hatten, um ebenso unvermutet wieder zu verschwinden. Und falls es doch mal einen Anlaß gegeben hatte, waren seine Reaktionen maßlos übertrieben ausgefallen.

Sowohl Charlie als auch Fabian hatte sie zwar ihre Eindrücke mitgeteilt, doch anschließend diesbezügliche Überlegungen wiederum verworfen. Und ihre sonstigen Empfindungen hatte sie nicht durchgängig übermäßig ernstgenommen, sich vielmehr eingeredet, es habe zunächst mit ihr selbst zu tun. Möglicherweise damit, sich nicht einfach von neuem auf einen fremden Menschen einstellen und vor allem ein*lassen* zu können. Später hatte sie ihm trotz seiner Unehrlichkeit und unangemessenen Reaktionen weitere Chancen einräumen wollen, um der Beziehung, die ihr mehr und mehr bedeutet hatte, eine Perspektive zu eröffnen. Aber ihre unguten Empfindungen hatten eben *doch* einen ernstzunehmenden Hintergrund gehabt. Wieso hatte sie ihrer Wahrnehmung nicht *mehr* vertraut?

Unverzüglich gab sie sich die Antwort: Es konnte wohl keiner ahnen, daß in einem Menschen der Wille oder die Fähigkeit zu solch einer perfiden Tat stecken könnte, zumal, wenn es sich um eine Person mit zahlreichen liebenswerten Eigenschaften handelte, aufgrund derer sie sich ja auch ehrlich in ihn verliebt hatte. Gleichwohl hatte sie bereits einige seiner *Schwächen* kennengelernt. Dennoch hatte Liebe in ihr zu wachsen begonnen. Und Liebe war nun einmal inkompatibel mit allzuviel Mißtrauen. Klar, man durfte keinesfalls blind vor Liebe werden. Jedoch sollte man genausowenig hinter jedem Baum einen Indianer sehen!

'Eigentlich ein gehörig blöder und sogar irgendwie rassistischer Ausspruch', schoß ihr im nächsten Moment durch den Kopf.

Aber sie wollte nicht abschweifen. Wie war das nun mit Ben? Ach, sie kam zu keinem Ergebnis.

Und letztendlich war es ohnehin müßig herauszufinden, anhand welcher seiner Verhaltensweisen sie welchen Schluß hätte ziehen können. Und was hätte sie anders machen sollen? Zu Ben gehen, es ihm sagen? 'Ach übrigens, Ben, ich muß da mal was mit dir besprechen. Ich habe manchmal ein komisches Gefühl. Und ich glaube, das hat mit dir zu tun. Versteh' das bitte nicht falsch, ich beginne wirklich, dich zu lieben! Nur glaube ich, du wirst mir irgendwann ein Messer in den Rücken stoßen. Und das ist übrigens kein Aphorismus. Deshalb trenne ich mich vorsichtshalber von dir, falls es dir recht ist. Das erspart *mir* den Tod oder zumindest einen lästigen Krankenhausaufenthalt und *dir* das Gefängnis. So haben wir doch beide was davon.'

Sie versuchte, das Denken einzustellen. Es gestaltete sich doch noch recht anstrengend.

'Es ist, wie es ist', gelang ihr gerade noch zu formulieren. Sie mußte irgendwie mit den Tatsachen zurechtkommen. Und während sie diese abschließende Betrachtung anstellte, spürte sie bereits, daß ihr Gehirn befand, es sei für den Augenblick genug. Im selben Moment begann es, sachte auf Schlafmodus umzuschalten.

2

Am nächsten Morgen erwies sich Minas Zustand weiterhin als stabil. Kaum hatte sie eine Kleinigkeit gefrühstückt, war das Bedürfnis nach weiterem Schlaf übermächtig geworden. Zuvor waren Fabian und Charlie endlich davon zu überzeugen gewesen, vorübergehend zu Hause besser aufgehoben zu sein. Indes hatte es sie mehr als zehn Versprechen und zuletzt regelrechte Schwüre gekostet, bei denen Mina fortwährend hatte versichern müssen, es gehe ihr wirklich und wahrhaftig bereits recht gut. Nein, es bestehe keinerlei Veranlassung, weiterhin an ihrem Bett zu verharren, um auf ihren Tod zu lauern.

Später am Vormittag besprach sie mit dem Physiotherapeuten Olaf Hansen den Behandlungsplan und absolvierte unter seiner Anleitung erste Übungen, was unmittelbar nach deren Abschluß eine weitere Schlafeinheit nötig machte, derart erschöpft fühlte sie sich. Geweckt wurde sie durch laute Stimmen, die ausgerechnet vor ihrer Tür einen Disput auszutragen schienen.

Ein wenig beunruhigt, versuchte sie innerlich zu witzeln, ob sie sich tatsächlich in einem Krankenhaus oder vielleicht eher auf einem Schulhof befinde, war doch nicht einschätzbar, was diesen Tumult ausgelöst haben könnte. Allein aufstehen wollte sie ebenfalls nicht. Olaf Hansen hatte ihr eindringlich davon abgeraten. Und so wackelig, wie sich ihr Gang während der Übungen gestaltet hatte, obwohl Olaf alle Kraft aufgebracht hatte, sie zu stützen, hatte sie sogleich von der Angemessenheit dieser Aussage überzeugen können.

Im selben Moment erübrigte sich jede weitere Überlegung, denn mitten aus dem Stimmengewirr wirbelte Dr. von Hagen aufgebracht herein, schloß unsanft die Tür und atmete erst einmal durch.

„Kann ich etwas für Sie tun?" erkundigte sich Mina scherzhaft.

Es erweckte den Eindruck, als risse ihn ihre Bemerkung aus tiefen Überlegungen. Als er sie anschaute, veränderte sich überraschend sein Gesichtsausdruck zu einem intensiven Lächeln.

Erst jetzt betrachtete Mina ihn etwas genauer. Er war groß und hatte ein paar Pfund zuviel (na ja, es konnte sich womöglich sogar um Kilos handeln), die sich vorwiegend am Bauch zusammenfanden. Das tat seiner Attraktivität jedoch keinerlei Abbruch. Sein dichtes Haar war bereits ergraut, was ihm eine seriöse Attitüde verlieh. Widmete man sich seinen gütigen Augen ein wenig intensiver, entdeckte man im Blau der Iris kleine graue Sprenkel, die ihnen einen lebendigen Ausdruck verliehen. Sein schöner Mund wirkte derart einladend, daß sich viele Frauen gewiß aufgefordert fühlten, ihn zu küssen.

In erster Linie war es jedoch dieses wunderbare Lächeln, das Mina in seinen Bann schlug, in zweiter Linie gewiß seine Stimme, die sie in diesem Augenblick auf angenehme Weise aus ihren Gedanken zog. „Entschuldigen Sie, Frau de Winter! Aber ich hatte just eine Auseinandersetzung mit zwei Herren von der Polizei. Natürlich mußten wir gestern Mitteilung über Ihr Erwachen aus dem Koma machen, und jetzt brennen sie darauf, sich mit Ihnen zu unterhalten. Ich habe versucht, es ihnen auszureden, und sicherlich könnte ich medizinische Gründe geltend machen, die eine Befragung verbieten würden. Doch wollte ich erst mit Ihnen sprechen. Vielleicht ist es Ihnen ja sogar lieb, die Sache hinter sich zu bringen. Ich bleibe auch gern mit im Raum. So können Sie mir jederzeit ein Zeichen geben, sobald es Ihnen zuviel wird. Ich bitte die beiden dann unverzüglich zu gehen."

Mina hätte ihm stundenlang zuhören können. Selbst das Verlesen von Kochrezepten oder des Telefonbuchs hätte aus seinem Munde erotisch geklungen.

Allerdings sollte sie allmählich auf seinen Vorschlag reagieren. „Ja, schicken Sie sie ruhig herein! Ich bin tatsächlich froh, wenn ich das hinter mir habe. Wobei ich ihnen eigentlich gar nichts sagen kann. Aber vielleicht erfahre ich ja ein bißchen mehr von *denen*. Und stark genug fühle ich mich ebenfalls." Sie lächelte dankbar zurück.

Unter Konstantin von Hagens Betreuung fühlte sie sich gut aufgehoben. Er nickte, bat anschließend die beiden Polizisten ins Zimmer.

Der eine war von eher geringem Wuchs. Mina hatte bisher gedacht, man müsse eine Mindestgröße vorzuweisen haben, wollte man eine Ausbildung bei der Polizei absolvieren. Möglicherweise wirkte der Polizist jedoch bloß klein, wies er doch einen beträchtlichen Körperumfang auf. Sein Haupt hatte nur noch vereinzelt Haare anzubieten, die insgesamt einen etwas zweifelhaften Kopfschmuck bildeten, was indessen prächtig zu ihm paßte. Er stellte sich als Hauptkommissar Franz Mühlheim vor, sein Händedruck war angenehm fest und warm.

Sein Kollege war demgegenüber hoch gewachsen und recht schlank, lediglich ein geringfügiger Bauchansatz ließ darauf schließen, daß er kulinarischen Genüssen gleichermaßen nicht abgeneigt war. Sein beinahe schwarzes, leicht gewelltes Haar fiel in einen undefinierbaren Scheitel, obwohl er es regelmäßig mit den Fingerspitzen nach hinten zu positionieren versuchte. Er ließ wissen, Oberkommissar Mayer zu sein, ebenfalls den Vornamen Franz tragend. Beide *Franzmänner* waren Mina auf Anhieb sympathisch. Dieser Eindruck wurde kurz darauf noch verstärkt, als sie sich ausdrücklich dafür entschuldigten, sie fast unmittelbar nach dem Erwachen aus dem Koma aufzusuchen, hingegen wollten sie so rasch wie möglich Klarheit über Tathergang und Täter erlangen, damit die Staatsanwaltschaft Anklage erheben könne. Ferner äußerten sie, wie froh sie seien, das Opfer dieses hinterhältigen Anschlages auf dem Wege der Besserung vorzufinden.

Sämtliche Äußerungen wirkten durch und durch aufrichtig auf Mina. Und selbstverständlich wollte sie nichts lieber, als bei der Aufklärung zu helfen, so gut es eben ging. Nur, was konnte sie schon beitragen?

Sie äußerte ihre Bedenken. „Leider kann ich Ihnen gar nichts über den Tathergang berichten. Es tut mir leid, jedoch ist dort, wo die entsprechende Erinnerung abgelegt sein sollte, lediglich ein tiefes, schwarzes Loch. Ich habe bereits überlegt, was mir vor dem hiesigen Erwachen als letztes im Gedächtnis geblieben ist. Doch bitte verzeihen Sie, es hat mich enorm angestrengt! Darum habe ich es nach kurzer Zeit erst einmal aufgegeben."

Als die Polizisten Blicke wechselten, versuchte Mina in ihren Gesichtern zu lesen. Sie vermutete, die beiden wollten den jeweiligen Eindruck von der Ehrlichkeit ihrer Aussage miteinander abgleichen. Immerhin hätte es ja sein können, daß sie Ben decken wollte. So etwas geschah hier und da: Das Opfer schützte den Täter aus falsch verstandener Liebe. Aber bei einem Mordversuch?

„Es ist wirklich die Wahrheit!" unterstrich sie eindringlich ihre Äußerung in der Annahme, den Gedankenaustausch der Franzmänner richtig entschlüsselt zu haben. „Ich weiß, Sie müssen in Betracht ziehen, ich könnte lügen. Doch glauben Sie mir, wenn Ben Steiner tatsächlich derjenige ist, der mich attackiert hat, werde ich gewiß nichts tun, um ihm eine Strafe zu ersparen!"

„Wir glauben Ihnen, Frau Dr. de Winter." Es war Franz Mühlheim, der als erster sprach. „Und es ist uns ebenfalls bekannt, daß es in Fällen wie dem Ihren zu retrograden Amnesien kommen kann. Zum Glück sind einige nur vorübergehender Natur. Also wären Sie wohl so nett, uns un-

verzüglich zu informieren, sollten Sie Ihre Erinnerung komplett oder teilweise zurückerlangen?"
„Natürlich mache ich das."
Hauptkommissar Mühlheim reichte ihr seine Visitenkarte. Mina las sie flüchtig, deponierte sie anschließend auf ihrem Nachttisch.
Konstantin von Hagen, der sich die gesamte Zeit unauffällig, jedoch für Mina beruhigend gegenwärtig, im Hintergrund aufgehalten hatte, wurde in diesem Augenblick von einem Krankenpfleger verlangt, der nach zaghaftem Klopfen die Hälfte seines Kopfes ins Zimmer reckte. Eine Angelegenheit, zu der seine fachliche Meinung dringend erbeten sei. Von Hagen bedachte Mina mit einem ratlosen Blick. Gelassen bedeutete sie ihm, es sei in Ordnung, er solle ruhig gehen! Also verließ er mit bedauerndem Gruß das Krankenzimmer.
„Wir haben leider noch ein paar weitere Fragen." Oberkommissar Mayer übernahm das Wort.
„Bitte, fragen Sie!" Gern wollte Mina wenigstens ein wenig zur Aufklärung beitragen.
„Wir wüßten gern, seit wann Sie Herrn Steiner kennen, und wie Sie ihn kennengelernt haben."
Mina berichtete von ihrer ersten Begegnung mit Ben. Zudem erzählte sie offen – so chronologisch, wie es aus der Erinnerung heraus möglich war – von den diversen Zufällen, die sie wiederkehrend mit Ben zusammengebracht hatten; von der ersten Verabredung, und wie sich nach und nach eine ernsthafte Beziehung daraus entwickelt hatte.
„Und gab es Probleme zwischen Ihnen, oder haben Sie häufig miteinander gestritten?" Franz Mühlheim räusperte sich. Solche Fragen waren ihm immer wieder unangenehm, obwohl er sie mittlerweile garantiert hundertfach gestellt hatte.
„Nein, im Grunde nicht." Abgesehen von Bens wiederholt aufgetretenen Stimmungsschwankungen und manch übertriebener Reaktion auf einzelne Ereignisse, hatte es keine bedeutsamen Unstimmigkeiten gegeben. Doch war das ohnehin eher unkonkret und bot gewiß keinen wertvollen Hinweis auf die begangene Tat.
Die in diesem Zusammenhang einzig nennenswerte Angelegenheit war die bezüglich Bens *Noch-Freundin*. Sie erzählte den beiden davon.
Ob er die Beziehung zu dieser Martha denn anschließend beendet habe, lautete die nachfolgende Frage der Herren, und ob Mina sich in sei-

ner Wohnung gut auskenne, häufig dort gewesen sei, und ob ihr überhaupt Personen aus Ben Steiners Umfeld bekannt seien. Mina mußte alles verneinen. Selbst darüber, ob er Martha tatsächlich und endgültig den Laufpaß gegeben habe, konnte sie keine Aussage treffen. Bisher war sie wie selbstverständlich davon ausgegangen, hatte jedoch keinerlei Anhaltspunkte dafür. Und in seiner Wohnung war sie nur zweimal gewesen. Hatte sie anfangs *gequengelt*, sie würde das Wochenende gern mal wieder bei ihm verbringen, zumal das einzige Wochenende, zu dem er sie eingeladen hatte, vorzeitig beendet worden war, hatte er jedesmal eine Ausrede parat gehabt, welche zuletzt meistens gelautet hatte: „Ich hab' nicht aufgeräumt. Bitte erspare mir die Peinlichkeit! Außerdem fühle ich mich bei dir viel wohler."

Irgendwann hatte sie es aufgegeben.

Und was Bens Familie oder Freunde betraf, so verfügte er seit längerer Zeit über keinen eigenen Freundeskreis mehr, sämtliche Familienmitglieder waren nach seinen Angaben verstorben.

„Was sagt Ben …, ich meine, was sagt *Herr Steiner* denn selbst zu alldem?" wollte Mina endlich wissen.

Diese Frage brannte ihr bereits seit Beginn des Gesprächs auf der Seele. Wozu wendeten sich die Ermittler an sie? Konnten sie denn nicht von ihm erfahren, was ihnen an Informationen fehlte? Immerhin hatten sie ihn doch verhaftet. Sie hätte ebenfalls lieber von ihm erfahren, wieso das alles passiert war, anstatt es selbst aufklären zu müssen. Schließlich hatte sie nicht den blassesten Schimmer! „Was sagt er denn, *warum* er mich eigentlich töten wollte? Aus meiner Sicht gab es überhaupt keinen Grund. Ich habe ... weder mein Testament zu seinen Gunsten geändert ... noch ihm irgend etwas angetan. Ich kann mir gar keinen Reim darauf machen!" Mina wurde zunehmend lauter.

Unaufhaltsam entlud sich die gesamte Wucht der Erkenntnis und legte sich schwer wie Blei auf ihrer Seele nieder. Sie wollte es nach wie vor nicht glauben, mußte sich jedoch offensichtlich der bitteren Wahrheit stellen.

Hauptkommissar Mühlheim legte eine Hand auf Minas Arm. Er hatte die einleitenden Worte des Arztes gut im Ohr, der ihnen beiden eingehämmert hatte, die Patientin nicht zu sehr aufzuregen. Er würde sie bei Zuwiderhandlungen zur Rechenschaft ziehen. Außerdem erfüllte ihn enormes Mitgefühl mit der zarten Frau, die dort mit fast durchsichtiger

Haut in ihrem Bett mehr lag als saß, stark gezeichnet von den physischen und psychischen Wunden. Sie schien eine wirklich nette Person zu sein, die ohne eigenes Verschulden an irgend so einen Typen geraten war, der ihr zuletzt nach dem Leben getrachtet hatte.

Dennoch glaubte der Hauptkommissar, es müsse ein Motiv geben, denn dieser Steiner wirkte keineswegs wie einer von diesen komplett durchgeknallten Typen, die irgendwann ohne erkennbaren Grund ausrasteten und ihre Partnerin niederstachen. Und darauf, es könne sich bei ihm um einen – nicht minder verrückten, aber nach außen hin angepaßteren – Serientäter handeln, gab es ebenfalls keinerlei Hinweise.

„Herr Steiner schweigt weitestgehend, Frau Dr. de Winter."

„Was bedeutet das? Er hat doch zugegeben, mich niedergestochen zu haben. Oder nicht?"

„Nein, das bestreitet er. Er habe Sie lediglich aufgefunden. Darüber hinaus schweigt er sich aus."

„Aber warum hat er mich unangemeldet in meiner Praxis aufgesucht? Das hat er niemals zuvor getan!"

„Ja, merkwürdig. Zumal eine Ihrer Patientinnen, die gerade zum Termin kam, ihn neben Ihnen gefunden hat. Er hatte *Ihr* Blut an seiner Kleidung und das Tatwerkzeug – ein Küchenmesser – in der Hand, das ebenfalls ausschließlich *seine* Fingerabdrücke aufweist. Außerdem handelt es sich eindeutig um ein Messer aus seinem Haushalt. Demzufolge hat er es offensichtlich mitgebracht. Somit vermuten wir natürlich, daß er in Tötungsabsicht zu Ihnen gefahren ist. Also handelt es sich um Mord. … Äh, 'tschuldigung! Um Mord*versuch*, meine ich natürlich. Allerdings hat das ohnehin ein Gericht zu entscheiden. In meinen Augen ist es jedoch vollkommen eindeutig."

„Können Sie mir bitte sagen, wie die Patientin heißt, die zum Termin kam?"

„Warum fragen Sie?"

„Es hilft vielleicht meiner Erinnerung auf die Sprünge. Wissen Sie, ich habe einige Patienten, die stets am gleichen Wochentag zur gleichen Zeit kommen. Wenn ich weiß, um wen es sich handelt, weiß ich ebenso, zumindest theoretisch, was vorher geschehen beziehungsweise *wer* dagewesen ist. Möglicherweise läßt sich anhand dessen irgendwas im Ablauf rekonstruieren. Bisher weiß ich ja nicht einmal, was ich alles *nicht* weiß."

„Gute Idee, Frau Doktor." Mühlheim wendete sich an seinen Kollegen. „Schau mal in den Notizen nach! Wie hieß doch gleich die Dame, die bei ihrer Aussage fast ohnmächtig wurde vor Schreck?"

„Hanna Schöne heißt sie. Und die letzte Patientin vor der Mittagspause war Frau Anna Burger."

Mina dachte nach. Wie war das denn gleich? An was konnte sie sich noch erinnern?

„Vielleicht hilft Ihnen folgende Information weiter, Frau Dr. de Winter: Frau Burger ist vermutlich die letzte gewesen, die Sie vor dem Anschlag gesehen hat. Ihr ist nichts Ungewöhnliches an Ihnen aufgefallen. Sie seien wie immer gewesen. Am Ende der Sitzung habe man den nächsten Termin vereinbaren wollen. Der sollte erst Ende Januar des kommenden Jahres stattfinden, da sie sich eine Zeitlang im Ausland aufhalten mußte. Nach kurzer Überlegung seitens Frau Burger sei es hingegen zu keiner Vereinbarung mehr gekommen, da sie es an diesem Tag recht eilig gehabt habe. Letztlich sei die Übereinkunft getroffen worden, sie nehme rechtzeitig Kontakt mit Ihnen auf, um ein weiteres Treffen auszumachen. Anschließend sei die Verabschiedung erfolgt, sie sei gegangen und Sie, Frau Dr. de Winter, seien in der Praxis geblieben. Zumindest habe sie nichts Anderweitiges mitbekommen."

Er blätterte konzentriert in seinen Aufzeichnungen, fand offensichtlich, was er gesucht hatte. „Oh ja! Sie sollen Herrn Steiner aus Ihrer Mittagspause eine SMS geschickt haben. Das ist noch eine der wenigen Angaben, die dieser gemacht hat. Dies sei der Grund gewesen, Sie in der Praxis aufzusuchen. Es muß gewesen sein, ... ja hier, einige Zeit nachdem Frau Burger die Praxis verlassen hatte. ... Er solle sofort kommen, habe die Nachricht gelautet, es sei äußerst dringend. ... Wir haben allerdings weder auf seinem noch auf Ihrem Handy eine entsprechende SMS gefunden."

Mina versuchte verzweifelt, die Puzzleteilchen zusammenzufügen. Ja, die Verabschiedung! Daran konnte sie sich erinnern. Oder war das in der Woche zuvor gewesen? Sie war unsicher. Und Ben eine solche Nachricht geschrieben zu haben, fiel ihr nun kein bißchen ein. Das konnte sie sich zudem gar nicht recht vorstellen. Warum hatte sie ihn nicht angerufen, wenn es etwas Dringendes gegeben hatte? Das wäre viel eher ihre Art und wäre überdies deutlich schneller gegangen. Eine Schutzbehauptung? Sie drückte beide Handballen gegen die Stirn.

Es fiel ihr verdammt noch mal nichts Rechtes ein! „Es tut mir wirklich sehr leid, Herr Mühlheim und Herr Mayer. Ich glaube, ich kann mich noch an die Verabschiedung von Frau Burger erinnern, doch selbst dabei bin ich mir nicht vollkommen sicher. Und alles Weitere ist wie ausgelöscht. Wer zwischen Frau Burger und Frau Schöne in meiner Praxis war, ob Ben überhaupt dagewesen ist, das ist absolut nicht präsent. So sehr ich mich auch anstrenge, ich weiß! es! einfach! nicht!" Die letzten vier Wörter stieß sie einzeln hervor.

Dabei schlug sie jedesmal begleitend die Handballen gegen ihre Stirn. Als könnte sie auf diese Weise die Synapsen anregen, sich in einer neuen Sortierung derart miteinander zu verbinden, daß eine brauchbare Erinnerung begünstigt wurde. Leider funktionierte es nicht, die Synapsen schalteten auf stur. Sämtliche Tatumstände blieben weiterhin verborgen.

Verzweifelt schaute sie zu den Kommissaren auf. „Es macht mich verrückt, daß mir das nicht einfällt!"

„Es ist schon gut, Frau Dr. de Winter! Machen Sie sich bitte keine Sorgen! Vielleicht stellt sich die Erinnerung von selbst wieder ein. Und im Grunde haben wir bereits genügend Beweise, die für eine Anklage ausreichen. Es ist nur ein wenig – na, wie soll ich sagen – eleganter, wenn das Opfer den Täter eindeutig identifizieren kann, da wir schon kein Geständnis bekommen. ... Wissen Sie, Herr Steiner hat einen sehr geschickten Anwalt mit seinem Mandat beauftragt. Dieser Herr Winkler könnte argumentieren, Ben Steiners Geschichte, Sie lediglich in Ihrer Praxis gefunden zu haben, sei glaubhaft."

Wider Willen lachte Mina auf. Befremdet starrten sie vier Augen an.

„Entschuldigung!" prustete sie. „Es sind wohl die Nerven. Dennoch, ein Strafverteidiger, der ausgerechnet *Winkler* heißt, ließ mich unwillkürlich an einen Winkeladvokaten denken. ... Aber das ist natürlich albern."

Zuvor war den Polizisten dieser naheliegende Zusammenhang nicht aufgefallen. Nachdem sie nun Mina gedanklich folgen konnten, fanden sie es keineswegs albern. Nein, falsch! Sie fanden es schon albern, doch *albern* im Sinne von *lustig,* amüsierten sich somit ebenfalls über das Wortspiel.

„Schön, daß Sie bereits wieder lachen können." Mayer freute sich tatsächlich. Eine so sympathische Person. Die würde er garantiert aufsuchen, falls er je einen therapeutischen Rat bräuchte.

„Abschließend habe ich dennoch eine ernsthafte Frage. Wenn Ben behauptet, mich lediglich gefunden zu haben, ... kann es denn nicht wirklich so gewesen sein?" Eine leise Hoffnung begann, es sich in ihr bequem zu machen. Sie wollte einfach nicht glauben, daß er zu solch einer Tat fähig sein konnte.

„Und warum hat er keinen Rettungswagen gerufen?" konterte Hauptkommissar Mühlheim.

„Das ist in der Tat merkwürdig. Sagt er wenigstens *dazu* etwas?"

„Er sei gerade im Begriff gewesen, dies zu tun."

„Und kann das nicht der Wahrheit entsprechen?"

„Kann. Muß aber nicht. Schließlich spricht ja alles andere *gegen* ihn. Das Messer. Die Fingerspuren."

„Hingegen sagen Sie ja selbst, Sie können gar kein Motiv entdecken. Und mir fällt gleichfalls keines ein."

„Wir werden sehen! Im Augenblick lassen wir Sie erst mal in Ruhe, Frau Dr. de Winter. Danke, daß Sie Zeit für uns hatten. Wir halten Sie auf dem laufenden. Und falls Ihnen doch noch etwas einfällt", Franz Mühlheim wies mit einer Kopfbewegung auf die Visitenkarte, die Mina auf dem Nachttisch abgelegt hatte, „rufen Sie jederzeit an! Sollte ich nicht da sein, fragen Sie nach meinem Kollegen Mayer! Ansonsten hinterlassen Sie einfach eine Nachricht! Die wird mir garantiert schnellstmöglich übermittelt, und ich melde mich bei Ihnen. Apropos! Haben Sie eine Handynummer?"

„Ja, schon. Andererseits glaube ich, es steht mir kein Handy zur Verfügung. Zumindest nicht hier. Vermutlich befindet es sich zur Zeit bei Ihnen, oder?"

Wie auf ein Stichwort ertönte Minas vertrauter Klingelton.

„Oh!" entfuhr es ihr. „Ich hab' wohl doch eines."

Sie horchte, woher das Geräusch rühren mochte, ortete rasch ihre Nachttischschublade. Als sie sie öffnete, lag es dort samt Ladekabel. Sie nahm den eingehenden Anruf entgegen. Fabian war dran. Mina brach in Tränen aus. Es war doch alles ein wenig zuviel. Und als sich ihr nun obendrein offenbarte, daß Bruder und Freundin nicht nur ununterbrochen bei ihr gewacht hatten, sondern – wie nebenher – zudem noch an alles Mögliche gedacht hatten, war sie tief berührt. „Ach Fabian, mein allerliebster Bruder!" weinte sie ins Telefon.

„Ist was passiert?" fragte jener augenblicklich besorgt.

„Nein, nein!" beruhigte sie ihn rasch. „Du bist nur so lieb! Danke für das Handy."

„Och, gern geschehen. Es handelt sich allerdings nicht um dein gewohntes. Das liegt noch bei der Polizei. Du hast vorübergehend eine neue Nummer. Ich hab' sie auf einem Zettel notiert, der ebenfalls in der Schublade liegt. Ansonsten ist es baugleich, deinen Klingelton hab' ich ebenfalls installiert, damit du dich nicht erschreckst, wenn jemand anruft. Ist allerdings völlig eigennützig, es besorgt zu haben. So kann ich stündliche Kontrollanrufe bei dir tätigen. ... Und solltest du dich nicht genügend wie eine Kranke benehmen, gebe ich umgehend Schwester Rabiata Bescheid, die kümmert sich dann ausgiebig um dich."

Jetzt lachte und weinte sie gleichzeitig. „Abgemacht!" Und nach einer kurzen Pause: „Du, Fabian, hier sind zwei Herren von der Polizei. Wir sind fast am Ende, es dauert jedoch noch einen Moment. Ich ruf' dich gleich zurück, okay?"

„Brauchst du nicht, bin gleich da!"

„Nein, Fabian. Du mußt nicht schon wieder herkommen! Mach doch mal lieber was Schönes!"

„Das *ist* schön. Also bis gleich!" Er unterbrach die Verbindung. Mina wandte sich den Polizisten zu. „Entschuldigen Sie die Unterbrechung! Sehen Sie, ich habe auch ein Handy zu *dieser* Nummer." Dabei reichte sie ihnen den Zettel aus dem Nachttisch. Franz Mühlheim notierte sie, anschließend verabschiedeten sich die beiden mit herzlichen Genesungswünschen.

3

„Franz, hast du mal Zeit?" Gemeint war Hauptkommissar Mühlheim.

„Was gibt's denn, Bernd?" Er gehörte zu den Menschen, die Fragen gern mit Gegenfragen begegneten. Der Beruf hatte diese Angewohnheit über die Jahre noch verstärkt. Allerdings hatte Bernd Ritter lediglich auf diese Reaktion gewartet, platzte er doch fast vor Stolz. Schließlich war er derjenige, der möglicherweise eine sensationelle Wendung in den Fall *Dr. Wilhelmina de Winter* bringen konnte. Genaugenommen stellte er zwar lediglich den Übermittler der frohen Botschaft dar, vertrat dennoch die Ansicht, dies schmälere keineswegs seine Bedeutung im Gesamtzusammenhang.

Gemächlich schlenderte er also auf die freie Seite von Mühlheims Schreibtisch, setzte sich ihm gegenüber, lehnte sich anschließend in unendlicher Langsamkeit zurück, verschränkte dabei seine Arme und grinste breit. Im allerletzten Moment widerstand er dem sich aufdrängenden Impuls, seine Beine überkreuzt auf der Kante des Schreibtisches abzulegen.

Zwar war er geneigt, bereitwillig Auskunft zu erteilen, begleitend jedoch sehr bemüht, die Spannung, die er unendlich genoß, so lange wie nur eben möglich aufrechtzuerhalten.

„Also, was ist nun?" Mühlheim wurde bereits ungeduldig. Warum benahm Bernd sich derart zögerlich?

„Nebenan sitzt die Zeugin Lange. … Sehr wahrscheinlich verfügt sie über genau die Informationen, nach denen wir noch gesucht haben." Die nun bewußt plazierte Pause wurde weiterhin von einem Grinsen unterstrichen, das inzwischen allerdings ein wenig selbstgefällig geriet.

„Und welche?"

„Frau Lange belastet Ben Steiner schwer. Es sieht so aus, als hätten wir die fehlenden Mosaiksteine zusammen: Eine eindeutig belastende Zeugenaussage *und* … ein Motiv."

Mühlheim sprang förmlich von seinem Drehstuhl auf, der – vermutlich vor Schreck – mindestens einen Meter davonrollte. „Wo genau ist sie?"

„Vernehmungsraum zwei", klärte Bernd Ritter ihn lakonisch auf. In Zeitlupe schälte er sich aus dem erst kürzlich eingenommenen Platz.

Schade! Gerade erst begonnen, war der Moment auch schon wieder vorbei. Viel zu schnell für seinen Geschmack. Doch schließlich leitete Mühlheim die Sonderkommission. Somit hatte er das klare Anrecht auf schleunigste Informationsübermittlung. Und auf die Vernehmung.

Als der Hauptkommissar den benannten Raum betrat, fand er eine sportlich gekleidete Frau mittleren Alters vor, deren dunkelbraune Augen einen angenehmen Kontrast zu ihrer mittelblonden Kurzhaarfrisur bildeten. Die beige Baumwollhose paßte farblich exakt zu ihrem Pullover. Mantel und Schal hingen über der Lehne des neben ihr befindlichen Stuhls. Eine geöffnete Handtasche lag auf dem Tisch, der sie vor kurzem ihre Ausweispapiere entnommen hatte, auf deren Rückgabe sie nun wartete. Franz Mühlheim wurde von ihr mit einem offenen, sehr gewinnenden Lächeln begrüßt, was ihn automatisch dazu brachte, unverzüglich die ausgestreckte Hand zu drücken, obwohl dies ganz und gar seiner sonstigen Gewohnheit widersprach.

Bernd Ritter, der ihm dicht gefolgt war, beeilte sich, ihn als den bereits avisierten Leiter der Sonderkommission vorzustellen, während der Hauptkommissar sich auf dem Platz gegenüber niederließ. Ritter wählte den neben ihm frei gebliebenen Stuhl.

Während der Wartezeit hatte sich die Zeugin offenbar nicht von ihrem Platz erhoben. Allerdings hatte sie ihren Stuhl ein deutliches Stück nach hinten verschoben, so daß sie nicht unmittelbar vor dem Vernehmungstisch saß. Das verlieh der Situation einen Hauch von Zwanglosigkeit; als habe sich eine kleine Gruppe Menschen in der Absicht zusammengefunden, gemeinsam eine entspannte Zeit zu verbringen.

Ohne Umschweife begann Franz Mühlheim nun die Befragung. „So, Frau Lange. Sie haben meinem Kollegen also einiges über Herrn Steiner erzählen können. Bitte wiederholen Sie das alles! Wir zeichnen das Gespräch auf, später bekommen Sie Ihre Aussage zudem in Schriftform vorgelegt. Sind Sie einverstanden?"

„Ja, das ist in Ordnung", bestätigte die Zeugin sachlich und ruhig, als beinhalte ihr Tagesablauf ausschließlich das Bekunden wichtiger Aussagen bei der Polizei. Ihre mangelnde Erregung wurde mit einem prüfenden Blick seitens des Hauptkommissars bedacht, was ihr nicht entging. Es veranlaßte sie, den Kopf Richtung Schoß zu senken.

Mühlheim folgte ihrem Blick, nahm jetzt ein leichtes Zittern ihrer Hände wahr. Ah, sie gehörte also wohl zu dem kontrollierten Typus, der sich ungern seine Aufregung anmerken ließ! Vor ihm konnte man jedoch nichts verbergen. Obschon zunehmende Ungeduld in ihm aufstieg, mußte er wohl einen Gang zurückschalten, damit sie nicht vor lauter unterdrückter Nervosität wichtige Details vergaß. Na, hoffentlich war das, was sie zu sagen hatte, überhaupt von so immenser Bedeutung, wie Bernd es angekündigt hatte! Er ermahnte sich schleunigst zu mehr Gelassenheit und dazu, nicht zu gewaltige Hoffnungen zu hegen.

Zunächst warf er einen Blick auf das Formular, das der Kollege für ihn bereitgelegt hatte. Dort waren sämtliche Personalien der Zeugin sowie deren Ausweisnummer zur Identifikation aufgenommen worden.

Der Ausweis selbst befand sich vermutlich noch in den Händen von Kollegin Krause oder von Kollege Manner. Einer von beiden glich die Daten direkt im Anschluß an deren Aufnahme routinemäßig mit der polizeilichen Datenbank ab. Man wollte schließlich wissen, mit wem man es zu tun hatte. Laut Auskunft des Bogens saß Frau Martha Lange vor ihm, geborene Lange. Ledig, katholisch, deutsche Staatsangehörige, geboren am zweiten Januar vor vierzig Jahren. Nächsten Monat wurde sie somit 41 Jahre alt. Die Adresse war ebenfalls notiert, weitere Daten interessierten ihn im Moment nicht.

„Also, Frau Lange. Bitte berichten Sie, was uns bei der Aufklärung des Falles Dr. Wilhelmina de Winter weiterhelfen kann!"

„Wie ich bereits Ihrem Kollegen mitteilte", begann Martha Lange, „bin ich absolut sicher, daß Ben Steiner den Mordanschlag auf Frau Dr. de Winter verübt hat."

Das saß. Franz Mühlheim war einen Moment lang sprachlos. Kollege Ritter hatte demnach keineswegs übertrieben. Konnte die Zeugin dies zweifelsfrei belegen oder zumindest ihre Aussage stimmig und glaubhaft schildern, wäre nicht nur eine wasserdichte Anklage möglich, sondern eine Verurteilung ebenso wahrscheinlich. Aber langsam! Er zügelte sich erneut. Zuviel Begeisterung konnte der Sache nur schaden.

Zunächst wollte er die Zeugin auf Herz und Nieren prüfen und jede einzelne Angabe ebenfalls einer genauesten Prüfung unterziehen. Alles mußte hieb- und stichfest sein. Nun, das war ein eher unpassender Aphorismus im Angesicht der schweren Stichverletzung des Opfers.

„Was macht Sie derart sicher, Frau Lange?"

„Ben …, ich meine … Herr Steiner hat es mir gestanden."

„Was genau hat Herr Steiner zu Ihnen gesagt?" Der Hauptkommissar beugte sich unweigerlich vor.

„Er muß sie wohl soeben in ihrer Praxis … niedergestochen haben, da hat er mich angerufen. Er hat, wenn ich mich recht entsinne, wörtlich geäußert: 'Martha, ich habe gerade meine Freundin erstochen.'" Sie fixierte den Hauptkommissar, war gespannt auf seine Reaktion.

Allerdings wurde sie enttäuscht, war doch seinem Gesichtsausdruck nicht die geringste Regung zu entnehmen, Mimik und Körperhaltung wirkten regelrecht eingefroren.

Endlich bewegte er sich, jedoch nur geringfügig und mit unendlicher Bedächtigkeit; lediglich eine beinahe unmerkliche Veränderung seiner Sitzposition. Anschließend öffnete er den Mund, ließ seine nächste Frage verlauten. „Warum hat Herr Steiner die Tat begangen? Hat er Ihnen ein Motiv genannt?"

„Ja, später. Ich habe ihm natürlich zuallererst geraten, die Polizei zu rufen. Aber das hat er nicht gewollt. Er wolle nicht ins Gefängnis, hat er ins Telefon gejammert. Ich habe versucht, ihn doch noch zu überzeugen, daraufhin hat er einfach eingehängt. Ich nehme an, in diesem Moment ist er bereits entdeckt worden." Ihre Stimme war zunehmend leise geworden, sie senkte erneut den Kopf. Eine Träne lief über ihre Wange.

„Wissen Sie", begann sie von neuem mit zittriger Stimme, „es fällt mir nicht leicht, ihn zu belasten. Nur kann ich nicht zulassen, daß diese schreckliche Tat an dieser armen Frau ungesühnt bleibt. Ben muß dafür geradestehen. Trotzdem ist er *kein* schlechter Mensch!" Sie hob den Kopf, blickte Franz Mühlheim offen an. „Wirklich nicht! Es hat sich bestimmt um eine akute Ausnahmesituation gehandelt. Im Grunde seines Herzens ist er ein guter Kerl. Ich hoffe, er wird nicht zu hart bestraft."

Mühlheim nickte andeutungsweise, erkundigte sich dabei nach der Uhrzeit des Telefonats. Die Aussage deckte sich mit der Rekonstruktion des Falles und mit den gesammelten Daten. Allerdings mußten selbstverständlich sämtliche Angaben sorgfältig überprüft werden.

„Woher kennen Sie eigentlich Herrn Steiner? Oder besser gefragt, in welcher Beziehung stehen Sie zu ihm?"

„Ich war die beste Freundin seiner verstorbenen Ehefrau. Das ist lange her. Wir haben uns nach Andreas Tod – so hieß seine Frau – gegenseitig Halt gegeben. Es gab sogar mal eine Zeit, ... nun, ich will ganz ehrlich sein, obwohl es mir etwas peinlich ist über solch private Dinge zu sprechen." Sie brach ab, schien sich sammeln zu müssen, betrachtete erneut ihre vibrierenden Hände. Der Kommissar beugte sich noch ein wenig weiter nach vorn, als dürfe der Abstand zur Zeugin nicht allzu reichlich sein, damit sich die für sie so peinlichen, privaten Dinge nicht unkontrolliert im Raum ausbreiten konnten.

„Also!" Sie versuchte es.

Mühlheim empfand das als ausgesprochen tapfer. Mit wildfremden Menschen – noch dazu auf einem Polizeirevier – über intime Dinge zu sprechen, die man bis dahin als ausschließlichen Teil seines Privatlebens befunden hatte, war sicherlich einzig für den Abgebrühtesten leicht. Ein *normaler* Mensch mußte es als unangenehm oder gar entwürdigend empfinden.

In seine Betrachtungen drang die leise, dennoch deutlich vernehmbare Stimme der Zeugin. „Als Andrea gerade gestorben war, ... das war ein ungeheurer Schock für uns beide. Sie war doch noch so jung." Ihre Stimme schwankte ein wenig. Doch fing sie sich rasch. „Und dann der Junge!"

„Was für ein Junge?" Ritter hakte nach. Hatte er etwas Wesentliches verpaßt?

Aber nein, Frau Lange klärte ihn geduldig auf. „Andrea und Ben hatten einen Sohn. Leonard! Er war erst vier Jahre alt. Er saß mit im Auto, als Andrea so fürchterlich verunglückte. Beide waren vermutlich sofort tot. Ben war außer sich vor Schmerz. ... Ich hatte einige Male Angst, er könne durchdrehen. Erst schloß er sich tagelang in seiner Wohnung ein. Ich hatte zwar einen Schlüssel, den ich auch benutzte, da ich mir große Sorgen um ihn machte, nur hatte er leider die Türkette vorgelegt. ... So sprach ich fast zwei Wochen lang lediglich durch den Türspalt mit ihm. Ich weiß bis heute nicht, wieviel er davon mitbekommen hat. Jedenfalls gelang es mir endlich mit Bitten und Betteln, ihn zum Öffnen zu bewegen. Er roch nach Alkohol und Schweiß. Er hatte sich offensichtlich die gesamten Tage hindurch weder gewaschen noch rasiert. Er wirkte wie ein weidwundes Tier mit gebrochenem Blick. ... Ich hatte die Wohnung gerade erst betreten, da fiel er mir förmlich vor die Füße. Das war sein endgültiger Zusammenbruch. In der Folgezeit hab' ich ihn Stück für Stück wieder aufgepäppelt." Sie wirkte, als sei sie tief eingetaucht in die fürchterliche Zeit, die sie und Ben damals erlebt hatten.

Dann schaute sie die beiden Polizisten nacheinander an. „Nicht, daß Sie glauben, ich hätte das nicht gern getan! ... Ich habe Ben immer gemocht. Und er ist schließlich der Mann meiner besten Freundin gewesen. Außerdem half mir der Kontakt zu ihm bei meiner eigenen Trauer. Ich war ja selbst außer mir. Andrea war mir wie ... eine Schwester gewesen. Meine Familie! Mein ein und alles!" Ihre Stimme war zunehmend lauter geworden. Sie ermahnte sich innerlich, ruhiger zu sprechen. Sie wollte den Schmerz nicht zu sehr aufwühlen.

Jedenfalls nicht jetzt und hier. Sie mußte erst alles sagen, was nötig war. Vielleicht kehrte dann endlich ein wenig Ruhe in ihre aufgewühlte Seele. „Als es Ben nach einer Weile ein klein wenig besser ging, versuchten wir, uns gegenseitig in unserer Trauer zu stützen. Ja, und irgendwann kamen wir uns letzten Endes körperlich näher. ... Allerdings war es ebenso rasch wieder vorbei." Sie beeilte sich, dies zu sagen, obwohl es keineswegs die komplette Wahrheit widerspiegelte. „Später gab es erneut eine Zeit, in der wir so eine Art Verhältnis unterhielten. Ach, ich weiß gar nicht! Ich glaube, keiner von uns empfand wirklich etwas für den anderen, was das gerechtfertigt hätte, doch so konnten wir Andrea immer mal wieder ein bißchen *aufleben* lassen. Das hört sich vielleicht verrückt für Sie an, aber uns tat es gut." Zweifelnd fixierte sie die Herren von der Sonderkommission.

Im Grunde schauten die recht verständig. Und Mühlheim nickte abermals sein leises Nicken. Sie fühlte sich ermutigt weiterzureden. „Wir hatten beide einen fürchterlichen Verlust erlitten und mußten uns erst neu in der Welt zurechtfinden. Und irgendwie weitermachen. Als Ben mir irgendwann eröffnete, er habe eine Frau kennengelernt, freute ich mich so sehr für ihn. 'Ben!' rief ich. 'Das ist ja wunderbar! Endlich!' ... Und anfangs schien sogar alles perfekt zu laufen. Hingegen erzählte er mir später einmal, er hatte verhältnismäßig viel Alkohol getrunken, ... also, er erzählte mir, er sei manchmal extrem wütend auf Wilhelmina, also auf Frau Dr. de Winter. Sie habe so häufig Treffen mit Kollegen. Er höre stets nur: '*Fortbildung! Fortbildung!*' Er habe sie das ein oder andere Mal von dort abgeholt, und ich könne mir nicht vorstellen, wie fröhlich und vertraut sie mit manchen ihrer männlichen Kollegen umgehe. Das mache ihn regelrecht ... verrückt! Und es sei ihm sogar einmal – er schwor, nur ein einziges Mal – die Hand ausgerutscht, derart wütend sei er vor lauter Eifersucht gewesen. Sie habe es ihm verziehen, dennoch habe er ziemliche Angst vor sich selbst. Er befürchte zunehmend häufig, die Kontrolle über sich zu verlieren."

Der Hauptkommissar machte große Augen und Ohren. Das stellte ja wohl ein waschechtes und obendrein klassisches Motiv dar. Eifersucht! Gotcha! Davon hatte ihnen das Opfer de Winter allerdings gar nichts erzählt. Nun ja, gewiß war es ihr zu peinlich gewesen.

„Wissen Sie, ich kann das alles in etwa nachvollziehen."

Frau Lange brachte sich aber ganz schön für ihn ein. Ihn an den Galgen zu liefern, bereitete ihr offensichtlich ein mächtig schlechtes Gewissen, machte sie doch gleichzeitig mildernde Umstände geltend. War ihr nicht klar, daß hier keiner über Ben Steiners Zukunft entscheiden konnte? Das war Aufgabe der großen Strafkammer, des Schwurgerichts.

Verstehen konnte der Kommissar sie allerdings. Einerseits konnte sie nicht mit dem Wissen über seine Tat leben, andererseits mochte sie ihn, und er tat ihr leid.

Martha Lange gab alles. Sie versuchte, den Herren verständlich zu machen, daß jemand, der seine gesamte Familie auf so tragische Weise verloren hatte und nun ein neues Glück glaubte, gefunden zu haben, einfach enorme Angst haben mußte, sein Glück ein zweites Mal zu verlieren. Deshalb die enorme Eifersucht.

Die Kommissare nickten. Es gab nicht viel Menschliches, das ihnen fremd war. Leider auch nicht viel Unmenschliches. Dieser Steiner gehörte genaugenommen noch zu den Harmloseren. Kein Psychopath, so hatte es zumindest den Anschein. Eher ein irregeleiteter Mensch, dem es nicht gelungen zu sein schien, mit seiner ganz persönlichen Lebenstragödie fertig zu werden. Fast beschlich Mühlheim so etwas wie Bedauern über das Schicksal des mutmaßlichen Täters.

Martha Lange schloß derweil ihre Zeugenaussage ab. „Ich kann es mir nur so erklären: Frau Dr. de Winter hat vielleicht erneut irgendein Treffen gehabt, oder Ben hat mitbekommen, wie nett sie mit einem Kollegen plaudert. Daraufhin ist er wohl ausgerastet. Gewiß hat er es nicht geplant."

„Da muß ich Sie leider enttäuschen, liebe Frau Lange!" Ritter, der ebenfalls bestens mit dem Fall vertraut war, mischte sich ein. „Der Herr Steiner hat nämlich ein Messer aus seiner eigenen Küche mit in die Praxis des Opfers genommen. Und wir gehen nicht davon aus, daß er damit Äpfel für Frau Dr. de Winter hat schälen wollen."

„Zumal es sich gar nicht um ein Obstmesser gehandelt hat", ergänzte Mühlheim den – seiner Ansicht nach etwas unpassenden – Scherz seines Kollegen. Dabei warf er ihm einen maßregelnden Seitenblick zu.

Ritter ruderte umgehend zurück. Franz hatte recht! Was für sie alle hier lediglich Routine darstellte, erwies sich für die Beteiligten als Drama. Ironische Bemerkungen hatten da wenig Platz.

„Ich wollte mich nicht über irgend jemanden lustig machen", versicherte er deshalb versöhnlich. „Entschuldigen Sie, Frau Lange!"

„Ist schon gut! Ich kann das nachvollziehen. Sie werden Tag für Tag mit so schrecklichen Dingen konfrontiert. Da muß man unweigerlich einen gewissen Abstand entwickeln, um die eigene Seele zu schützen."

Was für eine verständnisvolle Frau, dachten beide gleichzeitig. Das kam ihnen selten unter, daß ausnahmsweise mal jemand für sie, die sich ständig mit dem Dreck, den die Menschen anrichteten, beschäftigten, Partei ergriff.

„Trotzdem, daß Ben das geplant haben soll, ... also, das kann ich mir wirklich nicht vorstellen. Er befand sich garantiert in einer Ausnahmesituation. Das wird doch wohl der Richter gleichermaßen sehen, oder?" Flehend beobachtete sie die Reaktion der Polizisten.

Hingegen sprach nach deren Dafürhalten einiges, wenn nicht sogar alles, für einen Mordversuch. Schließlich waren auf Anhieb mindestens zwei Mordmerkmale zu finden. Das war zum einen der sogenannte *niedere Beweggrund*, in diesem Falle in Form von Eifersucht, zum anderen die *Heimtücke*. Das Opfer hatte sich höchstwahrscheinlich keinem Angriff auf sein Leben ausgesetzt gesehen, denn der Täter hatte sich von hinten genähert.

Darüber zu spekulieren war jedoch müßig. Mühlheim war heilfroh, lediglich die Fakten zusammentragen zu müssen. Über Wohl oder Wehe eines Menschen zu entscheiden, das lag ihm nicht. Dessen ungeachtet war ihm ein möglicherweise bedeutsames Detail aufgefallen. Demzufolge stellte er seine vorläufig letzte Frage. „Frau Lange, sagen Sie mir bitte noch eines! Sie sprechen die ganze Zeit von *Ben*, demgegenüber von *Frau Dr. de Winter*. Siezen Sie denn das Opfer? Das erscheint mir eher ungewöhnlich, war sie doch seine Freundin."

„Da haben Sie recht! Ich vergaß, es zu erwähnen. Ich kenne Frau Dr. de Winter gar nicht persönlich. Ben wollte sie mir niemals vorstellen. Zumindest nehme ich das an. Er hatte andauernd andere Ausreden, sobald ich ihn fragte, wann ich sie endlich kennenlernen darf. Ich kann nur vermuten, warum es ihm unangenehm gewesen wäre, wenn wir beide, Frau Dr. de Winter und ich, uns begegnet wären."

„Dann vermuten Sie doch mal!" Ritter ermunterte die Zeugin auf seine saloppe Art. Es zeigte sich häufig hilfreich, den Aussagenden eigene Theorien aufstellen zu lassen. Zum einen gewann man hier und da wertvolle Hinweise, zum anderen sagte es etwas über die Glaubwürdigkeit aus.

„Nun, ich vermute, es hing mit Bens Eifersucht zusammen. Vielleicht wollte er seine Freundin mit überhaupt niemandem teilen. Schließlich hatte ich mich ja sehr gut mit seiner Frau verstanden. Da lag die Vermutung nahe, ich könnte mich ebenso mit einer neuen Partnerin anfreunden. Außerdem fürchtete er womöglich, ich könne ihr – wären wir Frauen uns tatsächlich nähergekommen – vielleicht etwas von seiner Angst vor Kontrollverlust erzählen. ... Aber wie gesagt, ich kann das lediglich mutmaßen. *Sie* sind die Experten für die Irrwege menschlicher Gedankengänge. Ich bin da bloß Laie."

„Oh nein", beeilte sich Mühlheim zu widersprechen, „Ihre Theorie hat was. Sie klingt recht logisch und stringent. ... Sie haben uns jedenfalls sehr geholfen, Frau Lange. Vielen Dank dafür! Zumal wir uns in etwa vorstellen können, wie ungeheuer beschwerlich die Aussage für Sie gewesen sein muß."

„Das stimmt. Trotzdem bin ich froh, es getan zu haben. Das war doch richtig von mir, oder?" Vertrauensvoll begegnete sie Franz Mühlheims Blick. Als sei sie ein Kind, das vom Vater eine entlastende Antwort erwartet, die ihm hilft, sich zu beruhigen. Der Kommissar wollte sie keinesfalls enttäuschen. „Es war absolut richtig, Frau Lange! Die richtigen Dinge sind nun mal leider nicht immer die leichtesten."

Er stand auf und reichte ihr die Hand. Nach der Verabschiedung bat er sie, noch auf die Rückgabe ihres Ausweises zu warten. Anschließend solle sie sich bitte beim Kollegen Manner oder bei der Kollegin Krause melden, damit sie noch einmal ihre heutige Aussage lesen und deren Korrektheit mittels Unterschrift bestätigen könne. Sie versprach es mit dankbarem Lächeln.

Als die Beamten den Raum verließen, hatten beide unabhängig voneinander das gute Gefühl, endlich mal wieder eine brauchbare Zeugin vernommen zu haben. Mühlheim dachte noch, wie man sich doch täuschen könne. Anfangs hatte er Martha Lange als kühl und oberflächlich wahrgenommen. Später hatte sich sein allererster Eindruck als völlig falsch erwiesen. Ihre Aussage wirkte absolut glaubwürdig. Nichts widersprach sich, zudem hatte sie kein bißchen Belastungseifer gezeigt.

Er freute sich darauf, Frau Dr. de Winter die erfreuliche Nachricht überbringen zu können. Na ja, genaugenommen war sie für das Opfer nicht wirklich erfreulich, angesichts der Tatsache, vom eigenen Freund niedergestochen worden zu sein. Andererseits mußte es dennoch eine Erleichterung für sie bedeuten, nicht mehr darüber nachgrübeln zu müssen, ob sie ihm Unrecht tat, wenn sie ihn für den Täter hielt.

Als er in seinem Büro anlangte, fand er Mayer vor, der, wie sich herausstellte, das gesamte Gespräch mit Martha Lange über die Kameraübertragung verfolgt hatte. Neben der Aufzeichnung entsprechender Vernehmungen bot diese Methode den Vorteil, den Beobachter durch den Abstand zum Geschehen, den die räumliche Trennung gleichermaßen auf der Wahrnehmungsebene bot, eine andere Perspektive zu allem gewinnen zu lassen.

Nun schaute der eine Franz den anderen zufrieden an. „Na, das war doch mal eine richtig runde Sache, was?" Mühlheim fletzte sich in seinem unter Zwang zum Schreibtisch zurückgekehrten Bürostuhl. „Eine sympathische Frau, nicht? Obgleich sie im ersten Moment etwas ..., na, wie soll ich sagen, ... herb wirkt."

„Ich weiß nicht." Das war alles, was Mayer derzeit beizutragen hatte. Wobei er im Unklaren ließ, ob sich seine Bemerkung auf den *sympathischen* oder auf den zunächst *herben* Eindruck bezog, den der Kollege geäußert hatte.

Er wollte zudem gar keine nähere Erklärung abgeben. Einstweilen mußte er Ordnung in seinem Kopf schaffen. Da war so vieles, das sich wie ein Haufen schmutziger Wäsche, der achtlos auf den Boden geworfen worden war, in seinem Hirn angesammelt hatte. Seine Aufgabe bestand nun darin, die Wäsche Stück für Stück zu durchforsten, um sie passend zueinander sortieren zu können.

4

Mina erholte sich rascher als vom Ärzteteam angenommen, so daß sie bereits nach wenigen Tagen die Intensivstation verlassen konnte. Sie bot alle ihr zur Verfügung stehende Energie auf, um zügig ihre gewohnte Fitness zurückzuerlangen. Dabei hielt sie sich nur leidlich an die Anweisungen ihres Physiotherapeuten Olaf Hansen, dem bereits nach wenigen Tagen gemeinsamen Trainings klarwurde, eine Person vor sich zu haben, die es gewohnt war, mit eisernem Willen auf das von ihr angestrebte Ziel zuzusteuern. Sie war bereit zu kämpfen, selbst wenn das bedeuten sollte, sich unaufhörlich über eigene Grenzen hinwegzusetzen.

Anstandslos paßte er sich ihrem Tempo an, ließ sie weitestgehend gewähren. Er wußte, letztendlich konnte er einen bedeutsameren Einfluß auf sie ausüben, wenn er sich bereit fand, ihre Vorstellungen davon anzuerkennen, was in welcher Zeiteinheit zu erreichen sein sollte.

Durch die intensive gemeinsame Arbeit freundeten sich die beiden innerhalb kurzer Zeit an. Olaf besuchte Mina häufig nach Dienstschluß und hielt ein Schwätzchen mit ihr, was sie sehr genoß. Sie erfuhr dabei, daß ihr Physiotherapeut derzeit mit seinem Freund zusammenlebte, zudem einen Sohn aus einer vorherigen Verbindung mit einer Frau hatte. Er war ein rundherum zufrieden wirkender, aufgeschlossener Mensch.

Die Gespräche mit ihm bereicherten Mina enorm. Oftmals mußte sie sich zügeln, war doch ausgeprägtes Lachen nach wie vor schmerzhaft, obwohl sich dies kontinuierlich minderte. Im Einzelfall nahm sie es jedoch bewußt in Kauf, denn Olaf konnte so herrlich Geschichten erzählen, auf die sie keinesfalls verzichten wollte.

Soeben hatte er abermals eine seiner bühnenreifen Vorführungen zum besten gegeben. Mit verteilten Rollen und gekonnt übertriebenen Gesten hatte er Mina einen unterhaltsamen Abend beschert.

Ohne Vorankündigung wurde die Tür abrupt aufgestoßen, und Dr. von Hagen trat ein. Angestrengt schaute er von einem zum anderen, was Olaf veranlaßte, unverzüglich zu verstummen, während Mina das Lachen regelrecht im Halse stecken blieb. Nachdem der Mediziner reichlich unterkühlt einen guten Abend gewünscht hatte, überreichte er Mina einen Brief, der – an sie adressiert – ins Krankenhaus geschickt worden war. „Ich hab' der Schwester den Weg abgenommen, da ich ohnehin nach Ihnen sehen wollte."

„Danke, Herr von Hagen! Das ist nett." Sie fand keinen Absender, auch war die Adresse nicht handgeschrieben, weshalb ihre kürzlich erst geweckte Neugier darüber, wer ihr wohl schreiben möge, von einem Moment zum anderen bereits wieder erlahmte. Also legte sie den Umschlag beiseite. Ihr Interesse galt derzeit vielmehr Konstantin von Hagen.

„Warum eigentlich?" hob dieser jetzt mit getragener Stimme an, wobei er ein todernstes Gesicht aufsetzte. Was war los mit ihm? War er verärgert, weil Olaf sich so häufig bei ihr aufhielt? Doch paßte das im Grunde gar nicht zu diesem warmherzigen und menschenfreundlichen Arzt. Oder hatte er Kummer?

„Was *warum*?" bat Mina beherzt um Aufklärung.

Der Arzt ließ sie nicht im Ungewissen. „Abend für Abend bekommen Sie Besuch von unserem Physiotherapeuten. Abend für Abend reden und lachen Sie beide miteinander, haben offensichtlich richtig Spaß! ... Warum eigentlich ... bin ich nie dazu eingeladen?"

Bedrückende Stille erfüllte den Raum.

Olaf hielt sich dezent im Hintergrund, hüstelte nur verlegen, während Mina sich anstrengte, ihre Gedanken zu sortieren. Urplötzlich fiel der

Groschen, ausgelöst durch ein winziges Zucken, das sie um die Mundwinkel des Oberarztes wahrnahm. Bei dem, was momentan ablief, handelte es sich um *seine* Inszenierung! Er *spielte* lediglich den Ärgerlichen. Mina ging einen Schritt auf ihn zu und zupfte spielerisch an seinem Ärmel herum. „Ist denn das tatsächlich die richtige Therapie für eine schwerkranke Patientin? Gut, daß mich kein Herzleiden schwächt, was?" Sie strahlte ihn intensiv an, woraufhin es ihm nicht länger gelang, sein Amüsement zu verbergen.

Olaf zeigte sich äußerst erleichtert. So viel schauspielerisches Talent hatte er dem Arzt bisher gar nicht zugetraut.

Mina lud Konstantin von Hagen ein, sich von nun an zu ihnen zu gesellen, so oft es seine Zeit erlaube, und wann immer er Lust dazu verspüre. Offensichtlich freute er sich über diese eindeutige Sympathiebekundung, die von Olaf Hansen eifrig abgenickt wurde.

Sie saßen anschließend noch eine geraume Weile beisammen, was Mina bewog, ihn nach seiner Einschätzung bezüglich des Schließens ihrer Gedächtnislücken zu befragen.

„Die Chancen stehen gar nicht schlecht. Da Sie keinerlei Schädelverletzung erlitten haben, ist es gut möglich, die Erinnerung nach und nach teilweise oder sogar komplett wiederzuerlangen. Darüber hinaus kann ein Trigger – also ein bedeutsamer Auslösereiz – dazu führen, daß unmittelbar die komplette Lücke geschlossen wird. Ebenso ist leider nicht auszuschließen, sich mit dem Bisherigen abfinden zu müssen."

Mina nickte. Es war – wenn schon nicht gewiß – jedoch genausowenig aussichtslos. Die Ausführungen genügten ihr zunächst.

Sie wechselten das Thema, plauderten über angenehm Belangloses, scherzten und lachten. Nach mehr als einer halben Stunde verabschiedete sich der Arzt, und auch Olaf mußte nach Hause. Spontan umarmte Mina beide zur Verabschiedung. Nie hätte sie gedacht, es sich so nett machen zu können – im Krankenhaus.

Als sie allein war, fiel ihr Blick auf den Brief, den sie zuvor achtlos auf dem Nachtisch deponiert hatte. Die Neugierde stieg erneut in ihr auf. Womöglich hatte Ben ihr geschrieben, und in der Sorge, sie öffne den Brief gar nicht erst, wissend, er komme von ihm, hatte er auf die Angabe des Absenders verzichtet. Mühlheim und Mayer hatten ihr von Marthas Aussage berichtet, die Ben schwer belastete. Vielleicht wollte er sich nun erklären und entschuldigen. Wollte sie das überhaupt lesen?

Mißmutig setzte sie sich auf ihr Bett, nahm den Brief in die Hand und überlegte angestrengt. Letztlich entschied sie, sich dem Inhalt stellen zu wollen, wie er auch ausfalle. Sie bohrte den Zeigefinger in den umgeschlagenen Teil des Couverts und schlitzte die Kante auf. Als sie den Brief herausgezogen und entfaltet hatte, schaute sie zunächst auf die Unterschrift. Wie erstaunt war sie doch zu entdecken, um wen es sich bei dem Verfasser handelte. Dieser Brief war nicht von Ben. Er kam vielmehr von Martha! Mina las ihn mit gemischten Gefühlen:

Liebe Frau de Winter,

wahrscheinlich wissen Sie erst seit kurzem von meiner Existenz. Wenn überhaupt. Ben wird Ihnen sicher nichts von mir erzählt haben, vielleicht jedoch die Polizei. Falls dem nicht so ist: Mein Name ist Martha Lange. Ich war die beste Freundin von Andrea, Bens verstorbener Frau. Ben und ich haben nach Andreas Tod ein Verhältnis miteinander begonnen, das bis heute andauert. Es tut mir leid, falls Sie das verletzt, ich glaube aber, Sie sollten es wissen.

Doch ich schreibe Ihnen ebenfalls, um Ihnen mein tiefstes Mitgefühl auszudrücken! Das, was Ben Ihnen angetan hat, ist wirklich furchtbar! Und ich fühle mich ein wenig schuldig, weil ich es vielleicht hätte erahnen können. Er konnte sich bereits früher nicht gut kontrollieren. Sein unausgeglichenes Temperament bekam vor allem seine verstorbene Frau oft zu spüren.

Ich habe meine Unterlassungssünde Ihnen gegenüber gutzumachen versucht, indem ich die Polizei von Bens Geständnis mir gegenüber in Kenntnis gesetzt habe. Über seine früheren cholerischen Anfälle habe ich dabei geschwiegen, um ihn nicht noch schwerer zu belasten.

Ich hoffe, daß Sie das verstehen und es mir nachsehen. Ich habe lediglich erzählt, daß ihm Ihnen gegenüber einmal vor lauter Eifersucht die Hand ausgerutscht sei. Ich weiß zwar nicht, ob dem so ist, Andrea gegenüber passierte so etwas allerdings häufig. Deshalb nehme ich an, bei Ihnen hat er sich nicht anders verhalten. Falls doch, wäre es nur eine Frage der Zeit gewesen. Darum wäre es gewiß vernünftig, wenn Sie vor Gericht bei der Aussage mit der Ohrfeige blieben, damit Sie sicher sein können, alles dazu beigetragen zu haben, ihn seiner gerechten Strafe zuzuführen. Außerdem muß Ben vor sich selbst geschützt werden. Das sehen Sie sicherlich genau wie ich.

Zuletzt wollte ich Ihnen in Ihrem eigenen Interesse nahelegen, sich außerhalb Ihrer eigenen Aussage lieber nicht im Verhandlungssaal aufzuhalten, da garantiert sehr unschöne Dinge über Ben ausgesagt werden, die Sie gewiß noch zusätzlich schmerzen würden. Auch ich selbst werde ehrlich antworten müssen, sollte mir der Richter entsprechende Fragen stellen. Tun Sie sich das lieber nicht an! Über manche Dinge sollte man besser keine Kenntnis erlangen.

In der Hoffnung, Ihnen mit meinen Zeilen nicht zu nahegetreten zu sein, wünsche ich Ihnen weiterhin eine gute Genesung.
Ich bin sehr froh, daß Sie Bens perfiden Anschlag überlebt haben.

Herzliche Grüße
Ihre Martha Lange

Mina ließ den Brief sinken. 'Mutig!' war ihre erste Reaktion. Oder? Würde sie selbst im umgekehrten Fall einen solchen Brief verfassen? Nein, das konnte sie sich nicht vorstellen.

Doch was konnte der eigentliche Zweck dieser Zeilen sein? Mina Aufklärung über *Ben, den Choleriker* zu gewähren? Sich von Schuld freizusprechen? Mina ihr Mitgefühl auszudrücken? Nichts davon klang auch nur annähernd logisch. Martha Lange hatte sich zwar viel Mühe gegeben, es sie glauben zu machen, jedoch war Minas Verstand zu analytisch, als daß sie ihr das abkaufte. Letzten Endes handelte es sich also um gar keinen *mutigen* Brief. Aber was steckte demzufolge tatsächlich hinter diesen Zeilen? Was bezweckte die Schreiberin?

Mina las den Brief ein zweites Mal. Anschließend entwickelte sie eine Theorie. Vermutlich ging es nicht darum, ihr die Information über das Verhältnis zwischen Ben und Martha als solches zuzuspielen.

Sicher, der unfreiwilligen Nebenbuhlerin eins auszuwischen, könnte Martha einen willkommenen Triumph bereiten. Dennoch war Mina der festen Überzeugung, dies spiele – falls überhaupt – lediglich am Rande eine Rolle. Sehr wahrscheinlich stellte der Inhalt des Briefes vielmehr ein Ablenkungsmanöver dar, um den entscheidenden Passus nicht zu offensichtlich zu präsentieren.

Und die eigentliche Botschaft, die ganz unauffällig bei Mina plaziert werden sollte, lautete: Halte dich nicht zu lange bei Gericht auf!
Oder besser: Bleib weg!

Nur weshalb? So sehr sie nach einer Lösung suchte, es fiel ihr kein plausibler Grund ein. Gewiß nicht, um sie zu schonen. Minas Neugier war nun vollends geweckt. Jetzt erst recht! Sie würde als Nebenklägerin auftreten. Das gab ihr die Möglichkeit, nicht erst ab dem Zeitpunkt ihrer eigenen Zeugenaussage an der Verhandlung teilnehmen zu können, sondern bereits vom ersten Augenblick an. Also wollte sie sich umgehend um einen Anwalt bemühen, der die Nebenklage vertreten würde.

Sie faltete den Brief zusammen, steckte ihn sorgfältig zurück in den Umschlag und verstaute ihn in ihrer Nachttischschublade. Während sie sich auf dem Bett ausstreckte und das Licht löschte, fielen ihr erneut diese früher regelmäßig aufgetretenen Träume ein. Ben, der etwas zu sagen hatte. Vielleicht würde sie vor Gericht endlich erfahren, was er die ganze Zeit über verborgen gehalten hatte.

5

Dr. von Hagen stand unschlüssig vor einer nicht nur bestens gelaunten, sondern auch auf der Bettkante sitzenden Mina. Die Morgenvisite war beendet, das restliche Ärzteteam hatte bereits das Krankenzimmer verlassen.

„Ich wollte das nicht vor versammelter Mannschaft ansprechen", begann er zurückhaltend. Seine Stirn hatte sich in eine Reihe schmaler Falten gelegt, ein Indiz seiner Anspannung. Mina schaute verunsichert zu ihm auf. Was hatte er Geheimnisvolles mit ihr zu besprechen, das ihn derart herumdrucksen ließ?

„Die Heilung entwickelt sich vorzüglich. Alles verläuft regelrecht, eher überdurchschnittlich gut. Bedenkt man, daß Sie beinahe verblutet wären. Wie Sie wissen, konnten hirnorganisch ebenfalls keinerlei Auffälligkeiten gefunden werden. Sie können somit morgen nach Hause gehen. Natürlich müssen Sie sich weiterhin schonen!"

„Das ist endlich mal eine richtig gute Nachricht! ... Allerdings ist es doch gewiß nicht das, was Sie auf dem Herzen haben!?"

„Ihnen kann man eben nichts vormachen."

„Na, dazu muß man wirklich nicht Psychologie studiert haben."

„Sie haben recht, Frau de Winter. ... Ich mache mir Sorgen um Sie."

Nun war es an Mina, die Stirn zu runzeln. Hatte er nicht eben erst versichert, alles sei in Ordnung?

„Nein, keine Angst!" Er hatte ihre Mimik richtig gedeutet. „*Physisch* sind Sie okay. Ich mache mir vielmehr Sorgen um Ihre *Psyche*. … Ich kann nicht gut einschätzen, wie sehr Sie dieser Anschlag traumatisiert hat. Doch glaube ich, es wäre angebracht, jemanden zu haben, mit dem Sie eine gewisse Zeit lang darüber sprechen könnten."

Spontan ergriff sie seine Hände. „Lieber Herr von Hagen! Sie sind der beste und fürsorglichste Arzt, den ich je kennengelernt habe. Und … ja, Sie haben gewiß recht! Ich könnte zweifellos jemanden gebrauchen, um das Ganze besser aufzuarbeiten. Es verfolgt mich in meinen Träumen, und ich bin schreckhafter als vorher. Nur wissen Sie, andererseits benötige ich erst einmal eine gewisse Zeit, um zu schauen, wohin es sich entwickelt, und wann ich bereit bin, Notwendiges anzugehen."

Sie ließ seine Hände sanft aus den ihren gleiten, setzte sich auf einen der Besucherstühle und gab dem Arzt ein Zeichen, er möge den anderen okkupieren. Sogleich folgte er ihrer Aufforderung.

„Wissen Sie, nach derzeitiger Beweislage ist davon auszugehen, daß Ben …, also mein … ehemaliger Lebensgefährte, tatsächlich den Anschlag auf mich verübt hat. Entsprechend befehle ich meinem Gehirn andauernd, es endlich zu kapieren! … Mein Innerstes signalisiert mir hingegen, er sei es nicht gewesen. Da mir mein Gedächtnis jedoch nach wie vor keinerlei Erinnerung preisgibt, die Aufklärung bringen könnte, fühle ich mich hin- und hergerissen." Sie saß mit gesenktem Kopf da, als hoffe sie, auf dem nach Desinfektionsmittel stinkenden Linoleum des Krankenhausbodens wenigstens Bruchstücke ihrer mangelhaften Erinnerung zu finden.

Als sie den Blick hob, begegnete sie geradewegs den gütigen Augen des Oberarztes, der sie geduldig weiterreden ließ. „Jetzt weiß ich nicht, ob mein Innerstes recht hat, oder ob die Lücken in meiner Erinnerung einen Trick meiner Seele darstellen, Ben nicht als Täter zu enttarnen."

Konstantin von Hagen nickte verständnisvoll. Jetzt war er es, der *ihre* Hände ergriff.

Behutsam sprach er zu ihr, wie zu einem Kind, das in diesem Moment nichts dringender benötigt als liebevolle Worte eines Menschen, der es beschützt. „Ich verstehe Ihre Not, Mina. Sie haben einem Menschen vertraut, haben Tisch und Bett mit ihm geteilt. Da ist es fast unmöglich zu begreifen, daß dieser Mensch zu solch einer Tat fähig sein soll. … Wissen Sie, meine Ex-Frau hat mich zwei Jahre lang mit meinem besten

Freund betrogen. ... Was diese schlimme Angelegenheit noch krönt, ist die Tatsache, daß mich mein bester Freund zwei Jahre lang mit meiner Frau betrogen hat. Selbstverständlich ist das nicht mit dem zu vergleichen, was Ihnen widerfahren ist. Der unfaßbare Betrug jedoch, den ich empfunden habe, ist – wenn auch schwächer – dennoch ähnlich."

Wie selbstverständlich, hatte er sie beim Vornamen genannt; sogar mit der persönlicheren Variante, die er mehrmals von Fabian und Charlotte aufgeschnappt hatte. Alles andere hätte in diesem Moment auch falsch geklungen. Gerade trafen sich zwei Seelen, die sich einander offenbarten, was eine Intimität schaffte, die keinen Platz für zuviel Förmlichkeit ließ.

„Dann verstehen Sie ja, was ich meine, Konstantin. Es paßt nicht zusammen, und deshalb hakt mein Gehirn sozusagen fortwährend an derselben Stelle. Und aus diesem Grund muß ich die Gerichtsverhandlung abwarten, obwohl es vermutlich noch einige Zeit dauern wird, bis es soweit ist. Dessen ungeachtet muß ich erst sämtliche Zusammenhänge kennen, muß wissen, wer welche Rolle in dieser vertrackten Geschichte spielt. ... So vieles erscheint mir ungereimt. So vieles, was ich einfach nicht verstehe." Sie versuchte sich an einem Lächeln. Es geriet allerdings etwas schwach auf der Brust. „Sobald ich beisammen habe, was ich brauche, um zu verstehen, weiß ich ebenso, ob ... und *wie* ich jemanden benötige, um alles aufzuarbeiten. ... Verstehen Sie, wie ich das meine?"

„Ja Mina, ich verstehe Sie! Gewiß werden Sie es hinbekommen, wie Sie es wünschen. Ich bin diesbezüglich ganz und gar zuversichtlich."

„Lieb, an mich zu glauben." Mittlerweile gelang ihr Lächeln ein wenig besser. „Und ich danke Ihnen für die Gedanken, die Sie sich um mich gemacht haben."

Beide zögerten, indessen half es nichts. Der intime Moment hatte sich bereits verflüchtigt.

Gleichzeitig erhoben sie sich von den unbequemen Stühlen. Konstantin von Hagen drückte noch einmal Minas Hände, zwinkerte ihr daraufhin aufmunternd und etwas schelmisch zu. „So, nun muß der Doc wieder an die Arbeit, und die Patientin muß sich auf ihre Entlassung vorbereiten."

Er schritt zur Tür, während sie sich zurück auf ihr Bett setzte. Er hielt die Klinke umfaßt, ohne sie herunterzudrücken.

„Ich werde Sie vermissen, Konstantin." Eher ein Murmeln. Doch veranlaßte es den Arzt, noch einen Moment länger in seiner Haltung zu verharren.

Kaum wahrnehmbar bewegte sich einen Augenblick später sein Kopf in ihre Richtung, den Türgriff weiterhin fest umklammert. „Ich Sie auch, Mina. Sehr sogar!"

Nun öffnete er rasch die Tür und verschwand eilig.

Mina blieb nicht viel Zeit, sich der Wehmut hinzugeben. Denn wenig später wurde die kürzlich erst geschlossene Tür ohne Klopfen schwungvoll aufgerissen, und Fabian wirbelte herein. „Schwesterchen! Ich habe soeben erfahren, daß du morgen entlassen wirst! Ist das nicht toll?"

„Ja, mein liebster Bruder. Das habe ich ebenfalls vernehmen dürfen", entgegnete sie, belustigt über seinen Auftritt.

Fabian drückte seine Schwester stürmisch, schrak daraufhin abrupt zurück und fixierte sie prüfend. „Entschuldigung! Ich hab' dir hoffentlich nicht wehgetan!?"

„*Du* tust mir nie weh, Fabian." Ihre zweideutige Erwiderung fiel in einem traurigeren Tonfall aus, als sie beabsichtigt hatte.

„Geht's dir nicht gut, Minchen?" Er setzte sich dicht neben sie auf die Bettkante und bemühte sich besorgt, in ihrem Gesicht zu lesen.

„Alles in Ordnung. Wirklich! Es war nur … ein bißchen viel in den letzten Wochen."

Ohne jegliche Vorankündigung brach sie in Tränen aus. Genaugenommen handelte es sich mehr um einen Sturzbach emotionaler Flüssigkeit, der sich wie aus dem tiefsten Inneren einen druckmindernden Weg nach außen bahnte.

Fabian war alles andere als überrascht. Längst hatte er eine derartige Reaktion erwartet, war eher verunsichert gewesen, weil diese bisher weitestgehend ausgeblieben war.

Nun saß er einfach neben ihr, drückte sie vorsichtig an sich, streichelte ihr ab und zu über den Arm oder den Rücken, und ließ den Dingen sowie den Tränen ihren Lauf.

6

Fabian betrat die Diele bereits kurz nach Mina. Er hatte sie vor dem Haus aussteigen lassen und einen Parkplatz gesucht. Im nahen Umkreis war keiner zu finden gewesen, zwei Tage vor Weihnachten freute sich ein beträchtlicher Teil der Nachbarschaft über familiären Besuch. Nun gut, bei manchen hielt sich die Freude in überschaubaren Grenzen, was jedoch keineswegs die Parkplatzsituation verbesserte.

Mina legte ihre Schlüssel auf der Kommode ab. Anschließend entledigte sie sich ihres Mantels und schaute sich um.

In den Wohnbereich tretend, entdeckte sie einen Stapel Post und eine Karte auf dem Tisch, auf der *Herzlich Willkommen* zu lesen war; sie lehnte an einer großen, ihr unbekannten Blumenvase, die mit einem üppigen bunten Strauß gefüllt war, der mit seiner Farbenpracht dem Winter ein wahres Schnippchen schlug.

Als sie ihren Blick in Richtung Küchenzeile richtete, fiel dieser unweigerlich auf den Rücken eines großen, grauhaarigen Mannes. „Wer sind …?" Weiter kam sie nicht, benötigte zudem keine Auskünfte, bot ihr doch der Fremde durch eine elegante Drehung nun seine Vorderansicht. Der Fatzke! Nein, sie waren ja bereits ein Stück weiter gewesen. Also: Wotan! Doch wie auch immer sie ihn gedanklich nennen wollte, Mina war sprachlos. Was machte er hier? Doch bevor sie diese neu aufgeworfene Frage einer Beantwortung zuführen konnte, eilte Fabian herbei. Er hatte Mina rechtzeitig vorbereiten wollen, hingegen war letztendlich alles anders gelaufen als ursprünglich geplant, und so war es ihm auf dem langen Weg der Umsetzung irgendwann einfach entfallen.

Na ja, das war wohl eher die leicht frisierte Variante der Wahrheit, die sich jedoch absolut dicht daneben befand. Womöglich handelte es sich bei seinem Schweigen um eine – selbstverständlich geringfügige – Form von Feigheit. Schließlich hatte er durchaus Minas Reaktion gefürchtet, so daß er die Aufklärung des Sachverhaltes fortwährend nach hinten geschoben hatte.

In diesem Augenblick half jedoch nichts mehr, wohl oder übel mußte er Farbe bekennen. „Also Minchen!" begann er zögerlich. So, das war geschafft, würde ihr als Erklärung allerdings vermutlich nicht genügen.

Nun aber hurtig! Er wollte es endlich hinter sich bringen. „Wotan war so nett, …"

„Wotan?"

„Ja, du weißt doch, das ist sein Vorname."

„Schon. Nur wußte ich nicht, daß das für dich von Bedeutung – oder besser: von *Benutzung* – ist."

„Wenn du mir einfach einen Moment zuhören würdest, könnte ich das aufklären."

„Sprich!"

„Wotan war in der Zeit deines Krankenhausaufenthaltes so nett, hier nach dem Rechten zu schauen. Er hat jeden Morgen deine Post reingeholt, die Blumen gegossen und auch sonst dafür gesorgt, alles in Ordnung zu halten."

Mina war verunsichert. Dabei lag das Problem viel weniger darin, daß die Dinge sich gestalteten, wie sie sich nun einmal gestalteten. Vielmehr handelte es sich um ein gewisses Unverständnis darüber, von Fabian keine diesbezügliche Aufklärung erhalten zu haben. Bevor sie das jedoch einwerfen konnte, kam Wotan mit ausgestreckter Hand auf sie zu und begrüßte sie herzlich. „Ich freue mich sehr, daß du zurück bist. Und nimm es deinem Bruder bitte nicht übel! Er hat ja während der ersten Tage ununterbrochen an deinem Krankenbett gesessen. Und damit hier nichts Schaden nimmt, hat er mich gebeten, die Versorgung von Post und Blumen zu übernehmen, um mehr Zeit für dich zu haben. ... Und ich hab's wirklich sehr gern getan."

Vollkommen versöhnt ergriff Mina die ihr dargebotene Hand.

Wie hätte Fabian das auch alles schaffen sollen? Die Umstände hatten eine regelrechte Zumutung dargestellt. Und Wotan war neben den sympathischen Eigenschaften, die sie in der Vergangenheit ja bereits kennengelernt hatte, ganz offensichtlich und obendrein mit einer hilfsbereiten Seite ausgestattet. Sie schenkte ihm jetzt ein herzliches Lächeln und bedankte sich für sein überdurchschnittliches Engagement.

Fabian stieß hörbar einen Atem der Erleichterung aus. Das war zum Glück viel besser gelaufen als er gefürchtet hatte. „Danke, Mina. Ich wollte dich wirklich nicht hintergehen."

„Ach Fabian!" Sie drückte ihren Bruder fest an sich. „Ich danke *dir*! Du hast das fabelhaft hinbekommen. Worüber sollte ich mich da noch beschweren?"

Daraufhin fiel ihr Blick auf einen Kuchen, der appetitlich dekoriert auf der Arbeitsplatte stand. „Schokoladenkuchen! *Du* hast mir meinen Lieblingskuchen gebacken, Brüderchen?"

„Nein", gab dieser kleinlaut zu. „Das war ... Wotan."
Mina lachte. „Also, Herr Nachbar, falls dein Kuchen nur halb so gut schmeckt, wie er aussieht, darfst du dich von nun an nicht nur um Post und Pflanzen kümmern, sondern ich überlasse dir auch meine Küche."
Wotan ergriff lachend die Kuchenplatte, stellte sie auf den Eßtisch und entnahm dem Schrank wie selbstverständlich Geschirr. Er kannte sich offensichtlich bestens aus. Kaffee war ebenfalls fertig, wie Mina innerlich schmunzelnd bemerkte.
Sie hatten sich gutgelaunt zu Tisch gesetzt, als Mina noch zwei weitere Gedecke bemerkte. Gerade wollte sie sich erkundigen, für wen diese denn gedacht seien, als mit Schwung die Haustür geöffnet wurde, und Charlotte hereinstürmte. Die Freundinnen fielen sich in die Arme.
Hinter Charlie konnte Mina noch jemanden entdecken.
Frieda! Sie lief auf sie zu, nahm sie freudig in die Arme. „Ach Frieda, ist das schön, du bist ebenfalls hier!"
„Ich freue mich, Kindchen! Charlie hat mich abgeholt, und wir wollten natürlich vor dir hier sein, doch herrschte ein derartiger Stau, so daß wir es erst reichlich spät geschafft haben."
Frieda hatte verschiedene Male mit Mina während des Krankenhausaufenthaltes telefoniert. Leider hatte sie sie jedoch nicht besuchen können. Sie fiel nun schon geraume Zeit von einer Krankheit in die nächste. Und sie zeigte sich zunehmend geschwächt durch das, was sie jeweils ereilte. Unabhängig davon, ob es sich um einen grippalen Infekt, einen Magen-Darm-Virus oder einen Hexenschuß handelte, es setzte ihr anhaltend zu. Dabei hätte sie Mina sehr gern persönlich beigestanden, doch hatte sie zum einen Sorge gehabt, Mina könne sich anstecken, zum anderen wäre es äußerst beschwerlich für sie gewesen. Und da Mina sich wiederum um Frieda gesorgt hatte, hatte sie ihr einen Besuch regelrecht verboten. Schweren Herzens war die alte Dame dieser Anordnung gefolgt. Nun war sie um so glücklicher, ihr *Kindchen* endlich in den Armen halten zu dürfen.
Es wurde ein ausgelassenes Beisammensein, in dessen Verlauf viel erzählt, gelacht und gealbert wurde. Sehr zu ihrem Bedauern spürte Mina allerdings irgendwann, wie die Kräfte sie verließen. Daraufhin zog sie sich zurück, bat die anderen jedoch inständig, die gemütliche Runde fortzusetzen. Es bereite ihr ein wohliges Gefühl, im Bett zu liegen und von unten fröhliche Stimmen zu vernehmen.

7

Die Weihnachtstage verliefen ruhig und harmonisch. Am 24. Dezember traf sich die Familie bei Mina. Marek gesellte sich ebenfalls hinzu. Charlotte hatte inzwischen eine stabile Beziehung mit ihm aufbauen können. Er paßte auch tatsächlich ausgesprochen gut zu ihr und verstand sich darüber hinaus hervorragend mit ihren Freunden. Mina war sehr zufrieden, ihre beste Freundin endlich mit einem netten Partner glücklich zu sehen.

Wotan kam ebenfalls. Zwar hätte er zu seinen Eltern fahren können, jedoch wäre dies eine aufwendige Reise geworden. Und da er erst vor kurzem hierher umgezogen war, verzichtete er darauf. Für seine Eltern war es nicht allzu tragisch, da er drei Geschwister mit Partnern und Kindern aufweisen konnte, die allesamt Weihnachten im Elternhaus verbrachten. Er selbst freute sich außerordentlich, nicht allein zu Hause bleiben zu müssen. Gern schloß er sich der sympathischen Runde an.

Am ersten Weihnachtstag holte Mina Frieda zu sich, mit der sie einen wunderschönen Tag verbrachte. Frieda hatte sie nie auf die Möbel angesprochen, die sie Mina hatte zukommen lassen wollen. Da sie die Auflösung ihres Haushaltes nicht begleitet hatte, wußte sie letztendlich gar nicht, was aus den einzelnen Stücken geworden war. Hatte Mina sie genommen? Sie konnte kein einziges davon in deren Haus ausfindig machen. Lediglich ein kleines, in einen vergoldeten Rahmen eingefaßtes Aquarell, das Frieda in jungen Jahren darstellte, hing an einer Wohnzimmerwand. Die alte Dame wagte jedoch nicht zu fragen. Zum einen wäre es ihr zu schmerzlich gewesen, hätte Mina ihr erklärt, sie habe den ganzen Plunder leider nicht gebrauchen können, zum anderen wollte sie sie nicht in Verlegenheit bringen. Vielleicht war es auch wirklich eine blöde Idee gewesen. Was sollte eine junge Frau wie Mina mit dem Zeug einer alten Frau anfangen?

Jedenfalls tat es ihr ungemein gut, bei Mina und in der alten Heimat zu verweilen. Ihre Tochter tat zwar pflichtbewußt, was sie glaubte, tun zu müssen, hatte andererseits wenig Zeit für die Mutter. Und sie fühlten sich nun einmal nicht besonders eng miteinander verbunden. Im Grunde stellte diese neue Wohnsituation eine enorme Belastung für beide Seiten dar. Frieda war sicher, daß ihre insgesamt getrübte Stimmung zweifellos verantwortlich für die zahlreichen Zipperlein war. Obendrein hatten die anfangs angeordneten Untersuchungen letztlich ergeben, daß sie an gar keiner Demenz litt, und schon mal gar nicht an einer fortgeschrittenen Form. Was für ihren ehemaligen Zustand verantwortlich gewesen war, konnte oder wollte niemand beurteilen. Sie war jedenfalls geistig fit. Vergaß hier und da Dinge, ansonsten war alles in Ordnung. Ihre Tochter behauptete allerdings nach wie vor, sie habe *herumgesponnen*, und deshalb sei es unverantwortlich, sie allein leben zu lassen. Und wo sollte sie auch hin? Ihr Haus war schließlich verkauft. Daran ließ sich nicht rütteln. So mußte sie sich wohl oder übel mit ihrem Schicksal abfinden. Die Gewißheit über ihren Geisteszustand und alles Gejammer nutzte letzten Endes nichts.

Frieda verscheuchte die unangenehmen Erwägungen, wollte lieber den schönen Tag genießen. Zärtlich lächelte sie Mina zu. Mit ihr war alles so einfach, so vertraut. Und wie lieb von ihr, das Versprechen, den Kontakt mit ihr weiterzuführen, tatsächlich einzuhalten. Das Kindchen schien sie wirklich zu mögen.

Die alte Dame rutschte ein bißchen tiefer in den bequemen Sessel. Die beiden Frauen hatten es sich mit einer Tasse Kaffee und Schokoladenkeksen gemütlich gemacht. Unbefangen plauderten sie nun miteinander, bevor sie später gemeinsam das Abendessen bereiteten, was Frieda als besonderen Luxus betrachtete, hatte sie doch keine eigene Küche mehr.

Bis in den späten Abend hinein verbrachten die Freundinnen ihre Zeit miteinander. Als der Taxifahrer klingelte, umarmten sie sich innig, zeigten sich betrübt über den Abschied. Doch sollte sich das Blatt in naher Zukunft vollkommen wenden.

8

Den Sylvesterabend mit all ihren Lieben zu verbringen, war Minas größter Wunsch gewesen. Daß alle – inklusive Frieda – freudig eingewilligt hatten, gab ihr Kraft. Sie wußte, das neue Jahr würde einige unschöne Ereignisse mit sich bringen. Dafür wollte sie gewappnet sein, ihre Angelegenheiten mit Zuversicht bewältigen. Die Unterstützung ihrer Familie war dabei grundlegend wichtig und gewiß.

Marek und Wotan waren erneut mit von der Partie. Offensichtlich waren sie sehr angetan von den Menschen, auf die sie zufällig hatten treffen dürfen.

Zu fortgeschrittener Stunde – das alte Jahr neigte sich mit Riesenschritten seinem unweigerlichen Ende entgegen – nahm Marek, in einem von den anderen unbeobachteten Moment, Mina beiseite und dankte ihr für ihre spontane Aktion in der Cocktailbar, die nicht bloß dazu geführt habe, mittlerweile mit der bezaubernden und schönen Charlie zusammensein zu dürfen, sondern sie habe ihm zudem eine so liebenswerte neue Freundin samt Bruder und sonstigen herzerfrischenden Menschen beschert. Er sei ihr und seinem Schicksal zutiefst dankbar.

Obwohl Mina nicht entging, daß er bereits eine nicht unerhebliche Menge Alkohol konsumiert hatte, spürte sie die Ehrlichkeit seiner Worte, die er nüchtern vermutlich nur aus lauter Scheu, sich zu offenbaren, nicht ausgesprochen hätte. Sie umarmte ihn und versicherte, sie und die anderen seien ebenfalls hocherfreut über den herzensguten Zuwachs.

Um Mitternacht nahmen sich Mina und Fabian zunächst fest in die Arme, während Charlie erst einmal ausführlich mit Marek knutschte, und Frieda sich mit Wotan zuprostete. Danach drückte Mina gleichzeitig Charlie und Frieda, die daraufhin reihum prosteten, sich umarmten und gute Wünsche verteilten. Zuletzt wandte sich Mina Wotan zu, der sich mit einer Umarmung jedoch keinesfalls zufriedengeben wollte. Statt dessen küßte er sie auf den Mund und wünschte ihr alles erdenklich Liebe für das soeben begonnene Jahr.

Sie saßen noch mehrere Stunden gemütlich beisammen. Lediglich Frieda wollte gern früher schlafen gehen. Mina hatte ihr angeboten, bei ihr zu übernachten, die alte Dame wollte ihr hingegen keine Umstände bereiten, weshalb sie log, sie schlafe doch lieber in ihrem eigenen Bett. Wider Erwarten traf das daraufhin bestellte Taxi rasch ein, so daß Frieda sicher nach Hause gebracht wurde.

Mina hielt gut durch, kurz nach drei merkte sie aber, wie sie schlappmachte. Konstantin von Hagen hatte sie gewarnt, es nicht zu übertreiben. In Gedanken prostete sie ihm zu und wünschte ihm ein gesundes, erfolgreiches und ebenso glückliches neues Jahr, begab sich sodann in ihr Schlafzimmer, während die anderen ausgelassen weiterfeierten.

Kurz bevor sie einschlief, überdachte sie wie in einem Schnelldurchlauf die Ereignisse des gerade vergangenen Jahres.

Dann tat der ungewohnte Alkohol seine Wirkung, so daß sie keine vernünftigen Gedankenketten mehr bilden konnte. Und schon glitt sie in tiefen Schlaf.

9

Die Verhandlung, in deren Verlauf geklärt werden sollte, ob Ben Steiner tatsächlich den Tötungsversuch an Dr. Wilhelmina de Winter durchgeführt hatte, und in der – falls das Gericht zu der Auffassung gelangte, er habe – die Höhe seiner Strafe festgesetzt werden würde, fand viel früher als erwartet statt.

Bereits für Februar waren die Termine anberaumt worden, was Mina nur lieb war. Um so rascher würde es vorüber sein, und sie könnte die furchtbaren Ereignisse endlich hinter sich lassen.

Direkt Anfang Januar hatte sie einen Termin mit einem prozeßerfahrenen Juristen vereinbart, der ihre Nebenklage vertreten sollte.

Als sie ihn aufsuchte, traf sie auf einen sympathischen Mann um die Fünfzig. Hans-Werner Thielen versuchte sein schütteres Haupthaar mit einem etwas zu dunkel gefärbten Vollbart zu kompensieren, der ihm trotz – oder vielleicht gerade wegen – seiner auffälligen Farbnuance ein markantes Aussehen verlieh. Dem Ganzen hatte er mit einer immensen Brille, die ein breiter schwarzer Rahmen zierte, noch einen unterstreichenden Effekt verliehen. Rechtsanwalt Thielen war mittelgroß, sehr gepflegt und zeigte Mina bei der ersten Begrüßung ein strahlendes Lächeln, das eine Reihe ebenso strahlender Zähne freigab, die, in Reih und Glied angeordnet, wie aufgezogene Perlen wirkten und seine gesamte Optik ungemein schmückten. Überdies war er kein eingebildeter *Hochkragenträger*, erwies sich zu alledem juristisch als äußerst versiert.

Mina mochte ihn bereits nach wenigen Minuten.

Im Verlauf des Gesprächs versuchte er, sie auf die Prozeßtage einzustimmen. Dabei bereitete er sie darauf vor, daß es nicht durchgehend einfach für sie werden würde und schloß das Gespräch mit der Frage, ob sie sich dieser Strapaze tatsächlich gewachsen fühle.

„Das werde ich hinbekommen. Lieb von Ihnen, Herr Thielen, zu fragen. Doch bin ich sicher, es wird gehen. Außerdem habe ich ja *Sie* an meiner Seite. Was soll da noch schiefgehen?"

Er lachte. Eigentlich klang es mehr wie ein Wiehern. Nichtsdestoweniger wirkte es angenehm und ansteckend. So lachten und wieherten sie eine Weile miteinander. Im Anschluß stimmten sie das weitere Vorgehen ab und verabschiedeten sich zuletzt herzlich voneinander.

Noch Fehlendes würden sie bei Bedarf telefonisch, per Mail oder gegebenenfalls in einem weiteren Termin besprechen.

10

Alle haben mehrfach auf sie eingeredet, ob sie sich das unbedingt zumuten wolle. Womöglich sei es sinnvoller, etwas mehr Abstand zu gewinnen. Oder überhaupt die Räumlichkeiten zu wechseln.

Sie hat jedesmal abgelehnt. Dazu ist sie zu sehr Psychologin, als daß sie die Entscheidung treffen würde wegzulaufen. Sie will sich konfrontieren – mit den Tatsachen und mit ihrer Praxis. Einmal hat sie das bereits getan. Zwischen Weihnachten und Neujahr hat sie ihre gesamte Kraft zusammengenommen und ist allein – und ohne irgend jemanden zu informieren – hergefahren. Schnurstracks hat sie sich in ihr Sprechzimmer begeben, hat tief durchgeatmet, sich anschließend auf ihren gewohnten Platz gesetzt – und gewartet. Es ist nichts passiert. Sie hat keine Angst empfunden, nicht einmal Unruhe.

Was hier mit ihr geschehen ist, weiß sie nach wie vor lediglich aus Erzählungen beziehungsweise aus den Akten. Anhaltspunkte vor Ort, die über die Tat hätten Auskunft geben können, sind absolut nicht zu finden gewesen. Ein eigens darauf spezialisierter Reinigungsdienst ist bereits tätig geworden, der in solchen Fällen alles wieder herrichtet und Hinterlassenschaften beseitigt, nachdem die Spurensicherung der Polizei ausführlich gesichert hat, was gesichert werden muß.

Inzwischen hat sie einige ihrer Patienten angerufen, um neue Termine zu vereinbaren. Sie hat zunächst nachgefragt, ob es noch aktuell sei, oder ob der Betreffende mittlerweile einen anderen Therapeuten gefunden habe. Bis auf eine Patientin, die ihr bereits am Telefon bittere Vorwürfe gemacht hat, so lange keinen Termin bekommen zu haben, dies obendrein bei der Psychotherapeutenkammer melden wolle, haben alle sehr verständnisvoll reagiert.

Sie hat einen riesigen Stapel Karten und Briefe in der Praxispost vorgefunden. Genesungswünsche, geäußerte Sorgen und allgemeine Grüße sind ihr zugesandt worden. Ihr Bruder hat ihr alles fein säuberlich auf den Schreibtisch gelegt. Er hat darüber hinaus – wie er ihr später erzählt hat – eine Psychologiestudentin gewonnen, die, nach Unterzeichnung einer Verschwiegenheitserklärung, eine Woche lang die vergeblich kommenden Patienten in Empfang genommen hat, um ihnen mitzuteilen, Frau Dr. de Winter sei unerwartet erkrankt und setze sich mit ihnen in Verbindung, sobald es ihr besser gehe. Wer sich damit nicht zufriedengegeben und nach den Gründen gefragt hat, dem ist mitgeteilt worden, sie habe einen Unfall erlitten, dessen Ausheilung bislang nicht absehbar sei.

Heute will sie erst einmal alles Schriftliche erledigen, noch offene Verlängerungsberichte schreiben, Rechnungen prüfen und was ansonsten ansteht. Und in drei Tagen wird sie erneut mit ihrer Sprechstunde beginnen. Ganz allmählich. Erst einmal hat sie vier Termine pro Tag vereinbart, um zu sehen, wie sehr es sie anstrengt. Vier Wochen später – so die Planung – will sie auf sechs Patienten pro Tagen erhöhen. Danach kann man weitersehen.

Sie nähert sich ihrem Schreibtisch, streicht mit Zeige- und Mittelfinger an der glatten Kante entlang. Anschließend umkreist sie den Tisch gemächlich, setzt sich daraufhin auf ihren bequemen Drehstuhl.

Alles gut! Sie wird es schaffen. Das ist gewiß.

11

Zum ersten Verhandlungstag wurde Mina von Fabian und Charlie begleitet. Das sei schließlich selbstverständlich, hatten beide einhellig geäußert, obwohl Mina beschämt eingewandt hatte, sie hätten bereits sehr häufig ihre eigenen Termine wegen ihr verschieben müssen.

Das *seien* ihre eigenen Termine, hatte sie von Fabian zur Antwort bekommen. Eine Auskunft, die von Charlie beflissen abgenickt worden war. Was konnte man da noch vorbringen? Nichts mehr, oder? Abgesehen von einem tiefempfundenen Glücksgefühl, so reich vom Schicksal beschenkt worden zu sein.

Hans-Werner Thielen eilte heran und begrüßte sie mit aufmunternden Worten und einem fröhlichen Wiehern. Im Anschluß betraten sie gemeinsam den Saal. Nachdem Mina neben ihm den Platz der Nebenklägerin eingenommen hatte, bemerkte sie, wie eiskalt ihre Hände waren.

Fabian und Charlotte hatten sich – schräg hinter dem Vernehmungstisch – auf den Zuschauerstühlen niedergelassen. Dadurch hatte Mina einen günstigen Blick auf die beiden, was ihr Kraft gab.

Sie atmete einige Male ruhig durch, dann harrte sie der Dinge, die in Kürze kommen mochten.

Als Ben mit einem Vollzugsbeamten eintrat, stockte ihr allerdings der Atem. Nicht, weil er blaß und abgemagert wirkte; ihn überhaupt wiederzusehen überstieg für einen Moment die Grenze des Erträglichen.

Rasch faßte sie sich jedoch wieder.

Ben setzte sich neben seinen Anwalt, schaute nicht ein einziges Mal auf. Unangenehme Gefühle krochen in Mina hoch. Beinahe hätte sie ihn zur Rede gestellt, so sehr schämte sie sich für seine Feigheit.

Gerade noch rechtzeitig ermahnte sie sich, nicht zu viele Gefühle auf ihn zu verschwenden. Schließlich würde das ihre persönliche Beschädigung nicht im geringsten mindern, der Sache jedoch eher schaden.

Drei Richter, zwei Schöffen sowie ein Protokollant betraten den Saal. Alle Anwesenden erhoben sich und setzten sich erneut, nachdem das Gericht seine Plätze hinter dem edlen Holzpult eingenommen hatte.

Der vorsitzende Richter Gerald Henseling eröffnete die Verhandlung.

Nachdem alle Formalitäten abgehandelt worden waren, verlas der Staatsanwalt Dr. Bernhard Reuffer die Anklage. Ben wurde des versuchten Mordes in Tateinheit mit gefährlicher Körperverletzung an Dr. Wilhelmina de Winter angeklagt. Die heutige Hauptverhandlung hatte zu klären, ob es sich bei ihm tatsächlich um den Täter handelte.

Dies mußte zweifelsfrei bewiesen werden, ansonsten hatte das Gericht zu seinen Gunsten zu entscheiden. Jedoch hatte der Angeklagte bislang zu den Vorwürfen überwiegend geschwiegen. Lediglich ein einziges Mal hatte er bei der Polizei angegeben, Wilhelmina de Winter niedergestochen in ihrer Praxis vorgefunden zu haben. Darin erschöpfte sich bis heute weitestgehend seine Aussage. Und sogar jetzt, als Richter Henseling sich freundlich erkundigte, ob er Angaben zur Sache machen wolle, schüttelte er den Kopf. Strafverteidiger Friedward Winkler antwortete an seiner Stelle. Sein Mandant sei weiterhin entschlossen, von seinem Schweigerecht Gebrauch zu machen.

Als Opfer des verübten Verbrechens wurde Mina nun gebeten, am Zeugentisch Platz zu nehmen. Nach der Verlesung ihrer Personalien und der Frage, ob sie mit dem Angeklagten verwandt oder verschwägert sei, wurde sie über ihre Rechte belehrt und anschließend zum Tathergang befragt. Das Gericht war selbstverständlich über ihre retrograde Amnesie unterrichtet, die sich sowohl auf die Tat selbst als auch auf einen nicht exakt zu bestimmenden Teil des Vormittags erstreckte, der dem Anschlag vorausgegangen war. Doch mußte sie dies im Zuge der Verhandlung noch einmal zu Protokoll geben. „Es tut mir wirklich sehr leid, nichts beitragen zu können, meine Gedächtnislücken haben sich jedoch leider noch immer nicht geschlossen."

„Frau Dr. de Winter!" Der Staatsanwalt hatte das Wort. „Sie haben mein volles Mitgefühl. Was Ihnen da passiert ist, ist sehr schlimm. Und ich bin mir bewußt, daß sie nur knapp mit dem Leben davongekommen sind. Trotzdem muß ich Ihnen einige Fragen stellen, auch wenn sie möglicherweise zum Teil unangenehm auf Sie wirken."

Mina stimmte zu. Sollte er fragen. Sie würde antworten, so gut es ihr möglich war.

„Frau Dr. de Winter!" hob er aufs neue an. „Sind Sie hundertprozentig sicher, sich an nichts zu erinnern? Oder kann es eher sein, sich nicht erinnern zu *wollen*? Schließlich waren Sie mit dem Angeklagten eine relativ lange Zeit liiert. Mehr als ein Dreivierteljahr, wenn ich mich nicht irre."

„Das ist richtig." Mina sprach deutlich und mit fester Stimme. „Was den Zeitraum anbetrifft, meine ich. Was meine Erinnerung anbelangt, irren Sie sich, Herr Staatsanwalt."

„Ihnen ist klar, daß Sie als Zeugin, obwohl Sie das Opfer sind, wie alle anderen Zeugen zur Wahrheit verpflichtet sind!?"

„Dessen bin ich mir selbstverständlich bewußt. Außerdem hat mich ja gerade erst der Vorsitzende deutlich darauf hingewiesen. Und genau deshalb kann ich nur das wiederholen, was ich eben bereits – und auch schon der Polizei gegenüber – ausgesagt habe: Ich kann mich an nichts erinnern."

Der Vorsitzende übernahm die weitere Befragung. „Ich glaube, die Zeugin hat ihre diesbezüglichen Angaben ausführlich und eindeutig genug dargelegt." Er fixierte Dr. Reuffer, wandte sich anschließend an Mina. „Frau Dr. de Winter, bitte erzählen Sie uns etwas über Ihre Beziehung zu Herrn Steiner! Gab es Auffälligkeiten an ihm? Hat er sich Ihnen gegenüber mal aggressiv verhalten? Haben Sie ihn zu irgendeiner Gelegenheit beim Lügen ertappt? Können Sie dazu bitte möglichst genaue Angaben machen!?"

Oh je, nun ging's richtig los! Sie war keineswegs erbaut, schmutzige Wäsche waschen zu müssen. Doch ein paar Dinge konnte sie nicht verheimlichen. In diesem Moment kam ihr Martha Langes Brief ins Gedächtnis. Selbstverständlich würde sie keinesfalls der Aufforderung folgen zu lügen, um Ben damit zu belasten. Das hatte sie zu keiner Zeit in Erwägung gezogen. Zudem ließ ihn bereits die Wahrheit in keinem besonders günstigen Licht erscheinen.

„Aggressiv hat sich Ben mir gegenüber nie verhalten. Manchmal wirkte er ein bißchen inadäquat in seinen Reaktionen und vielfach sogar depressiv. Außerdem war er häufig gedanklich ... abwesend. Ich meine nicht die Art und Weise, wie das jeder von uns mal ist. Er wirkte in solchen Momenten seltsam. Anders kann ich es nicht ausdrücken. Ich habe mir bereits *vor* dem Anschlag viele Gedanken über ihn gemacht. Wie sein manchmal nicht stringentes Verhalten zu bewerten sei. Leider bin ich zu keinem rechten Schluß gekommen."

„Und das, obwohl Sie Psychotherapeutin sind?" Das kam erneut vom Staatsanwalt. Mußte der so aggressiv fragen, oder war das einfach sein persönliches Problem? Indessen ließ sie sich weder beirren noch provozieren, falls das seine Absicht sein sollte. „Wissen Sie, Herr Dr. Reuffer, Laien glauben häufig, ein Psychologe habe die Seelenweisheit mit Löffeln gefressen, falls Sie mir den Vergleich erlauben. Der diesbezügliche Irrtum erklärt sich jedoch von selbst, oder? Wir bemühen uns fortwährend um eine exakte Einordnung von Symptombildern, um den Menschen zu helfen, die seelisch leiden. Die Einordnung dient der angemessenen Behandlung, denn es gibt zum Glück – zumindest was die Verhaltenstherapie angeht, nur für die kann ich sprechen – nicht bloß *eine* Methode für alle Störungsbilder. Deshalb ist Diagnostik wichtig. ... Die dafür nötigen Daten gewinnt der Psychotherapeut zu einem geringeren Teil aus der eigenen Beobachtung, zu einem größeren Teil aus der *Befragung* seiner Patienten. Da Herr Steiner indessen nicht mein Patient war, sondern mein Partner, lag es zum einen nicht in meinem Interesse, ihn zu diagnostizieren, zum anderen hat er dies gar nicht erst erbeten. ... Und Kenntnis über genau *diese* Gedanken, die ihn beschäftigten, wenn er *merkwürdig* auf mich wirkte, hätte ich gebraucht, um zu wissen, was sein Problem war oder vielleicht sogar noch ist. Ich hoffe, ich habe das für Sie verständlich genug erklärt."

Hinter dem Richterpult konnte sich der ein und andere ein Grinsen nicht verkneifen. Staatsanwalt Reuffer war bekannt für seine konfrontative bis aggressive Befragungsweise. Das schien ihn persönlich zu befriedigen. Selbst seinen Kollegen gegenüber konnte er sich oft nicht zügeln, ging diese zum Teil barscher als angemessen an. Darum erfüllte es nun einige der anderen Juristen mit einer gewissen Genugtuung, daß ihm jemand auf eine Weise Paroli bot, gegen die er aufgrund der vorgebrachten Sachlichkeit nicht einmal etwas einwenden konnte.

„Also gut, Frau Dr. de Winter." Bernhard Reuffer ignorierte die spöttisch auf ihn wirkende Antwort der Zeugin. „Halten Sie es denn für möglich, daß Herr Steiner die Tat verübt hat?"

„Dr. Reuffer, ich bitte Sie!" Rechtsanwalt Friedward Winkler schaltete sich ein. „Was soll denn eine solche Frage? Die Antwort gibt doch – gleichgültig wie sie ausfällt – keinerlei Aufschluß darüber, ob mein Mandant schuldig ist oder nicht."

„Dann frage ich anders! Frau Dr. de Winter, trauen Sie Herrn Steiner diese Tat zu?"

Winkler schüttelte den Kopf, widersprach diesmal allerdings nicht. Sollte Reuffer doch eine Antwort auf diese unsinnige Frage erhalten.

Derweil schaute Mina ihn ohne jegliche Angriffslust an. „Das kann ich ebensowenig beantworten, Herr Dr. Reuffer. Obwohl mir bewußt ist, daß Menschen solche Taten begehen, kann ich mir grundsätzlich nicht vorstellen, wie jemand so etwas einem anderen antun kann", ließ sie ihn beinahe sanft wissen. „Und daß der eigene Partner zu solch einem Angriff fähig sein soll, übersteigt bei weitem meine Vorstellungskraft."

Der Staatsanwalt verzichtete darauf, neuerlich zu insistieren. Statt dessen wurde die Zeugin zu dem Verhältnis befragt, das zwischen Martha Lange und Ben Steiner bestanden habe. Bereitwillig offenbarte sie ihren geringen Kenntnisstand. Nach wenigen Minuten hatte sie alles erzählt, was sie zur Aufklärung beizutragen hatte.

„Gut, wenn dann erst einmal keine weiteren Fragen an die Zeugin bestehen!?" Gerald Henseling wollte unbedingt weiterkommen.

Mina nahm erneut ihren Platz neben Rechtsanwalt Thielen ein. Ein beiläufiger Blick auf Fabian und Charlie verriet ihr, wie besorgt die beiden sein mußten. Ihr Bruder schloß flüchtig die Augen und nickte. Ein deutliches Zeichen, ihr Mut zuzusprechen.

Verschiedene Gutachten folgten, dann studierte der Vorsitzende seine Unterlagen, um zu erkunden, wer der nächste Zeuge sei. Auf die Aussage von Anna Burger wurde vorerst verzichtet, da sie den Polizisten gegenüber, die sie noch am Tattag zu Hause aufgesucht hatten, glaubhaft versichern konnte, nichts Sonderbares beobachtet zu haben. Dr. de Winter sei munter und vollkommen lebendig gewesen, als sie die Praxis verlassen habe. Für einen Verdacht gegen sie bestand keinerlei Grundlage.

Die Patientin Hanna Schöne war allerdings geladen und als Nächste an der Reihe. Schließlich hatte sie Ben Steiner neben dem schwerverletzten Opfer vorgefunden. Als sie am Zeugentisch Platz genommen hatte, und die Formalien erledigt waren, befragte sie zunächst Richter Henseling nach ihren Beobachtungen.

„Das war ganz schrecklich!" begann Hanna Schöne. „Ich kam wie gewöhnlich zu meinem Termin. Was ich schon komisch fand, die Tür zur Praxis war nicht geschlossen. Das war bis dahin niemals vorgekommen. Allein deshalb nicht – so glaube ich zumindest – weil man ungehindert ins Treppenhaus gelangt, da sich ja mehrere Büros im Gebäude befinden. … Ich ging also vorsichtig hinein, weil ich einen Termin hatte und deshalb davon ausgehen konnte, Frau Dr. de Winter nicht zu überraschen. … Ich hörte dann jemanden wimmern. Zuerst dachte ich, es sei der Patient vor mir. Aber die Sprechzimmertür stand ebenfalls offen. Ich kann das nicht erklären, doch ich hatte so ein merkwürdiges Gefühl, irgend etwas könne da nicht stimmen. Deshalb schob ich die Tür ein wenig weiter auf. Und da sah ich ihn. … Furchtbar war das!"

Dr. Reuffer hakte nach. „Wen haben Sie denn gesehen?"

„Na, den da!" Sie zeigte mit dem Finger auf Ben, der weiterhin vor sich hinstarrte. Sogar jetzt hob er die Augen für keinen Moment.

„Sind Sie sicher, daß es sich um den Angeklagten Ben Steiner gehandelt hat?"

„Absolut! Er kniete neben Frau Dr. de Winter, die leblos am Boden lag, hielt ein blutiges Messer in der Hand und wimmerte. Ich hielt es zuerst für reine Klagelaute, konnte jedoch irgendwann verstehen, daß er so was wie 'Oh Gott, wie konnte es nur so weit kommen?' murmelte. … Ich weiß nicht, wieso ich … in der Lage war, derart überlegt zu handeln, doch ich schlich leise aus der Praxis und alarmierte im Erdgeschoß die Polizei. Ich bat sie eindringlich, so schnell wie möglich zu kommen, weil der Täter noch in der Praxis sei." Sie wendete sich an Mina. „Es tut mir so leid, Frau Doktor, keinen Rettungswagen gerufen zu haben! Aber ich dachte, Sie seien tot!" Sie schluchzte auf.

„Ist doch alles gut, Frau Schöne. Das konnten Sie auch wahrlich nicht ahnen. Schon gar nicht in einer solchen Situation. Machen Sie sich bitte keine Vorwürfe!"

Das Schluchzen verstummte augenblicklich. Dankbar nickte sie Mina zu. Es entlastete sie, daß diese ihr nichts nachtrug.

Ein paar weitere Klärungsfragen von den Richtern und vom Staatsanwalt wurden gestellt. Dann schaltete sich Rechtsanwalt Winkler ein.

„Frau Zeugin! Sie haben aber absolut nichts gesehen, das belegt, daß Herr Steiner die Tat begangen hat, oder?"
„Das ist richtig, Herr Anwalt. Er muß es kurz vorher getan haben."
„Frau Schöne, das ist reine Spekulation Ihrerseits, nicht? Es könnte genauso zutreffen, daß ein anderer Frau Dr. de Winter bereits niedergestochen hatte, und Herr Steiner kurz nach der Tat hinzukam und das Opfer lediglich so vorfand, nicht?"
„Ja, aber er hielt schließlich noch immer das Messer!" Hanna Schöne beschlich das unangenehme Gefühl, ihre Ehrlichkeit werde angezweifelt. Schließlich hatte die Kleidung des Angeklagten jede Menge Blut aufgewiesen, und das Messer hatte sich in seiner Hand befunden. Wollte der Anwalt ihr etwa unterstellen, sie belaste jemanden zu Unrecht?
Erneut war es der Vorsitzende, der den weiteren Verlauf strukturierte. „Vielen Dank, Frau Schöne!" Damit entließ er die Zeugin, nachdem er sich auch diesmal allseits davon überzeugt hatte, daß keine weiteren Fragen bestanden.
Als nächste Zeugin wurde Martha Lange hereingerufen.
Mina sah kein einziges Mal auf, starrte unverwandt auf den Tisch vor sich. Sie war sich nicht sicher, ob sie dem Blick dieser Frau begegnen wollte. Lediglich aus den Augenwinkeln nahm sie wahr, wie die Zeugin den Saal betrat und mehrmals mit dem Kopf nickte, als ihre Personalien verlesen wurden. Auch sie wurde über ihre Rechte aufgeklärt. Daraufhin sollte sie berichten, was sie zur Aufklärung der Tat beizutragen und bereits bei der Polizei ausgesagt habe. Frau Lange entschuldigte sich zunächst, heiser zu sein, ein schlimmer Infekt habe ihr eine Kehlkopfentzündung beschert. Der Vorsitzende wünschte ihr gute Besserung und bedankte sich bei ihr, dennoch hergekommen zu sein.
Mina hatte lange genug mit sich gerungen. Endlich riskierte sie einen Blick. Letztlich wollte sie trotz aller zweideutigen Gefühle erfahren, wie die Frau aussah, von der sie so viel gehört, die sie jedoch nie zuvor gesehen hatte. Auf dem Zeugenstuhl konnte sie eine burschikose Person mit blonden, sportlich frisierten Haaren erkennen. Die Kleidung paßte dazu: Hose und legeres Jackett.
Wahrscheinlich extra für den Gerichtstermin erworben, fuhr es Mina durch den Kopf. Ihr Blick glitt herüber zu Charlie, die ihr aufmunternd zulächelte, anschließend konzentrierte sie sich erneut auf Martha Lange. Doch etwas störte sie. Sie konnte es nicht benennen, jedoch machte sich

jäh eine Unruhe in Mina breit, die sie stutzen ließ. Sie suchte in ihrem Gedächtnis, ihr Blick glitt erneut auf Charlotte, die sie plötzlich verunsichert anstierte. Was hatte die Freundin denn? Für einen Augenblick schloß Mina die Augen. Das Wirrwarr in ihrem Gehirn drohte unerträglich zu werden. Was war los mit ihr? Als sie die Augen öffnete, wiederholte die Zeugin gerade die Aussage, die sie bei der Polizei zu Protokoll gegeben hatte. Dabei schaute sie ab und zu in Bens Richtung.

Einmal sagte sie: „Ben, es tut mir so leid! Aber du weißt, wie wichtig mir Aufrichtigkeit ist. Und ich könnte nicht damit leben, einen Straftäter zu decken. Nicht einmal dich." Ihre Stimme brach dabei, so als gebe sie Auskunft über den Zustand ihres Herzens. Ben verharrte weiterhin in seiner zu Beginn eingenommenen Haltung. Ein gebrochener Mann, der aufgegeben hatte.

Minas Blick wechselte wiederholt zwischen Martha Lange und Charlotte. Letztere wirkte weiterhin verunsichert, doch war da noch etwas anderes. Angst. Tatsächlich, in Charlies Gesicht machte sich zunehmend Angst breit! Mina konnte sich das nicht erklären. Würde doch nur dieses Durcheinander in ihrem Gehirn endlich aufhören! Mit zusammengekniffenen Augen versuchte sie, sich auf einen geordneten Gedankengang zu konzentrieren, doch es mißlang. Also atmete sie ruhig durch, entspannte bewußt ihre Muskeln, fixierte – wie zur Beruhigung – die Zeugin, ohne ihre Aussage wirklich zur Kenntnis zu nehmen.

Als Martha Lange geendet hatte, und alle Nachfragen erschöpfend geklärt waren, wurde sie vorläufig aus dem Zeugenstand entlassen. Ob sie gehen dürfe, erkundigte sie sich. Sie könne es nicht ertragen, diese Tragödie zu verfolgen, sei zudem durch den Infekt arg geschwächt.

Der Vorsitzende erlaubte es ihr. Sie solle sich jedoch bitte zur Verfügung halten, falls weitere Fragen auftauchten. Schließlich stellte sie eine der Hauptbelastungszeugen dar. Sie bestätigte es selbstverständlich. Wenn sie helfen könne! Dann verließ sie den Saal.

Im Anschluß an den heutigen Prozeßtag stürzte sich die Lokalpresse auf den ein oder anderen Verfahrensbeteiligten. Ein versuchter Mord war schon eine Meldung wert. Da bereits im Vorfeld alle damit gerechnet hatten, daß Mina gewiß nicht verschont bliebe, durfte sie durch die hintere Tür den Saal verlassen. Von dort aus gelangte sie zunächst in einen kleinen Raum, in dem sie ungestört mit ihrem Anwalt reden konnte. Fabian und Charlotte hatten ebenfalls Zutritt.

Mina setzte sich. In ihrem Schädel herrschte weiterhin ein wildes Wirrwarr. Da war etwas, doch konnte sie es nach wie vor nicht benennen. Verdammt! Sie wippte mit dem Kopf nach vorn, als könne sie auf diese Weise das Gesuchte zur Besichtigung in ihr Frontalhirn rutschen lassen. Und ob es nun das Wippen bewirkte, oder ein nicht näher zu bezeichnender neurologischer Prozeß ablief: Plötzlich hatte sie es!

Es verhielt sich dabei wie bei diesen alten Radioweckern, bei denen die Ziffern durch die sukzessive Drehung einer Rolle nach unten wegklappen, um die aktuelle Zeit anzuzeigen. Es machte *Klack-klack-klack-klack* in ihrem Kopf, und alles war wieder präsent.

Die gesamte unglaubliche, entsetzliche, alles verändernde Wahrheit!

Sie mußte sich unverzüglich mit ihrem Anwalt beraten. Im Moment wußte sie überhaupt nicht, wie es nun weitergehen sollte.

12

Sie saß auf ihrer Couch. Prostete sich zu. Das hatte sie doch wohl vorzüglich hinbekommen. Nur noch eine Nacht, dann verschwand sie für alle Zeit. Das Ticket befand sich bereits in ihrer Tasche. Weit weg wollte sie. Dem ursprünglichen Plan folgend endlich neu anfangen. Nur, daß sie es jetzt allein tun mußte. Allzugern hätte sie zwar das Ende der Verhandlung abgewartet, das wäre jedoch zu riskant. Nach wie vor konnte noch alles auffliegen. Im Nachhinein erfuhr sie ohnehin, zu welcher Strafe Ben verurteilt worden war. *Sie* würde ihm die vollen fünfundzwanzig Jahre aufbrummen. Mit einer Verurteilung zu fünfzehn Jahren wäre sie aber auch schon ganz zufrieden.

Ein gehässiges Lachen erfüllte den Raum. Dieser Trottel! Nichts hatte er gemerkt. Sie könnte sich totlachen über ihn! Das gelang ihr zwar nicht, sich totzu*saufen* lag allerdings absolut im Bereich des Möglichen. Wie gewöhnlich war sie rasch bei der zweiten Flasche ihres Lieblings-Rotweins sowie bei der soundsovielten Zigarette angelangt.

Und diese blöde Wilhelmina de Winter. Wenn sie schon diesen Namen hörte! Mit verzerrtem Gesicht sprach sie ihn ein paarmal hintereinander aus. Anschließend fiel sie erneut in ihr boshaftes Lachen. Die war ebenfalls zu dumm! Hatte genausowenig gecheckt. Na ja, sie – Martha Lange – war einfach zu intelligent und gerissen für diese blöde Psychologin. Ha, für alle! Sie war ihnen haushoch überlegen!

Sie nahm einen gewaltigen Schluck direkt aus der Flasche. War das ein Spaß! Alles *ihre* Marionetten! Ihr Arm, an dessen Ende sie die Weinflasche umklammert hielt, machte eine ausladende Bewegung.

Die rote Flüssigkeit setzte sich dadurch erheblich in Bewegung; demzufolge schwappte eine gehörige Menge über und ergoß sich auf dem Teppich. Egal! Morgen interessierte sie weder der Teppich noch sonst was! Sie setzte die Flasche erneut an den Mund, trank gierig.

Lieber wollte sie sich noch ein wenig mit ihrem Triumphzug beschäftigen. Dieses leidende Gesicht der de Winter. Das war ja noch besser gewesen, als sie es sich zuvor ausgemalt hatte. Zuerst hatte sie ja ein bißchen Muffensausen bekommen, als sie gesehen hatte, daß die blöde Schlampe, entgegen aller Planung, an der Verhandlung teilgenommen hatte. Schließlich hatte sie ihr diesen herzzerreißend selbstlosen Brief zukommen lassen. Aber das Miststück hatte sich nicht an ihre Empfehlung gehalten. Die in Falten gelegte Stirn entspannte sich ein wenig, hellte sich beinahe sogar auf. Im Nachhinein gefiel es ihr so, wie es letztendlich gelaufen war, noch viel besser. Was für ein Spaß!

Die Schlampe hatte tatsächlich nichts gemerkt. Absolut nichts!

Ihr gesamter Oberkörper beugte sich nach vorn, so sehr mußte sie lachen. Doch dadurch wurde ihr unmittelbar übel. Mist! Na, sollte das Zeug eben raus, das schaffte immerhin Raum für die nächste Ration!

Mit einiger Mühe plazierte sie die Flasche auf dem Tisch, wankte daraufhin Richtung Badezimmer. Wie ein Seiltänzer breitete sie dabei ihre Arme nach rechts und links aus, um das Gleichgewicht halten zu können. Noch war sie nicht zu betrunken, um zur Toilette zu gelangen. Und sich dort auszukotzen war erheblich angenehmer, als morgen neben dem säuerlichen Gestank ihres eigenen Erbrochenen aufzuwachen, schlug ihr das doch jedesmal auf den eh vom vielen Alkohol gereizten Magen.

Gerade noch rechtzeitig klappte sie den WC-Deckel nach oben und erbrach. Nicht der gesamte Mageninhalt traf dabei die Öffnung, was von ihr freilich unbemerkt blieb.

Zurück im Wohnzimmer, leerte sie den Rest des Weins in einem Zug. Vorerst kam sie nicht mehr dazu, die dritte Flasche zu öffnen, da sie durch ihren intensiven Rausch in einen zwar lediglich vorübergehenden, jedoch tiefen Vergiftungsschlaf sank.

13

Rechtsbeistand Hans-Werner Thielen hatte ihren Bericht mit großen Augen verfolgt, als Mina ihn gestern noch beiseite genommen und sich mit ihm besprochen hatte. Das anfängliche Entsetzen, das auf den ungeheuerlichen Inhalt der Erzählung zurückzuführen war, war gleichwohl binnen kurzem einem kontinuierlich breiter werdenden Grinsen gewichen. Allerdings lediglich bei Minas Anwalt. Sie selbst fühlte sich wie paralysiert, konnte es noch immer nicht richtig fassen. Der Prozeß allerdings würde eine grundlegende Wendung erfahren.

Thielen hatte unverzüglich versucht, sich mit dem Gericht inklusive Staatsanwaltschaft in Verbindung zu setzen. Nachdem ihm dies gelungen war, konnten weitere Schritte eingeleitet werden.

Zum einen sollte Mina ihren Bericht im Zeugenstand wiederholen, zum anderen wurde Frau Martha Lange von zwei freundlichen Polizeibeamten – den Kommissaren Edith Neustadt und Uwe Haßfeld – gebeten, sie zum Gericht zu begleiten. Es seien weitere Fragen bezüglich des Tötungsversuchs im Fall Dr. de Winter aufgetreten, zu deren Aufklärung sie – Frau Lange – möglicherweise einiges beitragen könne.

Eine entsetzlich blasse Frau mit rot unterlaufenen Augen öffnete den Beamten die Tür. Aus der Wohnung drang ihnen eine penetrante Geruchsmischung aus Alkohol, Zigaretten und Erbrochenem entgegen.

Die Kollegen schauten sich vielsagend an. Es war unnötig, sich verbal zu verständigen. Sie arbeiteten bereits seit längerem zusammen, bewegten sich auf derselben Wellenlänge, was ihre Einstellung zum Beruf und die allgemeine Wahrnehmung betraf. Zudem gestaltete sich die Lage vor Ort derart offensichtlich, daß Worte ohnehin überflüssig erschienen.

Frau Lange entsprach dem Geruchszustand ihrer Behausung. Hier hatte jemand kräftig zugelangt. Hatte sie einen Anlaß gehabt zu feiern, oder hatte es gegolten, unangenehme Emotionen niederzuringen?

Martha Lange bat die Polizisten, sich einen Moment zu gedulden, sie wolle kurz ihre Zähne putzen und die Frisur in Ordnung bringen. Da Neustadt und Haßfeld dies für eine ausgezeichnete Idee hielten, willigten sie ohne Zögern ein. Andererseits wollten sie sie keinesfalls aus den Augen lassen, irgendwie beschlich beide ein ähnlich mulmiges Gefühl. Ohne ausdrückliche Erlaubnis traten sie also einen Schritt durch die halboffene Tür in die Wohnung.

Verwahrlosungen, die über jede normale Vorstellungskraft weit hinausragten, waren sie bereits allzu häufig ansichtig geworden. Das sich ihnen in diesem Augenblick darbietende Bild war ihnen demzufolge keineswegs fremd. Dennoch durchzuckte sie eine gewisse Irritation, befanden sie sich doch in einer der besten Wohngegenden der Stadt.

Dementsprechend wirkte die Wohnung erwartungsgemäß geschmackvoll, was die Einrichtung betraf. Eine Vielzahl teurer Möbel präsentierte sich hübsch und ordentlich arrangiert. Die Sitzecke jedoch, bestehend aus einem Sofa, zwei Sesseln und einem Glastisch, stand dazu im krassesten Widerspruch, wirkte sie doch vielmehr wie die Toilette auf einem entlegenen Rastplatz, als zu gemütlicher Trödelei nach einem anstrengenden Arbeitstag einzuladen.

Drei Rotweinflaschen standen – oder besser: lagen – dort herum. Eine war vermutlich auf den Boden gerollt. Der auf dem hochwertigen Tisch befindliche Aschenbecher quoll förmlich über; demzufolge tummelten sich einige Kippen auf der Glasplatte. Das helle Stoffsofa wies mehrere Weinflecken und Brandlöcher auf. Außerdem war es mit weiteren Flecken übersät, die mutmaßlich dem – zum Zeitpunkt der Entleerung unbrauchbar gewordenen – Mageninhalt der Bewohnerin zuzuordnen waren. Die Fortführung entsprechender Spuren konnte auf dem schönen Seidenteppich verfolgt werden, der offensichtlich häufig das Pech gehabt hatte, ausgerechnet in Auswurfrichtung der Erbrechenden gelegen zu haben.

Selbstverständlich benötigten die geübten Augen der Beamten nur wenige Sekunden, um die gesamte Szenerie zu scannen. Edith Neustadt begab sich aufgrund des gewonnenen Eindrucks erst recht in Richtung Badezimmer und vernahm in dessen unmittelbarer Nähe, wie die Zeugin Lange mit Mundwasser gurgelte. Als sie kurz danach ihre Toilette beendet hatte, roch sie nicht nur erheblich besser, sie hatte zudem eine bemerkenswerte Wandlung erfahren. Neben einem kräftigen Lippenstift hatte sie etwas Rouge aufgelegt sowie die Augen mit einem Hauch Lidschatten versehen, wodurch sie weniger rot und verquollen wirkten als zuvor. Auch hatte sie sich offensichtlich – oder besser: offen*riechbar* – ein wenig gewaschen und das Haar frisiert. Da sie lediglich mit einem Bademantel bekleidet war, als sie den Beamten erneut entgegentrat, entschuldigte sie sich für die weitere Verzögerung, die sich durch das Ankleiden ergeben würde, was sie sich im selben Zuge erbat.

Selbstverständlich wurde ihr auch dies bereitwillig gewährt. Die Tür zum Schlafzimmer blieb einen Spalt geöffnet. Edith Neustadt erlaubte sich einen beiläufigen Blick. Sie wollte bloß sichergehen. Schließlich geschah es nicht ohne triftigen Grund, Zeugen auf Anordnung abzuholen, damit sie unter polizeilicher Aufsicht zum Gericht begleitet werden konnten. Zudem hatte die Kommissarin früh gelernt, daß Vorsicht in ihrem Beruf das oberste Gebot darstellte. 'Lieber ein bißchen paranoid als tot!' war der Spruch, den sie gern äußerte, ergab sich ein entsprechendes Thema. In diesem Fall erwies sich ihre Aufmerksamkeit als zumindest interessant, erspähte sie doch auf dem Bett einen gepackten Koffer.

Wollte Frau Lange so plötzlich verreisen? Immerhin war das Ende der Verhandlung bisher nicht absehbar. Und die Polizisten waren unterrichtet worden, die Zeugin solle sich unbedingt zur Verfügung halten, bis ihr etwas anderes mitgeteilt werde.

Edith Neustadt beschloß, die Beobachtung unverzüglich weiterzuleiten, damit die hierfür Zuständigen eine angemessene Verwertung finden und entsprechende Schritte einleiten konnten.

Kurze Zeit später verließen die drei das Haus, um endlich zum Gericht zu fahren.

Als Martha Lange vor dem Verhandlungssaal auf ihre neuerliche Aussage wartete, beschäftigte sie unweigerlich die Überlegung, was für Fragen auf sie zukommen mochten. Hatte Ben inzwischen etwa doch Angaben gemacht? Daran glaubte sie im Grunde nicht. Zu verrückt würde klingen, was er zu erzählen hätte. Sie brauchte sich garantiert nicht im mindesten zu sorgen. Und die de Winter? Nein, die hatte gewiß nichts gemerkt! Mit ihrem *Ich-will-ja-stets-nur-helfen-und-fühle-mit-der-ganzen-Welt*-Getue glaubte die sowieso nur an das Allerbeste im Menschen. Sogar mit Ben hatte die sich eingelassen. Ausgerechnet mit Ben! Ihr Körper begann ein wenig zu vibrieren, als sie in sich hineinlachte. Mist, das hätte sie lieber nicht tun sollen, dröhnte doch nun ihr Kopf als unliebsame Antwort, als wolle er zerspringen.

Gestern hatte sie aber auch wahrhaftig überzogen, sich sozusagen selbst übertroffen. Sie hatte, als sie aus dem ersten besinnungslosen Schlaf aufgeschreckt war, noch eine dritte Flasche Wein nahezu geleert. Dabei hatte sie sich auf dem gestrigen Heimweg vom Gericht bereits zwei doppelte Korn genehmigt. Nur um den schalen Geschmack ihrer eigenen Zeugenaussage herunterzuspülen. Und obwohl sie enorme Alkoholmengen gewöhnt war, hatte sie diesmal eindeutig übertrieben. Aktuell half die Erkenntnis allerdings nichts. Sie mußte sich jetzt einfach zusammenreißen! Gleich würde sie die vom Gericht gewünschten Ergänzungen liefern, danach schleunigst das Weite suchen.

'Up, up and away', trällerte sie innerlich. Nur ihre Lippen bewegten sich beinahe unmerklich. Jäh fiel ihr auf, daß sich die beiden Polizisten nach wie vor in unmittelbarer Nähe aufhielten. Wieso hatten die sie eigentlich abgeholt? Ein Gedanke, den ihr Gehirn erst soeben in der Lage war zu formulieren. Ach, bestimmt wollte der vorsitzende Richter ihr den neuerlichen Gang erleichtern! Sie hatte zweifellos einen ausgezeichneten Eindruck bei ihm hinterlassen. Ihn dabei mal eben in die Tasche gesteckt. Ihr würde keiner auf die Schliche kommen. Sie war vollkommen in Sicherheit!

Schließlich hatte sie Ben sogar noch in Schutz genommen. 'Das tut er gewiß nie wieder!' wiederholte sie in Gedanken ihre gestrige Aussage. Die hatten ihr doch jedes einzelne Wort abgekauft. Ein Kasperletheater war das da drin. Aber nun ja, sie konnte es ihnen im Grunde nicht verübeln. Immerhin waren sie ja an *sie*, Martha Lange, geraten. Mit der konnte es kein einziger ohne weiteres aufnehmen!

Trotz ihres beschwichtigenden innerlichen Zuredens brach sich allmählich und vollkommen gegen ihren Willen eine gewisse Verunsicherung Bahn. Ungewöhnlich war diese neuerliche Ladung unter polizeilicher Begleitung allemal. Oder etwa nicht?

Ach was, sie wollte sich nicht unnötig verrückt machen. Hörbar stieß sie ihren alkoholgeschwängerten Atem aus, versuchte, sich zu beruhigen. Sollte jemand Zweifel an ihrer Glaubwürdigkeit hegen, würde sie diese in Nullkommanichts zerstreuen. Ja, sie hatte alles im Griff!

Zur selben Zeit befand sich Mina erneut am Zeugentisch, war noch einmal an ihre Wahrheitspflicht erinnert worden.

Nun forderte der Vorsitzende sie auf, ihre Angaben zu ergänzen. „Frau Dr. de Winter, Sie haben dem Gericht mitgeteilt, daß sich Ihre Gedächtnislücken gestern unvorhergesehen geschlossen haben. Ist das richtig?"

„Ja, das stimmt." Mina versuchte, das leichte Zittern in ihrer Stimme unter Kontrolle zu bringen. Sie konnte es selbst noch nicht recht glauben. Darüber hinaus sah sie sich außerstande, sich auch nur den geringsten Reim auf alles zu machen.

Zumindest wußte sie endlich, was passiert war. Vielleicht klärte sich alles Weitere ebenfalls auf.

„Bitte erzählen Sie uns, was Ihnen eingefallen ist!" Richter Gerald Henseling ermunterte Mina mit einem freundlichen Lächeln. Ihm war stets bewußt, was es für das Opfer einer Tat bedeutete, vor fremden Menschen seine Aussage machen zu müssen.

„Mir ist gestern bei der Vernehmung der Zeugin Martha Lange etwas aufgefallen, das ich anfangs nicht einordnen konnte." Mina machte eine Pause. Sie überlegte, wie sie das Ungeheuerliche, für das sie keinen durchgängigen Faden fand, der es logisch miteinander verband, in einer Weise erklären sollte, die es für das Gericht nachvollziehbar machte. „Ich versuche, es Ihnen so verständlich wie möglich zu erklären. Obwohl ich keinen blassen Schimmer habe, wieso das alles passiert ist."

Der Richter lächelte ihr ein weiteres Mal aufmunternd zu.

„Also Frau Lange sprach mit dieser belegten Stimme." Mina klopfte leicht mit zwei Fingern auf ihren Kehlkopf. „Das hat mich gehindert, gleich darauf zu kommen, dennoch kam mir die Stimme irgendwie vertraut vor. Als ich aufsah, war mein erster Eindruck allerdings ein anderer, schien mir diese Frau doch völlig unbekannt zu sein. Trotzdem gab es etwas, ähnlich wie bei der Stimme, das mich an jemanden erinnerte. Als mir das besorgte Gesicht meiner Freundin auffiel, die seitlich hinter dem Zeugentisch saß, wechselte mein Blick automatisch zwischen ihr und der Zeugin, die mich so sehr irritierte. Dabei bemerkte ich, daß die beiden fast die gleiche Frisur und Haarfarbe haben. ... Daraufhin fiel mir wiederum eine Begebenheit ein, bei der ich fälschlicherweise meine Freundin gesehen zu haben glaubte. Die weitere Verfolgung dieser Gedächtnisspur führte mich jedoch nicht zum Ziel. ... Es hatte eben *doch* mit der Stimme zu tun! Nur kannte ich sie aus einem Zusammenhang, der sich mir einfach nicht erschließen wollte. ... Ich weiß nicht, ob Sie das kennen: Manchmal kommt einem etwas – oder jemand – bekannt oder vertraut vor, nur hat man zunächst keine Ahnung *woher* oder überhaupt *wieso*!?"

Die Köpfe des Gerichts nickten zustimmend. Ja, das kannten sie!

Sie konnte also getrost weitererzählen, keiner fand es abstrus. „Daraufhin hab' ich überlegt, wie ich zur Lösung gelangen kann. ... Entsprechend hab' ich die Zeugin einfach auf mich wirken lassen. Irgendwann hat sie eine Handbewegung gemacht, die mir geläufig war. Und letzten

Endes fiel es unaufhaltsam wie ein Vorhang, der sich Stück für Stück kontinuierlich öffnet, bis er die komplette Szene freigibt. ... Und dann war alles da! Ganz klar! ... Frau Martha Lange hat mich längere Zeit in meiner Praxis aufgesucht. Sie war ... oder *ist* ... eine Patientin von mir!" Mina befeuchtete mit der Zunge ihre Lippen. „Sie trug allerdings stets eine dunkle Perücke, eine voluminöse Brille und war vom Stil her anders gekleidet als bei ihrer Zeugenaussage. Sehr damenhaft, nicht so burschikos. Außerdem trug sie mit Sicherheit Kontaktlinsen, denn ihre Augen waren blau. Mehr als einmal habe ich mich gewundert, warum sie fortwährend derart wäßrig wirken. ... Klar, es lag gewiß zu einem Teil an dem besonders hellen Blau, jedoch denke ich mittlerweile, ihre Augen reagierten womöglich empfindlich auf den Fremdkörper. ... Und sie nannte sich nicht Martha Lange, sondern ... Anna Burger!"

Ben hatte während Minas Bericht zum ersten Mal aufgeschaut. Hochkonzentriert war er ihrer unglaublichen Aussage gefolgt, kein einziges Wort war ihm dabei entgangen. Dennoch sah er sich nun wesentlich mehr neuen Fragen gegenüber, als daß er Antworten auf seine bisherigen erhalten hätte.

Von alledem, was Mina gerade eröffnet hatte, wußte er nichts. Nicht das Geringste!

Was für ein intrigantes Spiel hatte Martha hinter seinem Rücken getrieben? Und er war so dumm gewesen, ihr zu vertrauen!

„Und wieso ist Ihnen das nicht beispielsweise anhand ... der Versicherungskarte aufgefallen?" Der inzwischen berechenbar aggressiv wirkende Dr. Bernhard Reuffer hegte selbstverständlich auch dieses Mal Zweifel.

„Das kann ich Ihnen genau erklären, Herr Reuffer! Frau Burger, oder besser sollte ich sagen: Frau *Lange* ... kam als Privatpatientin zu mir. Sie wurde von mir über die gängige Praxis Privatversicherter aufgeklärt. Üblicherweise tritt der Patient nach Erhalt der Rechnung in Vorkasse und reicht diese anschließend bei seiner Versicherung ein, um das Geld erstattet zu bekommen. Eine Versichertenkarte existiert in diesem Fall nicht, was bedeutet, die Personendaten werden manuell erhoben."

„Und welche Adresse gab sie an?" Der Vorsitzende führte die Befragung fort.

Mina richtete ihre Antwort dementsprechend direkt an ihn und die weiteren Personen hinter dem Richterpult. „Ottostraße 285."

Gerald Henseling sichtete die Akten. „Hier ist die Germanenstraße 5 angegeben. Die Ottostraße stellt offensichtlich einen zweiten Wohnsitz oder lediglich eine Kontaktadresse dar, an der ihre Post entgegengenommen wurde. Das ist gestern bereits überprüft worden. Wir werden später einen Beamten dazu vernehmen."

„Ich schickte ihr jedenfalls die fälligen Rechnungen vereinbarungsgemäß zur Ottostraße, erkundigte mich zudem danach, ob die Versicherung mittlerweile kundgetan habe, was für Unterlagen sie für eine Psychotherapiegenehmigung benötige. Dies wird von den privaten Versicherern unterschiedlich gehandhabt. Deshalb kläre ich jeden Patienten individuell auf, daß die Kosten, über die ersten fünf Sitzungen hinaus, erst nach ausdrücklicher Genehmigung der entsprechenden Gesellschaft von dieser übernommen werden. … Diesbezügliche Erwägungen winkte Frau Burger … Frau Lange allerdings jedesmal ab."

„Gab sie eine Begründung an?"

„Nicht direkt. Sie bekundete lediglich, sie kümmere sich zu gegebener Zeit, indes handele es sich dabei ohnehin um eine Nebensache, da sie nicht über derart knapp bemessene Geldmittel verfüge, um auf die Erstattung angewiesen zu sein. … Als ich einige Termine später dennoch erneut auf die Angelegenheit zu sprechen kam, wies sie mich zurecht, ich solle sie bitte nicht nerven, es sei schließlich nicht mein Problem, und ich erhalte schon mein Geld. Ich machte sie daraufhin *nochmals* auf ihr Anrecht aufmerksam, die Übernahme der Psychotherapiekosten seitens der Versicherung decken zu lassen. Ich erinnere mich, sie lächelte mich irgendwie …, ich kann es nicht anders sagen, … sie lächelte mich so *wissend* an, nickte nur und kommentierte es abschließend mit der Aussage, sie sei mit gewichtigeren Problemen beschäftigt, als sich mit solch dämlichem Formalkram herumzuschlagen."

„Und damit haben Sie sich zufriedengegeben!" Dies klang weniger wie eine Frage des Staatsanwaltes, sollte wohl eher eine Feststellung sein. Der Vorsitzende ließ allerdings keine Zeit für eine Antwort. Er machte deutlich, daß er die Befragung weiterhin gern in den eigenen Händen beließ. „Frau Dr. de Winter, bitte erzählen Sie, ob Ihnen noch etwas Ungewöhnliches an Frau Lange aufgefallen ist, wenn sie zu den Sitzungen kam! Und berichten Sie uns bitte etwas über die Ereignisse des fraglichen Tages! Ich weiß, das muß schwer für Sie sein, doch ist es wichtig, hier alles noch einmal ausführlich darzustellen."

„Selbstverständlich. Ich bemühe mich, so gut ich kann." Mina betrachtete ihre Hände, die nebeneinander vor ihr auf dem Tisch lagen. Nun da die Erinnerung erwacht war, wurde sie von einem Grauen gepackt, das ihr beinahe die Kehle zuschnürte.

Sie atmete tief ein, streckte den Rücken und ermunterte sich durch ein kaum wahrnehmbares Nicken des Kopfes. „Also das, was Frau Bur… Frau Lange an Symptomen berichtete, wirkte oft recht diffus. Sie kam mir häufig nicht authentisch vor. Anders kann ich es nicht ausdrücken. Sie schien zwar enormen Leidensdruck zu erfahren, der formal als depressive Episode eingestuft werden mußte, dennoch wirkte alles, was sie sagte, irgendwie unecht. … Als Psychotherapeut hinterfragt man sich in solchen Situationen zunächst selbst, ob man nicht überinterpretiert, einer Fehlwahrnehmung unterliegt oder einen Patienten eventuell einfach nicht ausreichend befragt hat. Ich kam bei dieser Patientin jedoch zu keinem Ergebnis, weiß somit also auch heute nicht, was von ihren Ausführungen gelogen war, und welche Anteile vielleicht der Wahrheit entsprachen. … Insgesamt reagierte sie jedenfalls mir gegenüber vielfach aggressiv, gab patzige Antworten, war rasch auf dem Pferd, und das jeweils ohne ersichtlichen Grund. … Mich beschlich mehr als einmal das Gefühl, sie habe etwas gegen mich persönlich, konnte mir nur keinen Reim darauf machen, da ich schließlich niemals zuvor mit ihr zu tun hatte. … Diese Ratlosigkeit besteht noch immer. Ich kann mir überhaupt nicht erklären, warum sie diesen offensichtlich abgrundtiefen Haß gegen mich hegt. Die Beziehung zu Herrn Steiner kann das allein gewiß nicht erklären."

„Lassen wir das fürs erste so stehen, Frau Dr. de Winter! Ich würde nun gern auf die Ereignisse des Tages zu sprechen kommen, an dem Sie niedergestochen wurden."

Minas Hände begannen zu zittern. Sie drückte sie etwas fester auf die kühle Holzplatte, um sie unter Kontrolle zu bekommen. Als sie spürte, daß es mißlang, nahm sie sie vom Tisch und legte sie in den Schoß. Erneut gab sie sich die Instruktion einfach loszulegen und es hinter sich zu bringen. Im Richterzimmer hatte sie es schließlich bereits üben können, als sie mit ihrem Anwalt den Vorsitzenden aufgesucht hatte, nachdem ihr Gedächtnis gänzlich unerwartet die Geschehnisse aus einem verborgenen Winkel freigegeben hatte.

Sie befeuchtete ihre Lippen. Also los! „Ich muß noch eines vorausschicken. Zwei Wochen vor dem besagten Termin kündigte Frau ... Lange an, den Termin in zwei Wochen nicht wahrnehmen zu können, ich solle ihn ruhig anderweitig vergeben. Was ich tat. In der darauffolgenden Woche wurde sie sehr ärgerlich, weil *ihr* Termin nicht frei sei. Als ich sie daran erinnerte, ihn selbst storniert zu haben, wurde sie regelrecht wütend, stritt es ab. Sie insistierte daraufhin nachhaltig, ich möge ihr bitte unbedingt ihren gewohnten Termin zubilligen. Das sei in den nächsten Wochen ohnehin die einzige Zeit, zu der sie erscheinen könne, da sie beruflich verreise. Sie zeterte, das müsse ja wohl möglich sein, sie sei schließlich Privatpatientin. Ich erklärte ihr daraufhin, dem Termin sei es einigermaßen schnuppe, ob sie mit oder ohne Versichertenkarte zahle, ich müsse erst schauen, wie ich ihn freibekomme. ... Letztendlich kam ich ihr entgegen, indem ich die Patientin, der ich ihn reserviert hatte, anrief und einen Ausweichtermin vereinbarte. Frau ... Lange schien deswegen unangemessen zufrieden. ... Das ist mir in Erinnerung geblieben, weil ich über diesen Stimmungswechsel wegen eines Termins etwas überrascht war und ebenfalls darüber, daß es sie überhaupt so übermäßig glücklich machte. ... Schließlich hatte ich ihr kein Millionenerbe von Tante Trude angeboten, sondern lediglich einen High-Noon-Termin freigemacht."

Einige der anwesenden Juristen schmunzelten über Minas Scherz, was ihr guttat. Die Anspannung löste sich allmählich. „Und dann kam der entsprechende Tag. Frau ... Lange war wie gewöhnlich meine letzte Patientin vor der Mittagspause. Sie kam pünktlich zu ihrer Sitzung, die nicht anders als sonst verlief." Mina überlegte einen Moment.

Während der letzten Stunden hatte sie sich mindestens hundertmal gefragt, ob irgend etwas während der Sitzung vom Gewöhnlichen abgewichen war. Ob die Patientin nervös oder fahrig gewesen war, jedoch war ihr dazu nichts eingefallen, rein gar nichts! „Am Ende der Sitzung begab ich mich zu meinem Schreibtisch, um meinen Kalender zu holen. ... Ich erinnere mich inzwischen wieder, bemerkt zu haben, wie Frau Burger sich bereits ihre Handschuhe überstreifte, ... was ich aber nicht als ungewöhnlich empfand, da es an diesem Tag sehr kalt war, und weil sie angekündigt hatte, es sehr eilig zu haben. ... Kurz danach sah ich noch ihren Schatten im Augenwinkel. Sie war aufgestanden und bewegte sich in meine Richtung. ... Dabei sagte sie sinngemäß, sie wolle doch lieber nach ihrer Rückkehr anrufen, um einen neuen Termin mit mir zu vereinbaren. Es dauere ihr jetzt zu lange. Und bevor ich realisieren konnte, warum sie mir zunehmend näherkam, und auch bevor ich mich entsprechend zu ihr umdrehen konnte, spürte ich bereits diesen unendlich bohrenden Schmerz. ... Ich erinnere mich, versucht zu haben, am Schreibtisch Halt zu finden, weil meine Beine wegsackten. Doch waren meine Hände ebenfalls auf einmal vollkommen schwach. Und während ich zu Boden glitt, überlegte ich noch, was wohl mit mir los sei. Ich bin wohl kurze Zeit später ohnmächtig geworden, jedoch gibt es einen letzten Eindruck, der sich in mein Gehirn gebrannt hat, und den ich seit gestern ebenfalls wieder abrufen kann. Das ist eine Anna Burger, die sich mit einem wirklich diabolischen Grinsen über mich beugt und mir zuhaucht: 'Jetzt hast du endlich deine gerechte Strafe bekommen!' Und danach ist alles schwarz. Bis zu dem Zeitpunkt, zu dem ich im Krankenhaus aufgewacht bin. ... Das war allerdings Tage später."

Für einen Moment herrschte Ruhe im Saal. Selbst die zugelassene Öffentlichkeit verhielt sich mucksmäuschenstill. Schließlich saß doch dort der Angeklagte! Und nun behauptete die Zeugin, die gleichzeitig Opfer war, ein anderer Täter habe – man konnte schon sagen: zweifelsfrei – die Tat begangen! Obwohl bisher alles für – oder besser gesagt: *gegen* – den Angeklagten gesprochen hatte.

Der Staatsanwalt brach als erster das Schweigen. „Frau Dr. de Winter, woher wissen wir denn, daß Sie sich zur Entlastung des Angeklagten diese rührende Gedächtnisauferstehungsgeschichte nicht einfach ausgedacht haben?"

Noch bevor sie sich überlegen konnte, ob es wohl angemessen sei, lachte Mina laut auf. Das erschien ihr dermaßen absurd, sie konnte einfach nicht anders. Weiterhin belustigt, entschuldigte sie sich bei den Richtern und den beiden Schöffen. „Oh, ich bitte vielmals um Entschuldigung! Aber muß denn wirklich jede Frage gestellt werden, sei sie auch noch so bescheuert? Oh, ich entschuldige mich noch einmal! Nur bitte, Herr Staatsanwalt, vielleicht unterliegen Sie ja zur Zeit vielmehr einer Bewußtseinstrübung als ich. Deshalb darf ich Sie daran erinnern: Ich bin *niedergestochen* worden!" Das Lachen erstarb, sie durchdrang Staatsanwalt Reuffer statt dessen mit ihren Blicken. „Und das tat nicht nur extrem weh, ich hätte darüber hinaus beinahe mein Leben verloren! Finden Sie angesichts dieser Tatsache die Theorie, ich schütze den dafür verantwortlichen Täter, indem ich obendrein eine Unschuldige durch meine Aussage in den Knast bringe, nicht insgesamt ein wenig absurd? Was genau sollte ich Ihrer Meinung nach dabei gewinnen? Endlich tot sein zu dürfen, weil ich dem Täter die Möglichkeit biete, seinen mißglückten Versuch korrigieren zu können?"

Sie hoffte, nicht zu scharf reagiert zu haben. Andererseits war sie der ständig provozierenden Bemerkungen des Staatsanwaltes überdrüssig. Wieso machte er sie derart an? Letztendlich war sie nun garantiert nicht der Täter, sondern auf jeden Fall das Opfer. Oder wollte er daran ebenfalls Zweifel hegen?

Aus dem Publikum war hier und da das Scharren von Sohlen zu vernehmen. Einige hielten die Luft an. Das war ja viel spannender als der *Tatort* am Sonntagabend!

„Es freut mich, Ihr Gehirn in einem einwandfreien Zustand vorfinden zu dürfen, Frau Dr. de Winter. Sie haben uns soeben unter Beweis gestellt, wie vorzüglich es funktioniert." Richter Henseling schmunzelte verhalten. Er konnte Mina gut verstehen. Andererseits schätzte er den aggressiv agierenden Staatsanwalt genau *wegen* seiner Art, obwohl sie gewiß recht gewöhnungsbedürftig ausfiel. Jedoch hatte er auf diese Weise bereits manchen glaubwürdig erscheinenden Zeugen dermaßen verunsichert, daß dieser zusammenbrach und seine wahrheitswidrige Aussage korrigiert hatte. Leider gelang es dem Kollegen nicht zwischen einzelnen Personen zu unterscheiden. Er preschte wie ein Bulldozer regelmäßig nach vorn. Wen es zu Unrecht traf, der hatte eben Pech! Schließlich diente es der Wahrheitsfindung.

„Gibt es derzeit noch Fragen an die Zeugin?"

Alle verneinen, entsprechend nahm Mina ihren Platz neben Hans-Werner Thielen ein, der ihr bestätigend die Hand tätschelte. Sie habe alles richtig gemacht, bedeutete er ihr mit dieser Geste.

Als Mina aufschaute, fing sie Bens verstörten Blick auf. Er schüttelte den Kopf und formte etwas mit den Lippen, das sie als 'Ich hatte ja keine Ahnung, es tut mir so leid' entschlüsselte. Bedrückt wendete sie sich ab, wollte sich derzeit nicht mit ihm befassen. Die Wahrheit auszusagen war ohnehin das einzige gewesen, das sie für ihn hatte tun können.

Daneben war noch nicht einmal geklärt, inwieweit er dennoch in die Sache verwickelt war. Obwohl mittlerweile aufgeklärt war, daß er das Messer nicht geführt hatte, hörte sich doch alles nach dem perfiden Mordkomplott eines Verbrecherpaares an.

Mina unterbrach unverzüglich ihre belastenden Überlegungen, als Martha Lange aufgerufen wurde. Diese hatte mittlerweile mindestens fünf Pfefferminzbonbons vertilgt und hoffte inständig, es möge ihr auf diesem Wege gelungen sein, ihre Fahne so weit zu bändigen, daß sie wenigstens nicht den Richtertisch erreiche.

Weiterhin schwebte sie in der zunehmend nagenden Ungewißheit, was bei Gericht nun auf sie zukommen mochte. Letztlich blieb ihr lediglich, sich einigermaßen zu Ruhe und Aufmerksamkeit zu ermahnen, damit sie zu guter Letzt nicht doch noch alles verdarb.

Als sie den Raum betrat, wirkte die Stimmung aufgeladen, was ihre Verunsicherung allerdings eher dämpfte, anstatt diese voranzutreiben, interpretierte sie es doch als Bestätigung der ihr dargebotenen Ehrerbietung. Anscheinend sah sich das Gericht nicht in der Lage, die Angelegenheit ohne ihre Unterstützung aufzuklären. Weitere Fragen hatten sich vermutlich aufgetan, die allein sie, als die Expertin für Bens Psyche, beantworten konnte. Auf dem Weg zum Zeugentisch warf sie einen verächtlichen Blick auf Mina.

Zunächst war Martha außer sich gewesen, als sie erfahren hatte, daß der von ihr beigebrachte Messerstich nicht zum Eintritt des beabsichtigten Todes geführt hatte. Doch inzwischen befand sie, es sei sogar ein zusätzlicher Spaß, die Ahnungslose dort sitzen zu sehen. Selbst ihre Verkleidung in den Sitzungen war der nicht aufgefallen. Diese de Winter taugte eben nichts, das hatte sie ja bereits sehr früh entdeckt.

Sie triumphierte. Jetzt bloß nichts anmerken lassen! Ruhig und bescheiden kluge Antworten zu geben, darin bestand in diesem Moment ihre ausschließliche Aufgabe. Schließlich war sie diejenige, die sich um Ben trotz allem besorgt zeigte, kannte sie ihn doch als *so* guten Kerl!

Derweil hatte sie der Vorsitzende aufgefordert, Platz zu nehmen. Sie wurde erneut auf ihre Wahrheitspflicht hingewiesen und zudem belehrt, keine Aussage machen zu müssen, bei der sie sich selbst belaste. In diesem Fall dürfe sie schweigen, keinesfalls jedoch lügen! Artig nickte sie. 'Bla bla bla', formulierte hingegen ihr Geist hochmütig.

Der Vorsitzende begann die Befragung. „Frau Lange, waren Sie schon einmal in psychotherapeutischer Behandlung?"

Martha stutzte. Worauf wollte er hinaus? „Nein?" Ihre Antwort wirkte wie eine Frage.

„Mir liegen anderslautende Informationen vor. Wollen Sie Ihre Antwort lieber noch einmal überdenken?"

„Das muß ich nicht. Ich hatte so etwas noch nie nötig." Beleidigt verzog sie den Mund. „Was sind denn das für Informationen, die Ihnen angeblich vorliegen?" Oh, sie mußte sich beherrschen, durfte den Richter keinesfalls provozieren.

„Das will ich Ihnen sagen, Frau Lange. Die mir *tatsächlich* vorliegenden Informationen besagen, daß Sie sich bis zu dem Tage, an dem Frau Dr. de Winter niedergestochen wurde, bei ihr in Behandlung befunden haben. Und zwar unter dem Namen *Anna Burger*."

Scheiße, es war dem Miststück offensichtlich doch aufgefallen! Verflucht, damit hatte sie nun wirklich nicht mehr gerechnet, nachdem gestern alles so glatt gelaufen zu sein schien! Jetzt mußte sie sich eiligst was einfallen lassen. Noch konnte sie das Ruder herumreißen. Schließlich war ihr das bisher durchgehend gelungen.

Fieberhaft suchte sie nach einer Lösung, glaubte zuletzt, eine gefunden zu haben. Erst einmal sollte sie zugeben, was ohnehin bekannt war. Andernfalls würde alles Weitere unglaubwürdig klingen. Anschließend konnte sie die Fakten auf eine Weise uminterpretieren, die ihr dienlich sein würde. „Also ja! Es ist mir etwas peinlich und hat zudem mit der hiesigen Sache überhaupt nichts zu tun, aber ich will ganz ehrlich sein! Ja, ich war bei Frau Dr. de Winter in Behandlung. Und weil es mir eben unangenehm war, und weil ich wußte, daß sie mit Ben etwas hatte, habe ich …, nun, nennen wir es, ein *Pseudonym* benutzt."

„Entschuldigung! Darf ich etwas sagen?" Mina meldete sich zu Wort. Diese Martha log in einem fort, was sie auf der Stelle korrigieren wollte.

„Ja, selbstverständlich." Der Vorsitzende gab ihr ein Zeichen. Als Nebenklägerin hatte sie das Recht, in die Verhandlung einzugreifen.

Es fiel Mina unglaublich schwer, sich an die Frau zu wenden, von der sie fast getötet worden war. Jedoch mußte es sein. Sie straffte die Schultern. „Frau Lange. Das, was Sie ausgesagt haben, kann so nicht stimmen. Sie hatten nämlich die Therapie bereits begonnen, bevor ich Ben überhaupt kennenlernte."

„Sooo?" Martha zog das *O* in einer Art in die Länge, die ihrer Verwunderung Ausdruck verleihen sollte. „Da müssen Sie sich täuschen, Frau Doktor! Das ist nur allzu verständlich, nach dem, was Ihnen von Herrn Steiner angetan worden ist. Aber ganz gewiß erinnere ich mich besser als Sie, wann ich meine Therapie begonnen habe."

„Das tun Sie offensichtlich nicht! Da bin ich mir ganz sicher!" Mina verzichtete bewußt darauf, die Zeugin auf ihre bereits stattgefundene Entlarvung hinzuweisen, in deren Zuge Bens Täterschaft – zumindest was den Anschlag selbst betraf – eindeutig widerlegt worden war. Das überließ sie gern dem Gericht.

„Wir wollen das einen Moment zurückstellen!" Der Vorsitzende wollte endlich Tatsachen schaffen. „Kommen wir auf den Tag zurück, an dem Frau Dr. de Winter niedergestochen wurde! Waren Sie an diesem Tag in der Praxis?"

Martha überlegte kurz. Das konnte sie kaum leugnen. Denn da bereits bekannt war, unter welchem Namen sie Patientin bei der de Winter gewesen war, war zwangsläufig ebenso ihre Aussage bekannt, die sie der Polizei gegenüber als Anna Burger gemacht hatte. Derzeit hatten die Beamten sie erwartungsgemäß in ihrer Wohnung in der Ottostraße aufgesucht, die sie eigens für ihren Plan angemietet hatte, und in der sie sich, zum Zwecke der erwarteten Befragung, nach der Tat vorübergehend einquartiert hatte. Somit wäre es äußerst dumm gewesen, es nun abzustreiten. Nein, nein, die kamen ihr nicht auf die Schliche! Dazu war sie viel zu gerissen! Und die de Winter litt schließlich unter einem Gedächtnisverlust, auch wenn sie sie erkannt hatte. Noch war nichts verloren! Allerdings war ihr unklar, worauf die eigentlich hinauswollten!?

„Ja, das ist richtig. Aber das wissen Sie ja bereits", war erst einmal alles, was sie preisgeben wollte.

„Ah ja!" kommentierte der Vorsitzende. „Frau Dr. de Winter hat ausgesagt, *Sie* seien diejenige, von der sie niedergestochen wurde."

Ein Raunen erhob sich im Saal. Alle Anwesenden waren in diesem Augenblick auf die Reaktion der Angesprochenen extrem gespannt.

Diese zeigte sich zunehmend nervös. Hatte die Schlampe etwa ihr Gedächtnis wiedererlangt? So plötzlich? War das möglich? Scheiße, was jetzt? Abstreiten! Einfach abstreiten! Sollten sie ihr das doch erst mal beweisen! Also tat sie schockiert, als würde ihr gerade eine unfaßbare Ungeheuerlichkeit unterstellt. „Wie können Sie so was behaupten?!" Sie rief diesen Satz theatralisch in Minas Richtung. „Was habe ich Ihnen denn getan? Wollen Sie *mich* jetzt ans Messer liefern, um Ihren Liebhaber zu retten?! Nur weil ich vielleicht eine etwas unbequeme Patientin war? Was sind Sie bloß für ein Mensch?" Mittlerweile hatte sie sich gänzlich in die Rolle der zu Unrecht Beschuldigten eingefunden. Tränen

kullerten über ihre Wangen. Sie wirkte fassungslos.
„Frau Lange!" Der Staatsanwalt. „Wollen Sie ernsthaft leugnen, diejenige gewesen zu sein, die den Anschlag auf Frau Dr. de Winter verübt hat?"
„Selbstverständlich will ich das! Wie kann man mich nur einer solch abscheulichen Tat bezichtigen?!"
Ben schaltete sich zum allerersten Mal seit Verhandlungsbeginn ein.
„Martha! Ich weiß, ich hab' dir wehgetan, als ich dir gestanden habe, mich in Mina verliebt zu haben, und ich kann die von dir erlittene Kränkung verstehen. Aber sag' bitte trotzdem die Wahrheit!"
„Gar nichts verstehst du! Wirklich gar nichts!" Sie warf ihm einen angewiderten Blick zu. Was wußte denn *er* schon? Was wußte überhaupt jemand über das, was in ihr vorging? Die hatten doch alle keine Ahnung! In deren Spatzenhirnen spielte sich garantiert nichts Erwähnenswertes ab. Von den Tiefen ihres eigenen Geistes hatten die nicht einmal einen blassen Schimmer.
Mina beobachtete Martha. Sie versuchte, die Puzzleteilchen, die in den therapeutischen Gesprächen glaubhaft erschienen waren, mit der Haltung in Einklang zu bringen, die sich in diesem Augenblick offenbarte. Ihr war zwar weiterhin nicht klar, welche Rolle sie selbst bei alldem spielte, doch irgend etwas lief in dieser Frau ab, das ganz bestimmten Regeln folgte. Da gab es einen Plan! Nur was für einen?
Sie wollte versuchen, Martha zu provozieren. Schließlich hatte das in den Therapiesitzungen andauernd funktioniert – vollkommen ohne Absicht. Und das war eindeutig nicht gespielt gewesen. Wenn sie es entsprechend nutzen könnte, gestand Martha Lange womöglich. Und das war Mina wichtig, um endlich etwas über das zugrunde liegende Motiv zu erfahren. „Frau Lange!" meldete sie sich übertrieben sanft zu Wort. „Ich kann mir ansatzweise vorstellen, wie enorm Ihr Leiden ist. Obwohl es natürlich keiner von uns so *richtig* versteht. Deshalb erklären Sie es uns doch bitte! Wir würden gern *nachvollziehen* können, was Sie durchgemacht haben und weiterhin durchmachen. Worum geht es?"
„Das fragst ausgerechnet du, du elendes Miststück?"
Das funktionierte viel leichter, als Mina erhofft hatte. So viel Haß!
Zum ersten Mal wurde ihr so richtig deutlich, dieser Haß galt tatsächlich ihr persönlich. Wodurch war er bloß ausgelöst worden? Mina *mußte* das wissen!

Ihr Ton hatte auf Martha unerträglich geringschätzig gewirkt. Und die hohe Anspannung der letzten Zeit – zusammen mit dem Restalkohol in ihrem Blut – brachte die mühsam aufrechterhaltene Fassade allmählich ins Wanken. Sie hatte sich bereits mehrmals Phantasien hingegeben, wie sie ihr Meisterstück der Öffentlichkeit zugänglich machen würde, damit andere an ihrem vorzüglich geplanten Rachefeldzug teilhaben konnten.

Doch waren das selbstverständlich nur Gedankenspiele gewesen. Unentdeckt davonzukommen war stets das oberste Ziel gewesen. Und wäre diese verdammte Schlampe – wie vorgesehen – *hopsgegangen*, hätte man ihr niemals etwas nachweisen können. Bloß ein paar Millimeter hatte das Messer seinen Bestimmungsort verfehlt. Andernfalls hätte es das verfluchte Herz dieser Psychologin getroffen!

Das war in der Ausführung ihres grandiosen, sorgsam ausgetüftelten Plans tatsächlich der einzige Fehler gewesen. Leider ein sehr gravierender. Wie es in diesem Augenblick aussah sogar ein entscheidender Fehler, der nun alles zu Fall bringen konnte. Sie mußte also ein wenig umdisponieren. „Du bist doch an allem schuld!" rief sie Mina angewidert entgegen. „Und jetzt willst du mich mit deiner … salbungsvollen *Was-macht-das-mit-dir*-Stimme obendrein verhöhnen? Glaubst du, ich falle darauf rein? Du interessierst dich doch ausschließlich für dich selbst und für deinen Erfolg! Die Menschen sind dir doch völlig gleichgültig!"

„Warum hassen Sie mich?" Mina fragte es erneut in einem unendlich ruhigen Ton, ohne Marthas Duzen zu erwidern. Sie wußte, nur auf diese Weise konnte sie alles erfahren, falls überhaupt. Das Gericht ließ sie gewähren. Selbst der Staatsanwalt hielt sich ausnahmsweise zurück. Alle spürten, daß Mina sich auf dem richtigen Weg befand.

„*Warum hassen Sie mich?*" äffte Martha Mina nach. „Warum ich dich hasse?" Anklagend wies sie mit dem Zeigefinger auf sie. „Du trägst die alleinige Schuld daran, daß ich meine große Liebe verloren habe!"

„Diesen Timmy? Aber der ist doch an Krebs verstorben und war ja längst tot, als Sie zu mir kamen." Mina war verwirrt. Was erzählte Frau Lange denn da?

„Ach was! Es geht um Andrea! Es ging die ganze Zeit um sie." Ihre Stimme flackerte. „Um meine sanfte, liebe, süße Timmy." Sie schwieg, lächelte unvermittelt. In der Erinnerung wurde sie vollkommen weich. Timmy hatte stets vermocht, ihre besten Seiten hervorzubringen. Sie war ein wahrer Engel gewesen.

Der Staatsanwalt wollte wissen, wer denn eigentlich Andrea sei. Ben fand allmählich seine Sprache wieder und klärte das Gericht auf. „Andrea ist meine verstorbene Ehefrau. Sie ist bei einem tragischen Verkehrsunfall zusammen mit unserem Sohn Leonard verunglückt. *Tim* beziehungsweise *Timmy* sind Kosenamen gewesen, die Martha, also Frau Lange, aus dem Nachnamen meiner Frau abgeleitet hat. Sie hieß Andrea *Timbert*, auch nach unserer Eheschließung."

Martha wandte sich ihm zu. „Du hast Timmy doch nie verstanden! Nur bei *mir* hat sie das bekommen, was sie wirklich brauchte. Nur *ich* habe um ihre zarte Seele gewußt. Und *ich* war diejenige, die sie wahrhaftig geliebt hat."

„Das kann man doch nicht vergleichen, Martha!" Ben schaute konsterniert. „Schön, du warst ihre beste Freundin. Klar hast du sie auch geliebt. Doch ich war ihr *Mann*. Sie und Leonard waren meine Familie."

„Ich glaube, Martha meint eine andere Art von Liebe, die sie für Andrea empfunden hat, Ben." Jeder im Saal hatte es genau vernommen, obwohl Mina sehr leise gesprochen hatte. Langsam wurden ihr die ersten Zusammenhänge klar.

„Du meinst …? Stimmt das, Martha? Du hast Andrea auf *diese* Weise geliebt?"

„Ja, du Schnellmerker!" Jetzt sollte er auch alles wissen. Womöglich wurde ihm dann endlich klar, was für eine schlechte Wahl er für Timmy gewesen war. „Ja, ich habe sie geliebt. Sie war mein ein und alles."

„Aber du hast mir doch erzählt, sie sei von ihrem Liebhaber schwanger statt von mir. Wer war das denn dann? Ich begreife das alles nicht mehr!" Ben schaute Martha verzweifelt an. Seine Augenbrauen zogen sich zunehmend über der Nasenwurzel zusammen.

Martha lachte aus vollem Halse. Obwohl nichts Geringeres als ihre Freiheit auf dem Spiel stand, war es grandios. Eine kleine Vorentschädigung für die nächsten Jahre, die sie vermutlich im Knast verbringen würde. Wie blöd Ben glotzte! Sie hatte ihm einfach jeden Bären aufbinden können! Er hatte alles geglaubt.

Der Richter kam nur unzureichend mit. Darum bat er die Zeugin, nun doch bitte etwas sortierter zu erzählen. Leugnen kam wohl tatsächlich nicht mehr in Frage. Sie setzte sich in Positur, um sämtliche Hüllen gebührend fallenzulassen. Das wollte sie nun wenigstens in vollen Zügen auskosten.

Ausnahmslos jeder im Saal lauschte gespannt auf jedes einzelne Wort, das ihre Lippen nun verlassen würde. Ruhig begann sie mit ihrer Erzählung, wollte trotz allem verstanden werden. „Schon während der Schulzeit war ich mit Timmy befreundet. Wir gingen in dieselbe Klasse. Und wahrscheinlich war ich damals bereits in sie verliebt. Homosexualität existierte jedoch in meinem streng katholischen Elternhaus nicht. Deshalb verleugnete ich meine Neigung sehr lange. … Oh, ich hab' auch immer mal wieder was mit Männern gehabt. Allerdings sind dabei niemals tiefe Gefühle entstanden. Männer sind so … grob. Das mag ich nur in Ausnahmefällen. Na ja, Sie wissen schon!"

Sie machte eine Pause. Mußte sie deutlicher werden? Wohl nicht, im Grunde war es ohnehin nebensächlich. „Irgendwann lernte Timmy Ben kennen. Ich fand ihn bereits damals ziemlich fade, während sie nur so von ihm schwärmte. Das veranlaßte mich, den ersten Versuch zu starten, ihr meine Liebe zu gestehen. Leider merkte ich, wie sehr sie schon der Beginn meines Geständnisses verwirrte. Deshalb tat ich so, als sei es … bloß Spaß gewesen und machte gute Miene zum bösen Ben. … Die beiden heirateten recht schnell, viel *zu* schnell, für meinen Geschmack. Endlose Zeit versuchten sie vergeblich, ein Baby zu zeugen. Ich hoffte lange, die Ehe würde daran zerbrechen. … Doch Jahre später wurde das ersehnte Kind, Leonard, geboren. … Timmy war völlig aus dem Häuschen. Leonard hier, Leonard da! … Mit der Zeit gewöhnte ich mich an diese Schwärmerei sowie an Leonard. Ich wurde sogar seine Patentante. … Irgendwann klagte sie zunehmend häufig, Ben sei vielfach regelrecht abwesend. Sie fühle sich allzu oft allein, bekomme ihn manchmal tagelang kaum zu Gesicht. Er sitze zwölf bis vierzehn Stunden im Büro. Sie verstehe durchaus, daß er für die Familie arbeite, jedoch führe sie kaum noch eine richtige Ehe mit ihm. … Ich bestärkte sie natürlich in ihrer negativen Sichtweise. Endlich bot sich mir eine Chance! Als ich sie eines Abends gerade mal wieder getröstet hatte, ergab es sich irgendwie, daß wir Küsse tauschten, zunächst lediglich auf die Wangen. Später versuchte ich, ihren Mund zu erwischen. Erst … sträubte Timmy sich ein wenig, merkte dann aber wohl, daß Küsse von Frau zu Frau viel zärtlicher und erotischer sind, als wenn *frau* von einem stoppeligen, gierigen Männermund vereinnahmt wird, bei dem einem die besitzergreifende Zunge beinahe den Atem raubt! … Wir hatten nach einer Weile sogar Sex miteinander. Es war wunderschön."

Marthas Gedanken weilten in der Vergangenheit. Alles lag so weit zurück und war dennoch so deutlich spürbar. Diese wunderbaren Zärtlichkeiten, auf die sie erst so viele Jahre hatte warten müssen, und die anschließend um ein Vielfaches schöner und erfüllender gewesen waren, als sie es sich je hatte vorstellen können.

Das liebevolle Leuchten wich schlagartig aus ihrem Blick. Sie fand sich zurück in der kalten Gegenwart, fixierte Gerald Henseling. „Am nächsten Tag schämte Timmy sich furchtbar. Ließ mich schwören, niemandem von unserem Beisammensein zu erzählen. Erst recht nicht Ben. Ich versprach es selbstverständlich. ... Etwa zwei Wochen lang ging sie auf Abstand, anschließend kam sie erneut zu mir. Wir landeten kurzerhand im Bett. Offensichtlich hatte sie gemerkt, wie gut ihr die Zärtlichkeit und das ... aufmerksame Verständnis einer Frau taten, *meine* Aufmerksamkeit! Es entwickelte sich ein Liebesverhältnis zwischen uns. ... Irgendwann begann ich natürlich, mit ihr über eine Trennung von Ben zu sprechen. Mehr als einmal überlegten wir uns, einfach ... auszuwandern. Wir malten uns aus, noch einmal völlig neu anzufangen. Wir wollten irgendwohin, wo uns keiner kannte. Letztendlich fiel die Wahl auf Spanien. Es war mehr als eine Spinnerei, wir schmiedeten konkrete Pläne. Doch Timmy war hin- und hergerissen. Ich habe nie verstanden, was sie bei diesem Trottel hielt. Aber irgendwie fühlte sie sich wohl verpflichtet. Familie und so! ... An einem gewissen Punkt reichte ihr es nicht mehr, mit *mir* über ihre Zukunft nachzudenken. Sie wollte sich eine neutrale, dritte Meinung einholen. So ist sie an diese Person geraten." Sie deutete auf Mina.

Andrea Timbert! Mina erinnerte sich an sie. Sie war damals zu ihr gekommen, weil sie unsicher gewesen war, ob sie bei ihrem Mann bleiben oder ein neues Leben mit *Martin* beginnen sollte. Also hatte sie ebenfalls bei der Angabe des Geschlechts gelogen. War es ihr peinlich gewesen, mit einer Frau liiert zu sein? Mina fiel in diesem Moment zudem ein, wie unangenehm berührt ihre damalige Patientin von einigen Reaktionen des *Liebhabers* gewesen war.

Allerdings hatte Martha eine völlig andere Interpretation. „Und diese noble Frau Doktor hat Timmy völlig verunsichert. Ich bin sicher, sie hat ihr eingeredet, es sei wichtig, die Familie zusammenzuhalten. ... Mit der Zeit hat sie sie derart manipuliert, daß sie letztendlich bei ihrem vertrottelten Ben hat bleiben wollen."

Der Vorsitzende ermahnte Martha nicht, obwohl sie sich inzwischen bereits einige Male beleidigend geäußert hatte. Doch war ihm wichtig, die Zeugin – das war sie in diesem Verfahren nun einmal – nicht zu unterbrechen. Die Zusammenhänge aufzudecken, befand er derzeit als wesentlich dringlicher.

Martha erinnerte sich ferner daran, Timmy beschworen zu haben, bloß ihre – Marthas – Identität nicht preiszugeben, wenn sie schon unbedingt zu einem Seelenklempner laufen müsse. Das war so eine Eingebung gewesen.

Außerdem war sie sich bereits damals sicher gewesen, daß die de Winter Timmy noch extremer in eine für Martha unerwünschte Richtung beeinflußt hätte, wäre ihr bewußt gewesen, wem Timmys Liebe gegolten hatte. Lesbische Liebe kam bei *Doktors* gewiß nicht vor. „Ja, die Gehirnwäsche hat vorzüglich funktioniert. Da hat mir Timmy doch ernsthaft glaubhaft machen wollen, sie liebe Ben noch und wolle mit ihm zusammenbleiben. ... Und ich? Ich hab' wohl sehen sollen, wo ich bleibe! Ich weiß nicht, wie Timmy sich das vorgestellt hat!"

Sie tauchte erneut in die Vergangenheit ein. In ihrer Erinnerung erwachte Timmy zum Leben, kam zu ihr und erklärte ihr, sie müsse sich leider trennen, da ihr Ben doch noch so viel bedeute. 'Und ich?' hatte sie damals nur gefragt. Timmy hatte ihr daraufhin erklärt, es handele sich um eine freundschaftliche Art von Liebe, die sie für sie empfinde, und das andere hätte nie zwischen ihnen passieren dürfen.

Das andere! Ja, so hatte sie es ausgedrückt. Damit hatte sie den Sex gemeint, diesen innigen, jedwedes in den Schatten stellenden Sex! Den hatte sie mit *das andere* abgetan! Es hatte Martha regelrecht körperliche Qualen bereitet, Timmy das sagen zu hören. Auf Knien hatte sie ihre große Liebe angefleht, sie nicht zu verlassen! Hatte mit Suizid gedroht, ihr gleichzeitig versprochen, sie werde alles, wirklich alles tun, wenn sie nur bliebe. Timmy hatte für den Moment nachgegeben.

Anschließend hatte sie einen weiteren Termin bei Frau Dr. Miststück wahrgenommen. Vermutlich hatte sie sich endgültig Klarheit verschaffen wollen. Und die de Winter hatte Timmys Liebe zu ihr endgültig den Garaus bereitet. Diesbezüglich war Martha absolut sicher!

Hätte die Schlampe nur einen einzigen Ton von sich gegeben, sie könne doch nicht einfach ihre Liebe verlassen, hätte sie sich nur für einen winzigen Moment angemessen in die Beteiligten eingefühlt, dann hätte sie Timmy garantiert geraten, bei ihr zu bleiben. Was anderes war schließlich gar nicht in Frage gekommen! Hatte die de Winter das denn nicht verstanden?

Endlich sprach sie weiter. „Ganz kurz ist es mir noch einmal gelungen, sie davon zu überzeugen, bei mir zu bleiben. Dann hat diese ... *Frau Doktor* ... Tim erneut derart verrückt gemacht, hat sie systematisch manipuliert, so daß meine arme, kleine Timmy gedacht hat, sie müsse bei Ben bleiben."

Kleinlaut fragte Ben: „Das Baby war also doch von mir?"

Martha ließ ein bitteres, unfrohes Lachen ertönen. „Ja, offensichtlich war's von dir, du Superheld! Ich kann leider keine Kinder zeugen! Allerdings hab' ich von dem Balg ebenfalls nichts gewußt. Sie hat keinem davon erzählt. Oder vielleicht ja ihrer Frau Doktor." Mit offensichtlichem Ekel wies sie auf Mina. Diese schüttelte den Kopf. Nein, von dem Kind hatte auch sie nichts gewußt.

Martha war nun in ihrem Element, hatte sich wieder völlig im Griff. Während sie zuvor überhaupt nicht mehr an die Konsequenzen gedacht hatte, lediglich der Augenblick gezählt hatte, schwenkte sie nun um, auf die Spur ihrer eigenen Inszenierung. So leicht wollte sie die de Winter nicht davonkommen lassen.

Sie streckte den Rücken, strich sich mit einer Hand durchs Haar und holte noch einmal zum Schlag aus. „Letztendlich ist Timmy aber doch zur Vernunft gekommen. Die Liebe zwischen uns hat eben gesiegt. Egal, was Frau Doktor zu intrigieren versuchte! An dem Tag, an dem sie verunglückt ist, hat sie mich aus dem Auto angerufen und gesagt, sie wolle doch mit *mir* leben. Sie rufe jetzt ihre Therapeutin an und teile es ihr mit, mache ihr klar, daß sie sich nicht länger von ihrem wirklichen Glück fernhalten lassen wolle. Anschließend komme sie zu mir. Für immer! ... Danach muß sie in der Praxis angerufen haben, und da hat Frau Doktor mit Sicherheit zum wiederholten Male versucht, es ihr auszureden. Es muß zum Streit gekommen sein, da bin ich absolut sicher! Das hat Timmy derart aus der Fassung gebracht, daß sie die Kontrolle über ihr Auto verloren hat. ... Sie ist ungebremst in einen Sattelschlepper gerast. ... Sie war auf der Stelle tot. Genau wie der arme, kleine Leonard, der mit im Auto saß."

Ben schaute vor sich hin. Ja, das war genau die Version, die Martha auch ihm aufgetischt hatte. Lediglich in einer dahingehend abgewandelten Version, sie – Martha – habe andauernd versucht, Andrea davon zu überzeugen, bei *ihm* zu bleiben, während die Therapeutin – also Mina – sie in die Arme des *Liebhabers* habe treiben wollen. Und nun erfuhr er obendrein, bei dem Nebenbuhler hatte es sich nicht um irgendwen gehandelt, sondern ausgerechnet um Martha! Dabei hatte sie ihm zu allem Überfluß eingeredet, das von Andrea erwartete Baby sei sicher von diesem anderen Mann. Ben hatte alles geglaubt! Mina habe Andrea von ihm entfremdet, sie habe ihr aus reiner Machtgier sowie menschenverachtender Selbstüberschätzung geraten, sich von Ben zu trennen. Nur deshalb hatte er sich überhaupt darauf eingelassen, einen Racheplan zu entwerfen, in dessen Mittelpunkt Mina gestanden hatte.

Wehmütig erinnerte sich Mina währenddessen an ihre ehemalige, äußerst sympathische Patientin. Diese kluge, attraktive Frau hatte lediglich ein einziges Problem gehabt! Sie hatte sich vorübergehend zwischen zwei Menschen hin- und hergerissen gefühlt.

„Ich habe Frau Timbert niemals *irgend etwas* eingeredet", erklärte sie. „Ich habe lediglich versucht, sie bei der Klärung ihrer Angelegenheiten zu unterstützen. Dabei hat sich für sie rasch herauskristallisiert, in diese Affäre geschliddert zu sein, ohne die Tragweite der Konsequenzen überblickt zu haben. Letztendlich ist ihr zunehmend deutlich geworden, bei ihrem Mann bleiben zu wollen; von dem ich im übrigen bis vorhin nicht wußte, um wen es sich dabei handelt, da sie stets nur von *Benjamin* gesprochen hat. … Abschließend habe ich tatsächlich einen Anruf von ihr erhalten, wobei ich nicht bestimmen kann, ob dieser nun wirklich an ihrem Todestag erfolgt ist, da ich bis heute von diesem tragischen Unfall nicht einmal Kenntnis hatte. Jedenfalls hat sie mich persönlich gar nicht erreicht, weshalb sie ihre Nachricht auf dem Anrufbeantworter hinterlassen hat. Ihre Worte sind in etwa gewesen, sie sehe mittlerweile alles völlig klar und wisse überhaupt nicht, wie sie je habe daran zweifeln können, was ihr wichtig sei, und sie habe sich für die Familie entschieden."

Mina hielt einen Moment inne, danach formulierte sie einen Gedanken, der ihr soeben erst gekommen war. „Ich halte es für wesentlich wahrscheinlicher, daß sie *danach* Frau Lange angerufen hat, um ihr ihre Entscheidung mitzuteilen. Sie ist so klar mit allem gewesen, da hat sie womöglich das Gefühl gehabt, einen günstigeren Zeitpunkt nicht mehr abwarten zu können. Und nachdem, was sie mir hier und da vom Temperament ihres *Liebhabers* erzählt hat, und jetzt, nachdem ich Frau Lange persönlich kennengelernt habe, könnte ich mir zudem vorstellen, daß sie deren Reaktion regelrecht gefürchtet hat und deshalb die Affäre lieber fernmündlich hat beenden wollen."

„Stimmt das, Martha?" Ben rannen Tränen übers Gesicht. Erst in diesem Moment wurde ihm das Ausmaß dessen klar, was er verloren hatte. Und was er *getan* hatte!

Martha achtete jedoch nicht auf ihn, wandte sich statt dessen an Mina. „Du elendes Miststück! Jetzt willst du mir das Ganze in die Schuhe schieben, ja? Du, nur du allein, bist an allem schuld!"

Unvermittelt sprang sie auf, stieß den Stuhl beiseite und stürzte furiengleich auf Mina zu. Einer der anwesenden Polizisten trat unverzüglich dazwischen, zwang die Rasende zurück auf ihren Platz.

Der Richter ermahnte sie deutlichst, sie solle sich angemessen benehmen. Derartige Ausfälle dulde er in seinem Gerichtssaal keinesfalls.

Martha beruhigte sich nur mühsam. Irgendwann sackte sie jedoch in sich zusammen. Es war ihr anzumerken, wie nach und nach alle Kraft aus ihr wich. Das Spiel war endgültig aus! Ein Spiel, das sie selbst inszeniert hatte, und dessen Regeln ausschließlich ihre eigenen gewesen waren. Bis ihr auf einmal die Kontrolle entglitten war.

Wie war das denn eigentlich passiert? Sie stützte die Stirn in beide Hände und dachte angestrengt nach. Jedoch gelang es ihr nicht, einen Gedanken festzuhalten. Worüber hatte sie nachdenken wollen? Was war bloß los mit ihrem hochentwickelten Gehirn? Das funktionierte doch für gewöhnlich einwandfrei.

Wie aus weiter Ferne drangen Laute an ihr Gehör. Jemand formulierte wohl irgendeinen Satz. Jedoch verhallten die Worte in einem Nebelschleier und konnten auf diese Weise gar nicht erst zum Empfänger gelangen. Dann zerriß der Schleier, und sie vernahm deutlich eine an sie gerichtete Frage, die vom Vorsitzenden gerade wiederholt wurde. „Frau Lange, wie war das nun mit den Telefonaten? Wann hat Frau Timbert Sie angerufen, und *was* hat sie zu Ihnen gesagt?"

Ohne jegliche Vorankündigung wurde sie mit voller Wucht von ihren Gefühlen überschwemmt. Die mühsam aufrechterhaltenen Kräfte verließen sie, Tränen liefen über ihr Gesicht. Die Fassade stürzte endgültig ein. Sie gab auf, antwortete tonlos. „Ja, es stimmt. Ich war die letzte Person, mit der sie gesprochen hat. Und ich habe diesen verdammten Unfall miterlebt. Am anderen Ende der Stadt."

Sie hatte diese Tatsache beinahe erfolgreich verdrängt. Sie *wollte* glauben, daß Dr. de Winter Timmy auf dem Gewissen hatte. Sie hatte sich derart schuldig gefühlt, nachdem sie sie am Telefon mit den bösartigsten Vorwürfen traktiert hatte. Pest und Cholera hatte sie ihr an den Hals gewünscht, hatte sich durch diese Drohungen jedoch keineswegs besser gefühlt. Also hatte sie hinterhergeschickt, Timmy alles zu nehmen. Den Mann und den Sohn! Und alles Weitere, was ihr Leben ausmache. Sie solle nie wieder glücklich werden!

Vermutlich hatte Timmy dies derartig verletzt, daß sie die Kontrolle über den Wagen verloren hatte. Danach hatte Martha monatelang gegen ihr eigenes Gewissen angekämpft. Und je mehr sie sich in die Phantasie hineingesteigert hatte, ein anderer trage die Schuld an allem, desto besser hatte sie ihr unaufhörlich und unerträglich schlagendes Gewissen täuschen können, bis es sich endlich beruhigt hatte. Eine Zeitlang hatte es fast durchweg geschwiegen, doch dann erneut begonnen aufzubegehren. Zwar hatte sie es stets mit Alkohol besänftigen können, nur waren die Abstände immer geringer und die notwendigen Alkoholmengen immer größer geworden.

Als Schuldige und damit Hauptakteure in ihrer Inszenierung hatte sie Ben und die de Winter auserkoren. Ben, weil er mit ihr um Timmys Liebe gebuhlt hatte. Die de Winter, weil sie Timmys Verbündete gewesen war, sie darin unterstützt hatte, einen Weg für sich zu finden, der letztlich zurück zu Ben und damit weg von ihr, Martha, geführt hatte. Dafür trug das Miststück eindeutig die Verantwortung. Somit war es doch nur naheliegend anzunehmen, daß Frau Doktor Timmy tüchtig manipuliert hatte, wodurch diese regelrecht zurück in Bens Arme getrieben worden war. Also hatte Martha einen Plan entworfen, der vorsah, die Schuldigen zur Strecke zu bringen. Damit ihr Gewissen endlich ein angemessenes Opfer dargeboten bekommen konnte, um für alle Zeiten Ruhe zu geben.

Und nun mußte sie der Tatsache ins Gesicht sehen, daß der Plan nicht aufgegangen war!

Wenigstens einen letzten Trumpf wollte sie vor der endgültigen Niederlage allerdings noch ausspielen. Wurde Ben schon nicht wegen Mordes verurteilt, was schließlich Teil des Plans gewesen war, wollte sie ihn dennoch zumindest mit in den Knast nehmen. Das hatte er sich redlich verdient! Er sollte nicht gänzlich davonkommen. Dafür wollte sie sorgen. „Ben war ebenso der Meinung, Tims Therapeutin habe einen übermäßigen Einfluß auf ihre Patientin ausgeübt. Deshalb kam er auf die Idee, Frau Dr. Wilhelmina de Winter kalt zu machen."

Ben war außer sich. „Martha, das stimmt doch nicht!"

„Und ob das stimmt! Du allein wolltest, daß sie stirbt. Letztendlich hast du mich soweit gebracht, mich in ihr Leben einzuschleichen, und *du* hast mich ununterbrochen bedrängt, angefleht und letztendlich angestiftet, sie abzumurksen."

„Martha, sag' doch bitte die Wahrheit! Du weißt, daß das gelogen ist. Von Mord war sowieso niemals die Rede. ... Herr Richter, bitte glauben Sie mir das! Niemals wollte ich Mina ..., ich meine ... Frau de Winter ... töten oder töten lassen. Ich schwöre das bei allem, was mir heilig ist!" Er war außer sich. Wie konnte sie ihn jetzt noch so schwer belasten?

„Bitte schildern Sie uns die Geschehnisse aus Ihrer Sicht, Herr Steiner!" Der Vorsitzende ermutigte Ben, nun auch seine Version darzulegen. Immerhin war der Angeklagte endlich bereit, sich zur Sache einzulassen.

„Ja gern. Also, ich habe nicht einmal gewußt, daß meine Frau einen Liebhaber hatte. Das habe ich erst nach ihrem Tod erfahren. Und zwar von Martha. Und die Schwangerschaft wurde lediglich durch den Mutterpaß belegt, den ich später zu Hause gefunden habe. Martha, der ich von dieser Neuigkeit Mitteilung gemacht habe, hat mir daraufhin eingeredet, meine Frau sei gewiß von diesem ... anderen Mann schwanger gewesen. Und ebenfalls, Andrea habe mich wegen ihm verlassen wollen. Später habe ich von ihr zudem erfahren, sie habe eine Therapeutin – Frau Dr. de Winter – aufgesucht. Die habe sie regelrecht manipuliert, das wisse sie von Andrea selbst. Sie sei nicht mehr sie selbst gewesen, habe unter dieser unseriös arbeitenden Psychotherapeutin Qualen gelitten. ... Martha hat mich in meinem unendlichen Schmerz, meine Frau und meinen Sohn verloren zu haben, dermaßen ..., ja, ... einer Gehirnwäsche unterzogen, daß ich am Ende tatsächlich davon überzeugt gewesen bin, Frau Dr. de Winter sei der Teufel in Person. ... Der Plan war jedoch selbstverständlich nicht, sie zu töten. Ich sollte mich lediglich in ihr Leben einschleichen, um Beweise zu sammeln, die belegen sollten, wie schlecht sie ihre Arbeit mache, um sie bloßzustellen. Oder um vor Gericht Beweise zu haben, daß sie Menschen manipuliere. ... Ja, ich weiß, es hört sich bekloppt an, und ich kann inzwischen selbst kaum glauben, das alles logisch und sinnvoll gefunden zu haben, aber ich habe damals *nichts* weiter gehabt! Hatte alles verloren, was zuvor mein Leben ausgemacht hatte. Verstehen Sie?" Er schaute in die Runde der Prozeßbeteiligten, wollte so gern verstanden werden, damit er sich nicht gar so schäbig fühlen mußte.

Zuletzt blieb sein Blick an Mina hängen. „Mina, ich schäme mich unendlich! Ich hab' dir wirklich kein Leid zufügen wollen. Anfangs hab' ich gedacht, du verdientest, daß dir das Handwerk gelegt werde. Als ich dich allerdings näher kennengelernt habe, hab' ich unversehens wieder einen klaren Blick erlangt. Auf einmal hat das Leben begonnen, erneut lohnend zu sein. Und als du mir ein paarmal von deiner Arbeit erzählt hast, und wieviel es dir bedeutet, Menschen auf ihrem Weg zu begleiten, ist mir rasch klargeworden, daß du garantiert kein ... machthungriges, manipulatives, selbstsüchtiges Ungeheuer bist, das Menschen absichtlich ins Unglück stürzt, um sich gut fühlen zu können. Daraufhin hab' ich versucht auszusteigen, es Martha beizubringen. Leider ist sie jedesmal total ausgerastet. Hat mich daran erinnert, was ich ihr versprochen habe. Nämlich deine Missetaten aufzudecken. ... Für Gerechtigkeit zu sorgen. Für Andrea und Leonard und deren Andenken! Ich weiß, ich bin ein ungeheuer feiges Etwas gewesen. Doch ich hab' niemals vorgehabt, dich zu verletzen oder gar umzubringen!"

Mina schwieg. Es hatte sich also um gar keine Zufälle gehandelt, die Ben fortwährend in ihr Leben gespült hatten. Vielmehr war es eiskaltes Kalkül gewesen. Ein minutiös ausgefeilter Plan! Nur hatte Martha ein doppeltes Spiel getrieben. Mina glaubte ihm, nicht in den Mordplan eingeweiht gewesen zu sein, der ja nicht nur Minas Tod vorgesehen hatte, sondern zudem Ben hatte ins Gefängnis bringen sollen. Als Strafe dafür, die Frau zurückerobert zu haben, die Martha so sehr begehrt hatte. Dafür war sie sogar bereit gewesen zu töten.

Ja, Mina glaubte ihm. Nichtsdestotrotz wurde sein Konto durch eine gewaltige und äußerst hinterhältige Last erheblich beschwert.

Abrupt wurden ihre Überlegungen von etwas anderem gestört. Friedas Gerede von dem fremden Mann hatte seinen Ursprung offenkundig nicht in deren angeblich verwirrtem Hirn, sondern stützte sich vielmehr auf einen realen Hintergrund. Und auch die nächtlichen Anrufe hatte die betagte Freundin mit Vehemenz von sich gewiesen, als Mina sie im Nachhinein einmal darauf angesprochen hatte, nachdem die Demenzdiagnose vom Tisch gewesen war. Es sei ja nicht so gewesen, als habe sie in der Zeit in einem Vakuum gelebt; und diese Anrufe habe sie ganz gewiß nicht unternommen. Etwa so hatte sich Frieda geäußert. Mina war es ja schon vorher recht unwahrscheinlich vorgekommen. Sie war bloß dankbar für die harmlose Erklärung gewesen. Aber eines war doch mehr als naheliegend: Hätte Frieda in ihrer Verwirrtheit die Taste gedrückt, die mit ihrer Telefonnummer belegt gewesen war, hätte sie doch irgend etwas gesagt, sobald die Verbindung zustande gekommen war. An Mutismus hatte sie schließlich zu keiner Zeit gelitten.

Und die Geschichte mit dem Herd? Das hatte ebenfalls nicht nach Frieda geklungen. Mina lag am Herzen, es aufzuklären. Ihre diesbezügliche Frage stellte sie an Ben sowie an Martha. „Ward ihr es ebenfalls, die mich beschattet haben, habt ihr – oder einer von euch – die ständigen nächtlichen Anrufe getätigt, seid ihr um mein Haus geschlichen, habt mich – noch über euer Einschleichen in mein berufliches und privates Leben hinaus – beobachtet und ausspioniert?"

Ben senkte den Kopf, Martha hingegen grinste verstohlen. Ihre Feindin gedemütigt zu sehen, wirkte wie ein Lebenselixier. Und obgleich sie ihre gewohnte Form in naher Zukunft nicht wiedererlangen würde, fühlte sie sich doch immerhin ein wenig gestärkt. Stolz reckte sie ihr Kinn nach vorn und gab bereitwillig Auskunft. „Fragen Sie besser nicht das Bürschchen auf der Anklagebank! Das ist praktisch zu nichts zu gebrauchen. Außer vielleicht manchmal zum Sex." Sie lachte auf. „Auch was *Sie* betrifft, wie ich mich einmal selbst überzeugen konnte, als ich rein zufällig an Ihrem Schlafzimmerfenster vorbeikam."

Mina horchte auf. Selbst die intimsten Momente waren vor dieser Frau nicht verborgen geblieben. Jedoch wollte sie sich ihre unangenehme Berührtheit nicht anmerken lassen. „Hoffentlich hatten Sie beim Spannen soviel Spaß wie wir beim Tun! Allerdings konnten Sie sich ja wohl in der Vergangenheit selbst von Bens Qualitäten als Liebhaber überzeugen. Oder war das ebenfalls eine Ihrer vielen Lügen?"

Forsch konterte sie gegen die Demütigung an. Innerlich schüttelte sie sich indessen. Nun, da sie wußte, wer diese Martha war, kam ihr der Gedanke unerträglich vor, Ben habe mit ihr ebenfalls sexuell verkehrt. Nur ließ sich an dieser Tatsache wohl nicht rütteln. Schließlich hatte Ben es ihr selbst gestanden.

Dieser übernahm jetzt das Wort, wollte dem Gericht den Sachverhalt erklären. „Es stimmt schon, wir hatten so etwas wie ein Verhältnis. Es hatte sich nach dem Tod meiner Frau so ergeben. Wir fühlten uns beide einsam, verloren. Später war es ... wie eine Art Gewohnheit. Es war, obwohl ich mich ein bißchen schäme, das zuzugeben, aber es war kein Gefühl dabei. Kein emotionales, meine ich."

Martha drehte sich mit ihrem gesamten Oberkörper in Bens Richtung, lehnte sich ein wenig nach vorn, als wollte sie ihm die Worte aus einer möglichst geringen Entfernung entgegenschleudern, damit garantiert nichts auf dem Weg zu ihm verlorenginge. „Glaubst du denn ernsthaft, ich hätte es auch nur ansatzweise schön gefunden, mich von dir *ficken* zu lassen? Ja, anfangs war es noch ganz nett. Und zwischendurch ist es mir einigermaßen gelegen gekommen. Besser als nichts. Aber meistens habe ich es nur aus einem einzigen Grund ertragen, nämlich um dich auf meine Seite zu bekommen. ... Es hat mich oft regelrecht angewidert! Dieses Gestöhne und Geschwitze, wenn du dich in mir abgemüht hast! ... Ich glaube, sobald eine Frau nur ein einziges Mal mit einer anderen Frau Sex hatte, wird sie nie wieder das tierische Gerammel mit einem Mann herbeisehnen!"

In diesem Augenblick schritt der Vorsitzende endgültig ein, ermahnte die Zeugin, sich zu mäßigen. Er akzeptiere ihre sexuellen Neigungen völlig, wolle sie jedoch in seinem Gerichtssaal nicht weiter vertiefen.

„Ich möchte dieses Thema ebenfalls nicht mit Ihnen fortführen." Mina ergriff noch einmal das Wort, nachdem sie sich vom Vorsitzenden die Zustimmung hatte geben lassen. „Ich habe nur zwei abschließende Fragen. Haben Sie etwas mit der Gasherd-Geschichte meiner ehemaligen Nachbarin, Frieda Weller, zu tun?" Sie klärte das Gericht kurz auf, worauf dies abziele. Der Vorsitzende nickte, wiederholte die Frage noch einmal in Richtung Martha Lange.

„Oh ja, die liebe, gute Frau Weller!" Sie lehnte sich zurück, sprach in verächtlichem Ton. Da bot sich eine willkommene Gelegenheit, diesem Miststück wenigstens noch mal eins mitzugeben. „Ja, sie war ein bißchen arg neugierig. Und frech wurde sie obendrein. Sie habe mich doch schon häufiger in den Gärten herumschleichen sehen. Was ich denn da eigentlich zu suchen habe? Sie hielt mich dabei für einen Mann, was ich recht amüsant fand. ... Richtig rührend war ihre Sorge um die Nachbarin, Frau Doktor de Winter." Letzteres stieß sie mit spitzen Lippen und ironischem Unterton hervor. „Ja, sie wurde zu einer regelrechten Nervensäge. Und damit sie nicht die gesamte Aktion gefährdet, habe ich mir überlegt, woanders wäre sie doch viel besser aufgehoben. ... Da sie häufig ihren Schlüssel in der Haustür stecken ließ, konnte ich mir ungehindert Einlaß verschaffen. Die Gewohnheiten der gesamten Nachbarschaft kannte ich ja sowieso. Deshalb war mir ebenfalls vertraut, wann die gute Frau Weller ihr wohlverdientes Mittagsnickerchen hielt. ... Und als sie vom Einkauf zurückgekehrt war, wußte ich, sie mußte sich erst recht ausruhen. ... Den Gasherd anzustellen, war dementsprechend ein leichtes für mich." Köstlich, diese Erinnerung! Sie war aus und ein spaziert. Und einzig und allein eine alte, klapprige Omi war ihr auf der Spur gewesen. Das erschien ihr unglaublich absurd. „Ja, und damit Sie ab nun wieder gaaanz ruhig schlafen können, sehr verehrte Frau Doktor, ich habe mir des Nachts das ein oder andere Mal erlaubt, Sie fernmündlich zu kontaktieren. Da ich Ihnen jedoch nichts mitzuteilen hatte, zog ich es vor zu schweigen. Das haben mir meine Eltern so beigebracht." Wie schön, allen noch einmal beweisen zu können, wie einfallsreich sie formulieren konnte. „Kam ich nachts mal wieder nicht in den Schlaf, weil Timmy mir so sehr fehlte, fand ich es nur gerecht, Sie auch nicht ungestört ruhen zu lassen."

Ben mischte sich erneut ein. „Erinnerst du dich, Mina? Du hattest zwischendurch *mich* in Verdacht, was die nächtlichen Anrufe anbelangt. Und *ich* dachte sofort an Martha. Mir fiel ein, daß sie stets wußte, wann ich bei dir übernachtete und wann nicht. Deshalb hab' ich ihr einmal vorgelogen, ich schlafe zu Hause. Und prompt hat sie angerufen."

Mina nickte. Sie konnte sich sehr gut an diese Nacht erinnern.

Martha bekräftigte es. „Ja, als Bens Verdacht sich durch diesen Trick bestätigte, hat er mich zur Rede gestellt. Danach hat es mir keinen rechten Spaß mehr gemacht. Irgendwann hab' ich's dann eingestellt. ... Dennoch ist es kinderleicht gewesen, fortwährend irgendwie Verwirrung zu stiften. Alle sind meiner Regie gefolgt."

Die Ausführungen der Zeugin erschienen Gerald Henseling mittlerweile eindeutig zu abschweifend. Gezielt schlug er eine andere Richtung ein. „Frau Dr. de Winter, Sie haben soeben von *zwei* Fragen gesprochen, die Sie an die Zeugin richten wollen."

„Oh ja, vielen Dank, Herr Vorsitzender. Die zweite Frage ist nicht ganz so wichtig, würde aber dennoch eine weitere Ungereimtheit aufklären." Minas Blick wanderte von Gerald Henseling zu Martha Lange. „Was für ein Auto fahren Sie?"

„Was soll denn diese alberne Frage!?" erwiderte die Zeugin arrogant.
„Bitte antworten Sie einfach, Frau Lange! Die Nebenklägerin wird gewiß einen Grund haben", wies der Vorsitzende sie zurecht.
„Ich will Frau Doktor lediglich vor einer herben Enttäuschung bewahren. Denn sollte sie über den Kauf eines solchen Fahrzeugs nachdenken, wird sie schnell feststellen, daß der Kaufpreis meilenweit über ihren finanziellen Möglichkeiten liegt."
Richter Henseling zog ermahnend eine Augenbraue hoch.
„Na schön, ich fahre einen Mercedes. Einen *S 63*, wenn Sie es genau wissen wollen."
„Ich würde es sogar gern *noch* genauer wissen. Sagen Sie mir bitte, welche Farbe der Wagen hat!"
„Meinetwegen! Rot ist er. Knallrot!"
Genau diesen Verdacht hatte Mina bereits gehegt. Damit klärte sich nun ebenfalls die Sache mit Charlotte auf. Vermeintlich hatte sie sie vor Monaten vor dem Haus in ihren Wagen steigen sehen, was die Freundin vehement bestritten hatte. Zwar hatte Mina ihr letztlich geglaubt, doch fuhr dieses Modell in dieser auffälligen Farbe nicht besonders häufig herum. Ein Zufall? Vielleicht! Immerhin hatte Frau Lange ja mehrfach angedeutet, über ein beträchtliches Vermögen zu verfügen. Nicht auszuschließen, daß sie sich den Mercedes zugelegt hatte, um genau die entstandene Verwirrung zu stiften. Möglicherweise war sie häufiger mit dem Auto bei Mina vorgefahren, um gesehen zu werden. Womöglich hoffte sie auf einen Zwist zwischen den Freundinnen.

Mina klärte den Vorsitzenden kurz auf. „Meine Freundin, Charlotte Sandner, fährt exakt das gleiche Auto. Es hat einmal zu einigem Wirrwarr beigetragen, als ich eine blonde Person vor meiner Haustür mit einem solchen Modell – obendrein in rot – wegfahren sah. ... Erinnern Sie sich? Ich sprach eingangs von der Übereinstimmung der Frisur meiner Freundin mit der von Frau Lange. … Aber wir müssen das nicht weiter vertiefen. Mir reichen die erhaltenen Informationen völlig aus."

Ihr Blick glitt in Richtung Charlie. Sie bedachte die Freundin mit einem warmen Lächeln. Diese nickte fast unmerklich und gab das Lächeln zurück.

Nun wollte Richter Henseling zum entscheidenden Punkt kommen. „Frau Lange. Bitte berichten Sie uns nun vom Tattag und dem Tathergang selbst!"

Es erhob sich ein leises Gemurmel im Saal. Doch es erstarb beinahe im selben Moment bereits wieder. Jeder einzelne spitzte nun angestrengt seine Ohren. Kein Wort wollte man sich entgehen lassen. Das galt für die zugelassene Öffentlichkeit ebenso wie für sämtliche Prozeßbeteiligte.
    Währenddessen überlegte Martha kurz. Sollte sie das tatsächlich tun? Alles erzählen?
    Ihr Zögern veranlaßte den Staatsanwalt, sich noch einmal einzumischen. „Frau Lange, so langsam fühle ich mich bemüßigt, Sie zu einem Geständnis zu *tragen*. Wollen Sie nicht endlich reinen Tisch machen? Letztlich bietet Ihnen das auch die Möglichkeit, Ihre eigene Sicht darzulegen, was sich unter Umständen sogar strafmildernd auswirkt."
    Tatsächlich gaben ihr seine Worte den letzten Anstoß. Aber ja, wieso eigentlich nicht!? Sie empfand den Gedanken inzwischen als regelrecht erleichternd. Und was Bens Komplizenschaft betraf, spürte sie ohnehin die geringe Neigung des Richters, ihre frisierte Version zu glauben.
    Bedächtig begann sie, so als rede sie zu sich selbst. „Ich hatte alles arrangiert für diesen Tag. ... Vorbereitend erwarb ich ein Prepaid-Handy und ersetzte in Bens Handy den Mobilanschluß von der de Winter durch die Nummer dieses neuen Handys. Unter ihrem Namen selbstverständlich. Außerdem entwendete ich aus Bens Küchenblock ein Messer, das ich für geeignet hielt. Ich wußte, das würde er nicht bemerken. Er war ja ohnehin kaum zu Hause. Und wenn, verbrachte er seine Zeit garantiert nicht damit zu kochen. Eines Abends, als er mal wieder bei mir war, ließ ich ihn eine Zwiebel für das Abendessen schneiden. Später säuberte ich das Messer, achtete dabei darauf, seine Fingerabdrücke auf dem Griff zu erhalten. ... Als die Therapiesitzung an dem besagten Tag geendet hat, ist ... *Frau Doktor* zu ihrem Schreibtisch gegangen, um ihren Terminplaner zu holen. Dabei dreht sie einem zwangsläufig den Rücken zu. Ich habe meine Handschuhe angezogen, das Messer aus der Handtasche genommen, hab' sie durch eine Äußerung abgelenkt, bin dann rasch hinter sie getreten und ... hab' zugestochen. Leider hab' ich das Herz verfehlt, sonst säße ich bereits in Spanien auf einer Strandliege statt auf diesem harten Holzschemel. ... Jedenfalls hab' ich danach die Praxis verlassen, dabei die Tür lediglich angelehnt. Das ist das einzige Risiko gewesen. ... Ich hab' zwar gewußt, daß die de Winter um diese Zeit regelmäßig ihre Mittagspause gehalten hat, trotzdem hätte der Zufall *vor* der Zeit einen

unwillkommenen Gast bescheren können. ... Das Glück hat jedoch auf meiner Seite gestanden. Zumindest, was das angeht. ... Ich hab' mich anschließend in die Innenstadt begeben. Dort hatte ich mich mit Ben in einem Café verabredet. Der Plan war, sich in der Nähe der Praxis aufzuhalten, um Bens Weg kurz zu halten. Wir haben also einen Kaffee getrunken, ein bißchen geplaudert, irgendwann hab' ich die Toilette aufgesucht. ... Von dort habe ich Ben eine SMS mit dem Prepaid-Handy geschickt, er möge bitte unverzüglich in der Praxis erscheinen, es sei etwas ganz Furchtbares passiert. Da ja die Nummer unter Frau de Winters Namen abgespeichert gewesen ist, ist er erwartungsgemäß davon ausgegangen, die Nachricht stamme von seiner Liebsten. ... Als ich kurz darauf von der Toilette zurückgekommen bin, hat er mir entsprechend mitgeteilt, er müsse leider dringend fort. ... Eiligen Schrittes ist er also von dannen gezogen." Sie hielt inne, schluckte.

Nach einer Weile fuhr sie fort. „Zeitlich hab' ich es so kalkuliert, ihn unmittelbar vor der ersten Nachmittagspatientin dort eintreffen zu lassen. Darum fiel die Wahl auch auf diesen Tag. Da kommt nämlich regelmäßig eine Patientin, die auf die Minute pünktlich ist. Nie zu früh, nie zu spät. Das konnte ich in der Vorbereitungsphase oft genug beobachten. Perfekt für meinen Plan! ... Darum hab' ich darauf bestanden, meinen eigenen Sitzungstermin entsprechend vor der Mittagspause zu bekommen und zu behalten. ... Den Termin für diesen Tag hatte ich zunächst abgesagt und kurzfristig zurückgefordert. Und ... Frau Doktor hat schön brav getan, was ich verlangt hab'. Sie ganz nach Belieben nach meiner Pfeife tanzen zu lassen, war eine kleine Freude, die mir wahrhaftig zustand. ... Jedenfalls ist die Tür zum Gebäude tagsüber nie verschlossen, weil sich dort ja auch andere Geschäftsräume befinden. Also konnte Ben ungehindert in die Praxis gelangen. Daß er sich nicht lange im Flur oder Wartezimmer aufhalten würde, hab' ich mir als absolut naheliegend ausrechnen können, da er eine angelehnte Tür vorfände und schließlich eine Gefahr signalisierende SMS erhalten hatte. ... Und so ist es ja tatsächlich gelaufen."

„Ja!" ergänzte der Staatsanwalt. „Und die Aussage von Herrn Steiner, eine SMS habe ihn zu dieser ungewöhnlichen Zeit in die Praxis gelockt, hat nicht bestätigt werden können, da wir in Frau Dr. de Winters Handy keinen entsprechenden Ausgang gefunden haben. Und ein Eingang im Handy von Ben Steiner hat ebenso nicht sichergestellt werden können. Zusätzlich das Messer aus seiner Küche, bedeckt mit seinen Fingerspuren. Und zuletzt die Lieferung eines Motivs durch Frau Lange. Da schien alles zusammenzupassen."

„Auf seinem Handy keinen SMS-Eingang gefunden zu haben erklärt sich dadurch, daß Herr Steiner diese systematisch unverzüglich löscht. Ich nehme an, er hat sich das angewöhnt, nachdem er sich in *Frau Doktor de Winter* verliebt hat. … Damit ich auf keinen Fall etwas davon mitbekomme, wie innig die beiden miteinander sind."

„Ja, das stimmt!" bekannte Ben. „Es war schließlich kein Bestandteil des Plans, mich in Frau Dr. de Winter zu verlieben. Ich habe lange Zeit versucht, es vor Frau Lange zu verbergen."

„Na, das ist dir wirklich super gelungen", kommentierte diese seine Einlassung.

Eines war dem Staatsanwalt noch unklar. „Nachdem der Angeklagte Frau Dr. de Winter gefunden hat, haben Sie ja tatsächlich mit ihm telefoniert, Frau Lange. Und *er* hat *Sie* angerufen. *Das* konnten Sie doch keinesfalls planen."

„Nein, das war wirklich reiner Zufall, der mir perfekt in die Hände spielte. Allerdings hat er mir selbstredend nicht die Tat gestanden, wie ich es ausgesagt habe. Ich bin wohl einfach die erste gewesen, die ihm in dieser Ausnahmesituation eingefallen ist."

„Ja!" bestätigte Ben. „Ich stand wohl unter Schock. Und statt einen Rettungswagen zu rufen, hab' ich intuitiv Marthas Nummer gewählt." Traurig schaute er die Frau an, der er zwar manches, jedoch sicherlich keinen derart perfiden Plan zugetraut hätte.

Doch wurde er sehr enttäuscht, falls er ein Bedauern als Erwiderung erwartet hatte. Als Martha seinen trostlosen Blick auffing, breitete sich ein zufriedenes Lächeln auf ihrem Gesicht aus. Sollte er nur leiden. Das geschah ihm recht. Trottel!

Gerald Henseling wollte noch eines bestätigt haben. „Frau Lange, damit geben Sie also zu, daß Herr Steiner in keiner Weise in Ihre Pläne eingeweiht war, was die Tötungsabsicht angeht. Oder haben Sie je über diese Möglichkeit oder gar einen diesbezüglichen Plan gesprochen?"

Martha blickte trotzig zum Richterpult. „Machen Sie sich doch Ihr eigenes Bild!"

Bedächtig nickte der Vorsitzende ihr zu. Genau das würde er ganz sicher tun!

Das Gericht hatte zur Zeit keine weiteren Fragen. Martha Lange würde in ihrer eigenen Verhandlung ausreichend Gelegenheit erhalten, noch einmal alles zu erzählen. Lediglich der leitende Beamte der Sonderkommission, Hauptkommissar Franz Mühlheim, wurde noch befragt, was man bei der mittlerweile durchgeführten und abgeschlossenen Hausdurchsuchung in Frau Langes Wohnungen gefunden hatte.

Er gab an, in der Wohnung der Zweitadresse keine Fingerspuren gefunden zu haben. Darüber hinaus sei die Wohnung spärlich eingerichtet gewesen, und es hätten sich keine wirklich persönlichen Dinge dort finden lassen. Der vernommene Vermieter hatte angegeben, eine Anna Burger habe die Wohnung vor ungefähr einem Jahr angemietet und die Miete für zwölf Monate im voraus in bar gezahlt. Sie sei vor ihrem prügelnden Ehemann geflohen, brauche dringend eine Bleibe und wolle darüber hinaus nicht viel erklären, hatte sie dem gutmütigen Vermieter erklärt, der Mitleid mit der armen Frau gezeigt hatte.

Im Hauptwohnsitz in der Germanenstraße sei eine beträchtliche Anzahl leerer Weinflaschen gefunden worden, ein gepackter Koffer, ansonsten keinerlei Gegenstände, die als interessant für das Verfahren zu bezeichnen seien.

Das einzig für den Fall Relevante sei ein Computer-Stick, auf den sie bei der Durchsuchung des Koffers von Frau Lange gestoßen seien. Bisher hatten sie nur flüchtig hineingeschaut, doch handele es sich eindeutig um minutiöse Protokolle, die den Lebensablauf von Frau Dr. de Winter beinhalteten. Die Aufzeichnungen begannen offenbar bereits unmittelbar nach dem Unfalltod von Frau Andrea Timbert. Das gesamte Umfeld der Geschädigten sei seitdem ebenfalls ausspioniert worden, allerdings nicht so detailreich, wie das Leben von Frau Dr. de Winter selbst.

Obwohl Mina bereits zuvor erfahren hatte, von Martha Lange ausspioniert worden zu sein, wurde ihr das gesamte Ausmaß dieser Aktion in diesem Augenblick erst richtig deutlich. Diese Frau hatte offensichtlich jeden ihrer Schritte verfolgt, ihre Gewohnheiten analysiert und anschließend Ben auf sie angesetzt.

Was hatte Fabian damals geäußert? Ob es sich denn tatsächlich um so zahlreiche zufällige Begegnungen handeln könne! Ja, er hatte einen guten Instinkt bewiesen. Ihr eigener war anscheinend rasch in Gefühlen getränkt gewesen, die den Blick auf das Wesentliche verstellt hatten.

Nun gut, das nahm sie sich nicht übel. Ben nahm sie es allerdings äußerst übel! Wie berechnend er doch gewesen war! Das konnte sie nicht in Einklang mit seiner sonstigen Art bringen. Indessen wollte sie sich derzeit gar nicht den Kopf darüber zerbrechen. Im Moment erschien es ihr deutlich wichtiger und sinnvoller, Abstand zu gewinnen. Denn eine Erklärung für komplett unangemessenes, hinterhältiges Verhalten konnte man ohnehin lediglich aus dem Betreffenden heraus abgeben. Das fiel jedoch nicht in ihren Aufgabenbereich. Und das wollte sie auch gar nicht tun!

Martha Lange hatte gleichwohl eindeutig bei allem die Fäden gezogen. Sie hatte sich in Minas Praxis eingeschlichen. So hatte sie erst einmal mit ihrer Beute spielen können. Damit hatte sie ihren Rachefeldzug ausgiebig auskosten können. Doch vor allem war es die Grundlage des gesamten Plans gewesen. Zum einen hatte sie sich dadurch unverdächtig gemacht, da ihr Kommen und Gehen etwas unverfänglich Selbstverständliches gewesen war. Ein möglicher Zeuge hätte lediglich eine wiederkehrende Besucherin das Gebäude verlassen sehen.

Und wer verdächtigte schon eine Patientin, die seit Monaten regelmäßig zur Therapie kam? Die Verkleidung war allerdings nötig gewesen, falls Mina durch Ben vielleicht ein Photo in die Hände gefallen wäre, oder falls man sich zufällig in der Stadt getroffen hätte.

Zudem hatte Martha die Möglichkeit in Erwägung ziehen müssen, während sie die Praxis verließe, könnte Ben zeitgleich kommen, um Mina abzuholen. In der Anna-Burger-Aufmachung hätte er sie im Vorbeigehen garantiert nicht erkannt, und wer besaß schon die Unverschämtheit, einen möglichen Psychotherapiepatienten unverhohlen zu taxieren? Auch hatte sie dadurch einen passenden Zeitpunkt bestimmen können. Der Ablauf hatte schließlich reibungslos funktionieren müssen.

Und wie Mina bereits mehrfach vermutet hatte, war Frau Burger nicht authentisch gewesen! Doch war nicht alles gelogen gewesen, was sie in den therapeutischen Gesprächen preisgegeben hatte.

Nur hatte sie die vermeintlich Schuldige – nämlich Mina selbst – durch einen angeblichen Arzt ersetzt, wobei das aus Verfremdungsgründen erfundene Krebsleiden für den Verkehrsunfall stand, durch den Andrea Timbert zu Tode gekommen war. Und mit *Bernhard*, von dem hier und da die Rede gewesen war, war kein anderer als Ben gemeint gewesen.

Bei allem hatten die haßerfüllten Blicke tatsächlich jedesmal ihr persönlich gegolten. Letztendlich hatte Mina oftmals ein entsprechendes Gefühl beschlichen. Da jedoch eine passende Erklärung gefehlt hatte, war diese Vermutung jeweils sofort wieder verworfen worden. Ja, Martha Lange war bis obenhin angefüllt gewesen mit Haß auf Wilhelmina de Winter, der sie ihre eigene Schuld angelastet hatte.

Und sie tat es noch! Aller Klärung zum Trotz!

Der zweite Verhandlungstag war beendet. Morgen sollte bereits das Urteil verkündet werden. Aufgrund der unerwarteten Wendung war ein Freispruch des Angeklagten so gut wie sicher. Die neuen Indizien und Zeugenaussagen deckten sich. Selbst der Staatsanwalt war inzwischen überzeugt. Es mußte noch gründlich abgewägt werden, ob Ben Steiner sich trotzdem irgendeiner Straftat schuldig gemacht hatte, doch letztlich gab es – so wie es derzeit aussah – keine rechtlichen Verfehlungen. Eine Mitwisserschaft oder gar Anstiftung zum Mord hatte selbst Martha Lange zuletzt nicht mehr aufrechterhalten. Also mußte das Gericht im Zweifel davon ausgehen, daß er wirklich nur hatte herausfinden wollen, ob Frau Dr. Wilhelmina de Winter Patienten unseriös manipulierte, um sie stoppen zu können. Wie auch immer er sich vorgestellt haben mochte, dies rechtlich durchzusetzen.

Diese Betrachtungen gingen dem Vorsitzenden durch den Kopf, als er mit seinen Kollegen den Saal verließ. Ein bißchen naiv schien der Angeklagte in der Tat zu sein. Doch womöglich war dies tatsächlich dem Drama geschuldet, das er durch den Tod seiner gesamten Familie erlebt hatte. Und nun war ihm im Laufe der Verhandlung obendrein vor Augen geführt worden, noch ein zweites Kind verloren zu haben.

Eine weitere Nacht mußte Ben in Untersuchungshaft ausharren. Mina schaute ihm nun zum ersten Mal seit Prozeßbeginn in die Augen. Er nickte ihr mit glühendem Blick zu. Sturmwellen tobten in ihm. Er war erfüllt von der Empfindung, eine Verurteilung trotz allem geradezu verdient zu haben. Denn moralisch war alles ebenso seine Schuld. Hätte er wenigstens nicht so lange geschwiegen, wäre Mina die gesamte Tragödie erspart geblieben. Dann säßen sie beide jetzt wahrscheinlich gemütlich auf dem Sofa, hielten sich im Arm und hörten Musik. Das hatte er gründlich versaut.

Dabei hatte er an besagtem Tag endlich reinen Tisch machen wollen. Hätte er nicht die fingierte SMS erhalten, hätte er Martha endlich seine

Liebe zu Mina offenbart und ihr alles andere vor die Füße geschmissen. Er hatte ihr sagen wollen, wie sehr er sie mittlerweile verabscheue, daß er sich von ihr nicht länger instrumentalisieren lassen wolle, und zudem keinen Funken mehr hinter dem ehemals entworfenen Plan stehe.

Anschließend – welcher Hohn – hatte er sich tatsächlich unangemeldet mit einem Blumenstrauß in Minas Praxis einfinden wollen, um ihr die ganze bittere Wahrheit zu gestehen. Er hatte alles auf eine Karte setzen wollen. Doch dazu hatte er keine Gelegenheit mehr bekommen.

Zu zögerlich war er all die Monate gewesen, hatte viel zu lange gewartet. Damit mußte er nun leben.

Mina schaute Ben ruhig entgegen. Er senkte die Augen, konnte ihrem Blick nicht standhalten. Erst einmal mußte er mit sich ins Reine kommen. Wenigstens einigermaßen.

Der Staatsanwalt eröffnete Martha Lange währenddessen die vorläufige Festnahme wegen des dringenden Tatverdachtes des versuchten Mordes an Dr. Wilhelmina de Winter und weiterer Delikte. Nun würde sie statt Ben längere Zeit in Untersuchungshaft verbringen.

Gewiß würde zudem ein psychiatrisches Gutachten erstellt werden, um den Umfang ihrer Schuldfähigkeit zu konstatieren. Wie auch immer das ausgehen würde, Frau Martha Lange alias Anna Burger würde für sehr lange Zeit kein Aufenthaltsbestimmungsrecht mehr für ihr Leben ausüben können.

Marthas letzter Blick galt Mina. Sie durchbohrte sie verächtlich, während man ihr Handschellen anlegte. Dann verzog sie den Mund zu einem selbstgefälligen Lächeln. Mina hatte – nachdem sie sich von Ben abgewandt hatte – ihren Blick bemerkt und erwidert. Sie hielt ihm stand. Ihre Miene war dabei undurchdringlich. Fast unmerklich streckte sie ihr Kinn nach oben, wodurch sie noch ein wenig würdevoller wirkte.

Als Martha haßerfüllt zu grinsen begann, mischte sich etwas in Minas Blick, das Martha zunehmend verunsicherte. Was war das bloß? Wie schaute diese de Winter sie bloß an? Unvermittelt kam sie darauf! Es war Mitgefühl! Mitgefühl!! Marthas Grinsen fror ein. Sie gab sich endgültig geschlagen. Durch das Mitgefühl ihrer Feindin, als deren Waffe gegen unbändigen Haß.

Charlotte und Fabian steuerten auf Mina zu, als diese sich nach der Verabschiedung von ihrem Anwalt Hans-Werner Thielen Richtung Ausgang bewegte. Eine enorme Erschöpfung war ihr anzumerken.

„Was wollen wir tun?" Charlie versuchte fast im Plauderton herauszufinden, was die beste Freundin in diesem Moment benötigte. Sie waren inzwischen beinahe an Fabians Wagen angelangt, mit dem sie hergekommen waren.

„Ach, ihr Lieben! Ich möchte einfach nur nach Hause. Und schlafen." Besorgt schauten die beiden sich an.

„Ihr müßt euch keinerlei Gedanken um mich machen. Nur ausgerechnet heute möchte ich keine Gesellschaft. Bitte nicht böse sein!"

„Sind wir doch nicht." Das kam wie aus einem Munde. Zaghaft lachten sie über so viel Übereinstimmung. Mina lächelte. Als sie kurz darauf mit Charlie auf dem Rücksitz Platz genommen hatte, nahm sie die Hand der Freundin, die andere legte sie auf Fabians Schulter. „Danke, daß ihr da seid. Und danke, ... daß ihr gleich weg seid."

Alle lachten.

„Aber sag' mal, Charlie! Als Martha Lange ihre Aussage gemacht hat, hast du mich plötzlich derart ängstlich angeschaut. Ich konnte mir das gar nicht erklären."

„Du hättest dich sehen sollen, Mina! Du wirktest von einem Moment zum anderen merkwürdig ... *verwirrt*. Anders kann ich es nicht benennen. Und dann wurdest du zusehends blaß. Ich hatte regelrecht Angst, du könntest ohnmächtig vom Stuhl kippen. Für einen Moment hab' ich mit dem Gedanken gespielt aufzuspringen, um möglichst rasch erste Hilfe leisten zu können."

„Ja Charlie, das ist der Moment gewesen, in dem die Erinnerung angeklopft hat. Alles schien in meinem Kopf herumzuwirbeln ..., wie ein Auto, das nicht aufhört, sich zu überschlagen."

„So mickrig, wie du wirktest, würde ich allerdings sagen, es kann sich maximal um einen Trabi gehandelt haben."

„Oh, da kommt ja wohl eher ein Lamborghini in Frage, oder?"

Daran hatte sich zumindest nichts geändert. Sie konnten miteinander herumalbern, es gab nie einen wirklich schrägen Ton zwischen ihnen.

„Ich hab' euch sehr lieb!" Mina legte ihren Kopf auf Charlies Schulter und dachte an ... nichts mehr.

Zu Hause fiel sie, noch halb angezogen, in ihr Bett und schlummerte mehrere Stunden tief und fest – wie traumlos. Ben hatte endlich alles gesagt, was er ihr die ganze Zeit hatte mitteilen wollen. So gab es keinen Anlaß, sie länger im Schlaf zu besuchen.

14

Die Wintersonne tat ihr Bestes, schien bereits seit dem frühen Morgen angenehm intensiv. Mina fläzte sich, in eine dicke Wolldecke eingemuckelt, auf einer der Terrassenliegen. Die Ruhe sowie die frische Luft wirkten sich stimulierend auf Leib und Seele aus. Sie spürte, wie sie zunehmend zu ihrer gewohnten körperlichen Verfassung zurückfand.

Zwei Wochen waren seit dem Prozeß vergangen. Erwartungsgemäß war Ben freigesprochen worden. Martha wartete in U-Haft auf ihre Verhandlung. Am Tag der Urteilsverkündung hatte Mina sich durch Herrn Thielen bei Gericht entschuldigen lassen. Sie hatte keine Kraft mehr besessen, wollte zudem Ben nicht ein weiteres Mal gegenübertreten. Vielmehr war es an der Zeit, dieses Kapitel ihres Lebens so rasch wie möglich abzuschließen.

„Soll ich uns denn jetzt mal einen richtig leckeren Kaffee zubereiten, mein Kindchen?"

Mina hob bedächtig die Augenlider und schaute schläfrig nach links. Wie in so vielen Dingen, waren sich die beiden Frauen auch darin einig: Frieda liebte es wie Mina, unabhängig von der Jahreszeit, so oft wie nur eben möglich im Garten zu sitzen.

„Das ist eine gute Idee. Ich kann das aber auch übernehmen."

„Kommt nicht in Frage! Ich muß mich regelmäßig bewegen, sonst rosten die alten Gelenke."

Als verhöhne sie ihre eigene Aussage, schälte sich Frieda elegant aus ihrer Verpackung, sprang auf sicheren Füßen von der Liege hoch und tänzelte regelrecht Richtung Terrassentür. Mina beobachtete amüsiert den jugendlichen Schwung ihrer Freundin, gab jedoch keinerlei Kommentar ab. Etwas anderes schwirrte in ihrem Kopf herum. „Haben wir noch welche von den köstlichen Keksen, die du am Sonntag gebacken hast?"

„Natürlich. Du weißt doch, die schütze ich vor jedem unberechtigten Zugriff. Ich bringe welche mit raus." Lachend verschwand Frieda im Haus.

Seit exakt zehn Tagen wohnten die beiden Frauen nun unter einem Dach. Als Mina ihr die Zimmer gezeigt hatte, die so lange Zeit leergestanden hatten, und die sie nach Friedas Umzug zur Tochter mit deren Möbeln eingerichtet hatte, war die Hoffnung groß gewesen, es würde der alten Dame gefallen. Und diese hatte tatsächlich ihrem Entzücken

Ausdruck verliehen. Sie hatte sich gründlich umgeschaut, und Mina hatte bemerken können, wie ihr Tränen in die Augen getreten waren. „Wie in meinem alten Zuhause!" hatte sie wehmütig ausgerufen.

Daraufhin hatte Mina die Bombe platzen lassen. „Frieda, ich habe dir doch zu Weihnachten diese Karte geschenkt. Auf der stand ja, im neuen Jahr erwarte dich eine Überraschung."

Frieda hatte stumm genickt.

„Also ich hab' mir überlegt, die Möbel stehen hier doch recht einsam herum. Sie wären gewiß froh, würden sie – ihrer Bestimmung gemäß – von jemandem benutzt. Und siehst du, an die freie Wand dort drüben paßt prima ein Bett! Und im Raum nebenan fehlt noch ein hübsches zweisitziges Sofa und ein Fernsehsessel." Das war eine Anspielung auf Friedas Möbel gewesen, die sie zur Tochter mitgenommen hatte.

„Kurz und gut!" hatte Mina ihren kleinen Vortrag beendet. „Willst du bei mir einziehen?"

Wie vom Donner gerührt war Frieda gewesen. „Man soll doch keinen Scherz mit alten Menschen treiben!" hatte sie halb vorwurfsvoll, halb hoffend, Mina könne es ernst meinen, erwidert. Nur, warum sollte sich das Kindchen eine alte Schrulle auf die Achse laden, war ihr durch den Kopf gerast. Was würde denn passieren, wenn sie nicht mehr so konnte, wie sie wollte?

Mina schien ihre Gedanken erraten zu haben. Sie hatte offensichtlich an alles gedacht. „Ich habe mich weitreichend erkundigt, Frieda. Es gibt mittlerweile etliche Pflegedienste, die sich um Menschen kümmern, die Hilfe und Unterstützung benötigen. … Sollte es also irgendwann nicht mehr so günstig wie derzeit laufen, engagieren wir solch einen. Und falls gar nichts mehr gehen sollte, können wir schließlich immer noch überlegen, was geschehen soll. Aber jetzt, und das ist doch das einzig Entscheidende, *jetzt* würde ich mich unheimlich freuen, wenn wir hier eine Frauen-WG miteinander eröffnen würden."

Frieda hätte noch verschiedene Einwände vortragen können. Jedoch war es Mina eindeutig ernst gewesen, und sie selbst war ebenfalls nicht der Mensch, der leichtfertig solche Angebote machte. Und *dieses* Angebot stellte mit Abstand das Verlockendste dar, das die alte Dame seit dem Heiratsantrag ihres verstorbenen Mannes bekommen hatte. Zurück in ihre geliebte Heimat, mit all ihren Möbeln und mit dem Menschen, den sie neben ihren eigenen Kindern am meisten liebte.

Das hätte sie gewiß keinesfalls ablehnen können. Und sollte es nicht funktionieren, konnte sie immer noch zu ihrer Tochter zurück und unglücklich werden.

Sie hatte Mina umarmt und fest und innig gedrückt. „Sehr gerne, mein liebes Kindchen!" Das hatte sie voller Inbrunst und mit leicht brechender Stimme bekannt. Alsdann hatte sie Mina ein Stück von sich weggehalten und eindringlich angeschaut. „Allerdings habe ich eine Bedingung!"

„Das fängt ja gut an", war Mina gutgelaunt herausgeplatzt. „In Ordnung, falls es im Bereich des Möglichen liegt."

„Das tut's sicherlich! ... Du liebst doch Hunde so sehr. Und ich weiß, du hast nur deshalb keinen, weil er den ganzen Tag allein wäre. Wenn ich allerdings ab nun hier wohne, könnten wir uns – ich meine, ich und der Hund – ja gegenseitig Gesellschaft leisten."

Mina hatte breit gegrinst. „Das nenn' ich eine vorzüglich überlegte Bedingung. Das machen wir!"

Mittlerweile waren sämtliche notwendigen Schritte erfolgt, und der Hund war vorgestern ebenfalls eingezogen. Sie hatten sich für eine schwarze Labradorhündin entschieden, die unglaublicherweise bereits seit einem halben Jahr auf ein neues Zuhause gewartet hatte. Jemand hatte sie zur Urlaubszeit kurzerhand vor dem Tierheim ausgesetzt.

Offensichtlich war sie zuvor auf dubiosem Wege zu ihren ehemaligen Besitzern gelangt, die sie nicht angemeldet hatten, denn sie war nicht einmal gechippt gewesen, so daß zudem kein Halter ermittelt und zur Rechenschaft gezogen werden konnte.

Das arme Tier hatte entsetzlich im Heim gelitten. Zu allem Überfluß hatte man ihm dort den Namen *Martha* verpaßt. So empfand Mina es als nahezu schicksalsgegeben, die Hündin aus dem Zwinger sowie von diesem Namen zu befreien. Ab nun hieß sie *Kundry* und stellte sich nach der unverzüglichen Überwindung ihrer depressiven Stimmung als temperamentvolles, treues und intelligentes Tier heraus, das den Frauen auf Schritt und Tritt folgte. Friedas Plätzchen spielten in diesem Augenblick eine tragende Rolle bei der Entscheidung, den gemütlichen Liegeplatz auf Minas Füßen zu verlassen, um dem anderen Frauchen in die Küche zu folgen. Irgendwelche Krümel fielen schließlich bei fast jedem Essen herunter. Diese ließen sich wunderbar in wenigen Millisekunden inhalieren. Warten und aufpassen lohnte sich somit!

Überhaupt sollte sich Kundry als außergewöhnliche Hündin herausstellen, über die Mina später einmal sagen würde, es habe sich gewiß irgendwo in ihrer Vererbungskette ein *Human-Gen* eingeschlichen.

Insgesamt ließ sich die Frauen-WG wunderbar an, die Dramen der Vergangenheit wichen bei allen dreien einer zufriedenen Gelassenheit. Das Leben entwickelte sich zunehmend lohnend. Zuversicht verbreitete sich.

15

Sie war aufgeregt, hatte mehrmals mit ihrer Entscheidung gehadert. Warum hatte sie sich bloß darauf eingelassen? Schließlich war sie sich absolut sicher gewesen, nichts mehr mit ihm zu tun haben zu wollen. Aber er hatte derart traurig geklungen, regelrecht zerstört hatte er sie angefleht, ihm wenigstens eine einzige Gelegenheit zur Erklärung zuzugestehen. Ihm stehe selbstverständlich nicht das geringste Entgegenkommen zu, dessen sei er sich bewußt, dennoch bitte er um ein Treffen. Widerstrebend hatte Mina letztlich eingewilligt.

Auf dem Weg zu dem Café, in dem sie sich verabredet hatten, meldeten sich erneut leise Zweifel. Ihr Leben hatte begonnen, wieder in angenehmen Bahnen zu verlaufen. Wie würde es ihr gehen, nachdem sie ihm gegenübergetreten war? Andererseits hatte sie sich fortwährend deutlich gemacht, wie vorteilhaft es sei, sich zu konfrontieren.

Letztlich hatte es wenig Zweck, ihn absichtlich zu meiden. Immerhin bestand eine gewisse Wahrscheinlichkeit, sich irgendwo zufällig zu begegnen. Demzufolge erwies es sich eher als günstig, das sichere Gefühl zu erlangen, die gemeinsame Geschichte sei endgültig abgeschlossen.

Derartige Überlegungen hatten zuletzt den Ausschlag gegeben, das Treffen nicht doch noch im letzten Moment abzusagen oder einfach umzukehren. So tat sie es nicht in erster Linie für ihn, versprach sich vielmehr selbst einen Nutzen davon. Das war ihr wichtig, hatte er doch massiv ihr Vertrauen mißbraucht. Schuldig war sie ihm also ohnehin nichts. Allerdings kam sie nicht drumherum, sich einzugestehen, Angst vor zu intensiven positiven Gefühlen zu haben. Die bereits begonnene Liebe zu ihm ließ sich trotz seiner extremen Verfehlungen nicht wie auf Knopfdruck löschen. Wie wirkte er wohl auf sie, sobald sie ihm – räumlich gesehen – nahe war?

Sie schob die Ungewißheit beiseite, betrat entschlossen das Café. Als sie sich nach ihm umschaute, stand ein sympathisch wirkender Mann von einem der hinteren Tische auf und lächelte ihr zaghaft entgegen. Ben! Bereits aus der Entfernung wirkte er ein wenig blaß. Beim Näherkommen bemerkte sie, wie sehr er abgenommen hatte, dennoch sah er gut aus. Unsicher reichte er ihr seine Hand, was sie ignorierte. Sie konzentrierte sich statt dessen auf den freien Stuhl ihm gegenüber, setzte sich ohne ausdrückliche Begrüßung. Daraufhin nahm er ebenfalls seinen Platz wieder ein.

„Danke, daß du gekommen bist."

Mina nickte undeutlich.

„Darf ich dich fragen, wie es dir geht?"

„Wenn das wichtig für dich ist." Sie hatte es pampiger als beabsichtigt hervorgebracht. Andererseits wollte sie in keiner allzu vertraulichen Art und Weise mit ihm plaudern, so als seien sie alte Freunde.

Dabei lag es ihr fern, ihn damit für seine Missetaten zu bestrafen, viel eher diente es als Schutz vor dem möglichen Aufbegehren ungewollter Gefühle.

Sie korrigierte ihren Ton ein wenig, bemühte sich, freundlich-sachlich zu klingen, als sie ihm letztendlich die von ihm erwünschte Auskunft erteilte. „Mir geht es soweit ganz gut."

Sie erkundigte sich jedoch nicht nach seinem Befinden, hielt dies für unangebracht.

„Mina, ich …!" Er stockte, begann von neuem. „Eigentlich weiß ich gar nicht, was ich sagen soll. Die Tatsachen sind dir ja mittlerweile bekannt. Und zu meiner Rechtfertigung kann ich im Grunde nichts vorbringen. Auch mein Zustand nach Andreas und Leonards Tod läßt sich nicht als hinreichende Erklärung oder gar Entschuldigung für mein Handeln mißbrauchen. Ich habe einfach Mist gebaut; riesengroßen, schrecklichen, unverzeihlichen Mist! … Zur Zeit weiß ich noch nicht einmal, wie ich mit mir selbst zurechtkommen soll."

Mina rutschte unruhig auf ihrem Sitz hin und her, was er als Ungeduld deutete. Womöglich hatte er sich zu selbstbemitleidend ausgedrückt. „Nein, nein, keine Sorge! Ich habe dich nicht hergebeten, um dir zu erläutern, was für eine arme Wurst ich doch bin. Ich wollte dir nur noch mal beteuern, wie unendlich leid es mir tut, dich derart hintergangen zu haben."

Seine Ansprache endete hier. Falls er nun irgendeine Entgegnung von Mina erwartete, wurde er enttäuscht. Sie schwieg, betrachtete ihn mit undurchdringlicher Miene und harrte der sich im weiteren ereignenden Dinge.

„Bitte, Mina! Ich weiß, es ist unverzeihlich, was ich getan habe. Ich habe mich schon tausendmal dafür beschimpft. Bereits zu Beginn unserer Beziehung hatte ich dir alles beichten wollen. Daß es keine Zufälle waren, die unser Kennenlernen herbeigeführt haben, daß dem vielmehr ein furchtbarer Plan zugrunde lag, hinter dem ich bereits nach kurzer Zeit überhaupt nicht mehr stehen konnte. ... Als wir uns nähergekommen sind, wollte ich die ganze Geschichte abblasen. Hatte es innerlich sowieso längst getan. Ich wollte lediglich noch mit Martha sprechen, um sie ebenfalls zur Vernunft zu bringen. Wollte ihr klarmachen, was für ein toller, besonderer Mensch du bist. Daß du niemals andere manipulieren würdest, und dich garantiert keinerlei Schuld an Andreas Tod trifft! ... Damals wußte ich ja noch nicht, daß Marthas Plan viel grausamer ausfiel, ihre Motive obendrein viel ... selbstsüchtiger waren, als ich es mir überhaupt je hätte vorstellen können. ... Mehrfach habe ich jedenfalls versucht, mit ihr zu reden. Doch hat sie jedesmal derart heftig, absolut übermäßig reagiert. ... Es ist schon richtig, was sie vor Gericht gesagt hat! Ich bin tatsächlich zu nichts zu gebrauchen! Ich bin regelmäßig vor Martha zurückgeschreckt, sobald sie mich angeschrien und abgebügelt hat. ... Ich versuche bloß, ihr meine Loyalität zu entziehen, hat sie dann gewütet. Ich beschmutze Andreas Andenken, sei kein bißchen besser als du! Daraufhin habe ich jedesmal den Schwanz eingezogen. Sie war so bedrohlich in ihrer Heftigkeit. Das hat mich immer wieder in die Knie gezwungen. ... Als ich *endlich* den Mut gefunden habe, reinen Tisch zu machen, ist es bereits zu spät gewesen. Ich bin nicht mehr dazu gekommen, weil ich vorher viel zu lange gezögert habe." Er hielt inne.

Einen Moment später fuhr er fort. „Bist du nun also der Meinung, ich habe mich wie ein klägliches Weichei benommen, wie ein Arschloch, das riskiert hat, auf deine Kosten feige zu sein, hast du absolut recht! Und dafür schäme ich mich zutiefst! Vor allem, da es dich um ein Haar das Leben gekostet hätte. Deshalb ist mir natürlich klar, ... im Grunde gar nichts von dir fordern zu dürfen. Du hast alles Recht der Welt, mich zu verurteilen, dich von mir abzuwenden und schleunigst Distanz aufzubauen. Wahrscheinlich würde jeder in deiner Situation so handeln. Dennoch bitte ich dich, ganz und gar unverschämt, mir ... zu verzeihen!" Er grübelte eine Weile darüber nach, ob weiterzusprechen oder doch eher zu schweigen das Mittel der Wahl sei.

Genaugenommen hatte er allerdings nichts zu verlieren. Unendlich schwarz präsentierte sich die Leere, die ihn umgab, seit er in Minas Leben keinen Platz mehr einnahm. Dementsprechend entschloß er sich, alles auf eine Karte zu setzen. Sicherlich, der Prozeß lag noch nicht allzu lange hinter ihr. Ihr mehr Zeit zu lassen, wäre also gewiß klüger gewesen. Andererseits mußte er das Eisen womöglich schmieden, solange es heiß war. Hatte sie erst Abstand gewonnen, war vielleicht gar nichts mehr auszurichten. Und eine Frau wie sie blieb ohnehin nicht lange allein.

Er mußte jetzt also blindlings loslaufen, ohne nach rechts und links zu schauen. „Mina, ich bitte dich um Verzeihung und darum, uns, nein, *mir* eine weitere Chance zu gewähren! Obwohl es völlig unverschämt ist, bitte ich dich um diese Chance, ganz einfach aus dem tiefen Bewußtsein heraus, es besser machen zu können! Du hättest in mir von nun an garantiert den zuverlässigsten Partner, den du dir vorstellen kannst."

Inmitten der vielen Menschen, die um sie herum an ihren Tischen saßen und unverzüglich aufmerksam wurden, rutschte er von seinem Stuhl herab auf die Knie. Endlich ereignete sich mal etwas, ging es einigen der Anwesenden durch den Kopf. Ein bißchen Entertainment war willkommen, statt ausschließlich langweiligen Kaffee mit ewig gleichschmeckender Torte zu konsumieren.

Ben war es einerlei, wieviele Blicke auch immer an ihm kleben mochten. Er kämpfte! Und es war ihm ernster als jegliche Angelegenheit zuvor. Er wußte, er konnte ohne Mina weiterleben, jedoch erschien ihm diese Aussicht trostlos und nicht im mindesten erstrebenswert.

„Bitte, Mina!" führte er also – auf Knien – den existentiellsten Antrag seines Lebens fort. „Bitte gib' mir eine Chance! Ich bitte dich aus tiefstem Herzen!"

Nichts weiter konnte er in die Waagschale werfen, an und für sich lag gar nichts darin. Sein polizeiliches Führungszeugnis blieb zwar weiterhin ohne Eintrag, in seinem moralischen Führungszeugnis tummelte sich indes eine derart beträchtliche Anzahl von Verfehlungen, man hätte ihm geradezu eine eigene Postleitzahl verpassen können. Und demgegenüber gab es nichts zu seinen Gunsten vorzubringen. ...

Lediglich Versprechungen!

„Mach' dich nicht kleiner als du bist, Ben!" Mina erlöste ihn endlich aus der Ungewißheit. „Setz dich bitte zurück auf den Stuhl! Ich kann nicht mit dir reden, während du wie ein geschlagener Hund dort unten hockst und bettelst."

Ben erhob sich widerspruchslos. Für einen winzigen Augenblick verspürte er den Impuls, durch das Abschlagen der Knie seine Hose vom Dreck des Bodens zu befreien.

Er widerstand! Was für einen Romeo hätte er abgegeben, der im entscheidenden Moment eine derart profane Geste vollzog, um das Wohl seiner Hose besorgter als um die Zurückgewinnung der Liebe seines Lebens. Mit schmutzigem Beinkleid nahm er also erneut seinen Platz ein.

„Gewiß", fuhr Mina fort, „du hast Fehler gemacht. Gewaltige Fehler! Dennoch mußt du dich nicht kasteien oder Buße tun! Ich bin einfach nur furchtbar enttäuscht. Und leider bist *du* derjenige, der für die vorangegangene Täuschung verantwortlich ist. Und das sitzt tief. Verstehst du?"

Trotz der Vehemenz ihrer Worte war ihre Stimme kaum hörbar. Zum einen wollte sie im Anschluß an Bens Performance nicht riskieren, neugierige Ohren weitere Anteile dieser persönlichen Angelegenheit aufschnappen zu lassen, zum anderen erschien es ihr angebracht, ihre Worte nicht wie eine Strafpredigt klingen zu lassen. Es handelte sich um etwas wesentlich Entscheidenderes. „Ich verzeihe dir! Das tue ich wirklich und von ganzem Herzen! Allein schon aus Sorge für mich selbst. Denn würde ich dir nicht verzeihen, wäre ich mein gesamtes weiteres Leben eine Gefangene deiner Taten."

Sie fixierte ihn eindringlich. „Darüber hinaus tu ich es um deinetwillen. Damit du dich mit deinen Fehlern und mit dir selbst versöhnen kannst. Vielleicht bist du dann irgendwann in der Lage, die Vergangenheit zu verabschieden. Eine Vergangenheit, in der es – läßt man deine Intrigen mal beiseite – sehr schöne Momente gab. Durch dich habe ich neuerlich erfahren, wie lohnend es sein kann, das Leben mit einem anderen Menschen zu teilen. ... Theoretisch hab' ich das natürlich bereits vorher gewußt."

Ihr sonores Lachen tröpfelte in Bens Gehörgang. Sogleich wertete er dessen Auftreten als Zeichen des Hoffendürfens. Heiterkeit erwies sich gewiß als gutes Omen.

„Praktisch war dieses Bewußtsein ein wenig eingestaubt", fuhr sie

fort. „Wir hatten so tolle Gespräche, wunderbaren Sex und viel Zärtlichkeit. Das war von Anfang an etwas Besonderes. Deshalb weiß ich, im Grunde deines Herzens kannst du kein schlechter Mensch sein."
Langsam entspannte er sich, sprach zur Sicherheit ein inneres Gebet. Da er nicht an Gott glaubte, konnte der ihn allerdings nicht hören. Doch Glaube hin oder her, es konnte noch alles gut werden! Dieser Gedanke gewann mehr und mehr die Oberhand. Er wollte alles wieder gutmachen. Gern hätte er es laut beteuert, wagte jedoch nicht zu unterbrechen. Nicht, daß sie sich zuletzt noch gegen ihn entschied, bloß weil er während der gesamten Zeit plapperte.
Sie nahm seine Hand. Zog ihn ein Stück zu sich heran und küßte ihn. Es war ein behutsamer Kuß, bei dem ihre warmen, weichen Lippen die seinen innig berührten. Anschließend betrachtete sie ihn intensiv und mit sanftem Lächeln. „Ich verzeihe dir", wiederholte sie. Und danach beendete sie Bens Ungewißheit endgültig. „Jedoch kann ich dir nicht mehr vertrauen. Und deshalb wird aus uns *nie wieder* ein Paar. ... Es tut mir leid. Auch für mich selbst."
Unmittelbar bevor sie es ausgesprochen hatte, war ihr klargeworden, ihre Gefühle würden in naher Zukunft den Weg alles Vergänglichen beschreiten. Sie war fertig mit ihm, nahm dies mit einer gewissen Wehmut zur Kenntnis. Mit dem dennoch eindeutigen Gefühl, richtig entschieden zu haben, erhob sie sich und verließ ohne ein weiteres Wort das Café.
Ihn hatten ihre Worte allerdings wie ein Blitz getroffen. War er sich doch bereits absolut sicher gewesen, sie würden erneut zusammenfinden. Es gab so vieles, was er an ihr mochte und liebte. Ihr Aussehen und ihr wacher Verstand standen dabei nicht einmal an erster Stelle. Es waren andere Vorzüge, die sie für ihn so besonders machten. Vor allem ihre Klarheit und ihre Geradlinigkeit. Und ausgerechnet diese wurden ihm in diesem Augenblick zum Verhängnis. Und gegen seinen Willen begehrte er sie nun genau deshalb um so mehr.
Vielleicht käme sie ja irgendwann doch noch zurück. Er hatte eben nicht den richtigen Zeitpunkt gewählt. Zu früh, das alles! Sie benötigte erst einmal etwas Abstand, anschließend sähe sie die Dinge gewiß anders. Immerhin hatte es bereits einmal geklappt. Als sie von seinem Verhältnis mit Martha erfahren hatte, war nach einiger Zeit ebenfalls alles in Ordnung gekommen. Das konnte womöglich noch einmal funktionie-

ren. Diese Gedanken stellten einen schwachen Versuch seines zögerlich erwachenden Verstandes dar, ihm, wie einem engen Freund, wider besseres Wissen Mut zuzusprechen. Und obwohl er das Manöver durchschaute, ließ er zu, daran zu glauben. Was blieb ihm auch sonst?

So saß er noch eine Weile regungslos und schaute ihr nach, obwohl sie längst aus seinem Blickfeld verschwunden war. Ein einsamer Mann, am Schluß eines Kapitels seines Lebens angelangt. Auf der Suche nach dem losen Ende eines Fadens, dessen Aufnahme es vermochte, ihn in ein neues Kapitel zu leiten.

16

Sie konnte sich selbst nicht recht erklären, wieso sie es tat. Es hatte sich einfach ein unwiderstehliches Bedürfnis in ihr geregt. Und nun stand sie an Andrea Timberts Grab und gedachte ihrer mit einer einzelnen gelben Rose.

Unüberhörbar glücklich hatte ihre Patientin geklungen, als sie ihr in den letzten Minuten ihres jungen Lebens eine Nachricht hinterlassen hatte. Inzwischen war Mina in der Lage, die einzelnen Teile dieses Dramas zusammenzusetzen. Es war Frau Timbert offensichtlich endlich gelungen, sich gefühlsmäßig von ihrer dominanten Freundin zu lösen. Offenbar war ihr klargeworden, daß Martha nicht ihre Zukunft darstellen würde; zumindest nicht als Liebespartnerin.

Womöglich hatte ihr die erneute Schwangerschaft den letzten Anstoß gegeben, aus der vorübergehenden emotionalen Verwirrung herauszufinden. Sie hatte entschieden, mit ihrem Mann Ben und den Kindern ein zufriedenes Leben zu führen.

Das Schicksal hatte dann leider allen Plänen ein vorzeitiges Ende bereitet. Hatte sie durch den heftigen Streit mit Martha tatsächlich die Kontrolle über den Wagen verloren oder in einem Moment tiefster Verzweiflung und äußerster Hilflosigkeit ihr Leben beenden wollen, um sich der übermächtigen Freundin und deren Zorn zu entziehen? Das würde wohl nie erschöpfend geklärt werden können. Dessen ungeachtet war davon auszugehen, daß Andrea Timbert, ihr Sohn Leonard und ihr ungeborenes Baby in gewisser Weise Martha Langes erste drei Opfer geworden waren. Sie hatte, wenngleich nicht die juristische, so doch die moralische Verantwortung für den Tod dieser Familie zu tragen.

Mina stand da und begann ohne jeglichen Laut zu weinen. Die Tränen bahnten sich einfach ihren Weg. Wie durch Schleusen, die sich ohne äußeres Zutun geöffnet hatten.

Sie führten all die Trauer um dieses verheißungsvolle Leben mit sich, das sie eine kurze Wegstrecke hatte begleiten dürfen, und das ein so unnötiges und jähes Ende erfahren hatte.

Nach einer Weile versiegten die Tränen genauso unvermittelt und unaufgeregt, wie sie begonnen hatten. Mina wischte mit den Handrücken über ihre feuchten Wangen. Danach zog sie die Nase hoch und verabschiedete sich von Andrea Timbert und von den Geschehnissen ihrer eigenen jüngsten Vergangenheit.

17

Heute ist ihre letzte Sitzung. Sie freut sich, endlich hat sie es geschafft. Allerdings ist sie gleichzeitig von einer gewissen Wehmut gepackt. Sie mag ihre Therapeutin, wird sie arg vermissen. Ihre Sicht verschwimmt hinter einem Schleier aus Tränen. Jedoch hat sie das ebenso gelernt: Abschied zu nehmen! Und die Gefühle, die dabei entstehen, mit der Zeit zu akzeptieren, statt mit ihnen zu hadern.

Als Dr. de Winter sie aus dem Wartezimmer abholt, hat sie sich bereits wieder ein wenig gefaßt. Sie betritt das Sprechzimmer und schaut sich um, will sich alles exakt einprägen, jedes Detail dieses Raums. Die behagliche Atmosphäre hat stets beruhigend auf sie gewirkt, ihr das Reden erleichtert. Auch das wird sie vermissen.

Ein letztes Mal setzt sie sich in *ihren* Sessel.

Psychologin und Patientin wiederholen nun die Sequenzen des Therapieverlaufs. Worauf soll Eveline Groß zukünftig besonderen Wert legen, was soll sie möglichst unterlassen? Was ist zu beachten, sollten Symptome zurückkehren, oder falls es ihr aus irgendeinem anderen Grund schlechtgeht?

Im Bedarfsfall darf und soll sie sich selbstverständlich melden. Sie kann jederzeit wiederkommen, sofern sie es möchte.

„Eine Sache gibt es allerdings noch, Frau Dr. de Winter. Die möchte ich Ihnen keinesfalls vorenthalten! Ich habe jemanden kennengelernt."

„Das freut mich für Sie, Frau Groß! Gemessen an Ihrem strahlenden Gesichtsausdruck ist er anscheinend sehr nett?!"

„Ja, das ist er. ... Zumindest im Augenblick." Sie lacht. „Genau werde ich das erst in ein paar Monaten wissen."

„Was zählt, ist der Moment. Genießen Sie ihn – den Moment sowie den Mann – und schauen in Ruhe, was daraus wird!"

„Exakt das hab' ich auch vor. Ich bin jedenfalls sehr verliebt in Jan."

„Und er gewiß in Sie."

„Ich denke schon. ... Er holt mich gleich ab." Sie lächelt, wie nur frisch Verliebte es tun. Dem ist nichts hinzuzufügen. Die Zeit ist ohnehin verstrichen. Somit endet die allerletzte Sitzung.

„Im Moment kann ich erfreulicherweise nichts mehr für Sie tun, liebe Frau Groß. Es war eine schöne und intensive Zeit mit Ihnen."

„Oh, mit Ihnen gleichermaßen!" Lachend fügt sie hinzu: „Allerdings nicht immer."

„Ich weiß, ich bin fordernd und penetrant."

Eveline Groß kramt in ihrer Tasche, zieht nach einer Weile ein kleines Päckchen hervor, reicht es Dr. de Winter. „Das ist für Sie. Sie haben es nicht anders gewollt!"

Gespannt wickelt die Therapeutin das Präsent aus und findet ein paar kunterbunte, selbstgestrickte Socken.

„Hoffentlich haben sie die richtige Größe. Ich habe geraten."

„Sie sehen absolut perfekt aus, Frau Groß! Ganz lieben Dank!"

„Sie sind es schuld, ich sollte mir ja Beschäftigungen suchen, die mir einen Ausgleich zum Alltag verschaffen. Und Socken zu stricken finde ich absolut genial. Verrückt, nicht? Aber es entspannt mich total."

„Ich finde das gar nicht verrückt. Und obendrein kommt es mir noch zugute. Was soll man daran auszusetzen haben?" Lachend hält sie das Strickwerk in die Höhe. Unvermutet entdeckt sie noch eine Karte im Geschenkpapier, die durch das Entfernen der Socken erst sichtbar geworden ist. Eingehend betrachtet sie das bemalte und mit Schnipseln verschiedener Motive versehene Deckblatt. „Haben Sie diese Kollage ebenfalls selbst gestaltet, Frau Groß?"

„Ja klar! Ich bin richtig kreativ geworden. Mein Eßtisch ist manchmal tagelang über und über mit irgendwelchen Materialien bedeckt. Es stört mich nicht im mindesten, weil mir das Ausprobieren kreativer Dinge so unendlich viel Spaß macht."

„Das freut mich. Und die Karte ist ebenfalls wunderschön."

Die Psychologin klappt sie auf:

Liebe Frau Dr. de Winter,
für alles, was Sie für mich getan haben, sage ich Danke!
Die Zeit mit Ihnen war die bisher wertvollste in meinem Leben.
Sie sind ein wunderbarer Mensch.
Alles Liebe wünscht Ihnen
Ihre Eveline Groß

Tief gerührt lächelt Dr. Wilhelmina de Winter ihre Noch-Patientin an. „Danke, das ist sehr lieb von Ihnen! Sie machen mir wirklich eine riesige Freude."

Beide stehen auf. An der Tür, sie haben sich bereits verabschiedet, fragt Eveline Groß: „Darf ich Sie zum Abschied umarmen?"

Die Therapeutin breitet die Arme aus. „Nur allzugern!"

Fest drücken sich die Frauen und wünschen sich gegenseitig alles Liebe für das weitere Leben. Ein letztes Winken, dann schließt sich die Tür hinter Eveline Groß. Wie gewöhnlich verharrt Dr. de Winter für einen Moment und nimmt endgültig Abschied.

Anschließend begibt sie sich zu dem großzügigen Fenster ihres Sprechzimmers. Von dort hat sie schließlich den besten Blick auf das Geschehen in der Straße. Schneeflocken tanzen übermütig durch die Luft. In diesem Augenblick tritt Eveline Groß aus dem Gebäude und taucht – wie in eine riesige Schneekugel – in das winterliche Treiben ein. Und da naht auch bereits der neue Freund Jan. Mit einem liebevollen Kuß begrüßt er seine Eveline. Das Paar lächelt sich verliebt an, zumindest meint die Therapeutin dies sogar aus der Distanz deutlich erkennen zu können. Der junge Mann mit den gerstenblonden stoppeligen Haaren legt einen Arm um seine Freundin, die diese Geste fast im selben Augenblick erwidert. So schlendern die beiden eng ineinander verhakelt die Straße hinunter.

Eine Weile folgen ihnen noch die Blicke der Psychologin. Gegenwärtig steht ein neuer Mann nicht unbedingt als erstes auf ihrer persönlichen Wunschliste. Sich dennoch mit anderen über deren Glück freuen zu können, empfindet sie als großes Geschenk.

Viel ist geschehen in ihrem Leben. Sie hat einiges zu verkraften gehabt. Glücklicherweise ist sie eingebettet in ein liebevolles Umfeld, umgeben von Menschen, die sie stützen, ihr Zuversicht geben können, wenn sie sich selbst kurzfristig mal nicht dazu in der Lage befindet.

Irgendwann wird sie sich neu verlieben. Obwohl sie es sich in diesem Moment nicht wirklich vorstellen kann, weiß sie doch, es wird geschehen, sobald die Zeit reif ist.

Das Paar ist längst hinter der nächsten Hausecke verschwunden, und es wird allmählich Zeit, die nächste Patientin hereinzubitten. Ihr Körper strafft sich. Reine Übungssache, sich abrupt auf einen anderen Menschen einstellen zu können, mit der gesamten Aufmerksamkeit nur bei ihm zu sein, obwohl man kurz zuvor noch ganz woanders war.

Ein Erstgespräch mit einer jungen Frau, die am Telefon über verschiedene Symptome geklagt hat, erwartet sie. Sie öffnet die Tür zum Wartezimmer und bittet Frau Jana Scheidt ins Sprechzimmer. Diese folgt der Aufforderung, erwidert dabei nervös das ihr entgegengebrachte Lächeln.

Sie ist aufgeregt, hat bereits am Vortag begonnen zu überlegen, was sie anziehen soll. Nach etlichen Fehlversuchen hat sie sich für Jeans und ihren roten Lieblingspullover entschieden. Die braunen, langen Haare sind in einer Spange zusammengehalten. Obwohl attraktiv, erzählt ihr Gesicht von dem Kummer, der sie quält. Deshalb ist sie trotz der enormen Anspannung heilfroh, endlich hier sein zu dürfen. Und Dr. de Winter ist ihr bereits am Telefon sympathisch gewesen. Ein Eindruck, der sich nun bestätigt.

Im Sprechzimmer angekommen, setzt sich Jana Scheidt auf einen der ihr angebotenen Plätze. Während sie kurze Zeit später zu erzählen beginnt, stiert sie auf ihre Hände, als könne ihr der vertraute Anblick Halt verleihen. Lediglich ab und zu schaut sie flüchtig auf, doch wirkt ihr Blick dabei wenig konkret.

Nach einiger Zeit, ein erster Überblick ist gegeben, schließt sie mit einer fahrigen Handbewegung ab, macht eine hilflose Pause.

Ihre Probleme sind vielfältig. Ihr selbst erscheint alles wie ein gewaltiges Durcheinander; darüber hinaus beschleicht sie das dumpfe Gefühl, soeben entsprechend durcheinander darüber berichtet zu haben.

Ihre Partnerschaft läuft bereits seit längerem nicht mehr zufriedenstellend, doch ist ihr keineswegs bewußt, woran es liegen mag. In der Arbeit treten ebenfalls deutliche Schwierigkeiten auf. Mittlerweile hat sie bereits zweimal einen regelrechten Anschiß von ihrem Vorgesetzten bekommen, obwohl kein rechter Anlaß gegeben war. Es kommt ihr vor, als ob er sich regelrecht Kritikpunkte ausdenkt, um ihr zu schaden. Liegt es womöglich daran, daß sie die Avancen, die er ihr vor einiger Zeit of-

feriert hat, abgelehnt hat? Allerdings ist das lange her, weswegen sie nicht vollkommen von dieser Theorie überzeugt ist. Gewiß steckt noch etwas anderes dahinter. Oder doch nicht?
Ja, insgesamt ist sie konfus, fühlt sich energielos, schlapp, mutlos. Was soll sie bloß tun?
Exakt dieses Durcheinander hat sie der ihr schweigend lauschenden Psychotherapeutin, von der sie noch nicht einmal weiß, ob diese ab nun *ihre* Therapeutin sein wird, sozusagen auf den Schoß gelegt. Ebensowenig sind der jungen Frau die Kriterien geläufig, auf deren Grundlage sie zu einer solchen Entscheidung gelangen soll.
Endlich kann sie sich von der Betrachtung ihrer Hände lösen, ihr Blick wandert noch eine Weile durch den Raum, fixiert letztlich erwartungsvoll die Psychologin.
Jana Scheidt ist sich eigentlich völlig sicher, daß Dr. de Winter keine Miene verzieht, dennoch entsteht in ihr für einen flüchtigen Moment der Eindruck, sie zwinkere ihr zu. Als wolle sie ihr mitteilen: „Na, dann gehen wir mal an die Arbeit! Das bekommen wir gemeinsam bestimmt gut hin."
Dieses vermeintliche Zwinkern löst ein Wohlbefinden in der Patientin aus, das sich gar nicht recht erklären läßt. Merklich weicht ihre Aufregung. Zuvor hat sie überhaupt nicht wahrgenommen, wie bequem der Sessel doch ist, in den sie sich nun entspannt zurücklehnt, in der deutlichen Gewißheit, gut aufgehoben zu sein.

Epilog

Endlich Frühling! Des Winters überdrüssig, wurden die Menschen scharenweise von dem herrlichen Sonnentag ins Freie gelockt. Straßencafés erwiesen sich allseits überfüllt, fortwährend wurden hier wie dort weitere Tische und Stühle von beflissenem Personal herbeigezaubert, um willigen Gästen Verweilmöglichkeiten anbieten zu können.

Überall saßen sie, standen, tänzelten herum und schwatzten ausgelassen miteinander: Sonnenhungrige, deren Laune zusehends Fahrt aufnahm, nun, da sie nach langem Verzicht endlich wieder wohlige Wärme auf der Haut spüren durften, die einen Lebensgeist nach dem anderen zu erwecken vermochte. Wuselnde Farbspiele, die in ihrer Schönheit selbst nach stundenlangem Anblick zu keinerlei Ermüdung führen würden.

Und doch fiele einem emsigen Beobachter innerhalb dieser fröhlichen, bunten Menschentrauben recht geschwind eine Szene auf, die sich deutlich von der Gesamtheit abhob. Bestehend aus lediglich zwei Menschen, die – oberflächlich betrachtet – gar nichts Außergewöhnliches taten, eröffnete sich bei genauerem Hinsehen ein bemerkenswertes Bild, das angetan war, tief in die Seele zu dringen.

Sie, eine attraktive Rothaarige, mit eigenwilliger Lockenpracht. Nun, schätzen wir sie mal auf Ende dreißig, keinesfalls weit darüber. Ihr sinnlicher Mund lächelte ihrem Gegenüber unentwegt zu. Dabei leuchteten die grünen Augen wie funkelnde Sterne. Beinahe ereilte einen die Sorge, sie könnten womöglich im nächsten Moment verglühen, derart intensiv strahlten sie ihrem Begleiter entgegen, dessen Lachen sie komplett zu erfassen schien. Deuteten seine Mundwinkel auch nur die Absicht an, sich aufwärts zu bewegen, reagierte ihr gesamter Körper, als sei er einzig auf dieses Signal programmiert.

Er, ein stattlicher Mann mit warmen, blauen Augen, die liebevoll und zärtlich auf seine Begleitung blickten. Sein volles, bereits ergrautes Haar unterstrich seine allgemeine Attraktivität. Doch lag es nicht an seinem zweifellos guten Aussehen, daß seine Begleiterin in seinen Bann gezogen wurde, vielmehr hatte sein umwerfendes Lachen daran einen beträchtlichen Anteil, was auch dem Beobachter dieser Straßenszene als erstes ins Auge oder – besser noch – ins Ohr fiele. Denn neben diesem Lachen, welches das gesamte Gesicht einbezog, war ein sonorer und dabei regelrecht schmeichelnder Bariton-Klang wahrnehmbar, der zwischen zwei dicht nebeneinanderliegenden Tönen stetig wechselte. So wirkte es wie eine grenzenlose Freude, die vollkommen den Moment mit allen Facetten auszukosten schien.

Das Ausmaß des Tisches zwischen diesen beiden Menschen, obwohl über einen nur wenig bedeutsamen Durchmesser verfügend, erschien ihnen offenbar zu beträchtlich, denn während sie miteinander sprachen, lachten, sich ein wenig verlegen durchs Haar strichen – zunächst lediglich durch das eigene –, beugten sie sich zunehmend nach vorn. Ganz sachte, jeweils gerade so viel, um es nicht eindeutig nach Absicht aussehen zu lassen, jedoch ausreichend, um einschätzen zu können, wann die Distanz als vollständig überwunden gelten konnte.

Dabei berührten sich, wie zufällig, fortwährend beider Hände. Mal berührte er die ihre, mal sie die seine. Äußerst behutsam, als befürchte man, der Zauber dieser Begegnung könne sich unaufhaltsam auflösen, was unter gar keinen Umständen passieren durfte. Zu kostbar, zu einzigartig war sie.

Unserem imaginären Beobachter würde spätestens in diesem Augenblick klargeworden sein, womit diese beiden Menschen seine Aufmerksamkeit so anhaltend fesselten: Inmitten des tosenden Lebens wirkten sie, als seien sie vollkommen allein, glücklich Gestrandete auf einer einsamen Insel. Sich gegenseitig genügend, im Moment, in seiner Vollkommenheit sowie ineinander versunken.

Jetzt schauen die grünen Augen tief in die blauen und beginnen, die kleinen grauen Sprenkel zu erkunden. Doch halt! Möglicherweise besteht die Pigmentierung der Iris doch aus einem reinen, intensiven Blau, und es handelt sich um nichts anderes als um eine Sonnenreflexion.

Wer weiß?

So oder so benötigt unser Beobachter ein lediglich unwesentliches Maß an Sensibilität, um erfassen zu können, daß zwischen diesen beiden gerade etwas ganz und gar Wunderbares entsteht, weshalb er nun auch diskret den Kopf abwendet und seinen Blick in eine völlig andere Richtung lenkt. Dabei lächelt er verschämt und freut sich über das sich soeben entfaltende Glück zweier Menschen.

Statt eines Nachwortes:
Das Lebensmosaik

Stellen Sie sich vor, Ihr Leben bewegte sich innerhalb eines Rahmens, dessen Größe vorgegeben ist! Sie dürfen den Rahmen mit verschiedenen Mosaiksteinen ausfüllen. Wie groß jeder einzelne Stein ist, und welche Farbe er trägt, ist grundsätzlich Ihnen überlassen.

Dementsprechend könnten Sie beispielsweise die Mosaiksteine *Partner*, *Kind*, *Haus*, *Urlaub* wählen. Verzichten Sie darauf, weitere Steine auszusuchen, müssen Sie für diese vier Bereiche eine beträchtliche Größe wählen, damit Ihr Lebensbild ausgefüllt ist. Möglicherweise bekunden Sie gerade, damit sei tatsächlich alles wunderbar in Ordnung.

Dann stellen Sie sich jetzt bitte einmal vor, ein oder sogar zwei Steine kommen in diesem Augenblick abhanden! Ich weiß, das ist gemein! Nur ist es leider so: Manchmal schlägt das Leben tatsächlich verhältnismäßig rücksichtslos zu.

Wir probieren es mal aus, okay? Sagen wir *Partner* sowie *Haus* fallen weg. Eine leider durchaus häufig anzutreffende Kombination. Entsprechend bleibt Ihnen noch Ihr *Kind*, gegebenenfalls klappt es sogar weiterhin mit dem *Urlaub*. Dennoch entstehen riesige Lücken innerhalb Ihres Rahmens.

Gewiß, Sie können nun argumentieren, Sie wollen sich besonders auf den Mosaikstein *Kind* konzentrieren, dementsprechend fallen Ihnen die entstandenen Lücken nicht besonders auf. Leider ist bereits die nächste schlechte Nachricht im Anmarsch: Es wird nicht (lange) funktionieren. Die Lücken sind schließlich dennoch vorhanden. Zudem geht Ihr Kind irgendwann (hoffentlich!) eigene Wege, womit Sie sich erneut vor das Problem der bereits vorhandenen Lücke und einer weiteren gestellt sehen. Vielleicht lebt Ihr Kind ohnehin nicht in Ihrem Haushalt, und Sie sehen es lediglich jedes zweite Wochenende oder stets nur für ein paar Tage.

Was nun?

Möglicherweise haben Sie auch einen *Beruf.* Schon besser! Es enthebt Sie allerdings genausowenig der Überlegung, was passiert, wenn Mosaiksteine wegfallen.

Sie verstehen nicht so recht, was gemeint ist?

Wir bestücken den Rahmen jetzt einfach mal komplett neu, in Ordnung? Auch dieses Mal entscheiden wir uns für *Partner, Kind, Haus, Urlaub* (nicht, weil das zwingend ist, lediglich, weil sich Menschen häufig so entscheiden).

Sie nehmen diesmal von vornherein den Mosaikstein *Beruf* hinzu, möglichst ebenfalls *Freunde*. Überlegen Sie bitte einmal, was darüber hinaus noch sinnvoll sein könnte. Wie wäre es mit *Sport, Geige lernen* (funktioniert selbstredend ebenso mit *Klavier, Flöte* (sogar *Blockflöte*), *Schlagzeug* und so weiter und so fort), *Bilder malen, Stricken, Reiten, Lesen, Basteln, Möbel aufarbeiten, Puzzle zusammensetzen, Modelleisenbahn bauen,* und und und …?

Obwohl die Aufzählung noch längst nicht komplett ist, belassen wir es bei diesen Beispielen.

Wir wollen nun versuchen, alle Mosaiksteine in unserem Rahmen unterzubringen.

Ja genau! Sie können jetzt nicht mehr riesengroße Steine auswählen, da der Rahmen ja begrenzt ist. Und sind die einzelnen Mosaiksteine zu winzig, können Sie sie kaum noch als solche erkennen. Also sollten Sie auch nach oben hin eine Auswahl vornehmen sowie eine angemessene Entscheidung über die Größe jedes einzelnen Steins treffen.

Vermutlich suchen Sie etwas größere für *Partner* und *Kind* aus, wählen anschließend einige weitere in unterschiedlicher Größe. Vielleicht fallen dabei *Geige lernen* und *Reiten* ein wenig opulenter aus, während *Lesen* und *Basteln* einen geringeren Platz erhalten. *Stricken* und *Puzzle zusammensetzen* finden Sie eventuell ebenfalls recht brauchbar, reservieren jedoch lieber mehr Platz für die anderen Bereiche. Dennoch kann es im Hinterkopf geparkt werden, falls gewisse Dinge mal nicht (mehr) funktionieren.

Sie füllen demzufolge Ihren Rahmen mit einer gewissen Anzahl von Mosaiksteinen, die Sie als lohnend empfinden, ohne sich dabei zu verzetteln.

So, jetzt schlägt das Leben erneut zu und nimmt Ihnen Ihre *Arbeit* (spätestens mit Eintritt Ihrer Rente geschieht das ohnehin). Ihr *Kind* hat ebenfalls das Haus verlassen (falls Sie noch eines haben; *Haus*, meine ich! Entschuldigung, die Pferde sind mit mir durchgegangen. Oh, haben wir überhaupt *Pferde*?), lebt möglicherweise sogar in einer anderen Stadt/in einem anderen Land.

Dadurch entstehen, wie Sie bereits wissen, Lücken, die jedoch dieses Mal nicht derart gewaltig ausfallen, wie im vorherigen Beispiel, da genügend Steine verbleiben, die Sie womöglich noch ein wenig hin- und herschieben müssen, bis Sie sie in einer entsprechend günstigen Anordnung zueinander formiert haben, um abermals ein stimmiges, erfülltes Lebensmosaik zu erhalten.

Das alles bedeutet leider keineswegs, daß gewisse Schicksalsschläge keinen Schmerz zufügen, wenn sich bloß ausreichend viele bunte Steinchen im Rahmen des Lebens befinden. Es bedeutet lediglich, ein Leben, das eine Reihe unterschiedlicher, lohnender Bestandteile beinhaltet, läßt sich besser bewältigen, selbst wenn Krisen es erschüttern.

Also, nur Mut! Nehmen Sie Ihr *Werkzeugkistchen* und kreieren Sie Ihr kunterbuntes *Lebensmosaik*! Sie werden sehen, es wird Ihnen wunderbar gelingen!

Danksagung

Mein Dank gilt all meinen Patienten für die mittlerweile unzähligen Gespräche, bei denen ich so reichlich lernen durfte, und die mir den Anstoß sowie etliche Ideen für dieses Buch geliefert haben. Von ihnen ist hier und da ein Merkmal oder die ein oder andere Gesprächssequenz in die insgesamt jedoch völlig frei erfundenen Charaktere und Therapieabläufe geflossen.

Zudem danke ich meiner Familie, die mich mit ihrem Glauben an das Gelingen dieses Projekts unterstützt hat. Dabei danke ich meinem Mann Michael insbesondere für die technische Unterstützung beim Layout. Meiner Mutter danke ich vor allem für ihre Überzeugung, mein Vorhaben, ein Buch zu schreiben, glücke. Ihre Ungeduld, das komplette Werk endlich in Händen halten zu dürfen, hat mich – neben der ohnehin unbändigen Lust am Schreiben – stets aufs neue motiviert und vorangetrieben. Meinem Sohn Nikolai danke ich dafür, mein Sohn zu sein, und dafür, daß er ein so wunderbarer und geradliniger Mensch geworden ist.

Regina Schneppel danke ich für den Impuls, den sie mir nach einer flüchtigen Leseprobe hat zuteil werden lassen. Obwohl zunächst unbeträchtlich erscheinend, hat dieser wesentlich dazu beigetragen, der Persönlichkeit der Wilhelmina de Winter den letzten Schliff zu verpassen.

Mein ganz besonderer Dank geht an Nadine Ogiolda, die bereit war, ihre ohnehin knappe Freizeit tüchtig zu schmälern, um mir ihren wertvollen *germanistischen Blick* zur Verfügung zu stellen. Ihr positives Urteil hat mir die Sicherheit vermittelt, insgesamt den richtigen Weg beschritten zu haben. Darüber hinaus stellte ihre konstruktive Kritik für mich eine enorme Bereicherung und *äußerst* wertvolle Unterstützung dar.